DICTIONNAIRE
DES
JARDINIERS
ET DES
CULTIVATEURS,
PAR
PHILIPPE MILLER.

TOME PREMIER.

Frontispice T. 2.

FRONTISPICE DU DICTIONNAIRE.
des Jardiniers: de MILLER.

DICTIONNAIRE
DES
JARDINIERS
ET DES
CULTIVATEURS,

PAR

PHILIPPE MILLER:

Traduit de l'Anglois ſur la VIIIᵉ. Edition ;

Avec un grand nombre d'Additions de differens genres, Par MM. le Préſident De Chazelles, le Conſeiller Holandre, &c.

NOUVELLE ÉDITION,

Dans laquelle on a rectifié un très-grand nombre d'endroits de l'Édition de Paris*, afin de rendre la traduction Françoiſe conforme à l'Original Anglois ; & de plus, on y a ajouté les noms Anglois des Plantes, & pluſieurs nouvelles Notes.*

TOME PREMIER.

A BRUXELLES,

Chez BENOIT LE FRANCQ, Imprimeur-Libraire, rue de la Magdelaine.

M. DCC. LXXXVI.

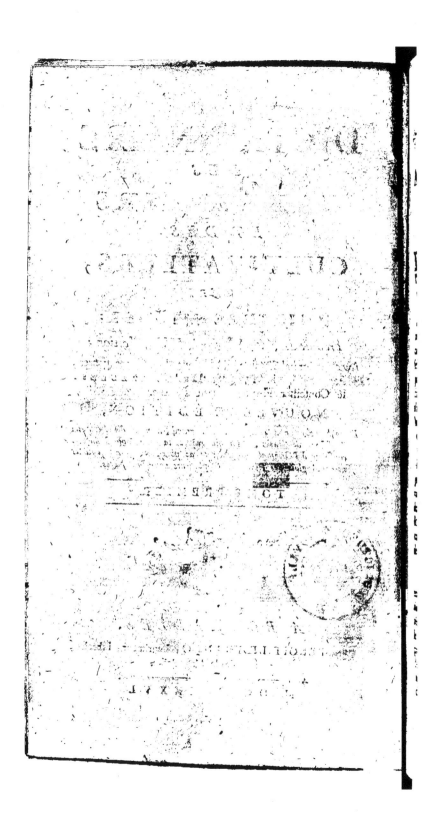

AVERTISSEMENT

SUR L'ÉDITION

DE BRUXELLES.

De tous les Arts que l'esprit humain a perfectionnés, l'Agriculture est, sans contrédit, le plus noble & le plus utile. Le Gentilhomme dans ses terres, l'Ecclésiastique dans son bénéfice, prennent également plaisir à s'en occuper, & il en est peu qui ne trouvent dans les connoissances qu'ils y puisent, la récompense de leur application. Tous les Peuples ont donné des soins à la perfection de cet Art précieux, l'Anglois y a fait le plus de progrès. Parmi les Auteurs de cette nation, qui ont spécialement écrit sur l'Agriculture & le Jardinage, aucun n'a eu un succès aussi complet que le célébre MILLER: huit Editions de son *Dictionnaire*, ont été successivement enlevées avec la même rapidité. Sa plume a été guidée par cinquante années d'expérience; aussi son Ouvrage ne laisse-t-il rien a desirer aux Cultivateurs, Jardiniers, Vignerons, &c. On y trouve tout ce qui concerne les travaux de la campagne, l'Agriculture en grand, la conduite des bois, la maniere d'élever les plantes indigènes & exotiques, & les meilleures pratiques pour faire & conserver le vin d'après les Vignerons les plus célébres de l'Europe.

Nous n'avons, dans notre langue, aucun Ouvrage que nous puissions comparer à celui de MILLER: le *Dictionnaire d'Agriculture* dont M. l'Abbé ROZIER est le rédacteur, mérite les plus grands éloges, on y reconnoit le Physicien éclairé & le profond Naturaliste; mais est-il propre à diriger le Praticien? Des théories lumineuses, des systêmes brillans sur la Physique de la Végétation, ne dédommagent pas des détails de culture que l'on cherche en vain dans cet Ouvrage.

Ces considérations nous ont déterminé à offrir au public la Traduction, depuis longtems desirée, du *Dictionnaire de* MILLER, dans laquelle on s'est particulierement attaché *à rendre fidelement le texte* dans la précieuse simplicité de l'Original, qui le met à la portée de tout le monde.

Pour rendre cet Ouvrage d'une utilité encore plus étendue, nous y avons ajouté, par forme de *Notes*, les propriétés des Plantes usuelles en Médecine, leurs doses, & les compositions Pharmaceutiques dans lesquelles elles entrent. Et comme un assez grand nombre de Plantes qu'on cultive aujourd'hui dans les Jardins de Botanique étoient encore inconnues du tems de MILLER, qu'il en a même négligé exprès quelques-unes qui ne lui ont pas paru dignes de fixer l'attention du Jardinier Praticien, nous les rassemblerons toutes dans un *Supplément* qui formera le dernier volume de l'Ouvrage : nous les classerons, ainsi qu'a fait notre Auteur, suivant le systême de LINNÉE, & tout ce que nous dirons de leur culture sera toujours d'après l'expérience des meilleurs Cultivateurs de l'Europe.

VOILA à-peu-près ce que disoit *la société des Gens de Lettres*, qui a entrepris de donner la Traduction Françoise du *Dictionnaire de* MILLER, en publiant leur *Prospectus*.

La nouvelle Edition que nous donnons de cette traduction, ayant des droits à ne pas être confondue dans la classe des contrefactions, il convient ici de rendre raison des motifs qu'on a eus de l'entreprendre, & du travail qu'on a fait pour lui donner un degré de perfection que n'a pas l'édition de Paris.

Le premier de ces motifs a été de repandre de plus en plus cet excellent ouvrage, en le mettant à la portée d'un plus grand nombre de lecteurs, par le format plus commode des volumes & par la modicité du prix. On donne les volumes *in*-4to. de l'édition de Paris, sans aucun retranchement que ce soit, & avec plusieurs augmentations (dont il sera parlé ensuite), en autant de volumes *in*-8vo. & pour la moitié du prix. C'est assez dire à cet égard, à ceux surtout qui se donneront la peine de confronter les deux Editions, par rapport au papier, aux caracteres, à la correction, &c.

Un autre motif étoit l'extréme infidelité de l'Edition de Paris à rendre le sens de l'Original Anglois : les Traducteurs, cependant, font profession, ainsi que nous venons de le voir dans leur *Prospectus*, *de rendre fidelement le Texte de* MILLER*:* on le repéte dans la premiere note ajoutée à l'Article, *AIR*, dans ces termes: *on s'est fait une loi de conserver scrupuleusement le texte de l'Auteur.* Nos Lecteurs seront surpris après celà, quand l'Editeur de cette nouvelle Edition les assure qu'il a dû faire bien au delà de mille Corrections dans le premier volume seul de l'Edition de Paris, pour rendre la traduction françoise conforme au texte Anglois de la huitieme Edition de MILLER, donnée à Londres en 1768, qui est la meilleure & celle qui a servi aux Traducteurs.

Une assertion aussi extraordinaire a certainement besoin d'être appuyée de preuves pour la rendre croyable: elles feront voir en même tems, la nature & la nécessité de ces Corrections.

1°. Il y a dans la Traduction des omissions frequentes, & quelquefois considérables, du Texte Anglois de MILLER, & des paragraphes aussi essentiels au sujet que le reste de l'ouvrage: plusieurs de ces omissions dénaturent entierement le sens de l'Auteur. EXEMPLES. [*]

Page xxix, lignes 22. 23. *J. B. Ferrarii Hesperides &c.* Tout l'Article y est omis.

Page 42, Colonne b, ligne 29. Deux lignes du texte Anglois sont omises dans la Traduction, ce qui rend le sens absolument faux, en appliquant à la *Poinciana*, ce qui n'appartient qu'à l'*Adela*: ainsi

[*] Toutes les Citations suivantes de *Pages*; &c. sont d'après l'Edition *in*-4to, de Paris.

après les mots, *ſon Calice*, il faudroit ajouter: *eſt monopétale légèrement découpé au ſommet en cinq parties égales*; *au lieu que la Poinciana*, *&c.*

Pages 102. 114. 124. 137. 149. &c. &c. on trouvera dans tous ces endroits des omiſſions du Texte de MILLER.

Page 186. Col. b. ligne ult. Dix lignes du Texte Anglois ſont ici omiſes dans la Traduction.

Page 236. Un paragraphe entier de l'Original Anglois eſt omis dans la Traduction.

Il ſeroit trop long & inutile à notre but, de pourſuivre ainſi juſqu'à la fin du volume: mais, ce qui doit paroître extraordinaire, à l'Article BORDURES, les Traducteurs, ſans en avertir en aucune façon, ont ſupprimé en entier l'Article de MILLER, qui occupe une Colonne *in-folio* de l'Edition de 1768, & ils ont ſubſtitué à la place un petit Article totalement différent. Dans cette Edition de Bruxelles, nous avons retabli dans le Texte une traduction fidele de l'Article de MILLER, en plaçant celui des Traducteurs entre les Notes, afin que nos Lecteurs puiſſent les comparer.

2°. Un grand nombre d'endroits de la traduction ne rendent point le ſens de l'Original Anglois: d'autres ſont tellement en contradiction avec l'Anglois, qu'ils rendent le ſens ridicule ou abſurde.

3°. En comparant la Traduction avec le texte Anglois de MILLER, il eſt évident qu'en pluſieurs endroits les Traducteurs ne comprenoient point le ſens de l'Original.

Nous allons donner enſemble des *Exemples* qui prouvent ces deux Aſſertions. Dans la Traduction de l'*Epître Dédicatoire de MILLER*, il y a au moins une vingtaine de fautes, dont pluſieurs rendent le ſens ridicule & même abſurde.

Page xvj. l. 12. de la Préface, on traduit: *Cent fois plus de ſemences*; MILLER dit: *huit fois &c.*

Page xvij. lignes 4 & 5. La traduction de ces deux lignes donne un ſens faux.

Même page. l. 8. *terres principales*: MILLER dit *Headlands*, ce qui veut dire: *les bords ou liſieres des champs ſous les haies qu'on ne laboure point.*

Page xxxi. l. 27. *Kæmpferi Exot. imprimée à Limoges*; au lieu de *Lemgow*, Ville de Weſtphalie.

Page xxxv. l. 6. *cette Décade*, pour *ſept Décades.*

Page xliij. l. 17. *carene fécondante*, pour, *farine fécondante.*

Page xlvij. lignes 16 & 17. La 20e. Claſſe de *Linnée* eſt traduite de maniere à faire un contreſens complet.

Page 2. *Nouvelle-Angleterre* revient trois fois ſur cette page, au lieu de *Terre-neuve.*

Pages 17. 19. 20. *à feuilles cendrées*; pour, *à feuilles de frêne*: mépriſe qui vient probablement de ce que *Ash*, en Anglois, ſignifie *Cendre* & *Frêne.* Ce ne ſont pas les ſeules fois que cette faute revient dans Volume.

Page 36. col. a. l. 35, *A Norfolk près d'Uxbridge en Middlesex*; pour, *dans la province de Norfolk, & aussi, près d'Uxbridge en Middlesex.*

Page 44. col. b. l. *ult.* *Adonis Horti ou Adonis du Jardin*: Miller dit: *Adonidis Horti ou Jardins d'Adonis*; c'est-à-dire: les Pots-à-fleurs rangés sur des planches en amphithéatre.

Page 57. col. b. l. 16. 17. *Aloès stérile*: Miller dit: *Aloès fertile* La même faute revient ailleurs.

Page 66. *Campion*: ce mot Anglois, qui signifie *Nielle de bled*, est ici traduit deux fois, *Compagnon.*

Page 84. *Ale*, espece de bierre forte que les Anglois brassent avec peu d'houblon, est traduite trois fois, sur cette page, par, *Huile.*

Page 154. col. a. l. 24. *Ambrosie ---- boisson des Dieux*; pour, *nourriture des Dieux.*

Page 210. col. b. lignes 31 - 37. La traduction de ces sept-lignes rend a faux le sens de l'Original.

Page 217. col. b. l. 2. *Walnut-tree*, le *Noyer*, traduit, *Arbres à noyau.*

Page 240. col. a. l. 21. *Le Jardinier de M. Lowe à Battersea*: Miller dit: *feu M. Lowe Jardinier à Battersea.*

Page 265, & plusieurs fois ailleurs. *Tapering*, mot Anglois qui signifie *Conique*, est toujours traduit, *Cylindrique.*

Page 266. col. a. l. 23. *Province de Lanca*, pour, *Duché de Lancastre.*
l. 26. *Landes de Pesnoy*, pour, *Putney-heath.*
l. 28. *la Pland*, pour, *la Lapponie.*

Page 286. col. a. l. 6. 7. *les Hollandois l'appellent Petroseline & Wortle*, pour, *Petroseline-Wortle.*

Page. 292. col. b. l. 13. 14. *dans la Jamaïque, à Savana*; pour, *dans les prairies de la Jamaique que l'on nomme Savannes.*

Page 326. col. a. l. 26. *Maladie dans l'Aile*, pour, *Maladie dans l'Oeil.*

Page 358. col. a. l. 22. *mais comme les Jardiniers des environs de Londres n'entendent pas &c.* Miller dit: *il n'y a que les Jardiniers des environs de Londres qui entendent bien &c.*

Page 365. col. b. l. 29. *qualité spongieuse*, pour, *qualité piquante.*
l. 33. *grosseur*, pour, *qualité piquante.*

Page 367. col. a. Toute cette colonne & le commencement de la suivante, sont traduites à ne pas rendre le sens de l'Original.

Page 394. col. b. l. 18. *Fens* (marais) *of Lincolnshire*, traduit: *les haies de la province de Lincoln.*

Page 421. col. b. l. 30. *il y a quelques années*; il faudroit traduire: *il y a plus d'un siecle.*

Page 461. col. a. l. 35. *in some distant parts of England*: on l'a traduit: *dans les pays voisins de l'Angleterre.*

Page 482. col. a. l. 21. *à l'Orient près du Pont*; au lieu de: *sur les côtes méridionales du Pont-Euxin.*

Page 504. col. a. l. 1. *du diametre* [*du bassin*]: Miller parle, *de la profondeur.*

Page 505. col. a l. 33. *Zurick en Hollande*; pour, *Ziricksee.*

Page 507. Tout le paragraphe qui commence: *Le Docteur Kæmpfer &c.* & le suivant, font un tissu de Contresens.

Page 514. col. b. l. 33. 34. *La Marguerite de Jardin, rouge, stérile, ou de poules.* Miller dit: *La Marguerite à marcottes, dite la Marguerite à poules & poulettes.*

Page 552. col. a. l. 11. *figures pyramidales*; pour, *en forme spirale.*

Page 555. col. a. l. 15. 16. *on l'enferme dans des balles*; pour, *on en fait des boules.*

Page 558. col. a. l. 27. *le Pere Hans Sloan*; pour, *le Chevalier sir Hans Sloane.*

Page 562. col. a. l. 32. 33. *Lorsque le soleil se trouve perpendiculairement au-dessus d'un bosquet*; MILLER ne dit rien de pareil.

Page 577. col. b. l. 6. *une Noix bonne à manger*; pour, *une Noix d'usage pour teindre les étoffes.*

Voilà plus qu'il ne faut pour la patience du Lecteur : il nous seroit également facile d'en fournir une centaine d'autres.

4°. Les Articles qui regardent la Physique & d'autres objets généraux, sont rendus d'une maniere extrémement fautive dans la traduction : plus ces articles s'éloignent de la description ordinaire des plantes & de la routine du Jardinage, plus sont-ils mal-rendus & remplis de contresens.

Dans l'Article AIR, par exemple, page 75. MILLER dit : *Qu'il se rarefie par la chaleur, se contracte & se resserre par le froid* : la traduction dit : *Qu'il se rarefie par le feu.*

MILLER y dit encore : *Qu'il est compressible & se condense quand il est chargé d'un poids, & qu'il se dilate & reprend son équilibre en l'en déchargeant* ; ce que la traduction rend ainsi : *Qu'il se rarefie par le feu, & qu'il reprend ensuite son ressort & son équilibre.*

Dans celui D'ALLÉES, pour le rendre conforme au sens de MILLER, il a fallu faire 33 Corrections dans la traduction, dont 15 étoient des Contresens ou des omissions de ce qui se trouve dans l'Original Anglois.

Dans l'Article ANATOMIE DES PLANTES, on a dû faire 42 Corrections dans la traduction, il y a jusqu'à 22 endroits où le sens de l'Original n'est pas rendu.

Dans la traduction de l'Art. AVENUE, il y a 4 omissions du texte original, & 5 Contresens, dont 2 font dire à l'Auteur des absurdités.

Art. BAROMETRE. La traduction a eu besoin de 55 Corrections pour la rendre conforme à l'Anglois de MILLER. Entre ces Corrections, il y a 10 Omissions du texte de l'Original, dont une est d'un paragraphe essentiel, à la page 498. Le contresens suivant est remarquable : Page 495. col. b. lignes 22---25, MILLER dit : *Les variations du Mercure* (dans le Barometre) *sont beaucoup plus considérables dans les latitudes éloignées de l'Equateur, que dans celles qui en sont proches* : c'est-là un principe général, sur lequel roule une bonne partie de la doctrine contenue dans ce long article ; voici comment les Traducteurs de Paris l'ont rendu : *Lorsque le Barometre est placé au Nord, le Mercure souffre de plus grandes altérations que s'il étoit exposé au Sud.*

Les deux Articles, BOIS (*Petits & Grands*) ont du avoir 48 Corrections pour les rendre conformes à l'Original Anglois ; entre lesquelles sont 7 omissions du texte, 8 contresens qui le denaturent, & une expression singuliere à la page 570. col. a. l. 3. 4. savoir : *ce plaisir n'est plaisir que pour ceux qui se plaisent &c.*

5°. Les Definitions latines des Plantes sont très-incorrectement imprimées, surtout au commencement de l'Ouvrage

EXEMPLES.

Page 2, on trouve, *Basamea*, pour, *Balsamea.*
Page 21, *Dioccia*, pour, *Diœceia.*
Page 22 & 23, *Sentatus*, pour, *Scutatus.*
Page 25. col. b. l. 1. *fructum acutis*, pour, *sursum auctis.*
Page 28. col. b. *Enacrophylla*, pour, *Macrophylla.*
Page 32. col. b. l. 8. *squarrosis*, pour, *squamosis.*
Page 45. col. b. l. 4. *Malempodium*, pour, *Melampodium.*
Page 88. col. a. l. 32. *Phycila*, *Cluna*, pour, *Phylica*, *Clutia.*
Page 145. col. a. l. 17. *Zeylaniens*, pour, *Zeylanicus.*
Page 314. col. b. l. 22. *La Drachné*, pour, *L'Andrachné*: encore la même faute à la page 318.
Page 364. col. a. l. 37. *Cocesneo*, pour, *Coccineo.*
Page 379. col. b. l. 37. *novè Boracense*, pour, *Nov-Eboracense*: la *Nouvelle-Yorck.*
Page 476. col. b. l. 15. *Saint-Hemanthus*, pour, *Hemanthus.*
Page 507. col. a. l. 12. *Amœnitas Exoticarum*, pour, *Amœnitates Exoticæ.*
Page 534. col. b. l. 33. *Compzoïdes*, pour, *Conyzoïdes.*
Page 553. col. a. l. 7. *Urneu-Slon.* pour, *Urucu-Sloan.*

L'on ne peut guere douter, que plusieurs de ces fautes ne doivent être mises sur le compte des Compositeurs & des Correcteurs de la Presse, qui ne savoient pas déchiffrer l'Ecriture de leur Copie: mais il est singulier, que dans tout le cours de cet ouvrage l'on ne fait aucune distinction entre les Diphthongues *æ* & *œ*. Une pareille confusion, qui revient mille fois, n'est conforme ni à l'Etymologie, ni à l'Orthographe de la Langue Latine.

6°. Un grand nombre de noms propres sont estropiés jusqu'à les rendre méconnoissables.

EXEMPLES.

Page xxx. l. 22. *Draa Kenstein*, pour, *Draakenstein.*
Page xxxiij. l. 19. *Villiams*, pour, *Guillaume.*
Page 2. *Bannier*, pour, *Baumier. Pesle*, mis deux fois pour, *Pesse. Vestmenster*, pour, *Westminster. Frosrer*, pour, *Forster. Coock*, pour, *Cooke.* Page 3. *Carnwell*, pour, *Cornwall.*
Page 97. *Wermorsland*, pour, *Westmoreland*; le *Lapland*, & ailleurs, (page 266) *la Pland*, pour, la *Lapponie.*

Les fautes de cette espece sont sans fin, & sauteront aux yeux des Lecteurs qui sont tant soit peu versés dans la Langue Angloise.

APRÈS avoir parlé, avec franchise, des défauts de l'édition de Paris, il n'est que juste de rendre temoignage, avec la même sincerité, de ce qu'elle a de bon.

1°. On a ajouté dans le Texte beaucoup de Renvois pour les noms françois des Plantes, lesquels seront d'une grande utilité à la généralité des lecteurs, & leur faciliteront beaucoup l'usage de ce Dictionnaire.

2°. On y a ajouté beaucoup de Définitions synonymes des Plantes, tirées de quelques uns des principaux Auteurs de la Botanique, à l'usage de ceux qui veulent consulter ces Auteurs.

3°. Les Additions en forme de Notes sont très-considérables : elles regardent principalement *la Physique des Végétaux* & *la Matiere Médicale*, & forment assurément un supplement très-utile au *Dictionnaire de* MILLER.

4°. Le supplément que l'on promet & qui doit former le dernier volume de l'Ouvrage, dans lequel on se propose de rassembler toutes les especes de Plantes que MILLER n'a pas connues, ou dont il n'a pas voulu parler, de les classer & de les traiter d'après sa méthode, ne peut qu'ajouter un degré de perfection à l'Ouvrage Anglois.

Pour en étendre de plus en plus l'utilité, on a ajouté dans cette nouvelle Edition, 1°. les *Noms Anglois des Plantes*, à l'usage de ceux qui voudroient faire venir des Plantes & des Semences d'Angleterre ou des colonies Angloises en Amérique, où les Noms François sont inconnus, & les noms Latins en usage seulement parmi les savans : ces Noms sont renfermés entre des Crochets quarrés [ ].

2°. On a ajouté plusieurs *nouvelles Notes*, soit pour expliquer le Texte de MILLER, soit pour modifier les Notes de l'Edition de Paris, dont elles seront toujours distinguées par les Renvois faits par Lettres de l'Alphabet renfermées dans des Crochets quarrés [*a*], tandis que les autres se font par Chiffres dans des Crochets courbes, ainsi (1).

3°. On trouvera dans la ſuite de l'Ouvrage quelques nouveaux Articles, & quelques Additions aux Articles de MILLER: les uns & les autres ſeront en forme de Notes, & diſtingués par des Crochets quarrés, comme il vient d'être dit des autres Notes de l'Editeur de Bruxelles, afin que l'on ſache exactement ce qui appartient à chacun.

Quant au Texte même de MILLER, l'Editeur s'eſt borné ſcrupuleuſement à rendre la Traduction françoiſe conforme à l'Original Anglois; & quant aux Notes de l'Edition de Paris, on s'eſt fait un dévoir d'en donner une Edition correcte, ſans y toucher en aucune ſorte: c'eſt une juſtice que l'on doit aux ſavans Auteurs de ces Notes.

Notice de PHILIPPE MILLER, *& de ſes* OUVRAGES.

LA carriere de PHILIPPE MILLER a été beaucoup plus utile que brillante. Il naquit en 1690, & vers l'an 1719 ou 1720, il fut nommé Jardinier de la Compagnie des Apothicaires dans leur Jardin Botanique à *Chelsea*, beau village ſitué ſur le bord de la Thamiſe à une demi-lieue audeſſus de Londres. Quelques années après, ſes connoiſſances & ſes utiles expériences dans la Botanique le firent élire Membre de la Société Royale de Londres; enſuite il fut reçu de l'Académie de Botanique de Florence. Voilà tous ſes titres. Il vécut généralement reſpecté pour ſa probité, & ſans autre ambition que d'être utile à l'humanité & à ſa patrie. Il entretenoit une vaſte correſpondance dans les Pays étrangers, dans la vue de recueillir les Plantes exotiques de toutes les parties de la terre: ſon Dictionnaire en fait foi en cent endroits, ainſi que d'avoir viſité en Botaniſte preſque toutes les parties de l'Angleterre & (en 1727) quelques Provinces des Pays-Bas, &c. Il mourut à Chelsea le 18 Décembre 1771, dans la 81e. année de ſon âge, univerſellement eſtimé & regretté pour ſes connoiſſances utiles & ſes vertus ſociales.

MILLER écrivit tous ses Ouvrages en Anglois; en voici la liste, avec les diverses Editions & Traductions qui en ont été faites, pour autant qu'elles sont parvenues à notre connoissance.

1. *Le Dictionnaire des Jardiniers.* La premiere Edition de cet Ouvrage parut à Londres en 1724. 2 volumes *in-8vo*; la 3e. en 1737 *in-folio*; la 6e. beaucoup augmentée en 1752 *in-folio*; la 8e. & la meilleure en 1768, *in-folio*, contenant 1348 pages d'impression & 20 Planches de gravures, y compris le Frontispice. Toutes ces Editions sont de Londres: on en fit une Contrefaçon à Dublin en 1741, & plus d'une fois ensuite. Le prix de la bonne Edition de 1768, est ordinairement 3 Guinées.

Il en parut une Traduction en langue Hollandoise à Leyde en 1746 & 1747, 2 volumes *in-folio*.

G. Leonard Huth le traduisit en Allemand, & le fit imprimer à Nuremberg en 2 vol. *in-folio*, dont le 1r. parut en 1750, & le 2e. en 1752. En 1758, le même *Huth* donna un supplément *in-folio*, contenant toutes les augmentations, &c. de la 6e. Edition Angloise que MILLER avoit donnée en 1752. Cette Traduction Allemande fut reimprimée à Nuremberg en 1769. 2 vol. *in-folio*.

Les trois premiers Volumes de la Traduction Françoise de ce grand Ouvrage parurent à Paris en 1785, *in-4to*. il en faut probablement sept ou huit volumes pareils pour l'achever.

2. *Abrégé du Dictionnaire des Jardiniers.* MILLER le donna à Londres en 1735, 2 vol. *in-8vo*. & la 6e. & derniere Edition, considérablement augmentée, parut à Londres en 1771, *in-4to*. 920 pages d'impression, & 13 Planches, qui font partie de celles qui sont contenues dans le grand Ouvrage. Cette 6e. & meilleure Edition de *l'Abrégé* fut publiée peu de mois avant la mort de MILLER: il coute à Londres 1 Livre 5. sh. Sterl.

3. *Le Calendrier du Jardinier*: à Londres 1732, *in-8vo*;

1733, *in-8vo*; 1734, *in-8vo*. pour les 7e. & 8e. fois à Londres en 1748 & en 1749, *in-8vo*. MILLER le fit imprimer dans la 6e. Edition de son Dictionnaire en 1752, & il en a été fait un grand nombre d'Editions depuis, ainsi que de Contrefaçons à Dublin: La premiere de celles-ci parut en 1735, *in-8vo*. *C. W. Buttner* le traduisit en Allemand & le fit imprimer à Gœtingue en 1750, *in-8vo*.

Ce Calendrier des Jardiniers est une Appendice nécessaire du *Dictionnaire*, & devroit toujours l'accompagner. Les travaux d'Agriculture & de Jardinage y sont distribués par mois: la Culture des Plantes dont il est parlé en détail sous chaque espece dans le Dictionnaire, est ici réduite sous des chefs généraux, selon les Classes des Plantes qui demandent une Culture semblable, & dont l'Auteur donne les Catalogues. On y trouve en peu de mots tout ce qui regarde la Culture des Jardins potagers & fruitiers, des Jardins à fleurs, les serres, &c.

4. *Figures des Plantes rares qui sont décrites dans le Dictionnaire des Jardiniers*; à Londres, par Numeros ou Cahiers, depuis 1755 jusqu'à 1760, 2 volumes *in-folio*. (Prix, 12 Guinées); Ce magnifique Ouvrage contient 300 Planches gravées en taille-douce, qui donnent les figures de 330 Plantes rares, ou spécialement utiles dans les Arts, la Médecine, &c. enluminées d'après nature sous les yeux de l'Auteur, qui y a ajouté les Caracteres, les Classes, &c. d'après *Ray*, *Tournefort* & *Linnée*, & les noms synonymes d'après les principaux Auteurs de Botanique. Quoique MILLER destinoit cet Ouvrage à servir de *supplément* à son *Dictionnaire*, on peut le regarder, cependant, par le moyen des Descriptions & des Explications dont il l'a accompagné, comme un Ouvrage à part, & complet de soi-même. On l'a donné en Allemand à Nuremberg, en 1768, *in-folio*.

5. *La Culture de la Garance, telle qu'elle est pratiquée en Zélande; avec la méthode que l'on y observe pour la*

sécher, la réduire en poudre, &c. à Londres, 1758 *in-4to.*

Ce traité est entierement pratique: on en trouve la substance dans le Dictionnaire de MILLER, à l'Article *Rubia tinctorum*, avec sept planches de gravures, qui sont répétées dans l'*Abrégé*, de l'Edition de 1771.

6. MILLER a donné plusieurs pieces dans les *Transactions Philosophiques* de la société Royale de Londres; savoir :

N°. 403. Sur la méthode d'obtenir des Plantes & des Arbres, de differentes Noix des Indes, comme *Cocos*, &c. par le moyen de couches de Tan.

Vol. XLVIII. Part. I. Mémoire pour prouver que les habitans de *Kamtschatka* ne tirent pas leur sucre, Eau-de-vie, &c. de notre *Berce* ou *Branc-Ursine commune*, (*Sphondylium vulgare*,) comme plusieurs Auteurs l'ont cru; mais de la très-haute espece qui se trouve en *Transylvanie*, & dont il parle dans son Dictionnaire sous le nom de *Heracleum Sibiricum*.

Vol. L. Part. I. Mémoire dans lequel il prouve que l'*Arbre vénéneux à vernis* (*Arbor verncifera venenata*) de Kœmpfer, est le même que le *Toxicodendron Americain*. Voy. *Dict.* Art. TOXICODENDRON, *spec.* 4.

7. On a imprimé à *Berne*, en Allemand & en *François*, quelques fragmens du *Dictionnaire des Jardiniers* de MILLER, savoir:

Sur la Culture de la Vigne, 1766, in-8vo.
Sur la Culture des Herbes Potagères, 1766, in-8vo.
Sur la Culture des Fruits d'Eté, 1767, in-8vo.

A MONSIEUR,

FRERE DU ROI.

MONSEIGNEUR,

En suppliant Monsieur *d'agréer l'hommage de ma Traduction du Dictionnaire des Jardiniers, & des Observations que j'y ai jointes, je ne pouvois pas me dissimuler que le bonheur d'avoir le plus Auguste Protecteur, seroit ba-*

lancé par la certitude de trouver en lui l'appréciateur le plus éclairé, puiſque MONSEIGNEUR *ſe plaît à faire pratiquer dans ſes magnifiques ſerres de Brunoi, ce que* Philippe Miller *enſeigne dans ce Dictionnaire.*

Si cette réflexion ne m'a point arrêté, ce n'eſt pas préſomption de ma part; je compte moins ſur mes foibles talens que ſur les bontés de MONSEIGNEUR. *Le ſacrifice de mon amour-propre lui prouvera qu'on ne réſiſte pas au deſir de faire éclater l'admiration qu'excitent les lumieres & les vertus dont* MONSEIGNEUR *offre le rare aſſemblage & le parfait modele.*

Je ſuis avec un profond reſpect,

DE MONSEIGNEUR,

Le très-humble & très-obéiſſant ſerviteur, DE CHAZELLES,
Préſident à Mortier du Parlement de Metz.

DISCOURS PRÉLIMINAIRE DU RÉDACTEUR.

On ne s'eſt peut-être jamais autant occupé de l'Agriculture qu'on le fait aujourd'hui : cet Art, le premier de tous, & le plus utile, ſans doute, eſt devenu le goût dominant de la plupart des Nations de l'Europe. Le commerce ayant renverſé les barrieres que l'ignorance & la barbarie avoient élevées entre les peuples, il s'eſt fait entr'eux un échange continuel des productions des divers climats : l'activité Européenne s'eſt approprié toutes celles qui pouvoient convenir à ſes froides Contrées ; la conſtance, l'activité, aidées des lumieres d'une profonde théorie, ſont parvenues à naturaliſer dans un ſol étranger, celles même, qui, nées dans des régions plus favoriſées par le ſoleil, ſembloient d'abord repouſſer tous les ſecours de l'Art, & ſe refuſer à la culture.

Ce n'eſt point cependant au commerce ſeul qu'on doit attribuer ce goût général pour l'Agriculture ; c'eſt aux progrès des connoiſſances, c'eſt à l'eſprit philoſophique, qui fait la gloire de ce ſiecle, que nous avons cette obligation : la vraie Philoſophie n'étant autre que la connoiſſance de la vérité & de nos vrais intérêts, elle doit, autant qu'il eſt poſſible, dépouiller l'homme de ſes préjugés, lui faire mépriſer ces vains plaiſirs, qui n'ont point leur ſource dans le cœur,

& le ramener à ces goûts ſimples, à ces occupations paiſibles, qui faiſoient les délices des premiers âges, & perpétuoient les bonnes mœurs. On doit néanmoins faire une très-grande différence entre l'homme éclairé & doué d'un eſprit juſte, qui, après avoir parcouru d'un pas rapide le cercle des plaiſirs factices de la Société, eſt revenu par dégrès à la contemplation de la Nature, aux jouïſſances qu'elle nous offre; & celui qui, à peine ſorti du limon dont il venoit d'être formé, ne dirigea ſes opérations que d'après un inſtinct purement animal, & ne ſe livra au travail que pour ſatisfaire ſes premiers beſoins: celui-ci ne ſait que ſentir, & agir pour ſentir encore; l'autre, au contraire, ajoûte aux impreſſions des ſens les reſſources de ſon eſprit; ſon âme, exercée par l'habitude de penſer, eſt ouverte à toutes les modifications délicates du ſentiment; tous les phénomenes de la végétation deviennent pour lui intéreſſans; il ſuit la marche de la Nature dans ſes moindres procédés; applique ſes obſervations à la théorie générale de l'Agriculture; compare enſemble les différens faits, pour en tirer des conſéquences générales; remonte des effets aux cauſes, & parvient, par l'activité de ſon génie, à ces connoiſſances ſublimes qui élevent l'homme au-deſſus de lui-même, en lui découvrant l'enſemble du vaſte ſyſtême de l'Univers. Tel eſt le Philoſophe, tel eſt l'Homme par excellence: la Nature reconnoiſſante envers lui, le fera parvenir au plus haut dégré de bonheur naturel où il puiſſe atteindre; il aura des mœurs pures, il poſſèdera toutes les vertus ſociales, & ne laiſſera après lui que des regrets.

O vous riches Habitans des Cités, que l'ennui pourſuit au ſein du luxe & de la molleſſe! voulez-vous goûter encore de nouvelles jouïſſances, un bonheur durable? quittez vos lambris dorés, abandonnez les vaines intrigues de l'ambition; venez dans nos campagnes, vous y reſpirerez un air pur; & ſi vos cœurs peuvent encore s'ouvrir à des plaisirs simples, vous y trouverez la véritable félicité.

Quoique le goût de l'Agriculture ait été porté avec une rapidité étonnante, d'une extrémité de l'Europe à l'autre, aucun Peuple n'a pu néanmoins égaler les Anglois dans cette carriere; leurs écrits sont en bien plus grand nombre, & leurs méthodes beaucoup plus sûres que toutes celles dont on s'est servi jusqu'à présent: mais parmi les Auteurs de cette Nation, qui se sont spécialement occupés de l'Agriculture, aucun n'a eu un succès aussi complet que le célebre MILLER: huit Editions de son Dictionnaire qui ont eu lieu dans très-peu de tems [1] ont été enlevées avec la même rapidité; & c'est à cet Ouvrage surtout que les Anglois doivent la supériorité qu'ils ont eue dans ce genre sur les autres Nations. MILLER n'a écrit qu'après quarante ans d'expérience; il ne donne aucune méthode, sans l'avoir éprouvée pendant une longue suite d'années: son style est simple & à la portée de tout le monde; les moindres procédés sont décrits, tous les cas sont prévus, & le Jardinier qui le prend pour guide ne peut jamais s'égarer, parce que sa main est constamment dirigée depuis l'instant où la plante sort de terre, jusqu'au moment de sa maturité: on y trouve tout ce qui concerne les travaux de la campagne, la culture des jardins potagers, celle des plantes indigenes & des plantes exotiques; des pratiques nouvelles pour l'Agriculture en grand, pour faire & conserver le Vin, (toujours d'après l'expérience des Cultivateurs & des Vignerons les plus célebres de l'Europe;) la maniere de planter

[1] C'est-à-dire, depuis 1724, que parut la premiere Edition, jusqu'à 1768, que parut la huitieme & la plus complette, dont nous donnons ici la Traduction.

les forêts, & de les mettre en valeur, celle de traiter les prairies naturelles & artificielles; ce qui regarde la construction des serres chaudes & des fourneaux de toute espece, des orangeries, des caisses à vitrages, des couches vitrées, des couches de tan pour se procurer des fruits précoces; enfin, tout ce qui concerne l'Agriculture y est traité avec une exactitude scrupuleuse, & dans le plus grand détail.

Nous pouvons d'ailleurs parler de cet Ouvrage, comme ayant vérifié les méthodes qu'il propose, sur une multitude de plantes rassemblées de tous les climats: forcés dans les premiers tems de nous confier à des Jardiniers peu instruits, nous avons reconnu la nécessité de nous instruire nous-mêmes, afin de pouvoir diriger leurs opérations; & nous ne craignons point d'avouer que c'est à l'Ouvrage de notre Auteur que nous devons la plus grande partie de nos succès.

Ces considérations nous ont déterminés à entreprendre la traduction, depuis long-tems désirée, du Dictionnaire des Jardiniers de MILLER, dans laquelle on s'est principalement attaché à lui conserver cette précieuse simplicité, propre à le mettre à la portée de tout le monde, & des personnes sur-tout, auxquelles il est particulierement destiné. Les Amateurs doivent nous savoir gré de notre travail; nous n'avons rien négligé pour rendre cet Ouvrage aussi utile qu'il peut l'être, en donnant de l'extension à certains articles, sur lesquels notre Auteur avoit passé trop légèrement: on trouvera au mot ANANAS, une addition considérable, [2] dont nous avons puisé la matiere dans les meil-

[2] Elle est tirée de l'Ouvrage de THOMAS MAWE.

leurs Auteurs poftérieurs à MILLER. Quoique la partie Phyfique foit foiblement traitée dans l'original, nous l'avons cependant laiffée telle qu'elle eft, parce qu'elle n'a qu'un rapport très-éloigné avec l'Agriculture; mais nous y avons ajouté des notes, qui mettront notre Ouvrage, à cet égard, au niveau des connoiffances actuelles. Nous ne nous fommes point contentés d'indiquer vaguement, comme on le fait ordinairement dans les Traités d'Agriculture, les propriétés générales des plantes ufuelles en Médecine; une note, plus ou moins étendue, placée à la fin de chaque article, contient une Analyfe exacte des principes qui entrent dans la compofition de la plante dont il vient d'être queftion, leur maniere d'agir fur les corps animés, les différentes maladies dans lefquelles ils conviennent, les formes fous lefquelles ces plantes doivent être employées fuivant les différentes circonftances, leurs dofes & les compofitions pharmaceutiques dans lefquelles elles entrent: de maniere que cette feule partie, extraite du corps de l'Ouvrage, pourroit faire un Cours complet de matiere Médicale raifonnée.

Comme un affez grand nombre de plantes, qu'on cultive aujourd'hui dans les Jardins de Botanique, étoient encore inconnues du tems de MILLER, & qu'il en a lui-même négligé exprès quelques-unes, qui ne lui ont pas paru dignes de fixer l'attention du Jardinier Praticien, nous les raffemblerons toutes dans des Supplémens qui fuivront le corps de l'Ouvrage, & nous les clafferons, ainfi que l'a fait notre Auteur, felon le Syftême de LINNÉE, & tout ce que nous dirons de leur culture fera tiré des meilleurs Auteurs, tant Anglois que François, & de notre propre expérience.

Nous avons également jugé à propos, pour faciliter le travail aux Perfonnes qui ne font pas très-verfées dans la Botanique, de joindre à chaque plante les termes fynonymes, & les dénominations vulgaires fous lesquelles elles sont connues dans les différens pays, & principalement dans les contrées où elles croîssent naturellement: nous leur évitons par-là la peine de recourir à un grand nombre d'Auteurs, lorsqu'elles se tronveront embarrassées à reconnoître les plantes qui leur auront été envoyées des pays étrangers, sous des noms qui leur sont inconnus. Tel est le travail que nous offrons au Public, nous n'avons eu d'autre intérêt, en l'entreprenant, que celui de nous rendre utiles; si nous avons atteint notre but, tous nos vœux seront remplis.

AU TRÈS-NOBLE

HUGUES

DUC & Comte de Northumberland, Comte Percy, Baron Warkworth de Warkworth-Caſtle; Lord-Lieutenant & *Cuſtos-Rotulorum* des Comtés de Middleſex & Northumberland, de la Cité & Liberté de Weſtminſter, & de la Ville & Comté de Newcaſtle-ſur-Tyne; Vice-Amiral de toute l'Amérique & du Comté de Northumberland, un du très-honorable Conſeil-Privé de SA MAJESTÉ, Chevalier du très-noble Ordre de la Jarretiere, & Membre de la Société Royale.

QU'IL PLAISE à VOTRE GRANDEUR.

*La bonté qu'*ELLE *a eue d'accepter les deux Editions précédentes de ce Dictionnaire, m'a encouragé à mettre celle-ci à ſes pieds, comme un témoignage public de ma reconnoiſſance de tant d'Obſervations intéreſſantes que* VOTRE GRANDEUR *a daigné me communiquer pour la perfection de cet Ouvrage. Si j'ai été aſſez heureux pour les employer de maniere à mériter ſon Approbation, j'aurai plus d'eſpoir d'obtenir celle du public; car les perſonnes les plus inſtruites dans cet Art utile, ont la plus haute déférence pour les lumieres & le jugement de* VOTRE GRANDEUR.

Le grand nombre d'améliorations qui doivent leur exiſtence, avec tant de ſuccès, à VOTRE GRANDEUR *dans ſes différentes Terres, ſont une preuve convaincante de ſon intelligence & de ſon diſcernement, plus ſpécialement dans un pays preſque denué de bois de charpente. Si* ELLE *continue de planter avec autant d'ardeur que ci-devant, tout le pays ſe trouvera changé en mieux, & les Biens de* VOTRE-GRANDEUR *en auront acquis un très-grand accroîſſement.*

*Qu'*ELLE *puiſſe vivre long-temps pour continuer ces améliorations, & ſervir aux autres d'exemple, c'eſt le vœu ſincère du*

très-humble
& très-obéiſſant ſerviteur
de VOTRE GRANDEUR,

Chelſea, le 1 Mars 1768.

PHILIPPE MILLER.

PRÉFACE
DE L'AUTEUR.

NOUS nous dispenserons de parler ici du DICTIONNAIRE DES JARDINIERS, parce que cette *nouvelle Edition* ayant été précédée de sept autres, nous pouvons raisonnablement croire qu'il est suffisamment connu : mais le Public ayant bien accueilli cet Ouvrage, l'Auteur se croit obligé de lui en témoigner sa reconnoissance.

Ceux qui ont acheté d'anciennes Editions pouvant se plaindre qu'on leur fait tort en publiant celle-ci, il ne sera pas inutile que l'Auteur se justifie à cet égard.

Dans le tems de la premiere Edition de cet Ouvrage, [3] l'Art du Jardinage étoit beaucoup moins avancé qu'il ne l'est à présent : comme depuis ce tems il a fait de très-grands progrès, & que l'Auteur, par état, & par les correspondances qu'il a entretenues tant dans sa Patrie, que dans les Pays étrangers, n'a rien négligé pour s'instruire à fond des nouvelles observations, & qu'il a eu soin de s'assurer des faits par des expériences suivies ; il a pensé que le Public verroit avec plaisir ces additions répandues dans le corps de l'Ouvrage, qui, sans cela, seroit resté imparfait.

Plusieurs personnes avoient cru qu'en imprimant à part les nouvelles découvertes, on pourroit se dispenser de la réimpression de l'Ouvrage : l'Auteur a tenté ce moyen, en publiant, il y a quelques années, des feuilles séparées qui contenoient de nouveaux articles : mais on en a fait à peine quelques demandes ; de sorte que le débit de ces feuilles n'a point dédommagé de la dépense du papier & de l'impression.

---

[3] En 1724, 2 vol. in-8vo.

On possede à présent en Angleterre plus du double des plantes qu'on y connoissoit dans le tems de la premiere Edition de ce Dictionnaire: leur culture ne devant point être omise dans un Ouvrage de cette nature, le soin de l'Auteur, en les y insérant, ne peut être censuré.

Quoique le titre de ce Livre annonce seulement un *Dictionnaire sur l'Art du Jardinage*, toutes les branches de l'*Agriculture* y sont traitées d'une maniere plus complette que dans quelque Ouvrage que ce soit, quoiqu'entiérement écrit sur le même sujet. Les instructions que nous donnons dans chaque partie, ne sont point présentées d'après une expérience légere & fautive; la plupart sont le fruit de plus de vingt ans de pratique en différentes parties d'Angleterre, où l'Auteur a été chargé de surveiller & de diriger entierement les méthodes dont il parle: ainsi il peut assurer le Public qu'il ne recommande rien dont il n'ait reconnu la vérité jusqu'à la conviction.

On est surpris de voir que dans la plupart des Livres qui ont été publiés sur l'Agriculture, à peine aucun des Compilateurs ait fait la moindre attention sur la pratique ordinaire de semer huit fois plus de bled qu'il n'en faut; dépense qui cause un grand préjudice aux Fermiers si attachés à leurs anciennes coutumes, qu'ils rejettent tout ce qui pourroit les convaincre d'erreur; leur obstination est telle, que, si leur terrein n'est point couvert en entier au printems de tuyaux de bled, ils le labourent de nouveau pour y semer de l'orge ou d'autres graines de Mars; au-lieu que si le bled y étoit resté, leurs champs auroient produit une meilleure récolte qu'aucun de ceux où les tuyaux ou épis auroient été plus épais. L'Auteur a fait souvent cette observation, & il en a parlé à plusieurs Fermiers, dont la réponse a toujours été, que sur une terre riche une petite récolte d'épis produira souvent une grande abondance de bled, mais que sur une mauvaise terre, les frais ne seroient pas payés: ce qui est une très-grande absurdité; car comment est-il possible qu'une mauvaise terre puisse fournir une quantité de nourriture ſuffiſante à un plus grand nombre de racines, que ne pourroit faire le meilleur ſol? On voit, d'ailleurs, que partout où cette méthode eſt obſervée, un boiſſeau de ſemences en rapporte rarement plus de trois ou quatre, pendant que la même quantité de grains répandue ſur des champs d'une égale fécondité, & à laquelle on donne aſſez de diſtance & de place pour croître, rendra au moins ſix ou ſept boiſſeaux: j'ai vu un champ médiocre & qui n'avoit pas été cultivé depuis plus de vingt ans, dans lequel on n'avoit ſemé en rangées que trois *gallons* (1) de bled par *âcre* (2) (ce qui n'eſt qu'une huitieme partie de ce que les Fermiers ſement ordinairement), & dont chaque *âcre* a produit neuf *quarters* (3) plus de deux tiers au-delà de ce que les Fermiers ſont accoûtumés de tirer de leurs terres) : par-là, il eſt évident que, ſelon la pratique ordinaire, le Laboureur emploie au moins huit fois plus de ſemences qu'il n'en faut, ce qui lui occaſionne une dépenſe conſidérable & inutile; tandis qu'au moyen de la nouvelle méthode, ſi elle étoit adoptée dans un pays entier, on épargneroit une immenſe quantité de grains, & on obvieroit par-là aux inconvéniens que produit la cherté du bled dans les années ſtériles. On a traité ces matieres ſous les articles AVENA, HORDEUM, SECALE & TRITICUM.

La plupart des Fermiers ne conduiſent pas mieux leurs prairies que leurs terres labourables; ils ſe donnent rarement la peine de détruire les mauvaiſes herbes qui s'y trouvent; ils laiſſent ces plantes nuiſibles répandre leurs ſemences, ce qui en remplit ces champs au moins pour ſept ans, malgré tout ce que l'on peut faire

---

(1) Un gallon eſt une meſure Angloiſe: celui dont parle MILLER ici contient 233 pouces cubiques de France, ou très-près de cinq pintes de Paris.

(2) Un *âcre* d'Angleterre contient cent ſoixante perches quarrées Angloiſes, & 1063 & demie toiſes quarrées de France.

(3) Un *quarter* fait huit boiſſeaux de froment, & contient 14118 pouces cubiques de France, ce qui fait un peu plus qu'un ſeptier & trois-quarts, meſure de Paris.

pour les détruire. Il y en a cependant de plus soigneux à cet égard ; mais ils laissent sur les bords de leurs prairies, dans les haies & aux côtés des fossés, un nombre considérable de mauvaises herbes, qui, en repandant leurs semences, en remplissent encore leurs champs : en outre, ils accordent rarement une quantité suffisante d'engrais pour répandre sur leurs prairies, surtout quand ils ont beaucoup de terres labourables; & s'ils y en mettent, c'est presque toujours dans une mauvaise saison: car l'usage ordinaire est de porter & de répandre les engrais sur les prairies aussi-tôt qu'elles ont été récoltées; mais comme ce travail se fait pendant l'été, la chaleur du soleil les dessèche, en tire l'humidité & détruit la plus grande partie de leur efficacité. Ces matieres étant plus amplement traitées dans le corps de cet Ouvrage, on y renvoie le Lecteur.

Ceux qui pourroient penser que l'Auteur s'est trop étendu sur ce qui concerne le bois de charpente, changeront de sentiment, s'ils veulent se donner la peine de considérer combien cet article est essentiel pour la conservation de ce pays, surtout s'ils réfléchissent à la grande dissipation qui s'en fait depuis plusieurs années: les personnes employées par le Gouvernement pour veiller à la culture & à l'amélioration, tirent profit de la dissipation du bois de charpente : ils imaginent que, leurs prédécesseurs ayant agi ainsi, ils ont le même droit qu'eux ; & cet abus est à présent porté à un si grand excès, qu'à moins qu'on n'y mette ordre très-promptement, le Gouvernement en ressentira un grand dommage pour sa marine. Cette pratique, qui a commencé dans les Forêts Royales, a été suivie par ceux de la noblesse, qui, ayant sur leurs terres une grande quantité de bois de charpente, en ont déjà détruit une partie considérable. Ainsi, par égard pour le bien public, l'Auteur s'est cru dans l'obligation de donner la méthode qui lui a paru la meilleure pour multiplier & conserver les bois de charpente, & il ôse espérer que cet article ne sera pas désagréable à la plus grande partie de ses Lecteurs.

On a lieu de croire que les différentes plantes dont

on propose d'essayer la culture dans les Colonies Britanniques en Amérique, y réussiroient réellement, si on se donnoit la peine de faire les expériences convenables, en ne s'attachant qu'à celles qui peuvent être vraiment utiles, & procurer un avantage réel aux Habitans. On peut aussi espérer que certaines plantes, telles que le *Saffleur*, l'*Indigo*, &c. ainsi que plusieurs drogues médicinales, dont on fait une si grande consommation, tant pour les Manufactures qu'on ne pourroit entretenir ni même conserver sans elles, que pour les usages de la Pharmacie; on peut espérer, dis-je, que ces différentes plantes qui ne peuvent réussir jusqu'à un certain point en Angleterre, prospéreroient dans ce nouveau climat aussi bien que dans leur sol originaire, & que leur grande multiplication ne seroit jamais dans le cas de nuire au commerce, eu égard à la prodigieuse consommation qui s'en fait. On peut en dire autant du *Café* & du *Cacao*, sur lesquels on ne peut trop recommander de faire dans nos Isles des expériences nouvelles. La premiere de ces productions, recueillie avant sa maturité, mal séchée & envoyée en Angleterre sur des vaisseaux chargés de rum & de sucre, qui lui communiquent leur odeur, perd par-là beaucoup de sa qualité & de son prix: la derniere a été autrefois cultivée par les Espagnols dans l'Isle de la Jamaïque, lorsqu'ils en étoient possesseurs; ils en récoltoient assez pour la consommation des Habitans: mais à présent les Anglois qui y résident, l'achetent des Espagnols. Ainsi ces articles demandent l'attention du Public; car, si ces marchandises peuvent être cultivées avec succès dans nos Colonies Britanniques en Amérique, non-seulement nous en tirerons notre consommation, mais nous ferons aussi changer la balance du commerce fort à l'avantage de la Grande-Bretagne & de ses Colonies.

On peut aussi reprocher aux Habitans des Isles de l'Amérique, où on cultive le sucre, de confier le soin de leurs plantations à des Inspecteurs, qui, ne connoissant qu'une ancienne & pernicieuse routine, plantent constamment huit ou dix cannes sur chaque butte; de sorte que ſi cinq ou ſix d'entr'elles viennent à réuſſir, elles ſont ſi ſerrées qu'elles ſe nuiſent réciproquement; leur accroîſſement ne peut ſe faire avec facilité, & elles ſont bientôt attaquées de la vermine qui s'étend & ſe multiplie avec une telle promptitude, qu'elle endommage conſidérablement toutes les cannes, & ſouvent détruit la récolte entiere: alors on attribue cet accident à la rigueur de la ſaiſon & à la nielle, tandis qu'il n'eſt occaſionné que par une pratique intéreſſée & mal-entendue. Un Gentil-Homme fort-inſtruit, poſſeſſeur d'un terrein conſidérable dans la Jamaïque, qui lui avoit été légué à ſon arrivée dans cette iſle, ſe détermina à faire un eſſai de la culture de charrue dans les rangs de cannes: pour y parvenir, il prépara un âcre de terre au milieu d'une grande piece de même eſpece, & y fit planter des cannes à cinq pieds de diſtance l'une de l'autre, & une ſeule ſur chaque butte; ces cannes s'étant élevées à une très-grande hauteur & groſſeur, il les fit couper à leur maturité dans le même tems qu'on récoltoit ſur un autre âcre du meilleur terrein de la même piece, les cannes qui avoient été plantées ſuivant la méthode ordinaire. La production de chaque âcre fut bouillie ſéparément pour en connoître le réſultat, qui ſe trouva à-peu-près de même pour le poids du ſucre; mais il fallut neuf fois moins de bois pour faire bouillir les plantes de la nouvelle méthode, & le ſucre fut vendu ſix shelings de plus par quintal: ce qui prouve tout l'avantage que l'on peut retirer de cette nouvelle façon de cultiver les cannes, & de beaucoup d'autres plantes dont les poſſeſſeurs devroient faire des eſſais avec le plus grand ſoin.

Les changemens qui ont été faits dans les Catalogues d'arbres & de plantes qui ſe trouvent à la fin de cet Ouvrage, n'ont eu lieu que pour ne pas trop en augmenter le volume: leurs différences ſpécifiques n'y ſont pas inſérées dans toute leur étendue; mais leurs titres génériques y ſuppléent, & les marques de chacune les dénotent ſuivant leurs eſpeces reſpectives, rapportées dans le corps du Livre. On prie le Lecteur de conſulter

consulter les différens genres où l'on a décrit, sous chaque article, les especes avec leurs différens titres, ainsi que leur culture & les endroits où elles croîssent naturellement. L'usage de ces Catalogues peut être d'une grande utilité, sur-tout à ceux qui ont peu de connoissance dans l'Art du Jardinage ; mais plus particulierement à ceux qui se donnent pour Dessinateurs de Jardins ; car si cette partie de l'art de planter étoit conduite convenablement, on ne commettroit point tant d'absurdités qu'on en trouve à présent dans la plupart de ces dessins, où nous voyons souvent les plus petits arbrisseaux plantés dans les places, où les plus grands arbres auroient dû se trouver.

Le but de l'Auteur, dans l'exécution de cet Ouvrage, a été principalement de rendre les instructions qu'il a données, claires & intelligibles, non-seulement aux Praticiens, mais encore à ceux qui ont le moins de connoissance dans cet Art : dans tout ce qu'il a dit, il n'a eu égard qu'à la vérité, & il n'a rien avancé dont il n'ait été convaincu par sa propre expérience. Ainsi quoique l'Auteur espere qu'on ne trouvera pas un grand nombre de fautes dans le cours de cet Ouvrage, il compte néanmoins sur l'indulgence du Public, pour les omissions & les imperfections qui peuvent s'y rencontrer ; parce que dans un travail d'une si vaste étendue, on ne peut espérer d'être absolument parfait.

Quelques erreurs d'impression s'y sont glissées par accident & par l'absence de l'Auteur, dont les occupations l'appelloient souvent à la campagne pendant le tems qu'on l'imprimoit ; mais comme la plupart de ces fautes sont corrigées, & que d'ailleurs elles ne sont pas de grande importance, il prie le Lecteur de les lui pardonnner.

On a omis dans cette Edition le *Calendrier des Jardiniers*, qui se trouve dans la plupart des Editions précédentes : plusieurs Editions de ce Calendrier ayant été imprimées séparément *in-octavo*, il est à présumer que toutes les personnes qui ont du goût pour l'amusement innocent du jardinage en ont été pourvues ; d'ailleurs en ajoutant quelque chose à cet Ouvrage, il auroit été trop étendu, & l'Auteur auroit souhaité, au contraire, pouvoir l'abréger davantage. Il s'est conduit en cela d'après l'avis de plusieurs de ses amis, qui lui ont fait observer que peu de personnes aimeroient à parcourir un si gros Volume pour y trouver les Articles de cette espece, qu'elles pourroient avoir dans un Volume portatif.

Quoique, dans l'Edition précédente, l'Auteur ait adopté & suivi, autant qu'il a été possible, le Systême de LINNÉE, en vogue parmi les Botanistes, il n'avoit pu néanmoins s'y conformer dans tous les Articles, parce que ce Dictionnaire contenoit un grand nombre de plantes qu'on ne trouvoit point dans les Ouvrages de ce célébre Naturaliste, mais dont la plupart avoient été décrites par TOURNEFORT; il se crut donc obligé de se servir en même tems de l'un & de l'autre: mais depuis lors, le savant LINNÉE, ayant fait de grandes Additions à ses Ouvrages, qui sont généralement consultés & suivis pour la dénomination des plantes, l'Auteur a appliqué sa méthode entiere à cette nouvelle Edition; excepté cependant pour les plantes que le Docteur LINNÉE n'avoit pas eu occasion de voir croître, & qu'il a rangées, sans le savoir, dans des classes impropres: telle est, par exemple, l'*Ilex* ou *Agri-folium*, qu'il a placé dans sa quatrieme classe, avec les plantes dont les fleurs ont quatre étamines & quatre stigmats; tandis que cette espece a des fleurs mâles & femelles, disposées séparément sur différentes plantes: tel est encore le *Laurus*, qui se trouve dans sa neuvieme classe, dont toutes les plantes ont des fleurs pourvues de neuf étamines & d'un stigmat, & qui pourroit être également rangé dans sa vingt-deuxieme classe, parce que toutes les especes de ce genre ont des fleurs mâles & femelles sur différentes plantes. On en a fait l'observation, ainsi que de quelques-autres changemens que l'Auteur a jugé à propos de faire au Systême de LINNÉE, dans le cours de l'Ouvrage, & dont il a donné les raisons qui seront, à ce qu'il espere, approuvées du Public.

On a omis auſſi exprès dans cette Edition pluſieurs plantes, tant celles qui, croîſſant naturellement en Angleterre, ſont rarement cultivées dans nos jardins, que celles qui, ne formant point d'eſpeces particulieres, ne ſont que des variétés accidentelles obtenues des ſemences : du nombre de ces dernieres ſont la plupart des plantes à fleurs doubles, dont l'énumération auroit énormément groſſi cet Ouvrage : on a néanmoins parlé de preſque toutes ces variétés, en les nommant ſimplement à leur place, afin d'inſtruire le Lecteur des différences qui les diſtinguent ; & l'Auteur eſpere que cela ſera trouvé ſuffiſant. Quant aux fruits & aux plantes alimentaires, dont la plupart & preſque toujours les plus belles eſpeces ont été obtenues par la culture, on en a amplement parlé ſous leurs propres genres.

L'Auteur a fait ſur ce dernier article une longue ſuite d'obſervations, & s'y eſt ſerieuſement appliqué pendant près de cinquante années : [4] tant de Botaniſtes ont fait le dénombrement d'un grand nombre de variétés, comme étant autant d'eſpeces diſtinctes, que la Botanique s'en eſt trouvée fort embrouillée, tandis que d'autres Ecrivains plus modernes ont donné dans l'extrême oppoſé, & ont retranché preſque toutes les eſpeces ; de ſorte que ce feroit un grand ſervice à rendre à cette Science, que d'aſſigner la différence ſpécifique des Plantes ; réſultat qu'on ne peut obtenir que par une longue expérience de leur culture ; & en obſervant ſurtout les variétés qui proviennent des mêmes ſemences, ainſi que les différences occaſionnées par la diverſité des ſols & des expoſitions : différences qui ſont ſouvent ſi conſidérables qu'elles

[4] C'eſt-à-dire ; depuis 1719 ou 1720 ; puiſque MILLER, dans l'*Abrégé de ſon Dictionnaire des Jardiniers*, publié *in-4to.* en 1771, peu de mois avant ſa mort, dit, *pendant plus de 50 années*, au lieu de, *pendant près de 50 années*, qu'il diſoit en 1768, date de l'Edition qu'on traduit ici. Ces Epoques peuvent être utiles dans les temps à venir pour connoître les progrès qu'auront fait les Arts du Jardinage & de l'Agriculture.

confondent les idées d'habiles juges dans cette matiere. Il y a auſſi pluſieurs autres variétés qui ſont produites par la proximité de deux plantes, dont l'une eſt fécondée par les émanations de la pouſſiere ſéminale de l'autre, & qui participent par conſéquent aux deux natures; mais ces ſortes de variétés hybridines produiſent rarement des ſemences, & leur altération ne ſe perpétue point.

EXPLICATION

DES noms d'Auteurs & des Ouvrages cités en abréviation dans ce Dictionnaire.

Act. Phil. Transactions Philosophiques de la Société Royale.

Act. Reg. Sc. Mémoires de l'Académie Royale des Sciences de Paris.

Aldin. Description de quelques Plantes rares qui ont été cultivées dans les jardins Farnésiens de Rome, par TOBIE ALDINUS, imprimée à Rome en 1625, *in*-folio.

Alpin. Ægyp. L'Histoire Naturelle d'Egypte, par PROSPER ALPINUS, en deux parties, reimprimée *in*-4to. à Leyde, en 1735.

Alpin. Exot. PROSPER ALPINUS, des Plantes exotiques, en deux livres, imprimés *in*-4to. à Venise, en 1656.

Amman. Char. Les Caracteres des Plantes de PAUL AMMAN, imprimés *in*-12.

Amman. Hort. La Description des Plantes du Jardin de BOSIUS, par PAUL AMMAN, *in*-4to.

Amman. Joan. Histoire des Plantes de Russie, par JEAN AMMAN, imprimée à Pétersbourg, *in*-4to., en 1739.

Banister. Catalogue des Plantes observées en Virginie, par JEAN BANISTER, imprimé dans l'Histoire des Plantes de RAY.

Barrel. Icon. L'Histoire & les Figures des Plantes de JACOB BARRELIER, qu'il a observées en France, en Espagne & en Italie, imprimée à Paris en 1714, *in*-folio.

Bocc. Rar. Figures & Description des Plantes rares, observées par PAUL BOCCON, en Sicile, &c. imprimées à Oxford, en 1674, *in*-4to.

Bocc. Mus. Musæum des Plantes rares de PAUL BOCCON, imprimé en langue Italienne, en deux parties, à Venise, en 1697, *in*-4to.

Boerh. Ind. Index des Plantes du Jardin Botanique à Leyde, par le Docteur HERMAN BOERHAAVE, imprimé à Leyde en 1719, *in*-4to.

Breyn. Cent. I. La premiere Centurie des Plantes Exotiques, par JACQUES BREYNIUS, imprimée à Dantzic en 1678, *in*-folio.

Breyn. Prod. I. II. Le premier & second Prodromus de la Collection des Plantes, par JACQUES BREYNIUS; le premier a été imprimé en 1680; le second en 1689, à Dantzic, *in*-4to. Tous deux réimprimés à Dantzic, par son fils JEAN PHILIPPE BREYNIUS, en 1738.

Burman. Dec. Decurie des Plantes rares de l'Afrique, par JEAN BURMAN, *in*-4to., à Amsterdam en 1738.

Burman. Thes. Trésor des Plantes de Zéylan, par JEAN BURMAN, *in*-4to. Amsterdam 1737.

Buxbaum. Cent. I & II. Premiere Centurie de JEAN CHRISTIAN BUXBAUM, à Pétersbourg, 1728; la seconde en 1729; toutes deux *in*-4to.

Cæsalp. ANDRÉ CÆSALPIN sur les Plantes; à Florence 1583, *in*-4to.

Camer. Hort. Jardin des Plantes de JOACHIM CAMERARIUS, in-4to. Francfort, 1588.

Catesb. Hist. Histoire Naturelle de la Caroline, de la Floride & des Isles de Bahama, par MARC CATESBY, en deux gros *in*-folio, avec des Planches, Londres en plusieurs années.

C. B. P. Pinax ou Théâtre des Plantes de GASPAR BAUHIN, à Basle 1671, *in*-4to.

C. B. Prod. Prodromus du Théâtre des Plantes de GASPAR BAUHIN; Basle 1671, *in*-4to.

Clus. Hist. Histoire des Plantes rares par CHARLES CLUSIUS, à Anvers 1605, *in*-folio.

Clus. Exot. Exotiques de CHARLES CLUSIUS, en dix livres, à Anvers 1601, *in*-folio.

Columm. Ecphr. Ecphrasis de FABIUS COLUMNA, en deux parties, réimprimé à Rome en 1616, *in*-4to.

Commel. Rar. Descriptions & Figures des Plantes rares & exotiques qui se trouvent dans le jardin Botanique d'Amsterdam, par GASPAR COMMELIN; à Leyde, 1706, *in* 4to.

Commel. Præl. Prélude de la Botanique par GASPAR COMMELIN; à Leyde 1703, *in*-4to.

Corn. L'Histoire des Plantes du Canada de JACQUES CORNUTI, Paris 1635, *in*-4to.

Dale. Pharmacologie de SAMUEL DALE, deux volumes *in*-8vo. à Londres 1710, & réimprimés en un volume *in*-4to. à Londres en 1735.

Dale. Thom. Observations sur plusieurs nouvelles Plantes par THOMAS DALE, qu'il a découvertes en Amérique, *Manuscrit*.

Dalech. Hist. Histoire générale des Plantes par JACOB DALECHAMP, à Lyon 1587, en deux Volumes *in*-folio.

Dillen. Cat. Catalogue des Plantes qui croissent naturellement aux environs de Giessen, en Allemagne, par JEAN JACQUES DILLENIUS; à Francfort 1719, *in* 8vo.

Dod. Pempt. Les six Pemptades de DODONÆUS, à Anvers 1616, *in*-folio.

Dodart. Les Commentaires de l'Histoire des Plantes par DODART, Paris 1676, *in*-folio.

Elchr. Index des Plantes du Jardin de Carlsruhe, par ELCHRODT, en trois parties, *in*-8vo.

Ferrar. Hesp. L'Hespéride de JEAN BAPTISTE FERRARIUS; Rome 1646, *in*-folio.

Ferrar. Fl. Cult. La Culture des Fleurs par JEAN BAPTISTE FERRARIUS, Rome 1633, *in*-4to.

Feuille. Observations Physiques, Mathématiques & Botaniques, faites dans l'Amérique Méridionale, par LOUIS FEUILLE, trois volumes *in*-4to. Paris les 1er. & 2e. volumes en 1714, & le 3e. en 1725.

Flor. Virg. Flora Virginica, *ou* Notice des Plantes découvertes en Virginie, par JEAN CLAYTON, Ecuyer; publié par FRÉDÉRIC GRONOVIUS; à Leyde, en deux parties, *in*-8vo., en 1739.

Flor. Ludg. Flora Lugduno-Batava, *ou* Catalogue des plantes rares des Jardins de Leyde, *in*-8vo., à Leyde 1695.

Flor. Zeyl. Flora Zeylanica, *ou* Catalogue des Plantes recueillies par PAUL HERMAN dans l'Isle de Zeylan, depuis 1670 jusqu'en 1677, Amsterdam, en 1748, par le Docteur LINNÉE.

Garidel. Histoire des Plantes croissant aux environs d'Aix en Provence, par PIERRE GARIDEL, Paris 1719, *in*-folio.

Ger. Emac. Hiſtoire des Plantes de GÉRARD, améliorée par THOMAS JOHNSON, Londres 1633, *in*-folio.

Grew. Anatomie des Plantes par NEHEMIE GREW, Londres 1652, *in*-folio.

Hort. Chels. Catalogue des Plantes du Jardin de Chelſea, par ISAAC RAND, F. R. S. Londres 1739, *in* 8vo.

Hort. Amſt. L'Hiſtoire des Plantes rares qui étoient dans le Jardin Botanique d'Amſterdam, par GASPAR ET JEAN COMMELIN, en deux Volumes *in*-folio, Amſterdam 1697 & 1701.

H. Beaum. Catalogue des Plantes Exotiques qui étoient dans le Jardin de M. VAN BEAUMONT, en Hollande; la Haye 1690, *in*-8vo.

Hort. Elth. Hortus Elthamenſis, ou Deſcription des Plantes rares croiſſant dans le Jardin d'Eltham par JEAN JACQUES DILLENIUS, en deux Volumes *in*-folio, avec Figures, Londres 1732.

Hort. Mal. Les Plantes qui croiſſent naturellement à Malabar figurées & decrites par HENRI RHEEDE VAN DRAAKENSTEIN, en 12 Volumes *in*-folio, à Amſterdam depuis 1679 juſqu'en 1703.

Hort. Maur. Catalogue des Plantes des Jardins du SIGNOR MAUROCENI, par ANTOINE TITA, *in*-8vo., à Padoue 1713.

Hort. Cliff. Hortus Cliffortianus, Catalogue des Plantes du Jardin d'Hartechamp, appartenant à M. GEORGE CLIFFORD, d'Amſterdam, rangées ſuivant la nouvelle méthode ſexuelle des Plantes, par CHARLES LINNÉE, Amſterdam, *in*-folio, 1736, avec des Figures élegantes.

H. C. Hortus Catholicus, ou Jardin univerſel, par FRANCISCUS CUPANI, à Naples 1696, *in*-4to.

H. Edin. Catalogue des Plantes croîſſant dans le Jardin Botanique d'Edimbourg par JACQUES SUTHERLAND, Edimbourg 1683, *in*-8vo.

H. Eyſt. Hortus Eyſtettenſis, par BASILIUS BESLER, Nuremberg 1613, *in*-folio.

H. L. Catalogue des Plantes qui croiſſent dans le Jardin Botanique à Leyde par PAUL HERMAN, M. D. à Leyde 1687, *in*-8vo.

H. R. Monſp. Catalogue des Plantes du Jardin Royal de Montpellier, par PIERRE MAGNOL, à Montpellier 1697, *in*-8vo.

H. R. Par. Catalogue des Plantes du Jardin Royal de Paris, 1665, *in*-folio.

Hort. Upſal. Hortus Upſalienſis, Catalogue des Plantes Exotiques du Jardin d'Upſal en Suede, par CHARLES LINNÉE, Amſterdam, *in*-8vo., 1748.

Houſt. Manuſcrit, Catalogue des Plantes qui ont été obſervées dans les Iſles de la Jamaïque, à Campêche & à la Vera-Crux, par WILLIAM HOUSTON, en 1728, 1729 & 1732.

J. B. Hiſtoire Univerſelle des Plantes par JEAN BAUHIN, en trois Volumes, à Embrun en 1650, *in* folio.

Juſſ. Ant. ANTOINE JUSSIEU, Profeſſeur de Botanique au Jardin Royal de Paris, qui a publié quelques Mémoires ſur les Plantes, dans les actes de l'Académie des Sciences à Paris.

Juſſ. Bern. BERNARD DE JUSSIEU, Démonſtrateur des Plantes au Jardin Royal à Paris, qui a préſenté à l'Académie des Sciences pluſieurs Obſervations curieuſes ſur des Plantes, imprimées dans les Mémoires de l'Académie.

Kæmpf. Ex. Defcription des Plantes curieufes du Docteur ENGLEBERT KÆMPFER, qu'il a découvertes au Japon, imprimée à Lemgow en 1712, *in*-4to.

Lin. Gen. Plant. CHARLES LINNÉE, Docteur en Médecine, & Profeffeur de Botanique à Upfal en Suede, qui a publié plufieurs Editions de fa méthode fexuelle. La premiere à Leyde en 1737; la deuxieme en 1754, à Stockholm, *in*-8vo.

Lin. Sp. Plant. Les efpeces des Plantes par le même Auteur, en deux Volumes *in*-8vo., à Stockholm 1753, & la deuxieme Edition en 1765.

Lin. Mat. Med. Materia Medica DE LINNÉE, à Stockholm 1749, *in*-8vo.

Lob. Adv. Adverfaria ftirpium de MATHIAS LOBEL, à Anvers 1576, *in*-folio.

Lob. Ic. Icones (Figures) des Plantes, par MATHIAS LOBEL, à Anvers 1581, *in*-folio.

Lugd. Hiftoire générale des Plantes, par DALECHAMP, Lyon 1586, deux Volumes *in*-folio.

Magn. Catalogue des Plantes des environs de Montpellier, par PIERRE MAGNOL, *in*-8vo., à Montpellier 1686.

Magn. Hort. Catalogue des Plantes du Jardin de Montpellier, par PIERRE MAGNOL, à Montpellier 1697, *in*-8vo.

Malp. L'Anatomie des Plantes, par MARCEL MALPIGHI, à Londres, *in*-folio, 1679.

Marcg. L'Hiftoire Naturelle du Bréfil, par GEORGE MARCGRAVE, à Leyde, 1648, *in*-folio.

Martyn. Cent. Les cinq Décades des Plantes rares, de JEAN MARTYN, Profeffeur de Botanique à Cambridge; à Londres, 1728, 1729, &c. grand *in*-folio, avec les Figures des Plantes enluminées.

Matth. Les Commentaires fur Diofcoride, par PIERRE-ANDRÉ MATTHIOLE, à Venife, 1558, *in*-folio.

Mentz. Les Index des Plantes en plufieurs langues, par CHRISTIAN MENTZELIUS, à Berlin, *in*-folio, 1682.

Michel. Nouveaux Genres des Plantes, par PIERRE-ANTOINE MICHELI, à Florence, 1729, *in*-folio.

Moris. H. R. Catalogue du Jardin Royal de Blois, par ROBERT MORISSON, auquel eft joint fon Prélude à la Botanique; à Londres, 1699 *in*-8vo.

Mor. Hift. Hiftoire univerfelle des Plantes, par ROBERT MORISSON, Oxford 1679, 1680, 1699, trois Volumes *in*-folio.

Munt. Aloïd. Hiftoire des Aloès, par ABRAHAM MUNTING, Amfterdam 1668, *in*-4to.

Munt. Phyt. Phythographia de MUNTING, Leyde, 1702, *in*-folio.

Munt. Herb. Brit. La vraie Herba Britannica de MUNTING, *in*-4to. à quoi eft fouvent joint fon Aloidærum Hiftoria, Amfterdam, *in*-4to. 1698.

Niffol. Mémoires fur les Plantes par NISSOL, imprimé dans les Actes de l'Académie des Sciences à Paris.

Par. Bat. Prod. Le Prodromus du *Paradifus Batavus*, Leyde, 1698, *in*-4to.

Park. Parad. Le Jardin de belles Fleurs, par JEAN PARKINSON, Londres 1629, *in*-folio.

Park. Theat. Le Théâtre des Plantes, par JEAN PARKINSON, Londres 1649, *in*-folio.

Pet. Histoire des Plantes Angloises, par JACQUES PETIVER Londres 1713, *in*-folio. avec Figures.

Pis. Bras. Histoire Naturelle du Brésil, par GUILLAUME PISO, Leyde 1648, *in*-folio.

Pluk. Alm. Almagestum Botanicum, par LÉONARD PLUKNET, Londres 1696, *in*-folio.

Pluk. Amal. Amaltheum Botanicum, par L. PLUKNET, Londres 1703, *in*-folio.

Pluk. Mantiss. Mantissa Almagesti Botanici, par L. PLUKNET, Londres 1700, *in*-folio.

Pluk. Phyt. Phytographia de PLUKNET, avec le dessin des Plantes, Londres 1691 & 1692, *in*-folio.

Plum. Cat. Catalogue des Plantes d'Amérique, par le Pere CHARLES PLUMIER, Paris 1703, *in*-4to.

Plum. Pl. Am. Description des Plantes d'Amérique, par le Pere PLUMIER, Paris 1693, *in*-folio.

Pon. Bald. Description des Plantes croissant sur le mont Baldus, par JEAN PONA, Anvers 1601, *in*-folio.

Ponted. L'Anthologie, *ou* Discours sur les Fleurs des Plantes, par PONTEDERA, Padoue 1720, *in*-4to.

Raji. Hist. Histoire des Plantes de RAY, Londres 1686 & 1704, trois Volumes *in*-folio.

Raji. Meth. Méthode pour classer les Plantes, améliorée & augmentée par JEAN RAY, Londres 1703, *in*-8vo.

Raji. Syn. Synopsis des Plantes Britanniques, par JEAN RAY, augmentée par DILLENIUS, à Londres 1724, *in*-8vo.

Rauw. Voyages des Indes de LEONARD RAUWOLF, Londres.

Rea. Flora, Ceres & Pomona, par JEAN REA, Londres 1676, *in*-folio.

Rivin. L'Ordre ou Méthode de ranger les Plantes par la forme de leurs Fleurs, par AUGUSTIN QUIRINUS RIVINI, imprimé en cinq classes à Leipsic, 1690, 1691 & 1699, *in*-folio, avec Figures.

Roy. Flor. Leyd. Prodromus ou Catalogue des Plantes qui se trouvent dans le Jardin Botanique à Leyde, par ADRIEN VAN ROYEN, Professeur de Botanique à Leyde, Leyde 1741, *in*-8vo.

Sauv. Flora Monspeliensis, par FRANÇOIS SAUVAGE, la Haye 1755, *in*-8vo.

Scheuch. Observations de JEAN JACQUES SCHEUCHZER, sur les Plantes qu'il a trouvées sur les Alpes en trois différens voyages; Leyde, 2 Volumes *in*-4to. 1723.

Sloan. Cat. Catalogue des Plantes de la Jamaïque, par le Chévalier Sir HANS SLOANE, M. D. Londres 1696, *in*-8vo.

Sloan. Hist. Histoire Naturelle de la Jamaïque, par le Chevalier Sir HANS SLOANE, M. D. Londres 1707 & 1725, en 2 Volumes *in*-folio.

Swert. Florilegium, ou Collection des Fleurs par SWERTIUS, Francfort 1612, *in*-folio.

Tab. Ic. Icones (figures) des Plantes, par TABERNÆ-MONTANUS Francfort 1590, *in*-folio.

Tourn. Inst. Institutions de la Botanique, par JOSEPH PITTON DE TOURNEFORT, Paris 1716, *in*-4to.

Tourn. Cor. Corollaire aux Institutions de la Botanique, par JOSEPH PITTON DE TOURNEFORT, Paris 1703, *in*-4to.

Trew. Chriſt. Jacob. Trew, Doct. en Médecine, F. R. S. & de l'Académie des Curioſités Naturelles, qui a publié ſept Décades de Plantes rares, *in*-folio, très-bien enluminées, à Nuremberg.

Triumf. Obſervations ſur la végétation des Plantes, par J. B. TRIUMFETTA, avec l'Hiſtoire des Plantes qui croiſſent aux environs de Rome, à Rome 1685, *in*-4to.

Triumf. Syl. Syllabus des Plantes du Jardin Botanique à Rome, par le même.

Vaill. Nouveaux Genres des Plantes, par SÉBASTIEN VAILLANT, imprimés dans les Mémoires de l'Académie des Sciences de Paris.

Vaill. Dis. Diſcours ſur la ſtructure des Fleurs, par le même; Leyde 1718, *in*-4to.

Volk. Flora Nurenbergenſis. Notice des Plantes du Jardin de Nuremberg, par le Docteur VOLCKAMER, Nuremberg 1700, *in*-4to.

Zan. Hiſtoire des Plantes, par JACOB ZANONI, à Bologne 1675, *in*-folio.

NOMS d'Auteurs à ajouter à ceux de MILLER.

ALLIONIUS.	*Stirpes Pedem. Taurin.* 1755, *in*-4to.
	Stirpes Nicæenses. Paris. 1747, *in* 8vo.
	Hortus Taurinens. Paris. 1757, *in*-8vo.
BAUHINUS. J.	*Hist. Plantar. Ebrod.* 1650, *in*-folio. 3 Volumes.
BROWNE. P.	*Hist. Nat. Jamaicæ. London.* 1756. *in*-folio.
BUTTNER. D. G.	*Planta Cunonis. Amstel.* 1750. *in*-8vo.
CAMERARIUS. J.	*Epitome Matth. Francf.* 1586. *in*-4to.
	Hortus Medic. Francf. 1588. *in*-4to.
COLDEN. C.	*Plant. Coldingh. Act. Ups.* 1743. *in*-4to.
DALIBARD.	*Flora Parisiensis. Parisiis.* 1749. *Duod.*
EHRET. D.	*Icones Pl. Select. London.* 1749. *in*-folio.
FUCHSIUS.	*Historia Stirpium. Basil.* 1542. *in*-folio.
GERARD. L. C.	*Flora Gallo-Prov. Parisiis.* 1542. *in*-8vo.
GESNERUS.	*Historia Plantar. Norib.* 1759. *in*-folio.
GMELIN. J. G.	*Flora. Sibirica. Petropol.* 1750. *in*-4to. 2 Volumes.
GORTER.	*Flora Geldrica. Harder.* 1747. *in*-8vo. 2 Volumes.
GOUAN.	*Flora Monspel. Monsp.* 1762. *in*-8vo.
GRONOVIUS. J. F.	*Flora Virginica. Leydæ.* 1739. *in*-8vo. 2 Volumes.
GUETTARD.	*Observat. Plant. Parisiis.* 1747. *in*-8vo. 2 Volumes.
HALLER. A.	*Stirpes Helveticæ. Gœtting.* 1742. *in*-folio.
	Hortus Gœtting. Gœtting. 1749. *in*-8vo.
	Opusc. Botanica. Gœtting. 1753. *in* 8vo.
HASSELQUIST. F.	*Iter Palæstinum. Holmiæ.* 1757. *in*-8vo.
HERMANNUS. P.	*Hortus Ludg.-Bat. Lugd.-B.* 1687. *in*-8vo.
HILL. J.	*Flora Britannica. London.* 1760. *in*-8vo.
HUDSON.	*Flora Anglica. London.* 1762. *in*-8vo.
JACQUIN. N.	*Enum. Plantar. Lugd.-Bat.* 1760. *in*-8vo.
	Flora Vindelic. Vien. 1762. *in*-8vo.
	Hist. Plant. Amer. Vien. 1763. *in*-folio.
	Obs. Bot. Vien. 1764. *in*-folio.
JACQUIN. N.	*Flora Austr. Vien.* 1773. *in*-folio. 5 Volumes.
	Hort. Bot. Vind. Vindob. 1770. *in*-folio. 3 Vol.
KALM. P.	*Iter. American. Holmiæ.* 1753. *in*-8vo. 3 Volumes.
KRAMER.	*Flora Austriaca. Vien.* 1756. *in*-8vo.
LEE. J.	*Introduct. in Botan. London.* 1760. *in*-8vo.
LEYSER. F. W.	*Flora Halensis. Halæ.* 1761. *in*-8vo.
LINNEUS. LIN.	*Philosophia Botanica. Holmiæ.* 1751. *in*-8vo.
	Critica Botanica. Lugd.-B. 1737. *in*-8vo.
	Classes Plantarum. Lugd.-B. 1738. *in*-8vo.
	Systema Naturæ. Edit. 10. Holmiæ. 1759. *in*-8vo.
	Hortus Cliffortianus. Amstel. 1737. *in*-folio.
	Hortus Upsaliensis. Holmiæ. 1748. *in*-8vo.
	Flora Lapponica. Amstel. 1737. *in*-8vo.
	Flora Suecia. Holmiæ. 1755. *in*-8vo.
	Flora Zeylanica. Holmiæ. 1747. *in* 8vo.
	Amœnitates Acad. Holmiæ. 1749. *in*-8vo. 6 Vol.
	Iter Oelandicum. Holmiæ. 1745. *in*-8vo.
	Iter Gotlandic. Holmiæ. cum priore.
	Iter Westrogoth. Holmiæ. 1747. *in*-8vo.

	Iter Scanicum. Holmiæ. 1751. *in*-8vo.
LOEFLING. P.	*Iter Hispanicum. Holmiæ.* 1758. *in*-8vo.
LOESELIUS.	*Flora Prussic.* 1703. *in*-4to.
MEESE. D.	*Flora Frisica.* 1760. *in*-8vo.
MONIER. L. G.	*Cat. Plant. Alvern. Parisiis.* 1745. *in*-4to.
MONTI. J.	*Prod. Gramin. Bonon.* 1719. *in*-4to.
MURRAY. J. A.	*Systema Vegetabilium. Gotting.* 1774. *in*-12.
OEDER.	*Flora. Danica. Haffniæ.* 1761. *in*-folio.
OSBECK.	*Iter. Ind. Orient. Holmiæ.* 1757. *in*-8vo.
PETIVER.	*Gazoph. Naturæ. London.* 1702. *in*-folio.
RENEAULME. P.	*Specim. Plantar. Paris.* 1611. *in*-4.
RHEEDE.	*Hortus Malabar. Amstel.* 1678. *in*-folio 12 Vol.
RUMPHIUS.	*Herbor. Amboin. Amstel.* 1740. *in*-folio. 6 Vol.
SCHEUCHZER. J.	*Agrostographia. Tiguri.* 1719. *in*-4to.
SCOPOLI. J.	*Flora Carniolica. Vien.* 1760. *in*-8vo.
SEGUIER. J. F.	*Plantæ Veronens. Veronæ.* 1745. *in*-8vo. 3. Vol.
TILLI.	*Hortus Pisanus. Florent.* 1723. *in*-folio.
TOREN. O.	*Iter Surattense. Holmiæ.* 1757. *in*-8vo.
WACHENDORFF.	*Hort. Ultraject. Traject.* 1747. *in*-8vo.
ZINN. J. G.	*Hortus Gœtting. Gœtting.* 1757. *in*-8vo.

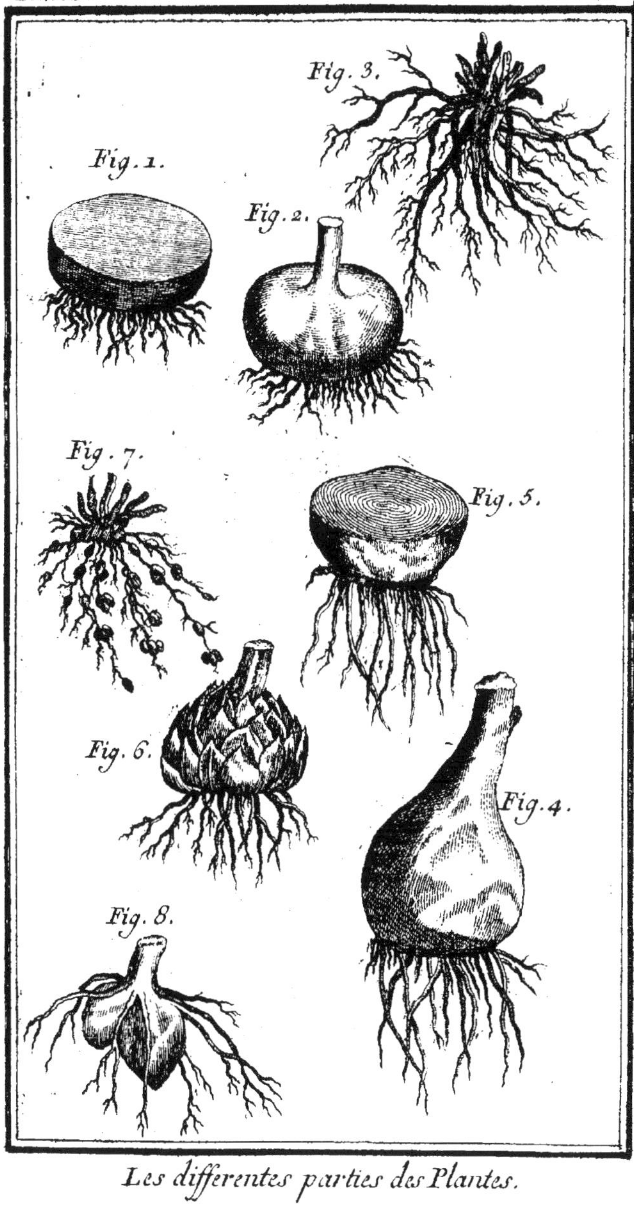

Les differentes parties des Plantes.

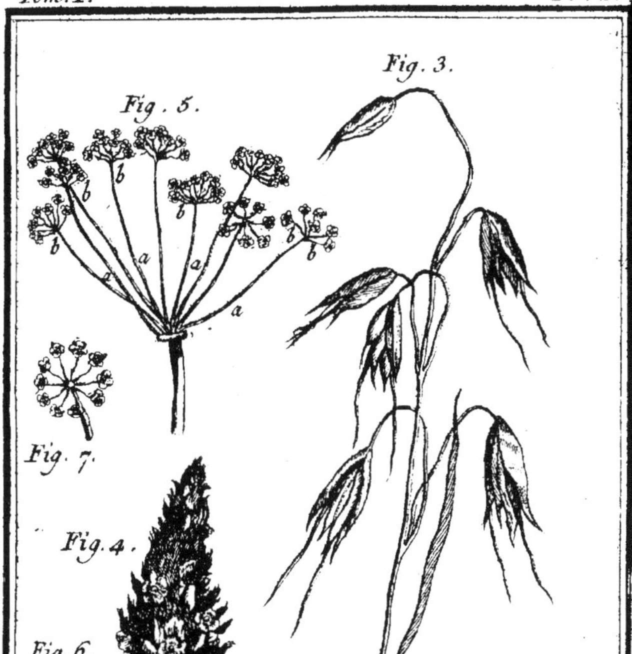

Les differentes parties des plantes.

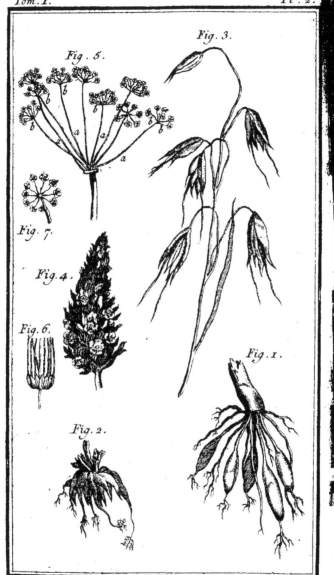

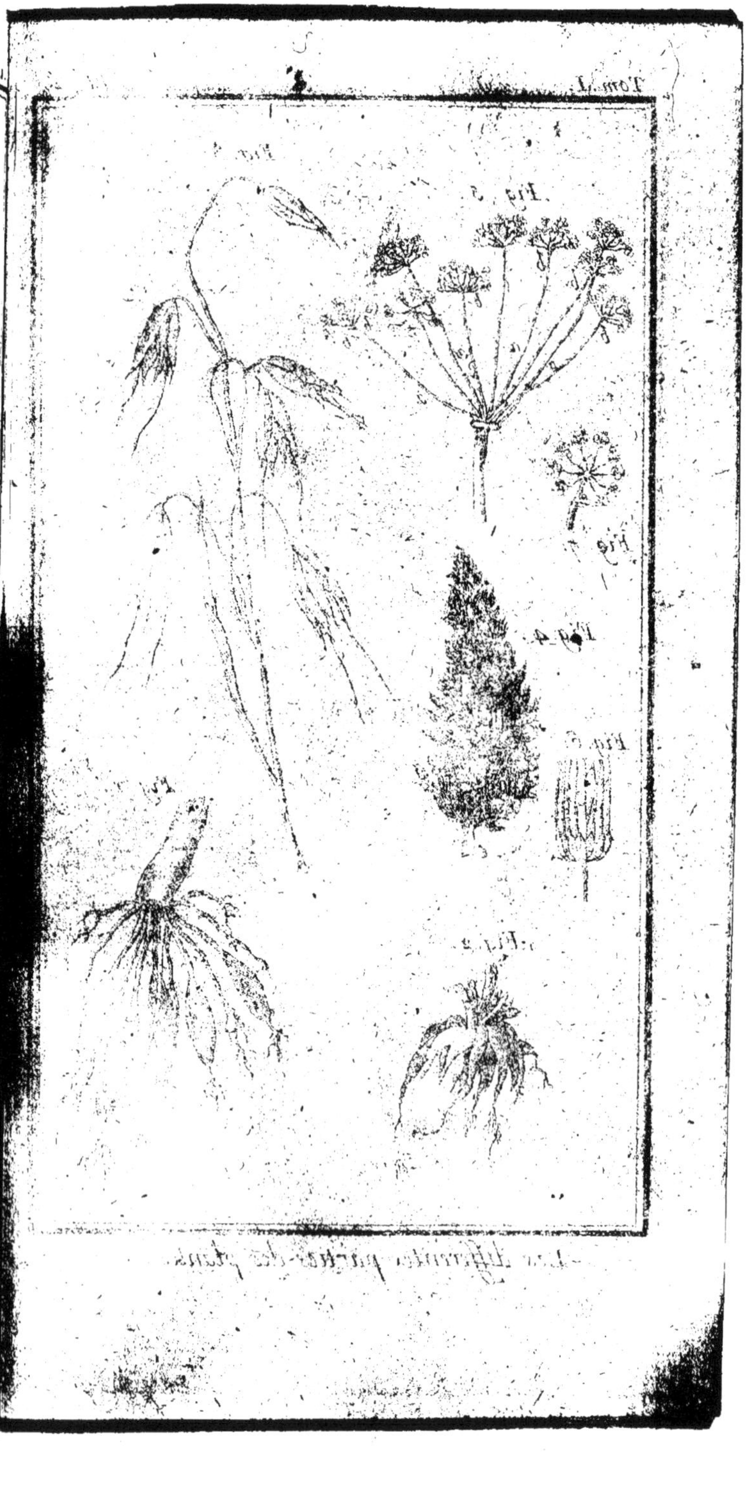

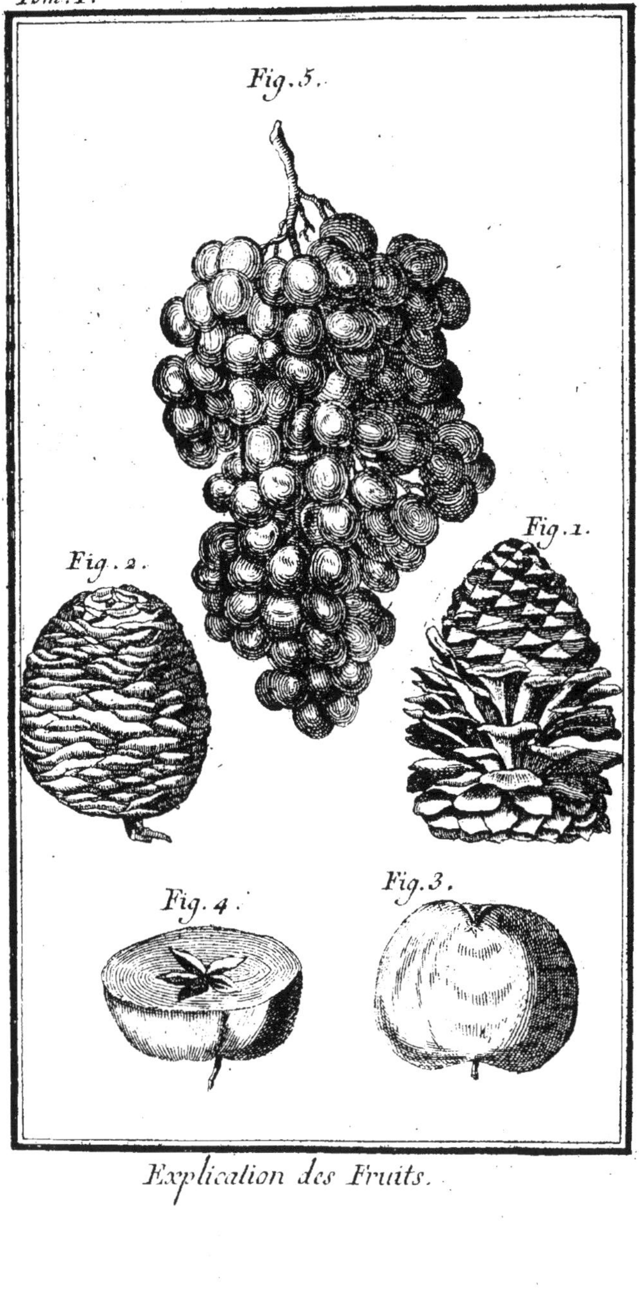

Explication des Fruits.

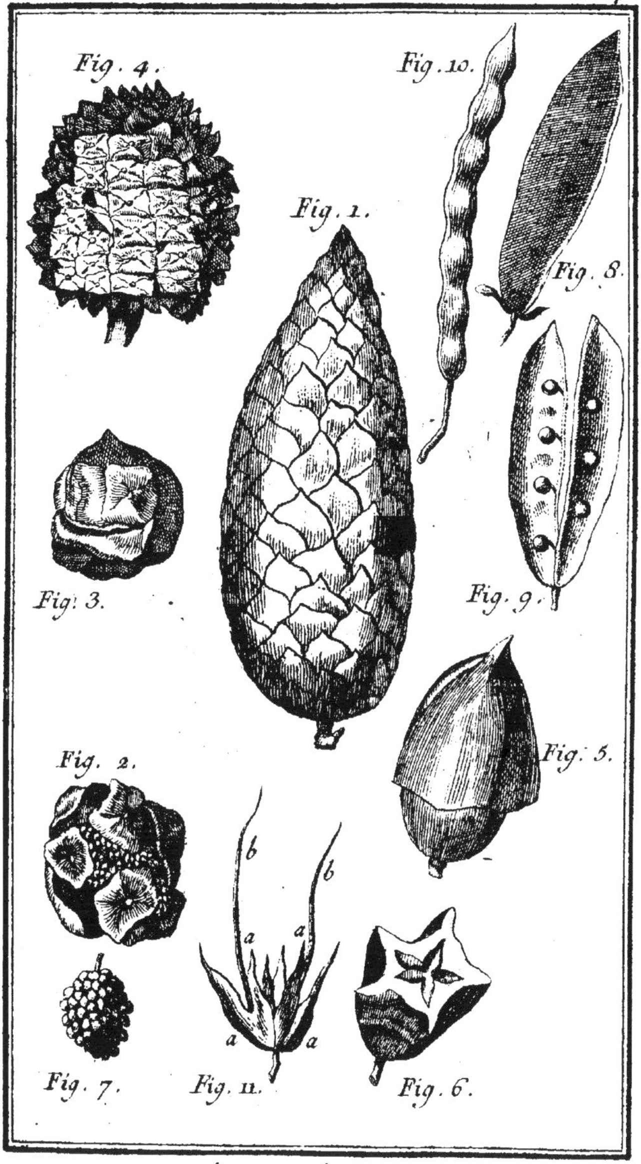

Explication des Fruits.

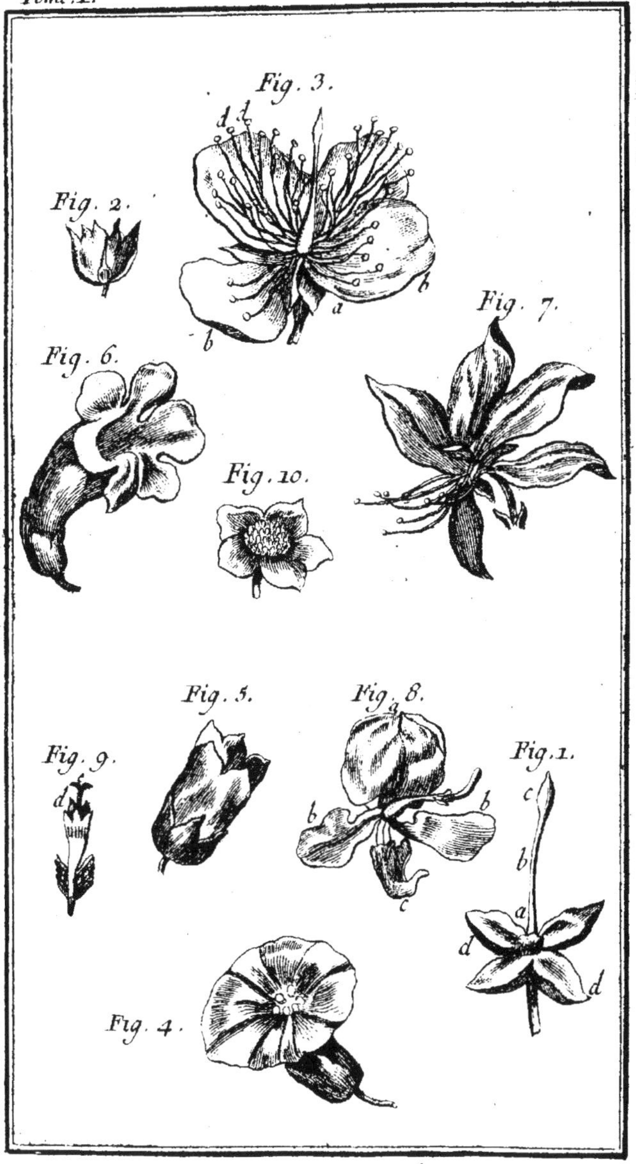

Des differentes Structures des Fleurs.

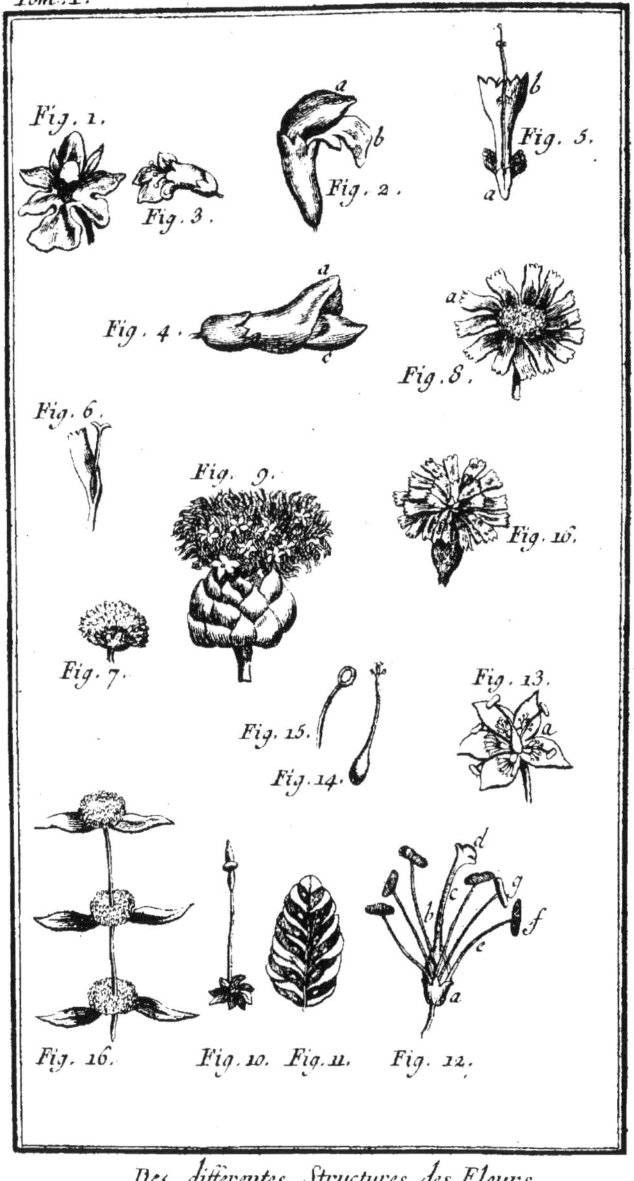

Des différentes Structures des Fleurs.

EXPLICATION

Des Termes Techniques de la Botanique, dont on s'est servi dans ce Dictionnaire, & , en même temps, des six premieres Planches.

Une Racine, (*Radix*,) est la partie d'une Plante, par laquelle elle reçoit naturellement sa nourriture; il y en a plusieurs especes; savoir:

Une Racine fibreuse, (*Radix fibrosa*,) qui n'est composée que de fibres. *Voyez planche 1, figure 3.*

La Racine Tubéreuse, (*Radix tuberosa*,) qui est d'une substance uniforme, charnue & ronde. *Voyez Pl. 1, Fig. 1 & 2*; dans la *Fig. 1*, la racine est coupée horisontalement au travers du milieu.

La Racine bulbeuse, (*Radix bulbosa*,) qui a plusieurs enveloppes l'une sur l'autre, comme on le voit à la *Pl. 1, Fig. 4 & 5*, & celle qui a plusieurs écailles l'une sur l'autre, comme dans la *Pl. 1, Fig. 6.* La premiere de celles-ci est appelée *Racine tuniquée*, la derniere *Racine écailleuse.*

La Racine granulée, (*Radix granulosa*,) a de petits nœuds semblables à des grains de bled. *Pl. 1, Fig. 7.*

La Racine testiculée, (*Radix testiculata*,) est une double racine tubéreuse, consistant en deux nœuds charnus semblables à une paire de testicules. *Pl. 1, Fig. 8.*

La Racine Asfodele, (*Radix Asphodeli*,) est une espece de racine grumeuse, dont les fibres charnus se gonflent en gros nœuds vers le bas, semblables aux mammelles des animaux, *Pl. 2, Fig. 1.*

La Racine grumeleuse, (*Radix grumosa*,) est composée de plusieurs nœuds charnus, terminés en fibres. *Pl. 2, Fig. 2.*

Une Tige, (*Caulis*, est la partie de la Plante qui reçoit sa nourriture de la racine, pour la distribuer dans toutes les autres parties dont elle est garnie; elle a les côtés semblables. La Tige d'un Arbre est appelée *Tronc*, (*Caudex*).

Une Branche, (*Ramus*,) est la division d'une tige : elle est appelée *Branche* ou *Rameau.*

Un Pédicule, (*Pediculus*,) est cette partie de la tige qui soutient immédiatement la feuille, fleur ou fruit. Le célèbre Linnée les a distingués; il nomme *Pétiole*, (*Petiolus*,) ce qui soutient les feuilles, & ce qui soutient le fruit, *Pédoncule*, (*Pedonculus*)

Un Epi, (*Spica*,) est une partie de la tige fort garnie de fleurs ou fruits, de maniere qu'elle a la forme d'un cone aigu. *Pl. 2, Fig. 4.*

Un Thyrse, (*Thyrsus*,) differe d'un épi, en ce que les fleurs ou fruits y sont placés plus clairement, de sorte qu'on voit des espaces ouverts entre eux.

Le Panicule, (*Panicula*,) est une tige divisée en plusieurs pédoncules qui soutiennent les fleurs ou fruits. *Pl. 2, Fig. 3.*

L'Ombelle, (*Umbella*,) est l'extrémité d'une tige ou branche, divisée en plusieurs pédoncules ou rayons qui partent d'un même point, & qui, en s'ouvrant, ont la forme d'un cône renversé. *Pl.* 2, *Fig.* 5. Quand les Pédoncules (*a*) qui divisent la tige, sont divisés en d'autres de la même forme, sur lesquels les fleurs ou fruits sont disposés (*b*), le premier ordre (*a*) est appelé *Rayon*; le second (*b*) *Pédoncule.*

L'*Ombelle* qui n'est composée que d'un pédoncule, est appelée une *Ombelle simple. Pl.* 2, *Fig.* 6.

Celle qui est composée de rayons & de pédoncules, est une *Ombelle composée. Pl.* 2, *Fig.* 5.

Le Corymbe, (*Corymbus*,) differe d'une ombelle, en ce que les rayons ou pédoncules sont disposés de maniere qu'ils forment une sphere. *Pl.* 2, *Fig.* 7.

Une Tige entortillée, (*Caulis volubilis*,) est celle qui s'entortille autour de quelque soutien ou arbre voisin, sans le secours de tendrons ou vrilles.

Une Tige grimpante, (*Caulis scandens*,) est celle qui s'attache à un soutien voisin quelconque, par le moyen de tendrons ou vrilles.

Une Tige rampante, (*Caulis repens*,) est celle qui se couche sur la terre, & se multiplie en poussant des racines aux nœuds.

Une Tige traînante ou courbée, (*Caulis procumbens*,) est celle qui se couche sur la terre, à moins qu'elle ne soit supportée; mais qui ne pousse point de racines.

Tendron, Vrille ou Main, (*Capreolus* ou *Clavicula*,) est une partie de la tige, ou plutôt une branche (placée opposée à la feuille) sur le côté d'une tige, qui se frise & se saisit d'un corps adjacent, s'y entortille, & par-là soutient la tige; comme dans la vigne, &c.

Un Fruit, (*Fructus*,) est la partie de la Plante qui renferme la semence avec son enveloppe : il y en a de plusieurs formes différentes.

Un Cône, (*Conus*,) est une capsule seche, ou vase de semence sec, composé de plusieurs parties ligneuses, adhérentes serrément ensemble, & qui se séparent quand il est mûr : il y en a plusieurs especes qui different dans leurs formes & textures, comme dans la *Fig.* 1, *Pl.* 3. qui représentent un cône de *Pin*, dont les écailles ligneuses se terminent en protubérances aiguës, qui s'ouvrent par la chaleur du soleil au printems, & laissent tomber les semences; la *Fig.* 2, *Pl.* 3, fait voir le cône d'un *Cedre du Liban*, dont les écailles sont unies, posées serrément l'une sur l'autre, & qui tombent en laissant l'axe du milieu sur les branches; la *Fig.* 3, *Pl.* 4, offre un cône de *Sapin*, dont les écailles sont unies, & la forme oblongue; les *Fig.* 2 & 3, *Pl.* 4, font voir un cône de *Cyprès*, qui est d'une forme sphérique irréguliere, & dont les écailles se séparent pour laisser tomber les semences qu'elles renferment; la *Fig.* 4, *Pl.* 4, représente le cône d'un *Pin*, dont les écailles se terminent en protubérances émoussées.

Un Vase sec a semence (*Capsula*;) suivant le nombre de cellules qu'il renferme, est appellé *uni-capsulaire*, *bi-capsulaire*, *quinque-capsulaire*, &c. Voyez *Pl.* 4, *Fig.* 5 & 6.

Une Pomme, (*Pomum*,) comprend généralement tous les fruits charnus, renfermant plusieurs semences dures dans le centre; mais il est fort difficile de savoir ce que les Anciens entendoient par le nom *Pomum*; car ce mot est souvent employé dans leurs écrits pour exprimer des choses de différentes formes, & cette dénomination ne devroit être appliquée qu'aux fruits ombiliqués, qui contiennent plusieurs semences. Voyez *Fig.* 3 & 4, *Pl.* 3.

GRAINS OU BAIES RASSEMBLÉES EN GRAPPE, (*Acini*,) sont, suivant quelques-uns, les baies de *Raisins*, de *Groseille*, &c.; mais la plupart des Botanistes donnent un sens plus étendu à ce mot, en l'appliquant aux protubérances des *Mûres*, *Fraises*, &c. Voyez *Fig* 7, *Pl* 4.

Une GRAPPE, (*Racemus*,) est une tige branchue ou divisée en plusieurs pédoncules qui soutiennent les fleurs ou fruits portés serrément ensemble en une forme oblongue. Voyez *Fig.* 5, *Pl.* 3. La premiere partie de sa définition la distingue de l'épi, & la derniere du panicule.

Le LEGUME, la COSSE ou GOUSSE, (*Siliqua*) est un vâse de semence long & membraneux, qui est plat ou rond, contenant un ou deux rangs de semences. Voyez *Fig.* 8 & 9, *Pl.* 4. Quelques-uns de ceux-ci ont des jointures ou nœuds, & chaque gonflure renferme une semence, comme on peut le voir par la *F.* 10, *P.* 4.

Les semences de blés & d'herbes sont appelées GRAINES, *Grana*; la feuille qui les couvre est appelée PAILLE ou BALLE, (*Gluma*,) *Fig.* 11, *Pl.* 4, (*a*); la BARBE, (*Arista*) (*b*); c'est un petit filet pointu qui sort de la balle. La *balle* qui n'a point de barbe, est appelée *Nue*.

Une PRUNE, (*Prunus*,) est une enveloppe charnue, renfermant une coque dure & ligneuse, dans laquelle sont renfermées une ou deux semences.

Une NOIX, (*Nux*) est une semence couverte d'une coque dure, sèche & osseuse.

La FLEUR, (*Flos*,) est l'organe de la génération des deux sexes, adhérant à un réceptacle commun, rassemblés avec leurs enveloppes communes; ou, de quelque sexe que ce soit, avec des enveloppes particulieres, si elle en a. Les *fleurs* sont *mâles*, ou *femelles*, ou *hermaphrodites*. Les *mâles* ont des étamines & des sommets, mais elles n'ont point de germes ou de styles : les *femelles* ont un germe & un style, mais elles n'ont point d'étamines ou sommets. Les *fleurs hermaphrodites* renferment les deux organes de la génération.

L'OVAIRE, (*Ovarium*,) ou GERME, suivant LINNÉE, est le rudiment du fruit. Voyez (a), *Fig.* 1, *Pl.* 5. C'est l'organe femelle de la génération.

Le STYLE, (*Stylus*,) est un corps qui accompagne l'ovaire : il est ou au-dessus du sommet, Voyez (*b*), *Fig.* 1, *Pl.* 5; ou porté comme un axe dans le milieu avec les embrions qui l'environnent, *Fig.* 2, *Pl.* 5, & (*c*) représente le STIGMAT.

Le CALICE, (*Calyx*,) est composé de petites feuilles tendres, qui couvrent les autres parties de la fleur. Voyez *Fig.* 3 (*a*), *Pl.* 5. Ces feuilles, suivant M. RAY, sont d'une couleur herbacée.

Les PÉTALES, (*Petala*,) sont les feuilles tendres, joliment colorées, qui sont les parties les plus visibles d'une fleur. Voyez *Fig.* 3 (*b*), *Pl.* 5.

Les ETAMINES, ou FILAMENTS, (*Stamina*) suivant LINNÉE, que quelques-uns nomment FILETS, sont ces fils minces, qui généralement environnent le style. Voyez (*c*), *Fig.* 3, *Pl.* 5.

Les SOMMETS que LINNÉE appelle *Anthera*, sont les corps qui contiennent la farine fécondante, ou poussiere prolifique, analogue au ſperme mâle dans les animaux, & qui terminent généralement les filets. Voyez *d*), *Fig.* 3, *Pl.* 5.

Les *fleurs*, ſuivant le nombre de leurs *pétales*, ſont dénommées *monopétales*, *dipétales*, *tripétales*, *tetrapétales*, &c.

Une *fleur réguliere* & *monopétale*, eſt celle dont le *pétale* n'eſt point du tout diviſé, voyez *Fig.* 4, *Pl.* 5; ou s'il eſt diviſé, les ſegments ſont égaux. Voyez *Fig.* 5, *Pl.* 5.

Une *fleur irréguliere* & *monopétale*, eſt celle où les diviſions du *pétale* ſont inégales, comme dans la *Fig.* 6. *Pl.* 5. Elle eſt appelée par LINNÉE, *fleur en maſque* ou *perſonnée*, (*ringens*). MM. RAY, TOURNEFORT & autres, appellent *monopétales*, toutes les *fleurs* dont les *pétales* ſont joints à leur bâſe, & qui tombent ſans ſe ſéparer; mais M. de LINNÉE, nomme *tetrapetales* ou *pentapetales* celles dont le *pétale* eſt diviſé en autant de parties vers le bas.

Une *fleur réguliere* & *polypétale*, eſt celle dont les *pétales* ſont d'une grandeur égale, & dans une poſition conforme les unes aux autres. *Fig.* 10. *Pl.* 5.

Une *fleur irréguliere* & *polypétale*, eſt celle dont les *pétales* ne s'accordent point dans leur forme & poſition. *Fig.* 7. *Pl.* 5, & *F.* 1, *P.* 6.

Une *Fleur labiée* ou à *levres* ou *en gueule* (*Flos labiatus*,) eſt une fleur irréguliere & monopétale, diviſée ordinairement en deux levres, comme dans la *Fig.* 2. *Pl.* 6. La levre ſupérieure (*a*), eſt appelée *Caſque*, (*Galea*,) & l'inférieure (*b*), *Barbe*, (*Barba.*) Le caſque manque quelquefois comme dans la *Fig.* 3. *Pl.* 6, & alors le ſtyle & les étamines prennent ſa place; celles-ci ſont appelées par quelques-uns, *uni-labiées*.

Une *Fleur papilionnacée*, (*Flos papilionaceus*,) reſſemble en quelque maniere à un papillon ayant les aîles étendues. *Fig.* 4. *Pl.* 6, & *F.* 8, *P.* 5, Elle eſt toujours compoſée de quatre parties, ſavoir: *l'Etendard*, (*Vexillum*) (*a*, qui eſt un gros ſegment ou pétale; les deux *Aîles*, (*Alæ*,) (*b*), qui forment les côtés, & la *Carêne*, (*Carina*) (*c*), qui eſt un pétale ou ſegment concave, reſſemblant à la partie inferieure d'une nacelle; la carêne eſt quelquefois d'un pétale ou ſegment entier; en d'autres fleurs, elle eſt compoſée de deux pétales ou ſegments adhérants aſſez près l'un de l'autre.

Une *Fleurette*, (*Floſculus*,) eſt un petit tube qui s'étend au ſommet, qui eſt ordinairement diviſé en cinq ſegments. *Fig.* 5, *Pl.* 6, & *F.* 9, *P.* 5. & porté ſur l'embrion d'une ſimple ſemence (*a*); de la partie intérieure de la fleurette, s'élèvent cinq étamines (*b*) qui s'uniſſent enſemble en forme de graîne (*c*); de l'embrion de la ſemence (*a* s'élève, un ſtyle (*d*), qui paſſe à travers la gaîne (*c*), à laquelle il adhere, & eſt terminé par un ſtigmat diviſé en deux parties, qui ſont généralement réfléchies (*e*). Ces *fleurettes* ſont appelées *hermaphrodites*.

Une *Semi* ou *Demi-fleurette*, (*Semi-floſculus*,) eſt tubuleuſe à la bâſe & s'étend enſuite en forme de langue. Voyez *Fig.* 6, *Pl.* 6. Celles-ci forment ordinairement les rayons des fleurs radiées, & ſont femelles.

Une *Fleur compoſée*, (*Flos compoſitus*,) eſt celle qui eſt compoſée ſoit de fleurettes, *Fig.* 7, *Pl.* 6, ou de ſemi-fleurettes, *Fig.* 16, *Pl.* ou des unes & des autres enſemble, *Fig.* 8, *Pl.* 6, & *F.* 9, *P.* 5.

Un *Diſque*, (*Diſcus*,) eſt l'aſſemblage des fleurettes, en une ſurface unie, comme dans la *Fig.* 7, *Pl.* 6. Elles ſont nommées *fleurs diſqueuſes*.

Un *Rayon*, (*Radius*,) eſt compoſé de pluſieurs fleurettes portées autour

autour d'un disque. Voyez *Fig.* 16, *Pl.* 6, en forme d'étoile radiée. Ces fleurs sont appelées *radiées & disqueuses*; celles qui n'ont point de tels rayons, sont nommées *nues & disqueuses*, *Fig.* 7, *Pl.* 6.

Une *Fleur à tête*, (*Flos capitatus*) est celle qui est composée de fleurettes & de demi-fleurettes, recueillies dans une tête ronde, & qui sont toutes renfermées dans un calice commun & écailleux. *Fig.* 9, *Pl.* 6.

Les *Fleurs verticillées*, (*Flos verticillatus*,) sont celles qui forment des bouquets en anneau autour des tiges à la bâse des feuilles, *Fig.* 9, *Pl.* 5.

Une *Fleur de mousse* s'élève sur un pédoncule mince hors de la Plante, *Fig.* 10, *Pl.* 6; avec la *tête* (*Capitulum*,) *Fig.* 16, *Pl.* 6, & *l'enveloppe*, (*Calyptra*,) qui s'ouvre & tombe quand les semences sont mûres.

La *Fig.* 11. *Pl.* 6. représente un cône découpé au travers du milieu longitudinalement, pour représenter comment les semences sont renfermées entre les écailles.

La *Fig.* 12, *Pl.* 6, représente les parties d'une fleur (*a*) le calice, (*b*) le germe, (*c*) le style, (*d*) le stigmat, (*e*) les étamines, (*f*) le sommet, (*g*) le sommet entier.

Fig. 13, *Pl.* 6, fait voir une fleur avec plusieurs nectaires, postés tout près du germe (*a*).

La *Fig.* 14, *Pl.* 6, (*a*) montre un germe, (*b*) un style, (*c*) un stigmat.

La *Fig.* 15, *Pl.* 6, montre un grain de farine ou poussiere fécondante, représenté en grand par le Microscope.

EXPLICATION
DES PLANCHES 7 & 8.

Elles contiennent les Figures qui expliquent le Systême du célèbre LINNÉE, *qui classe les Plantes par le nombre des Etamines & des Styles qui se trouvent dans les Fleurs.*

PLANCHE 7.

FIGURE 1. Est une fleur avec une étamine & un style, qu'il met sous le titre de *Monandria Monogynia.*

2. Une Fleur avec deux étamines & un style, sous le titre de *Diandria Monogynia.*

3. Une Fleur avec trois étamines & un style, sous le titre de *Triandria Monogynia.*

4. Une Fleur à quatre étamines & un style; *Tetrandria Monogynia.*

5. Une Fleur à cinq étamines & un style; *Pentandria Monogynia.*

6. Une Fleur à cinq étamines & deux styles; *Pentandria Digynia.*

7. Une Fleur à six étamines & un style; *Hexandria Monogynia.*

8. Une Fleur à six étamines & trois styles; *Hexandria Trigynia.*

9. Une fleur à sept étamines & un style; *Heptandria Monogynia.*

10. Une Fleur à huit étamines & un style; *Octandria Monogynia.*

11. Une Fleur à neuf étamines & un style; *Enneandria Monogynia.*

12. Une Fleur à dix étamines & un style; *Decandria Monogynia.*

13. Une Fleur à douze étamines & un style; *Dodecandria Monogynia.*

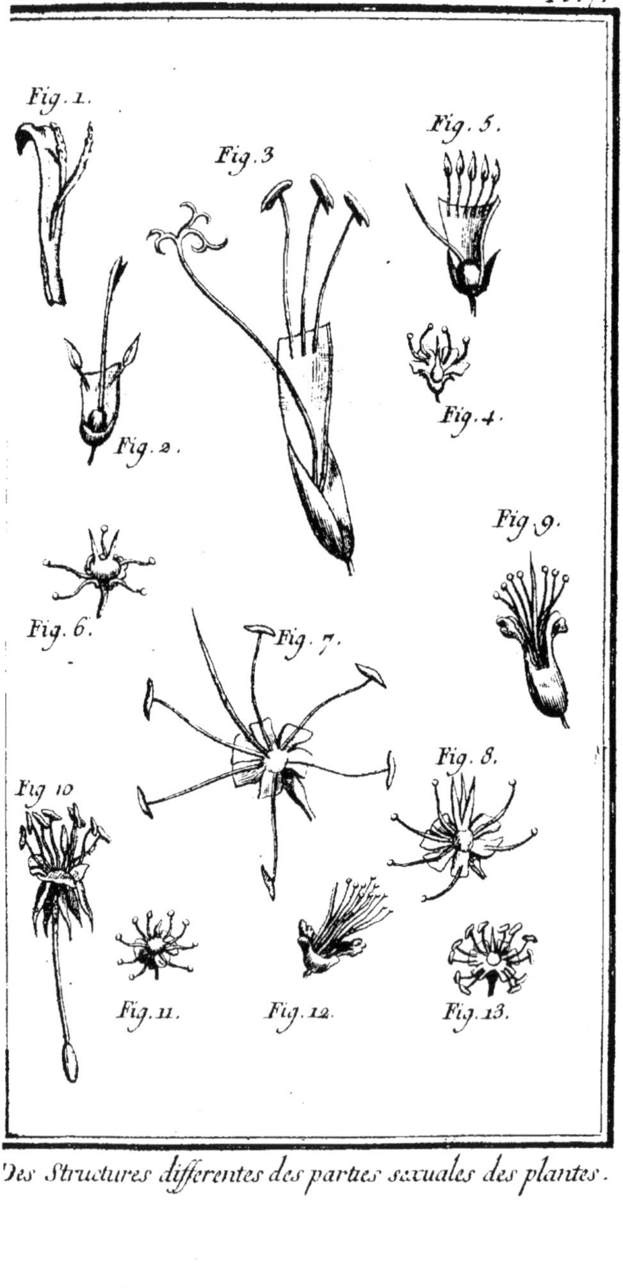

Des Structures differentes des parties sexuales des plantes.

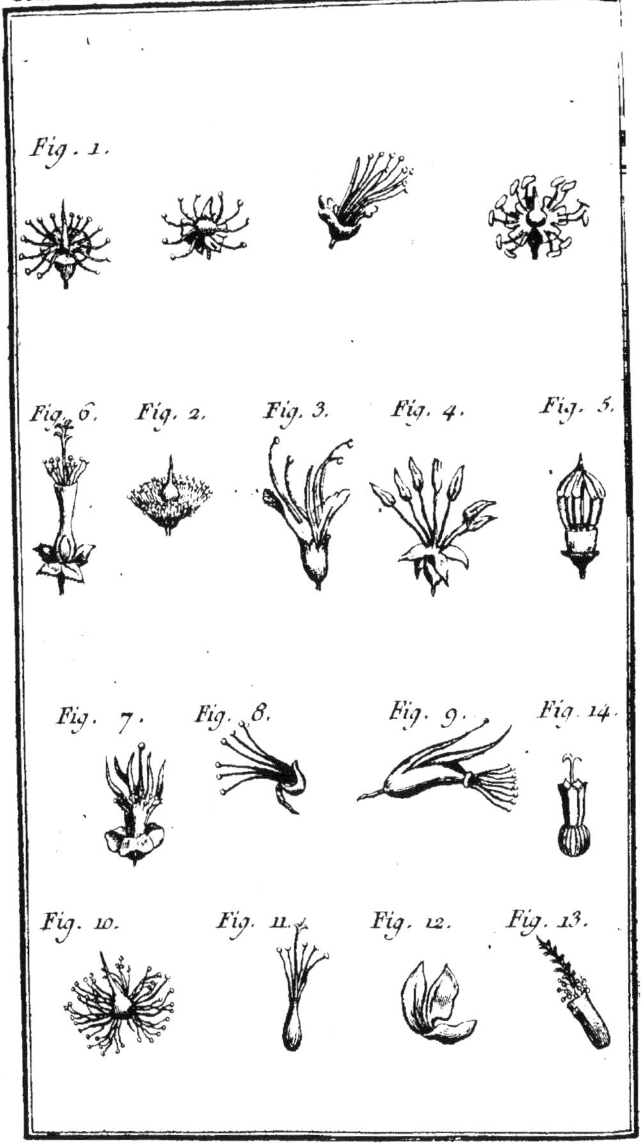

Des Structures differentes des parties sexuales des Plantes

PLANCHE 8.

FIGURE 1. Une Fleur avec plus de douze étamines, mais moins que vingt, qui s'élèvent ou du pétale ou du calice, & avec un ſtyle, LINNÉE la place ſous le titre de *Icoſandria Monogynia*.

2. Une Fleur avec un grand nombre d'étamines & un ſtyle; *Polyandria Monogynia*.

3. Une Fleur avec deux étamines longues & deux courtes, & un ſtyle; *Didynamia*.

4. Une Fleur avec quatre étamines longues & deux courtes, & un ſtyle; *Tetradynamia*.

5. Une Fleur avec cinq étamines unies avec un ſtyle, en un corps; *Monadelphia Pentandria*.

6. Une Fleur avec dix étamines & un ſtyle, qui ſont jointes à leurs bâſes, en un corps; *Monadelphia Decandria*.

7. Une Fleur avec un grand nombre d'étamines jointes en un corps, avec un ſtyle à pluſieurs pointes; *Monadelphia Polyandria*.

8. Une Fleur avec ſix étamines jointes en deux corps; *Diadelphia Hexandria*.

9. Une Fleur avec dix étamines, dont neuf ſont jointes enſemble à leurs bâſes, & l'autre ſéparée, avec un ſtyle; *Diadelphia Decandria*.

10. Une Fleur avec pluſieurs étamines jointes enſemble à leurs bâſes, en pluſieurs paquets; *Polyadelphia Polyandria*.

11. Une ſimple Fleurette, d'une Fleur compoſée. Celles-ci, qui ſont hermaphrodites, ont cinq étamines & un ſtyle jointes à leurs bâſes; *Syngeneſia*.

12. Une Fleur dont les étamines ſont jointes aux pétales & paroiſſent ſortir du ſtyle qui eſt diviſé en deux parties; *Gynandria*.

13. Une Fleur de la ſeizieme claſſe, mais qui a une figure différente de celle ci-devant repréſentée; car les étamines ſont portées autour de la colonne formée par le ſtyle.

14. Une Fleurette de Fleurs compoſées, portée ſur le germe ou embryon de la ſemence, avec deux ſtigmats réfléchis ſur le ſommet du ſtyle.

DICTIONNAIRE

DICTIONNAIRE

DES

JARDINIERS.

ABIES, [*Fir-tree*] *Sapin.* Ce nom eſt dérivé d'*abeo*, s'étendre ou avancer ; quelques perſonnes prétendent qu'il vient d'*abeo*, s'en aller, parce que l'écorce ſe fend, tombe et s'enleve fort aiſément.

Caracteres. Cet arbre a des fleurs mâles ſans corolles, diſpoſées en paquets clairs, & pourvues ſeulement de pluſieurs étamines, jointes à leur baſe, en forme de colonne ; ces étamines s'étendent vers le haut & ſont terminées par des ſommets érigés.

Les fleurs femelles ſont rapprochées dans un cône ovale, diſpoſées deux à deux entre chaque écaille, ſans corolle, comme les fleurs mâles, renfermant un petit germe et un ſtigmat ſimple, & ſont ſuivies de ſemences membraneuſes & aîlées.

Le Docteur Linnée, Profeſſeur de Botanique à Upſal, dont le ſyſtême eſt généralement ſuivi à préſent, range ce genre dans la neuvieme ſection de ſa vingt - unieme claſſe, qui renferme toutes les plantes qui ont des fleurs mâles & femelles placées ſéparément ſur le même arbre, & dont les étamines ſont unies enſemble en forme de colonne.

Il a joint ce genre à celui des pins, cedres et melezes, ne les regardant que comme des eſpeces variées du même genre ; cependant comme ces différens arbres exigent chacun une culture particuliere, nous les tiendrons ſéparés. Nous obſerverons à cette occasion, que dans les anciennes éditions du *Genera Plantarum* de Linnée, ces arbres étoient rangés sous l'article *Abies*; mais que dans sa derniere il a cru devoir les placer sous le mot *Pinus*.

Les especes de Sapins que l'on trouve à présent dans les jardins anglois, sont :

1°. Abies, *alba, foliis subtùs argenteis, apice emarginatis, conis erectis*. Sapins dont les feuilles sont blanches en-dessous, échancrées à leur pointe, produisant des cônes érigés ; communément appellé *Sapin argenté*.

Abies taxi folio, fructu sursùm spectante. Tourn. Inst. R. H.

2°. *Picea, foliis subulatis mucronatis lævibus bifariam versis*; Sapin de Norwege, ou arbre à poix.

Abies tenuiore folio, fructu deorsum inflexo. Tourn. Inst. R. H.

La pesce, pece, *picea, epicia*, ou faux Sapin.

3°. Balsamea, *foliis subtùs argenteis, apice sub emarginatis bifariam versis*; Sapin, dit Baumier de Gilead.

Abies taxi foliis, odore Balsami Gileadensis. Raj. Hist. App. Baumier de Gilead.

4°. *Canadensis, foliis linearibus obtusiusculis sub-membranaceis*; Epinette blanche de la Terre-neuve, ou Sapinette du Canada.

Abies foliis piceæ brevioribus, conis parvis biuncialibus laxis. Rand.

5°. *Abies, mariana, foliis linearibus acutis, conis minimis*; Pesse à feuilles courtes, ou Epinette noire de l'Amérique Septentrionale à très-petits cônes.

6°. *Americana, foliis linearibus obtusiusculis, bifariam versis, conis subrotundis*; Pesse de Virginie, ou Sapin de ciguë.

On connoît encore une autre espece de Sapin, nouvellement apportée de l'Amérique Septentrionale, sous le nom de *Sapin spruce rouge* de la Terre-neuve; mais autant que l'on peut en juger sur les jeunes arbres qui croissent à présent dans les jardins anglois, il paroit qu'elle n'est qu'une variété du Sapin noir de la Terre-neuve. On a aussi apporté de la Chine, il y a quelques années un Sapin qui a été déposé dans le jardin de M. Morgan de *Westminster*, & dont le Docteur Pluknet fait mention ; mais comme il étoit mal situé, et exposé à la fumée de Londres, qu'on fait être très-préjudiciable à toutes les especes d'arbres verds, il y faisoit peu de progrès ; j'ignore s'il a péri dans ce jardin, ou si on l'a transporté dans un autre ; mais on a bâti dans ce lieu depuis quelques années (1).

Alba, Picea. Les premiere & seconde especes de Sapin

---

(1) On trouve dans l'Ouvrage de M. *Forster*, qui a accompagné le Capitaine *Cooke* dans son voyage vers le pôle Austral, la description de différentes especes de Sapins, tant des îles de la mer du Sud, que de la nouvelle Zélande.

font fort communes dans les jardins & plantations d'arbres verds.

La premiere se trouve en très-grande abondance aux environs de Strasbourg & dans d'autres parties de l'Allemagne, d'où l'on apporte en Angleterre la térébenthine qui en découle ; mais on ignore s'ils sont un produit naturel du sol qu'ils couvrent, ou s'ils y ont été transportés d'ailleurs : quoi qu'il en soit, les plus beaux de ces arbres croissent à présent sur le mont Olympe, d'où j'ai reçu des cônes qui avoient plus d'un pied de longueur. TOURNEFORT, dans la relation de son voyage, fait mention des Sapins du Mont Olympe, comme étant les plus beaux arbres du Levant.

La seconde espece, fort commune dans les forêts de la Norwege, croît dans des vallées, dont le sol est très-profond, & fournit le bois de charpente, connu vulgairement sous le nom de *Sapin* : il y a dans cette espece deux variétés qui different beaucoup par la longueur & la couleur de leurs feuilles, ainsi que par leur hauteur & la forme de leurs cônes ; l'une a été distinguée par les Jardiniers de pépiniere sous le titre de *longs cônes de Sapin de Cornwall ou Cornouaille*, Province d'Angleterre ; les feuilles de ce dernier sont plus blanches & beaucoup plus longues que celles des autres, les cônes en sont aussi d'une plus grande longueur que ceux de l'espece commune, ce qui, joint à leur apparence, fait regarder ces arbres comme des especes distinctes ; mais comme ces deux dernieres proviennent des mêmes semences, exactement recueillies sur les mêmes arbres, elle ne sont que des variétés.

On tire la poix de cet arbre, c'est pour cela qu'on le nomme *Picea* ou *arbre à poix*.

Balsamea. La troisieme espece, qu'on ne connoissoit guere autre fois que dans les jardins de l'Evêque de Londres, à *Fulham*, est devenue depuis quelque tems beaucoup plus commune, au moyen des semences qui ont été apportées d'Amérique. Cet arbre fait très-peu de progrès, même après huit ou dix années d'accroissement ; le seul endroit dans lequel il ait eu un peu d'apparence, est *Woburn-Abbey*, maison de campagne du DUC DE BEDFORD, Province de Bedford.

Canadensis. La quatrieme s'est fort multipliée en Angleterre, au moyen des semences apportées de l'Amérique Septentrionale, où elle est connue sous le nom de *Sapin spruce blanc* ; elle croît dans sa patrie, sur les montagnes, & les terreins très-élevés, où elle parvient à une plus grande hauteur que la plupart des autres especes. Ces arbres, qui sont dans les jardins du DUC D'ARGYLE, à *Whitton*, près de *Hounslow*, sont les plus beaux que j'aye vus ; mais il doit y en avoir de plus vieux encore dans la Province de *Devon*, s'ils n'y ont point été détruits; car, en l'année 1724, un Gentilhomme de ce pays, qui en possédoit alors plusieurs d'une grandeur considérable, m'en envoya quelques branches chargées de cônes.

Mariana. La cinquieme espece est le produit des terres humides de plusieurs parties de l'Amérique Septentrionale; mais elle s'éleve rarement à la hauteur de la quatrieme; cependant les habitans de l'Amérique se servent indifféremment des branches de ces deux especes pour faire de la bierre spruce ou fine, d'où vient le nom de *spruce*, qu'on a donné à ces arbres.

Il sort de ces deux especes de Sapin une térébenthine fine & claire, qui répand une odeur forte, & dont les Indiens se servent pour guérir les nouvelles blessures, ainsi que différentes maladies intérieures : depuis quelques années les Medécins anglois de l'Amérique Septentrionale l'ont aussi adoptée dans leur pratique.

Americana. La sixieme espece doit aussi son origine à l'Amérique, d'où ses semences ont été apportées en Europe: ces arbres ne profitent pas mieux en Angleterre que dans plusieurs cantons de l'Amérique : on m'a néanmoins assuré que dans certaines parties de la Grande Bretagne, où ils avoient trouvé un sol convenable, ils étoient parvenus à une très-grande hauteur. Ces arbres viennent naturellement dans plusieurs endroits de l'Amérique Septentrionale.

Culture. On éleve tous ces arbres au moyen des semences détachées de leurs cônes; la maniere de les en tirer, est d'exposer les cônes à un feu léger qui fera ouvrir les cellules écailleuses, et laissera sortir aisément les semences; mais il faut éviter de leur faire éprouver un trop fort degré de chaleur. Les cônes de tous les Sapins s'ouvrent beaucoup plus aisément que ceux des pins, sur-tout ceux des Sapins d'argent & Baumier de Gilead, qui tombent en piece & écartent leurs semences, si on les laisse tard sur les arbres pendant l'automne : on ne doit les faire ouvrir que lorsqu'il est tems de les semer, c'est-à-dire, vers la fin du mois de Mars.

Ces plantes doivent être toutes élevées en planche, où elles puissent être à l'abri des oiseaux, qui les détruiroient dans le tems qu'elles commencent à croître; car comme elles poussent leur enveloppe au sommet, les oiseaux, en piquant ces enveloppes, en brisent le germe, & anéantissent en peu d'heures la planche entiere, si elle n'est préservée de leur voracité.

Le meilleur tems pour semer ces arbres, est vers la fin de Mars ou au commencement d'Avril, suivant que la saison est plus ou moins avancée; on en répand la semence sur une planche de terre légere, qu'on recouvre après, d'un demi-pouce environ de la même terre, & l'on étend par-dessus un filet pour en éloigner les oiseaux (cette méthode est la plus sûre pour les empêcher de détruire les jeunes plantes, lorsqu'elles sortent de terre). Il faut aussi dans ce moment les abriter du soleil au milieu du jour, avec des nattes; sans quoi elles périroient facilement & seroient promptement desséchées. On laisse les plantes dans cette planche jusqu'au printems suivant; alors après avoir préparé un nouveau terrein pour les recevoir, on les enleve soigneusement avec une truelle, afin de ne pas détruire les tendres fibres de leurs racines, & on les transplante au commencement d'Avril, à six pouces de distance de rang en rang, sur trois pouces dans les rangs; de maniere qu'elles forment un quinconce. On observera en faisant cette opération de ne pas laisser trop long-tems les jeunes plantes hors de terre, & de les couvrir soigneusement pour les garantir des impressions de l'air extérieur qui flétriroit leurs racines. En les plantant, on serre la terre sur les racines; et si la saison est seche, il sera prudent de les arroser deux ou trois fois par semaine. On couvre aussi les planches, de nattes, pour les abriter du soleil & du hâle, jusqu'à ce qu'elles ayent formé des nouvelles racines; après quoi elles n'exigeront plus d'autre précaution, que d'être tenues nettes de mauvaises herbes.

Mais au bout de ce tems, il faut songer à les transplanter, sans quoi leurs racines se mêleroient & se confondroient les unes avec les autres. Pour cet effet on choisit une piece de terre découverte, bien labourée, nivelée & nettoyée: on enleve les jeunes plantes avec précaution, en observant sur-tout de n'en pas trop prendre à la fois, & de ne les tenir exposées à l'air que le moins de tems possible, afin d'éviter que les vents secs qui regnent ordinairement dans cette saison n'endommagent leurs racines.

L'intervalle que l'on doit observer en plantant les jeunes arbres dans la pépiniere, est de quatre pieds dans les rangs: on pensera peut-être que cette distance est trop considérable; mais si on fait attention que les racines s'étendent considérablement dans la terre, & qu'étant plantées plus près, il seroit fort difficile de les enlever une seconde fois sans couper ni déchirer ces racines, on conviendra que la crainte de perdre un petit espace, ne peut balancer les avantages qui résulteront de cette méthode. Le terrein destiné à recevoir ces plantes, étant préparé de la maniere ci-dessus indiquée, on trace une ligne droite au moyen du cordeau; & après avoir creusé une rigole d'un pied de largeur, on les y place à deux pieds de distance l'une de l'autre. On remplit ensuite les rigoles, en recouvrant les racines avec une terre très-fine qu'on y insinue avec soin. Cette opération étant faite, on presse légérement la terre avec les pieds, sans la trop fouler, sur-tout si elle est forte, & disposée à se serrer.

Lorsque ces arbres sont ainsi plantés, il faut les arroser pour unir la terre aux racines; si la saison est seche, on répete cet arrosement trois ou quatre fois, pour les aider à en former des nouvelles, & les préserver du hâle. Les plantes peuvent rester deux ou trois ans dans cette pépiniere, suivant le progrès qu'elles y auront fait; pendant ce tems on les nettoye de toutes mauvaises herbes, & chaque année on laboure entre les rangs, sans couper ni endommager les racines. C'est-là toute la culture qu'elles exigent, tant qu'elles sont dans la pepiniere. Lorsqu'on veut les transplanter où elles doivent rester, on a soin, en les enlevant, de ne pas déchirer ni couper leurs racines, & de ne pas les laisser trop long-tems hors de terre: lorsqu'elles sont à l'air, on met leurs racines à l'abri des vents desséchans: le tems le plus sûr, pour enlever ces arbres, est vers le commencement d'Avril, quoique souvent on puisse le faire avec succès à la S. Michel; cependant le printems est la saison la plus favorable, sur-tout dans la terre humide.

Presque toutes les especes de Sapin peuvent être enlevées à six ou sept pieds de hauteur; néanmoins ceux de deux pieds sont préférables; car, en peu de tems, ils égaleront les plus grands arbres; ainsi je ne conseille pas de les transplanter quand ils ont plus de deux pieds de hauteur; surtout s'ils sont restés dans une pépiniere sans avoir été changés; car alors leurs racines se seroient étendues à une distance qui obligeroit à les couper en les tirant de terre; & il est d'observation, que si on retranche beaucoup de leurs racines ou de leurs branches, la quantité de térébenthine qui découle ordinairement de leurs blessures, les affoiblit considérablement: il y a aussi un autre avantage à les planter petits, c'est qu'ils n'exigent pas de fourches pour les garantir des atteintes des vents, ce qui évite beaucoup de peine & de dépense; & si on fait encore attention que le progrès d'un arbre de deux pieds excede le crû de ceux d'une plus grande hauteur, on sera convaincu de la vérité de ce que j'avance ici.

Le Sapin spruce commun, qui fournit le bois de sapin blanc, croît dans les sols profonds & forts de la Norwege & du Danemarck, mais il réussiroit de même dans presque tous les cantons & à toutes les expositions de l'Angleterre, pourvu qu'il ne soit pas placé à la fumée des grandes Villes, qui est fort nuisible à toutes ces especes d'arbres: il ne profite pas aussi bien dans une terre engraissée de fumier, que dans un sol frais. La mauvaise idée que l'on avoit prise de ces arbres venoit de ce qu'ils étoient plantés trop près les uns des autres, ou trop près des autres arbres qui les étouffoient & faisoient périr beaucoup de leurs branches du bas, de sorte qu'en les examinant en dessous, ils paroissoient plutôt morts que vivants; mais lorsqu'on leur donne une bonne distance, & qu'ils sont plantés dans un sol frais, ils ont des branches entierement garnies de feuilles à six ou huit pieds de terre, quand même ils auroient plus de soixante pieds de hauteur; ainsi leur distance doit être au moins de douze pieds, sur-tout si la plantation a plus de trois rangs de largeur; en ce cas même il leur faudra dix-huit à vingt pieds, si l'on veut avoir les branches près de terre bien garnies de feuilles, en quoi consiste la plus grande beauté de ces arbres.

Le Sapin argenté exige une terre plus forte que celui de Norwege; il fait peu de progrès dans les terreins secs, & souvent même, lorsqu'il est parvenu à une hauteur considérable, il est détruit par les grandes sécheresses, s'il ne se trouve pas placé dans un sol bas & humide; mais en le plantant dans un terrein convenable, il s'éleve à une hauteur extraordinaire & devient très-beau; ses feuilles sont blanches en-dessous, & leur surface supérieure est d'un verd foncé.

Cette espece de Sapin est cependant quelquefois endommagée par les gelées tardives du printems; elle s'en ressent d'autant plus que la plante est plus jeune, car en les plantant dans une exposition chaude, la végétation commence de bonne heure, & si les fortes gelées surviennent après qu'elles ont poussé, les jeunes rejettons en sont détruits; de sorte qu'elles perdent une année d'accroissement, & deviennent très-désagréables à la vue: c'est cet inconvénient qui les a souvent fait arracher & rejetter.

Elles ne sont pas sujettes à ce désastre, lorsqu'elles sont plantées à une exposition froide; elles n'y poussent pas sitôt à la vérité, mais elles y parviennent à une grande hauteur, & y conservent toute leur beauté; j'ai vu quelquefois de beaux arbres de cette espece de Sapin, plantés dans des lieux marécageux, où en étendant leurs racines, ils avoient élevé la terre à une distance considérable autour de leur tronc: il y en avoit autrefois en Angleterre de plus de quatre-vingt-dix pieds de hauteur.

Méthode pour élever les autres especes de Sapin.

Vers la fin de Mars ou au commencement d'Avril, suivant que la saison est plus ou moins précoce, on prépare une couche de chaleur modérée, & d'une longueur proportionnée à la quantité de semence qu'on veut employer; on y place des chassis à vitrage, &

si l'on en manque, on y supplée par des cercles propres à soutenir des nattes ou des canevas; on remplit ensuite la couche de petits pots de la valeur d'un sol environ, dans lesquels on met une terre légere & sans fumier; on garnit les intervalles d'une autre terre du voisinage, & on distribue ensuite la semence dans ces pots, que l'on recouvre à peu près d'un demi-pouce de la même terre légere. Pendant que regnent les vents secs, il est nécessaire de couvrir la couche, pour empêcher que la terre ne se desséche trop promptement; ce qui nuiroit beaucoup aux semences, auxquelles trop d'humidité seroit également préjudiciable; c'est pourquoi on doit les arroser rarement & toujours fort légérement: lorsque l'on craint la gelée pendant la nuit, on les couvre. De cette maniere les plantes paroitront en cinq ou six semaines, tems auquel il faut les mettre soigneusement à l'abri des oiseaux (comme on l'a déjà observé pour les especes communes), les tenir à l'ombre au milieu du jour, & leur donner de l'air frais, quand le tems le permet: on peut aussi les exposer aux pluies douces & légeres, mais sans leur laisser prendre trop d'humidité, qui souvent pourrit les jeunes plantes & les fait tomber: tout le succès dépend d'un soin judicieux, car je vois communément un grand nombre de ces plantes détruites dans un jour, pour être trop exposées au soleil ou à trop d'humidité.

Il peut paroître étrange que je conseille de se servir de couche chaude pour semer des arbres si durs; mais j'ai toujours éprouvé par plusieurs essais qu'ils réussissoient mieux de cette maniere que de toute autre; car la chaleur douce de la couche fait végéter les semences beaucoup plutôt, qu'elles ne le feroient naturellement dans une terre froide, les plantes qui en proviennent sont aussi bien plus fortes & moins sujettes par conséquent à pourrir au collet; d'ailleurs, comme la chaleur de cette couche ne doit servir qu'à faire germer les semences, il ne faut que très-peu de fumier, car après que les plantes ont poussé, il est nécessaire de les habituer au plein air, & de les traiter aussi durement que les especes communes.

On n'approuvera peut-être point non plus la méthode de semer ces especes dans des petits pots, parce qu'on se sert ordinairement de caisses ou de grands pots, lorsqu'il y a une grande quantité de semences a employer; mais je parle ici d'après l'expérience, & si je recommande cette pratique, c'est qu'elle m'a toujours réussi.

Comme les semences de Sapin de ciguë, ou pesse de Virginie, restent souvent dans la terre pendant quatre ou cinq mois, les pots dans lesquels on les a semées ne doivent point être dérangés, si les plantes ne paroissent pas aussi-tôt qu'on peut l'espérer; parce qu'en remuant la terre on détruiroit les semences qui sont encore susceptibles de germer

& de pousser au second printems. J'ai vu quelquefois de ces semences rester l'année entiere dans la terre, & pousser ensuite très-bien ; ainsi cet avertissement n'est que pour empêcher de vuider trop tôt les pots.

Les plantes de ces especes de Sapin doivent être traitées après, de la même maniere que les especes communes, avec la différence seulement qu'il est nécessaire de les transplanter plus à l'ombre & dans un sol plus humide; car dans leur jeunesse les ardeurs du soleil leur sont nuisibles, mais elles parviennent à les supporter lorsqu'elles ont acquis plus de force; elles font alors de très-grands progrès, si elles se trouvent placées dans une terre humide, tandis qu'elles ne font que languir dans un sol sec & aride, & se couvrent d'une grande quantité de fleurs mâles & de cônes qui annoncent une vieillesse prématurée & une prochaine décrépitude. Lorsqu'on veut couper les branches pour les élaguer & former leur tige, il faut le faire par degrès & ne jamais retrancher plus d'un rang de branches dans une année; car si on faisoit trop de blessures en même-tems à ces arbres resineux, la térébenthine sortiroit en telle abondance, que leur accroissement en seroit arrêté. Le meilleur tems pour élaguer ces arbres est le mois de Septembre, parce qu'alors il y a moins de térébenthine qu'au printems, & que par conséquent la seve ne s'écoule pas avec la même abondance ; ce qui sort en Septembre ne fait que couvrir les plaies pour empêcher l'humidité, & le froid de l'hiver suivant de pénétrer dans les parties blessées. Ces branches doivent être coupées tout près du tronc.

ABRICOTIER, *Voyez* ARMENIACA.

ABRICOTIER *des Indes*, *Voyez* MAMMEA.

ABRIS HORISONTAL. Quoique les Abris ayent été fort recommandés par quelques personnes, pour conserver les arbres fruitiers, néanmoins ceux qui en ont fait usage peuvent juger de leur inutilité : si ces Abris sont formés par des tuiles qui débordent le mur de distance en distance, ils sont non-seulement inutiles, mais même très-nuisibles ; car tout le monde sait que les végétaux privés des rosées & des pluies, dons bienfaisans du ciel, deviennent foibles & languissans, & qu'ils finissent bientôt par mourir. Des expériences faites tout récemment nous ont démontré que les arbres ne tirent point toute leur nourriture de la terre où ils sont plantés, par les fibriles de leurs racines; mais qu'ils reçoivent encore par une infinité de pores qui s'ouvrent à la surface de leurs écorces & de leurs feuilles, non-seulement l'humidité fournie par les pluies & les rosées ; mais encore quelque chose d'analogue à leur nature qui leur est transmise par l'air environnant. C'est cette propriété que les végétaux possédent à un degré beaucoup plus éminent, que tous les autres corps organisés, qui leur donne la faculté de croître & de prospérer dans les sols les plus arides & les plus ingrats, où il leur est impossible de puiser des sucs nécessaires à leur conservation. C'est d'après ces réflexions, & d'après ma propre expérience, que je condamne ici ces especes d'Abris sous lesquels des arbres vigoureux & fortement constitués peuvent à la vérité quelquefois prospérer, mais qui sont toujours funestes à ceux qui sont foibles & d'une complexion délicate.

La seule espece d'Abri que j'ai trouvé utile aux arbres fruitiers, étoit faite avec deux planches légeres de sapin peintes & appliquées l'une sur l'autre: elles étoient posées au haut du mur, & pouvoient être haussées & abaissées à volonté au moyen d'une poulie. Cette espece de toît ou d'appentis, étant dressée pendant les grandes pluies, ou les froids de la nuit, lorsque les arbres sont en fleur, & que le fruit commence à se former, leur rend un grand service; mais il faut l'ôter entierement lorsque les fruits sont tout-à-fait formés, afin que les arbres puissent jouir des pluies & des rosées de l'été, sans quoi les fruits seroient défectueux & les arbres languiroient.

ABROTANUM. *Voyez* ARTEMISIA.

ABROTANUM *fœmina*, *voyez* SANTOLINA.

ABRUS, *voyez* GLYCINE ABRUS.

ABSINTHE, ou ALUINE, *voyez* ARTEMISIA (ABSINTHIUM).

ABSINTHE *d'Amérique*, *voyez* PARTHENIUM (HYSTEROPHORUS)

ABSINTHE *maritime à feuilles de lavande*, *voyez* ARTEMISIA CŒRULESCENS.

ABSINTHE *des Alpes*, ou *Genepi*, *voyez* ARTEMISIA GLACIALIS. L.

ABSINTHE *du Canada*, *voy.* AMBROSIA TRIFIDA L.

ABSINTHE *de Virginie*, *voyez* AMBROSIA ARTEMISIFOLIA L.

ABSINTHIUM. *Voyez* ARTEMISIA.

ABUTILON. *Voyez* SIDA.

ACACIA *à trois épines*, ou *Carouge à miel*. *Voyez* GLEDITSIA. L.

ACACIA, *épines d'Egypte*, ou *arbres de feves astringentes*. *Voyez* MIMOSA.

ACACIA *faux*. *Voyez* ROBINIA PSEUDO-ACACIA.

ACACIA *rose*. *Voyez* ROBINIA ROSEA.

ACACIA *véritable*. *Voyez* MIMOSA.

ACACIE, ou *Cassie*. *Voyez* MIMOSA FERNESIANA.

ACAJOU, ou *noix d'Acajou*. *Voyez* ANACARDIUM.

ACALYPHA. [*Three seeded Mercury*] *Mercuriale à trois semences*.

Caracteres. Les fleurs mâles sont disposées en grappes sur les mêmes plantes, & placées au-dessus des fleurs femelles; elles n'ont point de corolles, mais un calice à quatre feuilles avec plusieurs courtes étamines jointes à leurs bases & terminées par des sommets ronds. Les fleurs femelles ont de grands calices, en forme de vase, à trois feuilles & persistans : elles n'ont point de corolles, mais un germe rond, trois styles branchus, & un long stigmat. La coupe se change ensuite en une capsule à trois cellules, renfermant chacune une semence ronde.

Ce genre de plante est rangé par Linnée dans la neuvieme section de sa vingt-unieme classe, qui comprend celles dont les fleurs mâles ont leurs étamines réunies en un seul corps.

Les especes sont :

1°. *Acalypha Virginica involucris fœmineis cordatis incisis, foliis ovato lanceolatis petiolo longioribus. Hort. Upsal.* 290. Mercuriale à trois semences, dont les fleurs femelles ont un calice en forme de cœur, & des feuilles ovales, en forme de lance & plus longues que les petioles.

Mercurialis tricoccos hermaphroditica. Pluk. Phyt. 99.

2°. *Virgata, spicis fœmineis involucris cordatis serratis ; masculis aphyllis distinctis, foliis lanceolato ovatis. Amœn. Acad. 5, pag. 410 ;* Mercuriale à trois semences dont les fleurs femelles ont un calice dentelé en forme de cœur, & sont distinctes des mâles.

3°. *Indica, involucris fœmineis cordatis subcrenatis, foliis ovatis, petiolo brevioribus. Flor. Zeyl. 341 ;* Mercuriale dont les fleurs femelles ont des calices dentelés & en forme de cœur, avec des feuilles ovales plus courtes que les pétioles.

Mercurialis Zeylanica tricoccos cum acetabulis. Herm. Lugd. 686. t. 687.

Urtica minor iners spicata, folio subrotundo serrato, fructu tricocco. Sloan. Jam 38. Hist. 1, pag. 125, t. 82.

Wellia-cupameni. Rheed. Mal. 10, p. 165, t. 82.

Virginica. La premiere espece croît naturellement en Virginie, & dans plusieurs autres parties de l'Amérique Septentrionale, d'où ses semences m'ont été envoyées. Cette plante qui est annuelle, s'éleve rarement à plus d'un pied de hauteur, & pousse plusieurs branches latérales vers le bas ; ses feuilles ressemblent beaucoup à celles du pariétaire de muraille à larges feuilles, & sont placées alternativement sur de longs pétioles garnis d'aîles qui partent des feuilles : les fleurs sont produites en petites grappes, disposées de maniere que les mâles sont toujours au-dessus des femelles. Elles ont peu d'apparence & ressemblent si fort à celles du pariétaire, qu'on s'y tromperoit, à moins de les regarder de très-près.

En laissant écarter les semences de cette espece, les plantes poussent mieux au printems, que si on les avoit semées à la main ; par la raison qu'elles veulent être mises en terre en automne, & que sans cette précaution elles ne paroîtroient pas toujours la premiere année. Toute la culture que cette plante exige, est d'être tenue nette de mauvaises herbes, & de n'être point déplacée, car elle ne souffre pas la transplantation. Elle fleurit en Août, & perfectionne ses semences en Octobre.

Virgata. La seconde espece, qui est annuelle comme la precédente, vient des pays les plus chauds du nouveau continent : ses semences m'ont été envoyées de la Jamaïque, où elle croît en grande abondance. En Angleterre elle ne s'éleve pas à une plus grande hauteur que la premiere espece. Ses feuilles ressemblent fort à celles de l'ortie annuelle, & piquent de même quand on les touche. Comme elle est trop tendre pour profiter en plein air dans ce pays, il faut la semer dans des pots que l'on plonge dans une couche chaude ; & si les plantes ne poussent pas la premiere année (comme il arrive souvent), on met les pots dans un abri pendant l'hiver, & au printems suivant on les replonge dans la couche chaude qui les fait nécessairement paroître ; après quoi on les transplante dans des petits pots, & on les fait avancer dans des couches chaudes, sans quoi elles ne donneroient pas de semences mûres en Angleterre.

Ces plantes n'ont aucune beauté; mais comme on les conserve dans plusieurs jardins pour la variété, j'ai cru qu'il étoit nécessaire d'en faire mention ici.

ACANTHE *Voyez* ACANTHUS.

ACANTHUS. Ainsi appellée, suivant quelques-uns, du mot grec *Akantha*, épine ; elle est également connue sous le nom de *Branc-ursine.* [En Anglois *Branca - ursina or Bears-Breech.*]

Caracteres. Le calice de la fleur est composé de trois paires de feuilles inégales ; sa corolle est aussi inégale & monopetale. Elle a un tube court, & la barbe ou levre inférieure est large, unie & érigée ; les étamines & le style qui occupent la place de la levre supérieure qui lui manque, sont arquées & s'étendent au-dehors au-delà du calice ; il y a deux étamines longues & deux plus courtes qui se rapprochent très-près d'un style, situé sur un germe rond ; ce germe se change en une capsule ovale, composée de deux cellules, renfermant chacune une semence charnue, unie ou oblongue.

Ce genre de plante est rangé par Linnée dans la seconde section de sa quatorzieme classe, intitulée : *Didynamia angiospermia ;* parce que les fleurs contiennent deux étamines longues & deux plus courtes, & que les semences sont renfermées dans une enveloppe particuliere.

Les especes sont :

1°. *Acanthus mollis, foliis sinuatis inermibus. Hort. Cliff. 326 ;* Acanthe commune des jardins, à feuilles sinuées & sans épines.

Acanthus sativus, vel mollis Virgilii. C. B. P. 383.

Carduus acanthus. S. Branca ursi. Bauh. pin. 383.

2°. *Nigrus, foliis sinuatis inermibus glabris lucidè virens ;* Acanthe de Portugal à feuilles unies, sinuées, sans épines & d'un verd luisant.

Acanthus Lusitanicus amplissimo folio lucido. Juss.

3°. *Dioscoridis, foliis lanceolatis integerrimis margine spinosis. Gron. Ov. 192;* Acanthe à feuilles en forme de lance, très-entieres, & garnies d'épines sur les bords.

4°. *Spinosus, foliis pinnati fidis spinosis. Hort. Cliff. 326;* Acanthe à feuilles découpées en pointes aîlées & épineuses.

Acanthus aculeatus. C. B. P. 383; Acanthe épineuse *ou* Acanthe sauvage.

5°. *Ilici folius, foliis repandis dentato spinosis, caule fruticoso aculeato. Osb. it. 72;* Acanthe en arbrisseau à feuilles dentelées, épineuses & étendues, avec une tige épineuse, & des feuilles semblables à celles du chêne verd.

Acanthus Malabaricus agri folii folio. Pet. Sic. 10.

Frutex Indicus spinosus, foliis agri folii, siliquâ geminatâ brevi. Rai. Hist. 1766.

Carduus aquaticus, S. Indorum Dilivaria. Commel. Luz. 6. N. 16.

Aquifolium Indicum. Rumph. Amb. 6, p. 163, t. 71.

Paina schylli. Rheed. Mal. 2, p. 93, t. 48.

Mollis. La premiere espece dont on fait usage en médecine, est celle que l'on croit être le *mollis Acanthus* de VIRGILE; ses feuilles paroissent avoir servi de modele pour former des chapitaux aux colonnes de l'ordre corinthien.

Cette espece dont VIRGILE fait mention, en lui attribuant tant de différens caracteres, qu'aucune plante connue ne peut s'y rapporter, a excité plusieurs disputes entre les Savans, parmi lesquels plusieurs ont pensé qu'il y avoit deux sortes d'Acanthe, dont l'une est un arbre & l'autre une plante herbacée.

On regarde généralement l'acacia d'Égypte, comme étant l'arbre dont ce Poëte a voulu parler, & la premiere espece d'Acanthe, dont on vient de faire mention, comme la plante supposée; malgré cette distinction, il reste encore plusieurs difficultés qu'on ne peut détruire qu'au moyen d'autres suppositions. VIRGILE, par ces mots, *baccas semper frondentis Acanthi*, nous donne l'idée d'une plante toujours verte, et qui produit des bayes; or, notre Acanthe quitte ses feuilles tous les hivers & ne donne point de bayes; néanmoins comme il peut se faire que dans le climat chaud de l'Italie, cette plante ne perde point ses feuilles, puisqu'en Angleterre même, lorsqu'elle se trouve placée à une exposition chaude, elle n'en est dépouillée que pendant cinq ou six semaines, à moins que les hivers ne soient trop rudes, & que VIRGILE ait pris pour des bayes les enveloppes charnues & ovales dont les semences de l'Acanthe sont enveloppées; il seroit encore possible de concilier ces deux faits & tout obstacle seroit vaincu, s'il n'étoit aussi question dans la description du Poëte latin, de deux autres propriétés qui sont absolument étrangeres à cette plante; la flexibilité & la faculté de s'accrocher aux arbres voisins (*flexi tacuissem vimen Acanthi*). Malgré toutes ces contradictions, les Botanistes s'accordent généralement à regarder l'Acanthe dont il est question, comme la plante dont VIRGILE a voulu parler; & ils se fondent sur ce qu'il existe encore à *Rome* plusieurs colonnes entieres d'ordre corinthien qui sont aussi anciennes que VITRUVE, & sur les chapitaux desquelles les feuilles de notre Acanthe sont sculptées avec tant d'exactitude qu'il est impossible de ne pas les reconnoître, & de croire avec eux que cette plante a servi de modele à CALLIMAQUE, fameux Architecte, pour former les chapitaux de l'ordre corinthien dont il est l'inventeur.

Nigra. La seconde espece a été découverte en *Portugal* par M. de JUSSIEU, Démonstrateur des plantes au Jardin Royal de *Paris*; c'est de ce Botaniste dont j'en ai reçu les semences en 1725, qui, ayant été mises en terre dans le jardin de *Chelsea*, ont elles-mêmes produit des plantes, dont les graines ont constamment fourni la même espece; ce qui me l'a fait regarder comme constituant une espece parfaitement distincte de la premiere.

Dioscoridis. La troisieme actuellement fort rare en Angleterre, mais très-commune dans l'*Orient*, où elle croît naturellement, est regardée par Linnée comme l'*Acanthus Dioscoridis*; ce que je ne puis néanmoins assurer. Comme elle n'est pas si dure que les deux précédentes, elle exige un abri dans la saison froide; c'est pourquoi il faut tenir cette plante en pot lorsqu'elle est jeune, & la placer pendant l'hiver sous un vitrage ordinaire où elle puisse jouir du plein air dans les tems doux, & être à couvert des fortes gelées: lorsque les plantes ont acquis de la force, on peut en mettre quelques-unes en pleine terre, dans une platebande, près d'une muraille à l'exposition du midi; et elles y seront en sûreté si on les couvre pendant les fortes gelées, avec des nattes ou des cloches. Celles de pleine terre fleuriront mieux que celles qui seront en pots.

Spinosus. Les feuilles de la quatrieme espece sont fortement & très-régulierement découpées; chaque segment est terminé par une épine aiguë: les pétioles & le calice des fleurs sont aussi garnis d'épines, qui les rendent dangereux à manier.

Ilici-folius. La cinquieme croît naturellement dans les deux Indes; j'en ai reçu les semences des Indes occidentales d'Espagne. Il y a une bonne figure de cette plante dans la *Phytographia de Pluknet*, *tab. 261*, *fig. 4*, sous le titre *frutex indicus spinosus, foliis agri folii, siliqua geminata brevi.* C'est un arbrisseau de quatre pieds environ de hauteur, qui se divise en plusieurs branches garnies de feuilles fort ſemblables à celles du houx commun, par leur grandeur & leur figure, & armées d'épines de la même maniere; les fleurs ſortent ſeules, elles ſont blanches & de la même forme que celles de l'Acanthe commune, mais plus petites. Lorſque la fleur eſt paſſée, le germe ſe change en une gouſſe bicapſulaire, renfermant une ſemence oblongue dans chaque cellule : cet arbriſſeau eſt toujours verd; mais il eſt trop tendre pour ſubſiſter hors de la ſerre chaude. En Angleterre, on ne peut le multiplier que par ſemences, qui ne mûriſſent point en Europe.

Culture. Les autres eſpeces ſont des plantes vivaces qui peuvent être multipliées ou par ſemences, ou en diviſant leurs racines. On les ſeme dans un ſol léger & ſec vers la fin de Mars; & ſi la ſaiſon eſt favorable, les plantes paroîtront en Mai; elles n'exigeront que d'être tenues nettes de mauvaiſes herbes, & d'être éclaircies où elles ſont trop ſerrées, en leur donnant ſix pouces environ de diſtance; ce qui ſuffira pour leur accroiſſement juſqu'à l'automne : tems auquel il ſera néceſſaire de les tranſplanter dans les places qui leur ſeront deſtinées. Les premiere, ſeconde & troiſieme eſpeces étant plus tendres que les autres, doivent être placées dans une platebande chaude, près d'une muraille; & comme celles-ci ne ſe multiplient pas ſi promptement par leurs racines, trois pieds de diſtances entre elles leur ſuffiront; mais la quatrieme étendant ſes racines fort loin, il faut lui donner deux fois plus de place. Cette derniere eſt dure au froid, & peut être plantée entre des arbriſſeaux, pour remplir un endroit vacant, où elle profitera aſſez vîte; pourvu que la terre ſoit légere & peu humide : quand les plantes ſont en fleurs, elles ſont une variété agréable. Si on multiplie cette eſpece par ſa racine, on peut la diviſer, ſoit au printems, ſoit en automne; mais les trois premieres ne doivent être enlevées qu'au printems, car ſi elles étoient tranſplantées en automne & que l'hiver ſuivant ſe trouvât très-froid, elles courroient riſque d'être détruites.

Comme les racines de ces plantes pénétrent très-profondément dans la terre, elles ſont expoſées à pourrir pendant l'hiver, ſi elles ſont placées dans un terrein humide: je les ai vu quelquefois tracer à près de quatre pieds de diſtance; & lorſqu'elles ſont établies de cette maniere depuis long-tems, il ne faut plus les déranger; mais on doit enlever annuellement tous les rejettons ou bourgeons de côté, ſans quoi elles s'étendroient ſi loin, qu'elles étoufferoient quelques arbriſſeaux ou plantes voiſines. Il en eſt ainſi de toutes les eſpeces rampantes qui une fois établies dans la terre, ſe renouvellent continuellement par la moindre racine qui repouſſe de nouveaux jets, & les rend fort incommodes.

ACARNA. *Voyez* CNICUS.

ACAULIS, *ou* ACAULOS, de *a* neg. & *caulis*, tige ; c'eſt-à-dire, ſans tige. Une plante qu'on dit être acaulis, eſt ſans tige ; ſa fleur reſte ſur la terre, ſans aucune tige viſible.

ACER, ainſi appellé, ſuivant VOSSIUS de *acris*. L. à cauſe de la grande dureté de ſon bois. [*Maple-tree*] *Erable.*

Caracteres. Le calice de la fleur eſt monophile, coloré, découpé au bord en cinq ſegmens aigus, & perſiſte après la fleur. La corolle eſt compoſée de cinq petales ovales, étendus, ouverts, & plus larges que le calice ; la fleur a huit étamines courtes en forme d'alêne, & couronnées de ſommets ſimples ; le germe eſt comprimé & immerſé dans le grand receptable percé : le ſtyle eſt mince ; il a deux ſtigmats aigus & réfléchis. Le germe ſe change en deux capſules jointes à leurs baſes, rondes, & terminées par des larges aîles ; elles renferment chacune une ſemence ronde.

Cet arbre eſt rangé par LINNÉE dans ſa ving-troiſieme claſſe, intitulée : *Polygamia monœcia.*

Les eſpeces ſont :

1°. *Acer Pſeudo-Platanus*, *foliis quinque lobis inæqualiter ſerratis*, *floribus racemoſis. Linn. Sp. Plant. 1054* ; le plus grand Erable, improprement appellé *Platane.*

Acer majus multis falſo Platanus. J. B. Sycomore.

2°. *Campeſtre*, *foliis lobatis obtuſis emarginatis. Lin. Sp. Plant. 1055* ; Erable commun ou petit, avec des feuilles à lobes obtus & émarginés.

Acer campeſtre & minus. C. B. P. 431 ; Petit Erable des bois.

3°. *Negundo*, *foliis compoſitis*, *floribus racemoſis. Hort. Cliff. 144* ; Erable de Virginie à feuilles de frêne.

Acer maximum, *foliis trifidis*, *vel quinque fidis*, *Virginianum. Pluk. Phyt.* Erable noir.

4°. *Platanoides*, *foliis quinque lobis acuminatis*, *acute dentatis glabris floribus corymboſis. Lin. Fl. Svec. 303*, *924* ; Erable de Norwege à feuilles de platane.

Acer platanoides. Munt. Phyt.

5°. *Rubrum*, *foliis quinque lobis ſubdentatis*, *ſubtus glaucis*, *pedunculis ſimpliciſſimis aggregatis. Lin. Sp. Plant. 1055* ; Erable écarlate de Virginie.

Acer Virginianum, *folio majore ſubtus argenteo*, *ſuprà viridi ſplendente. Pluk. Alm. 7*, *t. 2*, *f. 2.*

6°. *Saccharinum*, *foliis quinque partito-palmatis acuminato-dentatis. Lin. Sp. Plant. 1055* ; Erable à ſucre d'Amérique.

7°. *Penſylvanicum*, *foliis trilobis acuminatis ſerrulatis floribus racemoſis. Lin. Sp. Pl. 1055* ; Erable de montagne, de l'Amérique.

8°. *Opalus*, *foliis lobatis*, *minimè inciſis*, *fructu racemoſo* ; Erable d'Italie, ordinairement appellé *Opale.*

Acer major, *folio rotundiore minus laciniato & opalus italorum. Raii. Hiſt.*

9°. *Monſpeſſulanum*, *foliis trilobis*

trilobis integerrimis, glabris. Prod. Leyd. 459 ; Erable de Montpellier.

Acer trifolium. C. B. P. 431.

10°. *Cretica, foliis trilobis integerrimis, subtus pubescentibus ;* Erable de Candie, avec des feuilles à trois lobes entiers, & un peu velus en-dessous.

Pseudo-platanus. On multiplie aisément cet arbre par graines, qu'il faut semer aussi-tôt après leur maturité dans une terre commune, & les couvrir d'un demi-pouce environ de terre légere ; au printems suivant elles paroîtront au-dessus de la terre, & alors on les tiendra nettes de mauvaises herbes ; quelques-unes de ces especes croîtront au-dessus d'un pied dès la premiere année. L'automne suivante, si elles sont trop serrées dans le semis, il sera prudent de les transplanter en pépiniere, à trois pieds de distance, & à deux pieds dans les rangs ; elles y pourront rester trois ou quatre années, après lequel tems elles seront assez fortes pour être placées à demeure.

Si les semences de ces especes sont gardées jusqu'au printems, elles pousseront rarement la même année ; souvent même elles ne germeront point du tout ; de sorte que la méthode la plus sûre pour les faire réussir, est de les semer aussi-tôt qu'il est possible après leur maturité ; & si elles doivent être transportées à quelque distance, il sera à propos de les mettre dans du sable ou de la terre qui conservera leur germe.

Les premiere & quatrieme especes sont fort propres à faire des plantations près de la mer, & pour abriter les arbres qui en sont voisins ; car elles profitent & résistent plus aisément, lorsqu'elles sont exposées aux vents de mer que la plupart des autres végétaux.

L'espece panachée s'éleve ainsi de semences, & se traite de la même maniere. Presque toutes les plantes ainsi élevées seront aussi joliment panachées que le premier pied qui les a produites ; ce qui n'est pas ordinaire dans les autres plantes panachées.

Campestre. L'Erable commun est trop connu pour qu'il soit nécessaire d'en faire un traité particulier ; il croît fort souvent dans les haies de presque toute l'Angleterre.

Negundo. L'Erable à fleurs de Virginie, a été élevé des semences apportées de la Virginie il y a plusieurs années, par M. JEAN TRALESCANT, dans son jardin de *South-Lambeth*, près de *Vauxhall*, & depuis dans les jardins de l'Evêque de Londres à *Fulham*, où il a fleuri & produit des semences mûres, au moyen desquelles on en a élevé beaucoup d'autres. On peut également le multiplier par marcottes dans le commencement du printems, en faisant une fente à un nœud ; par ce moyen elles auront pris assez de racines en deux années pour être transplantées. Elles exigent une situation un peu abritée des vents du nord-eſt, ſurtout lorſqu'elles ſont jeunes, & ſe plaiſent dans un ſol humide & léger, où elles profitent beaucoup mieux que dans une terre ſeche; elles y produiſent auſſi plus de fleurs & de meilleures ſemences; cet arbre fleurit ordinairement au commencement d'Avril, & les graines ſont mûres cinq ou ſix ſemaines après. Si on les conſerve quelque tems ſans en faire uſage, elles périſſent bientôt, & ne ſont plus bonnes à rien; de maniere qu'il eſt eſſentiel de les mettre en terre auſſi-tôt après les avoir recueillies. On connoît une variété de l'Erable à fleurs qui a été envoyée de l'Amérique, au Chevalier CHARLES WAGER, & qui a fleuri pendant pluſieurs années dans ſon jardin à *Parſon-Green*, près de *Fulham*; les jardiniers la nomment *Erable à fleurs* de CHARLES WAGER; ſes fleurs, produites en groſſes grappes, environnent les plus jeunes branches, de ſorte qu'elles paroiſſent à une petite diſtance en être entierement couvertes. Cet arbre eſt à préſent devenu aſſez commun dans quelques pépinieres près de Londres; & comme l'eſpece précédente n'eſt pas auſſi belle, elle eſt moins eſtimée; mais on doute ſi elles conſtituent deux eſpeces diſtinctes & ſéparées.

L'Erable à feuilles de frêne, eſt de tous ceux de cette eſpece celui qui pouſſe le plus vigoureuſement, & il eſt auſſi le plus grand que la Virginie produiſe. Comme il eſt très-ſujet à ſe fendre, il veut être placé à l'abri des vents impétueux. On le multiplie facilement par boutures, qu'on doit planter en automne, ainſi que par ſes ſemences qui mûriſſent très-bien en Angleterre même.

Platanoides. L'érable de Norwege étant pourvu d'une ſeve laiteuſe & acre, conſerve par ce moyen très-long-tems ſon feuillage, par la raiſon que peu d'inſectes oſent y toucher. Ses feuilles ſont unies & d'un verd luiſant; & lorſqu'au printems il ſe couvre de fleurs, il eſt de la plus grande beauté, & a beaucoup plus d'apparence que le ſycomore.

On multiplie également cet arbre par ſemences ou par boutures. Les boutures veulent être miſes en terre en automne; & ſi on laiſſe écarter ſes nombreuſes ſemences, il ſe reproduit naturellement & ſans aucun ſoin, comme l'eſpece commune.

L'eſpece panachée ſe multiplie par le moyen de la greffe que l'on applique ſur une des eſpeces ordinaires: je ne ſuis cependant pas certain ſi la greffe réuſſiroit également ſur quelques autres eſpeces d'Erable, n'en ayant pas fait l'eſſai; mais comme la plupart prennent aſſez bien l'une ſur l'autre, je crois que l'expérience auroit un plein ſuccès.

Saccharinum. L'Erable à ſucre de l'Amérique a quelque reſſemblance dans le jeune âge avec celui de Norwege;

mais à mesure qu'il croît en hauteur, ses feuilles sont plus profondément découpées, & leurs surfaces moins unies, de sorte qu'il est aisé de les distinguer. Les habitans de l'Amérique Septentrionale tirent de cet arbre une grande quantité d'excellent sucre; en perçant ces arbres de bonne heure au printems, ils en font sortir une seve abondante, qui, étant réduite par le moyen du feu, fournit un sucre de très-bonne qualité. Il peut se faire que cette espece ne soit point la seule dont ils tirent le sucre, & qu'ils fassent également usage de la plupart des Erables qui croissent dans leur pays : ce qui me porte à le croire, c'est que l'espece à feuilles de frêne abonde autant qu'aucune autre en seve sucrée, que M. Ray & le Docteur Lister ont extrait une assez bonne espece de sucre de la seve du grand Erable commun, & que moi-même j'ai observé qu'en coupant en Fevrier quelques branches de l'érable écarlate, il en étoit sorti pendant plusieurs jours une quantité considérable de seve fort douce.

Opalus. La huitieme espece d'Erable, est fort commune dans plusieurs cantons de l'Italie, et particulierement aux environs de Rome, où il est un des plus grands arbres de ce pays; comme à raison de la grandeur de ses feuilles il donne beaucoup d'ombre, on en a fait le plus grand cas, & on le plante souvent le long des routes & près des habitations. Cet arbre est rare en Angleterre, quoiqu'il soit assez dur pour supporter le plein air; mais comme ses semences n'ont été apportées que depuis peu de tems, on n'en voit pas encore de fort grands dans les jardins anglois.

Monspessulanum. La neuvieme espece qui croît abondamment dans les Provinces méridionales de France & en Italie, ressemble beaucoup à l'espece commune par la forme de ses feuilles, qui néanmoins sont plus épaisses, moins larges, & d'un verd luisant, qu'elles conservent jusqu'à la fin de l'automne; ce qui rend ces arbres plus estimables. Cette espece n'est pas à présent commune en Angleterre : j'en ai élevé plusieurs plantes de semences, dont quelques-unes ont perfectionné leurs fruits pendant quelques années dans le jardin de *Chelsea*, où les graines qui s'écartent produisent tous les ans une grande abondance de jeunes sujets.

Cretica. La dixieme espece originaire du levant a quelque ressemblance avec la neuvieme; mais ses feuilles sont d'une texture beaucoup plus mince, & leurs pétioles sont couverts d'un duvet mol & velu, tandis que les autres sont fermes & unis.

La plupart des especes d'Erable qui nous viennent de l'Amérique sont dans leur jeunesse fort sensibles à la chaleur, & demandent une exposition abritée ; car si les plantes font feulement un jour expofées au plein foleil quand elles commencent à paroître, très-peu feront fauvées : cette obfervation fe rapporte encore plus particulierement à l'Erable à fucre dont j'ai eu peine à conferver une feule plante jufqu'au tems où j'ai pris la précaution de placer les pots de femis tout-à-fait à l'ombre; auffi-tôt qu'elles font expofées au foleil, elles font dans l'inftant attaquées par les infectes, qui, dans un jour, dévorent toutes les feuilles féminales, aprés quoi les plantes tombent fur le champ à terre : il eft donc néceffaire d'obferver cette précaution, pour élever la plupart des efpeces d'Erable par femences.

Lè bois de charpente que fournit l'Erable commun, eft bien fupérieur au bois de hêtre pour l'ufage des tourneurs ; ils l'employent furtout à faire des plats, des gobelets, des affiettes & des jattes : lorfqu'il a beaucoup de nœuds, il eft fort eftimé & recherché des menuifiers pour la marqueterie, & il eft également mis en ufage par les luthiers qui en font cas à caufe de fa blancheur & de fa légereté.

ACER SCANDENS. *Voyez* BANISTERIA.

ACETOSA, du mot *Acetofus* Acide. [*Sorrel*] *Ofeille.*

Les Ofeilles font jointes par LINNÉE au genre des patiences, fous le titre de *Rumex ;* mais comme toutes les efpeces d'Ofeilles connues ont leurs fleurs mâles & femelles placées fur des pieds différens; par fa méthode même elles devroient être rangées dans la vingt-deuxieme claffe, intitulée *Diœceia*, ainfi j'ai cru devoir les féparer des rumex, feulement pour conferver leur ancien titre, & parce que ces plantes ont toujours été d'ufage, foit pour la cuifine, foit en pharmacie.

Caracteres. Les fleurs mâles & femelles naiffent fur différens pieds; les mâles ont un calice à trois feuilles fans corolle, dans lequel font renfermées fix étamines couronnées de fommets plats & oblongs. Les fleurs femelles ont auffi un calice à trois feuilles, dans le centre duquel eft fitué un germe triangulaire, foutenant un ftyle divifé en trois parties : le germe fe change enfuite en une femence triangulaire.

Les efpeces font :

1°. *Acetofa pratenfis, foliis fagittatis inferioribus, pediculatis, caulinis feffilibus ;* Ofeille de prairie commune, dont les feuilles du bas font en forme de dard, placées fur des pédoncules, & celles des tiges font ceffiles.

Acetofa pratenfis. C. B. P. 14 ; Vinette, furette, *ou* Ofeille des prez.

2°. *Acetofella, foliis lanceolatohaftatis, radice repente ;* Ofeille commune de brebis, à feuilles en forme de lance & de hallebarde, avec une racine rampante.

Acetofa arvenfis lanceolata. C. B. P. 114.

Oxalis ovina. Tabern. ic. 440.

3°. *Scutatus, foliis cordato,*

hastatis, radice repente; Oseille à feuilles rondes *ou* de France.

Acetosa rotundi-folia hortensis. Bauh. 114; Oseille ronde.

4°. *Digynus, humilis repens, folio rotundo emarginato*; Oseille basse & rampante, à feuilles rondes & dentelées.

Acetosa rotundi folia, repens Eboracensis, folio in medio deliquium patiente. Mor. Hist.

5°. *Alpina, foliis cordatis acuminatis amplexicaulibus;* Oseilles des Alpes à feuilles pointues & en forme de cœur qui embrassent les tiges.

Acetosa montana lato ari-rotundo folio. Bocc. Mus.

6°. *Lunaria, foliis subcordatis, caule arboreo;* Oseille en arbre à feuilles rondes & en forme de cœur.

Acetosa arborescens, subrotundo folio. Pluk. Alm. 8.

7°. *Rosea, foliis erosis valvulæ alterius ala maxima membranacea declinata;* Oseille d'Egypte, avec des feuilles échancrées, & des grandes valvules membraneuses & panchées.

Acetosa Ægyptia, roseo, seminis involucro. Shaw. Pl. Afr.

8°. *Sterilis, foliis oblongis penduculis, brevissimus raro florens;* Oseille stérile septentrionale; qui est l'*acetosa Muscovitica sterilis. Mor. Hist.*

Pratensis. La premiere de ces especes quoique petite dans les champs, où elle croît naturellement, se perfectionne par la culture, & produit dans les potagers de belles & grandes feuilles. Il faut la semer de bonne heure au printems, dans une platebande humide & ombrée, & la transplanter ensuite dans une planche à l'ombre, à cinq ou six pouces de distance en quarré; alors elle produira de plus grandes feuilles, & continuera plus longtems à en fournir. Cette Oseille est celle dont on fait usage en médecine; mais l'Oseille stérile septentrionale est préférée pour le jardin potager, parce qu'elle monte rarement en semences. On la multiplie en divisant ses racines, soit au printems, soit en automne, & l'on peut en avoir pendant toute l'année.

Scutatus. L'Oseille à feuilles rondes de France, que plusieurs personnes préférent, à cause de son acide plus agréable pour les usages de la cuisine, est aussi une plante médecinale, qui ne doit pas être négligée dans les bons jardins; ses racines s'étendent beaucoup & peuvent par conséquent servir à la multiplier aisément. On doit les planter à deux pieds au moins de distance de chaque côté; elles réussissent mieux dans une exposition découverte, que les deux autres especes, & en coupant les tiges de la fleur, & les grandes branches au commencement de Juillet, les racines commenceront bientôt à pousser de nouvelles feuilles tendres & bien meilleures pour la cuisine que les plus vieilles; de sorte que si on retranche en différens tems les rejettons de quelques plantes, on aura toujours une provision de jeunes feuilles, qui sont les seules parties dont on fasse usage pour la table. Comme la cuisine françoise s'est introduite depuis quelques tems en Angleterre, & que cette espece est supérieure à l'Oseille commune pour les potages, plusieurs personnes la cultivent dans leurs jardins de préférence à l'Oseille d'Angleterre; on se sert en France de cette Oseille comme un ingrédient dans presque tous les ragoûts & les potages; aussi la cultive-t-on dans les environs de Paris plus abondamment que toute autre espece de plante potagere.

Acetosella. L'Oseille de brebis est une herbe commune dans presque toute l'Angleterre; elle croît en abondance sur des terreins secs & graveleux, où elle se multiplie très-vite par ses racines rampantes. On l'admet rarement dans les jardins; mais comme depuis long-tems on en fait usage en médecine, j'ai cru devoir en parler ici.

Digynus. L'oseille basse & rampante septentrionale, qui n'est conservée dans plusieurs jardins que pour la variété, (car on n'en fait point usage dans la cuisine), croît naturellement dans la plupart des pays septentrionaux, ainsi que dans le pays de Galles; je l'ai vu en grande abondance dans le pays d'Yorck & de Westmoreland. Ses feuilles ont des pétioles fort courtes & dentelées aux deux extrémités; elles croissent près de la terre, & les tiges de la fleur ne s'élevent guere qu'à six pouces de hauteur. Elle se multiplie considérablement à une bonne exposition, au moyen de ses racines rampantes; & comme elle croît naturellement dans des lieux humides & ombrés, on doit choisir pour elle cette situation dans les jardins, & ne la placer qu'au nord & dans un sol humide. On peut s'en servir pour les mêmes usages auxquels on emploie les autres especes.

Alpina. L'Oseille des Alpes est aussi dure que la commune; & comme ses feuilles sont beaucoup plus grandes, elle doit être préférée pour l'usage de la cuisine; d'ailleurs elle est plus succulente, & son acide est plus agréable: on peut la multiplier comme l'espece commune par semence, ou en divisant ses racines; mais les plantes exigent plus de place & doivent avoir au moins un pied de distance entre elles, sur-tout si elles sont placées dans une bonne terre.

ACETOSELLA. *Voyez* OXALIS, ACETOSA (ACETOSELLA.)

ACHE. *Voyez* OPIUM.

ACHE *d'eau*, ou *Berle*. *Voy.* SIUM ET SISON. L.

ACHE *de montagne*, ou *Leveche*. *Voyez* LIGUSTICUM LEVISTICUM.

ACHILLEA. [*Milfoil-yarrow, or Nose-bleed*] *Mille feuille*.

Caracteres. La fleur est composée & radiée; elle consiste en plusieurs fleurettes tubuleuses & hermaphrodites, qui forment le disque, & en fleurs femelles rangées en rayons ou bordure, dont les corolles s'étendent en dehors sur un côté, en forme de langue ; elles font toutes renfermées dans un calice commun & écailleux. Les fleurs hermaphrodites ont chacune cinq étamines courtes & minces, qui accompagnent un petit germe fitué dans le fond, & pofé fur une couche de duvet ; ce germe fe change enfuite en une femence fimple, ovale & garnie d'un duvet qui y adhere.

Les efpeces font :

1°. *Achillea mille-folium, foliis bipinnatis nudis, laciniis linearibus dentatis caulibus fulcatis. Hort. Cliff. 413* ; Mille feuille commune. Il y en a une variété à fleurs pourpres, qui croît naturellement en Angleterre.

Mille-folium vulgare album. Bauh. Pin. 140.

2°. *Santolina, foliis fetaceis dentatis ; denticulis fub integris fubulatis reflexis. Hort. Cliff. 412* ; Mille feuille orientale, à feuilles cotonneufes de lavende, avec une groffe fleur.

Ptarmica orientalis, fantolinœ folio, flore majore. Tour. Cor. 37.

3°. *Tomentofa, foliis pinnatis hirfutis : pinnis linearibus dentatis. Lin. Sp. Plant. 897* ; Millefeuille cotonneufe à fleur jaune.

Millefolium tomentofum luteum. Bauh. Pin. 140.

Stratiotes millefolia, flavo flore. Clus. Hift. 1. p. 330.

4°. *Pubefcens ; foliis pinnatis : petiolis lanceolatis incifis ferratis, fubtùs lanigeris. Hort. Cliff. 413* ; Millefeuille orientale à deux feuilles laineufes de tanaifie, dont les rayons de la fleur font d'un jaune pâle.

Ptarmica orientalis, foliis tanaceti incanis, femiflofculis florum pallidè luteis. Tour. Cor. 37.

Matricaria tomentofa & incana, achilleœ folio, flore aureo. Vaill. Act. 1722. p. 286.

5°. *Abrotani folia, foliis primatis fupra-decompofitis : laciniis linearibus diftantibus. Roy. Lugd. 6. 175* ; Millefeuille orientale, la plus haute, avec des feuilles de garde robe ou fantoline, & des fleurs jaunes.

6° *Clavennœ, foliis laciniatis planis obtufis tomentofis. Lin. Sp. Plant. 898* ; Millefeuille des Alpes, à larges feuilles, & ombellifere.

Abfinthium alpinum umbelliferum. Clus. Hift. 1, p. 340.

Dracunculus argenteus. Morifs. Hift. 3.

7°. *Tanaceti folia, foliis pinnatis foliolis lineari-lanceolatis bafi furfum auctis. Flor. Leyd. Prod. 176* ; Millefleur orientale à feuilles velues de tanaifie, avec une fleur dorée.

8°. *Ageratum, foliis lanceolatis obtufis acutè ferratis. Hort. Cliff. 413* ; communément appellée *Eupatoire.*

Ageratum foliis ferratis. Bauh. Pin. 221.

Balfamita minor. Dod. Pempt. 295.

9°. *Ægyptiaca, foliis pinnatis foliolis obtufè lanceolatis ferrato-dentatis. Hort. Cliff. 413* ; Millefeuille velue, dont le fommet eft en forme de crête.

Abfinthium Ægyptiacum. Dod. Pempt. 25.

Ptarmica incana pinnulis criftatis. Tour. Cor. 37.

10°. *Ptarmica, foliis lanceolatis acuminatis argutè ferratis. Lin. Sp. Plant. 898.* Il y a une variété de cette espece à doubles fleurs, que l'on conserve dans les jardins. Eupatoire de Mesué. Herbe à éternuer.

Dracunculus pratensis, serrato folio. Bauh. Pin. 98.

11°. *Macrophylla, foliis pinnatis planis inciso-serratis: extimis majoribus coadunatis. Lin. Sp. Plant. 1265;* Millefeuille Alpine à feuilles de matricaire.

Dracunculus alpinus, foliis scabiosæ. Bauh. Pin. 98.

Ptarmica alpina, matricariæ foliis. Triumph.

Corymbifera millefolii umbella. Raï. Hist. 345.

12°. *Nana, foliis pinnatis dentatis hirsutissimis, floribus glomerato-umbellatis. Lin. Sp. Plant. 2671;* Millefeuille velue des Alpes à fleurs agréables.

Millefolium alpinum incanum, flore specioso. Bauh. Hist. 3, p. 138.

13°. *Nobilis, foliis bipinnatis; inferioribus nudis planis, superioribus obtusis tomentosis, corymbis convexis confertissimis. Lin. Sp. 1268;* Millefeuille noble ou douce.

Millefolium nobile. Trag. Hist. 476.

Tanacetum minus album, odore camphoræ. Bauh.

14°. *Alpina, foliis lanceolatis, dentato-serratis; denticulis tenuissimè serratis. Hort. Cliff. 413;* Millefeuille des Alpes, à feuilles profondément découpées, ordinairement appellée *matricaire blanche.*

Ptarmica alpina, foliis profundè incisis. Tourn. Inst. 497.

Millefolium. La premiere espece dont il est question, est la Millefeuille commune qui croît naturellement à côté des chemins & des sentiers dans presque toute l'Angleterre: on la cultive peu dans les jardins; mais comme cette plante est utile, j'en fais ici mention.

On connoît une variété de cette espece à fleurs pourpres que l'on trouve dans les campagnes en Angleterre; mais ses fleurs ne conservent pas toujours leur couleur, quand elle est transplantée dans les jardins. La Millefeuille a des racines qui tracent beaucoup dans la terre; elle se multiplie aussi par ses semences, & par-là elle devient une herbe embarrassante.

Tomentosa. La troisieme espece qu'on cultive souvent dans les jardins pour la variété, est une plante basse, qui ne s'éleve gueres qu'à huit ou neuf pouces de hauteur. Ses feuilles sont agréablement découpées & fort velues; ses fleurs sont d'un jaune brillant, & durent très-long-tems. Elle croît naturellement dans la France méridionale, en Espagne & en Italie; elle subsiste cependant en plein air en Angleterre. On la multiplie en divisant ses racines dans le mois d'Octobre, qui est la meilleure saison pour cette opération.

Les quatrieme, cinquieme, septieme & neuvieme especes, originaires de l'Archipel, ont été introduites en France par M. TOURNEFORT. La neuvieme a des feuilles fort velues qui subsistent toute l'année; ses plantes basses croissent très-serrées, & ont une belle apparence dans toutes les saisons. Ses fleurs naissent en ombelles au sommet des tiges : elles sont jaunes, paroissent en Juin, Juillet, Août & Septembre, & sont d'une longue dureé ; car plusieurs continuent à paroître pendant une grande partie de l'hiver. Cette espece exige un sol sec & une exposition chaude, pour pouvoir supporter en plein air le froid de nos hivers ordinaires ; mais elle est souvent détruite par les fortes gelées, de sorte qu'il est prudent d'en mettre à couvert quelques plantes sous un vitrage pendant la saison des frimats, afin d'en conserver l'espece. Elle se multiplie par boutures, que l'on peut planter à l'ombre dans une platebande pendant tout l'été ; elles prendront racines en cinq ou six semaines de tems, & pourront être transplantées ensuite, ou dans des pots, ou dans les platebandes pour y rester. Elle perfectionne rarement ses semences en Angleterre.

Les quatrieme, cinquieme & septieme especes, sont plus hautes que la précédente. Elles se multiplient par leurs racines, & perfectionnent leurs semences en Angleterre ; ainsi on peut s'en procurer en abondance : & comme elles exigent peu de soin dans leur culture, étant assez dures pour vivre en plein air, on peut leur donner une place dans les jardins, où elles feront une belle variéte par leurs feuilles velues ; d'ailleurs, leurs fleurs étant d'une longue durée, font, sans être bien belles, un agréable effet, lorsqu'elles sont mêlées avec d'autres.

Clavennæ. La sixieme est une plante fort basse ; les pedoncules qui soutiennent les ombelles de ses fleurs, ne s'élevent gueres au-dessus de six pouces de hauteur. Quant aux fleurs, elles sont presqu'aussi larges que celles de la Mille-feuille blanche commune ; elles croîssent en larges ombelles, & paroissent en Juin & Juillet. Les feuilles de la plante, qui sont fort velues, ont quelque ressemblance avec celles de la garderobe ou santoline ; elles croissent très-près de la terre, & paroissent en automne ; de sorte qu'elles ont peu d'apparence en hiver : cette espece de Millefeuille se multiplie en divisant ses racines au printems ou en automne ; elle exige un terrein sec, sans quoi l'humidité de l'hiver la feroit nécessairement pourrir : comme elle ne perfectionne jamais ses semences ici, on ne peut la multiplier que par ses racines. Elle croît naturellement sur les Alpes.

Ageratum. La 8me que l'on connoît vulgairement dans les marchés, sous le nom d'*Eupatoire*, étoit autrefois plus en usage dans la medecine qu'elle ne l'est aujourd'hui ; de sorte qu'on la cultive très-peu dans les jardins ; & quand on en demande, les marchands donnent pour l'ordinaire en place la quatorzieme espece, qui est une plante fort dure & plus aisément multipliée que la véritable Eupatoire, qui, malgré sa vigueur à résister au froid, eft expofée à avoir fouvent fes racines détruites dans les hivers humides, fur-tout lorfqu'elle eft plantée dans une bonne terre; mais fi elle croît dans les crevaffes de quelque muraille, ou dans des décombres, on la conferve plufieurs années fans aucun foin: il y a deux variétés de cette plante, que l'on a trouvé croiffant naturellement en Efpagne, dont l'une a des ombelles de fleurs plus longues & plus comprimées, & l'autre a des feuilles plus larges & des fleurs plus petites; mais elles reffemblent fi fort à l'efpece commune en toute autre chofe, que je crois inutile d'en faire des efpeces diftinctes. L'Eupatoire commune fe multiplie en divifant fes racines au printems ou en automne, & comme les femences mûriffent très-bien, on peut auffi la propager en la femant en Avril: elle fleurit en Juin & Juillet, & les femences mûriffent en Septembre.

Ptarmica. La dixieme efpece eft la Millefeuille commune, qui croît naturellement dans les bois & dans d'autres endroits ombrés de plufieurs parties d'Angleterre: ce qui fait qu'elle n'eft pas admife dans les jardins, c'eft que fes racines tracent au loin, & couvrent bientôt une grande piece de terre. On s'en fert quelquefois en médecine, & l'on mange au printems fes tendres rejettons en falade, pour corriger le grand froid des autres plantes ou herbes; on fe fert auffi de fes racines pour calmer la douleur de dents; d'où lui vient le nom de *pariétaire des champs*, que quelques perfonnes lui donnent.

Il exifte une variété de cette efpece à doubles fleurs, que l'on conferve dans les jardins; elle eft connue ordinairement fous le nom d'*Eupatoire à fleurs doubles.* Lorfqu'elle eft plantée dans des pots qui refferrent fes racines traçantes, fes tiges croîffent plus près les unes des autres, & alors elle a une affez belle apparence pendant qu'elle eft en fleurs; mais quand fes racines font en pleine liberté, fes tiges croîffent à une plus grande diftance, & elles ne font pas, à beaucoup près, un effet auffi agréable. Cette plante fleurit en Juillet & Août.

Alpina. La quatorzieme reffemble un peu à la dixieme; mais fes feuilles font plus longues, plus profondément découpées à leurs bords, & d'un verd plus foncé; elle eft fort dure & fe multiplie facilement par fes racines traçantes.

Macrophylla. Nana. Les onzieme & douzieme efpeces croiffent naturellement fur les Alpes, & font par conféquent fort dures; on les multiplie par femences, & en divifant leurs racines, elles profitent & fe plaifent dans prefque tous les fols; mais elles exigent une expofition ouverte. L'onzieme produit plufieurs tiges en ombelles, claires & branchues; elles reffemblent à celles de la Millefeuille commune, mais elles font plus larges. La douzieme efpece a des feuilles velues, & les ombelles de fleurs plus comprimées; fes tiges ne s'élevent qu'à un pied de hauteur, & toutes deux méritent une place dans les jardins..

Nobilis. La treizieme ressemble beaucoup à la premiere; mais ses feuilles sont d'un verd pâle, moins longues & moins découpées; elles répandent une odeur forte & agréable quand elles sont froissées. Cette espece est aussi dure que la premiere, & exige peu de culture.

ACHIOTI *de Harmendez*, ou *Rocou*. *Voyez* BIXA ORELLANA.

ACHRAS. *Voyez* SAPOTA.

ACHYRANTHES. [*Achyranthes.*]

Caracteres. Le calice a cinq feuilles piquantes; la fleur n'a point de corolle, mais un ovaire dans le centre du calice, un stigmat divisé en deux parties, accompagné de cinq étamines terminées par de petits sommets; l'ovaire se change ensuite en une semence simple, ronde & renfermée dans le calice.

Les especes sont:

1°. *Achyranthes aspera, caule erecto, calycibus reflexis spicœ adpressis. Fl. Zeyl. 105*; Achyranthes à tiges droites, avec une coupe de fleur réfléchie.

Amaranthus Siculus spicatus, radice perenni. Bœc. Rar. Plant. 16. T. 9.

2°. *Achiranthes Indica, caule erecto foliis obversé ovatis undulatis floribus reflexis*; Achyranthes à tige droite, ayant des feuilles renversées, ovales & ondées, avec des fleurs refléchies.

Amaranthus spicatus Zeylanicus. Burm. Zeyl. 16. T. 5. F. 3.

3°. *Lappacea, caule erecto, spicâ interruptâ, floribus externé lanatis. Lin. Sp. Plant. 204*; Achyranthes à tige droite, avec un épi clair, & des fleurs laineuses au dehors.

Blitum scandens, fructu lappaceo. Brum. Zeyl. 47. T. 18. F. 1.

Pluk. Alm. 93. T. 82. F. 2.

Wellia-codiveli. Rheed. Mal. 10. T. 59.

4° *Lanata, caule prostrato, spicis ovatis lateralibus, calycibus lanatis*; Achyranthes à tige couchée, avec des épis de fleurs ovales sur les côtés, & des calices laineux.

Chenopodium incanum racemosum. Brum. Zeyl. 60. T. 26. F. 1.

Amaranthus indicus verticillatus albus, folis lanugine incanus.

Pluk. Alm. 27. T. 57.

Schrubala Rheed. Mal. 10. P. 75. T. 29.

Aspera. La premiere espece que l'on conserve depuis longtems dans les jardins Anglois, plus pour la variété que pour sa beauté & son usage, s'éleve à trois pieds environ de hauteur. Les feuilles dont elle est garnie, sont oblongues & pointues; ses fleurs privées de corolles, mais composées seulement d'un calice, d'un style & de cinq étamines, sortent en longs épis de l'extrémité des branches; ainsi on peut la ranger dans la classe des fleurs nues ou à pétales: les plantes de cette espece doivent être élevées sur une couche chaude; & lorsqu'elles ont acquis de la force, on les transplante, si l'on veut, en pleine terre, où elles fleuriront en Juillet, & donneront des semences mûres en Septembre. En les tenant en pot & dans une orangerie chaude pendant l'hiver, elles subsisteront deux ou trois ans, si on est curieux de les conserver aussi long-tems. Cette plante croît naturellement dans les îles de l'Amérique, aux Indes & en Sicile.

Indica. Les semences de la seconde espece, qui m'ont été envoyées de la côte de Malabare, ont fleuri pendant quelques années à *Chelsea*, & ont produit annuellement des semences mûres qui n'ont jamais varié.

Lappacea. Lanata. Les semences des troisieme & quatrieme especes, m'ont été envoyées du Cap de Bonne Espérance, où elles croîssent naturellement. Elles sont toutes deux conservées dans les jardins de botanique pour la variété ; mais elles ne sont pas assez belles pour les faire rechercher par ceux qui ne cultivent que pour l'agrément, sans avoir égard à l'avancement de cette science.

Ces trois dernieres plantes perfectionnent leurs semences dans la même année : leur culture est la même que celle qui a été indiquée pour la premiere espece ; avec cette différence cependant qu'étant trop tendres pour subsister l'hiver dans une orangerie où il n'y a point de chaleur artificielle, elles veulent être conservées dans une serre chaude pendant toute la saison froide.

ACINOS. *Voyez* THYMUS.

ACINUS ou ACINI. Les bons Auteurs ne s'en servent pas pour désigner les pepins ; mais les grains mêmes du raisin, comme il paroît par le passage suivant de COLUMELLE, *cùm expresseris vinacea, quæ acina celantur.* On emploie ordinairement ce terme, pour indiquer ces petits grains qui croîssent en grappes, comme ceux du Troêne, &c.

ACNIDA. [*Virginia-Hemp*] *Chanvre de Virginie.*

Cannabis Virginiana. Bauh. Pin. 320.

Cette plante est annuelle, & croît naturellement en Virginie, ainsi que dans quelques autres parties de l'Amérique Septentrionale ; mais on ne la cultive gueres en Europe, si ce n'est dans quelques jardins botaniques pour la variété. Elle est pourvue de fleurs mâles & femelles qui naissent séparément sur différens pieds, ce qui lui donne beaucoup de ressemblance au chanvre, & la fait placer sous le même titre par quelques anciens Botanistes ; mais comme cette plante a peu de beauté, & qu'on n'en fait aucun usage à présent, elle ne mérite pas la peine que nous en parlions davantage ici.

ACONIT. Casque ou Tue-loup. *Voyez* ACONITUM.

ACONITE *d'hiver. Voyez* HELLEBORUS HYEMALIS.

ACONITUM. [*Wolfsbane or Monk's-hood*] *Aconite*, du mot grec *aké*, qui veut dire *dard*, parce que les barbares ou sauvages en frottent leurs dards ; d'autres font dériver ce terme de *enkonéo* accélérer, parce qu'elle fait mourir promptement.

Caracteres. La fleur n'a point de calice, mais cinq petales inégaux, différens dans chaque espece, & formant un casque tubuleux, qui couvre les autres parties de la fleur, comme une capuche de moine. Les deux petales de côté qui renferment les étamines & le style, sont égaux, concaves, & légèrement dentelés au milieu: les deux inférieurs sont étroits & oblongs. Dans le fond de la fleur sont placés deux nectaires qui soutiennent deux styles, quelquefois trois, & même jusqu'à cinq: ils sont fourchus, & s'étendent en dehors loin des étamines qui sont nombreuses & irrégulieres: lorsque la fleur est passée, le germe se change en vâses de semences oblongs, terminés en pointe & rapprochés à leur bâse, n'ayant qu'une cellule remplie de semences rudes & angulaires.

Ce genre de plante est rangé par LINNÉE dans la troisieme section de sa treizieme classe, intitulée: *Polyandria trigyna;* les fleurs ayant plusieurs étamines & trois styles.

Les especes sont:

1°. *Aconitum lycoctonum foliis palmatis multifidis, villosis. Lin. Sp. Plant. 532;* Aconite jaune à feuilles palmées, velues & joliment découpées.

Aconitum lycoctonum luteum. C. B. P. 183. Le Tue-loup. *Off.*

2°. *Aconitum altissimum, foliis palmatis nervosis glabris;* la plus grande Aconit jaune, à feuilles étroites, unies & en forme de palme.

Aconitum luteum majus ampliore caule, amplioribusque foliis. Dod. P. 445.

3°. *Variegatum, foliis multifidis: laciniis semipartitis supernè latis. Hort. Cliff. 214;* La plus petite Aconit à fleurs bleues, dont les feuilles inférieures sont découpées en plusieurs parties, & dont celles du haut ont des segmens plus larges.

Aconitum cæruleum minus sive, napellus minor. C. B. P. 183.

4°. *Anthora, floribus pentagynis, foliorum laciniis linearibus. Lin. Sp. Plant. 532;* Aconit salutaire à fleurs jaunes.

Aconitum salutiferum, sive anthora. C. B. P. 184; Aconit salutaire.

5°. *Napellus, foliorum laciniis linearibus supernè latioribus lineâ exaratis. Hort. Cliff. 214.* Aconit à grandes fleurs bleues. Le napel.

Aconitum cœruleum, sive napellus. 1. C. B. Pin. 183.

6°. *Pyramidale, foliis multipartitis, spicis florum longissimis sessilibus;* Aconit bleue commune à longs épis de fleurs.

Aconitum pyramidale multiflorum. H. R. Par.

7°. *Alpinum, foliorum laciniis pinnatifidis, flore maximo.* Aconit à larges feuilles, découpées & à très-grande fleur bleue.

Aconitum cœruleo-purpureum flore maximo, sive napellus. 4. C. B. P.

8°. *Pyrenaicum, foliis multipartitis: laciniis linearibus incumbentibus squamosis. Hort Ups. 152.* Aconit jaune des Pyrénées à feuilles agréablement découpées.

Aconitum Pyrenaicum luteum, foliorum segmentis sibi invicem incumbentibus. Rai. syll. 367.

9°. *Aconitum cammarum, flo-*

ribus subpentagynis, foliorum laciniis cuneiformibus incisis acutis. Lin. Sp. Plant. 751; Aconit dont les fleurs ont ordinairement cinq styles, & dont les segmens des feuilles sont en forme de coin & découpés en pointes aiguës.

10°. *Orientale elatius, foliis palmatis, flore magno albo*; Aconit orientale à haute tige, avec des feuilles palmées, & une grande fleur blanche.

Aconitum lycoctonum orientale, flore magno albo. Tourn. Cor.

Pyramidale. La sixieme espece qu'on rencontre plus communément que toutes les autres dans les jardins Anglois, est principalement cultivée pour la beauté de ses longs épis de fleurs bleues, que l'on porte au marché de Londres vers la fin du mois de Mai, tems auquel elle fleurit communément. Ces fleurs mêlées avec les roses de Gueldre & quelques autres fleurs de la saison, font une variété agréable, quand elles sont rangées avec goût, pour orner des salles & appartemens. Mais comme presque toutes les especes d'Aconit sont un poison mortel, non-seulement pour les hommes, mais aussi pour les animaux, il faut les éloigner de tous les lieux que fréquentent les enfans & les personnes ignorantes, de peur qu'en flairant ces fleurs, ils n'en tirent quelques poussieres séminales dans leurs narines; ce qui peut leur être très-nuisible, comme j'en ai été plusieurs fois le témoin. Nous connoissons l'aventure rapportée dans les Transactions de la Société Royale, N°. 432, d'un homme qui fut empoisonné en 1732, pour en avoir mangé par ignorance dans une salade, au lieu de celeri; DODONÆUS raconte aussi un exemple arrivé de son tems, des mauvais effets d'une espece d'Aconit. Des personnes peu instruites ayant cueilli les jeunes rejettons d'Aconit bleue, en firent une salade, & furent saisis, aprés en avoir mangé, de symptômes ter ibles qui se terminerent par une mort prompte. Le Docteur TURNER fait aussi mention de quelques François, qui, ayant mangé à Anvers les rejettons de cette plante pour de l'impératoire, moururent tous en deux jours, à l'exception de deux joueurs qui furent sauvés, parce qu'ils vomirent. J'ai connu des personnes, qui, pour avoir porté sous le nez les fleurs de cette espece d'Aconit, tomberent sur le champ en foiblesse, & perdirent la vue pendant deux ou trois jours.

Anthora. La quatrieme espece dont on fait usage en médecine, est regardée comme antidote de celles qui sont venimeuses; des Auteurs la nomment *anthora*, d'autres *antithora*, par opposition aux especes nuisibles, qui étoient appelées *thora*. Ainsi toutes les fois que l'aconit est ordonnée comme médicament, c'est toujours celle-ci dont il est question: car la plupart de ces plantes, ou, pour mieux dire, toutes doivent être regardées comme ayant des propriétés délétères [a]; & l'Aconit à fleurs bleues comme étant la plus pernicieuse. On assûre que les Chasseurs, qui, sur les Alpes, font la guerre aux loups & aux animaux sauvages, trempent leurs dards dans le jus de ces plantes, & rendent par-là leurs blessures mortelles.

Pyramidale. La sixieme espece est celle de toutes qui fleurit la premiere. Comme elle s'éleve à près de quatre pieds de hauteur, & que ses épis de fleurs ont plus de deux pieds de long, elle a une belle apparence, sur-tout lorsque toutes les fleurs sont épanouïes. Cette plante est fort dure & croît dans tous les sols & à toutes expositions. Elle se multiplie considérablement par ses racines; plusieurs personnes qui ne connoissent pas ses qualités dangereuses, frappées de la beauté de ses fleurs, l'ont placée dans leurs jardins, & l'ont beaucoup multipliée.

[a] Celà est vrai, sans doute, quand elles sont prises sans préparation ou en trop grande quantité; de même qu'il est vrai des Pavots & de l'Opium qu'on en tire. Mais comme celui-ci bien preparé & convenablement administré, est un des plus puissans remedes connus dans la *Matiere médicale*; ainsi sept années d'expérience personnelle ont prouvé à l'Auteur de cette note, que le suc épaissi de l'*Aconit* pris en petite quantité, est excellent pour corriger l'âcreté des humeurs, & agit très-puissamment comme *Calmant*, comme *Anti-cardialgique*, & comme *Anti-spasmodique*, sans produire d'ailleurs aucun mauvais effet. L. A. M.

Elle fleurit en Mai & en Juin, & mûrit en Septembre. Comme elle se multiplie fortement par ses racines, on fait peu d'usage des semences.

Lycoctonum. Altissimum. Les premiere & seconde especes sont celles qui fleurissent ensuite; elles paroissent vers la mi-Juin & lorsque la saison n'est pas trop chaude, elles continuent à fleurir jusqu'au mois d'Août. La premiere s'éleve à plus de trois pieds de hauteur, & la seconde au-dessus de quatre; les épis des fleurs sont plus longs dans celle-ci que dans la premiere.

Variegatum. La troisieme espece fleurit un peu plus tard que les précédentes; elle ne s'éleve gueres qu'à deux pieds de hauteur, & ses épis de fleurs sont beaucoup plus courts que dans les deux dernieres.

Anthora. L'Aconit salutaire fleurit dans le milieu d'Août, & continue souvent à montrer de nouvelles fleurs jusqu'à la mi-Septembre: ses fleurs ne sont pas si grosses que celles de quelques autres especes; mais comme elles sont de couleur de soufre, elles font un bel effet dans les platebandes d'un parterre.

Cette espece ne profitant pas aussi bien à l'ombre des arbres que plusieurs autres, demande, pour réussir, une exposition découverte.

Cammarum. Orientale. Les neuvieme & dixieme especes fleurissent au commencement de Juillet: la neuvieme s'éleve ordinairement à quatre pieds environ de hauteur, & la dixie me quelquefois jusqu'à six pieds. Cette espece est à présent fort rare en Europe ; elle a été trouvée dans le Levant par TOURNEFORT, qui en a envoyé les semences au Jardin Royal à *Paris*, où elle a été premierement multipliée, & d'où ses semences se sont ensuite répandues dans les autres jardins de l'Europe.

Pyrenaïcum. La huitieme qui s'éleve à quatre pieds environ de hauteur, produit dans le mois de Juillet un épi de fleurs jaunes, long & d'une grosseur médiocre.

On peut la placer parmi les arbrisseaux, dans des parties de jardins qui ne sont pas fréquentées des enfans.

Napellus. Pyramidale. Alpinum. Les cinquieme, sixieme & septieme especes, dont les fleurs paroissent en Août, ont alors une si belle apparence, que sans leurs qualités malfaisantes, elles mériteroient une place distinguée dans tous les jardins ; il existe deux ou trois variétés de la cinquieme, l'une à fleurs blanches, l'autre à fleurs couleur de rose, & une troisieme à fleurs panachées; mais ces variétés ne sont point constantes, & ne se reproduisent point d'une maniere uniforme. Le *napellus minor* est également sujet à changer dans la couleur de ses fleurs. Quelques plantes panachées de cette espece, dont j'ai été possesseur, ont repris en deux années leur premiere teinte, & leurs semences n'ont produit aucune variété. La septieme espece étant placée dans une bonne terre, s'éleve à cinq pieds de hauteur, & produit des fleurs d'un bleu foncé, petites & clair-semées sur chaque épi.

Culture. Toutes ces especes d'Aconits se multiplient par leurs semences, qui doivent être mises en terre en automne, & dans une situation ombrée. Les plantes poussent souvent dès la premiere année, si elles ont été semées dans la saison indiquée: sans cela elles ne paroissent qu'au second printems ; alors on tient la terre nette de mauvaises herbes durant tout l'été suivant, & on les arrose dans les tems secs, jusqu'à ce qu'elles soient en état d'être transplantées. Quand elles ont assez de force pour cela, on les enleve soigneusement, on les met dans des platebandes à l'ombre, en observant de laisser quatre pouces de distance entre elles, & on les arrose jusqu'à ce qu'elles ayent acquis de bonnes racines ; après quoi elles n'exigent plus d'autre soin que d'être tenues nettes de mauvaises herbes jusqu'à l'automne suivant, qui est la saison qu'on doit choisir pour les transplanter dans les places qui leur sont destinées.

L'Aconit commune naît & réussit à l'ombre des arbres, dans les bois & les autres lieux déserts. Elle s'y multiplie assez fort par ses racines traçantes : mais quoique la plupart des autres especes se plaisent également à l'ombre, néanmoins l'abri des grands arbres

arbres ne leur convient point. C'eft-pourquoi il faut les placer dans des platebandes ombrées, de maniere qu'elles ne foient pas couvertes d'arbres; elles y feront plus longtems en fleurs, & y profiteront mieux que dans toute autre pofition moins airée ou plus ouverte.

ACONITUM HYEMALE. *Voy.* HELLEBORUS HYEMALIS.

ACORUS. [*Sweet-Rush*] *Jonc odorant.*

Caracteres. Cette plante produit une tige fimple & cylindrique fort couverte de petites fleurs, qui forment une efpece de chaton. Ces fleurs dépourvues de calice, font compofées de fix pétales concaves & obtus; d'un germe gonflé, fitué dans le centre, & accompagné de fix étamines, qui s'étendent au-delà des pétales, & font terminées de fommets doubles & épais; le germe fe change en une capfule courte, triangulaire, à trois cellules, remplies de femences ovales & oblongues.

Ce genre de plante eft rangé dans la fixieme claffe de Linnée, intitulé : *Hexandria monogynia*, les fleurs ayant fix étamines & un ftyle.

Nous n'avons qu'une efpece de ce genre. Savoir :

1°. *Acorus calamus. Roy. Leyd. 6.* Glayeul à odeur douce, ou Calamus.

Acorus verus, five calamus aromaticus. C. B. P. 34.

Acorus Afiaticus, radice tenuiore. Herm.

Typha aromatica, clava rugofa. Moris. Hift. 3. P. 246.

Acorum. Rumph. Amb. 5. P. 178. T. 22. F. 1.

Waembu, Rheed. Mal. 11. P. 99. T. 60.

Cette plante qui a été longtems en ufage dans la médecine, croît naturellement dans les eaux ftagnantes & peu profondes; on la trouve dans plufieurs parties de l'Angleterre, particulierement dans le Comté de *Norfolk* & auffi près *d'Uxbridge en Middlefex*, & dans quelques provinces du Nord. La plupart des foffés & les eaux ftagnantes de la Hollande en font remplies. Son odeur forte & aromatique réfide principalement dans fes racines, fes feuilles ellesmêmes en font affez fortement imprégnées, comme on le remarque, lorfqu'on les froiffe ou qu'on les rompt. Elle peut être tranfplantée dans les jardins, où elle croîtra fort bien, fi la terre eft humide; mais elle ne produit jamais d'épis, fi on ne la fait venir dans l'eau; elle aime une fituation ouverte, & ne profite pas bien à l'ombre des arbres.

Les épis de fes fleurs, que plufieurs Auteurs appellent *Juli*, paroiffent vers la fin de Juin, & continuent à fe montrer jufqu'en Août. Quand cette plante eft fixée & mife dans une fituation convenable, elle multiplie affez fortement par fes racines traçantes (1).

---

(1) La racine de l'Acorus verus off. fournit, par l'analyfe chymique, une grande quantité

ACORUS *faux*, ou *Iris jaune*. *Voyez* IRIS PSEUDO-ACORUS.

ACRI-VIOLA. *Voyez* TROPÆOLUM. *Capucine*.

ACTÆA. [*Herb-Christopher*] *Herbe de Saint Christophe*.

Caracteres. Le calice est composé de quatre feuilles concaves, obtuses & tombantes. La corolle a quatre pétales beaucoup plus longs que le calice : la fleur a un germe ovale placé dans le centre, & couronné d'un stigmat oblique & abaissé, avec un nombre d'étamines minces, & couronnées de sommets érigés, doubles & ronds ; après la fleur, le germe devient une baie ovale ou globulaire ; a une cellule dans laquelle il y a quatre semences rondes en-dehors, & angulaires où elles se joignent.

Le Docteur LINNÉE place ce genre de plante dans la premiere section de sa treizieme classe, intitulée : *Polyandria monogynia*, parce que les fleurs renferment un grand nombre d'étamines qui n'adherent point au calice.

Les especes sont :

1°. *Actæa spicata*, *racemo ovato*, *fructibus baccatis*. *Lin. Sp. Plant.* 504 ; Herbe de Saint Christophe commune, ou à baies venimeuses.

Christophoriana vulgaris nostras racemosa & ramosa. *Mor. Hist. P.* 2, 8.

Aconitum bacciferum. *Bauh. Pin.* 183.

2°. *Alba*, *racemo ovato*, *baccis niveis*, *radice tuberosâ* ; Herbe de Saint Christophe d'Amérique, à baies blanches.

Christophoriana Americana racemosa, *baccis niveis & rubris*. *Moris. Hist.* 2, *P.* 8.

Aconitum baccis niveis. *Corn. Canad.* 76. *T.* 77.

3°. *Racemosa*, *racemis longissimis*, *fructibus uni-capsularibus*. *Lin. Sp. Plant.* 504 ; La serpentaire noire, ou sauvage d'Amérique.

Christophoriana Americana procerior, *& longiùs spicata*. *Hort. Elth.* 79.

Christophorianæ facie herba spicata. *Pluk. Amalth.* 54. *T.* 383. *F.* 3.

Spicata. La premiere espece

---

d'un principe spiritueux, d'une substance fixe, résineuse - gommeuse & très-peu d'huile éthérée ; son odeur réside principalement dans le principe spiritueux, plus abondant & plus mobile que l'huile éthérée.

Cette racine prise intérieurement a la propriété de resserrer & d'émouvoir fortement ; elle convient dans toutes les maladies qui proviennent de la mucosité de la lymphe & du relâchement des solides, comme dans les défauts d'appétit & les vices de digestion, qui reconnoissent pour cause la foiblesse de l'estomac ; les fievres intermittentes, la cachexie, l'édeme, la leucophlegmatie, les affections psoriques, l'asthme humide, &c. Mais on doit en défendre l'usage aux personnes d'un tempérament bilieux, & à celles qui ont la fibre seche & roide.

La maniere de s'en servir, est de la faire infuser dans du vin ; la dose, lorsqu'on la prépare ainsi, est depuis un scrupule jusqu'à un gros.

croît naturellement dans plusieurs cantons septentrionaux de l'Angleterre. Je l'ai trouvée en assez grande quantité dans les bois, près de *Kirby-Lonsdale*, & près de la montagne *Ingleborough*, dans la province d'*Yorck*. Elle s'éleve à un pied & demi de hauteur. Les pétioles des feuilles sortent de la racine, & se divisent en trois plus petites qui supportent chacune trois lobes, de sorte que la feuille est composée de vingt-sept lobes ou folioles; la tige de la fleur sort aussi de la racine & est garnie de feuilles de la même forme, mais plus petites que celles du bas. Les fleurs qui sont produites au sommet de la tige en épis branchus, sont d'un blanc très-pur & paroissent en Mai; elles sont suivies de baies noires, luisantes, de la grosseur, environ, d'un pois, qui mûrissent en automne.

On multiplie cette plante en mettant en terre sa semence aussi-tôt après sa maturité, sans quoi elle ne germeroit qu'une année après, & on perdroit beaucoup de tems en la conservant jusqu'au printems. Il faut la semer sur une platebande à l'ombre, qu'on a soin de tenir nette de mauvaises herbes; & comme toutes les semences ne poussent pas toujours dans le même moment, on ne doit pas remuer la terre où elles sont placées, jusqu'à l'automne suivant, pour donner aux graines le tems de sortir de terre; & alors seulement on les transplante à l'ombre dans une platebande, où elles pourront rester pour y fleurir. Cette plante a une racine vivace qui dure plusieurs années, mais sa tige est annuelle, & périt en automne; on choisit cet instant pour la transplanter.

Alba. La seconde espece croît naturellement dans l'Amérique septentrionale, d'où j'en ai reçu les semences. Ses feuilles ressemblent un peu à celles de la premiere, mais elles ne sont pas si profondément dentelées à leurs bords. Ses fleurs croissent en épis plus serrés, ses baies sont très-blanches & transparentes, lorsqu'elles sont mûres, & ses racines sont composées de nœuds tubéreux. Cette plante est vivace, & se plaît à l'ombre dans un sol léger & humide. On peut la multiplier comme la précédente.

Racemosa. La troisieme espece vient de l'Amérique septentrionale, où elle est appellée *serpentaire noire*, pour la distinguer de la *serpentaire commune*. Elle a une large feuille composée, qui sort immédiatement de sa racine, & s'eleve à plus de deux pieds de hauteur. Les tiges de ses fleurs ont souvent quatre ou cinq pieds de hauteur, & se terminent par des épis longs de fleurs blanches, qui penchent au sommet; ses fleurs paroissent en Juin ou au commencement de Juillet, mais elles ne perfectionnent point leurs semences en Angleterre. Cette plante étant en fleur, produit un très-bel effet dans un jardin ; ainſi on doit lui donner place dans les platebandes à l'ombre, ou parmi des arbriſſeaux, avec leſquels elle profitera bien, ſi elle n'y eſt pas trop couverte, elle eſt dure & n'exige aucun ſoin. On la multiplie toujours par ſes ſemences, que l'on envoie annuellement de l'Amérique ſeptentrionale ; elle aime un ſol humide & léger, & veut être dans une ſituation ombrée.

La racine de cette plante eſt d'un grand uſage en Amérique, les Apothicaires & les Médecins l'emploient dans pluſieurs maladies, & la regardent comme un antidote contre le poiſon, & la morſure du ſerpent à ſonnettes.

ADANSONIA. [*Ethiopian ſour Gourd, or Monkies Bread*] *Gourde acide d'Ethiopie*, ou *Pain de ſinge*.

Cette plante eſt ainſi nommée en l'honneur de M. ADANSON, Chirurgien François, qui a réſidé quelques années à Sénégal, en Afrique, & a fait pendant ce tems pluſieurs découvertes en hiſtoire naturelle : il a apporté avec lui une collection curieuſe de ſemences & de plantes.

Caracteres. Le calice de la fleur eſt en forme de vâſe, diviſé au bord en cinq ſegmens penchés en arriere, & tombe. La corolle a cinq pétales ronds, avec des bords réfléchis : au fond ſont ſituées pluſieurs étamines jointes en un tube, étendues horizontalement au-deſſus, & couronnées par des ſommets en forme de reins. Le germe eſt oval, les ſtyles ſont longs & ſingulierement tordus, ils ont pluſieurs ſtigmats velus. Le germe devient après une groſſe capſule ovale à dix cellules, remplies d'une chair acide & farineuſe, renfermant pluſieurs ſemences en forme de reins.

Ce genre de plante eſt rangé dans la cinquieme ſection de la ſeizieme claſſe de Linnée, intitulée : *Monodelphia polyandria* ; les fleurs ayant pluſieurs ſtyles unis aux étamines en une colonne ou un corps.

On ne connoît encore qu'une eſpece de cette plante ; Savoir :

1°. *Adanſonia ;* c'eſt le Baobab. *Alp. Ægypt. C. 27. F. 28.*

Abavo arbor, radice tuberoſâ. Bauh. Pin. 434.

Abavi. Bauh. Hiſt. 1. p. 110.

Guanabanus Scaligeri. Bauh. Hiſt. 1. P. 109.

Les jeunes plantes, ainſi que la plupart des nouvelles branches, ont des feuilles ſimples en forme de lance vers leurs parties baſſes ; mais celles qui garniſſent leurs extrémités, ont depuis trois juſqu'à cinq lobes, de la même forme & de la même largeur que celles du bas, & diſpoſées en main ; elles ſont entieres, terminées en pointes, & tombent en hiver. Les tiges ſont groſſes & ligneuſes, mais d'une texture molle, & ont généralement une groſſe tige gonflée près de la racine.

Elle ſe multiplie par ſemences, que l'on doit ſe procurer du pays où elle croît naturellement, car elle n'en produit point en Europe. Il faut les ſemer dans des pots, & les plonger dans une couche chaude, qui fera pouſſer les plantes en ſix ſemaines de tems, & bientôt après elles ſeront en état d'être tranſplantées : alors on les met chacune ſéparément dans des pots remplis de terre légere & ſablonneuſe, on les replonge dans une nouvelle couche chaude, en obſervant de les tenir à l'ombre, juſqu'à ce qu'elles aient formé de nouvelles racines; après quoi on leur donne de l'air frais chaque jour pendant la chaleur, & on les arroſe légèrement, car leurs tiges étant molles, ſur-tout dans leur jeuneſſe, l'humidité les fait pourrir aiſément. A meſure que les plantes avancent dans leur crû, on les met dans de plus gros pots qui doivent être conſtamment plongés dans la couche de tan : ces plantes étant trop tendres pour proſpérer dans nos climats ſans chaleur artificielle, elles doivent toujours reſter dans la ſerre chaude avec les autres plantes exotiques. Tandis qu'elles ſont jeunes, elles font un grand progrès, ſi on les traite convenablement; car en trois ans pluſieurs ſe ſont élevées à plus de ſix pieds de hauteur, & ont pouſſé pluſieurs branches latérales; leurs tiges étoient d'une groſſeur proportionnée : mais après quatre ou cinq ans, elles ſont reſtées à peu près dans le même état, ſans preſque croître ni diminuer, les jets de chaque année excédant rarement la hauteur de deux ou trois pouces.

La deſcription que donne M. Adanson de ces arbres qu'il a vus au Sénégal & dans d'autres pays de l'Afrique, eſt ſurprenant quant à leur groſſeur; il en a meſuré pluſieurs tiges, dont la circonférence s'eſt trouvée être de ſoixante ou ſoixante & dix pieds; mais leur hauteur n'étoit pas ſi extraordinaire; les troncs de ces arbres avoient huit ou dix pieds d'élevation, & ſe diviſoient en pluſieurs branches horizontales, qui touchoient la terre par leurs extrémités ; elles avoient quarante cinq ou cinquante pieds de longueur, ſur les mêmes dimenſions dans leur circonférence; de façon que chaque branche auroit fait un arbre monſtrueux en Europe: & dans un lieu où l'eau d'une riviere voiſine avoit emporté la terre, & preſqu'entierement découvert les racines d'un de ces arbres, il en avoit trouvé de cent-dix pieds de longueur, ſans y comprendre les parties qui étoient reſtées dans la terre ou cachées dans le ſable; car il repreſente les plaines où ces arbres croîſſent comme étant couvertes d'un ſable ſtérile & mouvant, que le vent éleve continuellement, & comme des lieux ſur leſquels il eſt très-difficile de voyager, n'y ayant aucune trace de chemin.

Prosper Alpinus, dans

ſon hiſtoire des plantes d'Egypte, décrit l'*Adanſonia*, auquel il donne le nom de *Baobab ;* il l'annonce comme croîſſant dans ce pays, mais il ne fait aucune mention de ſa groſſeur rapportée par ADANSON.

Il y avoit dans quelques jardins pluſieurs plantes de cette eſpece, qui ont été élevées au moyen des ſemences envoyées du Grand Caire en 1724, par le feu Doſteur WILLIAM SHERARD, & dont quelques-unes étoient parvenues à la hauteur de dix-huit pieds; mais elles ont toutes péri dans l'hiver rigoureux de 1740, & depuis ce tems on n'a point apporté de nouvelles ſemences en Angleterre, juſqu'à celles que M. ADANSON y envoya à ſon retour à Paris, en 1754. Pluſieurs de ces plantes qu'on a obtenues des graines fournies par ce Naturaliſte, ont à préſent plus de huit pieds de hauteur.

ADELIA. Nous n'avons point de nom ni en Anglois, ni en François, pour ce genre de plante.

Caraſteres. Les fleurs mâles & femelles ſont produites ſur différentes racines : les mâles dépourvus de corolles, ont des calices d'une feuille découpée en cinq ſegmens concaves, & pluſieurs étamines minces de la longueur du calice, & couronnées de ſommets ronds. Les fleurs femelles ont un calice à cinq feuilles concaves, & perſiſtant; elles n'ont point non plus de corolles, mais ſeulement un germe rond, trois ſtyles courts & écartés, avec un ſtigmat percé; le germe ſe change en une capſule à trois cellules, renfermant chacune une ſemence ronde.

Ce genre de plante eſt placé par Linnée dans la douzieme ſeſtion de ſa vingt-deuxieme claſſe, qui renferme celles qui ont des fleurs mâles ſur des pieds différens de ceux qui produiſent les fleurs femelles, & dont les étamines ſont jointes à leur bâſe.

Les eſpeces ſont :

1°. *Adelia Bernardia, foliis oblongis tomentoſis ſerratis. Lin. Sp. Plant.* 1473 ; Adelia à feuilles oblongues, cotoneuſes & ſciées.

Bernardia fruticoſa, foliis tomentoſis ovatis ſerratis alternis. Brown. Jam. 361.

2°. *Ricinella, foliis obovatis integerrimis. Lin. Sp. Plant.* 1473 ; Adelia à feuilles ovales & entieres.

Bernardia fruticoſa foliis ſubrotundis nitidis confertis, floribus aſſociatis. Brown. Jam. 361.

3°. *Adelia acidoton, ramis flexuoſis, ſpinis gemmaceis. Amœn. Acad.* 5. *P.* 411 ; Adelia à branches flexibles, & boutons épineux.

Acidoton fruteſcens. Brown. Jam. 355.

Ces plantes croîſſent naturellement dans l'île de la Jamaïque, & reſſemblent un peu aux *Ricinus* ou *Croton* ; mais les fleurs mâles & femelles étant produites ſur des pieds différens, elles ne peuvent ſe trouver dans la même claſſe. Le Doſteur HOUSTOUN on a conſtitué un genre nouveau ſous le titre de *Bernardia*, en l'honneur du Docteur BERNARD DE JUSSIEU, Démonſtrateur des plantes au jardin Royal à *Paris*; mais le nom adopté par Linnée, eſt celui d'*Adelia*. Ces plantes ſe multiplient par ſemences, quand on peut s'en procurer des pays où elles croîſſent naturellement, parce qu'elles ne ſe perfectionnent point en Angleterre. On les ſeme ſur une couche chaude au printems; & lorſque les plantes ſont aſſez fortes, on les met chacune ſéparément dans des petits pots remplis de terre légere, qu'on plonge dans une couche chaude de tan, & qu'on traite enſuite de la même maniere que le *Croton*. On enfonce en automne ces pots dans la couche de tan de la ſerre chaude, où les plantes ſeront conſervées, & produiront des fleurs l'été ſuivant, en les tenant à une chaleur tempérée pendant l'hiver, & on doit obſerver de ne pas les trop arroſer pendant cette ſaiſon : mais comme elles ont peu de beauté, on ne les multiplie gueres que dans les jardins botaniques.

ADENANTHERA. [*Baſtard Flower-fence*] *Haie fleurie bâtarde*, ou *Poincillade bâtarde*. Prod. Leyd. 463.

Caracteres. Le calice de la fleur eſt monopétale, & légèrement découpé en cinq parties au ſommet: la corolle eſt en forme de cloche, & compoſée de cinq pétales concaves & réfléchies en-deſſous. La fleur a un germe oblong dans le centre, qui ſoutient un ſtyle couronné d'un ſtigmat ſimple, & dix étamines érigées, de la même longueur, & couronnées de ſommets ronds; après la fleur, le germe ſe change en un long légume comprimé, & renfermant pluſieurs ſemences unies, convexes & placées à diſtance l'une de l'autre.

Linnée range ce genre de plante dans la premiere ſection de ſa dixieme claſſe, intitulée : *Decandria monogynia*, les fleurs ayant dix étamines & un germe; mais il la ſépare de la *Poinciana*, parce que ſon calice eſt monopétale légèrement découpé au ſommet en cinq parties égales; au lieu que la *Poinciana* eſt à cinq feuilles, & que ſes pétales ſont inégaux.

Nous n'avons qu'une eſpece de cette plante en Angleterre; ſavoir :

1°. *Adenanthera falcataria foliis decompoſitis. Prod. Leyd.* 462. Haie fleurie bâtarde à feuilles décompoſées.

Clypearia alba. Rumph. Amb. 3. *P.* 176. *T.* 111.

Il y a une autre eſpece ou variété à ſemences écarlate, qui eſt rare à préſent dans ce pays : j'en ai reçu des Indes quelques ſemences qui m'ont procuré pluſieurs plantes; mais elles croîſſent ici fort lentement.

L'eſpece dont il eſt queſtion devient un grand arbre dans le pays où elle naît; mais elle eſt ſi tendre qu'elle exige la ſerre chaude pour être conservée en Angleterre, encore n'en voit-on point à présent de grosses plantes dans les jardins. Les jeunes sujets qui n'ont que deux pieds de hauteur, ont des feuilles d'un verd luisant, larges & branchues, composées de plusieurs divisions égales, garnies de folioles ovales, & placées alternativement sur la côte du milieu. Les tiges de ces plantes sont ligneuses, couvertes d'une écorce brune, & leurs feuilles se conservent toute l'année. Je ne leur ai vu produire aucune fleur en Angleterre jusqu'à présent; mais sur des échantillons secs, qui m'ont été envoyés des Indes, elles paroissent petites & peu agréables; les belles feuilles branchues de cette plante font cependant un charmant coup-d'œil dans la serre chaude; ses semences sont d'un noir luisant, un peu plus larges que de grosses lentilles & à-peu-près de la même forme. On éleve cette plante sur une couche chaude, & on la place ensuite dans la couche chaude de tan de la serre chaude avec les autres plantes tendres exotiques.

ADHATODA. *V.* Justicia.

ADIANTHUM. [*Maiden-hair*] *Capillaire*, ou *Capillus Veneris*.

Caracteres. Ce genre de plante est distingué des autres Capillaires par la direction réfléchie des points de ses feuilles, & par les parties de la fructification qui sont disposées en taches ovales confusément jointes.

Les especes sont :

1°. *Adianthum* (*Capillus Veneris*) *frondibus decompositis; foliolis alternis; pinnis cuneiformibus lobatis pedicellatis. Lin. Sp. Plant. 1096;* Le vrai Capillaire, *ou* Capillaire de Montpellier.

Adianthum foliis coriandri. C. B. P. 356.

2°. *Pedatum, fronde pedatâ, foliolis pinnatis; pinnis, anticè, gibbis incisis, fructificantibus. Lin. Sp. Plant. 1095;* Capillaire d'Amérique.

Adianthum Americanum. Corn. Canad. 7. T. 6; Capillaire de Canada.

3°. *Trapezi-forme, frondibus suprà-decompositis: foliis alternis: pinnis rhombeis incisis utrinque fructificationibus. Lin. Sp. Plant. 1097;* Le plus grand Capillaire noir d'Amérique, à tiges branchues, & à feuilles rhomboïdes *ou* à quatre côtés inégaux.

Plusieurs especes de ce genre qui viennent des Indes Orientales & Occidentales, different beaucoup l'une de l'autre en forme & grosseur. J'en ai plus de trente especes distinctes dans ma collection de plantes seches qu'il seroit inutile de rapporter ici, n'étant point introduites dans les jardins Anglois; les trois dont il est question sont les seules que j'ai vu cultiver en Angleterre.

Capillus Veneris. La premiere est le vrai Capillaire dont on fait usage en médecine; mais comme il ne croît pas naturellement en Angleterre, on lui substitue le *Trichomanes*, qui vient en grande abondance dans plusieurs provinces de ce pays. Le vrai Capillaire est originaire de la France méridionale, de l'Italie & du Levant, d'où cette plante m'a été plusieurs fois envoyée : il croît généralement dans les crevasses des murailles, & les fentes des rochers ; de sorte que pour le conserver dans les jardins, il faut le mettre dans des pots remplis de gravier ou de vieilles décombres, il y profitera mieux que dans une bonne terre ; mais il exige d'être abrité en hiver sous un chassis, sans quoi il seroit souvent détruit par les gelées.

Pedatum. La seconde espece n'est cultivée dans les jardins que pour la variété : on peut la conserver dans des pots, en la traitant de la même maniere que la précédente ; car quoiqu'elle puisse supporter un froid modéré, cependant elle est quelquefois détruite par les fortes gelées.

Elle croît naturellement, & en telle abondance, dans le Canada, que les François en ont fait un objet de commerce, & l'échangent contre d'autres marchandises ; les Apothicaires de Paris la débitent comme le meilleur Capillaire ; ils s'en servent dans toutes les compositions où il est ordonné.

Trapezi-forme. La troisieme espece, originaire des climats chauds de l'Amérique, m'a été envoyée de la Jamaïque dans un pot de terre parmi d'autres plantes. Elle ne peut profiter en Angleterre, si elle n'est conservée dans une serre chaude, où ses tiges noires & luisantes, ainsi que la forme singuliere de ses feuilles, feront une variété agréable avec les plantes exotiques.

ADNATA, ADNASCENTIA, sont les rejettons ou petites bulbes produites par les racines de plantes bulbeuses ; elles sont très-étroitement jointes à la racine principale ; telles sont celles de la Narcisse, de l'Amaryllis, du Pancratium, &c.

ADONIDIS HORTI, ou *jardins d'Adonis* : on appelle ainsi les plantes, les fleurs, &c. mises dans des pots ou dans des caisses pour orner les fenêtres, les balcons, &c.

ADONIS, ou *flos Adonis.* [*Bird's-Eye or Pheasant's-Eye*] *Œil d'oiseau*, ou *Aîles de faisan.*

Caracteres. Le calice de la fleur est composé de cinq feuilles concaves, obtuses, colorées, & qui tombent : la corolle dans quelques especes est formée de cinq pétales, & dans d'autres de douze ou de quatorze. Dans le centre de la fleur sont placés plusieurs germes recueillis en une tête, accompagnés de grand nombre de courtes étamines, couronnées de sommets oblongs & courbés ; les germes après la fleur se changent en plusieurs semences nues, adhérentes de très-près au pédoncule ; & forment un épi obtus.

Ce genre est de la septieme section de la troisieme classe de Linnée, intitulée : *Polyandria Polygynia*, dans laquelle font placées les plantes, dont les fleurs ont plusieurs étamines & plusieurs germes.

Les especes font:

1°. *Adonis annua, five autumnalis floribus octopetalis, fructibus subcylindricis. Hort. Ups. 156;* Adonis commun, *ou* flos Adonis, à petites fleurs rouges.

2°. *Æstivalis floribus pentapetalis, fructibus ovatis;* Adonis annuel à fleurs d'un jaune pâle.

Adonis fylvestris flore luteo, floribus longioribus. C. B. P. 178; l'Adonis melampodium.

3°. *Vernalis, flore dodeca-petalo, fructu ovato. Lin. Sp. Plant. 771;* Adonis à fleurs jaunes, appellé par quelques-uns *Hellebore noire à feuilles de fenouil.*

Helleborus niger tenui-folius, Buphthalmi flore. Bauh. Pin. 186.

Adonis hellebori radice, Buphthalmi flore. H. L.

Buphthalmum. Dod. pempt. 261.

Annua. Il y a une variété dans la premiere espece que l'on cultive depuis long-tems dans les jardins, dont les fleurs font grosses, & les feuilles plus courtes que celles de l'espece sauvage; mais après les avoir femées plusieurs fois féparément, elle m'a paru n'être, & n'est en effet, qu'une variété accidentelle occasionnée par la culture.

Æstivalis. Je puis assurer que la seconde est indubitablement une espece distincte: après avoir cultivé ces deux premieres especes pendant près de trente ans, je n'ai jamais vu la seconde varier dans la forme de ses feuilles, dans sa couleur, dans ses fleurs, non plus que dans l'accroissement des plantes, qui font beaucoup plus grandes que celles de la premiere. Ses feuilles font plus minces, placées féparément sur les tiges, & d'une couleur plus claire.

Culture. Ces deux especes font annuelles: en les femant en automne, elles poussent au printems suivant; mais si on ne les met en terre qu'au printems, elles paroissent rarement la même année: de forte qu'elles réussissent mieux lorsque les femences tombent naturellement, que si elles étoient femées avec méthode. La premiere croît sans culture dans la province de *Kent*, principalement auprès de la riviere de *Midway* entre *Rochester* & *Maidstone*, où on la trouve en abondance dans les champs femés en froment: mais dans les années intermédiaires, lorsque les terres font femées en marsages, on y en voit peu; ce qui prouve la nécessité de les femer en automne: cette observation est d'ailleurs confirmée par une autre, car si les champs de bleds font laissés sans être labourés après la moisson, ils se couvrent entierement de ces plantes l'année suivante. Depuis quelque tems on apporte à Londres une grande quantité de ces fleurs, qui font vendues dans les rues sous le nom de *Marocco rouge.*

Ces deux plantes lorsqu'elles ont été femées en automne, ou qu'on les a laissé écarter librement leurs femences, montrent ordinairement leurs fleurs au commencement du mois de Juin, & perfectionnent leurs femences en Août ou en Septembre ; mais celles qui n'ont été femées qu'au printems, ne fleuriffent pas avant le mois de Juillet ou d'Août, & leurs femences ne mûriffent pas avant le mois d'Octobre.

Comme ces plantes profperent également dans toutes les fituations, pourvu qu'elles y trouvent un fol léger, on peut jouïr long-tems de leurs fleurs en les femant partie à l'ombre, & partie dans une expofition chaude, avec la précaution néanmoins de ne les femer que dans les lieux où elles doivent refter; car elles ne fouffrent pas la tranfplantation, fur-tout fi on ne les enleve pas lorfqu'elles font encore très-jeunes. On peut en former des petits compartimens fur les platebandes d'un jardin à fleurs : & lorfqu'elles commencent à pouffer, on les éclaircit en laiffant cependant trois ou quatre plantes dans chaque paquet, afin de leur donner plus d'apparence.

Vernalis. La troifieme efpece dont la racine eft vivace, & la tige annuelle, croît naturellement fur les montagnes de *Bohême*, de *Pruffe* & d'autres parties de l'*Allemagne*, où l'on fait ufage de fa racine, comme du véritable Hellebore noir, quoique d'après les defcriptions données par des anciens, elle n'ait aucun rapport avec cette plante. L'*Adonis vernalis* eft depuis long-tems cultivé dans les jardins ; il produit fes fleurs à la fin de Mars, ou au commencement d'Avril, fuivant que la faifon eft plus ou moins avancée ; fes tiges s'élevent à un pied & demi environ de hauteur; & quand fes racines font groffes & ont été long-tems fans être remuées, elles pouffent un grand nombre de tiges garnies de belles feuilles minces, & en paquets dans les intervalles : au fommet de chaque tige eft produite une groffe fleur jaune, compofée de plufieurs pétales inégaux, dont le centre eft occupé par un grand nombre de germes, entourés de plufieurs étamines. Quand les fleurs font paffées, chaque germe fe change en une femence nue, adhérante de fort près au pédoncule, & formant par leur réunion un épi obtus; elles mûriffent en Août, & doivent être femées bientôt après, fans quoi elles ne réuffiroient pas toujours.

Lorfque les plantes levent, il faut les délivrer des herbes nuifibles qui croîffent aux environs, & les arrofer de tems en tems pendant les féchereffes, pour avancer leur accroîffement, & comme dans leur jeuneffe elles croiffent très-lentement, on les laiffe jufqu'à la feconde année dans le lieu où elles ont été femées. Le meilleur tems pour les tranfplanter eft l'automne ; alors on les place où elles doivent refter : car, fi on les enleve fouvent, elles produiront peu de fleurs, qui même ne font pas auffi groffes que celles des plantes qui n'ont pas été déplacées.

ADOXA. *Lin. Gen.* 450. *Mofchatellina. Tour. Inft.* [*Tuberous Mofcatel, or Hollow-root*]

Moschatelle tubereux, *Racine creuse*, ou *Herbe musquée*.

Cette plante se trouve placée dans la huitieme classe de Linnée, qui a pour titre: *Octandria Tetragynia*, dont les fleurs ont huit étamines & quatre styles.

Caracteres. Le calice sur lequel le germe est situé, persiste & est divisé en deux parties. La corolle est monopétale & découpée en quatre segmens aigus; le germe, situé dans le centre, soutient quatre styles érigés, & accompagnés de huit étamines couronnées de sommets ronds; après la fleur, le germe devient une baie ronde qui repose sur le calice, & a quatre cellules, renfermant chacune une simple semence comprimée.

On ne connoît qu'une espece de ce genre; savoir:

1°. *Adoxa. Hort. Cliff.* 152; Racine creuse de Fumeterre bulbeuse, *ou* Moschatelle tubéreuse.

Moschatella. Cord. Hist. 172.

Radix cava minima, viridi flore, de Gérard; petite Racine creuse.

Ranunculus nemorosus, moschatellina dictus. Bauh. Pin. 178.

Fumaria bulbosa, s. tuberosa minima. Tabern. Ic. 39.

Cette espece croît naturellement dans des bois ombrés de diverses parties d'Angleterre; je l'ai souvent recueillie parmi les buissons voisins des bois qui couronnent le sommet de *Hampstead*. Cette plante à tout au plus quatre à cinq pouces de hauteur; ses feuilles ressemblent à celles de la Fumeterre bulbeuse; ses pédoncules qui sortent immédiatement de la racine, sont terminés par quatre ou cinq petites fleurs blanches, d'une couleur herbacée; les fleurs paroissent au commencement d'Avril, les baies mûrissent en Mai, & bientôt après les feuilles se flétrissent.

Cette plante a peu de beauté, mais on en fait mention ici pour satisfaire les personnes qui aiment à rassembler dans leur collection toutes les différentes especes qu'elles peuvent trouver. On en transplante les racines en tout tems jusqu'à l'hiver, lorsque les feuilles sont flétries: ses racines sont tubereuses, & en forme de dents; elles veulent être plantées à l'ombre sous des arbrisseaux, parce que le grand soleil leur est contraire: les feuilles & les fleurs de cette plante ont l'odeur de Musc, d'où lui vient le nom de *Pied de Corneille musqué*, qui lui a été donné par plusieurs personnes.

ADRAGANT, ou *Barbe de Renard*, ou *Epine de Chevre*. *Voyez* TRAGACANTHA MASSILIENSIS.

ÆGILOPS. [*Wild-Festuc*] *Granien*, espece d'herbe, qui croît naturellement dans plusieurs parties de l'Europe; ainsi on ne la cultive gueres si ce n'est dans les jardins botaniques

ÆGOPODIUM. [*Small wild Angelica, or Gout-wort*] *Petite Angélique sauvage*, ou *l'herbe à la goutte*.

Angelica sylvestris minor, s. Erratica. Bauh. Pin. 154.

Herba Gerardi. Dod. Pempt. 320.

Cette plante naît sans culture dans plusieurs endroits des environs de Londres. Ses racines coulent & s'étendent si considérablement, qu'elle devient une herbe embarrassante dans les jardins.

ÆSCHYNOMENE. *Lin. Gen. Plant.* 769. [*Bastard sensitive Plant*] *Plante sensitive bâtarde. Sesban.*

Ce genre est placé dans la troisieme section de la dix-septieme classe de Linnée, intitulée: *Diadelphia Decandria*, les fleurs de cette plante ayant dix étamines, dont neuf sont réunies, & l'autre séparée.

Caracteres. Le calice de la fleur est formé par une feuille découpée en deux segmens égaux, dont le supérieur est divisé en deux parties, & l'inférieur en trois; la corolle est papillonacée, l'étendard est large & en forme de cœur; les deux aîles sont ovales & plus courtes que l'étendard, la carène est en forme de croîssant, & aussi longue que l'étendard: dans le fond de la fleur est situé un germe oblong & velu, qui soutient un style arqué, & accompagné de dix étamines, dont neuf sont réunies en un corps, & l'autre séparée; après la fleur, le germe se change en un légume long, uni, noueux, & séparé aux nœuds, dans chacun desquels est renfermée une semence en forme de rein.

Les especes sont:

1°. *Æschynomene, aspera, caule scabro, leguminum articulis medio scabris. Lin. Sp. Plant.* 713; Plante sensitive bâtarde, à tige rude, avec des cosses articulées.

Mimosa non spinosa major Zeylanica. Breyn. Cent. 51.

2°. *Americana, caule herbaceo hispido, foliolis acuminatis leguminum articulis semi-cordatis, bracteis ciliatis. Lin. Sp. Plant.* 1061; Plante sensitive bâtarde, à tige piquante & herbacée, dont les feuilles sont pointues, & les nœuds des cosses en forme de cœur.

Hædysarum caule hirsuto, mimosæ foliis alatis: pinnis acutis minimis gramineis. Sloæn. Cat. Jam.

3°. *Arborea; caule lævi arboreo, leguminum articulis semi-cordato glabris. Prod. Leyd.* 384; Plante sensitive bâtarde, avec une tige unie, en arbre, & des cosses lisses & noueuses.

Sesban caule simplici, glabro, foliis pinnatis glabris. Monier.

4°. *Sesban. Caule herbaceo lævi, foliolis obtusis, leguminibus cylindricis æqualibus. Lin. Sp. Plant.* 1061; Plante sensitive bâtarde, avec une tige unie, des feuilles obtuses, & des cosses égales & cylindriques.

Galega Ægyptiaca siliquis articulatis. C. B. P. 352.

Sesban. Alp. Ægypt. 81. *T.* 82.

5° *Pumila. Caule herbaceo lævi, foliolis acuminatis, leguminibus serratis medio scabris. Linn. Sp. Plant.* 1061; Plante sensitive bâtarde, avec une tige unie & herbacée, des feuilles pointues, & des cosses rudes & sciées.

Hædysarum annuum minus Zeylanicum, mimosæ foliis. Inst. R. H. 402.

Niti-todda-valli. Rheed. Mat. 9. T. 20.

6°. *Æſchynomene grandi-flora. caule arboreo, floribus maximis, leguminibus fili-formibus. Lin. Sp. Plant. 1060*; Plante ſenſitive bâtarde, avec une tige ligneuſe, de groſſes fleurs & des coſſes minces.

Robinia pedunculis ſubdiviſis, foliis pinnatis, floribus folio majoribus. Sp. Plant. 1. P. 722.

Galegæ affinis Malabarica arboreſcens, ſiliquis majoribus umbellatis. Raii. Hiſt. 1734.

Agaty. Rheed. Mal. 1. P. 95. T. 51.

Turia. Rumph. Amb. 1. P. 188.

Seſban affinis arbor Indiæ Orientalis. Breyn. Prodr. 1. P. 47.

Comm. Mal. 244.

Aſpera. La premiere eſpece s'éleve à la hauteur de quatre à cinq pieds, avec une tige ſimple, herbacée, & rude dans quelques parties: ſes feuilles qui paroiſſent en forme de tête à chaque côté vers le ſommet, ſont d'une couleur de verd de mer & compoſées d'un grand nombre de lobes unis: deux ou trois fleurs jaunes, ſoutenues par de longs pédoncules, & de la même forme que celles des pois, ſortent enſemble entre les feuilles. Après la fleur, le germe ſe change en un légume plat & noueux de quatre pouces environ de longueur, & diviſé aux nœuds à ſa maturité; chaque diviſion contient une ſimple ſemence en forme de rein.

Americana. La ſeconde qui n'a gueres que deux pieds d'élévation, pouſſe trois ou quatre branches latérales, garnies de feuilles étroites & aîlées, dont les lobes ſont placés alternativement ſur la côte du milieu: ſes feuilles beaucoup plus petites, & d'un jaune plus pâle que celles de la premiere eſpece, ſont placées cinq ou ſix enſemble ſur des pédoncules branchus: après les fleurs, le germe ſe change en un légume noueux, ayant trois ou quatre diviſions gonflées, dans chacune deſquelles eſt renfermée une ſemence ſimple en forme de rein.

Arborea. La troiſieme eſpece s'éleve avec une tige ſimple, à la hauteur de ſix ou ſept pieds; ſes feuilles unies & placées alternativement ſur la côte du milieu, ſortent vers le ſommet de la tige, & ſont compoſées de pluſieurs lobes comme celles de la premiere eſpece; ſes fleurs ſont produites deux ou trois enſemble aux aîles des feuilles; elles ſont d'une couleur de cuivre, & auſſi groſſes que celles de la premiere. Lorſque la fleur eſt paſſée, le germe devient un légume uni & articulé, dont chaque diviſion a la figure d'un demi-cœur, & renferme une ſemence ſimple en forme de rein.

Seſban. La quatrieme, originaire de l'Egypte & de la côte de Guinée, d'où ſes ſemences m'ont été envoyées, porte une tige & des branches ligneuſes, garnies de feuilles unies, & compoſées de pluſieurs lobes émouſſés, placées par paires oppoſées; ſes fleurs ſont petites, d'un jaune foncé, & ſortent des aîles des feuilles en épis longs & penchés vers le bas ; après la fleur, le germe devient un légume long, uni, cylindrique, pointu & sans nœuds.

Pumila. La cinquieme produit une simple tige herbacée, dont la hauteur est d'environ trois pieds, & pousse peu de branches latérales : ses fleurs sortent des aîles des feuilles quelquefois simples, & d'autres fois deux ou trois sur chaque pédoncule. Elles sont petites & d'un jaune pâle : lorsque la fleur est passée, le germe se change en un légume long, courbé, & divisé en douze ou treize articulations, renfermant chacune une simple semence en forme de rein.

Grandi-flora. La sixieme s'éleve avec une tige ligneuse à six ou huit pieds de hauteur, & pousse vers son sommet des branches garnies de feuilles obtuses ; ses fleurs sont grosses, jaunes, & suivies de gros légumes qui renferment des semences en forme de rein.

Culture. Les premiere, troisieme & quatrieme especes subsistent pendant l'hiver en Angleterre, quand elles sont placées dans une serre chaude ; mais comme les tiges sont tendres & succulentes, il est nécessaire de les tenir sechement dans cette saison, sans quoi elles sont fort sujettes à pourrir.

On ne peut les conserver qu'en plongeant les pots qui les renferment dans la couche de tan ; car en les tenant seulement dans une serre chaude seche, les fibres de leurs racines se dessechent en peu de tems, & leurs feuilles penchent & se fannent : si pour remédier à ce défaut d'humidité on vient à les arroser, l'eau fait pourrir les tendres fibres des racines, & bientôt après les plantes périssent.

La cinquieme espece étant annuelle, il faut la semer de bonne heure en Mars, afin que les plantes puissent faire des progrès au printems ; on la place ensuite dans une caisse de vitrage airée, ou dans une serre chaude en été ; car si elle restoit en plein air, même dans cette saison, les semences mûriroient difficilement en Angleterre.

La sixieme espece, qui, dans les pays chauds où elle croît naturellement, se montre sous la forme d'un grand arbrisseau, n'est conservée qu'avec beaucoup de difficulté dans nos climats, pendant les froids de nos hivers : on la multiplie en la semant sur une couche chaude au printems ; & lorsque les plantes ont acquis assez de force, on les met séparément dans des pots, que l'on plonge dans une couche chaude pour les faire avancer, ensuite on les place dans la couche de tan de la serre chaude, où elles subsisteront tout l'hiver, & fleuriront l'été suivant, si elles sont traitées avec beaucoup de ménagement.

Toutes ces plantes veulent être semées sur une couche chaude dès le commencement du printems, & transplantées ensuite séparément dans des petits pots remplis de terre légere, qu'on plonge dans une nouvelle couche chaude pour les faire avancer: à mesure qu'elles croîssent, on leur donne de plus grands pots, avec l'attention cependant qu'ils ne soient pas trop vastes, sans quoi les plantes n'y profiteroient point.

Les premiere, seconde & cinquieme especes étant annuelles, il est nécessaire de les pousser de bonne heure dans l'année, afin qu'elles puissent perfectionner leurs semences; mais les troisieme, quatrieme & sixieme, peuvent se conserver pendant tout l'hiver, & fleurir de bonne heure dès l'été suivant; elles perfectionnent leurs semences en automne, toutes les autres fleurissent ordinairement en Juillet, & donnent des semences mûres en Octobre.

ÆSCULUS. *Lin. Gen. Plant.* 420. [*Horse - Chestnut*] *Le Marronnier d'Inde.*

Caracteres. Le calice de la fleur est monophille ou d'une feuille, & forme un germe découpé en cinq segmens: la corolle est composée de cinq pétales ronds, plissés à leurs bords; ondés, étroits à leurs bâses, & insérés dans le calice; le germe rond est placé dans le centre, porte un style simple, couronné d'un stigmat pointu, & accompagné de sept étamines penchées, étendues de la longueur des pétales, & couronnées de sommets droits: après la fleur, le calice se change en une capsule épaisse, ronde, hérissée de pointes, avec trois cellules qui s'ouvrent, & dans une ou deux desquelles sont renfermées des semences globulaires.

Ce genre de plante est rangé par Linnée dans sa septieme classe, intitulée: *Heptandria monogynia*; la fleur ayant sept étamines & un style.

Les especes sont:

1°. *Æsculus Hippocastanum, floribus heptandriis. Hort. Ups.* 92; Le Marronnier d'Inde commun.

Hippocastanum vulgare. Tourn. Inst.

Castanea equina. Clus. Hist. 1. *P.* 7.

2°. *Pavia, floribus octandriis. Lin. Sp.* 488; Marronnier d'Inde écarlate.

Pavia. Boerh. Ind. alt. 2. *P.* 260.

Saamenna Pisonis, s. Siliquifera Brasiliensis arbor. Pluk. Alm. 326. *T.* 56. *F.* 4.

Hippocastanum. Le Marronnier d'Inde a été apporté des parties Septentrionales de l'Asie, en l'année 1550 environ. Il a été envoyé à Vienne en 1588. On l'a nommé *Castanea*, à cause de la forme de son fruit, & l'on y a ajouté l'épithete d'*Equina*, parce que ce fruit étant moulu, devient une bonne nourriture pour les chevaux.

Cet arbre étoit autrefois plus estimé qu'il ne l'est aujourd'hui, car depuis qu'il est devenu commun, peu de personnes en font cas; mais une autre raison qui le fait négliger, c'est qu'il perd ses feuilles de bonne heure en été: elles commencent à tomber en Juillet, & dès ce moment elles font ſont beaucoup d'ordures juſqu'à ce qu'il n'en reſte plus; malgré cet inconvénient, le Marronnier d'Inde eſt très-agréable par le bel ombrage qu'il procure, & par le grand nombre de fleurs dont il ſe couvre, parce que toutes les extrémités de ſes branches ſont alors terminées par de ſuperbes épis de fleurs, & en telle quantité, que l'arbre entier paroît en être couvert; ces fleurs ſont joliment teintes de couleur de roſe, & font un coup d'œil charmant avec la verdure du feuillage.

La premiere méthode de planter ces arbres en avenues & en lignes droites, a occaſionné leur diſcrédit; de cette maniere, lorſqu'ils croiſſent & groſſiſſent, leurs branches s'étendent, ſe rencontrent & s'entremêlent; les fleurs ſe cachent, & deviennent d'autant plus rares, que les arbres ſont plus gros; les feuilles ſe fletriſſent, & tombent auſſi beaucoup plutôt dans ces plantations ſerrées que ſur des arbres iſolés: pour en jouir ainſi dans toute leur beauté, il faut les placer ſeuls à une certaine diſtance des autres arbres dans les places vuides d'un parc, où leurs fruits feront d'un grand ſecours aux bêtes fauves qui les aiment beaucoup; alors, s'ils ſont parvenus à une certaine grandeur, aucun arbre ne pourra leur diſputer la beauté & l'agrément, & ſi la ſaiſon eſt douce pendant la floraiſon qui arrive en Mai, ils reſteront chargés de fleurs pendant l'eſpace d'un mois.

Cet arbre croît très-promptement, & en peu d'années il parvient à une groſſeur aſſez conſidérable pour procurer un bon ombrage en été & produire une grande abondance de fleurs: j'ai vû ces arbres, devenir aſſez grands l'eſpace de douze ou de quatorze années, pour procurer de l'ombre à deux ou trois bancs, placés ſous l'étendue de leur feuillage, de ſorte qu'il y en a peu qui faſſent autant de progrès dans le même eſpace de tems; mais leur bois étant de peu de valeur, on ne doit point trop les multiplier, il ſuffit d'en avoir quelques-uns dans un parc à une certaine diſtance pour ſervir d'ornement; car c'eſt la ſeule utilité qu'il puiſſe procurer, ſon bois n'étant pas même bon à brûler, & ne pouvant ſervir à aucun autre uſage.

On multiplie ces arbres en ſemant les marrons: le meilleur tems pour les mettre en terre eſt le commencement du printems, en obſervant de les conſerver dans le ſable pendant l'hiver; car, ſans cette précaution, ils ſeroient expoſés à ſe moiſir & à ſe pourrir enſuite. On pourroit également les planter en automne, s'ils ne couroient le riſque d'être détruits par l'humidité de l'hiver, & même d'être dérangés par les ſouris.

Lorſque les marrons réuſſiſſent & ſont dans un ſol convenable, les plantes pouſſent d'un pied environ de hauteur pendant le premier été; de ſorte que, ſi elles ſont trop près les unes des autres, il faut les tranſplanter dès l'automne ſuivant, & les placer en lignes à trois pieds de diſtance hors des rangs, & à un pied dans les rangs; elles pourront reſter deux ans dans cette pépiniere, après quoi elles ſeront en état d'être miſes à demeure dans les places qui leur ſeront deſtinées; car plus ces arbres ſont plantés jeunes, plus leurs progrès ſont rapides. On objectera peut-être qu'en les plaçant jeunes dans les parcs, il faut néceſſairement les enclorre pour les mettre à l'abri de la voracité du bétail; mais le même inconvénient ſubſiſte pour ceux qui ſont plantés plus grands; & ceux-ci exigent encore de plus, d'être bien aſſurés contre les vents violens qui pourroient les renverſer. D'ailleurs, en faiſant attention au prompt accroîſſement des jeunes arbres, il ne peut y avoir de raiſons pour engager à en planter de plus grands.

Cet arbre n'eſt pas fort délicat pour la culture, il ne demande que peu de ſoin, & profite dans preſques tous les ſols, & en toutes ſituations; mais il fait les plus grands progrès dans les terreins marneux & ſablonneux. Si la terre eſt humide, ſes feuilles conſerveront leur verdure beaucoup plus long-tems que dans un lieu ſec.

Quand on tranſplante ces arbres, on doit conſerver leurs racines auſſi entieres qu'il eſt poſſible; car ils ne réuſſiſſent pas bien, ſi elles ſont déchirées ou coupées: il ne faut point tailler les branches, & ſi quelques-unes ſont caſſées par accident, on les retranche juſqu'à la tige, afin de faciliter la guériſon de la bleſſure.

Ce qu'il y a de fort ſingulier dans l'accroîſſement de ces arbres, c'eſt que les rejettons entiers ſont formés en moins de trois ſemaines, après que les boutons ſont ouverts; j'en ai méſuré qui avoient près d'un pied & demi de longueur, ſans y comprendre les feuilles dont le développement étoit entier; & auſſi-tôt que les fleurs ſont tombées, les boutons de l'année ſuivante ſont formés, & continuent à ſe gonfler juſqu'à l'automne: alors les pellicules qui les couvrent, s'étendent & ſe trouvent enduites d'une ſéve épaiſſe & gluante qui les préſerve des gelées & de l'humidité de l'hiver: mais auſſi-tôt que la chaleur du printems commence à ſe faire ſentir, cette ſéve fond, s'écoule, & laiſſe la liberté aux boutons de ſe développer. Il faut encore remarquer, que cet enduit ne devient jamais aſſez dur pour endommager les tendres germes qui ſont toujours formés à l'extrémité des rejettons de l'année précédente; ce qui ſert à démontrer la néceſſité de ne les point tailler.

En Turquie, on fait moudre les fruits du Marronnier d'Inde pour en mêler enſuite la farine au fourrage destiné aux chevaux attaqués de toux ou de colique, & on y regarde ces marrons comme un excellent remede contre ces deux maladies. Les bêtes fauves aiment beaucoup ce fruit; & lorsqu'il mûrit, elles se tiennent constamment aux environs de ces arbres, pour s'en saisir dans l'instant de sa chûte, sur-tout pendant les vents forts qui le font tomber aisément. On connoît aujourd'hui quelques vieux arbres de cette espece, qui, ayant été plantés à une grande distance les uns des autres, sont parvenus à une hauteur très-considérable : leurs têtes forment une parabole naturelle, & quand ils sont bien en fleurs, il n'y a point d'arbre en Europe qui ait une plus belle apparence ; j'en ai mesuré quelques-uns dont la tête avoit plus de trente pieds de diametre, & dont les branches étoient si rapprochées, qu'elles donnoient un très-grand ombrage dans les saisons les plus chaudes. Une note qui est entre les mains du propriétaire de ces arbres, prouve qu'ils ont été plantés en 1679, & que par conséquent ils vivent très-long-tems, quoique leur croîssance soit rapide.

Pavia. Le Marronnier Pavia, ou Ecarlate, qui croît naturellement dans l'Amérique Septentrionale, où il s'éleve à la hauteur de vingt pieds, n'écarte pas ses branches aussi loin que le précédent : ses fleurs sont tout-à-fait rouges, tubuleuses & beaucoup plus petites que celles de l'espece commune ; mais comme leurs bords ne sont pas aussi développés, elles ont beaucoup moins d'apparence que les premieres ; cependant cet arbre doit avoir place dans les jardins pour la variété.

On multiplie cette espece par des marrons, quand on peut s'en procurer des pays où elle croît naturellement; car les saisons sont rarement assez favorables pour en mûrir le fruit en Angleterre. On plante, dès les premiers jours du printems, ces Marrons dans des pots qu'on plonge ensuite dans une couche de chaleur modérée, pour avancer leur croîssance, & vers la fin du mois de Mai on enterre les pots dans une platebande à l'exposition du sud-est, où l'on a soin de les bien arroser dans les tems secs : par ce moyen ils acquerront de la force jusqu'à l'automne, tems auquel il sera prudent de les préserver des premieres gelées, qui souvent pincent le bouton des sommets & font périr ces plantes. Elles sont fort sensibles au froid dans leur jeunesse; mais quand une fois elles ont acquis de la force, elles y résistent facilement, & en sont rarement endommagées. Dès le printems suivant il faut séparer les plantes avec ménagement, & les planter à un pied de distance l'une de l'autre, dans une situation abritée; & quand l'hiver survient (si la saison est très-froide), on les couvre de légers paillassons ou de litiere : après le second hiver, elles n'auront plus besoin d'aucune précaution.

La méthode communément pratiquée aujourd'hui parmi les Jardiniers de pépiniere, qui font commerce de ces arbres, est de les greffer sur des tiges de Marronnier d'Inde; mais comme l'accroîssement de la tige est plus prompt que celui de la greffe, ces arbres ont une mauvaise figure & ne durent pas long-tems.

ÆTHER, de ἄιθειν, *brûler* ou *flamber*, quelques anciens l'ayant supposé de la nature du feu. On entend ordinairement par-là, une matiere légere & subtile, plus raréfiée que l'air même, qui commence aux limites de l'atmosphere & remplit l'espace entier. *Voyez* ATMOSPHERE ET AIR.

AGAVE. *Lin. Gen. Pl. 390.* [*American Aloe*] *Aloès d'Amérique.*

Caracteres. La fleur n'a point de calice; la corolle est en forme d'entonnoir monopétale, & découpée au bord en six segmens égaux; au-dessous de la fleur est situé un germe oblong, sur lequel est posé un style mince, étendu considérablement au-delà du pétale, & couronné par un stigmat triangulaire, accompagné de six étamines érigées de la même longueur, & couronnées de sommets étroits. Après la fleur, le germe se change en un vâse de semences oblong, triangulaire, & a trois cellules remplies de semences plates.

LINNÉE a séparé ces plantes du genre de l'*Aloès*, auquel elles ont été jointes par les anciens Botanistes; parce que les étamines & les styles de ces fleurs sont beaucoup plus étendues que les corolles, & que les corolles posent sur les germes; ce qui n'est pas de même dans l'*Aloès*. Nous pouvons aussi trouver une autre différence au moyen de laquelle on peut les reconnoître, même avant qu'elles fleurissent; c'est que toutes celles de ce genre ont leurs feuilles du centre serrément plissées l'une sur l'autre, & qu'elles embrassent la tige de fleurs formée dans le centre; de sorte que celles-ci ne fleurissent jamais que toutes les feuilles ne se soient développées, pour donner à la tige la liberté de pousser; & que quand la fleur est passée, la plante meurt : au lieu que la tige de fleurs dans l'*Aloès* est produite sur une côte du cœur ou du centre de la plante, ainsi elle fleurit annuellement, & ses feuilles sont toujours plus déployées que dans les Agaves.

Les especes sont :

1°. *Agave Americana, foliis dentato-spinosis, scapo ramoso. Gen. Nov. 1102;* Le grand Aloès d'Amérique, à tige branchue.

Aloe Americana muricata. J. B.

2°. *Agave Virginica, foliis dentato-spinosis, scapo simplicissimo. Lin. Sp. Plant. 323;* Aloès d'Amérique à tige simple.

3°. *Fœtida, foliis integerrimis. Gen. Nov. Sp. Plant. 323;* Aloès d'Amérique à feuilles fermes & très-entieres.

Aloe Americana, viridi rigidissimo & fœtido folio, Piet dicta indigenis. Hort. Amst. 2. P. 35; Aloès Pit.

4°. *Tuberosa, radice tuberosâ, foliis longissimis marginibus spinosis*; Aloès d'Amérique à racine tubéreuse, avec de fort longues feuilles garnies d'épines à leurs bords.

Aloe Americana, radice tuberosâ, minor. Pluk. Alm. 19.

5°. *Vivipara, foliis reflexis, marginibus dentatis*; Aloès d'Amérique à feuilles réfléchies, & dont les bords sont dentelés. Celui-ci est appellé par quelques-uns l'*Aloès fertile*, parce qu'il produit de jeunes rejettons après ses fleurs.

Aloe Americana sobolifera. Herm. H. Lugd. 16.

6°. *Karatto, foliis erectis lætè virentibus, marginibus fuscis minimè serratis*; Aloès d'Amérique avec des feuilles érigées, d'un verd gai, bordées d'une couleur brune, & point du tout sciées : celui-ci est appellé en Amérique *Karatto*.

7°. *Vera Crux, foliis oblongis, marginibus spinosissimis nigricantibus*; Aloès d'Amérique, à feuilles oblongues, dont les bords sont garnis d'Epines noires, ordinairement appellé *Aloès*, de la *Vera Crux* à larges feuilles.

Aloe Americana ex Verâ-Cruce, foliis latioribus & glaucis. H. L.

8°. *Rigida, foliis linearì lanceolatis integerrimis rigidis, aculeo terminatis*; Aloès à feuilles étroites de la *Vera-Crux*.

Aloe Americana ex Verâ Cruce, foliis angustioribus, minùs glaucis. Hort. Beam.

Americana. Plusieurs individus de cette premiere espece, qui, depuis long-tems, est cultivée dans les jardins Anglois, ont donné des fleurs dans ces dernieres années. Les tiges de cette plante, lorsqu'elle est en vigueur, s'élevent ordinairement au-dessus de vingt pieds de hauteur, les branches de côté, vers le sommet, forment une espece de pyramide; & les petites branches sont garnies de fleurs d'un jaune verdâtre, droites, en forme de grappes & épaisses à chaque nœud; elles ont six longues étamines, garnies de sommets jaunes, & placées autour du style, qu'elles égalent en longueur. Lorsque la fleur est passée, le germe, qui est placé au-dessus, se change en une capsule oblongue, globulaire, gonflée, divisée en 3 cellules, remplies de semences, qui ne parviennent pas à leur maturité en Angleterre. Lorsque ces plantes sont en fleurs, elles ont la plus belle apparence, & conservent long-tems leur beauté : si on les met à couvert du froid de l'automne, & que la saison soit favorable, elles produiront de nouvelles fleurs pendant près de trois mois. On a cru généralement que cette plante ne fleuriroit qu'au bout de cent ans; mais c'est une erreur; car le tems de la fleur dépend de son accroissement. Dans les pays chauds, où ces plantes pouſſent promptement, & développent pluſieurs feuilles à chaque ſaiſon, elles fleuriſſent en peu d'années; mais dans des climats plus froids où elles pouſſent plus lentement, elles ſont plus de tems avant de produire leurs tiges. Il y a une variété de cette eſpece à feuilles panachées ou rayées, qui eſt à préſent fort commune dans les jardins Anglois.

Virginica. Les plantes de la ſeconde eſpece reſſemblent ſi fort à celles de la premiere, qu'elles n'en ſont diſtinguées que par les bons connoîſſeurs. La différence principale conſiſte en ce que les feuilles de cette ſeconde ſont d'une couleur plus pâle, & plus étroites vers leur extremité, leurs tiges ne s'élevent pas autant que celles de la premiere, & leurs branches n'ont pas la même forme, mais leurs fleurs ſont raſſemblées en une tête étroite au ſommet, & ſont cependant de la même forme & de la même couleur. Trois ou quatre plantes de cette eſpece, dont une faiſoit partie de la Collection de *Chelſea*, ont dernierement fleuri en Angleterre. Cet *Aloès* produit rarement autant de rejettons que l'*Aloès commun.*

Vera Crux. La ſeptieme a tant de reſſemblance avec les précédentes, que pluſieurs perſonnes ont penſé qu'elle n'en différoit point; cependant ſes feuilles ſont beaucoup plus unies, & les échancrures qui ſillonnent leurs extrémités, ſont plus rapprochées & moins enfoncées que celles des premieres: leurs épines ſont auſſi plus noires. Je ne puis pas dire s'il exiſte encore quelque différence entre leurs fleurs, parce que je n'ai jamais vu fleurir cette eſpece en Angleterre.

Ces trois eſpeces ſont robuſtes & vigoureuſes; je connois des plantes de la premiere, qui ont ſubſiſté en plein air pendant pluſieurs années au milieu de la froide ſaiſon; mais elles ne réſiſtent pas aux hivers rudes, ſi, pendant ce tems, elles ne ſont pas exactement renfermées. On multiplie cette premiere eſpece par ſes rejettons qu'elle produit en abondance; mais comme la troiſieme en donne rarement, on ne peut la propager qu'en détachant, dans le moment de la tranſplantation, quelques groſſes racines qu'on place enſuite dans des pots remplis de terre légere & ſablonneuſe, où elles pouſſeront vivement, & deviendront grandes dans l'eſpace de deux années, ainſi que je l'ai ſouvent éprouvé.

Quoique la ſeconde produiſe moins de rejettons que la premiere, elle en fournit néanmoins aſſez pour être multipliée par ce moyen.

Ces trois eſpeces doivent être plantées dans des pots remplis de terre légere & ſablonneuſe, qu'on enferme dans une orangerie pendant l'hiver, avec les myrthes & les autres plantes qui n'exigent pas une chaleur plus forte tant qu'elles y reſtent, il ne faut leur donner que très-peu d'eau; mais au retour de la belle faifon on les place en plein air, & on les y laiffe jufqu'au mois d'Octobre.

La feptieme efpece étant un peu plus tendre que les deux précédentes, doit être auffi placée dans l'orangerie; mais elle exige d'être renfermée avant les autres, & d'être expofée plus tard en plein air dans le printems.

Fœtida. La troifieme a des feuilles longues, fermes, d'un verd pâle, fans dentelures, & fouvent un peu ondées; les feuilles extérieures s'étendent en s'ouvrant, celles du milieu font roulées l'une fur l'autre, & environnent étroitement le jet. Les plantes de cette efpece s'élevent au plus à trois pieds de hauteur, mais la tige de la fleur monte à près de vingt pieds; les branches s'étendent comme celles de la premiere, plus horizontalement; les fleurs font de la même forme, plus petites & d'une couleur plus verte. Quand les fleurs font paffées, au lieu de femences, la tige pouffe du centre de chaque fleur de jeunes plantes, qui garniffent toutes les branches. On a vu fleurir, en 1755, dans les jardins de *Chelfea*, une plante de cette efpece, dont la tige avoit commencé à pouffer dans les premiers jours d'Octobre; à la fin du même mois, elle étoit au-deffus de dix pieds de hauteur; dans les derniers jours de Novembre, elle avoit près de vingt pieds, & les branches latérales du bas s'étendoient à plus de quatre pieds de longueur; les autres diminuant par degrés, formoient une pyramide réguliere; en Décembre les tiges étoient ferrément garnies de fleurs, & au printems les fleurs avoient été fuivies de jeunes rejettons, qui, après être tombés dans des pots placés auprès, avoient pris racine & étoient devenus de bonnes plantes. Cette efpece ne produit jamais de rejettons de la racine; mais dès qu'elle a fleuri, la tige en fournit confidérablement, & la vieille plante périt bientôt après.

Tuberofa. La quatrieme a des feuilles à-peu-près femblables à celles de la troifieme pour leur forme & couleur; mais elles font dentelées aux bords, & chaque dent eft terminée par une épine: fa racine eft forte, épaiffe, & enflée jufques fur la furface de la terre: à l'égard des autres parties, elles s'accordent avec la précédente. Cette efpece n'ayant point fleuri en Angleterre, je ne puis dire en quoi elle differe des autres par fes fleurs. J'ai élevé celle-ci au moyen des femences qui m'avoient été envoyées d'Amérique. Ces plantes ne produifant jamais de rejettons, on ne peut les multiplier que par leurs femences. Le Docteur LINNÉE croit que cette efpece eft la même que la troifieme; cependant en les confidérant, on apperçoit aifément qu'elles font différentes.

Vivipara. La cinquieme ne s'éleve jamais à une grande hauteur ; ses feuilles d'un verd foncé, n'ont gueres plus d'un pied & demi de longueur, sur environ deux pouces & demi de largeur à leur bâse: leurs extrémités sont garnies d'épines tendres sur le dos : elles sont légèrement dentelées aux bords, & se renversent au sommet. Sa tige, qui s'éleve à près de douze pieds de hauteur, est garnie, vers son extrémité, de branches qui se jettent en-dehors comme celles de la troisieme espece. Ses fleurs ont à-peu-près la même grosseur, la même couleur que celles de l'espece ci-dessus; & lorsqu'elles sont tombées, les branches produisent également des rejettons. Une plante de cette espece a fleuri dans les jardins de *Chelsea*, en Decembre 1754. Elle ne produit jamais aucuns rejettons de sa racine; ainsi elle ne peut être multipliée qu'après sa fleur.

Karatto. Les feuilles de la sixieme espece, qui ont deux pieds & demi & jusqu'à trois pieds de longueur, sur environ trois pouces de largeur, sont d'un verd foncé, & se terminent par une épine noire : leurs bords sont d'un rouge brunâtre, & légèrement sciés: elles se tiennent plus droites que celles des autres especes. Cette plante n'ayant jamais fleuri en Angleterre, je ne puis dire si sa fleur differe de celle des especes précedentes : elle a été envoyée de Saint-Christophe, sous le nom de *Karatto*, que je crois être donné indifféremment aux autres especes de ce genre ; car j'ai souvent entendu dire, que les habitans de l'Amérique appellent ainsi le grand *Aloès commun.*

Rigida. La huitieme a des feuilles allongées, étroites, fermes, & entieres, d'une couleur de verd de mer, longues d'environ deux pieds, sur un peu plus d'un pouce de largeur; terminées par une épine noire & solide. Celles de côté sont presqu'horizontales, mais celles du milieu sont roulées l'une sur l'autre, & enveloppent le jet de la fleur. Cette espece ne pousse jamais de rejettons de sa racine, & je n'en ai jamais vu la fleur, quoique parmi le nombre des plantes qui existent dans les jardins Anglois, il y en ait quelques-unes fort âgées.

La troisieme, quatrieme, cinquieme, sixieme & huitieme especes, étant beaucoup plus délicates que les autres, on ne peut parvenir à leur faire passer l'hiver en Angleterre, qu'en les tenant constamment dans une serre chaude ; car elles ne profiteroient pas en plein air, même pendant les chaleurs de l'été : durant cette saison, il faut avoir attention de leur donner beaucoup d'air libre. Elles exigent une terre légere & sablonneuse, & n'ont besoin que très-peu d'eau pendant l'hiver. En été on peut les arroser deux fois la semaine; mais très-légèrement, car trop d'humidité pourriroit leurs racines, gâteroit leurs feuilles & attireroit des insectes nuisibles. Il est nécessaire de les transplanter chaque été dans une nouvelle terre, & de leur donner de plus grands pots, afin que leurs racines ne soient pas gênées, & que les plantes puissent profiter.

AGERATUM. *Lin. Gen. Pl*, *842*. [*Bastard Hemp Agrimony*] *Aigremoine* ou *Chanvre bâtard*.

Caracteres. Les fleurs sont renfermées dans un calice commun, oblong, & composé de plusieurs écailles ; elles sont uniformes, tubuleuses, hermaphrodites, un peu plus longues que le calice, & découpées au bord en cinq segmens étendus & ouverts : elles ont cinq étamines minces, terminées par des sommets cylindriques : dans le centre est situé un germe oblong, soutenant un style mince, & couronné par deux beaux stigmats. Le germe devient ensuite une semence oblongue, angulaire, & surmontée de sa petite coupe, qui est découpée en cinq segmens étroits, étendus, & ouverts : le réceptacle de sa semence est petit, nud & convexe.

Ce genre de plante est rangé par LINNÉE dans sa dix-septieme classe, intitulée : *Syngenesia polygamia æqualis*, les fleurs ayant leurs étamines, jointes ensemble en un cylindre, des fleurettes mâles, femelles, & hermaphrodites, renfermées dans un calice commun.

Les especes sont :

1°. *Ageratum conyzoïdes*, *foliis ovatis*, *caule piloso. Lin. Sp. Pl. 139* ; Aigremoine ou Chanvre bâtard avec des feuilles ovales, & une tige velue.

Eupatorium humile Africanum, Senecionis facie, folio Lamii. Herm. Par. 161.

2°. *Ageratum Houstonianum*, *foliis oppositis petiolatis cernatis*, *caule hirsuto*; Aigremoine, ayant une tige velue avec des feuilles opposées & supportées sur de longs pétioles, dentelées sur leurs bords, & émoussées.

Eupatorium herbaceum melissæ folio villoso, flore cæruleo. Houst. Ms.

3°. *Ageratum Altissimum*, *foliis ovato-cordatis rugosis : floralibus alternis*, *caule glabro. Lin. Sp. Plant. 839* ; Aigremoine à feuilles rudes, ovales, & en forme de cœur : avec des branches de fleurs placées alternativement, & une tige unie.

Valeriana Urticæ foliis Canadensis, flore albo. H. L.

Eupatorium caule erecto, *foliis cordatis serratis. Hort. Cliff. 396.*

Conyzoïdes. *Houstonianum*. Les deux premieres sont annuelles, & doivent être semées au printems sur une couche chaude : quand elles ont poussé, & que les plantes sont assez fortes, il faut les transplanter dans une autre couche de chaleur modérée, les arroser, & les tenir à l'ombre jusqu'à ce qu'elles aient formé de nouvelles racines ; après quoi on leur donne beaucoup d'air dans les tems chauds : dès le mois de Mai, on les accoutume à supporter le grand air, & vers le milieu du même mois, on les transplante en pleine terre, où elles commenceront à fleurir en Juillet, & resteront en fleurs jusqu'à ce que les gelées les détruisent. Lorsqu'il arrive que quelques-unes de leurs semences, qui mûrissent en Septembre ou en Octobre, s'écartent sur la terre, & que par hasard cette terre est mise sur une couche chaude, les plantes poussent en grande abondance au printems suivant. Quant à celles qui restent en plein air sur le lieu même où elles sont tombées, leurs plantes sont trop tardives pour produire de bonnes semences, à moins que l'été ne soit très-chaud.

La premiere espece croît également en Afrique, & dans les îles de l'Amérique; la terre des pots dans lesquelles j'ai reçu diverses plantes de l'Amérique, de la Barbade & d'Antigoa, étant remplie de ses semences, qui s'étoient écartées naturellement, a souvent produit en Angleterre une grande quantité de plantes de cette espece. La seconde a été trouvée à la *Vera Cruz*, par le Docteur WILLIAM HOUSTOUN, qui en a envoyé les semences en Europe, où elles ont si bien réussi dans plusieurs jardins, qu'elles sont devenues une herbe commune sur les couches chaudes. Les mêmes semences produisent aussi une variété à fleurs blanches.

Altissimum. La troisieme espece est naturelle à l'Amérique Septentrionale, & depuis plusieurs années, on la cultive dans les jardins Anglois: sa racine est vivace, & sa tige annuelle; ses tiges s'élevent à cinq ou six pieds de hauteur, & poussent vers leurs sommets des branches latérales: ses feuilles ont la forme de cœur: ses fleurs d'un blanc pur, sont produites en grosses gousses aux extrémités des rejettons; & ce qui les rend précieuses, c'est qu'elles paroissent en Octobre, saison où il y a peu de fleurs.

On multiplie cette espece par ses semences, & en divisant ses racines; la derniere méthode est ordinairement pratiquée en Angleterre, où on voit peu d'automnes assez favorables pour en mûrir la semence; mais on en apporte souvent de l'Amérique Septentrionale, où cette plante est fort commune. Cette semence étant fort légere, & s'écartant aisément à une grande distance, toutes les terres du voisinage en sont bientôt couvertes.

Le meilleur tems pour transplanter ces racines est l'automne, aussi-tôt après le dépérissement des tiges; afin qu'elles puissent être bien reprises avant les vents desséchans: car, sans cette précaution, les plantes ne fleuriront pas fortement, & ne multiplieront pas beaucoup. Il faut planter ces racines à trois pieds de distance les unes des autres; parce que s'étendant beaucoup, & se multipliant fort, si elles venoient à se gêner réciproquement, elles languiroient, & dans la saison seche les feuilles se faneroient. Elles se plaisent dans un sol riche, humide, & dans une situation ouverte, où elles produiront sur chaque racine plusieurs tiges, qui deviendront assez grosses pour former un buisson considérable. Cette plante est assez dure pour supporter les grands froids de l'hiver.

AGERATUM, *ou* L'EUPATOIRE. *Voyez* ACHILLÆA.

AGERATUM PURPUREUM. *Voyez* ERINUS ALPINUS.

AGNUS CASTUS. *Voyez* VITEX.

AGRIMONIA. *Lin. Gen. Plant.* 534. [*Agrimony*] Agrimoine.

Caracteres. Le calice de la fleur est formé d'une seule feuille découpée en cinq segmens aigus, & posés sur le germe. La corolle a cinq pétales unis & dentelés à leurs extrémités, mais étroits à leurs bâses, où ils sont insérés dans le calice. Dans le centre s'éleve un style double, posé sur le germe, & accompagné de douze étamines minces, couronnées de doubles sommets comprimés; après la fleur, le germe se change en deux semences rondes, & attachées au calice.

Ce genre de plante est placé par LINNÉE dans la seconde section de sa onzieme classe, intitulée: *Dodecandria Digynia*, les fleurs ayant douze étamines & deux styles.

Les especes sont:

1°. *Agrimonia eupatoria, foliis caulinis pinnatis, impari petiolato, fructibus hispidis. Hort. Cliff.* 179.

Eupatorium veterum. s. Agrimonia. Bauh. Pin. 321; Aigremoine ordinaire.

Agrimonia officinarum. Tourn.

2°. *Minor, foliis caulinis pinnatis, foliolis obtusis dentatis;* Aigremoine blanc.

Agrimonia minor, flore albo. Hort. Cath.

3°. *Odorata, altissima, foliis caulinis pinnatis, foliolis oblongis acutis serratis.* Aigremoine à odeur douce.

Agrimonia odorata. Camer.

4°. *Repens, foliis caulinis pinnatis, impari sessili, fructibus hispidis. Lin. Sp.* 643; Aigremoine oriental avec des feuilles à petits lobes, une racine très-épaisse & rampante, & des fruits rapprochés en un épi court & serré.

Agrimonia orientalis humilis, radice crassissimâ repente, fructu in spicam brevem & densam congesto. Tour. Cor.

5°. *Agrimonoïdes, foliis caulinis ternatis, fructibus glabris. Hort. Cliff.* Aigremoine à trois feuilles, avec un fruit lisse.

Agrimonoïdes. Col. Echpr.

Agrimoniæ similis. Bauh. Pin. 321.

Eupatoria. La premiere espece, qui croît naturellement dans plusieurs parties de l'Angleterre à côté des haies, & dans les bois, est une plante dont on fait un usage ordinaire en médecine, & qu'on vend communément dans les marchés (1).

Minor. La seconde est la plus petite de toutes, ses feuil-

(1) Les vertus médicinales de cette plante ne résident point dans

les n'ont pas tant de lobes que l'espece commune; ils sont plus ronds, & les dentelures de leurs bords sont plus émoussées : l'épi des fleurs est mince, & les fleurs elles-mêmes sont plus petites, & d'un blanc sale. Cette plante croît naturellement en Italie, d'où j'en ai reçu les semences, & j'ai constamment observé qu'elles ne varioient jamais.

Odorata. La troisieme s'éleve à peu-près à quatre pieds de hauteur : ses feuilles ont plus de lobes qu'aucune des précédentes : ils sont plus longs, plus étroits & terminés en pointes, leurs dentelures sont plus aiguës que celles des autres; & lorsque ces feuilles sont maniées, elles répandent une odeur agréable. On en fait un thé d'une charmante fraîcheur, & une ptisane rafraîchissante, que plusieurs bons Médecins de ma connoissance prescrivent aux personnes qui ont la fievre.

Repens. La quatrieme qui a été envoyée par M. TOURNEFORT dans le Jardin Royal à *Paris*, d'où elle a été ensuite répandue dans les différens jardins de l'Europe, est une plante basse, qui s'éleve rarement au-dessus de deux pieds; les lobes de ses feuilles sont plus longs & plus étroits que ceux des précédentes, & les épis de ses fleurs sont fort courts & épais : ses racines étant très-volumineuses & considérablement étendues sous la terre, elle se multiplie plus qu'aucune des autres : ses semences sont aussi plus grosses & plus rudes que celles de l'espece commune.

Agrimonoïdes. La cinquieme ressemble beaucoup aux autres par la forme de ses lobes; mais il n'y en a que trois sur chaque pétiole : sa fleur porte un double calice, dont l'extérieur est frangé; elle n'a que sept ou huit étamines, & ses semences sont unies : c'est ce qui a engagé FABIUS COLUMNA, & d'autres Botanistes, à la séparer de l'Aigremoine, pour en faire un genre distinct.

Culture. Toutes ces especes sont des plantes dures & vivaces, qui profitent dans presque tous les sols & à toutes expositions, & n'exigent d'autre soin que d'être tenues nettes de mauvaises herbes. On peut les multiplier en divisant leurs racines en automne, après que leurs feuilles sont flétries, pour que les plantes puissent être bien établies avant le printems : il ne faut pas les placer plus près qu'à deux pieds de distance, afin de donner aux

---

la petite quantité de son principe spiritueux balsamique qu'on y découvre par l'analyse, parce qu'il est trop mobile pour ne point disparoître au premier dégré de chaleur, lorsqu'on la soumet à l'infusion; mais c'est son principe résineux & gommeux, qui est vraiment doué de toutes les propriétés attribuées à l'Aigremoine : on l'emploie avec succès comme plante vulnéraire & altérante, lorsqu'il est question de déterger, de resserrer & d'atténuer sans douleur, dans les obstructions, les suppressions d'urine, l'hydropisie, l'asthme, le coryza, la céphalalgie, les affections scorbutiques, &c.

racines un espace suffisant pour s'étendre. On les multiplie aussi par leurs semences qu'on seme en automne ; car, si on les tient hors de terre jusqu'au printems, il est rare qu'elles poussent pendant la même saison.

AGROSTEMMA. *Lin. Gen. Plant.* 516. [*Wild-Lychnis or Campion*] *Lychnis sauvage*, ou *Nielle des bleds*.

Caracteres. Le calice de la fleur est persistant, & formé d'une seule feuille tubuleuse, épaisse, & découpée au bord en cinq segmens étroits. La corolle est composée de cinq pétales, aussi longs que le tube, étendus & ouverts au sommet; le germe est oval, situé dans le centre, & soutient cinq styles minces, érigés & couronnés de stigmats simples, accompagnés de dix étamines, dont cinq sont inférées dans la bâse des pétales, & les autres postées alternativement dans les intervalles. Après la fleur, le germe devient une capsule ovale, oblongue, & a une cellule qui, s'ouvrant en cinq divisions, montre les semences angulaires dont elle est remplie.

Ce genre de plante est rangé dans la cinquieme section de la dixieme classe de LINNÉE, intitulée : *Decandria pentagonia ;* les fleurs de cette division ayant dix étamines & cinq styles.

Les especes sont :

1°. *Agrostemma, Githago hirsuta, calycibus, corollam æquantibus, petalis integris nudis. Lin. Sp. Plant.* 435 ; Lychnis sauvage velu, ordinairement appellé *Campion des bleds*, ou *Nielle des bleds*, dont les calices sont égaux aux corolles, & les pétales entiers & nuds.

Lychnis segetum major. Bauh. Pin. 205.

Lolium. Fuchs. Hist. 127.

2°. *Lychnis, Cœlirosa, glabra, foliis lineari-lanceolatis, petalis emarginatis coronatis. Hort. Ups.* 115 ; Lychnis sauvage uni, avec des feuilles étroites, & en forme de lance, & dont les pétales des fleurs sont dentelées à leur extrémité.

Lychnis foliis glabris, calyce duriore. Bocc. Sic. 27.

Pseudo melanthium glabrum Siculum. Rai. Hist. 999.

3°. *Lychnis Coronaria, tomentosa, foliis ovato-lanceolatis petalis integris coronatis. Hort. Ups.* 115 ; Lychnis en rose simple.

Coronaria. Hort. Cliff. 174.

Lychnis coronaria dioscoridis sativa. C. B. P. 203 ; Coquelourde des Jardiniers.

4°. *Agrostemma (Flos Jovis), tomentosa, petalis emarginatis. Lin. S. Pl.* 436 ; Lychnis de montagne à ombelles.

Lychnis umbellifera, montana Helvetica. Zan. Hist. 128.

Githago. La premiere espece croîssant naturellement dans les champs de bleds de presque toute l'Angleterre, on ne la cultive guere dans les jardins.

Cœlirosa. La seconde, quoiqu'originaire de la Sicile, a peu de beauté, & n'est conservée dans les jardins de Botanique que pour la variété.

Coronaria. Le Lychnis à rose simple, a été long-tems cultivé dans les jardins Anglois, où il est devenu une herbe commune par ses semences écartées. Il y a trois variétés de cette espece ; l'une à fleurs d'un rouge foncé ; la seconde à fleurs couleur de chair, & la troisieme à fleurs blanches : toutes les trois sont peu estimées, parce que le Lychnis rose à fleurs doubles, étant une belle fleur, a fait rejetter les autres des plus beaux jardins : les especes simples se multiplient assez vîte par semences ; quand on les laisse écarter, elles poussent mieux que si on les semoit à la main, même en automne.

Celle à fleurs doubles, qui est une variété de la précédente, ne produisant jamais de semences, ne peut être multipliée que par la division de ses racines : on pratique cette opération en automne, lorsque les fleurs sont passées, en détachant toutes les têtes qui peuvent en être séparées avec des racines. On les plante dans une platebande de terre nouvellement fumée, en conservant six pouces de distance entr'elles, & on les arrose légèrement, jusqu'à ce qu'elles soient parfaitement reprises ; après quoi elles n'auront plus besoin d'eau ni de fumier, parce que beaucoup d'humidité leur est fort nuisible. Elles peuvent rester dans cette platebande jusqu'au printems ; alors on les répand dans un parterre, où elles feront un bel ornement en Juillet & Août, pendant qu'elles seront en fleur.

Flos Jovis. La quatrieme espece, originaire des montagnes de Suisse, est une plante basse, dont les feuilles sont cotonneuses, la tige élevée d'un pied, & les fleurs d'un rouge brillant, disposées en ombelles sur le sommet de la tige : elle fleurit en Juillet & perfectionne ses semences en Septembre : elle veut être placée à l'ombre, & profite très-bien dans un sol humide.

AHOVAI. *Voyez* CERBERA. L.

AIGREMOINE. *Voyez* AGRIMONIA. L. AGERATUM. L. BIDENS. L.

AIGUILLE DE VÉNUS, *ou* PEIGNE DE VÉNUS. *Voyez* SCANDIX PECTEN. L.

AIL. *Voyez* ALLIUM.

AILE DE FAISAN. *Voyez* ADONIS.

AJONC. *Genêt épineux*, ou *Jonc marin*, *Landes* ou *Brusque*. *Voyez* ULEX EUROPÆUS.

AIR, aer, lat. Ἀὴρ, de τȣ ἀεὶ ῥεῖν parce qu'il coule toujours ; & suivant d'autres, de ἄημι respirer ou soufler. (1).

L'Air est toute cette masse de matiere fluide, invisible & étendue, qui environne la terre, dans laquelle nous vivons,

(1) Comme on s'est fait une loi de conserver scrupuleusement le texte de l'Auteur, on ne sera point étonné de voir combien les articles qui ont rapport à la Physique & à la Chymie, sont foiblement traités, vû que, dans le tems où il écrivoit, ces deux sciences n'étoient point parvenues au dégré où elles ont été portées de nos jours.

& que nous inspirons & respirons continuellement.

La substance, dont l'Air est composé, peut-être réduite à deux especes; savoir. 1°. la matiere de la lumiere ou de feu qui s'y répand continuellement & qui émane des corps célestes (1)

2°. Ces particules inombrables, qui, sous la forme de vapeurs ou d'exhalaisons seches, s'élevent de la terre, de l'eau, des minéraux, des végétaux, des animaux, &c. par l'action de la chaleur du soleil, ou par les feux souterrains ou factices (2).

L'Air élémentaire, ou l'Air, proprement dit, est une certaine matiere subtile, homogene & élastique, qui est la bâse ou l'ingrédient fondamental de l'Air atmosphérique, & qui lui donne sa dénomination.

Ainsi l'Air peut-être considéré sous deux rapports différens, ou comme un assemblage universel, & un mélange de toutes sortes de corps, ou comme un corps doué de ses qualités propres.

1°. Qu'il y ait un feu continuel dans l'Air entier, c'est une proposition démontrée; il est certain que la matiere de feu existe dans tous les corps, que l'Air lui doit toute sa fluidité; & que si l'Air en étoit totalement dénué, il seroit plus que probable, qu'il se réuniroit en un corps solide; plusieurs expériences prouvent, en effet, que l'Air se condense par le froid, & qu'il se dilate, au contraire, par la chaleur (1).

2°. A l'égard des exhalai-

---

(1) On ne peut point regarder la lumiere comme partie constituante de l'Air; elle le traverse seulement en tous sens en s'y réfractant diversement, suivant qu'il est plus ou moins dense, plus ou moins agité ou chargé de vapeurs.

(2) Les différentes vapeurs, gas, ou émanations terrestres, ne concourent pas plus que la lumiere à la formation de l'Air, aussi n'est-ce point cela que notre Auteur a voulu faire entendre: on étoit trop persuadé de son tems que l'Air est un être simple élémentaire, qui entre dans les corps comme principe constituant, pour qu'il ait pu le regarder comme un être composé de leurs parties volatiles; aussi entend-t-il par Air en général la masse entiere de l'atmosphere, qui, en effet, n'est qu'un cahos immense, composé de substances de diverses natures.

(1) Suivant les idées les plus probables & le plus généralement reçues, la matiere du feu, ou pour mieux dire le phlogistique se trouve dans l'Air en deux états différens, libre & combiné; libre, il n'est autre chose que la lumiere elle-même émanée du soleil, qui devient visible & éclaire tous les corps lorsqu'elle est mise dans un mouvement rapide par l'action de cet astre, par la combustion des matieres inflammables, ou par le frottement des corps durs.

Combiné, il entre comme principe ou partie constituante dans la composition de l'Air lui-même, qui ne doit plus être considéré comme un être pur & élémentaire. On ne peut donc nier que l'Air ne contienne une grande quantité de phlogistique, tant libre que combiné; mais à l'égard des autres corps, il n'y a que ceux qui sont

ſons, on peut dire que l'Air eſt une collection générale de toutes ſortes de corps, car il n'y en a point que le feu ne volatiliſe, & ne diſperſe dans l'air; les ſels, le ſoufre, les pierres & même l'or, quoique le plus lourd & le plus compacte de tous les corps, ſont convertis en vapeurs dans le foyer du verre ardent, & diſperſés dans l'air (1).

Ces émanations flottantes des corps terreſtres & ſolides, ainſi élevées, ſont remuées & agitées par les particules de feu en différentes manieres, & ſont répandues par toute l'atmoſphere.

Des matieres ainſi élevées dans l'atmoſphere, qui viennent des corps fluides, ſont proprement appelées *vapeurs*, & celles produites par des corps ſolides & ſecs, ſont nommés *exhalaiſons*.

Le feu eſt la ſeule cauſe de cette volatilité & élévation: ſans lui tous les corps tomberoient immédiatement vers le centre de la terre, où ils reſteroient dans une inaction éternelle.

Ainſi, lorſque l'Air eſt plein de vapeurs, & que le froid ſurvient avant que ces vapeurs ſoient diſperſées, elles ſe condenſent en nuages, & retombent en gouttes d'eau, en pluie, neige ou grêle.

Depuis le commencement du printems juſqu'à l'automne, l'évaporation eſt conſtante; mais en hiver, elle commence à diminuer, & alors il s'amaſſe de nouvelles matieres pour la ſaiſon prochaine: car les hivers rudes en congélant les eaux & en couvrant la terre d'une ſurface de glace, renferment les exhalaiſons, & procurent, par-là, un été fructueux (1).

C'eſt auſſi la raiſon pour laquelle, dans certaines contrées où l'hiver eſt plus rigoureux qu'ailleurs, le printems eſt or-

---

véritablement inflammables, dans leſquels il entre réellement comme principe conſtituant.

Le feu où le phlogiſtique libre eſt dans une agitation perpétuelle, lui ſeul eſt fluide par ſa nature, lui ſeul communique la fluidité aux autres corps, & s'oppoſe à la force attractive qui tend au repos abſolu; principe de tout mouvement, il agit ſur les derniers atômes de la nature, & par les vibrations qu'il occaſionne, excite cette modification que nous nommons *chaleur*.

(1) Il n'y a point dans la nature de matiere abſolument fixe; ſi celles qu'on appelle réfractaires réſiſtent ſans s'altérer au feu le plus violent que l'art puiſſe produire, & au foyer des plus grands verres ardens, nous ne pouvons en accuſer que la foibleſſe de nos moyens pour exciter un dégré de chaleur plus conſidérable, auquel il eſt probable qu'elles ne réſiſteroient pas.

(1) Quoique l'évaporation ſoit moins abondante en hiver qu'en été, on ne peut pas dire pour cela qu'elle ſoit abſolument nulle, elle eſt même très-conſidérable lorſque le vend du nord ſouffle avec violence. La glace la plus compacte s'évapore alors & ſe diſſipe ſenſiblement, comme il eſt facile à chacun d'en faire la remarque.

dinairement plus fertile, parce que dans ces pays les exhalaisons, ayant été plus longtems renfermées, sont alors attirées en plus grande quantité par le soleil, qui leur fait un passage; au-lieu que par un froid plus modéré, l'attraction auroit été continuelle, & par conséquent les vapeurs fructueuses ne se seroient pas conservées pour la saison suivante.

Au printems, cette matiere vaporeuse commence à se répandre dans l'atmosphere, & retombe encore une fois en forme de pluie pour nous procurer des moissons & des récoltes abondantes.

A mesure que le soleil nous envoie des rayons plus obliques, le froid succede, & la diversité des saisons de l'année dépend d'un changement dans la surface de la terre, la présence de l'Air & le cours du soleil.

Et de-là nous concevons la nature des météores, qui sont tous ou des amas de vapeurs & exhalaisons, ou l'explosion de ces mêmes vapeurs, qui sert à les disperser.

Les huiles les plus subtiles s'élevent toujours dans l'Air; ainsi dès que deux nuées formées en partie de ces huiles, se rencontrent par hasard & se mêlent, l'huile prend souvent feu par le frottement, & de-là procede le tonnerre, les éclairs & autres phénomenes, dont l'explosion se fait plus ou moins promptement, suivant la disposition des nuées (1).

Et de-là proviennent aussi de grandes & soudaines alté-

---

(1) Notre Auteur n'avoit encore aucune idée de l'analogie, ou plutôt de l'indentité de la matiere électrique avec celle du tonnerre; il étoit reservé à un homme d'un génie rare, né dans un autre hémisphere, de faire connoitre au vulgaire étonné les causes physiques de cet effrayant phénomene, avec cette éloquence simple & naïve qui est toujours le langage de la vérité. Le bruit de ses observations & de ses découvertes ayant excité l'émulation des Physiciens, ils s'en sont généralement occupés; & à force de tentatives & d'expériences, ils sont parvenus à la démonstration complette de cette brillante théorie.

Il paroit donc certain que la matiere électrique & celle du tonnerre, ne sont qu'une seule & même chose, un être extrêmement actif & pénétrant, soumis à des loix particulieres, d'où résultent les effets les plus terribles & les plus étonnans: mais ce fluide est-il un véritable phosphore volatil, comme quelques Chymistes modernes le prétendent; ou n'est-il, en effet, que le phlogistique lui-même ou la matiere de la lumiere? C'est ce qu'on n'est pas encore parvenu à connoître, & ce qu'une longue suite d'expériences peut seule nous découvrir.

Il est démontré que le fluide électrique est universellement répandu dans toute l'atmosphere, qu'il pénetre tous les corps qui y sont plongés, qu'il n'a point d'affinité avec l'Air qui s'en dépouille d'autant plus facilement, qu'il est plus sec & privé d'humidité; mais qu'il en a une très-grande avec l'eau qui lui sert de conducteur, & qui s'en charge d'autant plus facilement & plus abondamment, qu'elle est plus échauffée & réduite en vapeurs plus légeres: ceci posé, il est facile de conce-

rations dans l'Air, en forte que d'exceſſivement chaud qu'il étoit, & capable peut-être d'élever l'eſprit de vin du thermomêtre à quatre-vingt-huit dégrés, après un coup de tonnerre, accompagné d'une ondée, l'eſprit de vin retombera en peu de minutes au deſſous de vingt ou trente degrés.

Ainſi, quoique nous connoiſſions parfaitement bien les différentes poſitions du ſoleil & des planètes à notre égard, nous ne pouvons cependant pas déterminer quelle ſera la chaleur de l'Air dans un tems & un lieu donné, cette chaleur dépendant d'un grand nombre de circonſtances trop changeantes & trop variables, pour que nous puiſſions les connoître (1).

Plus les lieux ſont bas & reſſerrés, plus l'Air eſt lourd & comprimé, juſqu'à ce qu'enfin on arrive à une profondeur aſſez conſidérable pour qu'il en ſorte des feux ſouterrains; c'eſt pour remédier à cet inconvénient de l'épaiſſeur de l'Air, que les mineurs dans leurs fouilles profondes ont recours à un Air artificiel, produit par une machine appellée *Ventilateur*, qui fait l'office de l'Air ordinaire (2)

---

voir comment l'humidité des corps, rarefiée par l'activité des rayons ſolaires, ſoûtire & entraîne avec elle la matiere électrique qu'ils contiennent, & comment en s'élevant dans l'atmoſphere elle ſe charge dans ſon paſſage de toute celle qu'elle rencontre. Ces vapeurs parvenues dans la moyenne région de l'Air, ſont forcées de s'arrêter, parce qu'étant condenſées par le froid qu'elles éprouvent à cette hauteur, elles n'ont plus aſſez de légereté pour s'élever davantage; celles qui ſurviennent enſuite s'uniſſent aux premieres, ou reſtent ſuſpendues à une moindre hauteur. Ces nuages étant de plus en plus reſſerrés & comprimés par les vents qui ſoufflent dans ce moment de pluſieurs côtés à la fois, & perdant peu-à-peu leur chaleur par le contact d'un Air plus froid, deviennent moins propres à retenir la matiere électrique dont ils ſont ſurchargés; ce fluide tend alors à s'échapper de toutes parts & à ſe remettre en équilibre avec les corps voiſins: ſi l'orage ſe trouve près d'un lieu élevé, s'il paſſe au-deſſus ou au-deſſous de lui un nuage moins électriſé, il s'établit un courant, l'étincelle foudroyante éclate; & le premier coup de tonnerre, en ſecouant toute la maſſe des nuages, en excite d'autres qui ſe ſuccedent avec rapidité, juſqu'à ce que ces vapeurs étant trop condenſées pour pouvoir ſe ſoutenir, ſe diſſolvent en pluie, dont chaque goute forme un conducteur qui rapporte à la terre la matiere électrique qui lui a été enlevée, & bientôt après, l'orage finit.

(1) Les variations de l'atmoſphere dépendent du concours de tant de circonſtances, & d'un ſi grand nombre de cauſes, qu'il eſt encore bien douteux ſi elles ſont ſoumiſes à des périodes régulieres, & ſi on parviendra jamais à en prévoir le retour; c'eſt à l'expérience ſeule à décider de quelle utilité peuvent être à cet égard les obſervations météorologiques dont on s'occupe avec exactitude depuis pluſieurs années.

(2) L'Air eſt d'autant plus denſe, qu'il eſt plus voiſin de la

L'Air considéré comme un cahos ou assemblage de toutes sortes de corps capable de se mouvoir, doit nécessairement avoir une grande in-

---

terre, & qu'il se trouve resserré dans un espace plus étroit; cette proposition est vraie dans toute son étendue : mais qu'il se comprime assez dans les lieux souterrains, pour pouvoir s'enflammer par le simple frottement de ses parties, c'est une erreur qu'il est facile de démontrer. Un si grand nombre d'expériences tendent à prouver que l'Air n'est point une substance élémentaire, mais un être mixte, composé de différentes parties, qui n'ont pas même une union très-forte les unes avec les autres, qu'il n'est guere possible de se refuser à tant d'évidence. L'air se produit dans un grand nombre de circonstances, & s'extrait de différens corps en quantité étonnante; il se détruit également dans une infinité de cas, par un froid vif, par une chaleur forte, & sur-tout par la combustion des corps inflammables, &c. Si l'Air (comme le pense M. SAGE) est un fluide composé d'acide phosphorique, de phlogistique & d'eau; on ne peut pas douter qu'il ne soit réellement inflammable, non pas par lui-même, ainsi que l'expérience le prouve : mais en fournissant aux corps enflammés un aliment toujours nouveau, au moyen du phlogistique ou du phosphore, qui entre dans sa composition. Quoiqu'aucun corps combustible ne puisse brûler sans avoir le contact de l'Air, quoiqu'il se détruise lui-même lorsqu'il est exposé à une chaleur trop forte, on ne peut pas dire pour cela qu'il soit véritablement susceptible de combustion, & cette vapeur, qui, dans les mines, s'enflamme & détonne avec explosion par la présence d'une bougie allumée, est une substance tout à fait différente de l'Air, elle ne peut servir à aucun de ses usages & n'a aucune de ses propriétés : semblable aux autres corps combustibles, elle ne peut brûler qu'autant qu'elle est en contact avec l'Air; de maniere que, si on en remplit un vase dont l'embouchure soit étroite, & qu'on présente à cet orifice une bougie allumée, elle s'enflammera aussi-tôt, & continuera à se consumer lentement & sans explosion; mais si on mêle à cette vapeur une certaine quantité d'Air atmosphérique, & qu'on lui fournisse par ce moyen un contact avec lui dans toutes ses parties, alors, en lui présentant un corps embrâsé, elle s'enflammera dans tous ses points & détonnera avec un fracas épouvantable. Il y a dans les propriétés de cette substance aériforme, une circonstance assez remarquable : c'est qu'elle ne s'enflamme & ne détonne que par la présence d'un corps véritablement inflammable, c'est-à-dire, contenant du phlogistique combiné; & jamais par les étincelles fournies par le frottement des corps durs: aussi les ouvriers qui travaillent dans les mines qui sont sujettes à produire de ces vapeurs, & particuliérement dans celles de charbon de terre, près de *Newcastle*, dans la province de *Northumberland*, en Angleterre, ne se servent-ils pour s'éclairer que de ce dernier moyen. Cet air inflammable n'est donc autre chose qu'un vrai phosphore volatil, produit par la décomposition des pyrites, ou par la putréfaction des substances végétales & animales, semblable à celui qu'on retire de la fange des marais par les moyens indiqués par M. CHAUSSIER, ou que fournissent le fer & le zinc, lorsqu'on les fait dissoudre dans un acide.

fluence sur les corps végétables.

3°. L'Air considéré en lui-même, ou ce que l'on appelle proprement l'*Air*.

Outre le feu, & toutes ces exhalaisons contenues dans l'atmosphere qui entoure le globe, il y a une troisieme matiere qui est précisément ce que nous entendons par Air.

Il est difficile d'en donner une définition juste, parce que sa nature & la plupart de ses propriétés, nous sont encore inconnues; nous savons seulement (1), 1°. que l'Air de sa nature est un corps homogene & similaire (2).

2°. Qu'il est fluide.

3°. Qu'il est pesant.

(1) L'Air est actuellement un peu mieux connu, comme on peut le voir par les notes précédentes & par celles qui suivront. [b]

[b] Il est vrai que les nouvelles expériences de MM. *Priestley*, *Cavendish*, *Kirwan*, *Lavoisier*, &c. sur la composition & la décomposition de l'Air, semblent prouver l'opinion que soutient l'Auteur de ces notes. Mais ne seroit-il pas prudent d'attendre encore un peu jusqu'à ce que ces expériences & leurs résultats soient pleinement verifiés & devenus incontestables, avant que de reléguer, (comme il fait) l'*Air élémentaire* dans la classe des choses qui n'existent qu'en idée. En allant si vite, on court risque de s'égarer. L'A. M.

(2) Si l'Air étoit un être simple, homogene, composé de parties semblables, enfin, une veritable substance élémentaire, il se montreroit toujours le même dans toutes les circonstances, résisteroit à toutes les épreuves, & ne seroit point susceptible d'être produit ni décomposé par les agens chymiques : mais si, au lieu de cela, nous pouvons le faire naître & le détruire à notre gré, le modifier, le changer par une multitude de moyens, ne devons-nous pas conclurre qu'il est un vrai mixte composé de parties dissemblables?

Suivant les principes d'un systême moderne, l'Air est composé d'acide phosphorique, de phlogistique & d'eau; de maniere que toutes les fois que ces trois substances se rencontrent dans une juste proportion, il se produit de l'Air, & qu'aussi-tôt qu'un de ces principes surabonde, il est détruit & se décompose. (Voyez sur cette matiere les Elémens de Minéralogie de M. LE SAGE, les lettres du Docteur DEMESTE au Docteur BERNARD, les Expériences d'ELLERT, celles de PRIESTLEY, &c). Il se produit de l'Air en quantité dans toutes les fermentations, les distillations, les dissolutions des corps où de l'acide phosphorique se rencontre : plus ces corps sont durs & solides, plus ils fournissent d'Air; cette observation avoit donné lieu de considérer ce fluide comme le principe de la solidité & le lien des autres substances, tandis que cet effet n'est vraiment dû qu'à l'acide phosphorique, qui abonde dans les matieres végétales les plus solides & les plus compactes. Les Physiciens qui regardent l'Air comme un être simple & élémentaire, se trouvant fort embarrassés d'expliquer comment l'étonnante quantité de ce fluide qui se dégage par l'inflammation d'un seul grain de poudre à canon, par la distillation d'une très-petite quantité de bois de Gayac, ou d'autre substance, pouvoit être assez comprimée pour être contenue dans un espace aussi étroit, n'ont

4°. Qu'il eſt élaſtique.

5°. Qu'il ſe rarefie par la chaleur, ſe contracte & ſe reſſerre par le froid.

---

point trouvé d'autre moyen que d'imaginer que l'Air pouvoit ſe dépouiller de ſon élaſticité, & entrer alors comme principe conſtituant dans les différens corps; mais quelles ſont donc les propriétés d'un être élémentaire? que doit-on penſer d'une ſubſtance qui peut être privée de ſa qualité principale, la reprendre à volonté, & ſe faire voir tour-à-tour dans deux états différens & abſolument oppoſés? cette diſtinction en Air élaſtique & Air principe, n'eſt-elle pas un aveu poſitif que l'Air n'eſt point contenu formellement dans les corps dont on l'extrait, mais qu'ils renferment ſeulement les matieres propres à le produire? Si on place dans le vuide un morceau de fer rougi au feu, & qu'au moyen d'un appareil convenable on laiſſe tomber deſſus quelques gouttes d'eau, il ſe forme auſſitôt un véritable Air qui jouit de toutes les propriétés de l'Air atmoſphérique, & dès ce moment le vuide ceſſe & l'eau diſparoît.

On obtient également une grande quantité d'Air par la ſimple ébullition de l'eau; mais comme cet Air eſt très-raréfié & qu'il contient beaucoup de phlogiſtique, il ſe décompoſe promptement par le contact des corps froids. On pourroit citer un grand nombre d'autres expériences, qui toutes tendent à prouver qu'il ſe produit continuellement à la ſurface de la terre, & par la ſeule évaporation une très-grande quantité d'Air qui va ſe joindre à la maſſe de l'atmoſphere, pour remplacer celui que différentes cauſes ont détruit; mais comme une plus longue diſcuſſion ſeroit ici déplacée, je me contenterai d'en rapporter quelques-unes qui démontrent évidemment qu'il eſt ſuſceptible d'être décompoſé, & qu'il l'eſt, en effet, par une multitude de circonſtances.

L'Air eſt décompoſé par la combuſtion des corps inflammables, parce qu'il ſe ſature alors d'acide ſurchargé de phlogiſtique qui rompt l'équilibre & la juſte proportion de ſes parties conſtituantes. Si on met ſous le récipient de la machine pneumatique une bougie allumée, on voit bientôt ſa lumiere s'affoiblir & s'éteindre tout-à-fait; le récipient adhere au plateau, & au lieu de l'Air qu'il contenoit, on ne trouve plus qu'une petite quantité d'humeur aqueuſe, légérement acide, qui tapiſſe l'intérieur du récipient; ſi on fait cette expérience en plongeant les bords du récipient dans un baſſin plein d'eau, le vuide ſe forme également, & le récipient ſe remplit de l'eau du baſſin que le poids de l'atmoſphere oblige à monter.

Toutes les fois qu'un acide eſt rendu volatil par du phlogiſtique, l'Air qui s'y trouve expoſé ſe décompoſe auſſi-tôt, ſon acide s'unit au phlogiſtique qu'il rencontre, & abandonne l'eau avec laquelle il étoit combiné; ſi cette opération ſe paſſe ſous un récipient, ſes parois ſe trouvent humectés de la petite quantité d'eau qui entroit dans la compoſition de l'Air, & le vuide ſe forme.

La reſpiration des animaux a également la propriété de décompoſer l'Air, au point que s'ils ſe trouvent enfermés dans un eſpace dont l'Air ne puiſſe être renouvelé, ils y périront plus ou moins promptement, ſuivant la grandeur de l'emplacement & la quantité de ce fluide qu'il renferme; ce qui reſte en place de cet Air, n'eſt plus qu'un véritable gas méphitique ou un acide légèrement phlogiſtiqué.

L'Air peut être auſſi décompoſé

6°. Qu'il est compressible & se condense quand il est chargé d'un poids, & qu'il se dilate & reprend son équilibre en l'en déchargeant.

D'où l'on conclut, qu'au moyen de ces différentes propriétés, il devroit tendre à se réunir en une masse solide, si le feu manquoit (1).

1°. L'Air est divisé en réel & permanent ; apparent ou transitoire. L'Air réel, quelque compression qu'il éprouve, n'est réductible en aucune autre substance.

L'Air transitoire, au contraire, peut-être condensé en une eau simple, par le froid, &c. Et la différence entre l'Air permanent & transitoire, est la même que celle que nous avons assignée entre vapeurs & exhalaisons, les unes sont humides, & les autre seches (1).

Il suit de-là dit le Chevalier Newton, que comme les particules de l'Air permanent

par le froid, parce que les molécules ignées qui entrent dans sa composition tendant continuellement à se mettre en équilibre, il doit en perdre par le contact des corps plus froids que lui ; d'où s'ensuit la désunion de ses parties, & conséquemment sa destruction. Cet effet s'observe toutes les fois que l'Air extérieur étant très-froid, l'atmosphere d'un appartement se trouve fortement échauffé ; une partie de l'Air qu'il contient, étant presque en contact avec celui du dehors, son phlogistique traverse le verre des fenêtres, & l'eau avec laquelle il étoit combiné s'y dépose, & quelquefois, lorsque la chaleur de la chambre diminue, elle s'y gele en forme de dendrites & de ramifications, qui toutes sont composées de petits octaëdres de glace, implantés les uns sur les autres. La même décomposition a lieu lorsque, pendant les chaleurs de l'été, on tire d'une cave fraîche une bouteille remplie de liqueur ; quoique l'Air extérieur soit très-sec, elle se couvre sur le champ d'une abondante humidité, qui n'est due qu'à la décomposition de l'Air ambiant.

(1) Si le feu ou le phlogistique manquoit il n'y auroit plus d'Air ; ainsi cette substance est fluide par sa nature, & ne peut, par aucun moyen, être réduite en une masse solide, parce qu'elle est essentiellement formée par le phlogistique, qui est le principe de toute fluidité.

(1) Cette distinction en air permanent & transitoire, en Air sec & en Air humide, est le premier pas du Physicien vers la connoissance de la destructibilité de l'Air ; cet Air humide & transitoire a toutes les qualités de l'Air permanent, il est propre à la respiration, il entretient la combustion des corps inflammables ; il est fluide, pésant, élastique, susceptible d'être dilaté & condensé : mais il se décompose & se réduit en eau par le contact d'un corps plus froid que lui, lorsqu'il est mêlé avec des acides rendus volatils, lorsqu'il a été reçu dans le poumon des animaux, ou exposé à la combustion des corps inflammables : or s'il n'y a aucune espece d'Air, qui, soumise aux mêmes épreuves, ne fournisse le même résultat, comme on peut le voir par les expériences précédentes, que doit-on conclurre ? sinon, qu'il n'y a point d'Air sec & permanent, & que toute la masse de l'atmosphere est composée uniquement d'Air humide & transitoire.

font plus épaiffes, & s'élevent des corps plus épais que celles de l'Air tranfitoire, ou vapeurs, l'Air véritable & proprement dit, eft plus péfant que la vapeur, & une atmofphere humide plus légere qu'une feche (1).

(1) Voici donc encore l'Air réel, permanent, indeftructible, élémentaire, qui fe dégage des corps, ainfi que l'Air tranfitoire; mais pourquoi donc faire fortir des mixtes & des furcompofés une fubftance principale & élémentaire? C'eft que fans cela on n'auroit pu expliquer une chofe véritablement inexplicable; comment un Air fec eft plus pefant qu'un Air humide & chargé de vapeurs: & cette explication étoit bien effentielle, puifque fans elle il auroit été impoffible de donner une raifon tant foit peu fupportable de la maniere dont l'atmofphere agit avec plus de force fur le Mercure du barometre lorfque l'air eft plus pur, plus fec, plus dépouillé de vapeurs humides, & par conféquent plus léger. Que d'embarras, que de fuppofitions, que de conjectures hazardées dans l'ancienne phyfique pour concilier tous les faits; tandis que tout s'explique de foi-même en convenant d'une feule vérité reconnue néceffaire pour le raifonnement, & confirmée par l'obfervation & l'expérience! [c].

[c] Il paroit, cependant, d'après les nouvelles obfervations fur les Vapeurs & les Exhalaifons, & les nouvelles expériences fur les différens Gaz, que ces fuppofitions & ces conjectures de l'*ancienne Phyfique*, comme on l'appelle, ne font pas tout à fait fi hazardées, ni fi éloignées de la verité que l'on voudroit le faire croire ici. Tout ce que nous connoiffons de plus raifonnable fur l'afcenfion des vapeurs, toutes les expériences que l'on fait fur les Gaz, & les brillans phénomenes Aéroftatiques qui en réfultent, prouvent inconteftablement que les Gaz, les vapeurs, les Exhalaifons, font fpécifiquement plus legers que l'Air pur que l'on nomme élémentaire, fans quoi ces chofes certainement ne monteroient pas dans l'atmofphere pour parvenir à l'équilibre, & il n'y auroit jamais eu de nuages non plus que de Ballons Aéroftatiques. Toutes les expériences donc prouvent que l'affertion de NEWTON eft vraie. L'on peut voir là-deffus les *Tranfactions Philofophiques de Londres. vol. LXXI. Part. I. pag. 7 — 41*; *Effais d'Hygrométrie de M. de Sauffure*, *Neufchâtel 1783 in-4to. Effai 3e. & fpécialement les pag. 183, 184, 257 & 258*; *Defcription des premieres Expériences de la Machine Aéroftatique, par M. Faujas de faint-Fond, Edition de Paris, pag. 184. 185; &c.* L'A. M.

Mais cet Air réel n'exifte dans fa pureté en aucun endroit de l'univers, l'Air dont nous avons à confidérer les propriétés, & les effets, eft celui dont nous avons déja parlé; il eft, felon BOYLE, le corps le plus hétérogene qui exifte dans l'univers; le Docteur BOERHAAVE le repréfente comme un cahos univerfel, & un affemblage confus de tous les corps créés, qu'un feu quelconque peut volatilifer.

2°. Que l'Air eft un fluide; le paffage aifé qu'il donne aux corps, le prouve évidemment: c'eft dans ce milieu, ou par ce moyen, que font propagés les fons, les odeurs, & autres émanations des corps ; toutes ces chofes démontrent que l'Air eft un corps, dans lequel fe meuvent toutes forces imprimées, & qui cedent aifément aux mouvemens réciproques des corps les uns contre les autres : ce font-là les propriétés d'un fluide ; auffi eft-il peu de perfonnes, qui révoquent en doute la fluidité de l'Air. Cette fluidité le tient toujours en mouvement, il communique ce mouvement aux autres corps : la furface de quelque liqueur que ce foit, qui eft contigue à l'Air, ne peut-être en repos.

3°. La gravité ou la pefanteur de l'Air n'eft pas moins évidente. L'Air eft un corps ; or, la pefanteur eft une propriété effentielle à tous les corps : le bon-fens & l'expérience s'entr'aident pour prouver cette vérité, que l'Air eft péfant. Si une perfonne couvre de fa main un vâfe ouvert, placé fur la machine pneumatique, à mefure que l'Air fort du tube & s'épuife, elle fentira le poids de l'atmofphere preffer la partie fupérieure de fa main.

Adaptez exactement enfemble les deux parties d'une fphere creufe, de cinq ou fix pouces de diametre ; faites fortir l'Air de fa cavité, fes deux fegmens feront preffés l'un contre l'autre avec une force égale, à un poids de cent livres, en forte qu'il faudra la force de deux hommes pour les féparer ; faites-y rentrer l'Air, ils fe fépareront d'eux-mêmes.

M. Boyle a trouvé que la veffie d'un agneau, contenant environ deux tiers de pinte, foufflée & bien féchée, avoit perdu environ un grain & un huitieme de fon poids, après qu'elle eut été piquée, & que l'Air en eût été évacué.

M. s'Gravesande trouva que l'Air contenu dans un ballon de verre de deux-cent-quatre-vingt-trois pouces environ de circonférence, pefoit cent grains ; & fuivant Burcher de Volder, un pied cube d'Air pefe une once & vingt-fept grains.

M. Boyle a calculé que la pefanteur de quelque quantité d'Air que ce foit, près de la furface de la terre eft à l'eau, comme un eft à mille : le Docteur Halley, comme un eft à huit-cents : & M. Hawksbee, comme un eft à huit-cent-quatre-vingt-cinq : & le poids de la même quantité d'Air à une égale quantité de mefure, comme un eft à dix-mille huit-cents.

Ainfi l'Air peut être confidéré comme un *operculum* ou enveloppe univerfelle, qui, par fa pefanteur, contient tous les corps terreftres & les empêche de s'élever (1).

---

(1) L'Air ne peut pas être confidéré comme une enveloppe qui retient les corps & les empêche de s'élever, puifqu'il eft, au contraire, une efpece de contrepoids à la force attractive, en foutenant les corps légers, qui, fans lui, tomberoient fur le globe avec la même viteffe que les plus denfes,

4°. L'Air eſt élaſtique. L'élaſticité eſt une qualité par laquelle un corps cede à toutes les impreſſions extérieures que ce ſoit, en ſe reſſerrant en une moindre étendue; & quand l'impreſſion du corps ceſſe, il reprend ſon premier volume & ſa premiere forme. Cette qualité diſtingue l'Air de tous les autres corps qui vaguent dans l'atmoſphere ; il ne paroît point que le feu ou les exhalaiſons ſoient élaſtiques, au moins dans quelque dégré notable (1).

L'élaſticité dans l'Air eſt prouvée par des expériences innombrables.

Preſſez dans votre main une veſſie exactement ſoufflée, vous vous appercevrez ſenſiblement de la réſiſtance de l'Air; ceſſez de preſſer cette veſſie, elle reprend ſa forme, les cavités ou impreſſions faites à ſa ſurface ſont ſur le champ remplies.

Placez dans le récipient de la machine pneumatique de petites bouteilles d'un verre mince, pompez l'air du récipient; ces bouteilles ſauteront en éclats par l'expanſion de l'Air qu'elles contiennent.

De ces expériences & de pluſieurs autres, il paroît que l'Air que nous reſpirons près de la ſurface de la terre, eſt comprimé par ſa propre maſſe, & occupe moins de ſeize-cent-ſoixante-dix-neuf parties de l'eſpace qu'il occuperoit dans lè vuide.

Et ſi le même Air eſt condenſé par art, l'eſpace qu'il occupera, quand il eſt plus étendu, ſera à celui qu'il occupe, quand il eſt condenſé, comme cinq-cent-cinq-mille eſt à un; d'où le Docteur WALLIS ſoupçonne que nous ſommes loin de connoître la plus grande condenſation qu'il puiſſe éprouver.

Le pouvoir qu'il a de s'étendre, ne paroît pas non plus être ſuſceptible en aucune maniere de deſtruction ou de diminution. M. BOYLE a fait pluſieurs eſſais pour découvrir combien de tems l'Air, porté au plus haut dégré d'expanſion, pouvoit-être réduit dans la machine pneumatique, & il n'a jamais pu obſerver aucune diminution ſenſible, quoique l'Air eût été accablé pendant quelques mois d'un poids ſi énorme, qu'il y a lieu de s'étonner qu'il l'ait pu ſupporter un moment.

Il y a en vérité une propriété étonnante dans l'Air, s'il eſt capable d'être condenſé & raréfié à l'infini : car, comme il a été dit, d'après toutes les expériences tentées juſqu'à préſent, il ne paroît pas qu'on puiſſe aſſigner les limites de ſa compreſſion & de ſon expanſion; il ſe retrecira davantage par l'addition

---

ainſi qu'on peut le remarquer dans le vuide où une plume ſe précipite auſſi promptement qu'une balle de plomb.

(1) L'Air n'eſt point le ſeul fluide qui ſoit élaſtique, toutes les autres émanations, gas, ou vapeurs aériformes jouiſſent de la même propriété.

d'un nouveau poids, & s'étendra plus loin en ôtant le poids.

5°. L'Air se raréfie par le feu, & se condense par le froid.

Plus l'Air est froid, moins il occupe d'espace, &, au contraire, il en occupe d'autant plus, qu'il est plus échauffé; ainsi le froid & la compression font les mêmes effets sur l'Air: on obtient également un résultat semblable, en échauffant l'Air ou en diminuant le poids qui le comprime. L'Air étant donc un corps élastique, & capable d'être raréfié par le chaud, si on vient à l'enfermer dans des vases de verre, lorsqu'il est fort condensé, & qu'on lui applique ensuite un plus fort dégré de chaleur, il augmente alors de volume, creve les bouteilles qui le contiennent, & en projette au loin les éclats.

6°. L'Air est compressible. Il s'eleve & reprend son premier volume en ôtant le poids qui le comprimoit. Cette proprieté a été suffisamment démontrée, par ce qu'on a dit ci-dessus, & particulierement à l'article de l'*Elasticité*; c'est-pourquoi, après avoir considéré ses qualités principales, j'observerai quelques-uns de ses effets à l'égard de la végétation.

L'Air, comme fluide, entoure toute la terre, & presse par son poids tous les corps qui la couvrent, avec une force égale à celle qu'ils éprouveroient de la part d'une colonne de Mercure, de vingt-huit pouces de profondeur, ou de trente-deux pieds d'eau; & suivant le calcul de M. Paschal, cette force monte à deux mille deux cens trente-deux livres pésant, sur chaque pied quarré. Par-là, il empêche les vaisseaux artériels des plantes & des animaux, de s'étendre trop par la force de la circulation des séves, ou par la force élastique de l'Air logé abondamment dans le sang: comme il agit en tous sens, & que son élasticité se porte dans toutes les directions, les corps tendres soutiennent facilement cette pression sans aucun changement de figure, & les corps fragiles sans se briser.

L'Air est une des principales causes de la végétation des plantes: M. Ray nous en fournit un exemple, dans les *Transactions Philosophiques*. De la semence de laitue, semée dans le récipient de la machine pneumatique, n'a point crû du tout en huit jours de tems, au lieu que la même graine, semée en même-tems en plein Air, s'est élevée à la hauteur d'un pouce & demi dans le même espace de tems: mais dès qu'on eut introduit l'Air dans le récipient, les plantes parurent bientôt, & s'éleverent à la hauteur de deux ou trois pouces dans l'espace d'une semaine (1).

---

(1) Si l'Air est absolument nécessaire à la végétation des plantes, elles ont également le pouvoir de croître & de prospérer dans le gas méphitique, qui fait

Qu'une certaine quantité d'Air soit nécessaire aux semences pour leur conserver la faculté de croître, cela est évident, & prouvé par plusieurs expériences répétées. Des semences mises dans des bouteilles de verre, scellées hermétiquement, ont perdu leurs qualités végétatives en six mois de tems, au-lieu qu'une partie des mêmes semences conservée dans des sacs, peut encore germer & croître deux ans après. C'est pourquoi il faut avoir la précaution de ne pas priver d'Air les semences, si on veut les garder long-tems.

L'utilité de l'Air dans la végétation, est encore prouvée par le *Sedum*, qui pousse des racines sans le secours de la terre & de l'eau, & qui subsiste ainsi pendant plusieurs mois; la même chose arrive à quelques especes d'*Aloès*, qui se conservent frais pendant plusieurs années, quoiqu'ils perdent peu-à-peu de leur poids par l'évaporation, étant simplement suspendus dans un appartement à l'abri des gelées.

L'Air est capable de pénétrer les parties poreuses & spongieuses des plantes, où étant resserré, il s'y raréfie. L'Air opere aussi dans les entrailles de la terre, où par sa transpiration subtile il aide la raréfaction des crudités de la terre, & dissipe toute l'humidité superflue. Il entre même dans les pores & dans les vaisseaux des plantes; il y porte avec lui les sels qu'il contient, ou ceux qu'il tire de la terre, lesquels étant ensuite modifiés diversement par les formes variées des différens vaisseaux ou couloirs qu'ils sont obligés de traverser, acquierent cette variété de saveur & d'odeur dont chaque plante est douée, quoiqu'elles reçoivent toutes de la terre qu'elles couvrent, les mêmes substances & les mêmes alimens.

L'Air agit aussi sur les branches, les feuilles & les fleurs des végétaux; il traverse & transpire à travers leur écorce, & par son évaporation, il rafraîchit & modère l'excès des rayons du soleil; il recrée, ouvre & étend tous les corps organisés.

L'Air se fixe & se mêle dans la séve liquide des végétaux; & comme toutes les agitations dans la Nature procedent des qualités opposées des diverses substances qui viennent à se joindre, le fluide de l'Air, & l'humeur aqueuse qui fait la bâse de toutes les séves, se mêlant ensemble, occasionnent dans les tiges & les racines des plantes une forte émotion, ou, pour mieux dire, une fermentation qui éleve la séve par la co-opération du soleil, troisieme agent de la végétation, jusqu'au sommet

périr les hommes & les animaux; elles ont mêmes la propriété de rendre salubre un pareil atmosphere, en s'emparant de l'acide qui le surchargeoit : mais si elles sont renfermées dans un lieu dont l'Air ne puisse être renouvellé, elles le détruiront, & périront elles-mêmes étant privées de l'acide dont il est essentiellement composé.

des arbres, &c. comme les liquides montent par le moyen du feu sur les bords du vâse qui les contient.

Nous trouvons que cet Air produit une vibration dans plusieurs corps, & particulierement dans les plantes, dont les pores, destinés à le pomper, font l'office des poumons, parce que l'Air qui y est contenu, se rétrécissant quelquefois, & s'étendant aussi, à proportion que la chaleur augmente ou diminue, referre les végétaux, les vuide par dégrés, & par-là, occasionne la circulation de la féve, qui ne peut guere être effectuée autrement (1).

L'Air, dit le savant Docteur HALES, est un fluide élastique, mêlé de particules de nature fort différente, qui flottent dans sa substance: il est admirablement destiné par le grand Auteur de la Nature, pour être l'haleine ou la vie des végétaux & des animaux; car il est aussi nécessaire aux uns qu'aux autres.

Pour prouver combien est grande la quantité d'Air que contiennent les végétaux, on peut consulter le troisieme chapitre de son excellent *Traité de la Statique des Végétaux*, où il dit, dans ses expériences sur la vigne: la grande quantité d'Air a été visible, il montoit continuellement à travers la séve dans les tubes, ce qui prouve évidemment combien est grande la quantité d'Air absorbée par les plantes avec leur séve, à travers le tissu de leurs feuilles.

Il ajoûte à cette expérience un grand nombre d'autres, faites sur les branches du pommier, de l'abricotier, du bouleau, & de plusieurs autres plantes qui concourent toutes à prouver la même vérité.

Le Docteur GREW a observé que les pores sont si larges dans les tiges de quelques plantes, que dans la meilleure espece de grosses cannes, ils sont visibles à un bon œil, sans microscope ni loupe; mais avec un microscope, la canne paroît comme si elle étoit remplie de trous faits avec de grosses épingles: ces trous ressemblent aux pores de la peau qui recouvre l'extrémité des doigts ou la paume de la main.

Dans les feuilles de pin vues à travers une loupe, ces trous paroissent dans un ordre fort élégant; ils sont placés presqu'exactement en rangs, & travaillés en travers dans la longueur des feuilles.

De-là on peut probablement imaginer que l'Air entre librement dans les plantes, non-seulement avec le principal fond de leur nourriture prise par leurs racines, mais aussi par la surface de leurs tiges & de leurs feuilles, sur-tout pendant la nuit,

(1) Notre Auteur a oublié ici une des principales causes de la circulation de la séve dans les vaisseaux des plantes; je veux parler de la force attractive qui fait monter les liquides contre leur propre poids dans les tuyaux capillaires.

lorsqu'elles passent de l'état de transpiration à une inspiration forte.

Le Docteur HALES nous dit aussi que, dans toutes ces expériences, il trouva que l'Air pénetre l'écorce des jeunes rejettons & des branches, mais beaucoup plus librement la vieille écorce, & que dans les différentes especes d'arbres, les pores y étoient plus ou moins disposés à l'entrée libre de l'Air. Il dit encore qu'il y a de l'Air, soit dans un état élastique ou non élastique mêlé avec la terre, qui peut bien s'insinuer par les racines avec la nourriture, & il s'en assûre par plusieurs expériences, qu'il rapporte dans le Traité ci-devant mentionné.

Le savant BOYLE, en faisant plusieurs expériences sur l'Air, trouva parmi d'autres découvertes, qu'on peut tirer des végétaux une bonne quantité d'Air; en mettant des raisins, des prunes, des groseilles, des pois, & plusieurs autres especes de fruits & de légumes, dans des récipiens épuisés & non épuisés, ils continuerent pendant plusieurs jours à pousser au-dehors une grande quantité d'Air; ce qui a mis le curieux Docteur HALES sur la voie d'autres recherches: il voulut savoir quel volume d'Air il pourroit tirer des différents végétaux où cet Air étoit renfermé & incorporé; il y est parvenu au moyen de différentes expériences chymio-statiques; dont il donne plusieurs exemples dans son *Traité de l'Analyse de l'Air*, & où il ne laisse rien à désirer sur ses procédés, & les résultats qu'il a obtenus (1).

D'un demi-pouce cubique, ou de 135 grains de cœur de chêne nouvellement pris sur un arbre, il tira 108 pouces cubiques d'Air, (quantité égale à 216 fois la grosseur), & dont la pesanteur étoit audessus de trente grains, c'est-à-dire, près d'un quart du poids du même morceau de bois fourni à l'expérience: il ajoûte, qu'il prit une égale quantité de copeaux minces de la même piece de chêne, qu'il les sécha à quelque distance d'un feu léger pendant vingt-quatre heures, que pendant ce tems ils évaporerent 44 grains d'humidité, lesquels 44 grains déduits de 135, il resta 91 grains pour la partie solide de chêne. D'après ce calcul, les 30 grains d'Air fournis dans la premiere expérience, feront le tiers de la pesanteur du bois employé, déduction faite de la partie aqueuse évaporée. Il donne une autre expérience faite sur le froment des Indes, qui croît dans son propre jardin. De 388 grains qui n'étoient pas encore parvenus à leur entiere maturité, il tira 270 pouces cubi-

(1) Mais cet Air, fourni par la fermentation de la partie mucilagineuse sucrée des fruits, n'étoit point réellement contenu dans leur substance; il est, au contraire, le produit de leur décomposition & le résultat d'une combinaison nouvelle qui se forme alors de leurs différens principes.

ques d'Air, dont la pesanteur étoit de 77 grains, c'est-à-dire, d'un quatrieme de la pesanteur du froment.

Il dit encore, qu'un pouce cubique, ou 318 grains de pois, produisirent 396 pouces cubiques d'Air, ou 113 grains, c'est-à-dire, quelque chose de plus qu'un tiers de la pesanteur des pois.

Une once, ou 437 grains de semence de moutarde fournirent 270 pouces cubiques d'Air du poids de 77 grains, qui est plus qu'une sixieme partie de la pesanteur de l'once (1).

Il ajoûte aussi qu'il y a dans la substance des végétaux une grande abondance d'Air incorporé; auquel le mouvement de la fermentation restitue toutes ses facultés élastiques, comme il est évident par les expériences suivantes.

Le second jour de Mars, il versa dans un vase 42 pouces cubiques d'aile ou biere-douce du tonneau où elle avoit été mise pour fermenter 24 heures avant; & depuis ce tems jusqu'au neuf Juin, il en sortit 639 pouces cubiques d'Air, avec une progression fort inégale, & qui varia journellement, suivant que le tems étoit plus ou moins chaud, & plus ou moins froid. Et quelquefois lorsque la température passoit subitement du chaud au froid, cette biere repompa jusqu'à 33 pouces cubiques d'Air.

Douze pouces cubiques de raisins de Malaga, avec 18 onces cubiques d'eau, produisirent, depuis le 2 Mars jusqu'au 16 d'Avril, 411 pouces cubiques d'Air. Ce mélange repompa ensuite 35 pouces cubiques dans deux ou trois jours froids : du 21 Avril, jusqu'au 16 Mai, il donna 78 pouces cubiques : le 9 Juin, au-lieu de fournir de l'Air, il en absorba, au contraire, 13 pouces cubiques. On essuyoit dans cette saison de fortes chaleurs, accompagnées d'orages fréquents, ce qui détruisit l'élasticité de l'Air : à cette époque, le mélange ci-dessus avoit produit en tout 489 pouces cubiques d'eau, dont 48 pouces avoient été absorbés. La liqueur étoit alors éventée.

Vers le 10 Août, 26 pouces cubiques de pommes écrasées, donnerent 986 pouces cubiques d'Air en treize jours de tems, ce qui est une quantité égale à 48 fois leur grosseur : après quoi elles absorberent une quantité égale à leur volume en trois ou quatre jours, malgré que le tems fût alors fort chaud : ensuite elles resterent dans le même

(1) On ne doit regarder comme un Air véritablement contenu dans les végétaux, que celui qu'on peut en tirer par des moyens méchaniques, tels que l'action de la machine pneumatique; car celui qu'on extrait des mixtes lorsqu'ils subissent le mouvement de la fermentation, est un composé nouveau, comme je l'ai déja dit, & vient à l'appui de notre systême sur la composition & la décomposition de l'Air.

état pendant quelques jours, ſans abſorber ni laiſſer tranſpirer d'Air.

Des expériences faites ſur les raiſins, & l'aile ou la biere ci-deſſus rapportées, l'Auteur conclut, que le vin & l'aile ne s'éventent pas dans le tems chaud en abſorbant de l'Air ; mais en fermentant & en générant trop, ce qui les prive du principe vivifiant qui eſt l'Air, & que c'eſt pour cette raiſon que ces eſpeces de liqueurs ſe conſervent mieux dans des caves fraîches, où ce principe actif eſt tenu dans des bornes convenables, que dans tout autre lieu où les vins peuvent travailler, & où ces liqueurs ſeroient en danger de ſe gâter promptement.

D'après ces expériences & pluſieurs autres, que le ſavant Auteur a citées dans ſon traité, il obſerve que cet Air qui s'éleve en ſi grande quantité des végétaux qui fermentent & ſe diſſolvent, eſt le véritable Air permanent : ce qui eſt prouvé par ſa continuité & ſa permanence dans le même état d'extenſion & d'élaſticité pendant pluſieurs ſemaines & pluſieurs mois, propriété dont ne jouiſſent point les vapeurs aqueuſes, qui ſe condenſent auſſi-tôt qu'elles ſont froides.

Enfin, il conclut que l'Air abonde dans les ſubſtances végétales, dont il forme une partie conſidérable ; qu'il ſoutient ainſi toutes les molécules de la matiere, & ſert de contrepoids à la force attractive dont elles ſont douées, & qui, ſi elle agiſſoit ſeule, réduiroit toute la Nature en une maſſe inactive & cohérante ; qu'ainſi il étoit abſolument néceſſaire, pour animer cette grande maſſe de matiere attractive, qu'elle fût mêlée dans une proportion convenable de particules fortement repouſſantes & élaſtiques, qui, s'oppoſant ſans ceſſe à la premiere force, puiſſent la tenir dans une agitation conſtante & perpétuelle.

Et puiſque ces particules élaſtiques ſont continuellement & en grande abondance, réduites par un pouvoir attractif d'un état élaſtique à un état fixe, il étoit néceſſaire que ces particules fuſſent douées d'une propriété qui ſervît à leur faire reprendre leur premiere élaſticité, toutes les fois qu'elles ſont dégagées de cette maſſe dans laquelle elles ſont fixées, afin que la nature entiere fût continuellement dans un état d'activité & de mouvement propre à porter les êtres qui y ſont ſoumis à leur plus haut dégré de développement, à les détruire par la continuité des mêmes cauſes, & à les reproduire de leurs débris (1).

---

(1) Nous pouvons auſſi conclurre de toutes ces expériences ce que nous avons déjà conclu ci-deſſus, que la fermentation des végétaux peut produire une quantité d'Air étonnante, par le dégagement de leur acide phoſphorique, qui, s'uniſſant dans une juſte proportion au phlogiſtique & à l'eau qu'ils contiennent, forme un

L'Air doit être regardé comme l'inſtrument de la production & de l'accroîſſement des végétaux, ſoit en donnant de la vigueur à leurs différentes ſéves, lorſqu'il eſt dans un état élaſtique & actif, ſoit en contribuant beaucoup, dans un état fixe à l'union & connexion ferme de leurs parties conſtituantes, qui ſont l'eau, le feu, le ſel & la terre.

Pour terminer ce que nous avons dit des propriétés de l'Air à l'égard des végétaux, nous obſerverons qu'il leur eſt fort utile, en ce qu'il éleve & ouvre les nues, & répand ſur la terre les pluies & les roſées qui rafraîchiſſent & fertiliſent nos campagnes.

L'Air aide auſſi à enlever & à diſperſer les vapeurs humides & les épais brouillards qui s'élevent de la terre, & qui, ſans lui, croupiroient & empoiſonneroient toute ſa ſurface.

L'Air acide de l'action du ſoleil attire & ſublime ces vapeurs dans les régions ſupérieures, où elles ſe condenſent en nuages & retombent en pluies pour devenir d'un uſage nouveau dans la végétation ; mais l'Air qui eſt en tant d'occaſions utile aux végétaux, leur eſt auſſi quelquefois nuiſible & pernicieux, non-ſeulement aux parties hautes, ligneuſes, herbacées & fleuriſſantes, mais auſſi aux racines & à leurs fibres : lorſqu'il eſt ſec, vif & brûlant, il arrête la circulation de la ſéve, diviſe l'humidité, qui eſt le ſeul principe de leur exiſtence, & détruit les tendres fibres des arbres nouvellement plantés.

On peut auſſi conclurre que toutes les eſpeces de terre ſont plus ou moins capables d'abſorber le fluide de l'Air, & d'attirer les ſels qu'il peut donner, ou que la terre eſt capable de recevoir.

AIRELLE *ou* MYRTILLE. *Voyez* VACCINIUM.

AIZOON. [*Sempervive*] *Sempervive.*

Le Docteur LINNÉE a ainſi nommé cette plante, parce qu'elle reſſemble beaucoup aux *Ficoïdes* : quelques Botaniſtes modernes l'ont appellée *Ficoïdea.*

Caracteres. Le calice de la fleur eſt perſiſtant & formé d'une ſeule feuille, découpée au ſommet en cinq ſegmens aigus ; cette fleur eſt apétale, elle a un germe à cinq angles, poſé ſur le calice, & ſoutenant cinq ſtyles couronnés de ſtigmats ſimples, accompagnés de pluſieurs étamines velues, inſérées dans le calice & terminées par des ſommets ſimples ; le germe ſe change en une capſule gonflée, à cinq angles & à cinq cellules, renfermant pluſieurs ſemences rondes.

Ce genre de plante fait partie de la cinquieme diviſion de la douzieme claſſe de Linnée, intitulée : *Icoſandria Pentagynia*, les fleurs de cette claſſe

---

compoſé nouveau qui eſt un véritable Air, jouiſſant de toutes les propriétés de l'Air atmoſphérique.

classe ayant plus de dix-neuf étamines, & dans cette division cinq styles.

Les especes sont :

1°. *Aizoon Canariense, foliis cunei-formibus, ovatis, floribus sessilibus. Hort. Ups. 127.* Aizoon à feuilles ovales, en forme de coin, avec des fleurs sessiles.

Ficoïdes procumbens portulacæ folio. Nissol. Act. Par. 1711; Aizoon de Canarie.

Kali-aizoïdes Canariensis procumbens. Pluk. Alm. 202. T. 303. F. 4.

2°. *Aizoon Hispanicum, foliis lanceolatis, floribus sessilibus. Linn. Sp. Plant. 488;* Aizoon à feuilles en forme de lance, & à fleurs sessiles.

Ficoïdea Hispanica annua, folio longiore. Hort. Elth. 143; Aizoon d'Espagne.

3°. *Aizoon paniculatum, foliis lanceolatis, floribus paniculatis. Lin. Sp. Plant. 448;* Aizoon à feuilles en forme de lance, avec des fleurs croîssant en panicule.

Aizoon foliis lanceolatis, subtùs hirsutis. Prod. Leyd. 221.

Comme nous n'avons point de nom Anglois pour ces plantes, j'ai adopté celui de *Sempervive*, qui a été donné à l'*Aloës* & au *Sedum*, qui toutes deux sont intitulées *Aizoon*, & *Sempervivum.*

Canariense. La premiere espece qui nous vient des isles Canaries, est annuelle & doit être élevée au printems sur une couche de chaleur modérée. Lorsque ces plantes ont acquis assez de force, on les enleve avec soin, on les plante chacune séparément dans de petits pots remplis d'une terre fraîche & légère, qu'on plonge ensuite dans une autre couche tempérée, en observant de les tenir à l'abri du soleil, jusqu'à ce qu'elles aient formé de nouvelles racines; après quoi il faut les endurcir par dégrés, & les accoutumer à supporter le plein air, en les y exposant en Juin, & les plaçant dans une situation abritée, où elles fleuriront & perfectionneront leurs semences en Septembre; & bientôt après les plantes périront.

Hispanicum. La seconde qui croît naturellement en Espagne, est aussi une plante annuelle, dont les branches traînent sur la terre; ses fleurs ne sont point belles, & les curieux ne conservent cette espece que pour la variété.

Paniculatum. La troisieme, originaire du Cap de Bonne-Espérance, d'où ses semences ont été apportées en Europe, est une plante basse, qui périt aussi-tôt après la maturité de ses semences.

Culture. Ces deux dernieres especes peuvent être multipliées de la même maniere que la premiere, avec cette différence cependant qu'on peut les mettre en pleine terre aussi-tôt qu'elles sont assez fortes pour être transplantées: mais comme dans un sol riche & fécond elles produiroient beaucoup de branches & de feuilles, ne fleuriroient que tard, & perfectionneroient difficilement leurs semences, on doit leur choisir un mauvais terrein ſec & ſablonneux ou rempli de décombres.

ALA. *Aîle.* On nomme ainſi la cavité qui ſe trouve entre les feuilles & les tiges, dans laquelle ſont placés les nouveaux rejettons : les François donnent à cet endroit le nom d'*Aîle* ou *d'Aiſſelle des plantes ;* on s'en ſert auſſi quelquefois pour ſignifier les feuilles compoſées de pluſieurs lobes.

ALABASTRA. Sont ces feuilles vertes herbacées qui entourent les fleurs. JUNGIUS regarde *l'Alabaſtrum*, comme le globe ou le bouton rond qui commence à s'ouvrir.

ALÆ. Ce mot eſt en uſage lorſqu'il s'agit d'exprimer les pétales des fleurs papillonnacées, placés entre l'étendard ou pavillon, & la carêne ; ce que les François appellent *les aîles des fleurs légumineuſes.*

ALÆ. Signifie encore les extrémités minces, ou les parties membraneuſes de certaines ſemences ; comme celle *du Bignonia*, du *Plumeria*, du *fruit de l'Erable*, &c. Que les François diſtinguent par le nom *de ſemences aîlées.*

ALÆ. On nomme encore ainſi les membranes folioles qui coulent dans la longueur des tiges, d'où elles ſont nommées *Caules alati*, *tiges aîlées ;* mais les Ecrivains modernes les déſignent par *foliis decurrentibus*, ou à feuilles courantes, parce que ces *Alæ* ou *Aîles* ſont jointes aux feuilles.

ALATERNE. *Voyez* ALATERNUS.

ALATERNE BATARD, ou *Apalanchine*, ou *Thé du Cap de Bonne-Eſpérance.*

ALATERNOIDES, *voyez* PHYLICA, CLUTIA & CEANOTHUS.

ALATERNUS. Appellé du mot grec Ε'λαιόπρινος compoſé de Ε'λαία, une *Olive*, & de πρῖνος, un *Ilex*, ou *Troêne toujours verd. Alaterne ;* [en Anglois, *Evergreen Privet.*]

Caracteres. Ce genre a des fleurs mâles & femelles ſur différentes plantes dans quelques eſpeces, & dans d'autres les mâles & les femelles ſont ſur le même pied ; la fleur mâle eſt compoſée d'un calice monophyle, en forme d'entonnoir & découpé au bord en cinq ſegmens : aux côtés du calice ſont fixés cinq petits pétales, à la bâſe deſquels ſont attachées autant d'étamines, couronnées de ſommets ronds ; les fleurs femelles reſſemblent beaucoup aux mâles, mais elles n'ont point d'étamines : le germe, placé dans le centre, ſoutient un ſtyle diviſé en trois parties & ſurmonté d'un ſtigmat rond ; ce germe devient enſuite une baie molle, ronde & renfermant trois ſemences.

LINNÉE a joint ce genre au *Rhamnus*, auquel il a auſſi ajouté les *Frangula*, *Paliurus* & *Zizyphus ;* il les range dans ſa cinquieme claſſe des plantes, intitulée : *Pentandria Monogynia.*

Les eſpeces ſont :

1°. *Alaternus, Phylica, foliis ovatis, marginibus crenatis, glabris ;* Alaterne commun à feuilles unies & dentelées à leurs bords.

Alaternus. 1. Clus. Hisp. 56.

2°. *Alaternus, glabra, foliis subcordatis, serratis, glabris;* Alaterne à feuilles unies, presqu'en forme de cœur & sciées.

Alaternus minore folio. Tourn. Inst. 595.

3°. *Alaternus angusti-folia, foliis lanceolatis, profundè serratis, glabris;* Alaterne à feuilles en forme de lance, unies & profondément sciées.

Alaternus Monspeliaca, foliis profundiùs incisis. H. R. Par.

4°. *Alaternus lati-folia, foliis ovato-lanceolatis integerrimis, glabris;* Alaterne à feuilles unies, ovales, entieres, & en forme de lance.

Alaternus hispanica lati-folia. Tourn. Inst. 596.

Les variétés de ces arbres, sont, la premiere espece à feuilles panachées, communément appellée, par les Jardiniers de pépiniere, *Phyllirea.*

La troisieme dont les feuilles sont peintes en blanc ou en jaune : celles-ci sont connues sous le nom d'*Alaternes panachés en or & en argent;* mais comme toutes ces variétés sont purement accidentelles, je ne les ai pas comprises dans le nombre des especes.

Les plantes de ce genre différent des *Phyllirea*, en ce que leurs feuilles sont alternes, tandis que celles de ces dernieres sont opposées. Ces différences sont moins essentielles que celles qui se rencontrent entre leurs principaux caracteres dont il sera question à l'article de *Phyllirea.*

Phylica. La premiere espece est depuis long-tems cultivée dans les jardins Anglois; mais celle à feuilles unies y est à présent abandonnée, celle à feuilles épaisses est la plus multipliée dans les pépinieres, & l'autre presque totalement négligée.

Ces arbres ont été plus recherchés autrefois, qu'ils ne le sont à présent; anciennement on les plantoit contre les murs des basses cours pour les couvrir, & l'on en formoit des haies toujours vertes dans les jardins; usage auquel ils n'étoient point propres, parce que leurs branches poussent trop vigoureusement, & que leur flexibilité les expose à être souvent dérangées par le vent, & à être brisées par le poids de la neige qui tombe dans un tems calme; ajoutez à cela la peine de les tenir en ordre, en les taillant trois fois dans une saison; les dépenses de cette opération, les ordures qu'elle produit, & on trouvera que ces inconvéniens rassemblés sont assez considérables pour les faire proscrire des jardins.

Angusti-folia. La troisieme espece à feuilles panachées en argent, a été aussi fort employée autrefois contre les maisons & les autres bâtimens, dont on vouloit cacher les ouvrages en brique; mais comme ces arbres veulent être taillés souvent & palissés à chaque instant, ce qui est incommode & dispendieux, & que ces sortes de palissades attirent les insectes & leur servent de retraite, on les a presque abandonnés. L'espece à feuilles panachées en or, est assez rare dans les jardins Anglois; & comme elle est moins dure que celle en argent, elle est souvent détruite dans les hivers rudes: mais le goût des plantes panachées est presque passé en Angleterre, & il y a peu de personnes à présent qui ne préferent le verd uni.

Glabra. La seconde espece, que l'on connoissoit généralement sous le nom de *Celastrus*, ou *d'Arbre à bâton*, étoit autrefois beaucoup plus commune dans les jardins Anglois qu'elle ne l'est aujourd'hui; mais comme ses feuilles sont beaucoup plus éloignées les unes des autres que dans la premiere espece, ses branches paroissent peu garnies; ce qui a probablement occasionné son discrédit. Les feuilles de cet arbre sont plus courtes que celles de la premiere espece, elles sont arrondies à leur pétiole à-peu-près en forme de cœur, & sciées à leurs bords.

Angusti-folia. La troisieme a été anciennement cultivée dans quelques jardins; mais on a négligé de la multiplier depuis plusieurs années: ses feuilles sont beaucoup plus longues & plus étroites que celles de toutes les autres, & leurs dentelures beaucoup plus profondes: ses branches, plus érigées, forment un plus beau buisson, & elle est également dure; ainsi, on peut lui donner une place dans chaque plantation d'arbres verds. Elle croît naturellement dans la France Méridionale, où ses baies sont cueillies & vendues sous le nom de *Baies* ou *Graines d'Avignon*, pour l'usage des Peintres, &c. qui en font une couleur jaune.

Quelques personnes regardent ces especes comme des variétés; mais d'après plusieurs essais répétés, en les élevant de semence, je puis assurer qu'elles ne varient jamais, & que les semences produisent constamment les mêmes especes que celles sur lesquelles elles ont été recueillies.

Glabra. Les semences de la seconde espece m'ont été envoyées des environs de Turin, où elle vient naturellement & sans culture.

Culture. Toutes ces especes peuvent, comme beaucoup d'autres arbres, être facilement multipliées par marcottes: l'automne est la saison la plus favorable pour cette opération; & si elle est bien faite, les marcottes seront pourvues de bonnes racines dès l'automne suivant: alors on peut les séparer de la vieille tige, & les planter, ou dans une pépiniere, ou dans les endroits qui leur sont destinés. Lorsqu'elles sont en pépiniere, il ne faut les y laisser qu'une ou deux années, parce que, poussant leurs racines à une grande distance de chaque côté, elles ne peuvent être enlevées après deux ou trois ans d'accroîssement, sans que l'on n'en retranche une grande partie; ce qui est fort préjudiciable aux plantes, les détruit le plus souvent, ou au moins retarde beaucoup leur accroissement. On peut les transplanter en automne ou au printems ; mais dans un terrain sec la plantation d'automne est préférable, & celle du printems vaut mieux dans une terre humide. On peut également multiplier l'espece unie en semant les baies qu'elle produit en grande abondance ; mais comme les oiseaux les dévorent avidement, il est nécessaire, avant qu'elles soient mûres, de les mettre à couvert de leur voracité. Les plantes que l'on éleve de semence étant toujours plus droites, & formant de plus grandes tiges, sont préférables, pour les grandes plantations, aux *Marcottes*, qui, poussant beaucoup de branches basses, sont nécessairement retardées dans leur accroissement en hauteur, & ont l'air & la forme d'un arbrisseau. Si ces arbres sont bien soignés, ils s'éleveront à la hauteur de dix-huit ou vingt pieds ; mais afin d'empêcher que le poids des neiges & la violence des vents ne rompent leur tête, il est essentiel de leur donner moins de prise, en retranchant toutes les branches irrégulieres.

Toutes ces especes profitent mieux dans un sol sec, graveleux ou sablonneux, que dans une terre riche, où elles sont souvent gatées par les gelées, lorsque les hivers sont rudes : dans un terrein sec & graveleux, elles sont, au contraire, rarement endommagées ; & quand cela arrive, les branches restent saines & poussent de nouvelles feuilles au printems.

ALBUCA. [*Bastard Star of Bethlehem*] *Etoile de Bethléhem bâtarde*, ou *Fleur étoilée*, ou *l'Albuque*.

Caracteres. La fleur n'a point de calice, mais six pétales ovales & persistans : les trois extérieurs sont étendus & ouverts, & les trois intérieurs restent joints ; six étamines triangulaires, & de la même longueur que la corolle, dont trois sont fertiles, & couronnées de sommets mouvans, & les trois autres stériles, & dépourvues de sommets : le nectaire est situé près de la base de trois étamines fertiles : elle a un germe oblong & triangulaire, avec un large style à trois côtés, couronné d'un stigmat pyramidal à trois faces : la capsule est triangulaire & a trois cellules, remplies de petites semences unies.

Ce genre de plante est rangé dans la premiere section de la sixieme classe de LINNÉE, intitulée : *Hexandria monogynia*, la fleur ayant six étamines & un style.

Les especes sont :

1°. *Albuca major, foliis lanceolatis. Linn. Sp. 438 ;* Fleur étoilée à feuilles en forme de lance.

Ornithogalum luteo virens, Indicum. Corn. Canad.

2°. *Albuca, minor, foliis subulatis. Linn. Sp. 438 ;* Fleur étoilée à feuilles en forme d'alêne.

Ornithogalum Africanum, flore viridi altero alteri innato. Herm. Parad. 209 ; Ornithogalon d'Afrique à fleurs d'un jaune verdâtre.

Ces plantes qui étoient généralement confondues dans le genre d'*Ornithogalum*, en ont été séparées par LINNÉE, & rangées sous celui-ci, par la raison que leurs fleurs ont une forme différente de celles de ce premier genre.

Major. La premiere espece qui croît naturellement dans le Canada, ainsi que dans quelques autres parties de l'Amérique Septentrionale, est pourvue d'une racine bulbeuse, & pousse huit ou dix feuilles longues, étroites & en forme de lance, du centre desquelles s'éleve, à plus d'un pied de hauteur, une tige garnie d'un épi clair ou thyrse de fleurs d'un jaune verdâtre, placées chacune sur un long pédoncule qui penche vers le bas, & est accompagné à sa base de stipules érigées & terminées en pointes aiguës. Après la fleur, le germe se gonfle & devient une capsule triangulaire, à trois cellules remplies de semences plates.

Minor. La seconde, originaire du Cap-de-Bonne-Espérance, a aussi d'assez grosses racines bulbeuses, d'où partent quatre ou cinq feuilles étroites, en forme d'alêne & d'un verd foncé : la tige des fleurs, élevée rarement au-dessus de huit ou neuf pouces de hauteur, sort immédiatement du centre de la racine ; elle est nue & garnie de cinq ou six fleurs d'un jaune verdâtre, placées presqu'en forme d'umbelle au sommet, & qui ne sont guere suivies de semences en Angleterre.

Culture. L'Albuca du Canada est assez dure pour que ses racines, étant plantées à quatre pouces environ de profondeur dans une platebande de terre légere, y profitent & produisent leurs fleurs dans l'été ; mais comme ses semences mûrissent rarement en Angleterre, & que ses bulbes poussent peu de rejettons, ces plantes ne sont pas fort communes. L'espece Africaine m'est venue de semences depuis quelques années : elle fleurit généralement deux fois par an ; la premiere en Mars ou Avril, & la seconde en Juillet ou Août ; mais elle n'a produit aucunes semences. En tenant les racines de cette espece dans des pots remplis de terre légere, & abritées en hiver sous un châssis de couche chaude, elles profiteront & produiront des fleurs ; mais la meilleure méthode est d'avoir une plate-bande dans la façade de l'orangerie & des serres chaudes, où les racines de la plupart des fleurs bulbeuses puissent être plantées en pleine terre & abritées des gelées pendant l'hyver : elles réussiront beaucoup mieux dans de telles situations, & y fleuriront plus abondamment que si elles étoient conservées dans des pots.

ALBUQUE. *Voyez* ALBUCA. L.

ALCÉA. *Lin. Gen.* 750. [*Hollyhock*] *Mauve Trémiere*, ou *d'Outre Mer*, ou *Passe Rose*, ou *Mauve Rose*, *Alcée*.

Caracteres. La fleur porte un double calice, dont un est persistant: l'extérieur est étendu, ouvert & découpé au sommet en six segmens; l'intérieur est plus long & légèrement séparé en cinq parties. La fleur est composée de cinq pétales, qui se joignent à leurs bâses, & s'étendent au sommet en forme de croix: dans le centre est placé un germe rond, soutenant un style court & cylindrique, couronné d'un nombre de stigmats, accompagnés de plusieurs étamines, couronnées de sommets, en forme de reins, & réunies par le bas en une colonne pentagonale, qui s'étend & s'ouvre vers le haut. Après la fleur, le germe devient une capsule ronde, applatie & articulée, ayant plusieurs cellules, qui renferment chacune une semence comprimée & qui présente aux yeux la forme d'un rein.

Ce genre de plantes fait partie de la sixieme classe de LINNÉE, qui a pour titre, *Monadelphia Polyandria*, où sont contenues celles dont les étamines & le style se joignent en forme de colonne au centre de la fleur; ce qui a fait prendre le parti au celebre Docteur VAN-ROYEN de donner à cette classe le nom de *Columnifera*, renfermant un grand nombre d'étamines.

Les especes sont:

1°. *Alcea, rosea, foliis sinuatoangulosis. Hort. Cliff. 348*; Rose Trémiere, à feuilles angulaires & sinuées.

Malva rosea, folio subrotundo. C. B. P. 315.

2°. *Alcea, fici-folia, foliis palmatis. Hort. Cliff. 348*; Rose Trémiere, à feuilles palmées.

Malva rosea, folio ficûs. C. B. P. 315.

Ces deux especes sont distinctes, & n'ont point encore varié dans la forme de leurs feuilles: celles de la premiere sont rondes, & découpées en angles à leur extrémité; & celles de la seconde sont profondément découpées en six ou sept segmens, à-peu-près en forme de main.

Les différentes couleurs, ainsi que les fleurs doubles, n'étant autre chose que des variétés accidentelles, occasionnées par la culture, aucun Botaniste ne les a regardées comme constituant des especes séparées: je n'en ferai moi-même aucune mention; j'indiquerai seulement leurs couleurs principales, qui sont le blanc, le rouge pâle, le rouge foncé, le rouge noirâtre, le pourpre, le jaune & la couleur de chair. Outre celles-ci, j'ai vu, il y a plusieurs années, dans le jardin de feu Milord BURLINGTON à Londres, des plantes à fleurs panachées, qui avoient été élevées de semences envoyées de la Chine.

Quoique ces variétés des *Roses Trémieres* doubles ne soient point constantes, cependant, lorsque leurs semences sont conservées soigneusement, & recueillies sur les fleurs les plus doubles, la plupart des plantes qui en proviennent sont à-peu-près les mêmes que celles sur lesquelles elles ont été prises. Quant à leurs couleurs & à la plénitude de leurs fleurs, pourvu qu'on ne laisse auprès des belles aucune à fleur simple ou colorée, on empêche qu'elles ne soient jamais dégradées. C'est-pourquoi, aussi-tôt qu'une de ces dernieres paroît, il faut la retrancher, afin que sa poussiere fécondante ne se répande pas sur les autres, & ne les fasse pas dégénérer.

Rosea. La premiere espece croît naturellement à la Chine, d'où j'en ai souvent reçu les semences.

Fici-folia. La seconde m'a été envoyée d'Istrie dans l'état de Venise, où elle avoit été recueillie dans les champs; mais ses semences ne produisent que des fleurs rouges & simples; au-lieu que j'en ai élevé plusieurs à doubles fleurs & de différentes couleurs, avec des semences de la même espece, qui m'avoient été données par le feu CHARLES DU BOIS, Ecuyer, de MITCHAM, en 1726, qui les avoit reçues de Madras.

Culture. Ces plantes, quoiqu'originaires des pays chauds, sont cependant assez dures pour profiter en pleine terre dans notre climat: elles ont été pendant plusieurs années un des plus grands ornemens des jardins, vers la fin de l'été; mais, depuis qu'elles sont devenues trop communes, elles ne sont pas aussi estimées qu'elles le méritent: ce mépris vient en partie, de ce qu'elles sont trop hautes pour de petits jardins, & qu'elles ont besoin de tuteurs pour les défendre contre les vents. Elles produisent le plus bel effet dans les grands jardins, quand elles y sont disposées avec goût; leurs épis de fleurs sont fort élevés, & ces fleurs se succedent sur la même tige pendant plus de deux mois; celles du bas de l'épi paroissent en Juillet, & à mesure que les tiges se developpent, il s'en forme de nouvelles jusqu'à la fin de Septembre. Lorsqu'elles sont plantées dans une bonne terre, les tiges s'élevent souvent à la hauteur de huit à neuf pieds, & sont garnies de fleurs sur près de six pieds de leur longueur; ce qui présente la plus belle apparence, lorsqu'elles sont doubles, de bonnes couleurs, & sur-tout lorsque les différentes couleurs sont entremêlées avec goût.

On les multiplie par leurs semences, qu'on doit, comme il a déja été observé, conserver avec soin, & recueillir sur les plantes dont les fleurs sont les plus doubles & des plus belles couleurs: en les laissant dans leurs capsules jusqu'au printems, elles en vaudront mieux, pourvu qu'elles aient été cueillies par un tems bien sec, & bien préservées pendant l'hiver de toute humidité, qui moisiroit leurs enveloppes & les gâteroit.

On doit les semer vers le milieu d'Avril sur une terre légere, & les couvrir d'un demi-pouce de la même terre. Quelques personnes les sement dans des rigoles peu profondes, d'autres en couvrent clairement tout un terrein en rigolles; alors les plantes levent ensemble fort serrées, & l'on est obligé de les transplanter plutôt que celles qui ont été semées suivant la seconde méthode.

Par la premiere, les semences peuvent être plus également couvertes & tenues nettes avec moins de peine, par la facilité du houage. Quand les plantes ont poussé six ou huit feuilles, on les transplante à un pied de distance l'une de l'autre, en observant de les arroser jusqu'à ce qu'elles aient formé de nouvelles racines : après quoi elles n'exigeront plus d'autre soin que d'être délivrées de mauvaises herbes jusqu'au mois d'Octobre, tems auquel il faudra les mettre dans les places où elles doivent rester.

Quelques personnes laissent leurs plantes une année de plus dans la pépiniere, afin de juger les fleurs avant de les transplanter dans le jardin; mais si on se détermine à prendre ce parti, il faut leur donner plus de distance entr'elles, sans quoi elles n'auroient pas assez d'espace pour croitre. Cependant j'ai toujours préféré de les enlever dès le premier automne, parce qu'elles reprennent plus sûrement que si elles étoient plus vieilles; & si les semences ont été recueillies avec soin, il n'y en aura pas une sur dix qui se trouvera simple ou de mauvaise couleur.

ALCÉE. *Voyez* ALCEA, *Malva Alcea.*

ALCHEMILLA. [*Ladies-Mantle*] *Mantelet des Dames*, *Pied de Lion.*

Caracteres. Le calice de la fleur est persistant, & formé d'une seule feuille étendue, ouverte aux bords, & découpée en huit segmens : la fleur est apétale, & porte un germe ovale, qui, placé dans le centre du calice, soutient un long style couronné d'un stigmat globulaire : elle a quatre étamines érigées, posées sur le bord du calice, & couronnées de sommets ronds; le germe se change ensuite en une semence simple & comprimée.

LINNÉE range ce genre dans la premiere section de sa quatorzieme classe de plantes, intitulée : *Tetrandria Monogynia*, les fleurs ayant quatre étamines & un style.

Les especes sont :

1°. *Alchemilla vulgaris, foliis lobatis serratis, segmentis involucro acutis;* Le Mantelet des Dames commun. *C. B. P. 319.* Pied de Lion.

2°. *Alchemilla hybrida, foliis lobatis sericeis, acutè serratis, segmentis involucro subrotundis;* Le petit Mantelet des Dames argenté, à feuilles à lobes garnis de poils, & soies à dents aiguës, avec des segmens aux enveloppes découpés en ronds.

Alchemilla Alpina pubescens minor. Tourn. Inst. R. H. 508.

3°. *Alchemilla Alpina, foliis digitatis serratis. Flor. Lapp. 61;* Mantelet des Dames argenté à feuilles sciées & en forme de main.

Alchemilla perennis incana argentea, sive sericea satinum provocans. Mor. Hist. 2. P. 195.

Tormentilla Alpina, foliis sericeis. Bauh. Pin. 326.

4°. *Alchemilla, pentaphylla, foliis quinatis multifidis glabris. Lin. Sp. Pl. 123*; Mantelet des Dames uni, à cinq feuilles, & découpé en plusieurs segmens.

Alchemilla Alpina pentaphyllea minima, lobis fimbriatis. Bocc. Musc. 1. P. 18.

Vulgaris. La premiere espece, quoique commune dans les prairies humides de plusieurs parties d'Angleterre, est néanmoins assez rare dans les environs de Londres : les racines, composées de plusieurs fibres épaisses, s'étendent fortement quand elles sont placées dans un sol convenable; ses feuilles qui sortent immédiatement de la racine, portées par de longs pétioles, sont rondes, festonnées aux bords en sept ou huit lobes, & à-peu-près de la forme d'un Mantelet de Dame festonné, ce qui lui en a fait donner le nom : ses tiges de fleurs s'élevent entre les feuilles à un pied environ de hauteur, se divisent en plusieurs branches, & sont garnies à chaque nœud d'une petite feuille de la même forme que celles du bas : ses fleurs sont composées d'un calice herbacé, dans le centre duquel est placé un style, accompagné de quatre étamines couronnées de sommets jaunes; de sorte que la seule beauté de cette plante consiste dans ses feuilles, dont on fait usage en médecine : elles sont regardées comme vulnéraires, astringentes, secatives & propres à arrêter les flux de sang internes.

Hybrida. La seconde espece, beaucoup plus petite que la premiere, a des feuilles plus blanches & soyeuses; ses tiges de fleurs sont moins garnies de branches, & les fleurs ne sont pas produites en si grosses grappes; leur calice est plus large, & les segmens plus obtus que dans l'espece précédente.

Alpina. La troisieme croît particulierement sur les montagnes des provinces d'Yorck, Westmoreland, Cumberland, & en général dans tous les lieux humides & marécageux : elle se trouve aussi en Suede, dans le Danemarck, sur les Alpes, & dans les autres parties froides de l'Europe; on ne l'admet dans les jardins que pour la variété : ses feuilles sont fort blanches, profondément découpées en cinq parties, & en forme de main : ses tiges de fleurs ne s'élevent guere qu'à six pouces de hauteur, & n'ont pas plus d'apparence que celles des autres especes.

Pentaphylla. La quatrieme ne se trouvant qu'en Suède, dans la Lapponie, & dans d'autres pays froids, n'est connue ici que dans les jardins de quelques curieux.

Culture. Toutes ces plantes ont des racines vivaces & des tiges annuelles, qui périssent en automne : on peut les multiplier en divisant leurs racines pendant cette derniere saison, afin qu'elles soient bien établies dans la terre avant le hâle du printems: si elles ne sont pas placées dans un sol humide & à une situation ombrée, elles ne profiteront pas dans les parties méridionales de l'Angleterre. Lorsqu'on veut les multiplier par semences, on doit les confier à la terre en automne, parce qu'en différant cette opération jusqu'au printems, elles paroîtroient rarement dans la même année; on les répand sur une plate-bande humide & ombrée; & lorsque les plantes poussent, elles n'exigent d'autres soins que d'être tenues nettes de mauvaises herbes.

ALETRIS. [*Aletris*] *Espece d'Aloès.*

Caracteres. La fleur privée de calice, a un pétale persistant, ovale, & découpé en six segmens à ses bords, six étamines en forme d'alêne, de la longueur de la corolle, insérées dans les segmens, & couronnées par des sommets oblongs & érigés: le germe est ovale, & soutient un style d'une longueur égale à celle des étamines, en forme d'alêne, & surmonté d'un stigmat divisé en trois parties; le germe se change ensuite en une capsule ovale, triangulaire, & à trois cellules remplies de semences angulaires.

Ce genre de plante est de la premiere section de la sixieme classe de LINNÉE, dont les fleurs ont six étamines & un style.

Les especes sont:

1°. *Aletris farinosa, acaulis, foliis lanceolatis membranaceis, floribus alternis. Lin. Sp.* 456; Aletris sans tige, à feuilles en forme de lance & membraneuses, avec des fleurs alternes.

Hyacinthus caule nudo, foliis lingui-formibus, acuminatis, dentatis. Flor. Virg. 38.

2°. *Aletris Capensis, acaulis; foliis lanceolatis undulatis, spicâ ovatâ, floribus nutantibus. Lin. Sp. Plant.* 456; Aletris sans tige, à feuilles ondées & en forme de lance, avec un épi ovale, & des fleurs renversées.

3°. *Aletris hyacinthoïdes, acaulis, foliis lanceolatis carnosis, floribus geminatis. Lin. Sp. Plant.* 456; Aletris sans tige, à feuilles charnues & en forme de lance, avec des fleurs placées par paire.

Aloe hyacinthoïdes floribus sessilibus horizontalibus, infundibuli-formibus, æqualibus, limbo revolutis. Sp. Pl. 321.

Katu-Kapel. Rheed. Mal. 83. *T.* 42.

4°. *Aletris Zeylanica, acaulis, foliis lanceolatis planis erectis radicalibus;* Aletris sans tige & unie, à feuilles en forme de lance, entieres, érigées & sortant de la racine.

Aloe Zeylanica pumila, foliis variegatis. Comm. Hort. 2. *P.* 11. *T.* 21.

5°. *Aletris fragrans, caulescens, foliis lanceolatis amplexicaulibus;* Aletris à tige, avec des feuilles en forme de lance & amplexicaules.

Aloe Africana arborescens, floribus albis fragrantissimis. Hort. Amst. 2. *T.* 4.

Farinosa. La premiere espece croît naturellement dans l'Amérique Septentrionale : sa racine, bulbeuse, produit plusieurs feuilles en forme de lance, & une tige nue, qui soutient un épi de fleurs d'un blanc jaunâtre, & placées alternativement ; ces fleurs paroîssent en Juin, & sont rarement suivies de semences en Angleterre.

Cette plante est assez dure, & peut résister aux froids de l'hiver, si dans cette saison elle est couverte d'un simple vitrage ; mais comme ses semences ne mûrissent point ici, & que ses racines se multiplient lentement, elle est à présent fort rare en Angleterre.

Capensis. La seconde qui croît sans culture dans les terres du Cap de Bonne-Espérance, est une plante basse, qui ne s'éleve pas à plus d'un pied de hauteur : ses feuilles sont ondées & en forme de lance ; ses pédoncules sortent immédiatement de la racine, & soutiennent plusieurs fleurs blanches renversées, & à-peu-près semblables pour la forme à celles de la *Jacinthe.*

Les racines de cette espece étant trop tendres pour profiter en plein air dans ce pays, elles doivent être plantées dans des pots remplis de terre légere, afin de pouvoir les mettre à l'abri des injures de l'hiver : ainsi, dès que les premiers frimats du mois d'Octobre commencent à se faire sentir, il faut retirer les pots dans la caisse de vitrage, & les arroser légerement pendant l'hiver : en Mai, on les place dehors dans une situation abritée, en observant de les arroser fréquemment dans les tems chauds. Cette plante, ainsi que la précédente, ne perfectionnant pas ses semences ici, & ses racines produisant peu de rejettons, elle est assez rare en Angleterre.

Hyacinthoïdes. La troisieme espece a été conservée depuis long-tems dans les jardins Anglois, sous le nom d'*Aloës de Guinée ;* elle a, comme l'*Iris glayeul*, des racines charnues, qui s'étendent au loin, lorsque le lieu où elles sont placées leur permet de le faire ; ses feuilles fermes, ondées, & sans pétiole, ont près d'un pied & demi de longueur, & sortent simples de la racine sur laquelle elles s'élevent immédiatement, ainsi que les pédoncules de fleurs qui ont souvent un pied & demi de hauteur, lorsque les racines sont fortes ; ils sont garnis dans presque toute leur longueur de fleurs d'un blanc net, de la même forme que celles des *Jacinthes*, avec des bords découpés en six segmens réfléchis. Elles conservent rarement leur beauté plus de deux ou trois jours, & ne sont jamais suivies de semences en Angleterre.

Zeylanica. La quatrieme espece est aussi commune que la précédente, dans les jardins où l'on a tout ce qui est nécessaire pour la conservation des plantes exotiques : elle est pourvue de racines charnues & rampantes, qui multiplient fortement. La plante entiere s'éleve au plus à six pouces de hauteur ; mais comme je n'en ai jamais vu la fleur, je ne puis en donner aucune description, & je m'en rapporte à ce qu'en dit LINNÉE, quoique je sois persuadé qu'il ne l'a jamais vu fleurir lui-même; car il suppose que celle-ci n'est qu'une variété de la troisieme espece, & c'est ce que n'admettront jamais ceux qui connoissent les deux plantes. Cette quatrieme espece a toujours été connue sous le nom d'*Aloès de Zeylan.* (1).

Fragrans. La cinquieme croît avec une tige herbacée à la hauteur de huit à dix pieds, ayant plusieurs nœuds, & étant ornée, vers son sommet, d'une touffe de feuilles minces d'un verd foncé, en forme de lance, réfléchies à leur extrémité, & embrassant la tige de leur bâse. Les pédoncules qui s'élevent du centre de la tête jusqu'à la hauteur de deux pieds, & s'étendent au-dehors de chaque côté, sont fortement garnis de fleurs blanches, semblables à-peu-près à celles de la troisieme espece ; elles ne s'ouvrent que dans la soirée & répandent alors le parfum le plus agréable; elles se referment dans la matinée, & sont d'une courte durée : ces fleurs sont quelquefois suivies de semences, dont je n'ai jamais pu obtenir aucunes plantes, malgré qu'elles eussent l'apparence d'être bonnes ; mais on multiplie cette plante très-aisément par les têtes des côtés qui poussent après la fleur.

Culture. Les trois dernieres especes sont trop tendres pour subsister pendant l'hiver dans ce pays, sans le secours d'une serre chaude. La troisieme & la cinquieme ne produisent point de fleurs, à moins qu'elles ne soient plongées dans la couche de tan ; par ce moyen elles feront plus de progrès dans une année, que les autres en trois ou quatre. Les feuilles seront aussi plus larges, & la plante entiere beaucoup plus forte : on pourroit également les conserver dans la serre chaude seche, mais elles n'y feroient que peu de progrès. La troisieme fleurit quelquefois dans une serre chaude seche ; mais ses tiges de fleurs sont foibles & ne produisent que la moitié autant de fleurs que si elle avoit été mise dans le tan. La cinquieme n'a pas encore fleuri ici, tout le tems qu'on l'a gardée dans la serre chaude seche.

Les troisieme & quatrieme especes se multiplient considérablement par leurs racines rampantes, d'où s'élevent plusieurs têtes qu'on peut en détacher dans le mois de Juin, avec l'attention de les tenir dans la serre chaude pendant environ quinze jours, jusqu'à ce que les parties blessées soient entièrement guéries ; après quoi on les plante dans de petits pots remplis d'une

(1) Cette plante fleurit annuellement dans les jardins de Lorry, près de Metz.

terre légere & ſablonneuſe, qu'on plonge enſuite dans une couche de tan de chaleur modérée, & on les arroſe un peu pour leur faire pouſſer de bonnes racines; enſuite on les traite comme les autres plantes tendres & ſucculentes, en obſervant de ne jamais les expoſer dehors en été.

Les têtes de la cinquieme eſpece, lorſqu'elles ſont ſéparées des tiges doivent être gardées dans la ſerre chaude pendant une ſemaine pour les ſécher; enſuite on les plante dans des pots, & on les traite comme les autres.

ALIBOUTIER. *Voyez* STYRAX.

ALISIER. *Voyez* CRATÆGUS.

ALKEKENGE *ou* LE COQUERET. *Voyez* PHYSALIS.

ALLÉE.

Les Allées ſe font avec du gravier, du ſable, ou du gazon: ces trois eſpeces ſont les plus communes en Angleterre; mais quand on ne peut ſe procurer ni gravier, ni ſable, on les couvre de houille pulvériſée, de cendres de charbon de mer, [d] & quelquefois de briques pilées; cependant on ne ſe ſert guere de ces matieres, quand on peut avoir du gravier ou du ſable: ſi les cendres de charbon de mer ſont communes; on les préfere à la houille, ou aux briques pulvériſées, parce que ces cendres ont la propriété de ſe durcir fortement, & de ne point s'attacher aux pieds pendant les gelées; malgré leur couleur noire qui les fait rejetter des jardins, je crois cette matiere préférable à toute autre pour les Allées des lieux déſerts. Je vais donner les avis néceſſaires pour faire les différenrentes eſpeces d'Allées, & je commence par celles de gravier.

Quand les Allées d'un jardin ſont tracées, il faut, pour leur donner un bon fond, en enlever la terre à une certaine profondeur, & la remplacer par des décombres, ou du gros gravier, des cailloux, des pierres dures, ou par quelques autres matériaux pareils, qui empêcheront les mauvaiſes herbes & les vers de percer le gravier.

On étend ſur ce fond, qui doit avoir dix pouces ou un pied d'épaiſſeur, ſix ou huit pouces de gravier fin, ſans être criblé: on dépoſe ce gravier en tas ronds, afin que les groſſes pierres puiſſent gliſſer au bas; & en y paſſant de tems en tems le râteau, on le rend aſſez fin.

Après avoir mis cette épaiſſeur de ſable ou de gravier, on nivelle exactement les Allées avec le rateau, ſans laiſſer ni trous, ni rigolles; on tirera à ſoi la plus grande partie des pierres, & on les repouſſera une ſeconde fois

[d] Les Anglois appellent *Charbon de mer*, la houille qui eſt apportée à *Londres*, &c. par mer, de *Newcaſtle*, de *Sunderland*, & d'autres parties ſeptentrionales du Royaume.

avant de les enterrer, comme font ordinairement les Jardiniers : ce qui rendra les Allées bien plus dures, & les pierres un peu grosses contribueront beaucoup à leur solidité.

On doit éviter de donner trop de pente aux Allées sur les côtés, parce que cela empêche de s'y promener avec aise & plaisir : d'ailleurs cet arrondissement diminue en apparence leur largueur & nuit à leur beauté.

On donne communément un pouce d'élévation à une Allée de cinq pieds de largeur : suivant cette proportion, une Allée de vingt pieds aura quatre pouces de convexité dans le milieu, & celle de vingt-cinq pieds en aura cinq.

Quand une Allée a été ainsi dressée, & qu'elle a été bien battue, ratelée & nivelée, on passe le rouleau dessus en longueur & largeur : celui qui fait cet ouvrage doit avoir des souliers à talons plats, pour ne point faire de trous qu'il seroit très-difficile de remplir ou d'effacer avec le rouleau.

Pour durcir les Allées de gravier, il est nécessaire d'y passer le rouleau deux ou trois fois pendant qu'il pleut, c'est-à-dire, quand il tombe assez d'eau pour inonder l'Allée : cette manœuvre lie ensemble le gravier ; de maniere qu'étant desséché, les Allées acquerront la dureté des terrasses.

Les graviers de terres ferrugineuses sont regardés comme les meilleurs, & comme ceux qui se lient le plus fortement : le gravier mêlé avec un peu de terre forte & grasse, fait une matiere qui s'attache aux souliers dans les tems chauds & pluvieux, mais qui devient dure par la sécheresse. Quand il y a trop de sable dans le gravier, il faut y mêler de la terre forte : lorsque ces deux substances se trouvent mélangées exactement & dans de justes proportions, elles forment un mastic qui acquiert la dureté des rochers, & donne beaucoup plus de facilité pour la marche que le gravier seul.

Le gravier le plus propre à former des Allées, est celui dans lequel il y a beaucoup de cailloux ronds & lisses, comme on le trouve dans plusieurs cantons, & nommément à *Black-heath* près de *Greenwich* ; lequel étant mêlé en proportion convenable de terre forte, se lie étroitement, n'est endommagé ni par la pluie, ni par la sécheresse, & ne se détache pas aisément par le frottement des pieds, à cause du poli des cailloux ; ce qui arrive toujours lorsqu'on s'est servi de pierres rudes & angulaires. D'ailleurs ces pierrailles à surface inégale, quoi qu'elles s'enfoncent sous le poids du rouleau, elles se relevent de nouveau quand on y marche & font un effet désagréable, qu'on évite en employant des cailloux ronds & unis.

Les Allées de gravier ne sont pas seulement nécessaires

auprès de l'habitation; il faut encore en pratiquer une qui fasse le tour du jardin, parce que ces sortes d'Allées, en se desséchant tout de suite après la pluie, sont propres pour y marcher en tout tems : on doit cependant éviter de les multiplier trop. Celle qui est la plus voisine de l'habitation doit être large, magnifique, proportionnée à la grandeur du château & du jardin, parallele à l'édifice, élevée de maniere à former une terrasse d'une longueur égale à la largeur du jardin, & assez prolongée de chaque côté pour établir une communication avec les Allées collatérales, sans qu'on soit obligé de marcher sur le gazon, & pour qu'on puisse aller par tout le jardin dans des Allées seches.

Rien n'est plus ridicule & plus désagréable qu'une Allée étroite de gravier, qui mene à la façade d'un château, & qui entre-coupe le gazon, comme on le remarque fréquemment dans de petites cours faites par des personnes de mauvais goût.

Les Allées de gazon étoient autrefois très à la mode dans les jardins, & regardées comme un ornement nécessaire; mais, depuis quelques années, les connoisseurs & gens de bon goût les ont proscrites totalement & avec justice; car ces petites Allées de gazon, loin d'orner les jardins, faisoient, au contraire un mauvais effet, étoient ordinairement mal-saines & trop humides pour les personnes d'une santé délicate; & quand elles se trouvoient placées dans un lieu trop fréquenté, elles devenoient nues & désagréables à la vue. En effet, les Allées sont faites pour établir une libre communication entre toutes les parties d'un jardin, & pour servir de promenades dans toutes les saisons de l'année & dans tous les tems: mais les Allées de gazon ne remplissent point cet objet; la moindre pluie les rend humides, & l'on ne peut les fréquenter pendant un tems considérable : elles sont ensuite impraticables par les rosées du matin & du soir; & à moins que l'herbe, comme celle des Boulingrins, n'en soit très-fine & très-courte, il est fort incommode de marcher dessus : d'ailleurs, si la terre est assez seche pour que l'herbe qui la couvre puisse être foulée sans inconvenient, les pieces de verdure conviennent mieux à cet usage, que les Allées étudiées de gazon, si fort recherchées dans le siecle passé.

Après avoir donné des règles nécessaires pour construire les Allées de gravier, je passe aux Allées de sable, telles qu'on les pratique aujourd'hui dans les jardins, & qu'on préfere aux premieres, parce qu'elles sont moins dispendieuses, & que leur entretien exige moins de soins que celles de gravier. Dans les grands jardins irréguliers, qui sont à présent fort en vogue, les Allées forment un article important: la plupart de celles qu'on y pratique, étant très-irrégulieres,

irrégulieres, il seroit difficile de les entretenir belles, surtout dans les endroits fort ombragés, si elles étoient faites en gravier. Pendant les grandes pluies, les gouttieres des arbres y feroient des trous, & les gâteroient continuellement: mais si les Allées de gravier ne sont point propres à cette espece de jardins, celles de gazon y conviennent encore moins; car, si elles traversent des lieux fort ombragés, on n'y peut marcher qu'avec peine dans le beau tems, & elles deviennent impraticables après les pluies, & conservent très-long-tems leur humidité. D'ailleurs, l'air ne circulant point aisément dans ces sortes de positions, l'herbe y devient mince & fine, & l'égoût continuel des arbres la détruit peu-à-peu; de sorte qu'il vaut beaucoup mieux faire ces Allées en sable, pour les rendre seches & saines. Lorsqu'elles sont couvertes de mousse, & que les mauvaises herbes commencent à y pousser, on les nettoie par un tems sec avec la houe hollandoise, & l'on y passe le râteau pour enlever & la mousse & les herbes; au moyen de quoi elles paroîtront toujours comme si elles étoient nouvellement faites.

Suivant la nouvelle maniere d'arranger les jardins, les Allées traversent les bois & les plantations; & afin que l'on puisse trouver de l'ombre à midi en se promenant, on les fait serpenter & tourner autant que le terrein le permet, en laissant une épaisseur de bois suffisante entre les Allées pour les rendre secretes, & pour que ceux qui se promenent dans une partie, ne soient pas apperçus par d'autres. Quand ces Allées sont tracées avec art, elles peuvent décrire une infinité de tours & de détours, & peuvent parcourir plusieurs milles dans un petit jardin; mais il faut que ces détours soient aussi naturels qu'il est possible, & ne paroîssent pas trop être l'ouvrage de l'art, qui déplaît toujours plutôt que la nature.

La largeur de ces Allées doit être proportionnée à l'étendue du terrein: dans un grand espace, elles peuvent avoir douze ou quatorze pieds de largeur; ciuq ou six pieds suffisent dans des petits jardins. Il y a des personnes qui font leurs Allées bien plus larges, mais alors comme on doit y être à l'ombre, il est nécessaire de planter sur leurs bords des arbres, qui n'en donneront que plusieurs années après, s'ils sont plantés jeunes. Je pense donc que la largeur assignée ci-dessus, sera regardée comme la meilleure, surtout si on veut faire serpenter les Allées autant que le terrein le permettra, parce que les tours doivent être proportionnés dans leur longueur à la largeur, sans quoi elles ne seroient pas solitaires. D'ailleurs comme il est à propos de border ces Allées, *de Rosiers*, *de Chevrefeuilles*, *d'Églantiers*, & de plusieurs autres arbrisseaux à fleurs, il faut nécessairement que les grands arbres ſoient plantés au moins à cinq ou ſix pieds de l'Allée. Mais comme je me propoſe d'indiquer dans un autre article une méthode particuliere pour planter les labyrinthes & les lieux ſolitaires, & pour les diſtribuer de maniere qu'ils reſſemblent, autant qu'il eſt poſſible, à un bois naturel, je n'inſiſterai pas davantage ici ſur cet objet; je me contenterai ſeulement de donner quelques inſtructions générales pour faire des Allées en ſable.

Après avoir tracé les Allées, on enleve la terre qu'on jette dans les quarreaux, & on les creuſe plus ou moins profondément, ſuivant que le ſol eſt plus ſec ou plus humide. Dans les lieux ſecs, comme les Allées n'ont pas beſoin d'être fort élevées, cinq ou ſix pouces d'excavation ſuffiront; mais dans un terrein humide, il ne faut pas creuſer plus de deux pouces, afin que par l'addition du ſable, les Allées ſoient ſuffiſamment élevées pour que l'eau des pluies puiſſe s'écouler librement dans les quarreaux, & qu'elles ſoient, par ce moyen, ſaines & ſeches. Après avoir enlevé la terre du fond des Allées, on les remplit de décombres, de gros gravier, ou de quelqu'autre matiere ſemblable, à la hauteur de quatre, cinq, ou ſix pouces, que l'on comprime le plus qu'il eſt poſſible, pour empêcher les vers de la traverſer; on les recouvre enſuite d'un lit de ſable de trois ou quatre pouces; & après l'avoir bien battu, on paſſe le rateau deſſus, pour niveler la ſurface, en obſervant d'arrondir un peu l'Allée dans le milieu, afin de favoriſer l'écoulement de l'eau. Il n'eſt pas néceſſaire d'apporter beaucoup de préciſion dans ce travail, parce que tout le jardin devant avoir un air très-naturel, il faut que les Allées y participent auſſi, & il ſuffit que l'eau y gliſſe librement.

On ſe ſert pour ces Allées d'un ſable liant, ſans quoi dans les tems ſecs il gliſſeroit ſous les pieds, & rendroit la promenade incommode; d'ailleurs ſans cela les vents un peu forts l'emporteroient & le répandroient dans les quarreaux. Il faudra paſſer le rouleau ſur les Allées deux ou trois fois, après les avoir achevées, pour les ſerrer & les rendres fermes & ſolides. Si le ſable eſt trop argilleux, il ſera ſujet à autant d'inconvéniens que le mouvant, car il s'attachera aux pieds après la pluie; ainſi toutes les fois qu'on peut s'en procurer d'une nature mitoyenne, il faut le préférer.

Dans les pays où le ſable eſt très-rare, on peut couvrir les Allées avec des coquilles de mer bien broyées & réduites en poudre; elles ſe lieront fortement, pourvu qu'on paſſe le rouleau deſſus de tems en tems: & dans le cas où l'on ne peut avoir ni de ſable ni de coquilles, on ſe ſert de cendres de charbon de mer, ou de toute autre choſe ſemblable: tout ce qui pourra ſe lier & ſe ſécher aiſément, conviendra pour cet effet : si enfin on ne peut se procurer une grande quantité d'aucun de ces matériaux, on mettra plus de décombres au fond des Allées, on en étendra même un lit au-dessus ; car presque partout il est possible de trouver assez de décombres & de gros gravier.

ALLELUIA. *Voy.* OXALIS.

ALLIAIRE, *ou* VIOLETTE DES DAMES A ODEUR D'AIL, *voyez* ERYSIMUM ALLIARIA.

ALLIAIRE. Fr. ALLIARIA. Lat. *Voyez* HESPERIS.

ALLIUM. De 'Αλέω, *éviter* ou *fuir*, parce que plusieurs évitent son odeur. AIL. [*Angl. Garlick.*]

Caracteres. Les fleurs sont renfermées dans une spathe ordinaire qui se desseche : la corolle est composée de six petales oblongs, érigés & concaves : la fleur a six étamines en forme d'alêne, étendues, de la longueur des petales, & couronnées de sommets oblongs : le germe est court, triangulaire, situé dans le centre, & soutient un style simple surmonté d'un stigmat aigu : ce germe devient ensuite une capsule obtuse, triangulaire, s'ouvrant en trois parties, & à trois cellules, remplies de semences rondes.

Les especes sont :

1°. *Allium sativum, caule plani-folio bulbifero, bulbo composito, staminibus tricuspidatis. Hort. Ups.* 76 ; Ail commun cultivé.

Allium sativum. C. B. P.

2°. *Allium scorodoprasum, caule plani-folio bulbifero, foliis crenulatis, vaginis ancipitibus, staminibus tricuspidatis. Hort. Ups.* 77 ; La Roccambole.

Allium sativum alterum, sive Allioprasum, caulis summo circumvoluto. C. B. P. 73.

Porrum radice laterali cordatâ solidâ, pedunculo revoluto, capite bulbifero. Hort. Cliff. 136.

3°. *Allium Ursinum, scapo nudo semicylindrico, foliis lanceolatis petiolatis, umbellâ fastigiatâ. Lin. Sp. Pl.* 300 ; Ail sauvage à larges feuilles.

Allium sylvestre lati-folium. C. B. P.

4°. *Allium lineare, caule plani-folio umbellifero, umbellâ globosâ, staminibus tricuspidatis, corollâ duplò longioribus. Lin. Sp. Plant.* 294. Ail à grosses têtes rondes des isles de Holm.

Allium Holmense sphærico capite. Raii. Lin. 370.

Porrum caule tereti folioso, foliis linearibus planis, umbellâ, globosâ, staminibus corollâ longioribus. Gmel. Sibir.

5°. *Allium Moly, scapo nudo subcylindrico, foliis lanceolatis sessilibus, umbellâ fastigiatâ. Hort. Ups.* 76 ; Ail Moly jaune.

Allium lati-folium luteum. Tour. Inst. 384 ; Le Moly.

6°. *Allium magicum, caule plani-folio umbellifero, ramulo bulbifero, staminibus simplicibus. Lin. Sp. Plant.* 296 ; Grand Ail à larges feuilles, avec des fleurs de lys.

Allium lati-folium lilio-florum. T. I. 384.

Moly Indicum flore purpureo. Svert. Fl. 61. *Caucason. Lob. Ic.* 162.

7°. *Allium, obliquum caule plani-folio umbellifero, staminibus fili-formibus, flore triplò longio-*

ribus, foliis obliquis. Lin. Sp. Pl. 296; Ail en ombelle, avec des feuilles unies, des étamines minces trois fois plus longues que la fleur, & des feuilles obliques.

Allium radice tunicatâ, foliis planis linearibus caulinis, capitulo umbellato. Flor. Siber. 1. P. 49.

8°. *Allium ramosum, caule sub-plani-folio umbellifero, staminibus subulatis longioribus, umbellâ globosâ, foliis linearibus subconvexis. Lin. Sp. Pl. 296;* Ail en ombelle avec une tige à moitié nue, terminée par une ombelle de longues étamines en forme d'alêne, des ombelles globulaires, des feuilles étroites & presque convexes.

9°. *Allium roseum, scapo nudo umbellifero, pedicellis brevibus, petalis ovalibus, staminibus brevissimis, foliis linearibus. Linn. Sp. 432;* Ail à tige nue & ombellée, avec de courts pédoncules, des pétales ovales, des étamines fort courtes, & des feuilles linéaires.

Allium sylvestre, sive Moly minus, roseo amplo flore. Magnol. 11.

10°. *Allium arenarium, caule plani-folio, vaginis teretibus, spathâ muticâ, staminibus tricuspidatis. St. Jean. 227;* Ail portant bulbes, à feuilles unies, avec une spathe cylindrique & des étamines à trois pointes.

Porrum plani-folium, staminibus alternè trifidis, umbellâ bulbiferâ. Rupp. Hall. 154. T. 2. F. 2.

11°. *Allium carinatum, caule plani-folio bulbifero, staminibus subulatis. Lin. Sp. Plant. 297;* Ail portant bulbes, avec des feuilles unies & des étamines en forme d'alêne.

Allium montanum bicorne angusti-folium, flore dilatè purpurascente. C. B. P. 74.

Ampeloprasum proliferum. Lob. Ic. 156.

12°. *Allium sphœro-cephalon, caule tereti umbellifero, foliis semiteretibus, staminibus tricuspidatis, corollâ longioribus. Lin. Sp. 426;* Ail portant bulbes, avec une tige cylindrique, des feuilles à moitié cylindriques, & des étamines à trois pointes plus longues que la corolle.

Allium sive Moly montanum, purpureo flore. Clus. Hist. 1. P. 195.

Allii genus fortè scorodoprasum alterum. Bauh. Hist. 2. P. 564.

13°. *Allium flavum, caule tereti-folio umbellifero, floribus pendulis, petalis ovatis, staminibus corollâ longioribus. Lin. Sp. 428;* Ail en ombelle, avec des feuilles en ombelles, une tige cylindrique, des fleurs penchées, des pétales ovales, & des étamines plus longues que la corolle.

Allium montanum bicorne flore pallido. C. B. P. 75.

14°. *Allium senescens, scapo nudo ancipiti, foliis linearibus, subtùs convexis lœvibus, umbellâ subrotundâ, staminibus subulatis. Hort. Ups. 79;* Le plus grand Ail de montagne à feuilles de Narcisse.

Allium montanum, foliis Narcissi, majus. C. B. P. 75.

15°. *Allium angulosum, scapo nudo ancipiti, foliis lineari-*

bus canaliculatis subtùs subangulatis, umbellâ fastigiatâ. Hort. Ups. 79; Ail à tige nue, avec des feuilles étroites, creuses, angulaires en-dessous, & une ombelle en pointe.

Cepa scapo nudo subangulato fracto, foliis linearibus subtùs angulosis, staminibus corollâ brevioribus. Gmel. Sibir. 1. p. 58. t. 14. f. 2.

Allium montanum, foliis Narcissi, minus. C. B. P. 75.

16°. *Allium subhirsutum, caule plani-folio umbellifero, foliis inferioribus hirsutus, staminibus subulatis. Lin. Sp. Plant. 295*; Ail en ombelle, dont les feuilles du bas sont velues, & les étamines en forme d'alêne, ordinairement appellé *Dioscoridis Moly.*

Moly angusti-folium umbellatum. C. B. P. 75.

17°. *Allium victoriale, umbellâ rotundâ, staminibus lanceolatis, corolla longioribus foliis ellipticis. Lin. Mat. Med. 163*; Ail en ombelle ronde, avec des étamines en forme de lance, plus longues que les corolles, & des feuilles elliptiques.

Allium montanum lati-folium maculatum. C. B. P. 74; Espece de nard.

18°. *Allium descendens caule subtereti folio umbellifero, pedunculis exterioribus brevioribus, staminibus tricuspidatis. Lin. Sp. 427*; Ail en ombelle, avec des feuilles à demi-cylindriques & des étamines à trois pointes.

Allium sive Moly lati-folium, capite sphærico, flore purpureo. Rudb.

19°. *Allium Canadense, scapo nudo tereti, foliis linearibus, capitulo bulbifero. Kalm. It. 3*; Ail du Canada, à tige nue & cylindrique, avec des feuilles linéaires, & des têtes portant bulbes.

Allium bulbiferum Virginianum. Boerh. Ind. Alt. 2. 146.

20°. *Allium triquetrum, scapo nudo, foliis triquetris, staminibus simplicibus. Lin. Sp. 431*; Ail à tige nue, avec des feuilles triangulaires, & des étamines minces.

Moly parvum, caule triangulo. C. B. P. 75.

Nous ne mettrons pas sous ce genre les *Cepa* & *Porrum*, comme l'a fait LINNÉE, de peur de trop adopter son systême, & rendre cet ouvrage moins intelligible aux Jardiniers praticiens, & autres personnes qui s'occupent de la culture du jardin potager : comme la plus part d'entr'eux ne connoissent point la Botanique, ils ne pourroient pas avoir recours à ces articles aussi aisément : ainsi nous laisserons le détail & la culture de *l'Oignon*, & *du Porreau* sous leurs anciens titres.

Sativum. Scorodoprasum. Les deux premieres especes peuvent se multiplier, en plantant leurs jeunes rejettons ou bulbes, au printems dans des planches, à quatre ou cinq pouces de distance : on a soin de les débarrasser de toutes mauvaises herbes; & vers le commencement de Juin on forme un nœud des feuilles de la premiere, pour empêcher les plantes de pousser leurs tiges, de monter en graines, & forcer par ce moyen les bulbes à grossir. Au milieu de Juillet, lorsque leurs feuilles commencent à se faner, & à sécher, on les tire de terre, on les suspend dans un lieu sec, afin de les garantir de la pourriture, & on les conserve pour s'en servir l'hiver aux usages de la cuisine.

Les racines de la seconde espece peuvent rester dans la terre, jusqu'à ce que leurs feuilles soient détruites; alors on enleve les bulbes pour les sécher, & les conserver jusqu'à ce qu'on veuille en faire usage : mais on peut en même tems replanter quelques rejettons pour l'année suivante, parce que cette espece doit absolument être mise en terre en automne, & dans un terrein sec, si l'on veut que les bulbes grossissent fortement.

Ursinum. La troisieme qu'on estimoit plus autrefois qu'on ne le fait à présent, n'est plus guere cultivée dans les jardins; mais comme elle naît naturellement dans les lieux humides & ombrés de plusieurs parties de l'Angleterre, on peut la multiplier facilement en plantant ses racines dans une platebande humide, & à l'ombre dans presque toutes les saisons de l'année, quoique le meilleur tems pour cette opération soit en Juillet, lorsque les feuilles sont flétries.

Lineare. La quatrieme est originaire des isles de Holm, d'où elle a été tranférée dans plusieurs jardins : on la conserve plus pour la variété que pour son usage.

Carinatum. Flavum. Quoique les onzieme & treizieme especes croîssent spontanément dans les parties septentrionales de l'Angleterre; les Botanistes les conservent cependant dans leurs jardins : elles sont dures, & peuvent être enlevées de terre dans le mois d'Août, lorsque leurs feuilles commencent à se flétrir : elles profitent dans presque tous les sols, & dans toutes les situations.

Moly. La cinquieme étoit autrefois cultivée pour la beauté de ses fleurs jaunes; mais son odeur forte d'ail l'a fait rejetter des jardins.

Magicum. La sixieme, que plusieurs personnes admettoient dans leurs jardins, en a été également rejettée à cause de sa mauvaise odeur.

Roseum. Sphærocephalum. Les neuvieme & douzieme especes sont quelquefois reçues dans les jardins, pour cause de variété.

Obliquum. Ramosum. Arenarium. Les septieme, huitieme & dixieme especes, croîssent sans culture en Tartarie & dans la Sibérie, d'où leurs semences ont été envoyées à Pétersbourg, & de-là dans quelques jardins botaniques, où on ne les conserve que pour la variété.

Senescens. Angulosum. Subhirsutum. Les quatorzieme, quinzieme & seizieme especes, qu'on avoit autrefois introduites dans les jardins pour la singularité de leurs fleurs, en ont été bannies depuis quelques années, pour faire place aux meilleures especes : la seizieme se multiplie si considérablement par ses rejettons, qu'il est difficile de la détruire, quand elle a été quelque tems dans un lieu : elle produit de larges ombelles de fleurs blanches, qui croîssent sur des tiges de dix pouces de hauteur, & paroissent en Avril & en Mai.

Canadense. La dix-neuvieme qui a été apportée de la Virginie, n'est conservée dans les jardins botaniques que pour la variété, car elle n'a pas de grandes beautés : elle est fort dure, & profite très-bien en plein air : on la multiplie par ses bulbes, qui sont produites en abondance sur le sommet des tiges.

Culture. Toutes ces plantes sont fort dures & réussissent dans presque tous les sols, & dans toutes les situations : on les multiplie aisément par leurs racines, ou par des semences : on plante ces racines en automne, afin qu'elles soient bien établies dans la terre pour le printems, & qu'elles fleurissent mieux en été ; & on répand leurs semences sur une platebande de terre commune, soit au printems, soit en automne aussitôt après leur maturité. Cette opération étant faite, elles n'exigent plus d'autre soin, que d'être débarrassées des mauvaises herbes qui croîssent aux environs ; & dès l'automne suivant, on peut les transplanter à demeure dans les platebandes.

La plus grande partie de ces especes, fleurit en Mai, en Juin & en Juillet.

Le *Moly* jaune, qui s'éleve à un pied environ de hauteur, produit une fleur assez belle, & mérite, par cette raison, une place dans les jardins à fleurs. Cette espece se multiplie fortement par ses racines & ses semences.

Magicum. Obliquum. Les sixieme & septieme croîssent à plus de deux pieds de hauteur ; comme leurs fleurs sont belles, & que ces plantes ne sont point embarrassantes, on peut les placer dans les platebandes du parterre.

Toutes les autres sont également dures, réussissent dans tous les sols & dans toutes situations ; mais comme elles ont peu de beautés, on ne les conserve guere que dans les jardins botaniques.

ALLOUCHE, *ou* ARBRE A FEUILLES BLANCHES. *Voyez* CRATÆGUS ARIA. L.

ALNUS. *Voyez* BETULA.

ALNUS NIGRA BACCIFERA. *Voyez* FRANGULA.

ALOE. *Gr.* Ἀλοή. *Aloès.*

Caracteres. La fleur est nue, monopétale & sans calice : elle est pourvue d'un long tube nud, divisé au sommet en six parties, étendues & ouvertes, & de six étamines, en forme d'alêne, insérées au germe par leurs bases étendues, de la longueur du tube, & couronnées par des sommets oblongs : le germe est ovale, & situé dans le centre ; il soutient un style simple, de la même longueur que les étamines, & surmonté par un ſtigmat diviſé en trois parties ; ce germe ſe change enſuite en une capſule ovale, à trois ſillons, diviſée intérieurement en trois cellules, qui s'ouvrent en trois parties, remplies de ſemences angulaires.

Ce genre de plantes eſt rangé par LINNÉE dans la premiere ſection de ſa ſixieme claſſe, intitulée *Hexandria Monogynia*, qui comprend les fleurs pourvues de ſix étamines & d'un ſtyle.

Les eſpeces ſont :

1°. *Aloe mitriformis, floribus pedunculatis cernuis corymboſis ſubcylindricis. Lin. Sp. Plant. 319 ;* Aloès à fleurs ſuſpendues ſur des pédoncules rangés en corymbes cylindriques.

Aloe Africana, mitriformis ſpinoſa. Hort. Elth. 1. P. 21 ; Aloès en forme de mitre, *ou* Aloès mitré.

2°. *Aloe Barbadenſis, foliis dentatis erectis ſucculentibus, ſubulatis, floribus luteis in thyrſo dependentibus ;* Aloès à feuilles érigées, ſucculentes, dentelées & en forme d'alêne, avec des fleurs jaunes, croîſſant en maniere de thyrſe & penchées vers le bas.

Aloe vulgaris. C. B. P. 386 ; Aloès ordinaire.

Aloe vera de LINNÉE.

Kadanaku, ſive Catevala. Reed. Mal. 11. P. 7. T. 3.

3°. *Aloe arboreſcens, foliis amplexicaulibus reflexis, margine dentatis, floribus cylindricis, caule fruticoſo ;* Aloès à feuilles amplexicaules, réfléchies & dentelées ſur leurs bords, avec des fleurs cylindriques & une tige d'arbriſſeau.

Aloe Africana cauleſcens, foliis glaucis, caulem amplectentibus. H. Amſt. Communément appellé *Aloès* en forme d'épée.

4°. *Aloe Africana, foliis latioribus amplexicaulibus, margine & dorſo ſpinoſis, floribus ſpicatis, caule fruticoſo ;* Aloès à larges feuilles, embraſſant la tige, & dont les bords & le dos ſont garnis d'épines, avec des fleurs croîſſant en épis & une tige d'arbriſſeau.

Aloe Africana cauleſcens, foliis minùs glaucis, dorſi parte ſupremâ ſpinoſâ. Comm. Præl. 68.

5°. *Aloe perfoliata cauleſcens, foliis latiſſimis, amplexicaulibus, maculatis, margine ſpinoſis, floribus umbellatis ;* Aloès à feuilles fort larges, marquetées, embraſſant la tige, & dont les bords ſont garnis d'épines, avec des feuilles croîſſant en ombelles.

Aloe Africana caulescens, foliis ſpinoſis maculis ab utrâque parte albicantibus notatis. Hort. Amſt. 2. P. 9 ; Appellé par quelques-uns *Aloès de ſavon*, & par d'autres *Aloès de la Caroline.*

6°. *Aloe obſcura, foliis latioribus amplexicaulibus, maculatis margine ſpinoſis, floribus ſpicatis ;* Aloès à feuilles larges & tachetées, embraſſant les tiges, & dont les bords ſont garnis d'épines, avec des fleurs croîſſant en épis.

Aloe Africana cauleſcens, foliis ſpinoſis, maculis ab utrâque parte albicantibus obſcurioribus, magis glaucis, quàm præcedens. Boerh. Ind.

7°. *Aloe plicatilis, foliis ensiformibus inermis ancipitibus, floribus laxè spicatis, caule fruticoso*; Aloès à feuilles unies, en forme d'épée, & portées aux deux côtés, avec des fleurs croissant en épis clairs, & une tige d'arbrisseau.

Aloë Africana arborescens montana non spinosa, folio longissimo plicatili, flore rubro. Comm. Hort. Amst. 2. P. 5; Aloès en éventail.

8°. *Aloë perfoliata, brevioribus foliis amplexicaulibus, utrâque parte spinosis, floribus spicatis*; Aloès à feuilles plus courtes, amplexicaules, & épineuses à chaque côté, avec des fleurs en épis.

Aloe Africana caulescens, foliis glaucis brevioribus, foliorum parte internâ & externâ non-nihil spinosa. Comm. Præl. 71.

9°. *Aloe variegata, floribus pedunculatis cernuis racemosis prismaticis, ore patulo æquali. Lin. Sp. Plant. 321*; Aloès à feuilles panachées, avec des feuilles penchées sur des pédoncules, & étendues également aux bords.

Aloe Africana humilis, foliis ex albo & viridi variegatis. Comm. Præl. 79; ordinairement appellé *Aloès à gorge de Perdrix.*

10°. *Aloe perfoliata humilis, foliis erectis subulatis radicatis, undique inermè spinosis. Hort. Cliff. 131*; Aloès à feuilles érigées, en forme d'alêne, partant de la racine, & garnies d'épines molles à chaque côté.

Aloe Africana humilis, spinis inermibus & verrucosis obsita. Com. Præl. 77; communément appellé *Aloès hérisson.*

11°. *Aloe viscosa, floribus sessilibus, infundibuli-formibus bilabiatis, laciniis quinque revolutis, summâ erectâ. Linn. Sp. Pl. 322*; Aloès avec des feuilles sessiles, s'ouvrant en deux levres, rayées & découpées en cinq segmens penchés en arriere, & dont le plus haut est érigé.

Aloe Africana erecta, triangularis, & triangulari folio viscoso. Comm. Præl. 82.

12°. *Aloe spiralis, floribus sessilibus, crenatis, segmentis interioribus conniventibus. Linn. Sp. Plant. 322*; Aloès à fleurs sessiles & crenelées, dont les segmens intérieurs sont joints ensemble.

Aloe Africana erecta, rotunda, folio parvo & in acumen acutissimum exeunte. Comme. Præl. 83.

13°. *Aloe disticha lingui-formis, sessilis, foliis lingui-formibus, maculatis, floribus pedunculatis cernuis*; Aloès à feuilles en forme de langue, sessiles & tachetées, avec des fleurs pendantes.

Aloe Africana, flore rubro, folio maculis albicantibus ab utrâque parte notato. Comm. Hort. 2. P. 15; communément appellé *Aloès en forme de langue*; *Aloès Pitt.*

14°. *Aloe margaritifera, pumila, floribus sessilibus, bilabiatis, labio superiore patente. Lin. Sp. Plant. 322*; Aloès à fleurs sessiles, s'ouvrant en deux levres, dont la supérieure est plus érigée, & l'inférieure étendue.

Aloe Africana, folio in summitate triangulari, margaritifera, flore sub-viridi. Comm. Hort.

Amst. 2. P. 19; communément appelé *Aloès à grosses perles.*

15°. *Aloe vera, foliis longissimis & angustissimis, marginibus spinosis, floribus spicatis*; Aloès à feuilles très-longues & très-étroites, & garnies d'épines sur leurs bords, avec des fleurs croîssant en épis.

Aloe Indiæ Orientalis, serrata succotrina vera, flore phœniceo. Hort. Beaumont; Aloès succotrin.

16°. *Aloe, perfoliata glauca, caule brevi, foliis amplexicaulibus, bifariam versis, spinis marginibus erectis, floribus capitatis*; Aloès avec une tige courte, des feuilles amplexicaules, postées de deux côtés, & garnies d'épines érigées sur les bords, ayant des fleurs croîssant en une tête.

Aloe Africana caulescens, foliis glaucis brevioribus, foliorum parte internâ & externâ nonnihil spinosâ. Comm. Præl. 72.

17°. *Aloe pumila arachnoïdea, sessilis, foliis brevioribus, planis, carnosis, apice triquetris, marginibus inermè spinosis*; Aloès bas, à feuilles courtes, unies, charnues, triangulaires à leurs extrémités, ayant leurs bords garnis d'épines molles.

Aloe Africana humilis arachnoïdea. Comm. Præl. 72; communément appelé *Aloès à toile d'araignée.*

18°. *Aloe herbacea, foliis ovato-lanceolatis carnosis, apice triquetris, angulis inermè dentatis. Hort. Cliff. 131*; Aloès à feuilles ovales, charnues & en forme de lance, avec trois angles à leurs extrémités, dentelées & garnies d'épines molles.

Aloe Africana minima atro-viridis, spinis herbaceis numerosis ornata. Boerh. Ind. Alt. 2. P. 131.

19°. *Aloe retusa, floribus sessilibus triquetris bilabiatis, labio inferiore revoluto. Lin. Sp. Plant. 322*; Aloès à fleurs sessiles, divisées en trois parties, & à deux levres, dont l'inférieure est penchée en arriere.

Aloe Africana, brevissimo crassissimoque folio, flore sub-viridi. Comm. Hort. Amst. 2. P. 11; communément appelé *Aloès d'oreiller, Aloès pouce écrâsé.*

20°. *Aloe verrucosa, sessilis foliis carinatis utrâque parte verrucosis bifariàm versis*; Aloès à feuilles sessiles, carenées, couvertes de verrues sur chaque bord, & placées sur deux côtés.

Aloe Africana, foliis longis, conjugatis, suprà cavis, margaritiferis, flore rubro elegantissimo. Boerh. Ind. Alt. 2. P. 131; communément appelé *Aloès à langue de perle.*

21°. *Aloe carinata, sessilis foliis carinatis, verrucosis, apice triquetris carnosis*; Aloès bas, à feuilles charnues, carenées, couvertes de verrues, & triangulaires à leurs extrémités.

C'est, *l'Aloe Africana, flore rubro, folio triangulari verrucis & ab utrâque parte albicantibus notato. Hort. Amst. 2. P. 17.*

22°. *Aloe ferox, foliis amplexicaulibus, nigricantibus, undiquè spinosis*; Aloès à feuilles d'un verd foncé, embrassant la tige, & garnies d'épines à chaque côté.

Aloe vera, costa spinosa. Munt. Phyt. Communément appelé *Aloe ferox.*

23°. *Aloe uvaria, floribus sessilibus, reflexis, imbricatis, prismaticis*, *Linn. Sp. Pl.* 323; Aloès à feuilles réfléchies, sessiles, prismatiques, & couchées l'une sur l'autre en forme de tuiles.

Aloe Africana, folio triangulari longissimo & angustissimo, floribus luteis fœtidis. Hort. Amst. 2. *P.* 29 : communément appelé *Iris uvaria.*

Mitri-formis. La premiere espece d'Aloès s'éleve avec une tige droite à la hauteur de cinq ou six pieds ; ses feuilles épaisses, succulentes, d'un verd foncé, larges à leur bâse, se retrecissant par dégrés, terminées en pointes, & garnies d'épines à leurs bords, ainsi que sur la surface supérieure, embrassent fortement la tige, sont érigées, & se rapprochent ensemble vers le sommet, où elles ont la forme d'une mitre ; d'où cette espece a pris le nom d'*Aloe mitri-formis.* Au sommet de la tige, dont la hauteur est d'environ trois pieds, paroît un épi de fleurs de forme globulaire, qui prend ensuite une figure cylindrique : ces fleurs sont portées sur de longs pedoncules qui sortent horisontalement ; elles penchent vers le bas, sont tubuleuses, & découpées jusqu'au fond en six segmens égaux, dont trois sont alternativement plus gros que les autres: chaque fleur a six étamines, dont trois sont aussi longues que le tube de la fleur, & les trois autres plus courtes ; ces étamines sont couronnées de sommets plats, oblongs, & d'une couleur d'or. Un germe triangulaire, situé dans le fond de la fleur, soutient un style simple, plus court que les étamines, & sans stigmat au sommet. Le tube de la fleur est d'un beau rouge, & ses bords sont d'un verd pâle ; en sorte qu'elle a une très-belle apparence, lorsque l'épi est gros.

Cette espece subsiste en hiver dans une serre chaude & seche ; elle peut être placée en plein air en été, dans une situation abritée : mais les plantes n'en doivent pas être beaucoup arrosées, parce que l'humidité pourrit leur tige : en les traitant ainsi, elles ne poussent pas si vîte que si elles étoient tenues dans une serre chaude ; mais elles deviennent plus fortes, & leurs tiges supportent beaucoup mieux leurs têtes.

Barbadensis. La seconde espece, fort commune dans les isles de l'Amérique, où on l'a singulierement multipliée sur les plus mauvaises terres, fournit l'Aloès hépatique du commerce, dont on ne fait usage que pour les chevaux, parce qu'il est un drastique trop violent pour qu'on puisse s'en servir en Médecine. Les feuilles de cette espece dont la largeur est d'environ quatre pouces à leur bâse, sur à-peu-près deux pouces d'épaisseur, diminuent par dégrés & se terminent en une pointe ; elles sont garnies de quelques dents sur leurs bords ; leur couleur est verd de mer tacheté de blanc quand elles sont jeunes : la tige de la fleur s'éleve à trois pieds environ de hauteur, & les fleurs paroissent en épi mince & clair, portées sur de très-courts pedoncules penchés vers le bas; elles sont tubuleuses, découpées en six parties, & d'un jaune brillant: les étamines s'étendent au dehors au-dessus du tube. Cette plante qui ne produit jamais de semences en Angleterre, est trop tendre pour résister aux froids de nos hivers dans une serre commune; ainsi on doit lui donner pendant cette saison, un dégré de chaleur modérée. J'ai vu des plantes de cette espece dont les racines avoient été enveloppées d'une toile cirée, rester suspendues dans un appartement chaud pendant plus de deux ans, & être plantées ensuite dans des pots où elles ont crû à merveille; c'est de cette propriété que leur vient le nom de *sempervivum*, qui leur a été donné par les habitans de l'Amérique.

Arborescens. La troisieme s'éleve à la hauteur de dix à douze pieds; ses feuilles croîssent au sommet, où elles embrassent fortement la tige, ont environ deux pouces de largeur à leur bâse, & se terminent en une pointe, en se rétrécissant par dégrés: elles sont réfléchies, dentelées à leurs bords, & chaque dent est armée d'une épine forte & courbée; elles sont d'une couleur de verd de mer, & fort succulentes: ses fleurs disposées en épi pyramidal, sont tubuleuses, d'un rouge brillant, & en pleine beauté aux mois de Novembre & de Décembre.

Cette espece subsiste pendant l'hiver dans une bonne serre; mais elle ne fleurit pas si l'on ne place en Octobre les pots qui la contiennent dans une serre chaude, où l'on ne doit lui donner qu'une chaleur tempérée.

Africana. La quatrieme espece a quelque ressemblance avec la troisieme; mais elle en différe, en ce que ses feuilles sont larges & garnies de plusieurs épines vers l'extrémité du dos. Ses fleurs forment un épi plus clair, & ses plantes ne poussent jamais aucuns rejettons, de sorte qu'elles sont très-difficiles à multiplier.

Perfoliata caulescens. La cinquieme dont la hauteur excède rarement celle de deux pieds, a des feuilles fort larges à leur bâse, où elles embrassent serrément la tige, elles diminuent par dégrés, & se terminent en pointe; leurs bords sont garnis d'épines aiguës; les feuilles du bas qui s'étendent & s'ouvrent horisontalement de chaque côté sont d'un verd foncé tacheté de blanc, & semblable en quelque chose à la couleur d'un savon mou, d'où plusieurs personnes l'ont nommée Aloës de savon: ses fleurs, d'un beau rouge, croîssent en ombelles sur le sommet des tiges, & paroissent en Août & en Septembre. Cette plante est assez dure, pour être-tenue en hiver dans une serre commune, & placée en plein air pendant l'été.

Obscura. La sixieme ressemble un peu à la cinquieme pour le port & la forme; mais ses feuilles sont plus larges, &

d'un verd plus clair : leurs bords, ainsi que leurs épines, sont d'une couleur de cuivre, & ses fleurs qui paroissent en Septembre croissent en épi clair: celle-ci est aussi dure que la précédente, & peut être traitée de la même maniere.

Plicatilis. La septieme dont la hauteur est de six à sept pieds, pousse une tige forte, divisée au sommet, en deux, trois, ou quatre têtes composées de feuilles longues, plates, flexibles, entieres, & terminées en pointes obtuses: ses fleurs d'une couleur rouge sont produites en épis courts & lâches, & paroissent en différens tems de l'année.

Perfoliata. La huitieme est une plante basse, qui s'éleve au plus à un pied de hauteur: ses feuilles, dont la couleur est le verd de mer tacheté de blanc, croissent près de terre, sont larges à leur bâse, où elles embrassent la tige, diminuent par dégrés, & se terminent en une pointe: elles ont leurs bords, ainsi que leurs parties hautes, au bas & au haut de la plante, garnis d'épines assez aiguës ; ses fleurs croissent en épi clair; leur partie tubuleuse est rouge, & leurs bords sont d'un verd clair.

Variegata. La neuvieme n'excede guere la hauteur de huit pouces: ses feuilles sont triangulaires, courbées en arriere à leur extrémité, charnues, entieres, sciées à très-petites dents, & agréablement veinées & tachetées, à-peu-près comme les plumes de la gorge d'une perdrix; ce qui lui en a fait donner le nom : ses fleurs d'un beau rouge tacheté de verd, croissent en épis lâches sur des pédoncules longs d'environ un pied. On peut conserver cette plante pendant l'hiver dans une bonne serre. J'ai élevé une variété de celle-ci des semences qui m'avoient été envoyées du Cap de Bonne-Espérance: ses feuilles triangulaires sont plus larges, beaucoup plus étendues que celles de la précédente, & moins joliment panachées; ses tiges de fleurs s'élevent aussi beaucoup plus haut.

Perfoliata humilis. La dixieme est encore une plante fort basse, qui ne s'éleve jamais en tige: ses feuilles, larges à leur bâse, sont cylindriques, terminées en pointes triangulaires, garnies à leurs bords, & sur les deux surfaces, d'épines molles fort rapprochées; ce qui a fait donner à cette plante le nom *d'Hérisson*: ses fleurs croissent en têtes claires sur le sommet de la tige qui est fort grosse, & s'éleve rarement à un pied de hauteur; elles sont d'un beau rouge au bas, & d'un verd pâle au-dessus. On peut conserver cette plante pendant l'hiver dans une bonne serre, & la mettre en plein air pendant l'été.

Viscosa. La onzieme s'éleve à près d'un pied de hauteur: elle est garnie, depuis la terre jusqu'à son sommet, de feuilles d'un verd foncé & placées en triangle; les fleurs croissent séparées & éloignées sur des pédoncules fort minces;

elles sont d'une couleur herbacée, & leur partie haute penche en arriere. Cette plante, exigeant en hiver une chaleur modérée, doit être placée dans un endroit frais de la serre chaude.

Spiralis. La douzieme, qui croît à-peu-près de même que la précédente, est garnie de feuilles qui sortent du bas, mais plus rondes & terminées en pointes aiguës : ses fleurs, produites sur des tiges plus hautes, sont étendues au-dehors, & disposées en épis longs & clairs. Il y a dans cette espece une variété provenant de semences, qui est beaucoup plus grosse, dont les feuilles sont plus épaisses, & les fleurs placées sur des tiges plus élevées ; mais, comme je l'ai dit, celle-ci n'est qu'une variété de semence. On peut conserver cette espece pendant l'hiver dans une bonne serre, en observant de l'arroser très-peu dans les tems froids.

Disstica Lingui-formis. La treizieme produit près de terre des feuilles d'environ six pouces de longueur, dont la forme approche de celle d'une langue, d'où lui vient son nom de *Lingui-formis* : ses fleurs, rouges au bas & vertes au sommet, croîssent en épis clairs & minces, & penchent vers le bas. Cette plante est assez dure pour être tenue pendant l'hiver dans une serre ordinaire, & exposée à l'air en été. Il y en a une variété à feuilles beaucoup plus tachetées.

Margaritifera. La quatorzieme est une plante basse, dont les feuilles qui sortent près de la terre, & sans ordre à chaque côté, sont épaisses, angulaires à leurs extrémités, & fortement couvertes de protubérances qui lui ont fait donner le nom d'*Aloès perlé.* On en connoît une plus petite espece, conservée depuis long-tems dans les jardins anglois, qui fleurit de la même maniere, & que je soupçonne n'être qu'une variété de la précédente. On peut conserver celle-ci pendant tout l'hiver dans une serre commune ; elle fleurit en différentes saisons de l'année.

Vera. La quinzieme est le véritable *Aloès succotrin* ; qui produit le meilleur suc d'Aloès pour les usages de la Médecine ; elle a des feuilles longues & étroites, succulentes, placées sans ordre & formant de grosses têtes : ses tiges, qui s'élevent à la hauteur de trois ou quatre pieds, produisent deux, trois ou quatre de ces têtes qui s'étendent au-dehors ; les feuilles du bas sont étendues & ouvertes à chaque côté ; celles du haut penchent en-dedans vers le centre : les fleurs d'un rouge tacheté de verd, croîssent en épis longs sur des tiges de deux pieds environ de hauteur, portées chacune sur un pédoncule assez grand, & paroissent généralement en hiver. Cette espece peut être conservée dans une serre : mais les plantes ainsi traitées ne fleurissent point aussi souvent que celles qui sont tenues durant cette saison dans un dégré de chaleur modérée d'une ferre chaude.

Perfoliata glauca. La seizieme ressemble à la huitieme par quelques-unes de ses parties ; mais elle en differe en ce que ses feuilles sont beaucoup plus larges, & s'étendent considérablement à chaque côté ; au-lieu que celles de la huitieme sont étroites & rangées seulement sur deux côtés : cette derniere fleurit rarement, tandis que la seizieme produit ses fleurs à chaque printems, & peut être conservée pendant l'hiver dans une serre commune.

Pumila arachnoïdes. La dix-septieme ne s'éleve jamais au-dessus de la terre sur laquelle ses feuilles s'étendent : elles sont unies, succulentes & triangulaires vers leur extrémité ; leurs bords & le sommet des angles à leur partie basse sont serrément garnis d'épines molles : la tige de la fleur, qui s'éleve à un pied environ de hauteur, est fort mince, garnie de trois ou quatre petites fleurs herbacées & placées à quelque distance l'une de l'autre ; ces fleurs sont tubuleuses & découpées à leurs bords en six parties penchées en arriere : cette espece est tendre & veut être tenue en hiver à un dégré de chaleur modérée : il faut l'arroser peu ; elle pousse rarement des rejettons, & on ne la multiplie ordinairement qu'en en plantant les feuilles.

Herbacea. La dix-huitieme est aussi une petite plante qui croît près de terre ; ses feuilles, presque cylindriques vers leur bâse, & angulaires à leurs extrémités, plus courtes, & d'un verd plus foncé que celles de l'espece précédente, sont garnies à leurs angles d'épines courtes & molles ; elle subsiste en hiver dans une serre commune, & ses plantes produisent plusieurs rejettons à chaque côté. J'ai obtenu de ses semences une variété dont les feuilles sont plus blanches, plus courtes & plus unies, mais elle n'a pas encore de fleurs.

Retusa. La dix-neuvieme ; dont les feuilles sont fort courtes, épaisses, succulentes, & comprimées en-dessus en forme de coussin, d'où elle tire son nom, croît fort près de terre, & pousse des rejettons à chaque côté ; ses fleurs, produites sur des tiges minces, sont d'une couleur herbacée : elle peut être conservée pendant tout l'hiver dans une bonne serre, mais il faut l'arroser très-peu, sur-tout quand elle ne jouït pas d'une chaleur artificielle.

Verrucosa. La vingtieme a des feuilles longues, étroites, en forme de langue, creuses en-dessus, tuilées en-dessous, & serrément garnies à chaque côté de protubérances blanches, qui lui ont fait donner le nom d'*Aloès à langues perlées ;* ses fleurs croîssent sur des tiges assez hautes, & forment des épis lâches ; elles penchent sur le bas, & sont d'un beau rouge tacheté de verd. Cette espece produit des rejettons en abondance, & est assez dure pour rester pendant l'hiver dans une ſerre commune ; elle fleurit en différentes ſaiſons de l'année.

Carinata. La vingt-unieme a quelque reſſemblance avec la derniere, mais ſes feuilles ſont beaucoup plus larges, plus épaiſſes, étendues en-dehors à chaque côté, moins concaves au-deſſus, & garnies de plus petites protubérances que celles de la précédente ; ſes fleurs ſont plus pâles, & ſes épis plus courts : j'ai élevé de ſemence des plantes de cette eſpece, qui ſe ſont trouvées différentes de leur original, mais aucune de ces variétés n'a reſſemblé à la vingtieme. Celle-ci eſt auſſi dure que l'*Aloès Verrucoſa.*

Ferox. La vingt-deuxieme, qui s'éleve à la hauteur de huit à dix pieds, pouſſe une tige forte & vigoureuſe ; ſes feuilles, d'un verd foncé, croiſſent au ſommet, embraſſent ſerrément la tige, & ſortent irrégulierement en s'étendant à chaque côté ; elles ont à-peu-près quatre pouces de largeur à leur bâſe, & diminuent par dégrés juſqu'au ſommet, où elles ſont terminées par une épine ; elles ſont également garnies à chaque côté d'épines courtes & épaiſſes. Cette eſpece n'a pas encore fleuri en Angleterre & n'a produit aucuns rejettons, de ſorte qu'elle eſt difficile à multiplier ; il lui faut une ſerre chaude en hiver & peu d'arroſement.

Uvaria. La vingt-troiſieme a des feuilles fort longues, étroites, triangulaires, & à-peu-près de la même forme que celles du jonc ; ſes fleurs, d'une couleur d'orange & garnies de ſix étamines jaunes qui s'étendent au-dehors par-deſſus le tube, ſont produites en épis clairs & épais ſur des tiges de trois pieds environ de hauteur ; ces plantes produiſent de gros épis, qui ont une belle apparence quand elles ſont fortes ; elles fleuriſſent en Août & Septembre ; il y en a une variété à feuilles étroites, avec des épis de fleurs plus longs.

Culture. Le ſol qui convient le mieux à ces plantes, eſt un mélange formé avec moitié de terre fraîche & légere, priſe dans un lieu en friche, avec le gazon & les racines ; & partie égale de ſable blanc de mer & de décombres criblés, pour le reſte : on mêle le tout enſemble pendant ſix ou ſept mois au moins avant de s'en ſervir, en obſervant de le retourner ſouvent.

Le milieu de Juillet eſt la ſaiſon la plus propre pour planter les Aloès ; alors on les ſort des pots, & on en ſépare les racines avec les doigts, pour en ôter le plus de terre qu'il eſt poſſible ; on retranche toutes celles qui ſont mortes ou moiſies, mais ſans bleſſer ni caſſer celles qui ſont jeunes & fraîches ; puis on remplit les trois quarts des pots avec la compoſition de terre dont il vient d'être queſtion. Après avoir mis au fond quelques pierres pour ſoutirer l'humidité, & lorſque l'on a placé les racines de la plante de maniere qu'elles ne

s'entremêlent

s'entremêlent pas trop l'une avec l'autre, on remplit le pot, jusqu'au bord avec de la même terre, en observant de tenir la plante de façon que tous les intervalles, qui séparent les racines, en soient absolument remplis : on presse ensuite la terre, avec les mains, près des racines, pour affermir la plante dans le pot, on l'arrose légèrement, & on la place à l'air dans un endroit ombré, où elle doit rester pendant trois semaines, & on l'arrose légèrement si le tems est sec.

Vers la fin de Septembre, dans un jour sec, on remet les plantes dans la serre, on leur procure beaucoup d'air pendant que le tems est chaud; on ferme les vitrages lorsque les nuits sont froides, & on ne leur donne de l'air que pendant le jour. Quand le froid augmente, on n'ouvre plus les vitrages. On les arrose souvent & légèrement jusqu'au milieu d'Octobre, tems auquel on diminue les arrosemens à proportion de la chaleur de la serre dans laquelle elles sont renfermées. Les plantes qui seront dans la serre chaude, exigeront d'être arrosées au moins une fois par semaine pendant la plus grande partie de l'hiver, & celles de la serre commune & sans chaleur artificielle, ne doivent l'être pendant cette saison qu'une fois par mois.

Lorsque les especes d'Aloès les plus dures sont placées pendant l'été en plein air, il faut les abriter & les garantir de l'humidité, si on veut les empêcher de pourrir l'hiver suivant, sur tout si on ne les tient pas toujours à un dégré de chaleur modéré ; c'est-pourquoi quand on veut les traiter durement, on doit avoir soin de ne pas leur laisser prendre trop d'humidité.

Les especes tendres veulent être tenues constamment dans la serre chaude, ou en été dans une caisse de vitrage airée, de maniere qu'elles puissent y jouïr de beaucoup d'air dans les tems chauds, & y être abritées de la pluie & du froid; avec ce traitement les plantes profiteront, & celles qui fleurissent ordinairement, seront dans toute leur beauté pendant la saison de leurs fleurs.

Les especes plus dures réussissent mieux, lorsqu'elles sont placées à l'air pendant l'été, & simplement abritées du froid & de la pluie en hiver, que si elles étoient traitées plus délicatement; car, étant placées dans une serre chaude, elles croîssent pendant tout l'hiver, filent & s'affoiblissent; &, quoiqu'elles fleurissent plus souvent; cependant après deux ou trois ans, elles ne paroîssent pas si belles, ni si agréables, que si elles avoient été exposées en plein air.

Uvaria. La vingt-troisieme espece est assez dure pour vivre en plein air dans les hivers doux, si elle est plantée dans une platebande chaude & un sol sec; mais comme elle est souvent detruite dans les tems rudes, il est prudent d'en tenir quelques plantes en pots, afin de pouvoir les mettre à l'abri ſous des vitrages, & en conſerver l'eſpece : on la multiplie par les ſemences que les plantes produiſent généralement en abondance, on les ſeme auſſi-tôt après leur maturité dans des pots qu'on place pendant l'hiver ſous des vitrages de couche ordinaire, où les plantes pouſſeront au printems; alors il faudra les accoutumer par dégrés au grand air; & lorſqu'elles ſeront aſſez fortes, on en mettra quelques-unes en pots, & les autres dans des platebandes chaudes, où on leur procurera un abri pour l'hiver ſuivant, parce qu'elles ne ſeront pas encore aſſez vigoureuſes pour réſiſter au froid de cette ſaiſon.

La plupart de ces Aloès ſe multiplient par les rejettons, qu'on tire des tiges meres, en les changeant de terre; on les met dans de très-petits pots, remplis de la même terre, qu'on emploie pour les vieilles plantes : mais ſi, en détachant ces rejettons, on s'apperçoit que la racine qui tenoit au vieux pied eſt humide, alors on les place dans un lieu ſec, & à l'ombre pendant ſept à huit jours; car, ſans cette précaution, ils ſeroient fort ſujets à pourrir. Lorſqu'ils ſont plantés, on les tient à l'ombre pendant quinze jours, après quoi on met les eſpeces tendres dans une couche de chaleur modérée, pour les aider à prendre racine, en obſervant de couvrir les vitrages dans le milieu du jour, & de leur donner beaucoup d'air.

Vers le milieu du mois d'Août, on commence à endurcir ces jeunes plantes en ôtant dans les beaux jours les vitrages qui les couvrent, ou en les ſoulevant un peu avec des litaux ſuivant les circonſtances, afin de laiſſer circuler librement l'air dans les couches : cette précaution eſt abſolument néceſſaire pour favoriſer l'accroîſſement des plantes, & les préparer à être renfermées dans la ſerre vers la fin de Septembre, où on les traite comme il a été preſcrit pour les vieilles plantes.

Preſque tous les Aloès d'Afrique produiſent une grande quantité de rejettons qui ſervent à multiplier : à l'égard de ceux qui n'en donnent point, ils peuvent être multipliés par le moyen de quelques-unes de leurs feuilles du bas, qui, après avoir été détachées & ſéchées pendant douze ou quinze jours, ainſi qu'il a été commandé pour les rejettons, ſont plantées dans la même terre, en enfonçant la partie qui tenoit au vieux pied, d'un pouce ou d'un pouce & demi, ſuivant ſa groſſeur; on les arroſe un peu pour affermir la terre autour, & on les plonge dans une couche de chaleur modérée, avec la précaution de les abriter des ardeurs du ſoleil, & de les arroſer une fois par ſemaine. La meilleure ſaiſon pour cette opération eſt le mois de Juin, afin qu'elles puissent pousser des têtes avant l'hiver.

Barbadensis. La seconde espece produit le suc d'Aloès, connu dans le commerce sous le nom *Aloe hepatica*, dont la seule médecine vétérinaire fait usage; mais c'est de la quinzieme espece nommée *Succotrin* que l'on tire le véritable Aloès, que l'on recueille en coupant ses feuilles transversalement, & en plaçant au-dessous des vâses de terre pour recevoir la séve qui en découle, laquelle, étant épaissie, est le véritable Aloès d'usage dans la Médecine. Je crois qu'en coupant ainsi les feuilles de la plus grosse espece, & en les pressurant, on en tireroit une plus grande quantité de sève, mais, qui ne seroit cependant pas aussi fine que la précédente (1).

(1) L'Aloès est une gomme-résine, d'une saveur fort amere, d'une odeur désagréable, qui découle par incision des feuilles de différentes especes d'*Aloès*. Ce suc, d'abord fluide, est rendu concret par l'évaporation, & se réduit en une masse d'un brun rougeâtre, qui devient d'autant plus jaune, qu'elle est réduite en molécules plus petites.

On distingue l'Aloès en trois especes, le *Succotrin*, *l'Hépatique* & *le Caballin*. Le Succotrin, qui est le plus pur & le plus précieux, est apporté en placentas entiers, renfermés dans des vessies, de l'isle de Soccotora, située à l'entrée du Golphe Arabique, dans la mer des Indes : l'Hépatique, dont la couleur approche de celle du foie des animaux, est le produit du *Semper-vivum marinum Barbadense*, qui croît en abondance dans les îles de l'Amérique ; enfin, le Caballin, qui a pris son nom de l'usage qu'on en fait dans la médecine vétérinaire est très-impur, mêlé de substances étrangeres, & paroît n'être qu'un suc grossier, tiré par expression des feuilles de l'*Aloès Barbadensis*.

La partie gommeuse n'est point dans la même proportion avec la résineuse dans ces trois especes d'Aloès ; mais en général, c'est toujours la gommeuse qui domine. Les vertus médicinales de cette substance, résident également dans les deux principes, avec cette différence cependant que la partie gommeuse est plus foible, & que la résineuse est beaucoup plus agaçante ; de maniere que c'est de la juste proportion de ces deux substances que dépend la perfection de l'Aloès.

Ce suc concret, pris intérieurement à une dose convenable, provoque les sueurs, fortifie l'estomac & les visceres, détruit les vers, résiste à la pourriture, donne de l'activité à la bile, secoue & agite les humeurs, purge avec force, augmente la chaleur, provoque les regles, les hémorrhoïdes & les vuidanges. Il convient dans toutes les maladies qui proviennent du relâchement des solides & dans celles qui sont le produit de la suppression des évacuations habituelles, dans la cachexie, l'ictere chronique, les fleurs blanches, l'hydropisie générale & particuliere, la suppression des regles & des hémorrhoïdes, la fièvre quarte, &c. Mais il faut en défendre l'usage, ou au moins ne le donner qu'avec beaucoup de circonspection aux femmes grosses, aux personnes

ALOÈ AMERICANA MURICATA. *Voyez* AGAVE.

ALOÈS. *Voyez* ALOË.

ALOIDES, *ou* ALOÈS DE MARAIS. *Voyez* STRATIOTES.

ALOPECUROS, *gr.* Ἀλοπέκουρος. [*Fox-tail*] *Queue de Renard. Espece d'herbe ou de Gramen.*

ALPINE. *Voyez* ALPINIA.

ALPINIA. [*Alpinia*] *Alpine.*

Cette plante est ainsi appelée du nom de *Prosper Alpinus*, fameux Botaniste mort en 1616, qui, après avoir voyagé en Grece & en Egypte, a écrit en deux volumes in-quarto l'histoire des plantes de ces pays.

Caracteres. Le calice de la fleur, séparé en trois parties, supporte un germe; la corolle monopétale, est inégalement divisée au sommet en quatre parties: cette plante est de la famille des personnées ou fleurs en masque; le segment supérieur, dentelé au milieu, de même que les deux de côté, ressemble à un casque, & l'inférieur est divisé en trois parties. Le germe est rond, placé dans le centre, & il soutient un style simple, couronné d'un stigmat triangulaire: une seule étamine, fixée au tube de la fleur, est couronnée d'un sommet linéaire; après la fleur vient un fruit ovale & charnu, divisé en trois parties, renfermant plusieurs semences ovales & attachées à des queues ou filamens qui tiennent au *Placenta.*

Ce genre de plante est rangé par LINNÉE dans sa premiere classe, intitulée: *Monandria Monogynia*, les fleurs qui la composent n'ayant qu'une étamine & qu'un style.

Nous n'avons qu'une espece de ce genre, savoir:

Alpinia. Royen. Prod. 12, que le Pere PLUMIER appelle *Alpina racemosa alba, cannacori foliis. Nov. Gen. 26*; Alpine blanche, branchue, à feuilles de roseaux florissans.

Zingiber sylvestre minus, fructu è caulium summitate. Sloan. Jam. 51. Paco seroca. Maregr. Bras. 48.

Cette plante est originaire des Isles Occidentales, d'où elle a été apportée dans quelques jardins de l'Europe: on l'y conserve dans de bonnes serres, en tenant les pots qui la renferment plongés dans un bassin d'eau; car, sans cette précaution, elle ne profiteroit pas dans ce pays: ses feuilles périssent chaque hyver, & ses racines, comme celles du *Maranta*, en repoussent de nouvelles au printems. On peut la multiplier, en divisant ses racines lorsque ses feuilles sont tombées.

ALPISTE. *Voyez* PHALARIS CANARIENSIS. L.

ALSINE. *Gr.* Ἀλσίνη, [*Chick-weed*] *Mouron. Morgeline.*

Ces plantes sont si connues de tout le monde, que je crois inutile d'en parler ici, à moins

---

pléthoriques, maigres, bilieuses, sujettes aux spasmes & aux inflammations, &c. Sa dose est depuis trois grains jusqu'à seize, en pillules ou en essence; on le fait entrer dans les collyres, les lavemens, & on s'en sert avec succès pour déterger les ulceres putrides.

que ce ne ſoit pour engager à ne pas les laiſſer croître dans les jardins & les terreaux, où elles s'étendent conſidérablement, & y deviennent des herbes embarraſſantes; mais comme elles ſont annuelles, il eſt aiſé de les détruire, en les empêchant de porter ſemences.

ALTHÆA. Ἀλθαία Ainſi appellée de ἀλθαίνω *gr. guérir.* [*Marſh - mallow*] *Guimauve.*

Caracteres. La fleur porte un double calice, dont l'extérieur eſt formé d'une ſeule feuille inégalement découpée au bord en neuf ſegmens étroits; l'intérieur eſt auſſi d'une feuille diviſée au ſommet en cinq ſegmens larges & aigus, & tous deux ſont perſiſtans: la corolle eſt compoſée de cinq pétales joints à leur bâſe, étendus, ouverts au-deſſus, & en forme de cœur: la fleur a pluſieurs étamines réunies au bas en forme de cylindre, détachées audeſſus, & inſérées en une colonne. Le germe orbiculaire, placé dans le centre, ſoutient un ſtyle court, cylindrique, & couronné d'un nombre de ſtigmats auſſi longs que les étamines: le calice ſe change enſuite en une capſule ronde, applatie, & diviſée en pluſieurs cellules renfermant chacune une ſemence plate en forme de rein.

Ce genre de plante eſt rangé par LINNÉE dans la troiſieme ſection de la ſeizieme claſſe, intitulée: *Monadelphia Polyandria*, les étamines étant jointes enſemble, & formant une eſpece de colonne.

Les eſpeces ſont:

1°. *Althæa Dioſcoridis, foliis ſimplicibus acuminatis, acutè dentatis, tomentoſis;* Guimauve à feuilles ſimples, cotonneuſes, & dentelées en ſegmens aigus.

Althæa. Dioſcoridis & Plinii. C. B. P. 315. Guimauve.

2°. *Althæa officinalis, foliis ſimplicibus, angulato - rotundioribus, tomentoſis;* Guimauve à feuilles angulaires, cotonneuſes, & à ſegmens ronds.

Althæa folio rotundiore aut minùs acuminato. Sutherl. Edimb. Guimauve ordinaire.

3°. *Althæa hirſuta, foliis trifidis, piloſo-hiſpidis, ſuprà glabris. Hort. Cliff. 349;* Guimauve à feuilles velues, ſpongieuſes, unies en deſſus, & diviſées en trois parties.

Alcea villoſa. Dalecham. Hiſt. 594.

4°. *Alcea cannabina, foliis inferioribus palmatis, ſuperioribus digitatis. Hort. Cliff.* 205. Guimauve dont les feuilles du bas ſont en forme de main, & celles du haut plus diviſées.

Alcea fruticoſa, cannabino folio. Clus. Hiſt. 2. P. 25.

Dioſcoridis. La premiere eſpece eſt la Guimauve ordinaire, qui croît naturellement dans les lieux humides de pluſieurs partie d'Angleterre, & eſt d'un fréquent uſage en Médecine; ſa racine eſt vivace, & ſa tige annuelle: la plante, qui s'éleve droite juſqu'à la hauteur de quatre ou cinq pieds, pouſſe quelques branches latérales garnies de feuilles velues, douces au toucher, angulaires, & placées alternativement ſur les branches: ſes fleurs, de la même forme, mais plus petites & plus pâles que celles de la Mauve, sortent aux aîles des feuilles, paroissent en Juin ou Juillet, & perfectionnent leurs semences en Septembre. On peut multiplier cette plante assez vîte par semence, ou en divisant ses racines. On les seme au printems, & l'on divise les racines en automne; lorsque les tiges sont péries: elle profite dans tous les sols & en toutes situations; mais elle devient plus forte dans les lieux humides que dans une terre seche: les plantes doivent être placées à deux pieds de distance, parce que leurs racines s'étendent fort loin à chaque côté.

Officinalis. La seconde ressemble en quelque chose à la premiere; ses feuilles, angulaires & plus rondes, sont moins longues, & ne se terminent pas en pointes aiguës. J'ai cultivé celle-ci dans les jardins de Chelsea pendant plusieurs années, & j'ai toujours observé qu'elle conservoit cette différence.

Hirsuta. La troisieme, originaire d'Espagne & de Portugal, d'où j'en ai reçu les semences, est une plante basse dont les branches traînent sur la terre, si elles ne sont pas assujetties à des soutiens; elles sont plus courtes que celles de l'espece commune, & d'une couleur de pourpre: ses feuilles sont profondément découpées en trois parties, & portées sur de longs pétioles: ses tiges sont ligneuses, &, malgré cela, ne durent guere plus de deux ans. Quand on seme cette espece en Avril, les plantes fleurissent en Juillet, & leurs semences mûrissent en Septembre: il faut les semer où elles doivent rester; car leurs racines penetrent profondément dans la terre, survivent rarement lorsqu'on les transplante, à moins qu'elles ne soient très-jeunes.

Cannabina. La quatrieme a une tige ligneuse qui s'éleve à quatre ou cinq pieds de hauteur, & pousse plusieurs branches latérales garnies de feuilles différentes; celles du bas sont en forme de main, fort légèrement découpées à leur extrémité, & celles du haut profondément divisées en plusieurs parties: ses fleurs, moins grosses, d'un rouge plus foncé que celles de la *Guimauve* ordinaire, ont aussi leur calice beaucoup plus large, & sont produites aux aisselles des tiges, comme dans les autres especes. Celle-ci fleurit rarement la premiere année, à moins que l'été ne soit chaud; mais quand les plantes résistent à l'hiver, elles fleurissent de bonne heure l'été suivant, & produisent des semences. Elle croît naturellement en Hongrie & en Istrie, d'où ses graines m'ont été envoyées.

On seme cette espece au printems dans les places qui lui sont destinées, à moins qu'on ne veuille enlever les plantes tandis qu'elles sont très-jeunes, autrement elles ne réussissent pas. Il faut leur donner une situation abritée, & les placer dans un sol sec, ſans quoi les froids de l'Angleterre les détruiroient pendant l'hiver. En les plantant dans un terrein pierreux, mêlé de décombres, elles ſont bornées dans leur accroîſſement, ont moins de ſéve dans leurs branches, & ſupportent mieux la rigueur de notre climat. Cette eſpece dure rarement plus de deux années en Angleterre; mais comme ſes ſemences y mûriſſent, on peut la multiplier en abondance (1)

ALTHÆA FRUTEX. *Voy.* HIBISCUS ET LAVATERA.

ALUYNE. *ou* GRANDE ABSINTHE. *Voyez* ARTEMISIA ABSINTHIUM. L.

ALYSSOIDES. *Voyez* ALYSSUM ET LUNARIA.

ALYSSON ALPINUM LUTEUM. *Voyez* DRABA.

(1) La racine de Guimauve, communément employée en Médecine, eſt compoſée de parties terreuſes & mucilagineuſes; mais c'eſt uniquement dans ſon principe mucilagineux, plus abondant que les deux autres que réſident toutes ſes propriétés: comme il eſt très-fin & très-ſubtil, il corrige facilement l'âcreté des humeurs, en enveloppant leurs parties ſalines, il lubréfie les membranes excoriées, relâche, humecte, détend les fibres, calme, appaiſe les douleurs, & convient par conſéquent dans le cholera, la dyſſenterie, l'érosion du goſier & de l'eſtomac, l'ictere ſpaſmodique, la ſtrangurie, l'ulcere des reins, le téneſme, la toux, &c. On l'emploie en infuſion depuis un demi-gros juſqu'à deux, on la fait auſſi entrer dans les lavemens, les topiques & les lotions.

ALYSSON SEGETUM. *Voy.* MYAGRUM.

ALYSSON SERPILLI FOLIO. *Voyez* ALYSSUM CAMPESTRE. L.

ALYSSON VERONICÆ FOLIO. *Voyez*. DRABA.

ALYSSON VULGARE. *Voy.* DRABA.

ALYSSUM. Ἄλυσσον, de ἀλύσσω. *gr.* Être enragé, ainſi appelé, parce qu'on lui croit la vertu de guérir la rage. [*Madwort.*] *Herbe à la rage*, ou *Cameline*, *Aliſſon.*

Caracteres. Le calice de la fleur eſt oblong, a quatre feuilles, & tombe. La corolle eſt compoſée de quatre pétales, placés en forme de croix, étendus & ouverts au-deſſus du calice; la fleur a ſix étamines, dont deux ſont plus courtes que les quatre autres, & toutes ſont couronnées de ſommets larges; le germe ovale, placé dans le centre de la fleur, ſoutient un ſtyle ſimple, ſurmonté d'un ſtigmat obtus, ce germe eſt ſuivi d'une ſilique globulaire, applatie & renfermant pluſieurs ſemences plates.

Ce genre de plante eſt rangé dans la quinzieme claſſe de LINNÉE, intitulée: *Tetradynamia Siliculoſa*, qui renferme celles dont les fleurs ont ſix étamines; ſavoir, quatre plus longues que les deux autres, & dont les ſiliques ſont courtes, dans quelques-unes globulaires, & applaties dans d'autres.

Les eſpeces ſont:

1°. *Alyſſum ſaxatile, caulibus fruteſcentibus paniculatis, foliis lanceolatis molliſſimis, undu-*

latis, integris. Pr. Leyd. 331. Alysson à tiges d'arbrisseau, avec des fleurs en panicules, & des feuilles entieres très-molles, en forme de lance & ondées.

Alyssum Creticum saxatile, foliis undulatis incanis. Tourn. Cor. 15.

2°. *Alyssum halimi-folium, foliis lanceolato-linearibus acutis integerrimis, caulibus procumbentibus perennantibus. Hort. Cliff. 33.* Alysson à feuilles entieres, en forme de lance & pointues, avec des tiges traînantes & vivaces.

Alysson halimi folio semper virens. Tourn. Inst.

Thlaspi parvum, halimi angusto incano folio. Bocc. Mus. 2. P. 45. T. 39.

3°. *Alyssum spinosum, ramis floreis sessilibus, spini-formibus, nudis. Hort. Cliff. 332.* Alysson dont les branches à fleurs sont garnies d'épines nues.

Leucojum sive Thlaspi spinosum. Bauh. Hist. 2. P. 931.

Thlaspi fruticosum spinosum. C. B. P. 108. Alysson épineux.

4°. *Alyssum montanum, ramulis suffruticosis, diffusis, foliis punctato-echinatis. Hort. Ups. 185.* Alysson avec des branches d'arbrisseau diffuses, & des feuilles piquantes & marquées de points.

Thlaspi montanum luteum. J. B. 2. P. 928.

5°. *Alyssum incanum, caule erecto, foliis lanceolatis incanis integerrimis, floribus corymbosis. Hort. Cliff. 332.* Alysson à tige érigée, avec des feuilles velues, entieres & en forme de lance, & des fleurs ramassées en têtes rondes.

Thlaspi incanum Machlinienfe. Clus. Hist. 2. P. 132.

Alysson fruticosum incanum. Tourn. Inst. R. H. Alysson blanchâtre.

6°. *Alyssum clypeatum, caule erecto herbaceo, siliculis sessilibus ovalibus, compresso-planis, petalis acuminatis. Lin. Sp. Plant. 651.* Alysson à tige érigée & herbacée, avec des siliques sessiles, ovales & comprimées, & dont les pétales des fleurs sont pointus.

Alysson Dioscoridis. Dod. Pempt. 89.

Lunaria leucoji folio, siliquâ oblongâ majori. Tourn. Inst. 218.

Leucojum alyssoides clypeatum majus. Bauh. Pin. 201.

7°. *Alyssum sinuatum, caule herbaceo, foliis lanceolatis dentatis, siliculis inflatis. Lin. Sp. Plant. 651.* Alysson à tige herbacée, à feuilles en forme de lance & dentelées, avec des siliques gonflées.

Leucojum incanum, siliquis rotundis. Bauh. Pin. 201.

Alyssoides incanum, foliis sinuatis. Tour. Inst. 218.

Erica peregrina. Clus. Hist. 2. P. 134.

8°. *Alyssum Creticum, caule herbaceo erecto, foliis incanis, lanceolatis, integerrimis, siliculis inflatis. Lin. Gen. Plant. 651.* Alysson à tige érigée & herbacée, à feuilles velues, entieres & en forme de lance, avec des siliques gonflées.

Alyssoides fruticosum Creticum, leucoji folio incano. Tourn. Cor. 15.

Leucojum luteum, utriculato semine. Alp. Exot. 177. T. 118.

9°. *Alyssum, Vesicaria, foliis linearibus dentatis, siliculis infla-*

tis, angulatis, acutis. Lin. Sp. 910. Alyſſon à feuilles linéaires & dentelées, avec des ſiliques gonflées, angulaires & à pointes aiguës.

Veſicaria Orientalis, foliis dentatis. Tourn. Cor. 49.

10°. *Alyſſum deltoideum, caulibus ſuffruteſcentibus proſtratis, foliis lanceolato-deltoidibus, ſiliculis hirtis. Lin. Sp. 908.* Alyſſon à tiges traînantes & ligneuſes, à feuilles en forme de lance & à trois angles, avec des ſiliques hériſſées de poils.

Lithoreo-Leucojum minimum ſupinum. Col. Eſph. 1. P. 282. T. 284.

Alyſſum Creticum, foliis angulatis, flore violaceo. Tourn. Cor. 15. Alyſſon à feuilles triangulaires.

11°. *Alyſſum calycinum, caulibus herbaceis, ſtaminibus omnibus dentatis, calycibus perſiſtentibus. Jacq. Vind. 114.* Alyſſon avec des tiges herbacées, toutes les étamines dentelées, & les calices perſiſtans.

Clypeola ſiliculis bilocularibus tetraſpermis. Hort. Cliff. 329.

Alyſſon. Cam. Epit. 558. F. 1.

Thlaſpi Alyſſon, dictum campeſtre majus. C. B. P. 107.

12°. *Alyſſum campeſtre, caule herbaceo, ſtaminibus ſtipatis pariſetarum, calicibus deciduis. Lin. Sp. 909.* Alyſſon à tige herbacée, avec des étamines épaiſſes & garnies de poils, & des calices tombans.

Alyſſum ſerpylli folio, fructu nudo. T.

Alyſſon incanum, ſerpylli folio, fructu nudo. Tourn. Inſt. 217.

Clypeola annua, ſiliculis bilocularibus diſpermis, calicibus caducis. Sauv. Monſp. 71.

Thlaſpi Alyſſon, dictum minus. Magn. Mons. 251.

Saxatile. La premiere eſpece eſt une plante baſſe & vivace, charnue, & élevée d'environ un pied de hauteur; elle ſe diviſe en pluſieurs petites branches qui croîſſent près de terre, & s'étendent à une diſtance conſidérable; ſes branches ſont garnies de feuilles longues, en forme de lance, velues, ondées ſur leurs bords, & placées ſans ordre; ſes fleurs nombreuſes, de belle apparence, d'un jaune brillant, & compoſées de quatre pétales placées en forme de croix, ſont produites en panicules claires à l'extrémité de chaque branche; elles paroîſſent à la fin d'Avril ou au commencement de Mai; & ſi la ſaiſon eſt douce, elles ſe conſervent trois ſemaines dans toute leur beauté: ſes ſemences mûriſſent en Juillet; mais on ne peut en eſpérer que de jeunes plantes, car les vieilles ou celles qui ſont élevées de boutures, en produiſent rarement en Angleterre.

Cette eſpece eſt dure, & quoiqu'apportée d'un climat plus méridional que le nôtre, elle ſupporte en plein air nos hivers les plus froids, pourvu qu'elle ſoit plantée dans un terrein maigre, ſec & rempli de décombres; on la multiplie en la ſemant au mois de Mars dans une terre légere & ſablonneuſe; les boutures qu'on en fait, réuſſiſſent auſſi en Avril & en

Mai ; elles prennent aiſément racine, en les tenant à l'ombre pendant la chaleur du jour, & en les arroſant légèrement.

Halimi-folium. La ſeconde eſpece ne ſubſiſtant guere que deux ou trois ans dans notre climat, il eſt néceſſaire d'en ſemer conſtamment pour la conſerver ; les ſemences qui s'écartent & tombent au haſard, produiſent des plantes ſans aucun ſoin : elles s'étendent ſur la terre, ne s'élevent jamais, & produiſent, à l'extrémité de leurs branches, de fort belles touffes de petites fleurs blanches, qui ſe ſuccedent pendant ſix ou ſept mois de ſuite, ce qui doit faire donner à cette eſpece, une place dans les jardins des curieux : on la multiplie par ſemence & par bouture ; elle exige le même ſol & la même culture que la précédente.

Spinoſum. La troiſieme a des branches ligneuſes, élevées d'environ deux pieds, & armées de petites épines ; ſes feuilles ſont velues, en forme de lance, fort éloignées les unes des autres ſur les tiges, & placées ſans aucun ordre : ſes fleurs ſont blanches, en forme de croix, & rapprochées en petites grappes à l'extrémité des branches : quand la fleur eſt paſſée, le germe ſe change en une gouſſe oblongue, qui contient pluſieurs ſemences rondes.

On peut multiplier cette eſpece de la même maniere que la premiere, ou par ſemence ou par bouture ; lorſque les plantes croîſſent dans des décombres, ou ſur de vieilles murailles, elles durent beaucoup plus long-tems, & ſupportent mieux le froid de nos hivers, que ſi elles étoient dans une bonne terre. Elle croît naturellement en Eſpagne, en Italie & dans la France Méridionale.

Montanum. La quatrieme a des branches traînantes, couchées ſur la terre, garnies de feuilles oblongues, velues, rudes au toucher, & placées alternativement ſur chaque côté des branches : les fleurs, d'un jaune foncé, ſont produites en petites grappes à l'extrémité des branches, & ſuivies de gouſſes ſemblables à celles de la troiſieme eſpece. Cette plante croît naturellement en Bourgogne ſur des rochers & des ruines ; ainſi que dans quelques autres parties de la France & aux environs de Baſle. On la multiplie de même que les eſpeces précédentes : quand elle croît dans des décombres, elle ſubſiſte pluſieurs années ; mais dans une terre riche, elle réſiſte rarement aux hivers de nos climats.

Incanum. La cinquieme, dont la hauteur eſt de deux pieds, pouſſe des tiges ligneuſes diviſées vers le ſommet en pluſieurs branches garnies de feuilles velues en forme de lance, alternes : ſes fleurs, petites, blanches, en forme de croix, & ſuivies de gouſſes ovales remplies de ſemences brunes, ſont produites en bouquets à l'extrémité de chaque rejetton. Elle croît naturellement dans la France méridionale, en Espagne & en Italie, principalement dans des sols graveleux, & remplis de rochers : quand on la seme dans une bonne terre, elle résiste avec peine aux froids de l'hiver; mais sur des décombres & de vieilles murailles, on la conserve plusieurs années. Elle fleurit en Juin, Juillet, Août & Septembre : ses semences mûrissent bientôt après, & quand elles s'écartent, elles produisent des plantes qui n'exigent que peu de soin.

Clypeatum. La sixieme est une plante bis-annuelle, dont la tige herbacée est garnie de feuilles oblongues, velues, & placées alternativement : ses fleurs, qui sortent des aisselles de la tige, sont suivies de gousses ovales, plates, de la même forme que celles de la Lunaria, & renfermant beaucoup de semences plates. Elle croît naturellement en Espagne & en Portugal, d'où j'en ai reçu les semences : on les seme sur une terre seche ou remplie de décombres, parce que dans un sol riche, les plantes y deviennent trop succulentes en été, & en automne elles pourrissent, & périssent presque toutes.

Sinuatum. La septieme est une plante basse & traînante divisée en plusieurs petites branches, qui s'étendent sur terre, & sont garnies de feuilles oblongues & velues qui se conservent toute l'année : ses fleurs, produites en petites grappes à l'extrémité des branches, sont d'un jaune brillant, & composées de quatre pétales placés en forme de croix : après la fleur, le germe se change en une gousse ovale, gonflée & remplie de semences rondes. Quoique cette espece soit originaire des isles de l'Archipel, elle est cependant assez dure pour résister en plein air en Angleterre, dans un sol sec, & à une exposition chaude : on la multiplie par semence, & elle ne subsiste guere que deux ou trois ans.

Creticum. La huitieme, avec une tige herbacée plus érigée, & des feuilles oblongues & velues, pousse quelques branches latérales vers le sommet ; ses fleurs qui croissent en petites grappes à l'extrémité des branches, sont suivies de gousses ovales, & gonflées comme celles de la précédente : elle dure rarement plus de deux ans en Angleterre ; elle exige une terre seche & une situation chaude, sans quoi elle ne résiste pas en plein air; on la seme en Août, aussi-tôt après la maturité des semences : si l'on en met quelques-unes dans des pots en Octobre, pour pouvoir les abriter sous un vitrage en hiver, elles fleuriront au mois de Juin suivant, & produiront de bonnes semences dans la même année : mais les plantes élevées de bonne heure, poussent vigoureusement en été, & ne résistent pas souvent aux rigueurs de l'hiver ; ce qui les empêche de perfectionner leurs semences.

Vesicaria. Deltoideum. Les neuvieme & dixieme especes ont des tiges qui traînent & rampent sur la terre : ces plantes produisent vers l'extrémité de leurs tiges, des fleurs en épis clairs, de la même forme que celles des autres especes, & garnies de quatre pétales placés en forme de croix. Celles de la neuvieme sont suivies de gousses gonflées, mais la dixieme qui fleurit de bonne heure au printems, produit rarement des semences en ce pays : cette plante est vivace & peut se multiplier par ses branches traînantes ; on en fait des boutures, que l'on plante en Avril ; elles prennent aisément racine & deviennent fortes pour l'automne suivant ; tems auquel on peut en mettre deux ou trois sous un chassis ordinaire, pour les abriter pendant l'hiver & en conserver l'espece ; car, lorsque cette saison est dure, elle détruit ordinairement celles qui y sont exposées.

Calycinum. Campestre. Les onzieme & douzieme étant toutes deux annuelles, il est nécessaire de les semer chaque année en Avril, dans une platebande de terre légére, où les plantes doivent rester ; on se contente de les éclaircir, & de les tenir nettes de mauvaises herbes ; elles fleurissent en Juillet & perfectionnent leurs semences en automne.

ALYSSON. *V.* DRABA. L.

AMANDIER. *Voy.* AMYGDALUS.

AMANDIER d'*Afrique. V.* BRABEJUM.

AMANDIER NAIN, *à doubles fleurs. Voyez* PERSICA AMYGDALUS.

AMARANTE. *Voyez* AMARANTUS. L. CELOSIA. L.

AMARANTE A CRÊTE. *Voyez* CELOSIA CRISTATA. L.

AMARANTOIDE. *Voyez* GOMPHRENA.

AMARANTUS. Ἀμάραντος; de privatif, & de μαραίνω. *Gr.* Faner. Ainsi appellée, parce que la fleur de cette plante étant coupée, ne se fanne pas si-tôt, & lorsqu'elle est seche, elle conserve longtems sa beauté & sa couleur. [*Amaranthus or Flower gentle*] *Amarante.*

Caracteres. La plante produit des fleurs mâles & femelles, séparées sur le même pied ; la fleur est apétale ; le calice, dans les deux sexes, est composé de trois ou cinq feuilles pointues, en forme de lance, colorées & persistantes ; les fleurs mâles ont, dans quelques especes, trois ou cinq étamines minces, de la même longueur que le calice, & couronnées de sommets oblongs : les fleurs femelles ont un germe ovale, surmonté de trois styles courts, & en forme d'alêne, & terminés par des stigmats simples ; le calice devient ensuite une capsule ovale, colorée, & a une cellule, dans laquelle est renfermée une semence simple & globulaire.

Ce genre de plante est rangé

par LINNÉE dans la cinquieme division de la vingt-unieme classe, intitulée : *Monoecia Pentandria*, qui renferme celles qui sont pourvues de cinq étamines, & dont les fleurs mâles & femelles sont placées sur la même racine.

Les especes sont :

1°. *Amarantus tricolor, glomerulis triandriis axillaribus subrotundis amplexicaulibus, foliis lanceolato-ovatis. Lin. Sp. Plant. 1403.* Amarante à têtes rondes placées aux aisselles des tiges, & amplexicaules, avec des fleurs à trois étamines, & des feuilles ovales en forme de lance.

Amarantus tricolor. Lob. Icon. 252. Amarante de trois couleurs, *ou* Tricolor.

2°. *Amarantus melancholicus, glomerulis triandriis axillaribus subrotundis sessilibus, foliis lanceolatis acuminatis. Lin. Sp. Plant. 1403.* Amarante à trois étamines à têtes rondes & sessiles aux tiges, avec des feuilles en pointes aiguës & en forme de lance.

Amarantus colore obscuriori, sive mas. Tourn. Inst. 236.

Amarantus bicolor.

3°. *Amarantus tristis, triandriis rotundatis subspicatis, foliis ovatocordatis emarginatis, petiolis brevioribus. Lin. Sp. Plant. 1404.* Amarante à trois étamines & à têtes rondes, sortant en épis des aisselles des plantes, avec des feuilles ovales, en forme de cœur, & supportées par de courts pétioles.

Blitum Indicum. 2. Ramph. Amb. 5. P. 231. T. 82. F. 2.

4°. *Amarantus caudatus, racemis pentandriis decompositis cylindricis, pendulis longissimis. Hort. Cliff. 443.* Amarante à cinq étamines avec des épis fort longs, pendans & cylindriques.

Amarantus maximus paniculâ longâ; pendulâ, semine rubello. Raji. Hist.

Blitum majus Peruvianum. Clus. Hist. 2. P. 81.

5°. *Amarantus maximus, racemis subcylindricis, pendulis, caule erecto arboreo;* Amarante à épis pendans & presque cylindriques, avec une tige en arbre & érigée.

Amarantus maximus. C. B. P. 120. Ordinairement appelée *Amarante en arbre.*

6°. *Amarantus lividus, glomerulis triandriis subspicatis rotundatis, foliis rotundato-ovatis retusis. Lin. Sp. Plant. 1404.* Amarante à épis ronds, avec des fleurs à trois étamines & des feuilles rondes, ovales & émoussées.

Blitum pulchrum rectum magnum rubrum. J. B. 2. P. 966. Blette rouge.

7°. *Amarantus flavus, racemis pentandriis compositis, summo infimisque nutantibus, foliis ovatis mucronatis. Lin. Sp. Plant. 1406.* Amarante à épis de fleurs composés, à cinq étamines, & à feuilles ovales & pointues.

8°. *Amarantus blitum, glomerulis lateralibus trifidis, foliis ovalis retusis, caule diffuso. Lin. Sp. Plant. 990.* Amarante à têtes rondes, produites à chaque nœud des tiges, avec des feuilles ovales & émoussées & des tiges diffuses.

Blitum album minus. C. B. P. 118. La plus petite Blette blanche.

Blitum rubrum minus. Bauh. Pin. 118. La petite Blette rouge.

9°. *Amarantus græcizans, glomerulis triandriis axillaribus, foliis lanceolatis obtusis repandis. Lin. Sp. Plant. 1405.* Amarante avec des fleurs à trois étamines, sortant en grappes des aisselles des tiges, & des feuilles émoussées en forme de lance.

Amarantus floribus lateralibus congestis, foliis lanceolatis obtusis. Flor. Virg. 116. Ordinairement appelée *Blette à feuilles de pariétaire.*

10°. *Amarantus hybridus, racemis pentandriis decompositis congestis nudis, spiculis conjugatis. Flor. Virg. 148.* Amarante à cinq étamines, avec des fleurs en épis composés & de doubles pistiles.

Amarantus sylvestris maximus novæ Angliæ, spicis viridibus. Raji Hist. Blette sauvage de la nouvelle Angleterre, à épis verds.

11°. *Amarantus hypochondriacus, racemis pentandriis compositis confertis erectis, foliis ovatis mucronatis. Hort. Cliff. 444.* Amarante à cinq étamines, à épis érigés & en grappes, avec des feuilles à pointes ovales.

C'est *l'Amarantus sylvestris maximus novæ Angliæ spicis purpureis. Tourn. Inst. R. H. 235.* Ordinairement appelée *Amarante pourpre.*

12°. *Amarantus spinosus, racemis pentandriis cylindricis erectis, axillis spinosis. Hort. Cliff. 444;* Amarante à cinq étamines, avec des épis droits & cylindriques, ayant des épines aux nœuds des tiges.

Amarantus Indicus spinosus, spicâ herbaceâ. H. L. 31.

Blitum spinosum. Rumph. Amb. 5. P. 234. T. 83, F. 1.

13°. *Amarantus sanguineus, racemis pentandriis compositis erectis, lateralibus patentissimis, foliis ovato-oblongis. Lin. Sp. 1407;* Amarante à épis composés, dont ceux de côté s'étendent au-dehors, ceux du haut sont érigés, avec des feuilles ovales & oblongues.

Amarantus racemis cylindricis; lateralibus terminalibusque cruciatìm positis. Fig. Plant. 22.

14°. *Amarantus retroflexus, racemis pentandriis lateralibus terminalibusque, caule flexuoso villoso, ramis retrocurvatis. Lin. Sp. Plant. 991;* Amarante à cinq étamines, à épis sortant des aisselles & des extrémités des tiges, avec des tiges flexibles, velues & recourbées.

15°. *Amarantus oleraceus, glomeribus triandriis pentandriisque, foliis ovatis obtusissimis, emarginatis, rugosis. Lin. Sp. 1403;* Amarante à têtes rondes, composées de fleurs à trois & à cinq étamines, avec des feuilles rudes, obtuses & dentelées.

Blitum album majus. C. B. P. 118; La grande Blette blanche.

16°. *Amarantus viridis, glomerulis triandriis: floribus masculis trifidis, foliis ovatis emarginatis, caule erecto. Lin. Sp. 1405;* Amarante à têtes globulaires, composées de fleurs à trois étamines, & dont les fleurs mâles sont divisées en trois parties, avec des feuilles ovales & dentelées, & une tige droite.

Blitum sylvestre spicatum. Tour. Paris. 2. P. 273. Cararu. Pis. Bras. 241. T. 241.

17°. *Amarantus cruentus, racemis pentandriis decompositis remotis patulo-nutantibus, foliis lanceolato-ovatis. Lin. Sp. Plant. 1406*; Amarante à épis de fleurs décomposés, à cinq étamines, dont les côtés s'étendent avec des feuilles ovales, & en forme de lance.

Amarantus Sinensis foliis variis, paniculâ speciosâ patulâ. Cent. 6. T. 6.

Tricolor. La premiere espece est depuis longtems cultivée dans les jardins, à cause de la beauté de ses feuilles panachées en verd, jaune & rouge: ces trois couleurs sont élégamment entremêlées comme sur les plumes de certains perroquets. Lorsque les plantes sont en pleine vigueur, leurs feuilles sont larges & très-rapprochées depuis le bas des tiges jusqu'au sommet; les branches forment une espece de pyramide, de maniere qu'il n'y a point de plante qui surpasse celle-ci en beauté quand elle a acquis toute sa croîssance. Quelques Botanistes ont séparé cette espece des autres, & l'ont distinguée sous le titre de *Psittacus*, à cause de ses feuilles panachées qui ressemblent au plumage d'un perroquet.

Melancholicus. La seconde qui a été introduite dans les jardins Anglois beaucoup plus tard que la précédente, s'éleve à la même hauteur qu'elle, & lui ressemble beaucoup dans sa maniere de croître: on ne voit briller sur ses feuilles que deux couleurs réunies, le pourpre obscur, & le brillant cramoisi; mais entremêlées de façon à se faire valoir l'une l'autre, & à donner à la plante, lorsqu'elle est vigoureuse, la plus agréable apparence.

Tristis. La troisieme qui s'éleve à deux pieds environ de hauteur, n'a rien de remarquable; sa tige droite, pousse vers le sommet quelques branches latérales, garnies de feuilles ovales, & en forme de cœur: ses fleurs sans éclat & sans beauté, sont produites en épis ronds aux aisselles des tiges & aux extrémités des branches, de maniere qu'elle n'a rien qui la rende digne d'être placée dans les jardins à fleurs: les jeunes plantes de cette espece, sont recueillies comme des *Epinars* par les habitans des Indes, où elles croîssent naturellement: j'en ai reçu les semences de cette contrée, d'où elles m'ont été envoyées comme produisant une plante bonne à manger.

Caudatus. La quatrieme, originaire de l'Amérique, porte une tige droite, d'un verd pâle ainsi que ses feuilles, & élevée de trois pieds de hauteur; ses fleurs sortent en épis aux aisselles de la tige, & en grappes à l'extrémité des branches: ces épis & grappes sont fort longs & penchent vers le bas; j'en ai mesuré quelques uns qui se sont trouvés avoir deux pieds & demi de longueur, & pendoient jusqu'à terre.

Maximus. La cinquieme, avec une tige forte de sept à huit pieds de hauteur, pousse vers le sommet plusieurs branches horisontales, garnies de feuilles oblongues, rudes, & vertes : à l'extrémité de chaque rejetton, sortent des épis cylindriques, & pourpres, qui penchent vers le bas, mais qui n'ont guere que la moitié de la longueur de ceux de l'espece précédente, & sont beaucoup plus épais : c'est cette Amarante dont on fait usage en Médecine (1).

Lividus. La sixieme qui s'éleve à près de trois pieds de hauteur, pousse plusieurs branches latérales, garnies de feuilles ovales & émoussées; ses épis sortent en grappes érigées aux extrémités des branches, & ses fleurs sont d'un pourpre foncé.

Flavus. La septieme, dont l'élévation est d'environ quatre pieds, a des tiges presque rouges, des feuilles ovales, en forme de lance, vertes, marquées de taches pourpre, & supportées par de fort longs petioles ; les épis sortent en grappes aux extrémités des branches, & aux aisselles des tiges ; ils sont d'un verd pâle, & croîssent érigés. J'ai reçu du Portugal les semences de cette espece, sous le nom de *Bredos*, avec la recommandation de la cultiver comme une herbe potagere & bonne à manger.

Blitum græcisans. La huitieme croît naturellement dans la plus grande partie des pays chauds de l'Europe, & de l'Amérique. Partout où on laisse écarter ses semences, les plantes y poussent l'été suivant, & deviennent des herbes embarrassantes de même que la neuvieme espece ; aussi ne les cultive-t-on guere, si ce n'est dans les jardins botaniques à cause de la variété. Les tiges de ces deux especes, sont traînantes & rampent sur la terre.

Hybridus. La dixieme élevée à plus de trois pieds de hauteur, pousse plusieurs branches latérales, velues & garnies de feuilles rudes : ses épis produits aux aisselles des tiges & à l'extrémité des branches, croîssent horisontalement, & ses fleurs sont vertes : cette plante a peu de beauté, on la cultive rarement dans les jardins, si ce n'est pour la variété.

Hypochondriacus. La onzieme, qui, depuis long-tems, étoit multipliée en Angleterre, dans les jardins à fleurs, est devenue

(1) Les fleurs & les graines sont les seules parties de cette plante qu'on emploie pour les usages de la médecine; mais on s'en sert très-rarement, parce qu'elle est fort astringente & qu'elle est capable de produire des effets pernicieux, si elle n'est administrée avec la plus grande circonspection: elle peut cependant être d'un secours efficace dans les hémorrhagies, les cours de ventre séreux, qui reconnoissent pour cause le relâchement des visceres, les gonorrhées opiniâtres, &c. On donne ses fleurs en infusion, & ses graines en substance, depuis un scrupule jusqu'à un gros.

venue à présent une herbe commune, qui croît souvent sur les tas de fumier; & comme elle vient aisément parmi les herbes sauvages, par-tout où on laisse écarter ses semences, les places s'en trouvent entièrement remplies l'été suivant: ces semences se conservent dans la terre pendant plusieurs années, de maniere que toutes les fois qu'en labourant on les rapproche de la surface, elles produisent des plantes, qui, elles-mêmes, en feront naître de nouvelles, si on leur laisse le tems de perfectionner leurs graines.

Spinosus. La douzieme, dont la hauteur est d'environ deux pieds, pousse plusieurs branches de côté, qui forment une espece de buisson; ses feuilles sont oblongues, & garnies d'épis à chaque nœud, où les tiges sont armées de pointes aiguës: ces épis sont minces, tirent sur le brun, & n'ont point d'éclat; ce qui fait que cette plante n'est guere cultivée que dans les jardins botaniques.

Sanguineus. La treizieme, dont les semences m'ont été envoyées des isles de Bahama, comme celles d'une plante bonne à manger, & produisant de belles fleurs, s'éleve à trois pieds de hauteur; ses tiges & ses feuilles sont pourpre; ses épis, courts & cylindriques, paroîssent souvent aux aisselles des tiges; mais il s'éleve à l'extrémité une grosse grappe d'épis en forme de croix, avec une tige droite au milieu: ces fleurs sont d'abord d'un pourpre briliant; mais en se fanant & à mesure que les semences mûrissent, elles deviennent d'une couleur plus foncée.

Retroflexus. La quatorzieme, originaire de l'Amérique Septentrionale, d'où ses semences ont été portées en Europe, est devenue aujourd'hui une herbe incommode dans plusieurs jardins des environs de Londres, ensorte qu'on ne la cultive plus que dans les collections botaniques.

Oleraceus. Viridis. La quinzieme, que l'on cultive dans les Indes comme plante potagere, n'a point de beauté, & n'est point admise dans les jardins. Les habitans de ces pays-là cueillent ces plantes encore jeunes, & les apprêtent comme des épinars; mais elles leur sont bien inférieures, car on en fait rarement usage par-tout où l'on peut avoir des épinars. Cette plante s'éleve à deux ou trois pieds de hauteur; & lorsqu'elle a de la place pour s'étendre elle pousse beaucoup de branches latérales: si on lui laisse écarter ses semences, elle se multipliera extrêmement, & produira l'été suivant une grande quantité de jeunes plantes.

Cruentus. Les semences de la dix-septieme espece, qui ont été apportées de la Chine, ont produit pendant les deux premieres années, en Angleterre, des têtes de fleurs de la plus belle apparence; mais depuis ces semences ont dégénéré, & les plantes ont eu peu de beauté; quoiqu'elles fussent alors différentes des autres de ce genre, elles ne doivent pas être néanmoins regardées comme constituant une espece distincte.

Culture. De toutes ces especes, la premiere & la seconde méritent d'occuper dans les parterres la place la plus distinguée: elles sont tendres, & exigent dans ces pays, de l'art & du soin, pour parvenir à leur perfection: on détaillera ci-après la culture qui leur convient particulierement. Les quatrieme, cinquieme & treizieme especes, tiennent le second rang après celles-ci; on doit les semer vers la fin de Mars, sur une couche de chaleur modérée, & lorsque les plantes poussent, leur donner beaucoup d'air dans les tems doux pour les empêcher de filer; & quand elles sont assez grosses pour être transplantées, on se pourvoit d'une autre couche tempérée, dans laquelle on les place à six pouces de distance l'une de l'autre; on les arrose, & on les tient à l'abri du soleil, jusqu'à ce qu'elles aient formé de nouvelles racines, après quoi on leur donne de l'air dans tous les tems favorables, & on les arrose souvent & légèrement; à mesure que les plantes avancent, & que la chaleur de la saison augmente, on leur donne plus d'air, & on les accoutume par dégrès à l'air ouvert, afin de les endurcir: on peut les enlever en motte au commencement de Juin, en placer quelques-unes dans des pots, & répandre les autres dans les plate-bandes du parterre, en observant de leur procurer de l'ombre jusqu'à ce qu'elles aient repris racine, & il faut les arroser souvent dans les tems secs, sur-tout celles des pots, qui exigent d'être rafraîchies chaque soirée pendant les chaleurs & les sécheresses.

La cinquieme espece, ne profitant pas dans des pots, doit être plantée dans un sol riche & léger, où elle parviendra à une très-grande hauteur, & produira un bel effet, si on lui donne de la place pour s'étendre, & beaucoup d'arrosement dans les tems secs.

La douzieme est aussi une plante tendre, & veut être traîtée de même maniere que les précédentes.

Les autres qui sont assez dures pour croître en plein air, peuvent être semées au printems dans une terre légere, & lorsque les plantes sont assez fortes, on les place dans quelque partie du jardin que ce soit; elles y profiteront, & produiront une abondance de semences, qui, en s'écartant, rempliront un grand espace de leurs plantes.

Les deux premieres especes doivent être semées sur une couche chaude en Février, ou au plus tard dans les premiers jours de Mars: les plantes leveront en quinze jours, si la couche est bonne; & bientôt après on prépare une autre couche chaude, que l'on couvre de quatre pouces d'épaisseur, d'une bonne terre riche & légere; ensuite on enleve les jeunes plantes avec les doigts, de maniere à ne pas casser les tendres racines, on les place dans la nouvelle couche, à quatre pouces de distance de chaque côté, & on les arrose légèrement pour affermir la terre sur leurs racines; mais avec l'attention de ne pas abbattre les jeunes plantes par un arrosement trop prompt, car elles se releveroient difficilement, seroient long-tems à recouvrer leur premiere force, pourriroient & seroient en grande partie détruites. Au milieu du jour il faut les abriter avec des nattes, les parer de la chaleur du soleil, & leur donner de l'air en soulevant les vitrages: quand les verres sont mouillés, il est prudent de les retourner chaque jour dans un bon tems, pour les laisser sécher, car l'humidité, occasionnée par la fermentation du fumier & la transpiration des plantes, leur est très-nuisible. Si le tems est mauvais, & si on ne peut tourner les vitrages, il sera très avantageux d'essuyer cette humidité deux ou trois fois par jour avec une étoffe de laine, pour l'empêcher de tomber sur les plantes. Quand elles sont bien enracinées, & qu'elles commencent à croître, on leur donne de l'air chaque jour, plus ou moins, suivant le froid ou la chaleur du tems, pour les empêcher de filer trop vîte, ce qui affoibliroit beaucoup leurs tiges.

Trois semaines ou un mois après, ces plantes auront poussé de maniere à se toucher, & alors elles auront besoin d'une autre couche qui doit être d'une chaleur modérée & couverte d'environ six pouces d'une même terre riche; on les y placera, en observant de les enlever avec la plus grosse motte de terre qu'il sera possible de conserver à leurs racines: on les plante à six ou sept pouces de distance l'une de l'autre, & on leur donnera un peu d'eau pour affermir la terre autour des racines, sans cependant les arroser trop lourdement, de peur, comme on l'a déjà dit, d'abbattre les plantes: il est nécessaire de les tenir à l'ombre pendant la chaleur du jour, jusqu'à ce qu'elles aient formé de nouvelles racines, de les rafraîchir souvent, en les arrosant toujours légèrement, & de leur donner de l'air à proportion de la chaleur du tems; on observera aussi de couvrir les vitrages chaque nuit, pour préserver les couches du froid qui arrêteroit l'accroîssement des plantes.

Au milieu du mois de Mai, on se pourvoit d'une autre couche chaude, sur laquelle on établit un chassis élevé, afin que les plantes puissent y avoir assez de place pour croître; on couvre cette couche, de pots de la valeur de six sols; on les remplit d'une terre riche, & l'on met dans les intervalles qui séparent chaque pot de la terre commune, pour empêcher l'évaporation de la chaleur de la couche. Lorsqu'elle est en état de recevoir les plantes, on les enleve avec une truelle ou quelqu'autre instrument, en leur conservant une grosse motte, puis on place chaque plante dans le milieu d'un pot que l'on remplit de la même bonne terre qui y est déjà, on la presse avec les mains: on les arrose légèrement, & on les tient à l'ombre pendant le grand soleil, en couvrant les vitrages de nattes.

Trois semaines environ après, lorsque ces plantes auront acquis une force & une hauteur considérables, il faut soulever beaucoup les vitrages pendant le jour; & si l'air est doux & le soleil couvert, on ôte tout-à fait les vitrages pour les exposer en plein air; ce que l'on fait aussi souvent que le tems le permet: par ce moyen on les endurcit par dégrés, & on peut ensuite les placer au-dehors pour toute la saison; mais il n'est pas prudent de les exposer en plein air avant la premiere semaine de Juillet; encore faut-il que l'air soit parfaitement doux, & que ce soit, s'il est possible, pendant une pluie chaude & légere.

On les tient d'abord pendant deux ou trois jours, sous un abri où elles puissent être à couvert des ardeurs du soleil & des vents violens, auxquels elles ne doivent s'accoutumer que par dégrés. Comme ces plantes transpirent beaucoup, lorsqu'elles sont à une bonne hauteur, elles veulent être arrosées chaque jour dans les tems secs & chauds; sans quoi elles sont arrêtées dans leur accroîssement, & ne produisent pas des feuilles aussi larges que celles qui sont conduites avec intelligence.

Telle est la meilleure maniere de traiter les Amarantes pour les avoir dans toute leur beauté, qui consiste dans la largeur de leurs feuilles; elles réussissent toujours, si cette culture est bien suivie, & elles sont un des plus grands ornemens des jardins pendant plus de deux mois dans les derniers tems de l'été.

Lorsqu'on est curieux de porter ces plantes annuelles à leur plus grande perfection, il faut avoir une couche à vitrages élevés & inclinés de chaque côté, avec une fosse au milieu pour y mettre du tan, dans lequel on puisse plonger les pots, en donnant à ces vitrages huit à neuf pieds d'élévation, & à ceux de côté cinq; il y aura assez de place & de hauteur pour élever ces plantes, & d'autres annuelles, à toute la perfection dont elles seront susceptibles; & plusieurs de ces plantes tendres & annuelles, qui mûrissent rarement leurs semences dans ce climat, y avanceront assez pour en produire de bonnes chaque année.

AMARANTUS CRISTATUS. *Voyez* CELOSIA CRISTATA. L.

AMARYLLIS, [*Lily Daffodil*,] *Lis Asfodele*, ou *Lis Narcisse*.

Caracteres. La spathe, ou gaine, de forme oblongue &

comprimée, renferme les boutons de la fleur, s'ouvre sur le côté, se seche & persiste. La corolle a six pétales en forme de lance; la fleur porte dans son centre un germe rond & sillonné, soutenant un style mince, couronné d'un stigmat triangulaire, & accompagné de six étamines en forme d'alêne, couronnées de sommets penchés : après la fleur, le germe se change en une capsule ovale, qui s'ouvre en trois parties, formant trois cellules, remplies des semences rondes.

Ce genre de plante est rangé par LINNÉE dans la premiere section de la sixieme classe, intitulée : *Hexandria Monogynia*, renfermant celles qui ont six étamines & un style.

Les especes sont :

1°. *Amaryllis lutea, spathâ uniflorâ, corollâ æquali, staminibus declinatis. Hort. Cliff. 135. Lin. Sp. 420*; Amaryllis avec une simple fleur dans chaque spathe, une corolle égale, & des étamines penchées.

Narcissus luteus autumnalis major. Tourn. Inst. Ordinairement appelé *Narcisse d'automne*, ou *Lis Narcisse jaune.*

Colchicum luteum majus. Bauh. Pin. 69.

2°. *Amaryllis Atamasco, spathâ uniflorâ, corollâ æquali, pistillo declinato. Hort. Cliff. 135.* Amaryllis avec une simple fleur dans chaque spathe, des pétales égaux, & un pistile penché.

Lilio-Narcissus indicus pumilus monanthos albus. Moris. 2. P. 266. Ordinairement appelé *Lis Atamosca.*

3°. *Amaryllis formosissima, spathâ uniflorâ, corollâ inæquali, petalis tribus genitalibusque declinatis. Hort. Cliff. 135*; Amaryllis avec une seule fleur dans chaque spathe, des pétales inégaux, dont trois sont penchés, ainsi que les étamines & le style.

Lilio-Narcissus Jacobæus, flore sanguineo nutante. Hort. Cl. 195. Communément appelé *Lis de Saint Jacques.*

Narcissus Jacobæus major. Rubb. Elep. 2. P. 89. F. 10.

4°. *Amaryllis Sarniensis, spathâ multiflorâ, corollis revolutis, genitalibus erectis. Hort. Ups. 75*; Amaryllis avec plusieurs fleurs dans chaque spathe, des pétales égaux & roulés, tournés en arriere, & les parties génitales érigées, communément appelée *Lis de Garnesey*, ou *la Garnesienne.*

Narcissus Japonicus, rutilo flore. Corn. Canad. 157. T. 158.

Lilium Sarniense. Dugl. Monog. T. 12.

5°. *Amaryllis Belladonna, spathâ multiflorâ, corollis campanulatis æqualibus, genitalibus declinatis. Hort. Cliff. 135*; Amaryllis avec plusieurs fleurs dans chaque spathe, des pétales égaux & en forme de cloche & des étamines penchées.

Lilium rubrum. Merian. Surin. 22. T. 22.

Lilio-Narcissus polyanthos, flore incarnato, fundo ex luteo albescente. Sloan. Cat. Jam. 115. Ordinairement appelé *Lis Belladonne*, ou *Lis rouge du Mexique.*

6°. *Amaryllis regina, ſpathâ multiflora, corollis campanulatis, marginibus reflexis, genitalibus declinatis*; Amaryllis avec pluſieurs fleurs dans une ſpathe, des pétales ovales, une corolle en forme de cloche, dont les bords retournent en arriere & les étamines ſont penchées.

Lilium Americanum puniceo flore, Belladonna dictum. Par. Bat. 194; Communément appelé *Lis Mexicain.*

7°. *Amaryllis longi-folia, ſpathâ multiflorâ, corollis campanulatis æqualibus, ſcapo compreſſo longitudine umbellæ. Flor. Leyd. 36*; Amaryllis avec pluſieurs fleurs dans une ſpathe, des pétales égaux & en forme de cloche, une enveloppe comprimée & de la longueur de l'ombelle.

Lilium Africanum humile, longiſſimis foliis, polyanthos ſaturato colore purpuraſcens. Parad. Bat. 195.

8°. *Amaryllis Zeylanica, ſpathâ multiflorâ, corollis campanulatis æqualibus, genitalibus declinatis, ſcapo tereti ancipiti. Flor. Leyd. 36;* Amaryllis avec pluſieurs fleurs dans une ſpathe, des pétales égaux & en forme de cloche, les étamines & ſtyle penchés, & une tige aiguë des deux côtés.

Lilio-narciſſus Zeylanicus latifolius, flore niveo externè lineâ purpureâ ſtriato. Hort. Amſt. 1. p. 73; Ordinairement appelé *de Zeylan.*

Tulipa Javana. Rumph. amb. 5. p. 30. t. 105.

Lilio-Narciſſus Africanus, ſcillæ foliis flore niveo, lineâ purpureâ ſtriato. Ehret. pict. 5. f. 2.

9°. *Amaryllis ciliaris, ſpathâ multiflorâ, foliis ciliatis. Flor. Leyd. 37;* Amaryllis avec pluſieurs fleurs dans une ſpathe, & des feuilles dont les bords ſont garnis de poils très-minces.

Lilio-Narciſſus ſphæricus Æthiopicus foliis guttatis & cilii inſtar piloſis. Pluk. Alm. 220; Communément appelé *Lis écarlate d'Afrique.*

10°. *Amaryllis vernalis, ſpathâ uniflorâ, corollâ æquali, ſtaminibus erectis;* Amaryllis avec une ſeule fleur dans chaque ſpathe, des pétales égaux, & des étamines érigées.

Lilio-Narciſſus luteus vernus. Tourn. Inſt. 386; Ordinairement appelé *Lis Narciſſe jaune printanier.*

11°. *Amaryllis Orientalis, ſpathâ multiflorâ, corollis inæqualibus, foliis lingui-formibus. Buttn.* Amaryllis avec pluſieurs fleurs dans une ſpathe, & des feuilles en forme de langue.

Narciſſus Indicus Orientalis. Swert. Flor: 31. f. 1.

Lilio-Narciſſus Indicus maximus ſphæricus, floribus plurimis rubris liliaceis. Flor. Hiſt. 2. p. 268. Brunſvigia du Docteur HEISTER. *Brunſvigia. Heiſt.*

12°. *Amaryllis Capenſis, ſpathâ triflorâ, corollis campanulatis æqualibus, genitalibus declinatis;* Amaryllis avec trois fleurs dans chaque ſpathe, des pétales égaux, des corolles en forme de cloche, & des étamines & un ſtyle penchés.

Lisyrinchium Indicum. Cornut. Canad. 168.

Lutea. La premiere espece est une plante fort dure qui se multiplie prodigieusement par ses rejettons : la saison la plus favorable pour transplanter ses racines est depuis le mois de Mai jusqu'à la fin de Juillet, lorsque ses feuilles sont fanées ; mais ce tems passé, il seroit trop tard pour les remuer, parce qu'elles commencent, si la saison est humide, à pousser de nouvelles fibres au milieu d'Août, & souvent elles fleurissent au commencement de Septembre; de sorte que, si on les transplantoit alors, leurs fleurs seroient gâtées. Cette plante croît dans tous les sols & à toutes situations ; mais elle profite mieux dans une terre légere, seche, & en plein air, en observant de ne pas la placer trop près d'un mur, ni sous l'égoût des arbres. Les Jardiniers l'appellent ordinairement *Narcisse jaune automnal, &c.* Et la vendent avec des *Colchiques*, pour servir d'ornement d'automne dans les jardins ; c'est à quoi elle est très-propre, parce qu'elle est toujours en fleurs depuis le milieu de Septembre jusqu'au milieu de Novembre, pourvu que la gelée ne soit pas assez forte pour les détruire ; car quoiqu'il n'y en ait qu'une à chaque spathe, elles se succedent cependant sans interruption sur la même racine, surtout si on les laisse en terre pendant trois ou quatre années sans les déplacer. Ses fleurs, qui ne s'élevent gueres qu'à trois ou quatre pouces de hauteur, ressemblent beaucoup à celles du *Crocus* jaune. Ses plantes poussent des feuilles vertes dans le même tems que le safran; & lorsque ses fleurs sont passées, elles croîssent pendant tout l'hiver. Ses racines sont bulbeuses, & de la même forme que celles du *Narcisse ;* elles peuvent servir d'ornement dans les planches avec le *Cyclamen*, le *Safran*, le *Crocus automnal*, les *Colchiques*, & autres pareilles fleurs basses d'automne.

Vernalis. La dixieme, à présent beaucoup plus rare en Angleterre que toutes les autres especes, étoit autrefois cultivée dans plusieurs jardins curieux ; mais comme elle fleurit dans une saison où il y a tant d'autres fleurs plus belles, on l'a négligée & rejettée des jardins ; aussi est-elle presque perdue en Angleterre. Elle croît naturellement en Espagne & en Portugal, où elle fleurit de bonne heure en Janvier. Cette plante, aussi dure que la premiere, peut être placée en plein air dans des plates-bandes, & traitée de la même maniere ; avec cette différence cependant, que, perdant ses feuilles plus tard, il ne faut pas la tirer de terre ni la transplanter avant la fin de Juillet, ou le commencement d'Août : elle fleurit en Avril, ou dans les premiers jours de Mai ; mais ses fleurs ne sont pas d'une longue durée.

Atamasco. La seconde espece, originaire de la Virginie & de la Caroline, où on la trouve en abondance dans les champs & dans les bois, a une très-belle apparence quand elle est en fleur : sa fleur, qui sort seule, est d'abord d'une belle couleur incarnate à son extérieur; mais lorsqu'elle est plus avancée, elle devient pâle, & même presque blanche avant de se faner. Cette plante est si dure qu'elle résiste ici en plein air, pourvu que ses racines soient plantées à une exposition chaude, & dans une terre seche. On peut la multiplier par ses rejettons : les fleurs de cette espece sont presque aussi larges que les petits *Lis* orangers; mais elles ne s'élevent pas au-dessus de six à huit pouces de hauteur; elles paroissent à la fin de Mai ou au commencement de Juin, & quelquefois elles fleurissent ici en Août.

Formosissima. La troisieme, connue sous le nom de *Lis de Saint Jacques*, est à présent devenue assez commune dans les jardins curieux de l'Angleterre; ses racines poussent des rejettons en abondance, surtout lorsqu'on les tient à une chaleur modérée pendant l'hiver; car cette espece peut se conserver pendant la saison froide dans une bonne serre, ainsi que sous des vitrages de couches chaudes ordinaires; mais alors elle ne fleurit pas si souvent, & ne pousse pas autant de rejettons que lorsqu'elle passe l'hiver dans une serre de chaleur modérée : elle produit ses fleurs deux ou trois fois l'année, & en toutes saisons, surtout depuis le mois de Mars jusqu'au commencement de Septembre : elle ne donne des fleurs que lorsque ses racines sont en vigueur; les tiges qui les supportent naissent sur la partie latérale des bulbes, & lorsque celles d'un côté sont fanées, le côté opposé en produit d'autres; mais il n'y en a jamais qu'une sur la même tige. Ses fleurs sont grosses, & d'un rouge très-foncé, leurs pétales inférieurs sont fort larges; la fleur entiere, qui est penchée sur un côté de la tige, produit le plus bel effet.

On multiplie cette espece par les rejettons qu'on peut enlever chaque année; le meilleur tems pour diviser ses racines est le mois d'Août, afin qu'elles puissent reprendre avant l'hiver; mais il faut avoir attention de n'en pas rompre les fibres : on les plante dans des pots d'une grandeur médiocre, qu'on remplit d'une terre légere de jardin potager; en les tenant à une chaleur modérée, elles produisent des fleurs en abondance, & leurs racines multiplient considérablement.

Regina. La sixieme espece, appelée communément *Lis du Mexique*, n'étant pas tout-à-fait aussi dure que la précédente, doit être mise dans une serre chaude, & les pots qui la contiennent plongés dans la couche de tan; au moyen de cette précaution, ses racines profiteront mieux,

& ses fleurs seront plus fortes. On la multiplie par rejettons, comme les autres especes : elle fleurit pour l'ordinaire au commencement du printems, & produit alors le meilleur effet dans les serres chaudes. Ses tiges de fleurs s'élevent rarement à plus d'un pied & demi de haut ; chacune en soutient deux, trois, & tout au plus quatre : ses fleurs sont larges, luisantes, & d'une couleur de cuivre rougeâtre ; la gaîne qui couvre ses boutons se divise lorsqu'ils éclosent, & se sépare jusqu'au bas en deux parties, qui sont placées à chaque côté de l'ombelle de fleurs, & jointes aux petits pedoncules.

Zeylanica. La huitieme, qui est aussi très-tendre & veut être traitée de la même maniere que la sixieme, est plus commune dans les jardins Hollandois que dans ceux de ce pays ; mais comme elle se multiplie lentement, elle sera toujours rare en Angleterre. Elle fleurit ordinairement en Juin, en Juillet, & quelquefois aussi en automne ; car lorsque les pots sont plongés dans une couche de tan, les racines poussent généralement des fleurs deux fois chaque année ; mais ces fleurs ne durent pas long-tems. Cette espece croît naturellement dans les Isles Occidentales, d'où ses racines & ses semences m'ont été envoyées.

Longi-folia. Ciliaris. Les septieme & neuvieme especes sont plus dures, & peuvent être traitées de la même maniere que le *Lis de Saint-Jacques* ; elles se multiplient assez vîte par rejettons, lorsqu'on les cultive convenablement ; la neuvieme sur-tout en produit une si grande quantité, qu'elle en remplit les pots ; mais elle fleurit rarement en Angleterre : les feuilles de celle-ci sont longues, étroites, & ressemblent beaucoup à celles de la *Perce-neige* : les pétales de la fleur se courbent en arriere, comme celles du *Lis de Garnesey* ; mais ils sont d'une couleur plus claire, & tirant sur l'écarlate : les racines de cette espece sont petites. La septieme fleurit ordinairement en hiver, si les pots sont placés dans une serre de chaleur modérée ; & comme il n'y a plus de fleurs en plein air dans cette saison, elles en sont plus estimables.

J'ai reçu du Cap de Bonne-Espérance les racines de ces deux especes, qui ont également réussi dans les jardins de *Chelsea.* La septieme produit dans chaque ombelle un grand nombre de fleurs d'un pourpre foncé, qui paroissent en Décembre ; mais la tige qui les supporte, ne s'éleve qu'à trois ou quatre pieds de hauteur ; ses racines sont fort grosses, & ses feuilles longues & étroites.

Orientalis. La onzieme, dont FERRARIUS, dans son Jardin de fleurs, & MORISSON dans son Histoire des plantes, ont donné la gravure, est séparée de ce genre par le Docteur

Heister, qui en a constitué un autre sous le nom de *Brunswigia*, en l'honneur du Prince de Brunswic; mais quoique la forme des fleurs de cette plante soit différente de celle de la plupart des autres especes d'*Amaryllis*, elle a d'ailleurs tant d'autres traits de conformité avec elles, qu'elle n'en doit pas être plutôt distinguée, que l'*Amaryllis formosissima*, qui en differe aussi beaucoup par a forme de ses fleurs.

L'*Amaryllis Orientalis* croît naturellement au Cap de Bonne-Espérance, d'où ses racines, qui ont réussi dans les jardins de *Chelsea*, m'ont été envoyées. Ses bulbes sont grosses, presque rondes; ses feuilles longues, larges & arrondies à leur extrémité, s'étendent des deux côtés sur la terre, & ne poussent ordinairement qu'en Novembre, après que la tige des fleurs a paru: lorsque ses fleurs sont passées, ses feuilles croîssent jusqu'au printems & commencent à se flétrir dans le mois de Mai; de sorte que depuis le milieu de Juin jusqu'en Octobre, ses racines en sont entièrement privées.

Capensis. La douzieme, dont j'ai reçu les racines avec celles de la précédente, est aussi originaire d'Afrique. Ses fleurs aussi grosses, de la même forme & d'un rouge plus foncé que celles de la *Belladonna*, croîssent érigées, renfermées deux à deux dans chaque gaîne, & portées sur des tiges de deux pieds environ de hauteur; elle donne ses fleurs aux mois de Fevrier & de Mars. Ses feuilles, semblables à celles du *Pancratium Americain*, sont longues, étroites, sillonnées en creux dans la partie supérieure, où il y a une raie pâle coulant dans la longueur des feuilles, se flétrissent en été dans le même tems à-peu-près que celles de l'espece précédente, & reparoîssent dans la même saison.

Ces deux especes peuvent être traitées de même que l'*Amaryllis formosissima*, avec cette différence seulement qu'il faut les tenir en hiver dans une serre chaude d'une température modérée, parce que leurs racines ne supportent pas aussi bien le froid & les arrosemens.

Le meilleur tems pour transplanter ces racines, est à-peu-près le commencement d'Août, lorsque leurs feuilles sont entièrement flétries, & avant qu'elles poussent de nouvelles fibres; car il seroit alors très-dangereux de le déplacer.

Toutes ces fleurs à racines bulbeuses, se plaisent dans une terre douce & sablonneuse, mêlée d'une terre de jardin potager: il ne faut leur donner que peu d'eau, lorsque leurs feuilles sont flétries & que leurs racines ne sont pas dans un état d'accroîssement; car alors beaucoup d'humidité les exposeroit à pourrir; mais lorsqu'elles commencent à croître & qu'elles poussent leurs tiges de fleurs, on les arrose fréquemment &

légèrement à chaque fois. Les pots qui contiennent les espe-ces tendres, doivent être te-nus constamment dans la serre chaude, où il faut leur don-ner en été autant d'air libre qu'il est possible ; car quoique quelques-unes puissent être exposées en plein air pendant l'été, cependant elles n'y pro-fitent pas aussi bien, & ne fleu-rissent pas aussi constamment que celles qui sont traitées plus délicatement & suivant la maniere ci-dessus indiquée.

Belladonna. La cinquieme es-pece appelée *Lis belladonna*, a été apportée en Angleterre du Portugal, où les jardins abon-doient de ces fleurs il y a quel-ques années ; car leurs raci-nes se multiplient prompte-ment, sur-tout dans les pays où elles croissent en plein air. Les jardins d'Italie & princi-palement les environs de Flo-rence, sont aussi remplis d'une grande quantité de ces fleurs, qu'on vend pour orner les ap-partemens ; les Italiens les appellent *Lis de Belladonna* : cette plante y réussit si bien, qu'elle n'a pas besoin d'autre culture que celle qui est en usage pour le *Lis commun* ; & quoiqu'elle ne fleurisse pas avant le mois d'Août, cepen-dant elle y produit ordinaire-ment de bonnes semences, par le moyen desquelles on la mul-tiplie considérablement : mais en Angleterre elle exige plus de soin pour pouvoir être con-servée.

Les racines de cette espece ont été généralement plantées dans des pots, & placées sous un vitrage de couche pour le abriter des froids ; cette pré-caution est d'autant plus né-cessaire, que leurs feuilles qu' poussent en automne, & con-tinuent à croître pendant tout l'hiver, périssent nécessaire-ment si elles sont exposées à la gelée ; les racines elles-mêmes courent un risque égal, ou si elles échappent, elles en sont fort affoiblies : ce n'est qu'au moyen de cette culture qu'on est parvenu à les con-server ; mais elles n'ont pas fleuri constamment, & ont pro-duit peu de rejettons, de sorte que cette plante étoit deve-nue très-rare, & depuis quel-ques années il n'y en avoit presque plus en Portugal mê-me, parce que le *Lis de Saint Jacques* y ayant été introduit, on avoit négligé les autres dans la plupart des jardins. Les racines qui ont été apportées depuis peu de ce pays pour des *Lis de Belladonna*, n'étoient que des *Lis de Saint Jacques*.

C'est ici le lieu d'indiquer la méthode dont je me suis servi avec le plus grand suc-cès pendant plusieurs années pour la culture de cette plante : j'ai commencé par préparer une planche large de six pieds, auprès d'une muraille, à l'ex-position du sud-ouest, j'en ai ôté toute la terre à la profon-deur de trois pieds, j'ai mis en place du fumier bien pourri de l'épaisseur de six pouces, sur lequel on a étendu envi-ron vingt pouces d'une terre légere de jardin ; après l'avoir bien dressée & nivelée, j'y ai planté les racines à six pouces de distance, puis les ayant couvertes d'une terre légere & sablonneuse jusqu'à la hauteur de la planche, de sorte que la partie haute des racines se trouvoit à la profondeur de cinq à six pouces, j'ai mis encore à l'entrée de l'hiver trois pouces de tan pourri sur la planche entiere, pour empêcher la gelée de pénétrer dans la terre; quand la saison étoit plus vigoureuse, je couvrois encore les feuilles avec de la paille ou des nattes, afin de les conserver : au moyen de ce traitement, les racines se sont considérablement augmentées, & ont constamment fleuri chaque année. Quelques-unes ont poussé deux ou trois tiges de trois pieds environ de hauteur, & ont produit dans chaque ombelle plusieurs fleurs de la plus belle apparence pendant le mois d'Octobre : les feuilles poussent bientôt après, elles se conservent vertes pendant tout l'hiver & le printems, jusqu'au mois de Juin, tems auquel elles périssent. Alors il faut transplanter les racines, car si on les laissoit jusqu'en Juillet, elles auroient poussé de nouvelles fibres, &, en les remuant, on leur occasionneroit le plus grand dommage. Si on en plante quelques-unes dans une plate-bande chaude, près d'un mur, à l'exposition du midi, & dans une terre seche, elles y profiteront fort bien, sur-tout si on les couvre pendant les fortes gelées; elles y fleuriront & multiplieront beaucoup mieux que celles qui sont tenues dans des pots.

Sarniensis. La quatrieme espece, connue sous le nom de *Lis de Garnesey*, qui, depuis long-tems, est cultivée dans les jardins de Garnesey & Jersey, où elle paroît profiter aussi bien que dans son pays natal; & d'où elle est distribuée aux curieux de toutes les parties de l'Europe, est, à ce que l'on croit, originaire du Japon. On apporte ordinairement ici ses racines en Juin & Juillet; le meilleur tems pour les tirer de la terre, seroit aussi-tôt après que leurs fleurs sont flétries; mais quoique celles qui sont enlevées dans le tems que les tiges de fleurs commencent à paroître, ne laissent pas que de fleurir, cependant leurs fleurs ne sont pas si grosses, & leurs racines sont beaucoup plus foibles, que si elles avoient été déterrées avant qu'elles eussent poussé de nouvelles fibres.

Lorsque ces racines arrivent, il faut les planter dans des pots remplis d'une terre fraîche & sablonneuse, mêlée avec un peu de fumier pourri, & les placer à une exposition chaude, en observant de les arroser de tems en tems; mais, en général, on ne doit pas les trop mouiller, sur-tout avant qu'elles poussent, dans la crainte de pourrir leurs racines. Vers le milieu de Septembre, celles qui seront assez fortes pour fleurir, commenceront à montrer le jet de leurs tiges à fleurs, qui sont ordinairement rouges; alors il faut placer les pots à une expoſition dans laquelle elles puiſſent jouir des influences du ſoleil, & les mettre à l'abri des vents violens ; mais on ne doit pas les tenir trop près des murailles, ni ſous des vitrages qui feroient monter leurs tiges, les rendroient foibles, & diminueroient leur beauté : on les arroſe légèrement dans cette ſaiſon, quand le tems eſt ſec & chaud ; ſi, au contraire, il eſt humide & froid, on les met ſous un abri.

Quand les fleurs commencent à s'ouvrir, on met les pots à couvert, afin qu'elles ne ſoient pas gâtées par trop d'humidité ; mais il ne faut pas les tenir trop ſerrées, ni dans un lieu trop chaud, ce qui enleveroit la vivacité de leurs couleurs & les faneroit bientôt. Quand cette plante eſt bien traitée, ſes fleurs ſe conſervent un mois entier dans toute leur beauté ; & quoiqu'elles n'aient point d'odeur, cependant la richeſſe de leur couleur les fait mettre avec raiſon au premier rang des plus belles.

Comme dans cette eſpece les feuilles commencent à croître après que les fleurs ſont fanées, on favoriſe leur développement qui continue à ſe faire pendant tout l'hiver, en les mettant à l'abri du froid, & en les couvrant pendant les gelées & les grandes pluies, avec l'attention néanmoins de leur donner autant d'air qu'il eſt poſſible dans les tems doux : pour cet effet, on les met ſous un vitrage de couche ordinaire, que l'on enleve chaque jour en tems ſecs & couverts ; étant traitées ainſi, leurs feuilles acquéreront de la force & de la largeur ; mais ſi elles ſont placées dans une ſerre ſans être expoſées en plein air, elles deviendront longues & foibles, auront une couleur pâle & leurs racines s'affoibliront ; ce qui eſt ſouvent la cauſe qu'elles ne produiront point de fleurs.

On ne doit tranſplanter ces racines que tous les quatre ou cinq ans, vers la fin de Juin, ou au commencement de Juillet, tems auquel on les place dans une terre fraîche, en évitant de les remuer plus ſouvent, pour ne pas en retarder les fleurs ; on met les rejettons dans des pots, où ils fleuriront la troiſieme année : mais quand on poſſede un certain nombre de ces racines, on peut s'en procurer une grande quantité de fleuriſſantes, ſans ſe donner la peine d'en faire venir chaque année de Garneſey ; elles donneront même plus de fleurs que celles qui ſont apportées de ces iſles, où on ne les éleve pas avec beaucoup de ſoin. La méthode ordinaire des jardiniers de ce pays, eſt de les mettre à une grande diſtance les unes des autres, dans une planche de terre commune, & de les y laiſſer quelques années ; pendant ce tems elles produiſent un ſi grand nombre de rejettons, que ſouvent une ſeule grappe fournit plus de cent racines ; celles qui ſe trouvent dans l'intérieur, ſont alors si serrées par celles du dehors, qu'elles sont absolument applaties, & que toutes celles de la grappe entiere sont foibles & hors d'état de produire d'aussi grosses tiges de fleurs que celles qui ont crû simples, & qui ont eu assez d'espace pour se développer en rondeur.

Lorsqu'on possede un trop grand nombre de ces racines, pour pouvoir les conserver en pots, il est nécessaire de préparer une planche de terre dans quelqu'endroit bien abrité du jardin, dont on compose le sol d'un tiers de terre légere vierge ou de pâturage, de la même quantité de sable de mer, & d'autant d'un mélange formé de fumier pourri & de décombres de chaux criblés: après que le tout est bien mêlé, on en met environ deux pieds d'épaisseur dans la planche, que l'on éleve de quatre ou cinq pouces au-dessus de la surface du terrein, si la situation est seche, & de huit à neuf pouces si le lieu est humide: au commencement de Juillet on plante les racines sur cette planche, à six ou sept pouces de distance entr'elles; & pendant l'hiver, lorsque les gelées commencent à se faire sentir, on la couvre d'un vitrage ou de cerceaux garnis de nattes, pour empêcher que le froid ne pince les feuilles: mais au printems on ôte entièrement les couvertures. Durant l'été on tient constamment la planche nette de mauvaises herbes, & on remue de tems en tems la surface de la terre. Tous les ans, quand les feuilles sont flétries, on crible un peu de terre fraîche sur la planche, pour ranimer les racines, que l'on doit y laisser jusqu'à ce qu'elles soient assez fortes pour produire des fleurs; alors on peut les ôter & les mettre en pots, comme il a été prescrit ci-dessus, ou même les laisser fleurir dans la planche.

Les racines de ces plantes, ainsi que plusieurs autres especes de *Bulbes*, ne fleurissent pas l'année suivante; mais quand elles renferment deux boutons ou germes dans leurs centres, ce qui arrive souvent, elles fleurissent fréquemment deux fois en trois ans, après quoi elles sont plusieurs années sans produire de fleurs, & ne poussent que des rejetons.

AMBRETTE, *ou* CENTAURÉE. *Voyez* CENTAURIA. L.

AMBROSIE. *Voyez* AMBROSIA.

AMBROSIE, *ou* THÉ DU MEXIQUE. *Voyez* CHENOPODIUM AMBROSOIDES.

AMBROSIA. Ainsi appelé d'ἀ, privatif, & βροτὸς, mortel, parce que les Poëtes la donnent comme la nourriture des Dieux. [*Ambrosia.*] *Ambrosie.*

Caracteres. Cette plante a des fleurs mâles & femelles sur le même pied; les fleurs mâles sont composées de plusieurs fleurettes, renfermées dans un calice commun, d'une feuille unie, étendue & de la longueur des fleurettes, la fleurette eſt monopétale, en forme d'entonnoir, & découpée au bord en cinq parties; elle a dans le centre cinq petites étamines, couronnées par des sommets pointus & érigés. Les fleurettes femelles, placées ſous les mâles dans le même épi, ont un calice d'une feuille pointue & perſiſtant, mais ſans corolle, un germe placé dans le fond du calice, & ſoutenant un ſtyle mince, ſurmonté de deux ſtigmats longs & velus; le germe ſe change enſuite en une capſule dure ovale, à une cellule couverte des ſegmens aigus du calice, & renfermant une ſemence ronde.

Ce genre de plante eſt placé par LINNÉE dans la cinquieme diviſion de ſa premiere claſſe, intitulée: *Monoecia Pentandria*, ayant des fleurs mâles & femelles ſur le même pied, & dont les fleurs mâles ſont pourvues de cinq étamines.

Les eſpeces ſont:

1°. *Ambroſia maritima, foliis multifidis, ſpicis ſolitariis piloſis. Lin. Sp. Plant. 988*; Ambroſie avec des feuilles diviſées en pluſieurs parties, & des épis ſolitaires garnis de fleurs velues.

Ambroſia maritima. C. B. P. Ambroſie maritime.

2°. *Ambroſia elatior, foliis bipinnatifidis, racemis paniculatis terminalibus glabris. Hort. Cliff. 284*; Ambroſie avec des feuilles à doubles aîles, un épi de fleurs uni & clair, croiſſant à l'extrémité des branches.

Ambroſia maritima, foliis Artemiſiæ inodoris, elatior. Hort. L. 32.

3°. *Ambroſia trifida, foliis trilobis & quinque-lobis ſerratis. Lin. Sp. 988*; Ambroſie avec des feuilles à trois & cinq lobes, ſciés à leurs bords.

Ambroſia Virginiana maxima, Platani orientalis folio. Moriſſ. Hiſt. 3. P. 4. Abſinthe du Canada.

4°. *Ambroſia Artemiſi-folia, foliis bipinnatifidis, primoribus ramulorum indiviſis integerrimis. Lin. Sp. Plant. 988*; Ambroſie avec des feuilles à doubles aîles; & des feuilles entieres ſur les plus jeunes branches.

Ambroſia maxima inodora, Marrubii aquatici foliis tenuiter laciniatis, Virginiana. Pluk. Alm. 27. T. 10. Abſinthe de Virginie.

5°. *Ambroſia arboreſcens, foliis pinnatifidis hirſutis, racemis ſolitariis terminalibus, caule fruticoſo perenni*; Ambroſie à feuilles velues & ailées, avec des épis ſolitaires de fleurs croiſſans à l'extrémité des branches, & une tige vivace d'arbriſſeau.

Maritima. La premiere eſpece qui croît naturellement en Cappadoce, &c. Près des rivages de la mer, s'éleve à deux pieds & demi environ de hauteur, & pouſſe pluſieurs branches garnies de feuilles, diviſées en pluſieurs parties, qui répandent une odeur forte quand elles ſont maniées; les épis de fleurs, produits aux aiſſelles des tiges, ſont longs, ſimples, velus & ſeſſiles aux tiges; leur partie haute eſt garnie de pluſieurs fleurs mâles, & leur partie baſſe de fleurs femelles; après les fleurs, les femelles font fuivies d'une capfule dure, à feuilles, & à une feule cellule, dans laquelle eft renfermée une fimple femence ronde. Cette plante annuelle perfectionne rarement fes femences en Angleterre ; à moins qu'elle ne foit avancée au printems ; c'eft-pourquoi il faut la femer en automne dans une platebande chaude, & quand elle pouffe au printems, la tranfplanter dans une autre plate-bande chaude de mauvaife terre ; car dans un terrein riche & humide, elle deviendroit trop forte, & ne fleuriroit que tard dans la faifon : ainfi la meilleure méthode pour en obtenir des femences, eft de la planter dans des décombres, afin de l'empêcher de pouffer trop vigoureufement ; alors elle fleurira de bonne heure & fera forcée à produire de bonnes femences.

Quand les femences mûriffent & tombent naturellement à terre, les plantes pouffent au printems fuivant fans aucun foin; mais fi on les feme au printems, il eft rare qu'elles paroiffent la même année ; & elles reftent pendant un an en terre avant de germer. Cette plante n'a pas beaucoup de beauté, & on ne l'admet dans les jardins que pour la variété.

Elatior. La feconde nous vient des Ifles de l'Amérique, de la Caroline & de la Virginie. J'ai non-feulement reçu fes femences de ces deux derniers endroits, mais des caiffes de terres renfermant différentes plantes qui m'ont été envoyées de l'Amérique, en ont produit en abondance ; ce qui prouve que cette efpece n'eft guere qu'une herbe fauvage dans ces diverfes contrées. Elle s'éleve à la hauteur de plus de trois pieds, & fe divife en plufieurs branches garnies de feuilles aîlées de la forme de celle de l'*Armoife.* A l'extrémité des branches font produits des épis clairs de fleurs compofés d'un long épi au milieu, & de trois ou quatre plus courts fur les côtés ; ils font unis & garnis de fleurs mâles & femelles rangées comme celles de la précédente : les femelles font fuivies de femences qui ont auffi la même forme.

Cette efpece pouffe & profite en plein air en Angleterre; mais les plantes ainfi élevées ne produifent point de femences, à moins que la faifon ne foit chaude ; ainfi pour en avoir chaque année, il eft néceffaire de les cultiver de la maniere fuivante.

Après les avoir femées en Mars fur une couche de chaleur modérée, on les tranfplante, lorfqu'elles ont atteint la hauteur de deux pouces, fur une autre couche tempérée, à trois ou quatre pouces de diftance en quarré, en obfervant de les arrofer affez, & de les tenir à l'ombre jufqu'à ce qu'elles aient formé de nouvelles racines; après quoi on leur donne beaucoup d'air frais chaque jour, & quand le tems eft chaud, on les arrofe fouvent

vent : car ces plantes aiment beaucoup l'humidité. Lorſqu'elles ſont aſſez fortes, on les enleve en motte, on les met dans de grands pots remplis de terre légere, & on les place ſur une couche de chaleur moderée, juſqu'à ce qu'elles ſoient bien enracinées, pour les avancer & les faire fleurir. Vers la fin de Mai, on les expoſe à l'air avec les plantes dures & annuelles, parmi leſquelles elles feront variété : elles fleuriſſent en Juillet, & leurs ſemences mûriſſent en Septembre.

Trifida. La troiſieme eſpece, originaire de l'Amérique Septentrionale, où elle eſt fort commune, s'éleve ſouvent à la hauteur de huit à dix pieds, & même beaucoup plus, en pouſſant pluſieurs branches de côté, lorſqu'elle ſe trouve placée dans un ſol riche & humide, & qu'on l'arroſe ſouvent. Ses ſemences miſes en terre au printems, pouſſent rarement avant la même ſaiſon de l'année ſuivante; ainſi, quoiqu'on ne les voie point paroître d'abord, il ne faut point pour cela ſe preſſer de remuer la terre qui les contient. Lorſqu'elles commencent à croître, on peut en tranſplanter quelques-unes dans une terre humide & riche, à quatre ou cinq pieds d'intervalle de chaque côté, & ſi elles ſont ſouvent arroſées dans les tems ſecs, elles s'éleveront à une grande hauteur; mais il ſera néceſſaire de ſoutenir leurs tiges avec des bâtons, pour les garantir des ſecouſſes des vents violens, qui pourroient briſer leurs tiges. Les fleurs de cette plante ne ſont pas plus apparentes que celles du chanvre, auxquelles elles reſſemblent beaucoup, auſſi ne la conſerve-t-on en Botanique que pour la variété. Lorſque ſes ſemences mûriſſent & s'écartent, elles pouſſent au printems ſuivant, pourvu que la terre ne ſoit pas remuée; en les ſemant en automne, elles levent dans le même tems, & on peut les traiter comme on vient de le preſcrire.

Artemiſi-folia. J'ai reçu les ſemences de la 4e. eſpece de l'Amérique Septentrionale, où elle croît naturellement : ſa tige, diviſée en pluſieurs branches, eſt garnie au bas de feuilles entieres, & dans ſes parties hautes, de feuilles ſemblables à celles de la ſeconde eſpece, dont elle ne differe qu'en ce que les épis de ſes fleurs ſont produits aux aiſſelles des tiges : mais du reſte elle n'exige pas un traitement différent.

Arboreſcens. La cinquieme eſt originaire du Pérou, d'où M. de Juſſieu le jeune en a envoyé les ſemences au Jardin Royal à Paris; celles que je poſſede, & que je tiens de la générosité de ſon frere Bernard de Juſſieu, ont réuſſi dans le jardin de *Chelſea*, où elles donnent chaque année de très-bonnes ſemences.

Cette plante, élevée à la hauteur de dix à douze pieds,

porte une tige ligneuse & divisée en plusieurs branches garnies de feuilles velues, composées de plusieurs lobes aîlés, & placés alternativement; les épis de fleurs sont solitaires, velus, & situés à l'extrémité des branches; les fleurs femelles, placées au-dessous des mâles sur les mêmes épis, croissent en petites grappes de distance en distance : chaque calice a deux segmens longs & étroits qui s'élevent au-dessus de la capsule.

Cette espece est vivace, & peut se multiplier également par bouture & par semence. On plante les boutures pendant tous les mois de l'été dans une plate-bande à l'ombre, où, si elles sont souvent arrosées, elles poussent en un mois ou cinq semaines de tems des racines assez fortes pour pouvoir être enlevées & mises en pots; mais si on les laisse plus long-tems en pleine terre, elles croissent trop vigoureusement, & ne reprennent pas aussi aisément que si elles avoient été transplantées plutôt.

Ces plantes sont assez dures pour pouvoir être exposées en plein air pendant l'été, & passer l'hiver dans une serre commune, avec les myrthes & les autres plantes exotiques dures; par ce moyen elles subsisteront plusieurs années. Leurs racines, placées sans aucune couverture dans des plates-bandes chaudes, ont résisté en pleine terre pendant des hivers doux; mais les fortes gelées les ont détruites. Les semences de cette espece levent rarement la même année quand on les seme au printems; mais celles qui sont semées ou qui s'écartent naturellement en automne, levent & croissent dès le printems suivant.

AMELANCHIER. *Voyez* MESPILUS AMELANCHIER.

AMELANCHIER de Virginie. *Voyez* CHIONANTHUS.

AMELLUS. [*Star-Flower*] *Fleur étoilée.*

Caracteres. Le calice est commun, rond & écailleux; la fleur est composée & radiée; les fleurs hermaphrodites forment le disque, & les femelles les rayons : les hermaphrodites sont tubuleuses & découpées en cinq segmens; les femelles sont en forme de langue, & divisées en deux ou trois segmens : les premieres ont cinq étamines courtes, un germe oval, un style mince, & deux stigmats; les femelles leur ressemblent. Le calice de la fleur renferme ensuite une semence ovale, & couronnée d'un duvet velu.

Ce genre de plante fait partie de la seconde section de la dix-neuvieme classe de LINNÉE, intitulée : *Syngenesia polygamia superflua*; les fleurs de cette section étant composées de fleurettes hermaphrodites dans le centre, & de femelles dans la circonférence.

Les especes sont :

1°. *Amellus lychnitis, foliis oppositis, lanceolatis, obtusis, pedunculis unifloris. Lin. Sp. 1276;* Amellus à feuilles obtuses, opposées & en forme de lance, avec une fleur sur chaque pedoncule.

Buphthalmum foliis oppositis lanceolato-linearibus obtusis integerrimis, calicibus subrotundis. Hort. Cliff. 415.

Verberina asteroides. Sp. Pl. 1. P. 902.

2°. *Amellus umbellatus, foliis oppositis, triplinerviis, subtùs tomentosis, floribus umbellatis. Amœn. Acad. 5. P. 407;* Amellus à feuilles opposées, à trois veines, & cotonneuses en-dessous, avec des fleurs en ombelle.

Solidago villosa incana, foliis ovatis oppositis, caule assurgente subnudo tripartito, floribus subumbellatis. Brown. Jam. 320. T. 33. F. 2.

Lychnitis. La premiere espece, originaire du Cap de Bonne-Espérance, atteint la hauteur de deux ou trois pieds, & pousse latéralement plusieurs branches garnies de feuilles opposées en forme de lance, qui se terminent par des tiges de fleurs, ou pedoncules qui en soutiennent chacune une: ces fleurs, violettes, avec leur disque jaune, & d'une forme semblable à celle des *Aster*, paroîssent en Juillet & Août. La plante entiere est vivace, & se multiplie aisément par bouture, si on les place à l'ombre dans quelque mois d'été que ce soit, & si on les arrose à propos: quand elles ont pris racine, on les enleve en motte, & on les met en pots, afin de pouvoir les abriter pendant l'hiver, soit sous des chassis ordinaires, soit dans une serre où elles puissent avoir beaucoup d'air dans les tems doux, sans quoi elles fileroient & auroient peu de beauté.

Umbellatus. La seconde, naturelle au climat de la Jamaïque, pousse des tiges velues de deux pieds de hauteur, ainsi que des branches latérales garnies de feuilles ovales & opposées: ses fleurs, qui terminent les tiges, croîssent en petites ombelles, & ont peu d'apparence. On peut multiplier cette espece par ses semences, qu'on doit répandre sur une couche chaude au printems; quand les plantes sont assez fortes, on en met deux ou trois en pots, que l'on plonge dans une couche chaude de tan, pour les avancer, & leur faire produire des semences mûres en automne; sans cette précaution, elles exigeroient une serre chaude en hiver.

AMENTACÉE. Fleurs Amentacées, de *Amentum*, qui signifie un *cordon, chaton* ou *courroie.* On appelle ainsi celles qui sont rassemblées sur un cordon penché vers le bas en forme de chaton, que l'on nomme aussi *Iulus*; telles sont celles des *Saules*, des *Noyers*, des *Peupliers*, &c.

AMETHYSTE. *Voy.* AMETHYSTEA.

AMETHYSTE, espece de *Panicaud pourpre. Voy.* ERYNGIUM AMETHYSTINUM. L.

AMETHYSTEA. *Lin. Gen. 32. Amethystina Amman.*

Haller. [*Amethyst,*] *Amethyste.*

Caracteres. Le calice de la fleur eſt perſiſtant, en forme de cloche, & compoſé d'une ſeule feuille découpée aux bords en cinq ſegmens égaux & pointus : la corolle monopétale & labiée eſt diviſée au ſommet en cinq parties égales, la levre ſupérieure eſt érigée; ronde, concave & partagée en deux; la levre inférieure eſt ſéparée en trois parties, dont le ſegment du milieu eſt concave, de la même longueur que la levre ſupérieure, & les deux ſegmens de côté ſont plus courts & érigés : la fleur porte ſur ſa levre ſupérieure deux étamines minces, longues & couronnées de ſommets ronds; elle a un germe diviſé en quatre parties, placé dans le centre, & ſoutenant un ſimple ſtyle terminé par deux ſtigmats aigus. Après la fleur, le germe ſe change en quatre ſemences nues renfermées dans le calice.

Linnée place ce genre de plante dans la ſeconde claſſe intitulée : *Diandria Monogynia* qui renferme celles dont les fleurs ſont pourvues de deux étamines & d'un ſtyle.

Nous ne connoiſſons qu'une eſpece de ce genre; ſavoir :

Amethyſtea cœrulea. Hort. Ups. 9.

Amethyſtina montana erecta, foliis exiguis digitatis trifidis ſerratis, floſculis cum comâ e cœruleo janthinis. Amman. Ruth. 4; Amethyſte érigée de montagne, à petites feuilles diviſées en trois parties & ſciées, avec des têtes & des fleurs d'un bleu de jacinthe.

Cette eſpece qui croît dans les montagnes de la Sibérie, a fleuri dans le jardin impérial de Pétersbourg, où ſes graines ont été envoyées, & y a produit des ſemences mûres, dont j'ai reçu quelques-unes du Docteur Ammon. Elles ont réuſſi dans le jardin de *Chelſea*, où les plantes produiſent des ſemences chaque année.

Cette plante annuelle, dont la tige eſt droite & élevée d'environ un pied, porte vers ſon ſommet deux ou trois petites branches latérales, garnies de petites feuilles diviſées en trois parties, ſciées ſur leurs bords, & d'un verd très-foncé; les fleurs d'un bleu fin, de même que l'extrémité des branches, & les feuilles qui ſont immédiatement au-deſſous, ſont produites en petites ombelles à l'extrémité des branches; de ſorte que, malgré que les fleurs ſoient petites, cependant leur couleur jointe à celle du haut des tiges, forme une belle apparence. Les ſemences qui s'écartent, & celles que l'on ſeme en automne, produiſent au printems ſuivant des plantes qui fleuriſſent au commencement de Juin; mais celles du printems ne donnent de fleurs qu'au mois de Juillet; & même ſi la ſaiſon eſt ſeche, ces ſemences reſtent en terre pendant toute l'année; de maniere que le meilleur tems pour les ſemer eſt l'automne. Quand ces plantes pouſſent, elles n'exigent d'autre ſoin que d'être tenues nettes de mauvaiſes herbes, & éclaircies par-tout où elles ſont trop ſerrées ; & comme elles ne profitent pas lorſqu'elles ſont tranſplantées, il faut les ſemer où l'on veut qu'elles reſtent.

AMMANNIA. *Houſt. Nov. Gen. Lin. Gen. Plant.* 144. [*Ammania*].

Caractères. Le calice eſt oblong, érigé, perſiſtant, en forme de cloche, a quatre angles, & diviſé au bord en huit parties minces ; la fleur n'a point de pétales, mais quatre étamines minces, auſſi longues que le calice dans lequel elles ſont inſérées, & couronnées de ſommets doubles ; le germe gros, rond, & ſitué dans le centre, ſoutient un ſtyle court, & ſurmonté d'un ſtigmat ; le calice ſe change en une capſule ronde, a quatre cellules remplies de petites ſemences.

Ce genre de plantes eſt rangé par le Docteur LINNÉE dans ſa quatrieme claſſe intitulée : *Tetrandria Monogynia*, leurs fleurs ayant quatre étamines & un ſtyle.

Les eſpeces ſont :

1°. *Ammannia lati-folia, foliis ſemi-amplexicaulibus, caule tetragono. Hort. Cliff.* 344 ; Ammannia à tige quarrée, avec des feuilles embraſſant les tiges à moitié.

Ammannia paluſtris, caule quadrangulari, foliis anguſtis. Houſt. MSS.

Iſnardia, foliis ſeſſilibus lanceolatis quaſi auritis, floribus ternis. Brown. Jam. 148.

Aparines, folio anomalo, vaſculo ſeminali rotundo, ſemine minutiſſimo. Sloan. Hiſt. 1. *P.* 44. *T.* 7. *F.* 4.

2°. *Ammannia ramoſior, foliis ſubpetiolatis, caule ramoſo. Lin. Sp. Plant.* 120. Ammannia avec des feuilles ſur de courts pétioles, & une tige branchue.

Ludvigia aquatica erecta, caule rubente, foliis ad genicula binis longis anguſtis hyſſopi inſtar, flore tetrapetalo albo. Clayt. 774.

3°. *Ammannia baccifera, foliis ſubpetiolatis, capſulis calice majoribus coloratis. Lin. Sp. Plant.* 120 ; Ammannia avec des feuilles à courts pétioles, & une capſule colorée, plus groſſe que le calice de la fleur.

Anonymos. Linariæ folio, Orientalis, Gallii lutei flore, herba capſularis verticillata. Pluk. Alm. 33.

Lati-folia. La premiere eſpece croît naturellement dans les lieux humides de la Jamaïque, d'où ſes ſemences qui ont été envoyées en Angleterre par le Docteur HOUSTON, ont réuſſi à *Chelſea*, & ont été de-là diſtribuées dans la plupart des jardins botaniques de l'Europe.

Sa tige quarrée, ſucculente, & de la même couleur que le reſte de la plante, s'éleve à un pied & demi environ de hauteur ; ſes feuilles d'un verd pâle, longues, étroites, de la conſiſtance de celles du pourpier, & portées en triangle, croiſſent dans toute la longueur de la tige, dont elles embraſſent la moitié avec leurs bâſes :

ses fleurs sont produites autour des tiges, en têtes rondes, & en grappes aux nœuds où les feuilles adhérent; elles n'ont point de pétales, & sont sans apparence; bientôt après elles sont suivies de capsules rondes remplies de petites semences.

Cette plante doit être élevée sur une couche chaude au printems, & reportée ensuite sur une autre pareille pour la faire avancer. Lorsqu'elle a acquis de la force, on la met en pot, que l'on remplit d'une terre riche & légere; on la place sous un châssis, en observant de la tenir à l'ombre jusqu'à ce qu'elle ait formé de nouvelles racines; ensuite on la tient dans une caisse de vitrage, ou dans la serre chaude, pour mûrir ses semences, parce qu'elle est trop tendre pour profiter en plein air dans ce pays, à moins que l'été ne soit très-chaud.

Ramosior. La seconde espece, originaire de la Virginie & de la Caroline, est une plante annuelle, qui s'éleve à un pied de hauteur; ses tiges rouges & succulentes poussent des branches latérales opposées; ses fleurs produites simples aux aisselles sur la partie basse des branches du sommet, sont disposées en forme de grappes, & n'ont point de beauté; de maniere qu'on ne conserve cette plante dans les jardins botaniques que pour la variété: elle perfectionne ses semences en plein air, quand on l'éleve sur une couche chaude au printems, & qu'on la place ensuite dans une platebande d'une exposition chaude.

Baccifera. La troisieme qui croît sans culture dans la Chine, s'éleve rarement à plus de trois pouces de hauteur; ses feuilles sont placées opposées sur les branches, & ses fleurs sont produites en têtes rondes aux aisselles de la tige. Comme cette plante n'a point d'apparence, on la cultive peu dans les jardins: elle doit être élevée sur une couche chaude au printems, & traitée de la même maniere que la premiere espece, si l'on veut que ses semences mûrissent en Angleterre.

AMMI. "Αμμι. *Gr.* [*Bishop's-weed*] *Herbe à l'Evêque. L'Ammi.*

Caracteres. Cette plante est à ombelles; la grande ombelle est composée de plusieurs plus petites disposées en rayons: l'enveloppe extérieure est composée de plusieurs feuilles étroites & pointues, presque de la longueur de l'ombelle; les petites ombelles ont une enveloppe courte à plusieurs feuilles; les corolles irrégulieres ont chacune cinq pétales en forme de cœur, dont ceux des rayons extérieurs sont larges & inégaux dans leur grandeur, & ceux du centre qui composent le disque à-peu-près égaux: les fleurs portent cinq étamines minces, couronnées de sommets ronds. Dans le centre du calice est placé un germe qui soutient deux styles réfléchis, & surmontés par des stigmats obtus: le germe se change en un petit fruit rond & cannelé, composé de deux semences unies en-dedans, & convexes au-dehors.

Linnée place ce genre de plante dans la seconde section de sa cinquieme classe intitulée: *Pentandria Digynia*, qui comprend celles dont les fleurs ont cinq étamines & deux styles.

Les especes sont:

1°. *Ammi majus, foliis inferioribus pinnatis, lanceolatis, serratis; superioribus multifidis linearibus. Hort. Ups. 59.* Ammi dont les feuilles du bas sont aîlées, en forme de lance, & sciées, & les feuilles du haut divisées en plusieurs segmens étroits.

C'est *l'Ammi majus. C. B. P. 159. Ammi vulgare. Dod. Pempt. 415;* L'Ammi ordinaire.

2°. *Ammi glaucifolium, foliorum omnium lacinulis lanceolatis. Guett. 2. P. 433;* Ammi dont toutes les feuilles sont découpées en forme de lance.

Ammi petræum glaucifolium perenne. Moriss. Hist. 3. P. 295.

Daucus petræus glaucifolius. Bauh. Hist. 3. P. 58.

Majus. La premiere espece qui est annuelle a une variété, dont Jean Bauhin a fait mention comme d'une espece distincte, sous le titre d'*Ammi majus foliis plurimùm incisis & nonnihil crispis;* mais comme j'ai souvent obtenu cette variété par les semences de la premiere, je n'en ai pas parlé comme d'une espece distincte.

Cette plante ayant été semée en automne dans les places où elle doit rester, on houe la terre au printems pour en détruire les mauvaises herbes; on éclaircit les jeunes tiges, de la même maniere qu'on le pratique pour les corolles, en laissant entr'elles quatre, cinq, & même six pouces de distance, si la terre est bonne; parce qu'étant devenues grosses, elles couvriront le terrein: après quoi elles n'exigeront plus d'autre soin que d'être débarrassées des herbes nuisibles qui pourroient croître aux environs. Ces plantes fleurissent en Juin; & leurs semences qui mûrissent en Août, tombent & s'écartent aussi-tôt, si elles ne sont promptement recueillies.

Ces semences sont d'usage en Médecine; & en les traitant comme nous venons de le dire, on peut s'en procurer une grande quantité; car cette plante croît dans quelque situation ouverte que ce soit; mais elle profite mieux dans une terre légere & sablonneuse. Quand on attend au printems pour la semer, elle pousse rarement la même année; &, si elle sort de terre, elle reste foible, & produit peu de semences. (1).

---

(1) On distingue en Médecine deux especes d'Ammi, l'une commune & l'autre venant de l'isle de Candie & du Levant; cette derniere est généralement préférée, quoiqu'elle ne soit point différente de la premiere, mais parce que ses semences contiennent des principes plus actifs & plus abondans.

Ces semences fournissent par l'analyse une petite quantité d'hui-

Glauci-folium. La seconde espece est une plante vivace, que l'on conserve dans les jardins de botanique pour la variété ; mais comme elle a peu de beauté, on ne la cultive point ailleurs; on la seme en automne comme les précédentes : & pour la même raison, elle croît dans toutes les situations ouvertes; mais un sol humide lui convient mieux que tout autre : elle périt difficilement.

AMMI PERENNE. *Voyez* SIUM FALCARIA. *Hort. Cliff.*

AMMOME, *ou* LE LISON, *Voyez* SIUM AMOMUM.

AMOMUM, *ou* MORELLE CERISETTE. *Voyez* SOLANUM PSEUDO-CAPSICUM.

AMOMUM. *Lin. Gen. Plant.* 2. *Zingiber. C. B. P.* 35. [*Ginger.*] *Gingembre.*

Caracteres. Les fleurs ayant chacune une double gaîne, sont recueillies dans un épi écailleux : la gaîne extérieure couvre étroitement l'écaille, & l'intérieure entoure le tube de la fleur avec les parties de la génération : la corolle est monopétale, tubuleuse à sa bâse, & divisée au bord en trois parties, dont celle du milieu est plus longue & plus large que les autres : dans l'intérieur est situé un nectaire gros & oblong; deux étamines minces, couronnées de

---

le éthérée, & presque la moitié de sa masse de substance résineuse-gommeuse. La gomme séparée de la résine n'a qu'une odeur foible, balsamique, & un dégré très-léger d'amertume, tandis que la résine possede une saveur forte, âcre, amere & aromatique, à raison de la petite quantité d'huile éthérée qu'elle retient. L'odeur aromatique paroît donc résider uniquement dans l'huile éthérée ; mais comme cette huile est très-volatile, elle se dissipe presque entièrement lorsqu'on veut réduire l'infusion de ces graines jusqu'à la constance d'extrait : de maniere que, pour les faire jouir de toutes leurs vertus médicales, il est nécessaire de les donner en substance ou en infusion froide vineuse.

Les graines d'Ammi sont mises au nombre des quatre semences chaudes mineures, elles sont fortement carminatives, emménagogues, discussives, échauffantes, fortifiantes & stomachiques ; elles entrent dans les infusions carminatives, dans le syrop de bétoine composé, dans la poudre *Diacalaminthes* ; dans celle *Diacymini*, de NICOLAS D'ALEXANDRIE ; dans la *Dianacca magna*, de MESUE ; dans l'*Aurea Alexandrina*, du même Auteur ; dans l'*Electuaire des baies de laurier*, de RHASIS ; & dans l'*Emplâtre*, de MELILOT.

Leur dose, lorsqu'on les fait prendre en substance, est depuis quelques grains jusqu'à un scrupule, & en infusion vineuse, depuis douze grains jusqu'à un demi-gros.

Si on consulte MATHIOLE, FREITAG, SIMON PAULI, &c. on verra qu'ils attribuent à ces graines une grande vertu utérine propre à faire concevoir les femmes stériles. Suivant eux, il faut les faire prendre en poudre à la dose d'un gros, dans du lait ou du vin, trois heures avant le dîner, & réitérer ce remede quatre fois de suite de deux jours l'un ; mais ils observent, comme une précaution essentielle, d'empêcher le mari d'habiter avec sa femme tant qu'elle en fait usage.

ſommets courts & épais, s'élevent du tube : au-deſſous du réceptacle de la fleur eſt placé un germe rond, qui ſoutient un ſtyle ſimple, auſſi long que le tube de la fleur, & ſurmonté d'un ſtigmat velu. Après la fleur, le germe ſe change en une gouſſe ovale & triangulaire, qui s'ouvre en trois parties, & renferme pluſieurs ſemences.

Quoique LINNÉE ait placé ce genre de plante dans ſa premiere claſſe, intitulée : *Monandria Monogynia*, il devroit faire plutôt partie de ſa ſeconde ; car les fleurs à un ſeul ſtyle ont deux étamines dont l'une eſt jointe au ſegment ſupérieur de la fleur. Ce qui a cauſé l'erreur, c'eſt qu'elle perd bientôt ſon ſommet, & qu'elle paroît alors n'être plus qu'un ſegment ; ce que j'ai vu dans les fleurs que j'ai examinées.

Les eſpeces ſont :

1°. *Amomum zingiber, ſcapo nudo, ſpicâ ovatâ. Hort. Cliff. 3 ;* Gingembre avec une tige nue, & un épi de fleurs ovale.

Zingiber. C. B. P. 35. Gingembre.

Inſchi. Rheed. Mal. 11. P. 21. T. 12.

2°. *Amomum Zerumbet, ſcapo nudo, ſpicâ oblongâ, obtuſâ. Hort. Cliff. 3.* Gingembre avec une tige nue, & un épi de fleurs oblong & émouſſé.

Zingiber lati-folium ſylveſtre. Hort. Lugd. 636 ; Gingembre ſauvage à feuilles larges, appellé *Zerumbet.*

Lampujum. Rhumph. Amb. 5. P. 148. T. 64. F. 1.

Kâtou - inſchi - kua. Rheed. Mal. 11. P. 27. T. 13.

3°. *Amomum cardamum, ſcapo bracteis alternis laxis, caule foliorum altiſſimo ;* Gingembre avec des tiges de fleurs ſerrément & alternativement branchues, dont les petioles ſont très-élevés.

Elettari. Reed. Mal. 11. T. 6. P. 9.

Zingiber. La premiere eſpece, ou le *Gingembre ordinaire*, qu'on cultive dans la plupart des iſles de l'Amérique, comme objet de commerce, vient originairement des Indes Orientales, & de quelques parties des Indes Occidentales, où on le trouve croîſſant naturellement & ſans culture. Les racines ſeches de cette eſpece fourniſſent une exportation conſidérable des Colonies Britanniques de l'Amérique : on en fait un grand uſage dans la Cuiſine, ainſi que dans la Médecine ; & lorſqu'elles ſont fraiches, & confites au ſucre, elles ſont préférables à toute autre eſpece de confiture.

Ces racines noueuſes s'étendent & s'écartent dans la terre, d'où elles pouſſent au printems pluſieurs tiges vertes ſemblables à des roſeaux, qui s'élevent à la hauteur de deux pieds & demi, & ſont garnies de feuilles étroites qui embraſſent ſerrément les tiges de leurs bâſes : les tiges de fleurs s'élevent immédiatement à côté de la racine ; elles ſont nues, & ſe terminent en un épi oblong & écailleux ; il ſort de chaque écaille une ſeule fleur bleue, dont les pétales ſurpaſſent ſeulement un peu l'écaille qui l'enveloppe. Ces fleurs paroiſſent en Septembre, & un mois environ après, les tiges périſſent entierement; de ſorte que les racines reſtent dans l'inaction pendant trois ou quatre mois.

Zerumbet. La ſeconde eſt une production du climat chaud des Indes Orientales; ſes racines, beaucoup plus groſſes que celles de la premiere, ſont garnies de nœuds de la même forme; ſes tiges s'élevent à la hauteur de trois ou quatre pieds, avec des feuilles oblongues, alternes, & amplexicaules: celles des fleurs ſortent immédiatement de la racine, & ſont terminées par des têtes oblongues, mouſſeuſes & écailleuſes. Il paroit à chaque écaille une ſeule fleur blanche dont la corolle s'étend conſidérablement au-delà de l'écaille qui lui ſert d'enveloppe: ces fleurs paroiſſent en Septembre, & toutes les tiges périſſent en Novembre, de même que celles de la précédente.

La troiſieme eſpece, dont les racines ſont épaiſſes, charnues, & pareilles à celles du grand *Iris glayeul*, pouſſe au printems pluſieurs tiges vertes ſemblables à celles des roſeaux, élevées à la hauteur de ſept à huit pieds, & garnies de feuilles très-longues, étroites & alternes, qui embraſſent étroitement les tiges. Les tiges périſſent elles-mêmes tout-à-fait en automne, & les nouvelles ſortent des racines au printems. Cette plante n'a pas juſqu'à préſent produit de fleurs en Angleterre; cependant ſes racines y profitent & augmentent beaucoup lorſqu'elles ſont traitées convenablement.

Culture. Toutes ces plantes ſont tendres, délicates, & exigent une ſerre chaude pour ſubſiſter en Angleterre: on les multiplie aiſément en partageant leurs racines; le tems le plus propre pour cette opération eſt le printems, avant qu'elles pouſſent de nouveaux rejettons; car il ne faut pas les tranſplanter en été, lorſqu'elles ſont en pleine vigueur; & elles ne réuſſiſſent pas non plus auſſi bien, quand on les change de pots en automne, parce que, reſtant long-tems après dans un état d'inaction, elles ſont ſujettes à pourrir, ſi l'humidité attaque leurs racines. Lorſqu'on veut les multiplier, on ne doit pas les diviſer ni les couper en trop petits morceaux, ſur-tout ſi on les deſtine à produire des fleurs; car elles n'en donneront que lorſqu'elles ſe feront étendues juſqu'aux côtés des pots; c'eſt auſſi pour cette raiſon qu'on doit éviter de leur en donner de trop grands.

Ces plantes, pour bien profiter, exigent une terre riche & légere, telle qu'on peut la trouver dans un jardin potager; après en avoir remplis les pots juſqu'à deux pouces du bord, on place les racines au milieu, en obſervant de mettre leurs couronnes en haut, & de remplir les pots de la même terre; puis on les plonge dans une couche chaude de tan, & on les arrose légèrement jusqu'à ce que leurs tiges paroîssent: alors elles auront besoin de plus d'humidité, sur-tout pendant les grandes chaleurs; mais en automne on ne les arrose plus si souvent ni si abondamment, & pendant l'hiver, lorsque les racines sont dans l'inaction, on ne donne que très-peu d'eau.

Il est absolument nécessaire de laisser constamment ces pots dans la couche de tan, & de ne jamais les placer sur les tablettes de la serre chaude, si on veut éviter que les fibres ne se rétrecissent, & que les racines elles-mêmes ne périssent: en les cultivant ainsi, je les ai fort multipliées; le Gingembre ordinaire a produit des racines qui pesoient cinq ou six onces; mais les autres se sont augmentées jusqu'au poids de près d'une livre.

AMOMUM. PLINII. *Voy.* SOLANUM PSEUDO-CAPRICUM. L.

AMOMOM BASTARD, *des Boutiques. Voyez* SISON AMOMUM. L.

AMORIS POMUM. *Voyez* LYCOPERSICON.

AMORPHA. *Lin. Gen. Plant.* 768. [*Bastard Indigo*,] *Indigo bâtard.*

Caracteres. Le calice de la fleur est persistant, composé d'une seule feuille tubuleuse, cylindrique, & divisée au bord en cinq petites parties obtuses; la corolle est papillonnacée; l'étendard est petit, concave, érigé & inséré entre les deux segmens supérieurs & le calice; la fleur a dix étamines d'une longueur égale, jointes à leurs bâses, & couronnées de sommets: dans le centre est situé un germe rond, soutenant un style en forme d'alêne, de la longueur des étamines, & surmonté d'un stigmat simple: le germe devient ensuite une cosse recourbée en forme de croîssant, & a une cellule renfermant deux semences en forme de reins.

Ce genre est placé par LINNÉE dans sa septieme classe, intitulée: *Diadelphia Decandria*, renfermant les plantes dont les fleurs ont dix étamines, savoir: neuf jointes & une séparée.

Nous ne connoissons qu'une espece de ce genre. Qui est:

Amorpha fruticosa. Hort. Cliff. 353; Indigo bâtard.

Barba Jovis Americana, pseudo-Acaciæ foliis, flosculis purpureis minimis. Cat. Hort. Chelsea. 11.

Cet arbrisseau croît naturellement dans la Caroline, où les habitans faisoient autrefois un indigo commun avec ses jeunes rejettons; ce qui lui a fait donner le nom d'*Indigo bâtard*; il pousse plusieurs tiges irrégulieres de douze ou quatorze pieds de hauteur, garnies de feuilles fort longues, aîlées & semblables à celles de l'*Acacia commun*; ses fleurs, produites en épis longs & minces, à l'extrémité des rejettons de la même année, sont petites & d'un pourpre foncé, tirant sur le violet; ses étamines sont placées au-delà des pétales,

& couronnées de sommets jaunes; après la fleur, le germe se change en un légume court, renfermant deux semences en forme de reins, qui ne mûrissent point en Angleterre.

Les semences de cette plante ont été envoyées par M. MARK CATESBY, en 1724, de la Caroline en Angleterre, où elles ont beaucoup produit dans les jardins des environs de Londres; leur accroîssement est prompt, & plusieurs ont poussé des fleurs en trois ans. A présent elle est devenue très-commune dans tous les jardins & les pépinieres, où on la cultive comme arbrisseau à fleurs, pour servir d'ornement dans les bosquets. On la multiplie généralement au moyen des semences envoyées chaque année en Angleterre des différentes parties de l'Amérique Septentrionale, où cet arbrisseau se trouve: les *marcottes* poussent aussi de bonnes racines dans une année, & peuvent être alors enlevées & plantées en pépinieres, ou dans les places qui leur sont destinées: cet arbrisseau poussant une grande quantité de gros rejettons, est trés-difficile à enlever, si on le laisse plus d'un an dans la pépiniere; il exige une situation abritée, afin que ses branches ne soient pas brisées par les vents; & comme ses rejettons sont gros & tendres, leurs parties hautes sont généralement détruites par les gelées de l'hiver; mais il en repousse au printems suivant une grande quantité d'autres au-dessous de la partie détruite (1).

AMPHITHÉATRE. Ἀμφιθέατρον, de ἀμφὶ, *autour*, & θεάομαι, *voir ou regarder*.

Ce sont de doubles élévations dressées pour la vue, qui font ornement dans les grands jardins, sur-tout quand ils sont construits en forme demi-circulaire.

Ces Amphithéâtres sont quelquefois figurés en arbres verds, tels que *Houx*, *Phyllirea*, *Lauriers-thym*, *Lauriers*, &c. de maniere que les arbrisseaux d'un crû bas soient sur le devant, & les arbres les plus élevés placés derriere, comme les *Pins*, *Sapins*, *Cedres du Liban*, &c.

On les construit aussi en gazon sur des penchans de montagnes ou de collines; mais à présent ce genre d'ornement est entièrement rejetté par les personnes de bon goût, parce que les pentes douces & naturelles d'une colline sont infiniment plus belles que les coupes roides & angulaires que figurent ordinairement ces Amphithéâtres.

AMYGDALUS. *Lin. Gen. Plant.* 545. Ἀμύγδαλος, *gr.* [*Almond-tree*,] *Amandier*.

Caracteres. Le calice est tu-

(1) En 1780 & 81, les semences de cet arbrisseau sont parvenues à une parfaite mâturité dans dans les jardins près de Metz, appartenans à M. le Président de CHAZELLES, & elles ont procuré un grand nombre de plantes.

buleux & formé d'une feule feuille, découpée au bord en cinq fegmens aigus ; la corolle a cinq pétales ovales, obtus, concaves & inférés dans le calice ; le germe, fitué dans le centre de l'extérieur de la fleur, eft rond, velu, & foutient un ftyle fimple de la longueur des étamines, & couronné par un ftigmat rond, qui eft accompagné d'un grand nombre d'étamines minces & érigées, qui, dans plufieurs efpeces, ne font pas auffi longues que les pétales de la fleur ; elles font terminées par des fommets minces : après la fleur, le germe devient un fruit ovale, comprimé, gros & couvert d'une enveloppe mince, dure, velue, & marquée d'un fillon longitudinal ; cette enveloppe s'ouvre, tombe & laiffe à découvert une noix ovale & comprimée, fillonnée, brodée en maniere de filet, & renfermant une fimple femence de la même forme.

Linnée a joint à cette plante le genre des *Perfica* ou le *Pêcher*, en faifant feulement différentes efpeces ; il les a rangés dans fa douzieme claffe, intitulée : *Icofandria Monogynia*, dont les fleurs qui la compofent ont depuis vingt jufqu'à trente étamines inférées dans le calice.

Les efpeces font :

1°. *Amygdalus communis, foliis petiolatis, ferratis, petalis florum emarginatis ;* Amandier à feuilles fciées & petiolées, dont les pétales des fleurs font dentelées.

Amygdalus fativa. C. B. P. 441 ; Amandier commun.

Amygdalus amara. Tourn. Inft. 627.

2°. *Amygdalus dulcis, foliis petiolatis, marginibus crenatis, corollis calice vix longioribus ;* Amandier à feuilles crennelées fur les bords, & fupportées par des petioles, avec des corolles à peine plus longues que le calice.

Amygdalus dulcis, putamine molliori. C. B. P. 441. Ordinairement appelé *Amandier du Jourdain*, dont l'amande eft douce & la coque tendre.

3°. *Amygdalus fativa, foliis lineari-lanceolatis, acuminatis, marginibus crenatis ;* Amandier à feuilles pointues, étroites, en forme de lance, & crennelées fur leurs bords.

Amygdalus fativa, flore albo.

4°. *Amygdalus Orientalis, foliis lanceolatis integerrimis, argenteis, perennantibus, petiolo breviore ;* Amandier à feuilles en forme de lance, très-entieres, argentées, & durant tout l'hiver, avec des petioles fort courts.

Amygdalus Orientalis, foliis argenteis fplendentibus. Duhamel.

5°. *Amygdalus nana, foliis petiolatis, ferratis, bafi attenuatis ;* Amandier à feuilles fciées, petiolées, & étroites à leur bâfe.

Amygdalus Indica nana. Pluk. Alm. 28. T. 11 ; Amandier nain à fleurs folitaires.

Communis. La premiere efpece eft l'*Amandier commun*, que l'on cultive plus pour la beauté de fes fleurs que pour fon fruit : on en connoît deux variétés, l'une à amandes douces, & l'autre à amandes amères;. toutes, deux sont produites par les fruits du même arbre.

Dulcis. La seconde, dont on apporte souvent les amandes en Angleterre, est ordinairement connue sous le nom d'*Amandier du Jourdain*; la coque de ses fruits est tendre, & contient une amande grosse & douce; ses feuilles, crennelées sur les bords, sont plus larges, plus courtes, & croissent beaucoup plus serrées que celles de l'espece commune; ses fleurs sont fort petites, & d'une couleur pâle tirant sur le blanc. J'ai souvent élevé de ces arbres, en plantant des amandes qui venoient des pays étrangers, & je les ai toujours trouvés différens de l'*Amandier commun.*

Sativus. La troisieme, avec des feuilles étroites terminées en pointes aiguës, & sciées à leurs bords, porte des fleurs blanches beaucoup plus petites que celles de l'*Amandier commun*; ses bourgeons sont aussi plus petits, & ses nœuds placés plus près & plus serrés que ceux de l'espece ordinaire. Cet arbre n'étant pas aussi dur que les autres, il ne profitera pas s'il n'est placé à une exposition chaude : il fleurit de bonne heure au printems, & produit rarement du fruit en Angleterre. J'en ai cependant recueilli dans certaines années favorables sur un vieux arbre en espalier placé contre une muraille à l'exposition du sud-ouest; les amandes étoient fort savoureuses, mais elles étoient petites.

Orientalis. La quatrieme espece, dont le fruit a été envoyé à M. le Duc d'Ayen en France, & planté à Saint-Germain dans les jardins curieux de ce Seigneur, croît dans les environs d'Alep. Les plantes provenues de ces amandes ont produit du fruit qui a été trouvé excellent : on m'a envoyé plusieurs de ces arbres qui ont réussi dans le jardin de *Chelsea*, où ils ont supporté le plein air pendant quelques années contre une muraille sans aucune couverture : les feuilles de cet arbre sont argentées, & fort semblables à celles de l'*Atriplex*, ou *Pourpier de mer;* elles se conservent toute l'année : ses fleurs sont fort petites, & n'ont point été suivies de fruits jusqu'à présent en Angleterre. Je ne puis donner d'autre détail de ses différences avec les especes connues.

Nana. La cinquieme, qui est fort commune dans les pépinieres des environs de Londres, & ordinairement vendue avec les arbrisseaux à fleurs, pour servir d'ornement dans les jardins, ne s'éleve guere qu'à trois pieds de hauteur : elle pousse plusieurs branches latérales, & ses racines produisent un grand nombre de rejettons, au moyen desquels on peut la multiplier aisément; mais il est essentiel de les retrancher tous les ans, sans quoi ils affoibliroient & détruiroient les vieilles plantes : comme ces mêmes rejettons en donnent aussi d'autres par leurs racines, les plantes provenant de marcottes leur sont bien préférables. Cet arbrisseau fleurit en Avril, & alors toutes ses jeunes branches sont couvertes de fleurs de la couleur de celles des *Pêchers* ; ce qui fait un effet agréable, lorsqu'il se trouve parmi d'autres arbrisseaux de la même saison.

Culture. L'*Amandier commun*, qu'on cultive dans toutes les pépinieres, est recherché a cause de la beauté de ses fleurs, qui paroissent souvent en Février, lorsque le printems est précoce; mais si la gelée survient après, ses fleurs sont bien-tôt détruites, & leur beauté est de peu de durée ; dans ce cas, il n'y a guere d'Amandiers qui produisent du fruit; mais ce fruit manque rarement, & donne en abondance lorsque ces arbres ne fleurissent qu'en Mars. Plusieurs de ces fruits étant verds, sont fort doux & bons à manger ; mais ils ne se conservent pas long-tems ainsi.

On multiplie cette espece en greffant un bourgeon dans le mois de Juillet sur *Pruniers*, *Amandiers*, ou *Pêchers*. (Voyez pour cette opération l'article INOCULATION OU GREFFE). Au printems suivant, lorsque les boutons commencent à pousser, on peut l'élever à plein vent ou en espalier, suivant l'idée du propriétaire, quoique la méthode ordinaire soit de greffer cet arbre à la hauteur que l'on veut l'avoir. La seconde année après la greffe, on peut le placer dans le lieu qui lui est destiné, en choisissant pour cette opération le mois d'Octobre, lorsque les feuilles commencent à tomber, si le terrein est sec ; & le mois de Février, si celui qu'on lui destine est humide. Il doit être greffé sur *Prunier* pour une terre humide, & sur *Amandier* ou *Pêcher* pour une terre seche (1).

---

(1) Les Amandes tant douces que celles qui sont ameres, sont d'un usage fréquent en Médecine; on en tire par expression une huile très-douce & très-calmante, qu'on applique en linimens, & qu'on fait entrer dans toutes les potions où les corps gras sont indiqués ; mais cette huile si douce est extrêmement sujette a se rancir, & à contracter une âcreté pernicieuse lorsqu'elle est conservée trop longtems, ou qu'on l'a extraite d'amandes vieilles & altérées : cette grande facilité à se rancir doit en faire bannir l'usage dans toutes les maladies inflammatoires & dans celles où la fievre excite une chaleur considérable; prise dans ces circonstances, elle s'altere dans le corps avec la plus grande facilité, & produit par son acrimonie les effets les plus funestes. Les Amandes amères fournissent une huile aussi douce que les autres, parce que leur amertume réside uniquement dans la petite quantité d'huile éthérée & de résine qu'elles contiennent, mais elles ne sont point également propres à former de bonnes émulsions.

Lorsqu'on écrâse des Amandes dans un mortier de marbre, & qu'on y mêle une certaine quantité d'eau, on obtient un lait végétal ou une émulsion qui possede

AMYRIS. *Voyez* TOXICODENDRON PINNATUM.

ANACAMPSEROS. *Voyez* SEDUM & RHODIOLA. L.

ANACARDIUM. *Lin. Gen. Plant.* 467. *Acajou. Tourn. Inst. R. H.* 658. *Tab.* [*Cashew-nut*,] *Noix d'Acajou. Acajou* ou *Pommier d'Acajou.*

Caracteres. Une feuille érigée & découpée aux bords en cinq segmens aigus, forme le calice de la fleur; la corolle monopétale, a un tube court, & divisé au sommet en cinq parties réfléchies plus longues que le calice; la fleur a dix étamines aussi longues que la corolle, & couronnées de petits sommets : dans le centre est placé un germe rond soutenant un style en forme d'alêne, & surmonté d'un stigmat aigu : le germe se change ensuite en un fruit gros, ovale & charnu, ayant une noix en forme de rein à son sommet.

Ce genre de plantes est rangé par LINNÉE dans la premiere section de sa dixieme classe, intitulée : *Decandria Monogynia* dont les fleurs ont dix étamines & un simple style.

Nous n'avons qu'une espece de ce genre, qui est :

L'*Anacardium Occidentale. Hort. Cliff.* 161.

Anacardium d'Occident, Noyer *ou* Pommier d'Acajou.

Anacardii alia species. Bauh. Pin. 512.

Pomifera seu potiùs Prunifera Indica, nuce reniformi.

Catesb. Car. 3. *P.* 9. *T.* 9.

Acajou. Pis. Bras. 58. *Mant.* 193.

Cassuvium. Rumph. Amb. 1. *P.* 177. *T.* 69.

Caschou. Mer. Surin. 16. *T.* 16.

Kapa-mava. Rheed. Mal. 3. *P.* 65. *T.* 54.

Cet arbre s'éleve à la hauteur de vingt pieds & plus dans les deux Indes où il croît naturellement; mais ce n'est qu'avec les plus grandes difficultés qu'on peut le conserver en Angleterre : à sa premiere poussée, il est fort, vigoureux, & semble promettre

---

au plus haut dégré la propriété de rafraîchir & de calmer : cette liqueur blanche & opaque est produite par le mélange de l'huile avec la partie aqueuse. Une partie de cette huile est vraiment dissoute par l'eau, au moyen du mucilage fourni par les Amandes; tandis que l'autre portion très-divisée reste suspendue & se précipite peu-à-peu lorsque la liqueur est reposée. L'émulsion étant conservée un peu de tems à un dégré de chaleur modérée, s'aigrit & se détruit; le mucilage alteré & atténué par la fermentation, perd toutes ses qualités déterfives & savonneuses, & l'huile reparoît sous sa premiere forme. On donne avec succès les émulsions d'Amandes aux personnes maigres & bilieuses, dans les fievres ardentes, inflammatoires, les hémorrhagies, l'éréspele, la manie, la phthisie, la toux, les rhumatismes aigus, les phlogoses, la disurie, la strangurie, le calcul, l'érosion des conduits, &c. Mais il ne faut point en continuer trop long-temps l'usage, parce qu'à la longue elles relâchent le tissu de l'estomac, émoussent la liqueur gastrique, détruisent l'appétit & affoiblissent les digestions.

tre de plus grands progrès qu'il n'en fait par la suite.

On éleve aisément cet arbre, au moyen des noix qu'on apporte tous les ans en grande quantité de l'Amérique; on les met chacune séparément dans de petits pots remplis d'une terre légere & sablonneuse, qu'on plonge dans une bonne couche chaude de tan, en les préservant de toute humidité, qui les fait souvent périr avant que les plantes commencent à pousser. Je recommande de ne mettre qu'une noix dans chaque pot, parce que cette espece survit rarement quand elle est transplantée : si les noix sont fraîches, les plantes paroîtront un mois environ après; & au bout de deux autres mois, elles auront acquis quatre ou cinq pouces d'élévation, & seront garnies de larges feuilles. Plusieurs personnes trompées par ce prompt accroîssement, les ont cru plus dures qu'elles ne sont, & ont été persuadées qu'elles continueroient à faire les mêmes progrès; mais elles ne poussent guere au-delà de ce terme dans la premiere année.

Ces plantes étant trop délicates pour vivre en plein air en Angleterre pendant les grandes chaleurs de l'été, & ne pouvant pas même résister durant cette saison dans une serre commune, on doit les tenir constamment dans la serre chaude; & comme elles sont remplies d'une séve âcre & laiteuse, il ne faut les arroser que rarement pendant les chaleurs les plus fortes; & en hiver ne leur donner de l'eau que très-légèrement, & une fois tous les quinze jours; sans quoi leurs racines qui sont extrêmement tendres, périroient bientôt dans l'humidité.

Lorsqu'on veut les transplanter, la meilleure méthode est de casser les pots, parce que n'ayant point assez de fibres pour fixer la terre, elles se détacheroient par la moindre secousse, & laisseroient les racines à nud : lorsque cet accident arrive, les plantes périssent ordinairement; ainsi, en cassant les pots, il faut avoir soin de mettre la plante avec sa motte entiere dans un pot plus grand, que l'on remplit d'une terre légere & sablonneuse, & qu'on replonge ensuite dans une couche chaude. Ces plantes ne doivent être transplantées qu'une fois l'année, & avec la précaution de ne pas leur donner de trop grands pots; car elles ne profitent qu'autant que leurs racines sont serrées.

J'ai conservé par ce traitement des plantes pendant plusieurs années; mais comme leur accroîssement est lent après la premiere saison, je n'en ai jamais élevé aucune au-dessus de deux pieds & demi de haut. Quoiqu'il soit très-rare d'en trouver en Angleterre qui aient plus de la moitié de cette grandeur, j'en ai cependant vu deux en fleurs; l'une dans le jardin du Sir CHARLES WAGER à *Parsons-Green*, & l'autre dans le jardin de *Chelsea*.

Le fruit au haut duquel vient la noix d'Acajou, eſt charnu, de la groſſeur d'une orange, & rempli d'un jus acide, que l'on mêle ſouvent dans le ponche en Amérique: on en a apporté pluſieurs en Angleterre dans des tonneaux de rum pour le même uſage.

La noix dont la forme & la grandeur ſont les mêmes que celle d'un rein de lievre, a le côté qui tient au fruit beaucoup plus gros que l'autre: ſa coque extérieure eſt d'une couleur cendrée & fort unie; ſous cette coque, il y en a une autre qui couvre l'amande; la premiere renferme une huile épaiſſe, noire, inflammable, très-cauſtique, qui occaſionne des ampoules ſur la peau, & qu'il eſt très-dangereux de rompre avec les dents.

Le jus laiteux de cet arbre teint le linge en noir foncé qui ne s'efface jamais. On ne ſait pas encore ſi cet Anacardium a les mêmes propriétés que celui des Indes Orientales, dont les habitans du Japon & de la Chine emploient le ſuc pour leur plus belle teinture en noir.

Le Docteur Grew rapporte que ce jus ſert à teindre le coton; mais on ignore de laquelle des deux eſpeces il veut parler. Quoique Sir Hans Sloane prétende que c'eſt de l'Acajou dont il eſt queſtion ici; cependant il ſeroit néceſſaire d'en faire l'eſſai. Si les habitans des Iſles Britanniques en Amérique vouloient percer quelques-uns de ces arbres dans le tems de la ſéve, la recueillir dans des pots de terre, la conſerver dans des lieux à l'abri de la pouſſiere, ou les couvrir avec des linges pour s'en ſervir à faire des expériences lorſqu'elle auroit pris une conſiſtance convenable, on pourroit s'aſſurer ſi elle jouit des mêmes propriétés que le *Laque du Japon*, & s'il ſeroit poſſible d'en faire uſage.

ANACYCLUS. *Lin. Gen. Plant. 869. Santolinoïdes. Vaill. Acad. Scien.* [*Anacyclus*].

Caracteres. Cette plante a des fleurs compoſées de fleurettes femelles & hermaphrodites, renfermées dans un calice commun & écailleux: les rayons ou bordures ſont formés de fleurettes femelles, tubuleuſes, qui s'étendent au-deſſus du calice en forme de langue: les fleurettes hermaphrodites compoſent le diſque, & ſont en forme d'entonnoir, diviſées en cinq parties étendues & ouvertes; elles ont chacune cinq étamines minces, & couronnées de ſommets cylindriques: le germe placé dans le centre, eſt oblong, comprimé, & ſoutient un ſtyle mince ſurmonté de ſtigmats diviſés en deux parties: les fleurettes femelles ont un germe oblong, membraneux, ſurmonté d'un ſtyle mince, qui ſoutient lui-même deux ſtigmats minces & réfléchis; les fleurettes hermaphrodites ſont ſuivies d'une ſemence oblongue & & comprimée, & les femelles d'une ſemence ſimple, oblongue, bordée d'aîles larges, dentelées au sommet, & placées sur un réceptacle convexe.

LINNÉE a placé ce genre de plante dans la troisieme section de sa dix-neuvieme classe, intitulée : *Syngenesia polygamia superflua ;* les plantes de cette division ayant des fleurs femelles & hermaphrodites, renfermées dans un calice commun.

Les especes sont :

1°. *Anacyclus Creticus, foliis decompositis, linearibus : laciniis divisis, planis. Hort. Cliff.* 417 ; Anacyclus à feuilles étroites, décomposées, & dont les divisions sont unies.

Cotula Cretica minima, chamæmeli folio, capite inflexo. Tourn. Cor. 37.

Santolinoïdes annua procumbens, chamæmeli folio. Vaill. Act. 372.

2°. *Anacyclus Orientalis, foliis compositis, setaceis, acutis, rectis. Hort. Cliff.* 417 ; Anacyclus à feuilles composées & garnies de poils hérissés, droits & piquans.

Chamæmelum Orientale, foliis pinnatis. Tourn. Cor. 37.

3°. *Anacyclus, Valentinus, foliis decompositis, linearibus : laciniis divisis, teretiusculis, acutis, floribus flosculosis. Hort. Cliff.* 417. Anacyclus à feuilles décomposées & étroites, dont les divisions sont cylindriques & pointues, avec des fleurs flosculeuses.

Chrysanthemum Valentinum. Cl. Hist. 1. *P.* 332.

Buphthalmum lanuginosum, foliis mille-folii. Bauh. Pin, 135.

Buphthalmo tenui folio simile. Bauh. Hist. 3. *P.* 125.

Chamæmelum tenui-folium ; flore bullato aureo. Barr. Rar. 1095. *T.* 450.

Creticus. Orientalis. Les deux premieres especes se trouvent dans les isles de l'Archipel, d'où M. TOURNEFORT a envoyé leurs semences au jardin Royal à Paris ; j'ai reçu également les semences de ces deux plantes du Portugal, où peut être elles croissent aussi naturellement, de même que plusieurs autres qui ont été découvertes dans le Levant par M. TOURNEFORT. Celles-ci sont des plantes basses, dont les branches traînent sur la terre : la premiere espece a de belles feuilles découpées, semblables à celles de la *Camomille ;* ses fleurs sont petites, blanches, solitaires & penchées ; elles ressemblent à celles de la *Camomille puante* ou *Maroute*, *Anthemis cotula.*

Orientalis. La seconde espece a des feuilles aîlées comme celles de l'*Œil de Bœuf*, ou *Anthemis tinctoria.* Ses fleurs sont blanches & ressemblent à celles de la *Camomille.*

Valentinus. La troisieme, originaire d'Espagne, d'où ses semences m'ont été envoyées, s'éleve à la hauteur d'un pied & demi, & pousse plusieurs branches latérales & velues : ses fleurs, d'un jaune brillant, avec un calice écailleux & argenté, sont aussi grosses que celles de l'*Œil de Bœuf* ou *Anthemis tinctoria*, & croissent seules & détachées à l'extrémité des branches.

Culture. Toutes ces plantes sont annuelles : étant semées au printems dans une plate-bande de terre légere où elles doivent rester, elles n'exigeront plus aucun autre soin que d'être tenues nettes de mauvaises herbes, & éclaircies partout où elles seront trop serrées : comme elles n'ont pas beaucoup d'apparence, on ne doit en conserver que pour la variété. Elles fleurissent en Juillet & Août, & leurs semences mûrissent en Septembre.

ANAGALLIS. *Lin. Sp. Plant. 149.* [*Pimpernel*] Le *Mouron.*

Caracteres. Le perianthe est persistant, & découpé en cinq segmens creux & aigus : la corolle est monopétale, étendue, ouverte, & partagée aux bords en cinq parties : la fleur a cinq étamines érigées plus courtes que les pétales, & couronnées de sommets simples : dans le centre est placé un germe globulaire soutenant un style mince, incliné, & surmonté d'un stigmat émoussé : le germe devient ensuite une capsule ronde à une cellule qui s'ouvre horisontalement, & dans laquelle sont renfermées plusieurs semences angulaires.

Ce genre fait partie de la premiere division de la cinquieme classe de LINNÉE, qui a pour titre : *Pentandria Monogynia*, avec les plantes dont les fleurs ont cinq étamines & un style.

Les especes sont :

1°. *Anagallis arvensis, foliis indivisis, caule procumbente. Lin. Gen. Plant. 148;* Mouron à feuilles non divisées, avec une tige rempante.

Anagallis Phœniceo flore. C. B. P. 252.

2°. *Anagallis fœmina foliis indivisis glaucis, caule procumbente, flore cæruleo;* Mouron à feuilles non divisées & de couleur de verd de mer, avec une tige rempante, & une fleur bleue.

Anagallis cæruleo flore. C. B. P. 252.

3°. *Anagallis Monelli, foliis indivisis, caule erecto; Lin. Sp. Pl. 148;* Mouron à feuilles non divisées, avec une tige droite.

Anagallis tenui folia Monelli. Clus. App.

4°. *Anagallis lati-folia, foliis cordatis amplexicaulibus, caulibus compressis. Lin. Sp. Plant. 149;* Mouron à feuilles en forme de cœur, & amplexicaules, avec des tiges comprimées.

Anagallis Hispanica lati-folia, flore cæruleo. Horteg.

Cruciata montana minor, flore cæruleo. Barr. Ic. 584.

Arvensis. Fœmina. La premiere espece est fort commune dans les champs & les lieux cultivés de presque toute l'Angleterre. La seconde, qui se trouve aussi quelquefois dans les campagnes, quoique moins communément que la précédente, est regardée comme une variété de la premiere ; mais après trente années d'expérience, je puis assurer qu'elle ne s'altere jamais ; les plantes sont même si différentes, qu'il eſt aiſé de les diſtinguer avant que la fleur paroiſſe. On connoît une variété de celle-ci à fleurs d'un bleu plus foncé, dont les ſemences m'ont été envoyées de Nice : depuis trois ans que je la cultive dans les jardins de *Chelſea*, elle n'a rien perdu de ſa couleur.

Ces plantes ſont annuelles, & ſe reproduiſent elles-mêmes des ſemences qui s'écartent naturellement ſur la place ; de ſorte qu'on ne les cultive jamais, ſi ce n'eſt dans les jardins de Botanique : elles ſont l'une & l'autre d'uſage en Médecine (1).

Monelli. La troiſieme, petite & vivace, eſt une fort belle plante qui produit en Avril & en Mai un grand nombre de fleurs bleues très agréables : on peut la multiplier par ſes ſemences, qu'on doit jetter en terre auſſi-tôt après leur maturité ; car en les conſervant juſqu'au printems, elles ne réuſſiſſent pas toujours. Cette plante veut être abritée des très-grands froids de l'hiver, qui la détruiſent quelquefois.

Lati-folia. La quatrieme eſpece, qui m'a été envoyée d'Eſpagne par M. HORTEGA, Intendant des Jardins du Roi à Madrid, eſt une plante rempante & annuelle, dont les feuilles ſont larges & les fleurs bleues ; elle s'éleve aiſément de ſemence, & n'exige d'autre ſoin que d'être tenue nette de mauvaiſes herbes.

Il y a deux variétés de la premiere eſpece, l'une à fleurs blanches & l'autre à fleurs couleur de chair ; mais comme elles ne ſont pas conſtantes, je ne les ai pas données comme des eſpeces diſtinctes : on en connoît auſſi une autre à fleurs d'un pourpre paſſé, qui s'eſt montré toujours la même pendant pluſieurs années dans les jardins de *Chelſea* ; mais comme ſes feuilles different peu de celles de la premiere, je n'en ai point fait mention.

ANAGYRIS. [*Stinking Bean-trefoil*,] *Feves de trefle puant. Bois puant.*

Caracteres. Le périanthe eſt en forme de cloche, découpé au bord en cinq parties, dont le ſegment ſupérieur eſt plus profondément diviſé que les

(1) Ces deux eſpeces d'Anagallis employées indifféremment en Médecine, ſont légérement ſudorifiques & vulnéraires ; mais il n'y a qu'une longue expérience & un ſuccès toujours ſoutenu, qui puiſſent conſtater les propriétés admirables qui leur ſont attribuées par les anciens Médecins : en effet, ils les regardent comme très-utiles dans la manie & l'épilepſie, dans la phrénéſie qui ſurvient aux fievres continues, dans les affections hypocondriaques & hiſtériques, dans l'hydropiſie, les obſtructions des viſceres, la goutte, les tranchées des enfans, le chloroſis, dans les ſuffuſions des yeux, la peſte & la morſure des animaux venimeux ; mais malheureuſement il n'eſt que trop probable que toutes ces belles vertus n'ont pas plus de fondement que celles de tant d'autres plantes que le préjugé & l'ignorance ont rendu célebres.

autres : la corolle eſt papilionacée ; l'étendard en forme de cœur, droit, large, dentelé, & beaucoup plus long que le calice ; les aîles ſont oblongues, unies, & plus étendues que l'étendard ; la carêne eſt longue & droite ; la fleur a dix étamines, érigées, diſtinctes, égales, & couronnées de ſommets ſimples ; dans le centre eſt placé un germe oblong, ſoutenant un ſtyle ſimple, ſurmonté d'un ſtigmat velu : le germe ſe change enſuite en un grand légume oblong réfléchi à la pointe, & dans lequel ſont renfermées pluſieurs ſemences en forme de rein.

Le Docteur LINNÉE range ce genre dans ſa dixieme claſſe de plantes, intitulée : *Decandria Monogynia*, les fleurs ayant dix étamines & un ſtyle.

Les eſpeces ſont :

1°. *Anagyris fœtida, foliis ovatis, floribus lateralibus ;* Bois puant à feuilles ovales, avec des fleurs produites ſur le côté des tiges.

Anagyris fœtida. C. B. P. 391.

2°. *Anagyris Cretica, foliis oblongis ; racemis longioribus ;* Bois puant à feuilles oblongues, avec des épis de fleurs plus longs.

Anagyris fœtida Cretica, oblongis foliis, luteis floribus. Barrel. Icon.

Fœtida. La premiere eſpece, qui croît ſans culture dans la France méridionale, en Eſpagne & en Italie, eſt un arbriſſeau élevé ordinairement à la hauteur de huit ou dix pieds, dont les fleurs, qui paroiſſent en Avril & en Mai, ſont d'un jaune brillant, & croiſſent en épis à-peu-près ſemblables à ceux du *Laburnum*. Cet arbriſſeau eſt très-rare à préſent en Angleterre, parce que ſes ſemences n'y mûriſſent jamais.

Cretica. La ſeconde eſt originaire de Candie & de quelques Iſles de l'Archipel ; on en trouve peu de plantes dans les jardins Anglois ; elle a des feuilles plus longues que celles de la précédente, & fleurit plus tard dans l'été, de ſorte qu'elle ne produit jamais de ſemences.

Culture. On peut multiplier ces deux eſpeces, en marcotant leurs jeunes branches au printems, comme on le pratique pour les œillets, avec l'attention de les arroſer dans les tems ſecs. Comme au printems ſuivant elles auront produit aſſez de racines pour être tranſplantées, il faudra les ſéparer des vieilles plantes un peu avant qu'elles commencent à pouſſer des feuilles, & les placer dans une ſituation chaude ; car ſi elles étoient trop expoſées aux vents froids, elles ſeroient en danger de périr durant les hivers rudes. Quoique les plantes qui proviennent de ſemences ſoient beaucoup plus belles, & s'élevent à une plus grande hauteur que les marcottes, cette méthode eſt cependant la ſeule dont on puiſſe ſe ſervir, parce que ces deux eſpeces ne produiſent jamais de ſemences dans ce pays.

Quand on les multiplie par ſemences, il faut répandre ces

graines sur une couche de chaleur modérée au commencement de Mars, & si elles sont bonnes, les plantes paroitront un mois après ; alors on les accoutumera par dégrès au plein air, auquel on les exposera tout-à-fait vers la fin du mois de Mai, en les plaçant néanmoins dans une situation abritée ; pour plus de facilité, on les seme dans des pots que l'on plonge dans une couche chaude, parce que ces plantes ne doivent être transplantées qu'au printems suivant: & comme dans leur jeunesse elles sont sensibles au froid, il sera prudent de les abriter pendant les deux premiers hivers sous un vitrage de couche ordinaire, que l'on puisse enlever chaque jour dans les tems doux, afin que les plantes jouïssent du grand air, & se préparent par-là à être mises en pleine terre lorsqu'elles auront acquis une force convenable: il est bon aussi de les tenir dans des pots pendant trois ans; à ce terme elles seront assez avancées pour être placées à demeure. On doit choisir pour cette opération le commencement d'Avril, qui est précisément l'instant où ces plantes commencent à pousser de nouvelles feuilles; alors on les tire des pots en conservant une bonne motte de terre à leurs racines, on en place quelques-unes contre une muraille à une exposition chaude, où elles ne seront point en danger de souffrir des gelées & les autres peuvent être plantées dans telle situation qu'on voudra, pourvu qu'elle soit chaude, où elles subsisteront plusieurs années, si on les abrite des hivers rudes, en couvrant la surface de la terre au-dessus de leurs racines avec du tan, & en mettant des nattes sur leurs tiges. Comme ces plantes élevées de semences commenceront à produire des fleurs dès la quatrieme année, & qu'elles fleuriront ensuite annuellement sans aucune interruption, on pourra les entremêler avec d'autres arbrisseaux à fleurs du même crû dans des expositions chaudes.

ANANAS. [*Pine-Apple.*] *Pomme-de-Pin ; Ananas.*

Caracteres. La fleur est composée de trois pétales ovales qui, sortant des protubérances du fruit pyramidal, s'étendent au-dehors du calice, & renferment six étamines en forme d'alêne postées audedans de la fleur, & couronnées de sommets en forme de lance: le germe, situé au-dessous de la fleur, soutient un style mince, surmonté d'un stigmat divisé en trois parties, & devient ensuite une cellule qui renferme plusieurs semences angulaires.

Le Docteur LINNÉE, qui a joint cette plante au *Bromelia* du Pere PLUMIER, ainsi que le *Karatas* du même Auteur, comme étant, selon lui, du même genre, a été induit dans cette erreur par les figures du Pere PLUMIER, qui a placé les fruits du *Caraguata* avec les fleurs du *Karatas*, & *vice versâ*. Les autres différences seront marquées à l'article du KARATAS.

Les variétés de l'*Ananas* sont:

1°. *Ananas ovatus, aculeatus, fructu ovato, carne albidâ. Plum.* Ananas de forme ovale, & à chair blanchâtre.

2°. *Ananas pyramidalis, aculeatus, fructu pyramidato, carne aureâ. Plum.* Ananas pyramidal à chair jaunâtre, appelé *Ananas à pain de sucre.*

3°. *Ananas glabra, folio vix serrato. Boerh. Ind. Alt. 2. P. 83;* Ananas avec des feuilles sans épines, ou à peine sciées.

4°. *Ananas lucidus, lucidè virens, folio vix serrato. Hort. Elth.* Ananas à feuilles d'un verd luisant & ayant très-peu d'épines sur leurs bords.

5°. *Ananas serotinus, fructu pyramidato, olivæ colore, intùs aureo;* Ananas pyramidal couleur d'olive, & à chair jaune.

6°. *Ananas viridis, aculeatus, fructu pyramidato, ex viridi flavescente;* Ananas verd.

Carduus Brasilianus, foliis aloès. Bauh. Pin. 384.

Anassa. Rumph. Amb. 5. P. 227. T. 81.

Kapa-Tsiakka. Reed. Mal. 11. P. 1. T. 1. 2.

Il y a plusieurs variétés de ce fruit, dont quelques-unes ont été obtenues de semences; & je ne doute point qu'en en semant souvent dans les pays où l'on en cultive beaucoup, on n'obtint autant de variétés qu'on en remarque dans nos pommes & nos poires de l'Europe, comme j'en ai fait moi-même l'expérience.

Ce fruit, qui par son goût & sa beauté est placé avec raison au-dessus de tous les fruits connus du monde, est produit sur une plante herbacée, dont les feuilles, sciées sur leurs bords, sont-à-peu-près semblables à celles de l'*Aloès*, mais beaucoup plus minces, & moins remplies de séve. Comme le fruit ressemble à un cône de Pin, c'est sans doute ce qui lui a fait donner le nom de *Pine-Apple* en Anglois.

Quoiqu'il soit difficile de déterminer précisément quel est le pays originaire de cette plante, il est cependant probable qu'elle est indigene de l'Afrique, où, suivant ce que l'on m'a assuré, elle croît en abondance dans beaucoup de lieux incultes. On la cultive depuis long-tems dans les Isles les plus chaudes des Indes Occidentales, où ses fruits sont très-communs, & d'une bonté extraordinaire; mais il y a peu d'années qu'elle est introduite dans les jardins de l'Europe, ensorte d'y donner du fruit. La premiere personne qui s'en est occupée avec succès a été M. LE COURT, à Leyde en Hollande, qui, après plusieurs essais peu heureux, est enfin parvenu à trouver le dégré de chaleur & le traitement qui lui conviennent dans nos climats; au moyen de quoi cette plante a produit du fruit presque aussi bon, quoique moins gros que celui des Indes Occidentales; ce qui a été confirmé par le témoignage de plusieurs personnes qui, ayant habité ces contrées pendant longues années, ont pu en juger ſainement. Cet habile Cultivateur n'a épargné ni peine ni dépenſe pour y parvenir, & tous les Amateurs lui doivent un tribut de reconnoiſſance pour avoir introduit parmi nous le plus délicieux de tous les fruits: c'eſt par lui que nos jardins d'Angleterre en ont été d'abord fournis; mais depuis nous en avons reçu en profuſion des Iſles mêmes de l'Amerique. Je ne puis m'empêcher de remarquer ici l'erreur où pluſieurs perſonnes ſont tombées, en ſe perſuadant que ces plantes qui nous viennent d'Amérique ſont moins bonnes que celles qui ont été fournies par M. LE COURT: cette opinion eſt très-erronée; car ſi ceux qui nous envoyent ces plantes de l'Amérique, avoient ſoin de n'en envoyer que des eſpeces bien choiſies, on les trouveroit bien ſupérieures à celles cultivées par M. LE COURT, qui originairement a tiré les ſiennes de la même contrée, ſuivant le rapport qui m'a été fait par ſon Jardinier: d'ailleurs j'ai obſervé d'auſſi bons fruits de mes plantes d'Amérique qu'il eſt poſſible de les avoir eus juſqu'à préſent, & dont quelques uns étoient même trois fois plus gros que ceux que j'ai vus dans les jardins de M. LE COURT.

Ovatus. Pyramidalis. La premiere eſpece eſt la plus commune en Europe; mais la ſeconde lui eſt bien préférable en ce que ſon fruit eſt plus gros & d'un meilleur goût, ſon ſuc moins aſtringent, qu'on peut en manger davantage & avec moins de danger: cette eſpece produiſant ſouvent ſes rejettons immédiatement au-deſſous du fruit, elle peut être en très-peu de tems, plus multipliée en Angleterre que la premiere.

Glabra. Viridis. La troiſieme n'eſt conſervée par quelques perſonnes que pour la variété; car le fruit n'en eſt pas bon. La ſixieme, à préſent très-rare en Europe, eſt regardée comme la meilleure eſpece connue par les curieux d'Amérique, dont pluſieurs ont rejetté toutes les autres de leurs jardins pour s'en tenir à celle-ci; on peut s'en procurer des Barbades & de Montſerrat où elle eſt cultivée.

Culture. L'eſpece à feuilles fort unies & d'un verd d'herbe, qui vient des ſemences d'un fruit pourri, envoyé des Indes Occidentales à feu HENRY HEATHCOTE, Ecuyer, de qui j'en ai reçu une plante qui a produit un gros fruit, eſt celle que les Américains appellent *le King Pine* ou *Pin-roi*: j'en ai depuis élevé quelques plantes au moyen des ſemences qui m'ont été envoyées de la Jamaïque.

On multiplie ſes ſemences par le moyen des couronnes qui croîſſent ſur leurs fruits, & par les rejettons qui pouſſent ſur le côté des plantes, ou au-deſſous du fruit: quoique ces deux méthodes ſoient également bonnes, cependant quelques perſonnes préférent les couronnes aux rejettons, dans l'idée qu'elles produisent plutôt leurs fruits; ce qui est certainement une erreur, car je puis assurer, d'après des expériences suivies, que, si les rejettons sont forts, ils donneront des fruits aussi promptement & aussi gros que les couronnes.

On laisse sécher les rejettons, & surtout les couronnes dans un lieu chaud pendant quatre ou cinq jours & plus, suivant que la partie qui adhéroit à la plante ou au fruit, est plus ou moins humide; car si on les mettoit en terre dans cet état, elles pourriroient infailliblement. Pour juger du moment où il faut les planter, il est nécessaire d'examiner si le bout de la plante est dure. En détachant avec soin les rejettons des vieilles plantes, leur partie basse sera couverte d'une peau dure, & alors il ne sera pas nécessaire de les laisser sécher aussi long-tems que les couronnes & les rejettons dont les extrémités sont humides. Soit qu'on fasse usage de la couronne du fruit ou des rejettons, il faut en ôter les petites feuilles qui sont au bas, afin qu'on puisse les enfoncer un peu profondement dans la terre. Quand on se sert des rejettons ou des couronnes, à la fin de l'automne, pendant l'hiver, ou au commencement du printems, il faut, comme on l'a déjà remarqué, avant de les planter, les laisser sécher dans la serre chaude pendant quinze jours ou trois semaines, mais en été quelques jours suffiront.

La terre qui leur convient le mieux, est celle d'un jardin potager; elle doit être riche, sans mélange, pas trop forte, afin qu'elle ne retienne pas l'humidité trop long tems, ni trop légere & trop sablonneuse; si elle n'a pas ces qualités, on prendra de la terre fraîche d'un bon pâturage, on y mêlera un tiers de fumier de vache bien consommé, ou du fumier très-pourri d'une vieille couche de melons ou de concombres; on laissera le tout se méler pendant six ou huit mois au moins, & on le retournera souvent pour en mieux unir les différentes parties, & briser toutes les mottes. Cette terre ne doit pas être trop fine, on en ôtera seulement les grosses pierres; & si elle est trop forte, on y ajoutera un sixieme de sable; on retournera souvent ce mélange, afin que le sable s'incorpore à la terre & en divise les parties; ensuite on le laissera reposer pendant six mois ou même une année avant de s'en servir.

Il est nécessaire d'arroser souvent ces plantes pendant les chaleurs de l'été, avec la précaution cependant de ne leur point donner trop d'eau à la fois, & d'examiner avec attention si les trous des pots ne sont point bouchés; sans quoi l'humidité qui y séjourneroit, feroit périr les plantes. Quand il fait très-chaud, on les arrose deux ou trois fois par semaine; &, dans les saisons froides, une fois dans le même espace de tems, sera fuffifante : en été on verfe de l'eau légèrement fur toutes les feuilles, pour en enlever les ordures, & par là on en avance beaucoup l'accroîffement.

La méthode adoptée par quelques perfonnes de changer fouvent les plantes de pots, eft très-mal-entendue, & ne peut que fervir à obtenir des fruits petits & de mauvais goût; car fi les pots ne font pas remplis de racines, lorfque les plantes commencent à pouffer leurs fruits, elles n'en produifent ordinairement que de petits, furmontés de groffes couronnes: il ne faut donc les changer de pots que deux fois tout au plus dans une faifon: vers la fin d'Avril, les rejettons ou les couronnes de l'année précédente, qui font reftés durant tout l'hiver dans les pots où on les avoit plantés, feront replantés dans de plus grands, fi toutefois ils n'avoient été mis que dans des pots de la valeur d'un fou ou de fix liards; ceux qui ferviront à les remplacer, doivent être du prix de deux ou trois fous, fuivant la groffeur des plantes, car il faut avoir attention de ne pas leur en donner de trop grands, parce qu'il n'y a rien qui foit plus préjudiciable à ces plantes. Au commencement du mois d'Avril on mettra dans des pots de quatre fous, celles qui devront donner leurs fruits au printems fuivant; & ils feront affez gros pour quelques plantes d'Ananas que ce foit: à ces deux époques, on remuera le lit de tan, & l'on y ajoutera du nouveau pour élever la couche à fa premiere hauteur; quand les pots y feront replongés, on verfera de l'eau fur toutes les feuilles pour les nettoyer, & fixer la terre aux racines des plantes; en obfervant bien toutes ces précautions, cette couche de tan fera très-profitable aux plantes, & l'on pourra les y laiffer jufqu'au commencement de Novembre, & quelquefois plus tard, fi la faifon eft douce; jufqu'à ce moment elles n'auront befoin que de peu de feu. Pendant l'hiver, on ne les arrofera qu'une fois la femaine, & quand on s'appercevra que la terre des pots eft feche: on ne doit jamais leur donner trop d'eau à la fois, il vaut mieux les arrofer peu & fouvent, que de les humecter trop, furtout dans cette derniere faifon.

Il eft effentiel d'obferver que les plantes, dont les fruits commencent à paroître, ne doivent jamais être changées de pots, car fi on le faifoit, on en arrêteroit infailliblement l'accroîffement; les fruits feroient petits & ne mûriroient qu'au mois d'Octobre ou de Novembre; c'eft auffi d'après le même principe qu'on doit avoir foin de tenir les plantes dans un état d'accroîffement vigoureux, auffi-tôt qu'on s'apperçoit que le fruit veut paroître, parce que c'eft de-là que dépend fa groffeur & fa bonté.

Quand on aura coupé le fruit de la plante, dont l'on défire multiplier l'efpece, on en retranchera les feuilles, on enfoncera le pot dans une couche de chaleur modérée, en obſervant de la rafraîchir ſouvent avec de l'eau ; au moyen de quoi elle pouſſera beaucoup de rejettons qui ſerviront à la multiplier facilement.

Les Ananas ont un ennemi dangereux dans un genre de petits inſectes, qui reſſemblent d'abord à de la nielle blanche, groſſiſſent bientôt & ſe montrent ſous la forme de poux; ils attaquent à la fois les racines & les feuilles, ſe répandent dans toute la ſerre, arrêtent la pouſſée de toutes les plantes en ſuçant la ſéve nourriciere; de maniere que celles qui en ſont attaquées, deviennent pâles, & ſe couvrent de taches jaunes : ces inſectes qui, lorſqu'ils ſont parvenus à toute leur groſſeur, reſſemblent à des punaiſes, s'attachent ſi fortement aux feuilles, qu'il eſt difficile de les en détacher en les arroſant. Ils ont été apportés de l'Amérique ſur les plantes envoyées de ce pays; & je crois que ce ſont ces mêmes inſectes qui ont détruit toutes les cannes à ſucre de pluſieurs iſles Antilles, car j'en ai obſervé moi-même beaucoup ſur des cannes à ſucre qui venoient des Barbades. Depuis que ces inſectes ſe ſont naturaliſés en Angleterre, ils y ont prodigieuſement multiplié dans toutes les ſerres chaudes, malgré toutes les précautions qu'on a priſes pour les détruire; ils ont également attaqué beaucoup d'*Orangers* dans les jardins des environs de Londres, & leur ont fait un très-grand dommage. Je ne crois pas que ces inſectes puiſſent réſiſter aux froids de nos hivers, car je n'en ai jamais trouvé ſur les plantes qui croîſſent en plein air. La ſeule maniere de les détruire eſt de laver les feuilles, les branches & les tiges des plantes avec de l'eau, dans laquelle on a fait infuſer du tabac, qui les tue ſans nuire aux plantes. Mais cette méthode ne peut pas être employée pour les Ananas, ces inſectes s'enfoncent ſi bas entre les feuilles qu'on ne peut pas les atteindre pour les faire tomber; & quoiqu'on n'en apperçoive plus, bientôt après une nouvelle génération remplace l'autre, & couvre à la fois les feuilles & les racines. Dès que ces inſectes commencent à paroître ſur les plantes d'Ananas, le meilleur moyen de les détruire, eſt de tirer les Ananas des pots, de ſecouer la terre de leurs racines, & de les plonger dans un large baſſin rempli d'eau, dans laquelle on a fait infuſer du tabac; on met deux ou trois petits bâtons à travers ſur le vâſe, afin de tenir les plantes entierement plongées dans l'eau, on les en tire au bout de vingt-quatre heures; & après avoir épongé les racines & les feuilles, on les plonge de nouveau dans un vâſe rempli d'eau bien claire; on les replante enſuite dans une terre fraîche, on remue la couche de tan, en y en ajoutant du nouveau pour ranimer la chaleur, & l'on y replonge les pots, en observant d'arroser toutes les feuilles, comme nous l'avons déja dit avant, & de recommencer cet arrosement une fois chaque semaine pendant l'été; car j'ai remarqué que ces insectes multiplioient beaucoup plus quand ces plantes n'étoient point arrosées & tenues dans une forte végétation. On observe de même, qu'en Amérique c'est après de longues secheresses que ces insectes font le plus de ravages; & ensuite de plusieurs années de secheresse ils se sont multipliés au point non seulement de détruire une grande partie de cannes à sucre, mais même d'empoisonner le suc, & de le rendre incapable de produire un Taffia salubre & potable, ce qui a causé la ruine de beaucoup de cultivateurs. Comme ils viennent originairement de l'Amérique, les personnes qui tirent les Ananas de ces contrées, doivent les examiner avec soin, & si elles en apperçoivent quelques-uns, employer avant de les planter toutes les précautions que nous venons d'indiquer, sans quoi leurs serres en seroient bientôt infectées.

L'ancienne maniere de cultiver les Ananas en Europe, étoit de construire des serres chaudes seches, dans lesquelles on les renfermoit pendant l'hiver; on plaçoit les pots sur des gradins, comme les *Orangers* dans les orangeries, & en été on les plongeoit dans les couches chaudes de tan sous des vitrages.

Cette méthode étoit pratiquée en Hollande, & recommandée par le jardinier de M. LE COURT à ceux à qui son maître envoyoit des plantes. Mais leur culture étant devenue générale en Angleterre, on a cherché à l'améliorer, non-seulement en imaginant de nouvelles serres chaudes, mais aussi dans la conduite des plantes. Par la premiere méthode, on tenoit ces plantes sur des tablettes, pendant quatre ou cinq mois de suite, on desséchoit par-là & l'on durcissoit les fibres de leurs racines; & si elles étoient arrosées trop souvent, elles pourrissoient, de sorte que la saison où ces plantes devoient être préparées à porter fruits l'été suivant, étoit perdu pour elles, puisque, ne faisant que peu ou point de progrès, le fruit ne paroîssoit pas assez tôt dans le printems, pour mûrir pendant l'été, & ne devenoit jamais gros.

Pour remédier à cet inconvénient, les personnes qui veulent multiplier ces fruits, font construire des serres chaudes basses avec une fosse dans le milieu, propre à recevoir une couche chaude, pareille à celle qui est ci-après décrite, & dont nous avons donné le dessin. On les fait différemment, suivant que l'on en a l'idée, les unes avec des vitrages droits sur le devant, élevés d'environ quatre pieds, de façon qu'on peut se promener debout derriere la couche de tan; d'autres avec des vitrages en talus depuis le haut jusqu'au plancher, qui est à six ou huit pouces au-dessous de la fosse de tan; & alors on ne peut point passer entre la couche & les vitrages, pour arroser & nettoyer les plantes qui sont placées sur le devant : ces serres sont moins cheres que les autres; mais leurs inconvéniens sont cause que l'on n'en construit presque plus de semblables. On pourra voir les plans & descriptions de ces deux serres à l'article SERRE CHAUDE. Une serre longue de trente pieds sur six pieds de largeur en-dedans, avec une couche de tan d'un bout à l'autre, peut contenir quatre-vingts plantes à fruits; ainsi il est facile, d'après ces proportions, de calculer la grandeur d'une serre suivant le nombre des pieds d'Ananas qu'on veut y élever.

Il est nécessaire d'avoir aussi un lit de tan sous un châssis pour y élever les jeunes plantes : on y plonge les rejettons quand on les détache des vieilles plantes, ainsi que les couronnes des fruits; ce qui forme une pépiniere pour former les serres chaudes, & on les y laisse jusqu'au commencement de Novembre : lorsque ces châssis sont construits en briques avec des fourneaux pour en échauffer l'air, comme ils sont décrits & gravés ci-après, les jeunes plants peuvent y rester jusqu'à ce qu'ils soient assez forts pour donner du fruit, avec la précaution d'y tenir l'air plus froid ou plus chaud que dans la serre, suivant que les plantes l'exigent : à chaque automne on remplit les serres de plantes prêtes à produire leurs fruits; au moyen de quoi on en aura beaucoup plus que si on entassoit à la fois dans le même lieu & les jeunes & les vieilles plantes. Si l'on n'a pas toutes ces facilités, on mettra les jeunes plants dans la serre au milieu ou à la fin d'Octobre, en les placant entre ceux qui sont plus avancés; & comme ils ne poussent point pendant l'hiver, on pourra les serrer sans danger.

Vers le commencement de Mars, quand il n'y a point de place pour les jeunes plantes, on les remet dans une couche de tan, qui doit être préparée quinze jours d'avance, afin qu'elle ait le tems d'acquérir la chaleur nécessaire, en observant néanmoins qu'elle ne soit point trop chaude; car elle brûleroit les fibres encore délicates des plantes, si on les y mettoit sans précaution. Si cette couche a trop de chaleur, on n'y enfonce les pots que deux ou trois pouces, & on attend pour les y plonger entièrement qu'elle soit un peu diminuée. Lorsque les nuits sont froides, on couvre les vitrages avec des paillassons; car, sans cette précaution, des plantes accoutumées à la chaleur de la serre, seroient bientôt saisies par le froid. Plus les plantes poussent de bonne heure au printems, plus elles acquierent de force pour produire de gros fruits à la saison suivante.

Comme la grosseur du fruit dépend de celle de la tige, & que lorsqu'elles sont trop serrées entre elles, elles filent, s'élevent beaucoup, s'affoiblissent en proportion, & se pourrissent par le centre lorsqu'on les tire de la couche, parce qu'alors les grandes feuilles, tombant par leur propre poids, ne protégent plus les petites du milieu; on doit laisser assez d'intervalle entre les pots, pour que l'air puisse y circuler librement, & les plantes aient assez d'espace pour grossir & s'étendre facilement par le bas. Lorsque le soleil est chaud, on souleve les vitrages pour renouveller l'air & dissiper les vapeurs de la couche : il ne faut qu'un jour d'oubli pour détruire toutes les plantes, ou au moins pour les brûler de maniere à retarder leur poussée de plusieurs mois. Dans les grandes chaleurs de l'été, on couvre les vitrages au milieu du jour avec des nattes, parce que les plantes y touchant alors, elles ne pourroient pas supporter la chaleur de la couche.

Pendant l'été, ces plantes doivent être souvent & légérement arrosées ; & dans les tems chauds, il est absolument nécessaire de leur donner de l'air chaque jour, depuis dix heures jusqu'à quatre, parce qu'en les tenant trop renfermées, & en les mouillant trop, on retarderoit leur accroissement, & on les exposeroit à être attaquées par les insectes qui se trouvent toujours sur ces plantes, & qui ne se multiplient beaucoup, & ne les endommagent fortement, qu'autant qu'elles deviennent foibles, malades, & en mauvais état.

Quoique plusieurs personnes se servent du thermomètre pendant l'été, pour régler la chaleur de leur serre, on peut néanmoins s'en passer, parce que, durant cette saison, il s'éleve souvent au-dessus de la ligne marquée pour la chaleur des Ananas : cet instrument n'est nécessaire que dans les tems où l'on échauffe la serre au moyen du feu artificiel, afin de pouvoir juger s'il faut l'augmenter ou le diminuer; car dans cette saison, les serres ne doivent pas être tenues à une plus grande chaleur, que cinq ou six dégrés au-dessus de celle prescrite pour les Ananas, ni au-delà de cinq ou six dégrés au-dessous. Les plantes en hiver, veulent être moins arrosées, & n'exigent de l'eau qu'une seule fois la semaine, & en petite quantité : lorsqu'on veut les placer dans le tan pour y passer l'hiver (ce qui doit être fait dans le commencement d'Octobre) il faut renouveller la couche, en ajoutant deux tiers de nouveau tan avec un tiers du vieux : si ce mélange est bien fait, & si le nouveau tan est bon, cette couche conservera assez de chaleur jusqu'au mois de Février; tems auquel on laboure la couche, en mélant encore du nouveau tan en assez grande quantité, pour l'élever à la hauteur où elle étoit en automne, & en augmenter la chaleur : comme alors les plantes commenceront à pousser, & les fruits à paroître, il est essentiel de les suivre avec la plus grande attention, & de veiller à ce que rien n'arrête leur progrès, sans quoi les fruits ne deviendroient jamais gros.

Au mois d'Avril, on doit s'occuper à faire avancer le fruit, en remuant la couche de tan, pour en renouveller la chaleur, & en y en ajoutant du nouveau pour la rehausser, si elle est affaissée. On saisira cet instant, pour enlever les jeunes plantes qui doivent produire du fruit l'année suivante, & les replonger dans une couche renouvelée, afin d'accélérer leur accroîssement, & leur faire acquérir en automne assez de force pour qu'elles puissent produire de bons fruits, lorsque le tems en sera venu.

Les plantes qui montrent leurs fruits, de bonne heure, en Février, mûriront vers le mois de Juin, si l'on en excepte quelques especes, qui sont plus tardives d'un mois ou cinq semaines. La saison dans laquelle ce fruit est généralement dans sa plus grande perfection, est depuis le commencement de Juillet, jusqu'à la fin de Septembre ; quoique j'en aie mangé quelquefois d'assez bons en Mars, Avril & Octobre ; mais les plantes qui les ont produits, étoient dans le meilleur état, sans quoi ils n'auroient pas été de bon goût.

C'est par l'odeur, ou d'après l'expérience, que l'on juge de leur maturité : comme il y a plusieurs especes dont les fruits ont tous une couleur différente, on ne peut pas tirer de-là des regles certaines pour décider du moment de les cueillir : si on les détache trop tard, ou long-tems avant d'en faire usage, ils se fleurissent, & perdent beaucoup de leur qualité : ainsi pour les manger dans toute leur perfection, il faut les enlever de très-grand matin, avant que le soleil les ait échauffés, en coupant la tige aussi longue qu'il est possible, les conserver dans un lieu frais, les manger le jour même qu'ils ont été cueillis, & ne détacher la tige & la couronne, qu'au moment où on veut les servir.

Viridis. Les Ananas d'un beau verd, deviennent de couleur olive si on les laisse mûrir, de sorte que plusieurs personnes les cueillent avant leur parfaite maturité, afin de leur conserver leur premiere couleur. Quoique l'on vante beaucoup le parfum de cet Ananas verd, je crois que celui nommé *Pyramidal* ou *Pain-de-sucre*, doit lui être préféré.

Pyramidalis. L'espece en Pain-de-sucre se distingue aisément des autres, en ce que les feuilles ont un rayon pourpre dans toute leur longueur en en dedans ; & que son fruit, beaucoup plus pâle quand il est mûr, tire sur la couleur de paille ; cette espece a été apportée du Brésil à la Jamaïque, où elle est beaucoup plus estimée que les autres.

Serotinus. Celle qui occupe le second rang pour la bonté, est l'*Ananas de Montserrat ;* (nom que lui donnent les Américains) ses feuilles sont d'un brun plus foncé, tirant sur le pourpre en-dedans, & les grains du fruit sont plus longs & plus plats que ceux de l'espece commune : j'ai élevé plusieurs plantes de cette espece, par des semences qui m'ont été envoyées de l'isle de Saint-Thomas, où ce fruit parvient à une plus grande perfection que dans aucune des isles Britanniques.

Comme quelques fruits produisent des semences en Angleterre, tandis que le plus grand nombre n'a aucune apparence d'en avoir, je ne sais s'il n'y en a pas avec des fleurs mâles & d'autres avec des fleurs hermaphrodites, par ce que ceux qui produisent des semences, sont bien différents des autres ; on voit en les coupant en travers, que les cellules qui renferment les semences, sont plus voisines du centre du fruit, tandis que les cellules avortées sont placées fort près de l'écorce : je n'ai remarqué cette différence que dans les fruits coupés, mais je n'ai pas eu occasion d'en examiner les fleurs.

J'ai conservé à ce genre le titre d'*Ananas*, parce qu'étant généralement connu sous ce nom, je pouvois, en le changeant, induire en erreur les Jardiniers Praticiens que je me propose d'instruire. J'y ai été d'autant plus porté, que le Docteur LINNÉE s'est trompé dans le caractere de trois especes qu'il a réunies au même genre. Les différentes variétés sont aussi rappellées pour ceux qui en cultivent le fruit ; car, quoiqu'elles ne forment pas des especes distinctes, elles sont néanmois différentes dans leur forme, leur couleur & leur goût, ainsi que beaucoup d'autres fruits. Cet ouvrage étant d'ailleurs fait pour l'instruction du Jardinier Praticien, on doit plutôt excuser ici l'énumération des variétés que dans les Livres qui ne sont destinés qu'à l'étude de la Botanique.

ADDITION AU TEXTE DE MILLER.

Culture des Ananas dans tous les mois de l'année, tirée de THOMAS MAWE.

JANVIER.

Dans ce mois, la serre chaude, où l'on tient les Ananas, exige un soin particulier : quelques plantes commençant à montrer leur fruit vers la fin de Janvier, ce fruit souffriroit infiniment si on n'entretenoit pas avec une attention suivie la chaleur de la couche ; car, quoique l'air de la serre soit suffisamment échauffé par le fourneau, les plantes ont encore besoin d'une chaleur vive & réglée à leurs racines : c'eſt, je le répete, l'inſtant le plus intéreſſant que celui où le fruit commence à paroître, & c'eſt des ſoins aſſidus & bien dirigés du Cultivateur dans ce moment critique que dépendent la groſſeur & la perfection des Ananas.

Ainſi on ne doit point négliger d'examiner alors ſoigneuſement la chaleur de la couche; ſi on la trouve trop foible, on enleve les pots, & l'on remue le tan juſqu'au fond, après en avoir cependant ajouté un peu de nouveau, ſi l'on s'apperçoit que le vieux ſoit devenu trop fin ou ſemblable à de la terre : on mêle exactement l'ancien avec le nouveau, & l'on y replonge enſuite les pots juſqu'à leurs bords, en les arrangeant réguliérement : cette opération ranimera conſidérablement la chaleur; & ſi elle eſt faite dans un tems convenable, le jeune fruit croîtra avec plus de force & de vigueur.

On allume exactement le feu tous les jours, ſoir & matin, de maniere cependant qu'il ne puiſſe pas produire une chaleur trop conſidérable, d'où il réſulteroit de funeſtes inconvéniens.

On arroſe les plantes une fois par ſemaine, ſi la chaleur du tan eſt bonne; mais l'arroſement doit être modéré, & il ne faut jamais, s'il eſt poſſible, laiſſer tomber d'eau dans le cœur, ni entre les feuilles des plantes en cette ſaiſon.

Pour arroſer facilement les Ananas, ainſi que les autres plantes plongées dans la couche de tan, on ſe ſert d'un tuyau de fer blanc, diviſé en trois parties, pour pouvoir le racourcir ou l'allonger à volonté; l'un de ces morceaux doit être fait en entonnoir au plus gros bout, afin que le jardinier puiſſe y verſer facilement de l'eau, & par ce moyen la diſtribuer à chaque pot, avec plus d'aiſance dans toute la couche, ſans en verſer dans le cœur des plantes, & ſans les déranger.

Il ſera bon auſſi de placer dans la ſerre chaude une cuve remplie d'eau, afin de lui ôter ſa grande fraîcheur avant de s'en ſervir pour l'arroſement.

Toutes les plantes de la ſerre chaude en général, doivent être tenues parfaitement nettes de pouſſiere & de toutes autres ordures; & quand il en paroît ſur les feuilles, il faut les laver avec une éponge ou un linge doux.

FEVRIER.

La plupart des plantes d'Ananas commencent à pouſſer leur fruit dans ce mois; on ne peut eſpérer de l'obtenir beau, & même d'une groſſeur médiocre, qu'en entretenant ſans interruption dans la couche une chaleur vive & réglée.

Si le tan n'a pas été remué dans le mois de Janvier, ſa chaleur ſera alors fort diminuée, & cette opération deviendra indiſpenſable, afin d'exciter dans ſa couche une nouvelle fermentation qui procurera une chaleur vive dont on verra bientôt l'effet sur les plantes & les fruits.

Ce travail doit être effectué, s'il est possible, dans la premiere semaine de Février; car si l'on tarde beaucoup plus long-tems, l'accroissement des plantes & des fruits en sera certainement fort diminué faute d'une chaleur convenable.

Pour faire cette opération avec méthode, on commence d'abord par tirer tous les pots hors du tan; on fait une jauge à une extrémité de la couche, on remue ensuite le tan jusqu'au fond avec une fourche, & on le travaille assez pour en briser toutes les mottes, & mêler exactement toutes les parties ensemble.

Quand cela est fait, on unit la surface, & l'on y replonge sur le champ les pots jusqu'à leurs bords, comme ils l'étoient auparavant.

Ce travail est si nécessaire, que pour aucune considération il ne faut l'omettre dans le tems ci-dessus marqué, c'est-à-dire, lorsque le tan a beaucoup perdu de sa chaleur.

La couche étant ainsi façonnée, elle recouvre bientôt sa premiere chaleur, & la conserve bonne pendant près de six semaines: sur la fin de Mars ou au commencement d'Avril, le tan exigera d'être encore une fois remué, en y en ajoutant un tiers ou au moins un quart de nouveau; au moyen de quoi la couche conservera un bon dégré de chaleur jusqu'à la maturité des fruits.

La couche de tan dans laquelle on entretient les jeunes plantes d'Ananas doit être aussi examinée avec attention; & si la chaleur s'en trouve beaucoup diminuée, il sera nécessaire de la traiter comme on vient de le prescrire pour la premiere.

Arrosement des Ananas.

Dans ce mois, les plantes d'Ananas veulent être souvent rafraîchies avec de l'eau, pourvu que le tan ait une bonne chaleur; car la chaleur & l'humidité, principes de toute végétation, agissent alors avec une grande énergie, & font grossir promptement les jeunes fruits. Mais pour que les plantes & les fruits prosperent & réussissent, cet arrosement doit être très-modéré chaque fois; il suffit que la terre des pots soit médiocrement humectée.

La succession des plantes d'Ananas, c'est-à-dire, celles qui doivent produire du fruit l'année suivante, exige qu'elles soient arrosées aussi de tems en tems, en observant la même règle & le même ménagement qui ont été ci-dessus indiqués.

On doit aussi se souvenir d'arroser quelquefois les couronnes & rejettons de l'année précédente.

En général, quand on arrose les plantes d'Ananas, il faut apporter la plus grande attention à ne pas laisser tomber d'eau dans les cœurs des plantes; car dans cette saison, comme nous l'avons déjà dit, cet accident feroit très-nuisible; mais on le prévient facilement, en se servant du tuyau dont nous avons indiqué la necessité pour l'arrosement du mois précédent, & dont toute serre chaude doit être pourvue.

Air.

Il sera quelquefois bon de procurer de l'air frais aux Ananas, ainsi qu'à toutes les autres plantes de la serre chaude, quand le tems le permettra; mais cela ne doit se faire que lorsque le soleil luit, que le tems est chaud, & que l'air est tout-à fait calme & clair: alors il sera prudent d'ouvrir quelques uns des vitrages dans le moment le plus chaud du jour, c'est-à-dire depuis dix ou onze heures jusqu'à deux ou trois heures; & toujours quand il est question d'ouvrir ou fermer les vitrages, il faut se laisser guider par le tems.

Feu.

Les feux doivent être faits régulièrement dans les serres chaudes tous les jours soir & matin, quand le tems est un peu froid: si la gelée est forte, on entretient le feu modérément nuit & jour; & pendant les froids rigoureux, il est nécessaire de couvrir les vitrages de la serre chaude toutes les nuits avec des nattes ou des canevas.

MARS.

Les plantes d'Ananas montrent presque toujours leur fruit dans le cours du mois de Mars, & c'est alors qu'elles veulent être soignées plus exactement.

La grosseur & la qualité des Ananas dépendant de l'état de la couche de tan, & ces fruits ne parvenant dans nos climats à cet état de perfection qu'autant que leur accroissement n'aura jamais été interrompu, on doit examiner avec soin si la couche possede le dégré de chaleur nécessaire pour la ranimer lorsqu'elle est languissante, & la renouveler même lorsqu'on s'apperçoit qu'elle a beaucoup perdu, sans quoi elle ne produiroit aucun effet.

Pour obvier à ces inconvéniens, on se pourvoit, au commencement de ce mois, d'une bonne quantité de nouveau tan; on le choisit d'une grosseur médiocre, & on en fait provision quinze jours ou trois semaines après qu'il est tiré des fosses des Tanneurs.

On en prend alors un tiers à-peu-près de ce que les couches en contiennent; dès qu'il est voituré, on le met en tas pendant huit à dix jours, afin qu'il s'écoule & se prépare à la fermentation; mais s'il est très humide, avant de l'entasser, on l'étend d'abord fort clair dans une place ouverte & exposée au soleil pour le sécher parfaitement.

Quand le tan est ainsi préparé, on ôte tous les pots, on enleve sur la surface de la couche, & à une profondeur égale, une partie du vieux tan, qui est tourné en terre; & après avoir mis du nouveau en place, on travaille le tout jusqu'au fond, & on mêle parfaitement le vieux & le nouveau.

Lorsque la surface de la couche est exactement dressée & nivelée, on y replonge sur le champ les pots, en les rangeant régulierement comme ils étoient auparavant. Toute cette opération doit être commencée & finie le même jour, s'il est possible.

Comme la chaleur du vieux tan n'est pas entièrement épuisée, elle met le nouveau en action, & tous deux ensemble produisent un accroîssement de chaleur qui se conserve long-tems.

Arrosement des plantes dans la serre chaude.

On arrose souvent alors les plantes d'Ananas, surtout celles qui doivent porter du fruit, & qui en ont plus besoin que les autres.

On les rafraîchit modérément une fois à-peu-près en cinq ou six jours, en les ménageant beaucoup.

On leur donne aussi de l'air dans les tems favorables, quand le soleil luit, qu'il fait chaud, & qu'il y a peu de vent, depuis dix ou onze heures jusque vers deux ou trois heures, & on referme ensuite exactement les vitrages.

Quant à ce qu'exigent les autres especes de plantes de la serre chaude, on peut consulter ce qui a été dit pour le mois de Février.

AVRIL.

Les plantes d'Ananas exigent en ce mois un soin journalier: on les rafraîchit souvent avec de l'eau; on leur donne de l'air frais dans les jours chauds, si le soleil paroît; & enfin quand on n'a pas, dans le cours du mois précédent, remis du nouveau tan dans la couche, il faut absolument le faire dans la premiere semaine d'Avril.

On se pourvoit pour cela, comme il a été dit, en Mars, d'une quantité de nouveau tan, équivalante au tiers de ce que les fosses en contiennent.

Quand tout est ainsi préparé, on tire les pots de la couche, on enleve un tiers environ de vieux tan tourné en terre sur la surface & sur les côtés, on en remet assez du nouveau pour hausser la couche d'un pouce ou deux au-dessus du niveau, & on mêle ensuite exactement le tout avec une fourche.

Cette opération étant faite, on dresse la couche, & on y replonge les pots comme ils étoient auparavant, de maniere que les plantes les plus grosses & les plus hautes soient placées dans le fond, que les autres soient rangées par dégrés, & que les plus basses se trouvent sur le devant.

Mais si, durant le mois précédent, on a ajouté du nouveau tan; s'il a été bien mêlé avec le vieux; la couche se trouvera en très-bon état, & il ne faudra point y toucher.

Arrosement.

C'est dans ce mois surtout qu'il est nécessaire d'arroser assez souvent les plantes d'Ananas, pourvu que la chaleur du tan soit bonne; car elles doivent toujours, dans cette saison, conserver un dégré modéré d'humidité.

Cet arrosement est particulièrement avantageux aux plantes qui portent fruit, lorsque la chaleur de la couche se soutient, & que la saison est passablement chaude; on le réitere toutes les semaines, & même tous les quatre ou cinq jours, suivant qu'on le juge nécessaire.

Air nécessaire à la serre chaude.

L'air frais étant absolument nécessaire, non-seulement aux Ananas, mais encore aux autres plantes de la serre chaude, il faut les en faire jouïr tous les jours, lorsque le tems est favorable.

Chaque jour chaud, lorsque le soleil paroît, & qu'il y a du vent, on entr'ouvre un peu les vitrages, afin d'introduire de l'air frais; mais il ne faut le faire qu'après neuf ou dix heures du matin, quand le soleil a suffisamment échauffé l'air renfermé dans la serre; & on les renferme exactement de bonne heure dans l'après-midi, tandis que l'air de la serre est encore à un dégré de chaleur convenable.

Succession d'Ananas.

Les plantes d'Ananas, destinées à porter du fruit l'année suivante, & qui sont placées dans la serre, ou dans la couche de pépinière, doivent alors être mises dans de plus grands pots.

Ces pots ne doivent pas être trop grands; ceux de grosseur appelés *vingt-quatre*, suffiront pour cette fois.

Les pots étant préparés, on se pourvoit d'un nouvel engrais, on retire les plantes de la couche, & l'on commence à les changer, en conservant, s'il est possible, la motte entiere à leurs racines; on met de la terre dans le fond des nouveaux pots, on y place tout de suite les plantes avec leur motte entiere, & on les remplit du nouvel engrais dont il vient d'être question.

En faisant ce changement, on examine chaque plante avec attention; & si on en trouve quelques-unes qui soient malades, attaquées par les insectes, ou qui aient de mauvaises racines, on secoue alors la terre qui y est attachée, afin de pouvoir y remédier.

Aussi-tôt que les plantes sont changées, on les remet dans la couche, après avoir préalablement remué le tan, ajouté un tiers du frais, & mêlé exactement le vieux avec le nouveau, ainsi qu'on l'a déjà prescrit.

On plonge les pots jusqu'aux bords, à des distances convenables, & en les rangeant dans l'ordre qui a été indiqué plus haut.

Cette opération doit être faite pendant le beau tems, & terminée dans le même jour, s'il est possible.

Après quoi, on rafraîchit souvent les plantes, en les arrosant modérément, & de maniere que la terre des pots ne ſoit que légèrement humide.

On leur donne auſſi de l'air par un beau jour de ſoleil, pour les fortifier, & les rendre belles & ſaines.

Ces plantes doivent reſter dans leurs pots juſqu'à la fin de Juillet, ou au commencement d'Août, pour être remiſes enſuite dans ceux où elles produiront leurs fruits.

Traitement des jeunes plantes d'Ananas.

Lorſque les couronnes & les rejettons d'Ananas, de l'année derniere, ont rempli les petits pots de leurs racines, il faut leur en donner de plus grands dans le courant de ce mois.

Après les avoir dépotés avec leurs mottes entieres, on les replace ſur le champ dans d'autres pots plus grands, que l'on remplit de nouvelle terre, & on les arroſe un peu; enſuite on remue le tan, on y en ajoûte une quantité du nouveau, & l'on y replonge entièrement les pots juſqu'à leurs bords.

Mai.

Le principal ſoin que l'on doit donner à la ſerre chaude dans le mois de Mai, eſt de tenir les plantes nettes; de ne pas les laiſſer manquer d'eau & d'air frais, (deux choſes qui leur ſont abſolument néceſſaires.)

Les plantes d'Ananas exigent en général dans cette ſaiſon, des arroſemens modérés tous les quatre ou cinq jours; & le meilleur tems pour cette opération, eſt vers les trois ou quatre heures de l'après midi.

On ne ſauroit trop répéter qu'il faut apporter la plus grande attention à ne point arroſer trop précipitamment les Ananas, & à ne leur donner que très-peu d'eau à la fois, afin d'éviter de rendre la chaleur de la couche trop humide, de déranger les plantes dans leurs pots, & de refroidir leurs racines.

L'air eſt auſſi indiſpenſable, & on doit leur en procurer beaucoup chaque jour, quand il fait chaud, & que le ſoleil luit.

On ouvre un peu les vitrages tous les jours chauds, vers les neuf heures du matin, & à meſure que la chaleur augmente, on les ouvre davantage, afin d'introduire dans la ſerre une partie d'air frais proportionnée; après quoi, on ferme les vitrages vers les trois ou quatre heures du ſoir.

Si les jeunes Ananas, c'eſt-à-dire, les couronnes & les rejettons de l'année précédente, n'ont point encore été changés & mis dans de plus grands pots pendant le mois d'Avril, il faut y travailler dans celui-ci.

On enleve avec ſoin les plantes avec leur motte entiere hors de leurs pots, on les place dans de plus grands, qu'on remplit d'un engrais convenable, & on les arroſe tout de ſuite légèrement: pendant ce travail, on examine toujours s'il y en a quelques-unes mal-ſaines ou attaquées d'infectes; en ce cas, on secoue les racines pour en détacher la terre, l'on retranche quelques feuilles du bas, on coupe les fibres tout près, & même au bout du navet, & on lave la plante entiere; après quoi, on la remet en pot avec de la nouvelle terre.

Lorsque toutes ces plantes sont ainsi changées, on remue le tan jusqu'au fond, on y en ajoûte un tiers, ou au moins un quart du nouveau, on mêle bien le tout ensemble, & on replonge promptement tous les pots jusqu'à leurs bords, comme ils étoient auparavant.

On rafraîchit aussi ces jeunes plantes par un arrosement léger, & on leur donne de l'air tous les jours chauds.

JUIN.

Les plantes de la serre chaude demandent, dans ce mois, un soin particulier; mais le principal & l'essentiel, est de ne point les laisser manquer d'eau & d'air frais.

Les plantes d'Ananas, surtout celles qui portent fruit, ne veulent point être négligées.

On doit les arroser réguliérement, leur donner un peu d'eau tous les quatre ou cinq jours, mais jamais beaucoup à la fois.

On doit aussi leur donner de l'air frais toutes les fois que le tems le permettra. Il est nécessaire de leur en procurer tous les jours chauds, sans quoi les fruits feroient maigres & peu nourris: on souleve un peu les vitrages du haut, & l'on entr'ouvre ceux du devant; mais on doit avoir grande attention de les refermer exactement vers les cinq ou six heures du soir, & de n'en laisser aucun ouvert pendant la nuit.

Soin de la succession des plantes d'Ananas.

Les plantes destinées à porter du fruit l'année suivante, exigeant autant de soins que celles qui en donnent actuellement, elles ne doivent point être négligées.

Soit qu'on les tienne dans la serre chaude commune, soit qu'elles soient placées dans une autre particuliere, ou sur une couche séparée, on doit les laisser jouir de l'air frais, & les arroser presque aussi souvent que celles qui sont chargées de fruits.

JUILLET.

Pendant le mois de Juillet, on admet l'air frais dans la serre chaude tous les jours clairs & sereins.

Comme les Ananas commencent alors à mûrir leurs fruits, l'air frais leur est très-nécessaire pour leur donner du goût & de la grosseur.

Il faut les arroser aussi souvent, mais toujours avec modération.

Les plantes dont les fruits avancent le plus vers leur maturité, ont plus besoin d'eau que les autres; mais en les arrosant, on doit toujours se rappeler que trop d'humidité retranche beaucoup de leur goût & de leur saveur.

Maniere de multiplier des plantes d'Ananas.

On multiplie les Ananas par les couronnes ou bouquets de feuilles qui croîssent au sommet des fruits, & par les rejettons qui poussent au-dessous, sous le pied de la vieille plante : on détache les rejettons après la maturité du fruit, & les couronnes lorsqu'on est sur le point de le manger : ces rejettons & ces couronnes doivent produire au bout de deux ans des fruits pareils à celui sur lequel ils ont été pris. On emploie en les plantant toutes les précautions qui ont été indiquées, & on les traite ensuite suivant la méthode qui a déjà été prescrite. Lorsque les rejettons, qui croîssent au pied de la mere plante, sont assez forts pour être replantés, on peut les détacher sans attendre la maturité de leurs fruits ; mais il ne faut jamais séparer les couronnes, que le fruit ne soit mûr & cueilli. Comme il arrive souvent que plusieurs plantes n'ont point encore produit de rejettons, ou que ces rejettons sont trop foibles à l'époque ordinaire, qui est celle de la récolte du fruit, on les force à en pousser ou à faire grandir ceux qui sont encore trop petits, en les traitant de la maniere suivante; mais il est bon d'observer auparavant que ces rejettons ne sont propres à être détachés de la mere plante, que quand leurs parties basses ont acquis une couleur un peu brune, & qu'ils ont atteint la hauteur de quatre, cinq ou six pouces.

Dans le dernier cas, aussitôt que le fruit est cueilli, on enleve les pots avec les plantes hors de la couche de tan, on en coupe toutes les feuilles à la hauteur d'environ une main au-dessus des bords des pots, on retranche en même tems toutes celles du bas autour du pied ; après quoi, on jette un peu de la vieille terre de la surface, que l'on remplace par un nouvel engrais, & on les arrose ensuite.

Cette opération étant faite, on plonge les pots, avec les plantes, jusqu'à leurs bords dans une couche de tan ou de fumier, d'une chaleur modérée, & on les arrose légérement de tems en tems.

C'est par ce traitement qu'on parvient à faire produire en peu de tems aux vieilles plantes de bons rejettons, qu'on détache quand ils ont atteint la hauteur de quatre, cinq ou six pouces, & qu'on prépare ensuite pour les planter de la maniere suivante.

On commence par les suspendre dans la serre chaude à l'ombre, & on les y laisse pendant quelques jours, jusqu'à ce que l'endroit qui tenoit à la tige principale, soit parfaitement sec & ferme.

Lorsqu'ils sont parvenus à ce point, on suit pour leur culture les préceptes généraux que nous allons donner pour la multiplication des Ananas.

Nous avons déjà dit qu'on

ne détachoit les couronnes des fruits que dans le moment où on vouloit les manger ; cette opération se fait en les tordant légèrement : on ôte ensuite quelques feuilles vers la partie qui doit former la racine, & on les place, comme les rejettons, dans la serre chaude, jusqu'à ce que l'extrémité qui adhéroit au fruit, soit parfaitement raffermie ; ce qui exige environ huit ou dix jours.

Rejettons.

Les rejettons ayant été séparés de la mere tige lorsque le bas commençoit à devenir un peu brun, on retranche de même quelques feuilles à leur partie inférieure, & on les tient dans un lieu sec pendant cinq à six jours, afin que l'endroit qui tenoit à la plante ait le tems de perdre son humidité & de se raffermir.

Cela fait, on plante les rejettons de la maniere suivante.

On prend de petits pots, que l'on remplit d'une terre convenable ; on met un rejetton dans chacun ; on assûre la plante en serrant bien la terre autour, & on lui donne un léger arrosement égal partout le pot, afin de la raffermir encore davantage.

On plonge ensuite ces pots dans une couche de tan, qui doit avoir une chaleur modérée pour les faire pousser à propos.

Mais les Jardiniers qui sont dans l'impossibilité d'avoir une fosse de tan, y suppléent par une couche de nouveau fumier de cheval, sur laquelle ils placent les couronnes & rejettons ; & cette méthode n'est point sans succès.

On fait cette couche pour un, deux ou trois châssis de vitrages, suivant le nombre des plantes qu'on veut y placer, & on lui donne au moins deux pieds & demi ou trois pieds de hauteur : aussi-tôt qu'elle est faite, on pose les châssis dessus ; & après cinq ou six jours, au moins, quand sa grande chaleur est dissipée, on la recouvre à cinq ou six pouces d'épaisseur de tan vieux ou nouveau, ou de quelque terre seche que ce soit.

Ensuite, quand le fumier a échauffé le tan ou la terre, on y plonge les pots jusqu'à leurs bords, & on met les vitrages par-dessus, en observant de les soulever un peu chaque jour, afin de donner une issue aux vapeurs, & faire entrer l'air : on a soin aussi de les garantir à midi de la grande ardeur du soleil.

Couronnes d'Ananas.

Les couronnes qui croîssent au sommet des fruits, servent encore, comme nous l'avons dit, à multiplier les plantes lorsqu'elles en sont séparées, & elles sont en général fortes & saines.

Lorsqu'elles ont été préalablement séchées & raffermies à l'ombre, on les plante chacune séparément dans un petit pot, & on les traite ensuite selon la méthode que nous venons de prescrire pour les rejettons.

On eſt actuellement dans l'uſage, quelques jours avant de planter les couronnes & rejettons, de plonger de petits pots remplis de bonne terre, dans les couches chaudes ſéparées, & de donner le tems à la terre de s'échauffer; quand elle eſt en cet état, on met un peu de ſable dans le milieu des pots, on y enfonce les rejettons & les couronnes à la profondeur d'un bon pouce, & on affermit la terre autour, en la preſſant avec les deux mains; on les laiſſe ainſi pendant ſix ou ſept jours ſans les arroſer, pour leur donner le tems de prendre racine, & ce n'eſt qu'après ce terme que l'on commence à leur donner un peu d'eau. Cette méthode eſt excellente, elle fait pouſſer les plantes promptement & les préſerve de toute pourriture.

Maniere de changer les Plantes de ſucceſſion.

C'eſt dans ce mois qu'il faut changer les Ananas qui doivent produire du fruit pour la ſaiſon ſuivante, & les mettre dans les pots, où on les laiſſe juſqu'à la fin. Il n'eſt pas néceſſaire d'entreprendre ce travail avant la derniere ſemaine de Juillet. Alors on ſe pourvoit de pots, & d'une quantité convenable de nouvelle terre, que l'on fait porter auprès des plantes; & quand tout eſt prêt, on enleve hors du tan les pots avec les plantes, & on les change de la maniere ſuivante.

On met d'abord trois ou quatre pouces de bonne terre dans chaque nouveau pot; on y poſe la plante qu'on vient d'enlever avec ſa motte entiere, & on remplit ce qui reſte d'eſpace avec de la nouvelle terre, en obſervant d'en mettre un pouce environ d'épaiſſeur au-deſſus des racines.

Les plantes étant toutes changées de cette maniere, on les arroſe légèrement, & on les remet promptement dans le tan, après cependant qu'il a été remué juſqu'au fond avec une fourche, & qu'on y aura ajouté & mêlé exactement environ un tiers ou au moins un quart du nouveau, ſi l'ancien eſt bientôt diminué, converti en terre, & hors d'état de produire une chaleur convenable: on enfonce les pots dans la couche juſqu'à leurs bords, en les rangeant régulièrement, les groſſes plantes dans le fond, & les autres par dégrés, de maniere que les plus petites ſe trouvent ſur le devant.

AOUT.

Les plantes qui doivent porter fruit l'année ſuivante, ſe mettent, en Août, dans leurs plus grands & derniers pots, ſi on ne l'a pas fait dans le mois précédent; & cela, s'il eſt poſſible, pendant la premiere ou la ſeconde ſemaine, afin qu'elles puiſſent avoir aſſez de tems pour pouſſer de nouvelles racines avant le mois d'Octobre.

On prépare de la nouvelle terre & des pots, dans leſquels on met trois ou quatre pouces de hauteur de bonne terre; on tire les plantes l'une après l'autre de la couche; on les dépote avec leur motte entiere; on les remet dans les nouveaux pots; on remplit les vuides avec de la bonne terre, & on les arrose légèrement.

L'opération étant terminée, on remue la couche de tan jusqu'au fond avec une fourche; on y ajoûte une bonne quantité de nouveau tan, que l'on mêle bien avec le vieux; après quoi, on replonge les pots jusqu'à leurs bords, & on les rafraîchit de tems en tems avec de l'eau.

Ananas qui doivent porter fruit.

Il faut avoir soin dans ce moment des plantes d'Ananas qui doivent porter fruit, leur donner abondamment de l'eau de tems en tems, & de l'air frais chaque jour, en ouvrant quelques-uns des vitrages.

Multiplication des Ananas.

Les Ananas mûrissent à présent bien vîte; & à mesure qu'on en recueille les fruits, on doit avoir soin, si les plantes ne sont pas fournies de rejettons, de les traiter, & de les avancer de maniere à ce qu'elles en produisent, ainsi qu'il a été prescrit pour le mois dernier, & de conduire les rejettons & les couronnes selon la méthode ci-dessus indiquée: on détache ces dernieres aisément en les tordant un peu, & on les traite ensuite comme il a été dit à l'article du mois de Juillet.

SEPTEMBRE.

Si les plantes d'Ananas qui doivent porter fruit l'année suivante n'ont pas encore été changées de pots, il faut y travailler dès la premiere semaine de Septembre au plus tard, sans quoi elles seront fort retardées dans leur accroissement.

En changeant ces plantes, on conserve la motte de terre entiere autour des racines, & on les place avec soin dans de plus gros pots, que l'on remplit d'une bonne terre nouvelle; ensuite on remue le tan, on y plonge les pots jusqu'aux bords, & on les arrose modérément.

Mais dans toute cette opération, en changeant & maniant les plantes, il est nécessaire de se conformer en tout à ce qui est prescrit pour les deux mois précédens.

Si les plantes ont été changées un mois ou cinq semaines auparavant, sans que l'on ait remis du nouveau tan dans la couche, il sera prudent, dans ce moment, d'examiner avec soin si la chaleur de toutes les couches où se trouvent les Ananas est assez forte; & si l'on s'apperçoit qu'elle est trop foible, on remuera le tan jusqu'au fond avec une fourche, & on y replongera promptement les pots jusqu'à leurs bords.

Par ce moyen on renouvellera la chaleur, qui sera suffisante jusqu'au mois prochain, tems auquel on transporte les plantes dans la serre, où elles doivent produire leurs fruits.

Air.

Dans cette saison, si le soleil est chaud, on donne de l'air chaque jour à toutes les plantes en général, en ouvrant un peu les vitrages, plus ou moins, suivant qu'on le juge nécessaire.

Arrosement.

Alors les plantes exigent un rafraîchissement modéré, qu'on leur procure en leur donnant de l'eau une fois en trois ou quatre jours, pourvu que la chaleur de la couche soit vive; si, au contraire, on la trouve foible, il suffira de les arroser une fois par semaine.

Nouveau tan à ajouter.

Vers la fin de ce mois, il faut se procurer une quantité convenable de nouveau tan, sortant de la tannerie, pour se préparer à renouveler les couches de la serre dans le mois prochain.

On en fait venir un tiers de ce que contiennent les couches, & quelquefois moitié, même davantage, suivant l'état où se trouve l'ancien, on le met en monceau pendant dix à douze jours pour en laisser écouler l'humidité avant de l'employer; & s'il est nouvellement sorti des fosses de la tannerie, on l'étend clair au soleil & à l'air quand le tems est sec, pour en évaporer le trop d'humidité; car si on le mettoit dans les couches avant de l'avoir un peu séché, il auroit de la peine à acquérir un dégré de chaleur convenable.

Le tan, pour être bon, ne doit être employé que quinze jours, trois semaines, ou tout au plus un mois après avoir été tiré de la fosse de la tannerie, en observant de ne pas le choisir trop gros ni trop fin, mais d'une grosseur médiocre.

Pour le traitement, voyez ce qui est dit dans le mois prochain.

Couronnes & rejettons.

La couche sur laquelle se trouvent les couronnes & les rejettons d'Ananas, doit être tenue à un bon dégré de chaleur, afin de leur faire pousser de fortes racines avant l'hiver.

Si la couche est en fumier chaud, on en met du nouveau sur les côtés, quand on trouve la chaleur diminuée, & l'on a soin que le nouveau fumier surpasse de deux ou trois pouces le bas du châssis: vers la fin de ce mois, il est prudent de mettre de la paille ou du foin tout autour du châssis au-dehors, pour empêcher la gelée d'y pénétrer, & conserver dans la couche un bon dégré de chaleur.

Quand les nuits commencent à être froides, on couvre tous les soirs les vitrages avec des nattes.

Dans le milieu du jour on souleve un peu les vitrages pour laisser sortir les vapeurs, & donner de l'air aux plantes.

On continue dans ce mois de soigner toutes les autres plantes tendres de la serre ; on les examine au moins trois fois par semaine, pour voir s'il est nécessaire de les arroser : ce qu'elles exigeront chaques deux jours, tandis qu'en général les autres plantes, & principalement les *Arbrisseaux*, n'auront besoin d'être rafraîchis que deux ou trois fois dans huit jours ; mais les especes succulentes demandent beaucoup de modération à cet égard, & il suffira de les arroser une fois par semaine.

OCTOBRE.

On commence dans les premiers jours d'Octobre à transporter dans la grande serre les plantes d'Ananas prêtes à donner leur fruit ; mais auparavant on prépare le nouveau tan, qui doit être ajouté à celui de la couche.

Après s'être pourvu de tan nouveau & bon, si cela n'a pas déjà été effectué dans le courant du mois dernier, on le met en tas pendant dix ou douze jours, pour en laisser écouler l'humidité ; s'il est trop mouillé, on l'étend clair au soleil dans un lieu sec & airé, pour le sécher un peu & le réduire à une médiocre humidité, car si on le mettoit trop mouillé dans la couche, il seroit long-tems, comme nous l'avons déjà observé, à acquérir une bonne chaleur, & peut-être n'y parviendroit-il jamais.

Lorsque le tan est suffisamment reposé, & qu'il est bien préparé, on sort les pots de la couche, dont on crible le vieux tan, pour rejetter tout ce qui ne passe pas, & on remplit le vuide de la fosse avec du nouveau.

Ensuite le vieux étant travaillé & exactement mêlé avec le nouveau, on nivelle & on dresse la surface de la couche ; & quand elle commence à s'échauffer & que la chaleur est montée jusqu'au haut, on y porte les plantes à fruit, & on les y plonge entièrement : il est nécessaire alors d'examiner souvent la couche ; & si on trouve la chaleur trop violente en quelque tems que ce soit, on retire les pots à moitié ou tout-à-fait hors du tan, suivant qu'on le croit nécessaire pour la conservation des plantes, & on attend pour les y replonger que la chaleur soit devenue plus modérée.

Pour s'assurer du plus ou du moins de chaleur, on a coutume d'enfoncer jusqu'au fond de la couche un gros bâton, qu'on manie en le retirant, pour pouvoir juger du dégré de chaleur qui regne dans l'intérieur du tan.

Vers le milieu ou à la fin de ce mois, il est tems de commencer à faire du feu chaque soirée ; & si la saison devient humide ou froide, il est prudent d'en faire aussi un peu le matin.

Les plantes exigeront alors d'être arrosées une fois par semaine, & on leur donnera de l'air chaque jour par un beau soleil, & dans un tems calme.

Plantes de succeffion.

La couche de tan dans laquelle on aura mis les plantes de fucceffion, c'eft-à-dire, celles qui doivent produire du fruit l'année fuivante, exigera alors d'être renouvelée, en y ajoutant une quantité convenable de nouveau tan, après cependant que l'on aura, comme il eft dit ci-deffus, criblé le vieux, s'il y en a beaucoup de terreux.

NOVEMBRE.

Les Ananas étant alors refferrés dans les couches d'hiver, l'effentiel eft d'entretenir régulierement les feux, fans jamais les faire trop violens: dans les tems doux & clairs, il n'eft befoin d'en avoir que les nuits, mais pendant les fortes gélées, il faut les conferver fans interruption.

On doit auffi avoir attention d'arrofer les plantes toutes les fois qu'elles en ont befoin.

Arrofement.

On n'arrofera dans cette faifon qu'une feule fois la femaine, & toujours modérément, en fe fervant du tuyau de fer blanc, dont on a parlé dans le mois de Janvier.

Les jeunes Ananas, tant ceux qui font placés dans le fumier pour l'hiver, ou dans des couches de tan en plein air, que ceux qui fe trouvent dans des couches à vitrages & fans fourneau, doivent être traités avec foin pendant ce mois, en couvrant exactement les vitrages chaque nuit, & pendant les mauvais tems, avec des nattes épaiffes.

Il eft néceffaire de garnir tout autour le dehors du châffis d'une épaiffeur médiocre de foin fec, ou d'autre litiere femblable, afin de conferver la chaleur, & d'empêcher la gelée de pénétrer dans les couches.

Il faut auffi entourer les côtés de la couche avec de la litiere feche, & examiner fouvent celles qui font expofées en plein air, foit qu'elles foient faites avec un mélange de fumier & de tan, que l'on met communément en ufage quand le tan eft rare, foit celles où il n'y a que du fumier feul : comme leur chaleur n'eft pas de longue durée, quand on s'apperçoit qu'elles fe refroidiffent, on les renouvelle par le moyen d'un réchaud de nouveau fumier de cheval, que l'on arrange fur les côtés, & que l'on réitere pendant l'hiver, auffi fouvent qu'on le croit néceffaire : mais en général toutes couches d'Ananas doivent, autant qu'il eft poffible, être faites de tan feul; & celles qui font fans fourneau exigent d'être garnies en-dehors dans les très-grands froids avec du fumier chaud; car il eft effentiel de conferver dans les couches une chaleur continuelle, réguliere & au dégré néceffaire à ces plantes pour qu'elles puiffent profpérer.

Les plantes, dans de pareilles couches, doivent être arrofées en tout tems avec beaucoup de modération.

DECEMBRE.

On continue à faire du feu dans la ſerre chaude vers trois, quatre ou cinq heures du ſoir, mais toujours comme il a été recommandé, ſans qu'il ſoit trop fort, & de maniere que la chaleur de la muraille ou des tuyaux ne ſoit pas trop violente; car cela nuiroit beaucoup aux Ananas & aux autres plantes.

Il faut encore avoir attention, comme il a été dit pour le mois précédent, d'entretenir les feux de la ſerre chaude jour & nuit quand le tems eſt rigoureux.

La perſonne qui eſt chargée de ce ſoin, doit toujours examiner le feu avant de ſe coucher, & y mettre plus ou moins de matiere combuſtible, ſelon qu'il eſt néceſſaire: rien ne convient mieux pour cet uſage que le charbon de terre, ou le charbon de bois éteint & à demi conſumé, à cauſe de la régularité & de la durée de leur chaleur; cependant on peut ſe ſervir également de bois ou de tourbe.

Il ne faut pas négliger dans cette ſaiſon de couvrir chaque nuit les vitrages de la ſerre chaude avec des volets ou des nattes: mais la méthode la plus prompte eſt de ſe ſervir d'une grande toile de cannevas peinte, pareille à celle dont on fait des voiles de navires.

On l'attache, par une de ſes extrémités, ſur une perche de trois pouces de diamètre, dont la longueur ſoit égale à la largeur de la ſerre, en forme de ſtore, & au moyen d'une poulie & de cordages, on roule cette toile ou on l'abbaiſſe aiſément; cette méthode eſt beaucoup plus commode que les grands volets lourds, que je vois quelquefois dans de certaines ſerres, & qui exigent prèſqu'une heure de travail chaque jour pour les ôter & les remettre.

Les plantes de ſucceſſion, placées ſur une couche ou dans une ſerre, demandent la même attention, & leur traitement n'eſt point différent de celui des Ananas à fruit; on obſerve ſeulement de leur donner un feu plus doux & auſſi réglé qu'il eſt poſſible; car, ſans cette précaution, on leur feroit produire leur fruit beaucoup plutôt qu'elles ne devroient, inconvénient qu'on ne peut éviter qu'en y apportant la plus grande attention, juſqu'à ce qu'elles aient acquis un dégré ſuffiſant d'accroîſſement pour produire un fruit d'une belle groſſeur: ce qui ne peut avoir lieu qu'au bout de deux ans, auquel tems on les place dans la ſerre à fruit.

Si on déſire qu'une plante d'Ananas aſſez forte pour produire un fruit d'une belle taille, s'en fourniſſe promptement dans quelque tems de l'année que ce ſoit, on la ſecoue hors du pot, on la laiſſe ſécher pendant pluſieurs jours, on en retranche toutes les racines, & l'on coupe le navet de maniere que l'on n'apperçoive plus dans la tranche aucuns points, qui originairement étoient la naissance des racines ; on laisse ensuite raffermir & sécher cette même coupe, & on plante l'Ananas dans un pot, que l'on place dans une couche chaude sous un châssis à l'air, si la saison le permet ; ou dans la serre chaude, avec les plantes à fruit : par ce moyen, on force la plante à donner son fruit aussitôt qu'elle a pris racine.

Arrosement.

Les Ananas, & les autres plantes de la serre chaude, ont toujours besoin d'être arrosés de tems en tems.

Mais en le faisant, sur-tout pour les Ananas, on doit y apporter beaucoup de modération, & ne pas leur donner d'eau plus d'une fois par semaine.

S'il survient un beau jour de soleil & un tems calme, il sera prudent d'admettre un air frais dans la serre, en ouvrant un peu quelques vitrages ; mais on ne doit pas manquer de les refermer à l'heure marquée, & même plutôt, si le tems vient à changer.

Les jeunes plantes d'Ananas, placées dans le fumier ou dans des couches de tan en plein air, veulent être traitées avec beaucoup de soin dans cette saison ; il faut entretenir exactement la chaleur de ces couches, en y mettant des réchauds de nouveau fumier de cheval sur les côtés aussi souvent que l'on s'apperçoit de la diminution de la chaleur, il est aussi nécessaire de couvrir les vitrages chaque nuit & pendant les mauvais tems, avec des nattes ou de la paille, & de garnir exactement le contour extérieur des châssis avec de la paille, ou d'autre litiere seche.

ANANAS SAUVAGE, *ou* PENGUIN. *Voyez* KARATAS.

ANAPODOPHYLLON. *Voyez* PODOPHYLLUM.

ANASTATICA. [*Rose of Jericho.*] *La Rose de Jéricho.*

Caracteres. Le calice a quatre feuilles & tombe ; la fleur a quatre pétales en forme de croix, étendus & ouverts ; les onglets sont aussi longs que le tube du calice : elle a six étamines en forme d'alêne, dont deux sont plus courtes que les autres : le germe est petit, divisé en deux parties, & soutient un style en forme d'alêne, aussi long que les étamines, qui persiste & est couronné par un sommet obtus. Ce germe devient ensuite une silique courte, biloculaire, divisée intérieurement par une cloison en forme d'alêne, placée obliquement & plus longue que la silique.

Nous n'avons qu'une espece de ce genre dans les jardins Anglois.

Anastatica Hierochuntica, foliis obtusis, spicis axillaribus brevissimis, siliculis ungulatis, spinosis. Linn. Sp. 895; Rose de Jéricho à feuilles obtuses, avec de courts épis de fleurs aux aisselles, des tiges & des siliques épineuses.

Thlaspi, rosa de Hiericho dictum. Moris. Hist. 2. P. 228. ff. 5. T. 25. F. 2. 3.

Rosa Hierochuntica. Com. Hort. T. 41.

Cette plante croît naturellement dans la Palestine & au Caire, dans les lieux sablonneux des rivages de la mer; quoiqu'elle ne soit qu'annuelle, ses tiges sont cependant ligneuses, élevées à la hauteur de cinq ou six pouces, & divisées en plusieurs branches irrégulieres; ses fleurs petites, blanches, disposées en épis courts aux aisselles des tiges, ont peu de beauté, & sont suivies de siliques courtes & piquantes, divisées en deux cellules, renfermant chacune deux semences.

On la cultive dans les jardins botaniques pour la variété, & dans plusieurs autres, à cause de sa singularité; on peut la conserver long-tems, en l'enlevant avant qu'elle soit fanée, & en la tenant dans un appartement sec: si après l'avoir ainsi gardée pendant plusieurs années, on met la racine dans un verre d'eau, on voit au bout de quelques heures les boutons des fleurs se gonfler, s'ouvrir, & paroître comme si la plante étoit nouvellement cueillie; ce qui étonne beaucoup ceux qui ne lui connoissent point cette propriété.

Cette plante étant annuelle, on ne peut la multiplier que par ses semences, qui mûrissent rarement en Angleterre, à moins qu'elles ne soient semées sur une couche chaude au printems, & placées ensuite dans des pots, que l'on plonge dans une autre couche chaude, pour les faire avancer; car, quoiqu'elles puissent pousser en pleine terre dans un sol sec, cependant elles y parviennent rarement à une certaine grosseur, & n'y perfectionnent point leurs semences, à moins que l'été ne soit sec & très-chaud: mais lorsque les plantes sont tenues sous un châssis, & qu'on leur donne de l'air frais dans les tems chauds, elles fleurissent en Juin, & leurs semences mûrissent en Septembre.

ANATOMIE. Ἀνατομία, de ἀνατέμνω. Gr. *disséquer. Dissection.*

L'Anatomie des plantes est l'art de couper, diviser, ou séparer les parties qui composent les plantes, pour découvrir la grosseur, la forme, la structure & les usages de leurs différens vaisseaux, afin de se servir de cette connoissance pour améliorer leur culture.

Le développement de leur intérieur a présenté aux Anatomistes une grande conformité de structure, une analogie constante de parties avec les animaux, une maniere d'exister & de se propager à-peu-près pareille, enfin une économie végétale formée sur le même modele que l'économie animale.

Les parties qu'on distingue dans les plantes, sont la racine, le bois, l'écorce & la moëlle.

I. Les *racines* des plantes sont des corps spongieux, dont la substance est disposée de maniere à pouvoir attirer aisément certaines particules humides préparées dans la terre : la qualité de la racine dépend beaucoup de la largeur des vaisseaux & de celle des pores.

M. RENAUME suppose que la racine fait l'office de toutes les parties contenues dans la cavité de l'abdomen, ou bas-ventre, qui servent à la nutrition dans les animaux, comme l'estomac, les intestins, &c.

Le célébre BOERHAAVE regarde les racines des plantes comme un composé d'un nombre de vaisseaux absorbans, qui sont analogues aux vaisseaux lactés dans les animaux.

Suivant le Docteur VAN ROYEN, la racine est cette partie de la plante, par laquelle elle reçoit la nourriture, ou par laquelle les sucs qui lui servent d'alimens, sont attirés : telle étoit également l'opinion de THÉOPHRASTE ; mais, suivant cette définition, ce n'est point seulement la partie enfermée dans la terre qu'on doit proprement appeler *racine*, mais la surface entiere de la plante qui, par le moyen d'une infinité de pores ou de petites ouvertures, pompe & éleve les sucs humides, qui sont ensuite portés par des vaisseaux semblables aux veines lactées des animaux jusques dans le corps de la plante pour lui servir d'alimens.

Quelque stricte que paroisse cette définition, elle est cependant la seule qui puisse s'appliquer généralement à toutes les plantes, tant à celles qui n'ont point de racine, suivant l'opinion commune, qu'à celles qui en sont réellement pourvues : on ne connoît que très-peu de plantes de la premiere espece, & il y en a un très-grand nombre de la derniere.

Quant à celles qui n'ont pas besoin pour se nourrir d'une racine apparente, leurs surfaces se trouvent percées sur tous les côtés de très petits trous, par lesquels elles tirent leur nourriture ; tel est le *Pomo aurantio*, appelé *Neptuni*, ou *Pila marina*, par les Pêcheurs, & plusieurs autres plantes marines, dont la surface entiere sert de racine, comme on le voit clairement dans quelques plantes pierreuses, qui croissent sous les eaux de la mer.

Que celà est ainsi pourroit être déduit en quelque sorte par analogie avec certaines especes d'animaux, lesquelles sucent leur aliment non seulement par la bouche, mais il semble aussi que la totalité de leur surface exposée à l'humidité sert à la même fin. (1)

(1) Les végétaux ne sont point les seuls corps organisés qui se nourrissent par leur surface, les animaux jouissent également de la même propriété ; car, sans compter plusieurs insectes aquatiques, qui, privés de bouche & d'estomac, reçoivent uniquement leur nourriture, en s'imbibant du fluide dont ils sont environnés, les especes le mieux organisées, ont, à la surface de leurs peaux, une quantité étonnante de petits pores, qui, n'étant que les embouchures des vaisseaux inhalans, pompent & attirent continuellement l'humidité, les sels volatils & les autres exhalaisons qui les entourent : cette

Quoique ces corps submarins aient été rangés par la plus grande partie des Naturalistes au nombre des végétaux, cependant des découvertes modernes prouvent qu'ils sont composés pour la plupart de couches d'insectes renfermés dans les petites cavités de ces corps incrustés; ainsi ces especes devroient être plutôt placées avec les minéraux (1).

Les plantes qui ont une racine visible, different beaucoup entre elles par cette seule partie; quelques-unes sont bulbeuses, d'autres écailleuses, ou pleines de tubercules; les unes grumeleuses, les autres fibreuses, & enfin il y en a de noueuses. Comme il suffit d'observer ici les différences générales qui caractérisent chaque espece de racine, je n'entrerai point dans un plus grand détail à cet égard, parce que cette matiere est suffisamment traitée dans différens articles particuliers, où chaque espece sera particuliérement décrite.

La premiere partie de la racine, appelée *épiderme*, est une pellicule mince, pour l'ordinaire d'une couleur brune ou sombre, qui se sépare aisément de l'enveloppe de dessous: si, après l'avoir fait macérer dans l'eau chaude, on l'examine avec un microscope, on y apperçoit une structure délicate, semblable à celle d'un réseau percé de plusieurs petits trous qui, lorsqu'ils sont dilatés & remplis de l'humidité qu'ils pompent, ressemblent à des

---

absorption est prouvée par la facilité avec laquelle certaines substances s'introduisent dans les corps, telles que l'eau, le mercure, les huiles essentielles, les virus vénérien, variolique, psorique, dartreux, pestilentiel, &c. de même que les émanations des corps vivans & des substances nutritives. En effet, on a vu des hommes foibles & languissans, des enfans affoiblis dans un accouchement laborieux, recouvrer instantanément leurs forces en les frottant avec du vin chaud ou quelques liqueurs spiritueuses; des vieillards épuisés par l'âge ou les maladies, recevoir une nouvelle vigueur par les exhalaisons du corps d'un jeune homme avec lequel ils couchoient constamment: des bouchers & des cuisiniers, qui, ne prenant que très-peu d'alimens, étoient néanmoins gras & bien nourris, parce qu'ils étoient continuellement exposés aux vapeurs & émanations de la chair des animaux & des autres substances nutritives.

(1) Les coraux, les madrépores, les litophytes, peut-être même les coralines, les mousses & une infinité d'autres productions maritimes qui avoient été long-tems regardées comme des plantes pierreuses, demi-pierreuses & cornées, exhalent, lorsqu'on les soumet au feu, de l'alkali volatil & la même odeur produite par la combustion des substances animales; & lorsqu'on vient à les examiner plus attentivement, on remarque qu'elles sont composées d'une multitude de petites cellules, dont chacune contient un insecte ou un vermisseau: de maniere que ces diverses productions tiennent aussi essentiellement à la conchyliologie que les différens tuyaux & vers incrustés, qui en font ordinairement partie.

vesicules : cette premiere peau est annuelle ; c'est-à-dire, qu'étant remplacée par un nouvel épiderme, qui croit en-dessous de la même maniere que dans les animaux écailleux, elle se gerce & périt annuellement; en sorte que les petits vaisseaux *fibrils*, quelque nom qu'on leur donne, peuvent être comparés aux veines des animaux.

La seconde enveloppe qui à l'extérieur, constitue le *cortex* ou écorce du dehors, & en-dedans le *liber*, ou écorce intérieure, est appelée *cutis*, dans laquelle on découvre quatre parties différentes.

1°. De certaines fibres fortes, paralleles l'une à l'autre, élastiques, étendues verticalement au-dehors, & unies entr'elles par d'autres fibres transversales, forment un cylindre creux sous l'épiderme : après cette premiere couche, on en trouve une autre d'un tissu moins grossier, qui en renferme une troisieme encore plus délicate, & ainsi de suite, jusqu'à ce qu'on soit parvenu à la plus intérieure de toutes, qui, étant jointe au bois, est appelée particuliérement *liber*, ou *écorce intérieure ;* de maniere que ces zônes ou ceintures, quoiqu'elles soient presqu'innombrables, peuvent être toutes séparées & enlevées comme les lames des bulbes, quand la sève coule à travers, & d'autant plus aisément que ces fibres, dans les racines dures des arbres, sont presque d'une nature osseuse; ce qui procure une grande fermeté au *cortex*, ou écorce extérieure. Ces fibres existent dans toutes les plantes, & paroissent autant dans l'herbe que dans le *Cedre*, quoiqu'elles soient plus compactes dans les arbres, que dans les plantes, qui sont d'une structure plus délicate & qui se soutiennent plus facilement.

2°. Dans les intervalles des fibres & de leurs anastomoses, sont placés des vaisseaux membraneux remplis d'humidité, ou de petits utricules ; & dans les espaces intermédiaires qui sont d'une forme différente entre-eux, ces vaisseaux différent aussi de forme & sont adaptés aux lieux, qu'ils occupent : tous ces utricules ont des réceptacles qui se communiquent, comme on le voit très-bien, dans le plus grand *Eclair*, ou *Cèlandine*, quand on en exprime cette liqueur couleur d'or, dont il est rempli. Dans les espaces qui séparent les zônes de l'écorce, il se trouve de ces utricules qui communiquent également entr'eux par des réceptacles, & toutes les fibres forment des canaux creux.

3°. Les vaisseaux aériens ou trachées, ouverts depuis le bas jusqu'à la partie la plus élevée de la plante, sont tortillés ou frisés d'une maniere admirable, & entourés en spirale avec des fibres & des utricules, qui contiennent dans leurs cavités un air élastique: ces cavités sont affectées, & diversement modifiées, suivant que l'air extérieur est plus chaud ou plus froid, plus dilaté ou condensé, plus sec ou plus humide, &c. On découvre cette action dans les vaisseaux remplis d'humidité, qui, lorsqu'elle ne peut se condenser, chasse & pousse les parties supérieures.

4°. Enfin, outre les fibres, les utricules & les trachées, il paroît encore des especes de vaisseaux particuliers, qui contiennent un suc formé & filtré par la disposition organique du corps végetal, qui arrose & humecte, non-seulement le *cortex*, mais aussi le le bois & les autres parties de la plante: ce suc paroît beaucoup plus élaboré que l'humidité renfermée dans les fibres ou utricules; & l'orifice de ces vaisseaux étant d'une figure différente, il en résulte une sécrétion d'une humeur particuliere, qui differe suivant la nature de la plante & la disposition de son écorce : ainsi le *Tithymale* & la *Chicorée*, distillent ordinairement un suc laiteux; le *Meleze*, le *Pin* & le *Sapin*, une certaine espece de térébenthine, &c.

Plus les enveloppes formées par le cortex sont voisines de l'épiderme, plus les especes qui les séparent sont grandes; ainsi ces intervalles sont d'autant plus reserrés, qu'on approche davantage du *liber* ou du bois: cette structure paroît dépendre de ce que l'air extérieur agissant sur tous les côtés du premier cercle avec une pression égale, comprime le second, qui, déjà resserré par son propre air condensé, agit sur ceux qui sont au-dessous, parce qu'il ne peut déployer sa force sur l'air extérieur; ce qui fait que le second cercle est nécessairement plus comprimé que le premier, le troisieme plus que le second, & ainsi du reste; les utricules placés entre les cercles, étant pressés dans la même proportion, sont d'autant moins remplis, qu'ils sont plus voisins du *liber*, dont le dernier feuillet perd le plus les utricules condensés, & devient solide par dégrés.

Cette partie de l'écorce comprimée & durcie, est celle qu'on appelle proprement *liber*, ou *écorce intérieure*; c'est ce cercle, qui, étant placé au milieu de la plante, entre le bois & le *cortex*, prend annuellement la forme & la consistance ligneuse, & devient d'autant plus dure & solide, qu'il est plus âgé & recouvert d'un plus grand nombre de feuilles solidifiées: de maniere qu'en coupant transversalement le tronc ou la principale racine d'un arbre, on peut connoître son âge & compter ses années par le nombre des cercles qu'on y remarque.

Cette mutation successive du *cortex* en *liber*, & du *liber* en bois, ressemble à celle que nous observons dans les corps des animaux, par la formation des calus; on remarque, en effet, que la partie terreuse du sang, séparée du reste des humeurs par les extrémités des artères lymphatiques, se dépose dans le tissu membraneux du périoste, oblitère ses propres vaisseaux, & lui donne peu-à-peu la consistance osseuse: mais outre les vaisseaux dont nous avons démontré l'existence, il s'en présente plusieurs autres particuliers, dont on a fait mention en parlant du *cortex*, que l'on trouve remplis de térébenthine, de gomme, ou d'une certaine séve épaissie, particulière à chaque espece, dont le progrés constant n'est pas visible en toutes, à cause de la transparence que, l'humidité lui donne.

5°. La cinquieme & derniere partie & la plus intérieure, que l'on nomme *medulla*, ou *moëlle disposée dans le centre de la racine:* elle differe de la précédente, en ce que son tissu délicat & spongieux, la rend moins solide & l'expose à être quelquefois détruite.

Quant à la maniere dont la racine fait ses fonctions, on peut observer qu'elle pompe la séve saline & aqueuse de la terre, & s'en remplit pour la nourriture de l'arbre; cette séve, mise en mouvement par la chaleur, entre par l'orifice des vaisseaux artériels de la racine, monte au sommet de la plante, avec une vîtesse proportionnée à la force qui la meut, & par ce moyen ouvre par dégrès les petits vaisseaux, les étend, les dilate, & produit les feuilles & les fruits.

II. Le *bois* est considéré comme étant composé de tubes capillaires, montant parallelement de la racine à travers la tige: quelques-uns appellent ces tubes capillaires, des *vaisseaux artériels*, parce que c'est par leur moyen que la séve s'éleve de la racine; les ouvertures de ces tubes sont, pour la plupart, trop petites pour être apperçues de l'œil, excepté dans un morceau de charbon, de canne, ou autres choses semblables.

Le bois, dit le Docteur Grew, considéré avec un microscope, paroît n'être qu'un assemblage d'une infinité de petits canaux, ou de fibres creuses, disposés en forme de cercle, dont quelques-uns s'élevent de la racine vers le haut; & les autres, qu'on appelle des *insertions*, s'étendent horisontalement de la circonférence au centre; de sorte qu'ils se traversent l'un l'autre, & sont entrelacés comme le fil sur un métier de Tisserand.

Outre les tubes capillaires, &c. dont nous venons de parler, il y a d'autres vaisseaux plus larges que quelques-uns appellent *vaisseaux veineux*, qui sont placés à la partie extérieure des vaisseaux artériels, entre le bois & l'écorce interne, & dont la direction est du haut au bas.

On suppose que ces vaisseaux contiennent au printems la séve liquide des plantes.

Le Docteur Hales nous dit dans son excellent *Traité sur la Statique des végétaux*, que, pour trouver s'il y avoit quelque communication latérale entre les vaisseaux de la séve, comme il y en a entre les vaisseaux sanguins des animaux, par le moyen de leurs communications & anastomoſes, il prit une jeune branche de chêne, chargée de feuilles, de ſix pieds de longueur, ſur ſept ou huit pouces de diamètre à ſa coupe tranſverſale; & qu'après avoir fait une large ouverture à la moëlle de ſept pouces de longueur, ſur une profondeur égale, & une autre entaille de quatre pouces au-deſſus de la premiere du côté oppoſé, il mit l'extrémité de la tige dans l'eau; & dans deux jours & deux nuits, elle imbiba & tranſpira treize onces; tandis qu'une autre branche de chêne ſemblable, un peu plus groſſe que la premiere, mais ſans entailles dans ſa tige, en avoit imbibé vingt-cinq onces.

De cette expérience & de pluſieurs autres qu'il rapporte, il conclut qu'il y a la plus libre communication latérale entre les vaiſſeaux de la ſéve, & qu'elle circule librement & ſans obſtacle du bas en haut, & du centre à la circonférence.

III. L'*écorce*, ou la partie extérieure des arbres, qui leur ſert de peau ou d'enveloppe, eſt naturellement d'une contexture ſpongieuſe, & communique avec la moëlle par une multitude de petites fibres qui paſſent à travers les tubes capillaires dont le bois conſiſte: en ſorte que, quand la racine eſt imbibée de l'humidité de la terre, cette nourriture eſt portée au ſommet par la chaleur du ſoleil, à travers les petits vaiſſeaux artériels de l'arbre; & là, étant condenſée par le froid, elle retourne par ſa propre gravité vers le bas par les vaiſſeaux qui, placés entre le bois & l'écorce intérieure, font l'office de veines, en dépoſant dans ſon cours les parties du ſuc qui ſont analogues à la contexture de l'écorce & néceſſaires à ſon entretien.

Quelques-uns penſent que cette peau molle & blanchâtre, ou cette ſubſtance qui ſe trouve entre l'écorce intérieure & le bois, fait l'office de veines: d'autres l'appellent une *troiſieme écorce*, & ſuppoſent qu'elle ne differe de l'autre que par la contexture plus ſerrée de ſes fibres. Selon eux, elle contient la ſéve, la gomme liquide, &c., qui ſe durcit peu-à-peu, & qui ſe trouve dans les plantes au printems & pendant les mois d'été. C'eſt par ce moyen que la ſéve eſt conduite imperceptiblement dans la partie ligneuſe de l'arbre.

L'écorce ſert à différens uſages; elle tranſmet non-ſeulement les ſucs nourriciers des plantes, mais elle contient auſſi des humeurs graſſes & huileuſes, propres à défendre les parties intérieures des injures du tems; ce qui établit encore une reſſemblance avec les animaux qui ſont fournis d'un tiſſu cellulaire, ordinairement rempli de graiſſe qui entoure & couvre toutes les parties charnues, & les met à l'abri du froid extérieur. Cette ſubſtance huileuſe & réſineuſe, contenue dans l'écorce de certains arbres, les garantit du froid, & empêche que leurs sucs ne soient fixés & gelés dans leurs propres vaisseaux : de-là vient que certaines especes d'arbres, dont l'ecorce est plus serrée, & contient une trop grande quantité d'huile pour que le soleil puisse l'évaporer entièrement, conservent leur verdure pendant toute l'année.

IV. La *moëlle* qui occupe le centre de l'arbre ou de la plante, se rapporte à la moëlle des animaux ; quant à sa substance, elle consiste en petits globules transparents, enchaînés ensemble, à-peu-près comme les parties qui composent l'écume d'une liqueur.

Plusieurs personnes sont dans l'opinion que la circulation de la séve s'effectue par le moyen de la moëlle ; d'autres par l'écorce, & quelques-unes par le bois.

BORELLI, dans son Livre de *Motu Animalium*, suppose que les jeunes jets des plantes sont enflés comme de la cire molle par l'expansion de l'humidité dans la moëlle spongieuse. Cette humidité, conclut-il, ne peut pas descendre, & par conséquent elle s'étend dans la partie spongieuse de la moëlle, sans le secours des valvules.

Mais l'opinion du Docteur HALES est que la moëlle étant une substance spongieuse propre à imbiber & à retenir une bonne quantité de séve ou humeur aqueuse, elle doit se dilater avec d'autant plus de force qu'elle est resserrée dans un espace plus étroit, agir constamment par son expansion contre les parois du tuyau qui la contient, étendre toutes les fibres qui ont assez de souplesse pour céder à son action, & par ce moyen contribuer beaucoup à l'accroîssement des plantes. Pour que cette substance agît avec plus de force, & que son action fût toujours égale & soutenue, il étoit nécessaire qu'elle fût prolongée dans toute la longueur du tronc & des branches, & qu'elle fût partagée & interrompue dans les rejettons par des nœuds qui lui servissent de point d'appui, & qui eussent encore l'avantage de retenir la séve trop raréfiée & d'en empêcher le retour.

Une substance se dilatant & spongieuse, en s'étendant également en tous sens, ne produira pas un rejetton oblong, mais plutôt une protubérance ronde & globuleuse comme une *pomme ;* pour prévenir cet inconvénient, la nature a fourni les plantes de plusieurs diaphragmes, outre ceux qui sont à chaque nœud, placés à de petites distances, à travers de la moëlle, afin de prévenir sa trop grande dilatation latérale.

On peut observer parfaitement cette structure dans les rejettons du *Noyer*, dans la moëlle des branches de la *Fleur du soleil*, ainsi que dans plusieurs autres plantes ; ces diaphragmes ne peuvent être distingués, lorsque la moëlle est pleine d'humidité, mais quand elle est seche on les apperçoit facilement : il faut encore remarquer que quand la moëlle consiste en vesicules distinctes, les fibres de ces vésicules coulent souvent horizontalement, & par-là, elles peuvent mieux resister à la trop grande relaxation latérale de la racine.

Le tronc & les branches d'un arbre, pouvant être blessés & coupés sans que l'individu périsse, ressemblent en cela aux membres extérieurs d'un animal, qui peut subsister sans eux, lorsque la pourriture ou quelqu'autre accident grave obligent à en faire l'amputation, ou en occasionnent spontanément la destruction.

Une *feuille* est la partie d'une plante, étendue en longueur & en largeur, de maniere qu'elle a un côté distingué de l'autre. Les feuilles, suivant Malpighi, sont un assemblage d'utricules entrelacés, semblables à un réseau pulmonaire, dont elles font les fonctions dans la plante; comme elles sont principalement l'organe de la transpiration & de la résorption, leurs vaisseaux sont très-visibles, & paroissent distinctement par la dissection. Pendant le jour, quand la chaleur a raréfié les sucs, de maniere qu'ils deviennent, spécifiquement plus légers que l'air, ils coulent dehors à travers les pores des feuilles & s'évaporent, ce qui est cause que les feuilles deviennent si flasques dans un tems fort chaud; mais pendant la nuit, lorsque les sucs sont plus condensés par le froid, elles se redressent & reprennent leur premiere vigueur, en attirant à elles l'humidité répandue dans l'atmosphere. On peut observer dans les feuilles différentes textures sur chaque côté; la surface supérieure est pour l'ordinaire unie, pour mieux rejetter l'humidité superflue, tandis que la surface inférieure, presque toujours rude & cotonneuse, les rend plus propres à arrêter & à pomper l'humidité : c'est pour cette raison, que si, par l'ignorance d'un jardinier, les branches d'un arbre sont fixées à la muraille de maniere que la surface des feuilles soit tournée à l'envers, les rejettons ne poussent point, que les feuilles n'aient repris leur position naturelle. Les feuilles, suivant l'observation du savant Docteur Hales, étant exactement distribuées à de petites distances dans toute la longueur des rejettons, sont comme autant de puissances qui agissent conjointement, pour attirer avec plus d'efficacité une abondance de séve qui serve à étendre la racine.

Une *fleur* est la partie la plus délicate de la plante, remarquable par sa couleur & par sa forme, cohérante avec le rudiment du fruit, & contenant les organes de la génération. Quelques-unes n'ont que les organes mâles, qui sont les étamines avec leurs sommets, lesquels sont chargés de la poussiere fécondante, qui se répand sur les fleurs femelles, quand elles sont mûres; ces fleurs femelles sont pourvues d'un ovaire, d'un ſtyle & d'un ſtigmat environnés de pétales. Il y a d'autres fleurs qui contiennent à la fois les deux ſexes, & qui, pour cette raiſon, ſont appelées *hermaphrodites*.

Un *fruit*, Κάρπος, n'eſt pas cette partie d'une plante qui enveloppe la graine & qui peut être mangée ; ce ſont plutôt les ſemences elles-mêmes qui, avec leurs enveloppes, doivent être appelées *fruits ;* cette enveloppe nourrit les ſemences juſqu'à ce qu'elles ſoient parvenues à leur maturité, les met à l'abri des injures du tems, & prépare auſſi un aliment propre à la délicateſſe des organes de la jeune plante qui doit en ſortir.

Le mouvement des ſucs nourriciers des plantes eſt produit par une force aſſez ſemblable à celle qui met en jeu le ſang des animaux ; c'eſt-à-dire, par l'action de l'air : car on a lieu de croire qu'il y a dans les plantes quelque choſe qui équivaut à la reſpiration des animaux.

Malpighi eſt le premier qui ait obſervé que les végétaux étoient compoſés de deux claſſes ou ordres de vaiſſeaux différens :

1°. De ceux dont on a parlé ci-devant, & qui, leur fonction étant de recevoir & de conduire les ſucs nourriciers, répondent aux arteres, aux vaiſſeaux lactés, aux veines, &c. des animaux.

2°. Des trachées ou vaiſſeaux ſervant à pomper l'air, qui ſont de longs tuyaux creux dans leſquels l'air eſt continuellement attiré & repouſſé, c'eſt-à-dire inſpiré & expiré : ces trachées enveloppent & renferment tous les vaiſſeaux précédens.

De-là vient que les degrés de la chaleur de l'année, même d'un ſeul jour, d'une heure, d'une minute, en raréfiant l'air contenu dans ces trachées, les dilate, & devient le principe d'une action permanente, dont l'effet eſt de mettre en mouvement la ſéve des végétaux, & d'en accélérer la circulation.

Les trachées, ou vaiſſeaux aëriens, étant diſtendues & dilatées, celles qui renferment la ſéve ſe trouvent comprimées & reſſerrées ; les ſucs & la ſéve qu'elles contiennent, au moyen de cette preſſion latérale, ſont continuellement pouſſés en avant, leur mouvement en eſt accéléré, ils s'atténuent & ſe diviſent de plus en plus ; & la même cauſe agiſſant ſans interruption, ils ſont forcés d'entrer dans des vaiſſeaux, dont la fineſſe va toujours en augmentant, tandis que la partie la plus épaiſſe de ces humeurs eſt en même tems cachée & dépoſée dans les cellules latérales, ou utricules de l'écorce, pour preſerver la plante du froid & des autres influences de l'atmoſphere.

La bâſe des vaiſſeaux & des parties ſolides des plantes, eſt compoſée de terre & de ſels unis & liés au moyen d'un mucilage, & d'huile plus ou moins en abondance. Lorſque ces deux derniers principes ſont détruits par la vétuſté, la pourriture ou la combuſtion, &c. on ne retrouve plus que de la terre ou de la pouſſiere.

C'eſt-pourquoi le feu le plus exceſſif & le plus ardent ne peut conſumer la matiere premiere des vaiſſeaux des plantes, qui eſt indeſtructible, & par conſequent cette matiere premiere n'eſt ni eau, ni air, ni ſel, ni ſoufre; mais uniquement de la terre.

Le *ſuc* ou la *ſéve* eſt une humeur liquide qui fait la plus grande partie de la ſubſtance des plantes, & qui, ſe répandant par-tout, ſert à les nourrir, à les augmenter, & eſt à leur égard ce que le ſang & les autres humeurs ſont aux animaux.

Ces ſucs ſont de différentes eſpeces, aqueux, gommeux, mucilagineux, bitumineux, huileux, réſineux, vineux, ſucrés; enfin de tous les goûts & de toutes les couleurs.

Ce ſuc ou ſéve des plantes eſt une humeur fournie par la terre, & modifiée dans leurs différens couloirs; il conſiſte en quelques parties foſſiles ou autres qui ſont dérivées de l'air ou de la pluie, & des débris de la putréfaction des animaux, des plantes, &c. ainſi dans la compoſition des végétaux il entre toutes ſortes de ſels, d'huiles, d'eaux, de terres, & probablement toutes ſortes de métaux auſſi; car les cendres des végétaux fourniſſent toujours quelque choſe qui eſt attirée par l'aimant (1).

---

(1) La prodigieuſe diverſité qui ſe trouve dans les ſucs des plantes, par rapport à leur nature, leur couleur, leur conſiſtance, & leurs propriétés, doit nous donner une haute idée du pouvoir de la Nature, & une bien foible de notre ſagacité à pénétrer ſes moyens: ſur le même terrein croît le *Froment* & le *Tithymale*, l'*Ananas* & le *Mancénillier*; le même marais qui produit le *Riz*, fait croître également cette *Lianne vénéneuſe*, dont le ſuc porté par la pointe d'une flêche dans les veines d'un animal, glace ſon ſang dans l'inſtant même & le fait périr auſſi-tôt. Tous ces végétaux reçoivent néanmoins du ſol qu'ils couvrent, & de l'air qui les environne, les mêmes principes & les mêmes ſubſtances: un peu de terre, de l'eau, un ſel acide; tels ſont les élémens dont ils ſont généralement comparés, & qui, en ſe combinant, en ſe modifiant d'une maniere inexplicable dans le tiſſu des végétaux, ſe montrent avec des propriétés nouvelles, deviennent des alimens, des poiſons, ou des médicamens, ſuivant la maniere dont ils ont été modifiés dans les vaiſſeaux & les couloirs qu'ils ont traverſés.

On doit bien diſtinguer de ces principes, qui, dans les différentes eſpeces de plantes, ſe trouvent conſtamment les mêmes, certaines ſubſtances telles que le *Nitre*, que fourniſſent les *Bourraches*, les *Bugloſes*, les *Tournesols*, &c. Et le *Sel marin à baſe alkaline* & *calcaire*, qu'on retire des *Tiali* & autres plantes qui croiſſent ſur les bords de la mer; le *fer* & l'*or* qu'on retrouve dans les cendres de la plupart des végétaux, détruits par

Le suc ou la séve entre dans les plantes sous la forme d'une eau fine & déliée; plus cette séve est près de la racine, & plus elle retient de sa propre nature; plus au contraire elle en est éloignée, & plus elle est travaillée & participe davantage de la nature des végétaux: ainsi quand la séve entre dans la racine, elle est pleine d'eau, d'acide, & presque sans huile; c'est pourquoi l'écorce des racines est fournie de vaisseaux excrétoires qui séparent ce qui ne peut convenir à la nature de l'arbre.

La séve préparée dans la racine, est de plus en plus élaborée dans le tronc & dans les branches, mais elle continue d'être d'une nature acide, ainsi qu'on peut s'assurer par le suc qui découle d'un arbre lorsqu'on le perce dans le mois de Février.

Ce suc parvenu aux extrémités des branches & aux germes de la plante, est déjà élaboré & moins aqueux; il sert alors à développer & à étendre les feuilles destinées à faire l'office de poumons, en se gonflant & en se retrécissant par l'alternative de la chaleur du jour, & du froid de la nuit.

Ajoutons que la séve, en pénétrant les feuilles, y est encore dirigée & altérée à raison de leur structure en forme de filet & de réseau, & qu'elle éprouve un nouveau dégré d'élaboration dans les pétales des fleurs, qui en transmettent la partie la plus déliée aux étamines; d'où elle passe dans la poussiere qui couvre leurs sommets, où elle reçoit un dernier dégré de perfection, pour pénétrer les pistiles, & devenir l'origine d'un nouveau fruit & d'une nouvelle plante.

la combustion, &c : puisque ces différentes matieres ne se rencontrent qu'accidentellement dans les plantes, & qu'il suffit pour les en dépouiller, de les faire croître sur un terrein qui en est dépourvu, & d'où l'eau, qui leur sert de véhicule, ne puisse les transporter dans leurs vaisseaux & les déposer dans leur tissu.

ANCHUSA. *Lin. Gen.* 167. *Buglossum. Tourn. Inst. R. H.* 133. *T.* 53. [*Alkanet*] *Buglose* ou *Orcanette.*

Caracteres. Le calice, oblong, cylindrique, persistant, est découpé en six segmens aigus & érigés : la corolle monopétale a un tube cylindrique de la longueur du calice; le pétale est découpé au bord en cinq segmens droits, étendus & ouverts; mais les levres sont fermées, & ont cinq petites écailles saillantes : les levres du pétale portent cinq étamines courtes & couronnées de sommets oblongs : dans le fond sont situés quatre germes, avec un style mince, surmonté d'un stigmat obtus : les germes se changent ensuite en quatre semences oblongues, émoussées, & renfermées dans le calice.

Le Docteur LINNÉE range ce genre de plantes dans la premiere section de la cinquieme classe, intitulée : *Pentandria Monogynia*, leurs fleurs ayant cinq étamines & un simple style.

Les especes sont :

1°. *Anchusa officinalis, foliis lanceolatis, spicis imbricatis, fœcundis. Hort. Cliff. 46;* Buglose ou Orcanette à feuilles en forme de lance, avec des épis fructueux & imbriquées, ou la plus grande Buglose de jardin.

Buglossum angusti folium majus. C. B. P. 256.

2°. *Anchusa angusti-folia, racemis subnudis, conjugatis. Prod. Leyd. 408;* Buglose avec des épis doubles & à moitié nuds.

Borrago sylvestris perennis, flore ruso Kermesino. Zan. Hist. 49.

Echii facie Buglossum minimum, flore rubente. Lob. Ic. 576.

3°. *Anchusa undulata, strigosa, foliis linearibus, dentatis, pedicellis bracteâ minoribus, calicibus fructiferis inflatis. Lœfl. Lin. Sp. Plant. 133;* Buglose à feuilles étroites & dentelées, avec des petioles plus petits que les feuilles interposées entre les fleurs, & des calices qui renferment des graines renflées.

Buglossum Lusitanicum, echii folio undulato. Tourn. Inst. 134.

4°. *Anchusa Orientalis, villoso-tomentosa, ramis floribusque alternis axillaribus, bracteis ovatis. Lin. Sp. 191;* Buglose avec des branches & des fleurs croissant alternativement aux aisselles des tiges, & des feuilles florales ovales.

Buglossum Orientale flore luteo. Tourn. Cor. 6.

5°. *Anchusa Virginiana, floribus sparsis, caule glabro. Lin. Sp. Plant. 133;* Buglose à fleurs éparses, avec une tige unie.

Anchusa lutea minor, Virginiana, Puccoon indigenis dicta, quâ se pingunt Americani. Pluk. Alm. 30. Buglose appelée *Puccoon* par les habitans de Virginie.

Lithospermum Virginianum, flore luteo duplici ampliori. Moris. Hist. 3. P. 447. s. 11. T. 28.

6°. *Anchusa semper virens, pedunculis diphyllis capitatis. Lin. Sp. Plant. 134;* Buglose avec des pédoncules à deux feuilles.

Buglossum lati-folium semper virens. C. P. B.

7°. *Anchusa Cretica, foliis lanceolatis, verrucosis semi-amplexicaulibus, floribus capitatis, caule procumbente;* Buglose à feuilles couvertes de verrues, en forme de lance, & embrassant la tige à moitié, avec des fleurs croissant en tête, & une tige couchée par terre.

Buglossum Creticum, verrucosum, perlatum quibusdam. H. R. Par.

8°. *Anchusa tinctoria, tomentosa, foliis lanceolatis, obtusis, staminibus corollâ brevioribus. Lin. Sp. 192;* Buglose à feuilles laineuses, émoussées & en forme de lance, avec des étamines plus courtes que la corolle, ou la vraie *Orcanette des boutiques.*

Lithospermum villosum, caulibus procumbentibus, simplicibus. Mat. Med. 58.

9°. *Anchusa azurea, foliis longis hirsutis, floribus capitatis, reflexis, pedunculis longis-*

finis ; Buglose à longues feuilles hérissées, avec des fleurs recueillies en tête, & réfléchies, & de fort longs pédoncules.

Borrago sylvestris Cretica, flore azureo. Zan. Hist. 51.

Officinalis. La premiere espece de Buglose, dont les fleurs sont ordonnées en Médecine, pousse des tiges de deux pieds environ de hauteur, & des feuilles oblongues, rudes & alternes à l'extrémité des rejettons ; ses fleurs d'un beau bleu, produites en grappes, & recueillies en petites têtes qui sortent sur des pédoncules aux aîles des feuilles, sont monopétales, & ont un long tube étendu, & ouvert au sommet en forme d'entonnoir. Lorsque la fleur est passée, elle est suivie de quatre semences nues situées au fond du calice, & qui tombent à terre après leur maturité.

Les racines de cette espece subsistent rarement au-delà de deux années dans une bonne terre où elles pourrissent aisément en hiver ; tandis que dans des décombres, ou sur de vieilles murailles, elles vivent plusieurs années, parce qu'elles sont bornées dans leur accroissement, & que leurs branches sont plus fermes & moins remplies de séve.

On peut aisément multiplier ces plantes, en les semant en automne sur une planche de terre légere & sablonneuse ; & au printems, lorsqu'elles sont assez fortes, on les transplante sur des couches à deux pieds de distance ; en observant, si la saison est seche, de les arroser jusqu'à ce qu'elles aient pris de nouvelles racines : après quoi, elles n'exigeront plus d'autre soin, que d'être tenues nettes de mauvaises herbes. Si on laisse repandre de soi-même les semences, les nouvelles plantes pousseront en abondance, & on pourra les traiter ensuite, comme il vient d'être dit. Il y a une variété de cette espece à fleurs blanches, dont la teinte disparoît lorsqu'on la multiplie par ses semences (1).

---

(1) Il existe dans la matiere médicale une multitude de plantes, comme dans les Pharmacopées un très-grand nombre de recettes qui ont fait une singuliere fortune & ont acquis une très-grande réputation, sans qu'on puisse trop dire pourquoi : parmi les premieres, la *Buglose* tient un rang distingué, & est même employée avec confiance par le vulgaire des Médecins ; on vante, en effet, les vertus cordiales de ses fleurs & les propriétés rafraîchissantes de ses feuilles : mais si on l'examine sans partialité, on s'appercevra bientôt qu'elle est absolument inerte, & que ce seroit vraiment un service à rendre à la Médecine que de la proscrire totalement.

Ses fleurs sont mises au nombre des quatre fleurs cordiales, & sont employées en conserve & en infusion ; on prépare avec le suc de ses feuilles des bouillons rafraîchissans, ou bien on le donne en substance depuis quatre jusqu'à cinq onces dans la pleurésie & autres maladies inflammatoires : on le fait entrer aussi dans *le Sy-*

Angusti-folia. La seconde s'éleve à la hauteur de deux pieds, quand elle est cultivée dans les jardins ; mais dans les lieux où elle pousse naturellement, elle croît rarement au-dessus d'un pied : ses feuilles sont étroites & moins rudes que celles de la précédente ; ses épis de fleurs sortent doubles, & n'ont point de feuilles ; les fleurs sont petites & rouges, & ses racines subsistent trois ou quatre années dans les mauvaises terres.

Undulata. La troisieme est une plante qui dure deux ans & qui périt aussi-tôt après la maturité de ses semences : haute de trois pieds, elle pousse plusieurs branches latérales garnies de feuilles longues, étroites, rudes & ondées à leurs bords ; ses fleurs, d'un bleu brillant, croissent en épis imbriqués, & lorsqu'elles sont tombées, le calice se change en un vase gonflé qui renferme les semences.

Orientalis. La quatrieme est vivace, & pousse de longues branches sur la terre ; ses feuilles du bas sont longues, larges & velues : mais elles sont plus petites vers le sommet de la plante, & celles qui sortent des épis entre les fleurs, sont courtes & rondes : ses fleurs jaunes & à-peu-près de la grosseur de celles de la *Buglose commune*, se succédant sans interruption sur les mêmes plantes, pendant une grande partie de l'année, rendent cette plante précieuse. Celle-ci, quoiqu'originaire du Levant, est assez dure pour résister en plein air dans notre pays ; si elle se trouve placée dans un sol sec & sablonneux, on peut la multiplier par semences de même que la premiere, & si on les laisse écarter naturellement, les plantes pousseront sans aucun soin.

Virginiana. La cinquieme, originaire des forêts de l'Amérique Septentrionale, où elle est connue sous le nom de *Puccoon*, est une plante printanniere, qui fleurit toujours avant que les feuilles des arbres commencent à paroître ; de sorte que dans les bois où elle croît, la surface de la terre est couverte de très-bonne heure de ses fleurs d'un jaune brillant : elle est vivace & a rarement plus d'un pied de haut dans une bonne terre, mais elle est de moitié moins grande dans un mauvais sol ; ses fleurs sont produites en épis clairs sur une tige unie. On la multiplie par ses semences, qui sortent rarement de terre la premiere année, lorsqu'on les seme au printems.

Semper virens. La sixieme est une plante fort dure & vivace, dont les branches foibles & rempantes, sont garnies de feuilles larges, rudes, & d'un verd foncé ; ses fleurs bleues sortent

---

rop de longue vie, dans celui de Scolopendre, dans l'*Electuaire de psyllio*, de MESUE ; dans *son syrop de Fumeterre* ; dans celui *du Roi de Sabor*, d'*Eupatoire* ; *dans l'Opiat* de SALOMON, &c.

ſortent en épis entre les feuilles, comme celles de la quatrieme ; cette eſpece de plante croît ſouvent dans les crevaſſes des vieilles murailles, lorſqu'il y en a eu dans le voiſinage ; car ſes ſemences, en s'écartant, pouſſent en abondance dans les environs, & fleuriſſent une grande partie de l'année.

Cretica. La ſeptieme eſt une eſpece baſſe, rampante & annuelle, dont les branches, qui ne s'étendent guere qu'à ſix pouces, ſont couchées ſur la terre, & foiblement garnies de feuilles en forme de lance, petites, couvertes de verrues, & embraſſant à moitié la tige avec leur bâſe ; ſes fleurs ſont petites, d'un bleu brillant, & recueillies en petits paquets à l'extrémité des branches. Cette plante périt auſſi-tôt après la maturité des ſemences, qui, quand on les laiſſe s'écarter, pouſſent mieux que ſi elles étoient ſemées. Comme elle ne ſouffre pas la tranſplantation, il faut la laiſſer où elle ſe trouve en germant.

Tinctoria. La huitieme, de la même hauteur à-peu-près que la premiere, lui reſſemble beaucoup par ſes feuilles & ſes branches, qui ſont cependant plus laineuſes ; les étamines de ſes fleurs ſont plus courtes que la corolle, & ſa racine eſt rouge. Cette plante croît naturellement dans la France Méridionale & en Eſpagne ; elle eſt auſſi dure que la premiere eſpece, & peut être cultivée de la même maniere.

Azurea. La neuvieme eſt une plante vivace, dont les feuilles ſont larges & rudes comme celles de la ſixieme ; ſes branches croîſſent érigées, ſes fleurs d'une couleur d'azur brillante, & recueillies en épis, ſortent ſimples aux aîles des feuilles : elle eſt dure, & peut être multipliée de même maniere que la précédente.

ANCOLIE. *Voyez* AQUILEGIA.

ANDRACHNE. [*Baſtard Orpine*] *Orpin bâtard.* Ce titre eſt ſous celui de *Phyllanthus* dans les autres éditions.

Caracteres. Les fleurs mâles & femelles croîſſent ſur la même tige ; le calice a cinq feuilles égales & qui ſe fanent ; la corolle eſt compoſée de cinq pétales minces, dentelés au ſommet, & plus courts que le calice : au bas de chaque pétale eſt ſitué un nectaire herbacé, auquel ſont jointes cinq étamines minces, & couronnées de ſommets ſimples : les fleurs femelles ſortent des aiſſelles des tiges près des fleurs mâles ; elles ont un calice ſubſiſtant à cinq feuilles & ſans pétales ; on y remarque cinq nectaires comme dans la fleur mâle, & un germe globulaire, qui ſoutient trois ſtyles minces, diviſés en deux parties, & couronnés d'un ſtigmat rond ; le germe ſe change enſuite en une capſule globulaire, diviſée en trois parties, formant trois cellules qui renferment chacune deux ſemences triangulaires & obtuſes.

Les eſpeces ſont :

1°. *Andrachne Telephioïdes, procumbens, herbacea. Lin. Sp. Plant.* 1014 ; Orpin bâtard, rampant & herbacé.

Telephioïdes Græcum humi fusum, flore albo. Tourn. Cor. 50.

Glaux procumbens, Myrti Tarentini folio. Bocc. Mus. 2. *P.* 168. *T.* 119.

2°. *Andrachne fruticosa, erecta arborea. Osb. It.* 228 ; Orpin bâtard en arbrisseau.

3°. *Andrachne arborea, foliis ovatis, obtusis, subtùs incanis, caule arboreo ;* Orpin bâtard à feuilles ovales, émoussées, blanches en-dessous, avec une tige d'arbre.

Telephioïdes. La premiere espece est une plante basse, dont les branches traînent sur la terre : ses feuilles sont petites, ovales, unies, & d'une couleur de verd de mer : elle croît naturellement dans quelques parties de l'Italie & de l'Archipel, d'où le Docteur TOURNEFORT en a envoyé les semences au Jardin Royal à *Paris* ; comme cette plante n'a pas beaucoup de beauté, on ne la cultive que dans les jardins botaniques pour la variété. Les semences qu'on répand sur une couche chaude en Mars, sont à-peu-près un mois à lever, alors on les transplante chacune séparément dans de petits pots, que l'on plonge dans une couche de chaleur modérée, pour les avancer ; on leur donne de l'air en tems doux, & on les arrose souvent : au moyen de ce traitement, elles fleuriront en Juin, leurs semences seront mûres en Août & Septembre, & bientôt après les plantes périront.

Fruticosa. La seconde espece, qui croît naturellement à la Chine, ainsi qu'à la *Vera-cruz* dans la nouvelle Espagne, où elle s'éleve à la hauteur de douze ou quatorze pieds, a ses branches garnies de feuilles pointues, unies & en forme de lance ; sous ces feuilles sont produits les pédoncules des fleurs, assez longs & pendans vers le bas : ses fleurs, mâles & femelles, sont petites & d'un blanc herbacé ; mais lorsque ces dernieres se trouvent placées à une trop grande distance des premieres, il arrive rarement que leurs capsules contiennent quelques bonnes semences, quoiqu'elles paroissent fort belles à la vue ; ce qui en a imposé à plusieurs personnes, qui, après les avoir semées, ont été étonnées de ne leur voir produire aucune plante.

Arborea. La troisieme a été découverte à Campêche, par le Docteur WILLIAM HOUSTON. Sa tige forte, ligneuse & élevée à la hauteur de vingt pieds, pousse des branches latérales, garnies de feuilles ovales, émoussées, blanches en-dessous, ayant deux sillons assez profonds en-dessus, & placées alternativement sur les branches : je n'en ai point encore vu les fleurs, car la plante produite de semence, que l'on cultive actuellement dans le jardin de médecine, n'en a point encore donné, quoiqu'elle soit déjà parvenue à quatorze pieds d'élévation. Le Docteur lui-même n'a point vu de fleurs sur ces arbres, parce que dans le tems qu'il étoit à Campêche, les semences étoient mûres; il en a envoyé en Europe plusieurs qui paroissoient fort belles, mais en les ouvrant il ne s'en est trouvé qu'une seule dans laquelle il y eût un noyau; c'est celle-là qui a produit la plante dont il vient d'être question.

Culture. Ces deux especes sont fort tendres; lorsqu'on peut s'en procurer de bonnes semences, il faut les mettre dans des pots que l'on plonge dans une couche chaude de tan; on les arrose aussi-tôt que la terre des pots commence à se dessécher; & quand les plantes ont poussé & sont assez fortes pour être transplantées, on les place chacune séparément dans de petits pots, que l'on replonge dans une couche de tan, où on les tient à l'ombre jusqu'à ce qu'elles aient produit de nouvelles racines; après quoi, on leur donne de l'air dans les tems chauds, & on les tient constamment dans la serre chaude.

Il y a encore une autre espece de ce genre, que j'ai élevée des semences envoyées de la Jamaïque. Ces semences, ainsi que les plantes qui en proviennent, ressemblent entièrement à celle de la troisieme. Les feuilles sont à-peu-près semblables à celles du Laurier, mais plus larges; elle n'a pas encore fleuri en Europe.

ANDRACHNE. *Voyez* ARBUTUS ANDRACHNE.

ANDROMEDA. *Lin. Gen. Plant.* 485.

Nous n'avons point d'autre nom pour cette plante, ni en Anglois, ni en François.

Caracteres. Le calice découpé en cinq petits segmens aigus, est coloré & persistant. La corolle est monopetale, ovale, en forme de cloche, & divisée au bord, en cinq parties réfléchies: elle renferme dix étamines en forme d'alêne, plus courtes que la corolle à laquelle elles sont fixées, & couronnées de sommets mouvants à deux cornes: dans le centre de la corolle, est situé un germe rond, qui soutient un style cylindrique, plus long que les étamines, & surmonté d'un stigmat obtus: le germe se change ensuite en une capsule ronde, pentagone, & à cinq cellules remplies de petites semences rondes.

Les plantes de ce genre étant pourvues de dix étamines & d'un germe, font partie de la dixieme classe de LINNÉE, qui a pour titre: *Decandria monogynia.*

Les especes sont:

Andromeda poly-folia, pedunculis aggregatis, corollis ovatis, foliis alternis, lanceolatis, revolutis. Lin. Sp. Plant. 393; Andromeda à pedoncules rapprochés, avec des corolles ovales & des feuilles alternes, en forme de lance & roulées.

Vitis Idæa affinis, poly-folia montana. Œd. Dan. T. 54.

Poly-folia. Buxb. Act. 2. *P.* 345.

Erica humilis, rosmarini foliis, unedonis flore, capsula cistoide. Pluk. Alm. 136. T. 175. f. 3.

2°. *Andromeda Mariana, pedunculis aggregatis, corollis cylindricis, foliis alternis, ovatis, integerrimis. Lin. Sp. Plant.* 393; Andromeda à pedoncules rapprochés, avec des corolles cylindriques, & des feuilles ovales, entieres & alternes.

Arbuscula Mariana, brevioribus evonymi foliis pallidè virentibus, &c. Pluk. Mant. 25. T. 448.

3°. *Andromeda paniculata, racemis fœcundis, nudis, paniculatis, corollis subcylindricis, foliis alternis, oblongis, crenulatis. Lin. Sp. Plant.* 394; Andromeda à grappes nues, fecondes & claires, avec des corolles cylindriques & des feuilles oblongues, crennelées & alternes.

Vitis Idæa Americana, longiori mucronato & crenato folio, floribus urceolatis, racemosis. Pluk. Alm. 391.

Frutex foliis serratis, floribus longioribus spicatis, subviridibus, spicâ pentagonâ. Catesb. Car.

4°. *Andromeda arborea, racemis fœcundis nudis, corollis rotundo-ovatis. Lin. Sp. Plant. 394*; Andromeda à grappes nues & fructueuses, avec des corolles ovales & rondes.

Frutex foliis oblongis, acuminatis, floribus spicatis, uno versu dispositis. Catesb. Car. 1. p. 71. Communement appelé à la Caroline *Arbre d'oseille*, [*Sorrel-tree.*]

5°. *Andromeda calyculata, racemis fœcundis foliaceis, corollis subcylindricis, foliis alternis, lanceolatis obtusis punctatis. Lin. Sp. Plant. 394*; Andromeda à grappes feuillues & fecondes, avec des corolles cylindriques & des feuilles obtuses, en forme de lance, ponctuées & alternes.

Chamæ - Daphne. Buxb. Act. 1. p. 241.

Cistus Ledon. sive Andromeda. &c. Gron. Virg. 21.

Poly-folia. La premiere espece est une plante basse qui croît dans les pays marécageux du Nord; on la conserve difficilement dans les jardins; & comme elle a peu de beauté, on l'y cultive rarement, si ce n'est pour une collection de botanique; les semences de cette espece que j'ai reçues de Pétersbourg, ont réussi dans les jardins de *Chelsea*, mais les plantes n'y ont subsisté qu'une année.

Mariana. La seconde, originaire de l'Amérique-Septentrionale, est un bas arbrisseau qui pousse de sa racine plusieurs tiges ligneuses, garnies de feuilles ovales & alternes; les fleurs, d'une couleur herbacée, sont ramassées en petits paquets, & ressemblent à celles de *l'Arbousier* ou *Fraisier* en arbre; elles paroîssent en Juin & Juillet, & sont quelquefois suivies de fruits qui mûrissent rarement en Angleterre. (1)

---

(1) Les semences de cette plante ayant été envoyées plusieurs fois de Philadelphie, dans les jardins de M. le Président de CHAZELLES, à Lorry, près de Metz, y ont réussi avec beaucoup de soins; la note du pays portoit que cet arbuste s'éleve depuis un jusqu'à

Paniculata. La troiſieme eſpece qui vient auſſi de l'Amérique-Septentrionale, eſt un arbriſſeau élevé d'environ quatre pieds de hauteur; il pouſſe pluſieurs branches garnies de feuilles oblongues & alternes; les fleurs croiſſent en épis clairs aux extrémités des branches, ont la forme d'un vâſe comme celles de *l'Arbouſier*, mais elles ſont plus longues, paroîſſent en Juillet, & ne produiſent point de ſemences dans ce pays. (1)

Arborea. La quatrieme croît naturellement dans la Virginie & dans la Caroline, où elle eſt beaucoup plus groſſe & plus grande que dans la Virginie, le climat y étant plus chaud; elle n'a dans la Virginie, que dix à douze pieds de hauteur, & dans la Caroline, elle s'éleve juſqu'à vingt pieds : ſes branches, fort minces vers le bas, ſont garnies de feuilles alternes, ovales & pointues; les fleurs, d'une couleur herbacée, ovales & en forme de vâſe, ſont produites en épis nuds & longs ſur les parties latérales des branches, & rangées ſur un côté du pédoncule.

Calyculata. La cinquieme eſpece croît naturellement en Sibérie & dans l'Amérique-Septentrionale; c'eſt un arbriſſeau qui croît dans les lieux remplis de mouſſe, de ſorte qu'il eſt très-difficile de le conſerver dans les jardins; les feuilles, fort piquetées en-deſſous, reſſemblent à celles du *Buis*, & en ont la conſiſtance; les fleurs produites ſur des épis courts, aux extrémités des branches, ſont blanches, cylindriques, en forme de vâſe, & naiſſent ſeules entre deux feuilles. (1).

Culture. Toutes ces eſpeces,

---

trois pieds de hauteur, qu'il produit de très-belles fleurs, qui ſe ſuccèdent durant une grande partie de l'été, qu'il croît dans un ſol léger & ſablonneux, mais qu'il eſt très-lent à pouſſer de graines & qu'en conſequence il vaut mieux les faire venir du pays en plant.

(1 Cette plante dont on a également envoyé les ſemences de Philadelphie, dans les jardins de M. le Préſident de CHAZELLES, y a réuſſi avec difficulté; la note qui y étoit jointe, portoit que cet arbuſte avoit depuis deux juſqu'à huit pieds de hauteur, qu'il produiſoit de jolies fleurs, placées en bouquet ſur les ſommets : mais qu'il étoit lent à venir de graine & qu'il étoit plus avantageux de ſe le procurer auſſi en plant.

(1) Les ſemences de cet arbuſte ayant été auſſi envoyées de Philadelphie dans les jardins de M. le Préſident de CHAZELLES, il a fallu les plus grandes attentions pour les faire reuſſir, la note portoit qu'il avoit deux pieds de haut, qu'il produiſoit de très-belles fleurs, & qu'il étoit toujours verd; le ſol qui lui convient eſt une terre graſſe & argilleuſe; & pour l'envoyer en plant, il faut le conſerver humide.

M. le Préſident de CHAZELLES a reçu de Philadelphie une derniere eſpece ſous la dénomination de *Lanceolata*, arbuſte de ſix pieds de hauteur, produiſant de belles fleurs, & croiſſant dans un terrein humide & argilleux,

à l'exception de la quatrieme, ſont fort dures, & ſe plaiſent dans des terres humides ; comme elles ſe multiplient par leurs racines rampantes, qui pouſſent des rejettons à une grande diſtance, on peut les enlever avec les racines & les tranſplanter où l'on veut les avoir à demeure, car elles ne ſouffrent pas d'être remuées.

La quatrieme, exigeant d'être miſe à couvert des fortes gelées en hiver, & arroſée fréquemment en été, eſt difficile à conſerver dans les jardins, parce qu'elle croît naturellement dans les lieux marécageux, & qu'il lui faut une plus grande chaleur que celle de notre climat. On la multiplie par ſemence que l'on doit ſe procurer de l'Amérique, où elle eſt connue ſous le nom *d'Arbre de l'Oſeille*.

ANDROSACE. Cette plante n'a point d'autre nom en Anglois.

Caracteres. Les fleurs qui croîſſent en ombelles, ont une enveloppe générale à pluſieurs feuilles, chaque fleur a un calice perſiſtant à cinq angles, formé d'une ſeule feuille légèrement découpée au ſommet en cinq pointes aiguës: la corolle monopétale a un tube ovale, renfermé dans le calice, mais uni au bord, où elle eſt diviſée en cinq parties; elle renferme dans ſon tube cinq petites étamines, couronnées de ſommets oblongs & érigés: dans le centre eſt ſitué un germe rond, ſoutenant un ſtyle court & mince, ſurmonté d'un ſtigmat globulaire; le calice ſe change enſuite en une capſule ronde, à une cellule qui s'ouvre en cinq parties, remplies de ſemences rondes.

Le Docteur LINNÉE range ce genre de plante dans la premiere ſection de la cinquieme claſſe, intitulée: *Pentandria Monogynia*, dont les fleurs ont cinq étamines & un ſtyle.

Les eſpeces ſont:

1°. *Androſace maxima, perianthiis fructuum maximis. Hort. Ups. 36*; Androſace ayant les plus grands calices aux fruits.

Androſace vulgaris, lati-folia, annua. Tourn. Inſt. R. H. 123.

Alſine affinis, Androſace dicta major. Bauh. Pin. 251.

2°. *Androſace Septentrionalis, foliis lanceolatis, dentatis, glabris, perianthiis angulatis, corollâ brevioribus. Flor. Suec. 160*; Androſace à feuilles unies, dentelées & en forme de lance, avec des calices angulaires, plus courts que la corolle.

Alſine verna, Androſaces capitulis. C. B. P. 251.

3°. *Androſace villoſa, foliis piloſis, perianthiis hirſutis. Lin. Sp. Pl. 142*; Androſace à feuilles garnies de poils, avec des calices hériſſés.

Aretia villoſa, floribus umbellatis. Hall. Helv. 486.

Sedum Alpinum hirſutum, lacteo flore. C. B. P. 284.

4°. *Androſace carnea, foliis ſubulatis, glabris, umbellâ involucrum æquante. Lin. Sp. 204*; Androſace à feuilles unies & en forme de lance, avec une ombelle de fleurs égale à l'enveloppe.

Sedum Alpinum, angustissimo folio, flore carneo. Bauh. Pin. 284.

Aretia Halleri, foliis ciliatis. Sp. Pl. 1. P. 142.

5°. *Androsace lactea, foliis linearibus, glabris, umbellâ, involucris multotiès longiore. Lin. Sp. Plant. 142;* Androsace à feuilles étroites & unies, avec une ombelle beaucoup plus longue que l'enveloppe.

Androsace Alpina perennis, angusti-folia, glabra, flore singulari. Tourn. Inst. R. H.

Sedum Alpinum, gramineo folio, lacteo flore. Bauh. Pin. 284.

Maxima. La premiere espece qui croît sans culture en Autriche & en Bohême, dans les campagnes semées en bled, a de larges feuilles qui s'étendent sur la terre; du centre s'élevent des pedoncules terminés par une ombelle de fleurs comme celle des *Auricules*; au-dessous de l'ombelle est une grosse enveloppe persistante; les fleurs sont composées d'un petale blanc, divisé en cinq parties; elles paroîssent en Avril & en Mai, les semences mûrissent en Juin, & les plantes périssent aussi-tôt après.

Les autres especes, beaucoup plus foibles que celle-ci, ont rarement plus de trois pouces de hauteur; leurs feuilles sont très-petites, elles n'ont point d'apparence: elles croîssent naturellement sur les Alpes & sur les montagnes de la Suisse, ainsi qu'en Sibérie, d'où les semences de trois ou quatre especes m'ont été envoyées: on ne les conserve que dans les jardins botaniques, pour la variété; toutes, excepté la premiere, exigent d'être placées à l'ombre.

Les semences de toutes ces plantes veulent être mises en terre aussi-tôt après leur maturité, sans quoi elles levent rarement la premiere année; elles fleurissent ordinairement au commencement d'Avril, & leurs semences sont mûres à la fin de Mai: ces semences poussent & réussissent souvent mieux quand on leur permet de s'écarter, que si elles étoient semées à la main. Les especes annuelles périssent aussi-tôt après la maturité des semences, mais les autres subsistent dans les plate-bandes pendant plusieurs années, & n'exigent d'autres soins que d'être tenues nettes de mauvaises herbes.

ANDROSŒMUM. *Voy.* HYPERICUM ANDROSŒMUM.

ANDRYALA. *Lin. Gen. Plant.* 820. [*Downy snow-thistle.*] Laiteron velu.

Caracteres. Le calice est court, rond, velu, & découpé en plusieurs segmens égaux: les fleurs sont composées de plusieurs fleurettes hermaphrodites, monopétales, uniformes, posées l'une sur l'autre, & étendues au-dehors en forme de langue sur un côté; elles renferment cinq étamines couronnées de sommets cylindriques & tubuleux: le germe, situé au fond de chaque fleurette, est garni d'un style mince & surmonté de deux stigmats réfléchis: il se change ensuite en une simple semence ovale couronnée de duvet.

Ce genre a été placé par LINNÉE dans la premiere section de sa dix-neuvieme classe, intitulée : *Syngenesia Polygamia æqualis*, renfermant les plantes qui ont plusieurs fleurs hermaphrodites dans un calice commun.

Les especes sont :

1°. *Andryala integri-folia, foliis integris, ovato-oblongis, tomentosis. Guett. Stamp. 2. P. 384 ;* Laiteron à feuilles ovales, oblongues, entieres & velues.

Sonchus lanatus. Dalech. Hist. 1116.

Hieracium villosum. Raj. Hist. 231.

2°. *Andryala Ragusina, foliis lanceolatis, indivisis, denticulatis, acutis, tomentosis, floribus solitariis. Lin. Sp. Plant. 1136 ;* Laiteron à feuilles dentelées, en forme de lance & velues, avec des fleurs solitaires.

Hieracium incanum lanuginosum Ragusinum, pilosellæ flore. Herm. Lugdb. 672. T. 673.

3°. *Andryala sinuata, foliis runcinatis. Lin. Sp. 1137 ;* Laiteron à feuilles garnies de grosses dents de différentes grandeurs.

Eriophorus foliis inferioribus ad costam usque laciniatis. Vaill. Act. 1721. P. 212.

Sonchus villosus luteus minor. C. B. P. 124. Prodr. 61.

4°. *Andryala lanata, foliis oblongo-ovatis, subdentatis, lanatis, pedunculis ramosis. Amœn. Acad. 4. P. 288 ;* Laiteron à feuilles laineuses, oblongues & ovales, avec des pédoncules branchus.

Hieracium montanum, tomentosum. Hort. Elth. 181. T. 150.

Integri-folia. La premiere espece est une plante annuelle, élevée d'environ un pied & demi de hauteur, qui croît dans la France méridionale, en Espagne & en Italie, & que l'on conserve dans les Jardins Botaniques pour la variété ; ses tiges sont velues, branchues, & garnies de feuilles oblongues, velues, & fort écartées les unes des autres ; ses fleurs, jaunes & sans beauté, sont produites en petites grappes au sommet des tiges, & ressemblent à celles du Laiteron ordinaire. On la multiplie aisément par ses semences, qu'il faut mettre en terre au printems dans la place où les plantes doivent rester ; elles n'exigeront d'autre culture que d'être éclaircies où elles seront trop serrées, & débarrassées des mauvaises herbes : elles fleurissent en Juillet, & leurs semences mûrissent en Septembre.

Ragusina. La seconde est une plante vivace qui croît naturellement en Espagne & au Cap de Bonne-Espérance, d'où ses semences m'ont été envoyées : les feuilles de cette plante sont extrêmement blanches, & fort découpées à leurs bords. les pédoncules s'élevent à un pied environ de hauteur, & soutiennent de petites grappes de fleurs jaunes qui paroissent en Juillet & donnent quelquefois des semences mûres en Angleterre : il est d'ailleurs aisé de la multiplier au moyen de ses racines rampantes ; elle préfere un sol léger & sec, & peut subsister en plein air dans ce pays.

Sinuata. La troisieme se trouve en Sicile, ainsi que dans les environs de Montpellier; ses feuilles basses sont dentelées & velues; mais celles des tiges sont entieres: la plante entiere s'éleve rarement à plus d'un pied de haut, & soutient quelques fleurs jaunes au sommet.

Lanata. La quatrieme espece, originaire d'Espagne & de Portugal, produit des feuilles plus larges, plus longues & plus velues qu'aucune des précédentes: ses tiges de fleurs, élevées à plus d'un pied de hauteur, sont branchues & se divisent en plusieurs pedoncules qui soutiennent chacun une grosse fleur jaune semblable à celles de l'*Herbe à l'épervier*, *Hieracium dentis leonis:* ces fleurs sont suivies de semences oblongues, noires & couronnées de duvet.

Culture. Ces deux plantes se multiplient par semence de la même maniere que la seconde espece; on les seme en automne, parce qu'elles levent rarement la même année lorsqu'elles ne sont mises en terre qu'au printems.

ANEMONE. Ἀνεμώνη, de ἄνεμος, *gr. le vent*; ainsi appelée parce qu'on prétend que la fleur ne s'ouvre point à moins que le vent ne souffle. [*Wind-flower* or *Anemoné*] *Fleur au vent. Anemone.*

Caracteres. La fleur, nue & sans calice, consiste en deux ou trois ordres de feuilles ou pétales oblongs disposés en trois enchaînures l'une sur l'autre; elle a un grand nombre de minces étamines plus courtes que les pétales, & couronnées de doubles sommets érigés; entre celles-ci sont situés plusieurs germes recueillis en une tête qui soutient un style pointu surmonté d'un stigmat émoussé; les germes se changent ensuite en une grande quantité de semences renfermées dans un duvet qui adhere au pédoncule, & forme un cône obtus.

Le Docteur LINNÉE range ce genre de plante dans la sixieme section de la treizieme classe, intitulée: *Polyandria Polygynia*, dont les fleurs ont plusieurs étamines & un germe.

Les especes sont:

1°. *Anemone sylvestris, pedunculo nudo, seminibus subrotundis hirsutis. Lin. Sp. Plant.* 540; Anemone à tige nue, avec des semences presque rondes & velues.

Anemone sylvestris alba major. C. B. P. 176. Anemone sauvage.

Anemone sylvestris alba minor. Bauh. Pin. 176.

2°. *Anemone nemorosa, seminibus acutis, foliolis incisis, caule unifloro. Hort. Cliff.* 224; Anemone à semences pointues, avec des folioles découpées & une simple fleur blanche.

Anemone nemorosa, flore majore albo. C. B. P. 176.

Ranunculus sylvarum. Clus. Hist. 247.

3°. *Anemone Apennina, seminibus acutis, foliolis incisis, petalis lanceolatis numerosis. Lin. Sp. Plant.* 541; Anemone à semences pointues, avec des folioles découpées, & beaucoup de petales en forme de lance.

Ranunculus nemerosus, flore purpureo-cœruleo. Park. Theatre. 325.

4° *Anemone Virginiana, pedunculis alternis longissimis, fructibus cylindricis, seminibus hirsutis, muticis. Lin. Sp. Plant. 540*; Anemone avec des pedoncules fort longs & alternes, supportant des épis de semences cylindriques & non barbus.

Anemone Virginiana tertiæ Mathioli similis, flore parvo. H. L. 645.

5°. *Anemone coronaria, foliis radicalibus ternato-decompositis, involucro folioso. Lin. Sp. Plant. 539*; Anemone dont les feuilles radicales sont décomposées, & qui a une enveloppe feuilletée.

Anemone tenui folio, simplici flore. C. B. P. 174.

Pulsatilla foliis decompositis, ternatis. Hort. Cliff.

6°. *Anemone hortensis, foliis digitatis. Lin. Sp. Plant. 540*; Anemone à feuilles en forme de main.

Pulsatilla foliis digitatis. Hort. Cliff. 224.

Anemone hortensis lati-folia. 3. Clus. Hist. 1. P. 249. Anemone des jardins.

7°. *Anemone dichotoma, caule dichotomo, foliis sessilibus oppositis, amplexicaulibus, trifidis, incisis. Amœn. Acad. 1. P. 155*; Anemone à tiges fourchues, avec des feuilles découpées en trois lobes, sessiles, opposées, & embrassant les tiges.

8°. *Anemone thalictroïdes, foliis caulinis simplicibus, verticillatis, radicalibus duplicato-ternatis. Lin. Sp. 763*; Anemone à feuilles simples sur la tige, croissant en tête, & dont les feuilles radicales sont à deux lobes, & découpées en trois parties.

Thalictrum caule unifloro, ex eodem puncto foliis quatuor simplicibus instructo. Gron. Virg. 62.

Ranunculus nemorosus, Aquilegiæ foliis, Virginianus, Asphodeli radice. Pluk. Alm. 310. T. 106. F. 4.

La premiere espece, qui croît naturellement dans plusieurs parties de l'Allemagne, ressemble fort à notre Anemone des bois; ses semences sont rondes & garnies de poils; la fleur est blanche & grosse; mais comme elle a peu de beauté, on la cultive rarement dans les jardins.

Nemorosa. La seconde, qu'on voit croître dans les bois de plusieurs parties de l'Angleterre, fleurit en Avril & en Mai, & produit un bel effet dans tous les lieux où elle abonde: ses racines peuvent être enlevées de terre lorsque ses feuilles sont fanées, pour être transplantées dans quelque lieu à l'écart, où elles profiteront & se multiplieront fortement, si on ne les dérange pas; elles y procureront un agréable coup-d'œil au printems avant que les arbres soient ornés de verdure, en couvrant la terre de fleurs, & en présentant une variété charmante pour la saison.

Apennina. On trouve la troisieme espece dans quelques cantons de l'Angleterre, mais surtout à Wimbledon en Surry, dans un bois qui avoisine le château, où elle vient en grande abondance; cependant je doute si originairement on ne l'y a pas plantée, parce qu'on n'en voit dans aucun autre endroit du voisinage: les fleurs de cette espece sont bleues, elles paroissent en même tems que celles de la précédente, & quand elles sont entre mêlées, elles procurent une belle variété, on peut l'enlever des bois comme la premiere espece.

Il y a deux sortes de celles-ci; puisqu'en les semant on en a obtenues avec des fleurs doubles, qui sont bien plus belles & qui durent plus longtems que celles qui ont la fleur simple. Mais l'on ne peut les procurer que de la semence des simples, ou des jardins où on les cultive. C'est à cause de celà que je n'en ai pas fait une espece distincte.

Virginiana. La quatrieme, originaire de l'Amérique Septentrionale, d'où l'on a souvent envoyé ses semences en Angleterre, est une plante fort dure, qui donne beaucoup de semences en ce pays; mais comme elle n'est pas fort belle, à peine mérite-t-elle une place dans les jardins, à moins que ce ne soit pour la variété.

Coronaria. Hortensis. La cinquieme & sixieme especes, dont les racines ont d'abord été apportées des Indes, ont été depuis si considérablement améliorées par la culture, qu'elles sont devenues un des principaux ornemens de nos jardins au printems: les couleurs principales de ces fleurs sont le rouge, le blanc, le pourpre & le bleu: quelques-unes sont joliment panachées de rouge, de blanc & de pourpre: il y a plusieurs nuances intermédiaires de ces couleurs. Ces fleurs étant larges & fort doubles, elles peuvent devenir très-belles, lorsqu'on les traite d'une maniere convenable; c'est-pourquoi je vais donner une longue instruction sur leur culture, afin qu'on puisse se les procurer dans leur perfection, en s'y conformant exactement.

Culture. On commence par se pourvoir d'une quantité de terre fraîche, prise dans quelque pâturage dont le sol soit frais, sablonneux, marneux & léger, avec la précaution de n'enlever que dix pouces de la surface, en y comprenant le gazon qui la rend meilleure, pourvu qu'on lui ait donné le tems de pourrir entièrement, avant de la mettre en œuvre; après avoir mêlé cette terre avec un tiers de fumier de vache bien consommé, on met le tout en monceau, qu'on laisse exposé à l'air pendant une année, & qu'on a soin de remuer au moins une fois par mois, afin que le mélange se fasse plus exactement, & qu'en exposant successivement ses différentes parties à l'air libre, la tourbe & le fumier se pourrissent plus aisément: dans cette opération, on ôte soigneusement les grosses pierres, & on brise les mottes sans jamais cribler la terre, parce qu'étant trop fine, ses petites particules s'unissent trop étroitement & forment, par le secours des premieres pluies de l'hiver ou du printems, une masse solide que les racines ne peuvent traverser & périssent communément; tandis qu'en y laissant de petites pierres qui divisent les parties, les tendres fibres peuvent s'étendre aisément & pomper la nourriture nécessaire aux plantes.

On remue cette terre pendant une année, s'il est possible, & si l'on est forcé de s'en servir plutôt on la retourne plus souvent, afin de l'adoucir, de briser les mottes, & de retirer les gazons qui ne sont point encore pourris; car ils nuiroient beaucoup aux racines si on les y laissoit.

Vers le commencement de Septembre, qui est le tems le plus propre à préparer les planches dans lesquelles on doit planter les racines, on commence par creuser de deux pieds & demi de profondeur, dans le lieu destiné, pour en ôter le sol; on met d'abord au fond de cette excavation tout ce qu'on a séparé & rejetté du monceau de terre préparée, pour saigner l'humidité; on y place après quatre ou cinq pouces de fumier de vache bien consommé, ou celui d'une couche de melons ou de concombres, & l'on remplit le surplus avec la bonne terre composée de maniere qu'il y en ait au moins deux pieds & demi d'épaisseur, & qu'elle déborde la surface du sol de six ou huit pouces s'il est humide, & de trois pouces seulement s'il est sec. Lorsque le terrein est humide, la surface des planches doit être un peu en dos d'âne pour laisser écouler les eaux, & quand il est sec, on la met de niveau. Dans le premier cas, il est bon de remplir les sentiers en hiver de vieux tan, ou de fumier pourri, afin d'empêcher la gelée de pénétrer dans la terre à côté des planches, & de pourrir les racines: la terre doit être mise dans les planches au moins quinze jours ou trois semaines avant de planter les racines, afin qu'elle puisse s'établir, & dans le moment qu'on veut les planter, il faut en labourer la surface à six pouces de profondeur, y passer le rateau pour l'unir, & tracer des lignes sur la longueur & la largeur à six pouces de distance, de maniere que toute la surface soit divisée en quarrés, & que les racines y soient plantées régulièrement; on fait ensuite des trous avec le doigt dans le centre de chaque quarré de trois pouces environ de profondeur, puis on y place la racine, l'œil au-dessus; & la planche étant ainsi garnie, on unit la terre avec la tête du rateau, de maniere que la couronne des racines en soit couverte d'environ deux pouces.

Le meilleur tems pour planter ces racines, quand on veut en avancer la fleur, est à-peu-près la fin de Septembre; & pendant tout le mois d'Octobre pour celles qui ne doivent fleurir que dans le milieu de la saison: un tems couvert & une pluie douce sont favorables pour cette opération ; car ſi les racines ſont plantées lorſque la terre eſt extrêmement ſeche, & s'il ne tombe point de pluies pendant trois ſemaines ou un mois après, il eſt très à craindre qu'elles ne moiſiſſent ſur la couronne ; quand une fois elles ſont attaquées de cette maladie, elles deviennent rarement bonnes après.

On doit conſerver quelques racines d'Anemones juſqu'à la fin de Décembre, de peur que celles qui ſont déja plantées, ne ſoient détruites par les rigueurs de l'hiver ; ce qui arrive quelque-fois dans des ſaiſons rudes, si elles ne ſont pas à l'abri des gélées: ces dernieres racines fleuriront quinze jours ou trois ſemaines après celles qui auront été plantées en automne, & ſouvent la fleur en eſt également belle, quand le printems eſt humide, ou qu'on a ſoin de les arroſer légérement.

Mais alors ces racines ne multiplieront pas autant que celles qui auront été plantées en automne, & auxquelles l'hiver n'aura point fait de tort : c'eſt cette raiſon qui détermine les perſonnes qui en font commerce, à les planter toujours en automne; car malgré que les gélées du printems gâtent les fleurs & les rendent moins doubles & moins belles que celles qui ſont plantées plus tard, cependant lorſque l'on peut conſerver leurs feuilles vertes, & les préſerver de l'action de la gélée, les racines augmentent conſidérablement en groſſeur. Dans les jardins où l'on conſerve ces fleurs avec ſoin, on établit toujours au-deſſus des planches, des cercles ou des châſſis, ſur leſquels on puiſſe étendre des nattes ou des toiles pendant les nuits, lorſqu'il gêle & qu'il fait mauvais tems ; cette précaution eſt ſur tout néceſſaire au printems, quand les feuilles commencent à paroître ; ſans quoi les fleurs, quoique d'une eſpece bien double, fleuriroient cependant ſimples ; parce que les gélées & le hâle de Mars, détruiroient les pétales du centre de la fleur ; c'eſt ce qui a ſouvent été cauſe que pluſieurs perſonnes négligeantes ont cru avoir été trompées par les marchands, en voyant leurs racines ne produire que des fleurs ſimples.

Les racines plantées en Septembre commenceront à fleurir dans les premiers jours d'Avril, & reſteront en fleur pendant trois ſemaines & plus, ſuivant que le tems ſera plus ou moins chaud, & le ſoin qu'on aura de les garantir des rayons du ſoleil : lorſque la fleur eſt paſſée, celles qui ont été plantées en Octobre leur ſuccederont, & celles-ci ſeront ſuivies par les racines du printems; de ſorte qu'on peut ſe procurer une ſuite non interrompue de ces fleurs pendant deux mois de ſuite, & quelquefois plus long-tems, ſi la ſaiſon eſt favorable, & ſi l'on a eu l'attention de les abriter des ardeurs du ſoleil.

Les feuilles des premieres plantées commençant à ſe flétrir dans les premiers jours de

Juin, il faut les retirer de la terre bientôt après, en retrancher toutes les tiges flétries, les laver exactement pour les débarasser de toute la terre qui pourroit y rester attachée, les étendre sur un linge à l'ombre jusqu'à ce qu'elles soient entierement seches, les mettre après dans des sacs, & les tenir suspendues afin de les mettre hors de la portée des souris & des autres especes nuisibles, qui en détruisent un grand nombre quand elles peuvent y atteindre.

Il faut aussi avoir attention de déterrer les dernieres plantées aussitôt après que leurs feuilles sont flétries; car si alors on les laissoit long-tems dans la terre, & qu'il survînt des pluies, elles pousseroient bientôt de nouvelles fibres & des rejettons, & il seroit alors trop tard pour les en tirer. Le moment où on les sort de terre est le plus favorable pour les diviser; on le fait en mettant à part celles que l'on choisit pour multiplier; on peut les partager en autant de parties que l'on veut, pourvu que chacune ait un bon œil ou bouton: mais il ne faut pas trop diviser celles auxquelles on désire faire produire beaucoup de fleurs.

Les couleurs principales des Anemones sont le blanc, le rouge, le bleu et le pourpre; ces mêmes couleurs dans quelques-unes sont agréablement entremêlées; celles qui dominent le plus dans les Anemones élevées en Angleterre sont le blanc & le rouge: nous en avons cependant reçu de France une grande variété de bleues & de pourpres, qui sont extrêmement belles, & qui étant entremêlées avec celles du pays, font un très-agréable mélange: pour se le procurer, il faut, en plantant les racines, avoir attention de distribuer les différentes couleurs de façon qu'elles puissent produire un mélange diversifié dans chaque planche, ce qui donne plus d'éclat à leur beauté.

Mais depuis qu'on a obtenu toutes ces belles variétés par semences, les bons Fleuristes qui ont assez de place dans leurs jardins ne doivent pas négliger d'employer ce moyen. On se pourvoit pour cela de bonnes especes d'Anemones à fleurs simples qui présentent les plus belles couleurs, ou de celles que les Jardiniers appellent *Anemones pavots*, & parmi lesquelles on choisit celles qui ont le plus de pétales; on les plante les premieres afin de leur donner le tems d'acquérir de la force & de produire de bonnes semences, qui mûriront trois semaines ou un mois après la fleur: alors on les recueille avec soin & de bonne heure, parce que ne tenant à la tige que par une substance laineuse, l'agitation de l'air les détacheroit & les emporteroit promptement. On conserve ces semences jusqu'au commencement d'Août, tems auquel on les seme dans des pots, des caisses, ou même dans une planche préparée avec de la terre légere; comme il y a beaucoup d'inconvénient à les femer trop dru ou en paquets, il feroit bon de fe fervir de la méthode pratiquée par feu M. Lowe, Jardinier à *Batterfea*, qui a élevé une grande quantité de ces fleurs par femence pendant plufieurs années. Ce Jardinier après avoir dreffé la terre dans laquelle il fe propofe de mettre fes femences, les froiffe entre fes mains avec un peu de fable fec pour les mieux divifer, puis il les répand auffi régulièrement qu'il eft poffible fur la planche de terre; mais comme ces femences font laineufes & s'acrochent aifément par leur duvet, il prend une broffe rude qu'il paffe légèrement fur toute la furface de la planche, en obfervant avec foin de ne pas enlever les femences; cette broffe les fépare très-bien & divife tous les paquets, fi elle eft maniée adroitement: il crible enfuite fur ces femences de la terre douce jufqu'à l'épaiffeur d'environ trois lignes, & fi le tems eft chaud & fec, il plaçe des nattes un peu élevées au-deffus de la terre pendant la chaleur du jour; il les arrofe très-légèrement de tems en tems, & de maniere à ne pas les déterrer, il les découvre pendant les petites pluies douces & les nuits, pour les laiffer jouïr de l'influence des rofées, & à mefure que les chaleurs diminuent, il les couvre moins pendant le jour.

Les plantes commencent à paroître dix femaines après avoir été femées, fi la faifon eft favorable, & fi on a employé toutes les précautions néceffaires; car pour peu qu'elles foient négligées, elles reftent quelquefois dans la terre pendant une année entiere. Ces plantes, dans leur jeuneffe, étant fufceptibles d'être endommagées par les grands froids & par l'humidité, il faut les en garantir avec foin, en élevant au nord & au levant de la planche une haie de rofeaux, foutenue feulement par quelques piquets, afin de pouvoir être tranfportée facilement au midi & au couchant, pour les garantir de l'ardeur du foleil, lorfque la faifon eft plus avancée. Quoique les grandes gelées de l'hiver foient très-nuifibles à ces plantes, parce qu'en foulevant la terre, elles les déracinent & les expofent à être furprifes par les moindres froids: je ne connois cependant rien qui leur foit plus préjudiciable que les vents froids de Février & de Mars, dont il faut les parer avec le plus grand foin, ainfi que de l'humidité, qui les fait pourrir, & fait perdre en un inftant tout le fruit du premier travail.

A mefure que le printems avance, fi la faifon eft feche, on les arrofe légerement pour fortifier leurs racines; & lorfque leurs feuilles font fanées, fi toutefois leurs racines ne font pas trop ferrées entr'elles, on fe contente d'enlever toutes les mauvaifes herbes & les feuilles flétries, & de cribler par-deffus de la même bonne terre préparée jufqu'à l'épaiſſeur de trois lignes ſur toute la ſurface de la planche; après quoi, on les tient nettes de mauvaiſes herbes pendant l'été, & on les recouvre à la Saint-Michel d'une pareille quantité de la même terre: mais comme ces racines pouſſent de bonne heure en automne, on doit avoir l'attention de les couvrir pendant les gelées, pour éviter que leurs feuilles ne ſoient endommagées, & leurs racines affoiblies ou détruites. Quand elles réuſſiſſent bien, pluſieurs fleuriſſent dès la ſeconde année; dans ce nombre on pourra choiſir & marquer avec des baguettes celles que l'on trouvera les plus agréables: mais il ne faudra en détruire aucune qu'après la troiſieme année, lorſqu'on les aura vu fleurir pour la ſeconde fois; car ces fleurs ne ſe montrent dans toute leur beauté qu'après que leurs racines ont acquis de la force.

Lorſque les racines ſont trop ſerrées pour pouvoir groſſir & proſpérer dans le ſemis, on ſaiſit le moment où leurs feuilles ſont fanées, pour paſſer la terre de la planche à travers un crible très-fin, & les en tirer; ce moyen eſt le ſeul qu'on puiſſe employer avec ſuccès, parce que leur petiteſſe, & leur couleur, qui approche de celle de la terre, les déroberoient à toutes les recherches: il faut avoir ſoin, en faiſant cette opération, de ne pas creuſer la terre trop profondément, de peur d'endommager les racines qui s'y ſont enfoncées; car, malgré toutes les précautions imaginables, pluſieurs y reſteront: c'eſt pourquoi dès qu'on aura criblé la couche entiere, & enlevé toutes les racines qui s'y ſeront trouvées, il faudra unir la terre de nouveau, & la laiſſer juſqu'à l'année ſuivante; par ce moyen, on ſe procurera encore une nouvelle & abondante récolte. On fait ſécher celles qu'on a enlevées, ſuivant la méthode qui a été donnée pour les vieilles racines; mais il ſera néceſſaire de les replanter trois ſemaines avant celles-ci, afin qu'elles aient le tems d'acquérir de la force pour bien fleurir l'année ſuivante.

Les Anémones à fleurs ſimples, ou Anémones pavots, fleuriſſent pendant la plus grande partie de l'hiver & du printems, quand ces ſaiſons ſont favorables, & qu'elles ſont plantées dans une ſituation chaude; elles ont alors une belle apparence, qui doit leur faire trouver place dans tous les jardins à fleurs, avec d'autant plus de raiſon, qu'elles n'exigent que peu de culture, qu'il ſuffit de les enlever tous les deux ans, & de les replanter de bonne heure en automne, ſi on veut les faire fleurir au printems: il ſe trouve dans ces fleurs ſimples de belles couleurs bleues, qui, mêlées avec celles qui ſont écarlates & cramoiſies, produiſent la plus agréable variété; & comme elles commencent à fleurir en Janvier, ou au plus tard en Février, ſi la ſaiſon eſt rigoureuſe, on en jouit très-

très-long-tems, pourvu que les gelées ne soient pas assez fortes pour les détruire. Les semences de ces Anémones mûrissent au milieu ou à la fin de Mai; & comme le vent les emporte très-facilement, ainsi que nous l'avons déjà dit, on ne doit point négliger de les recueillir journellement.

L'Anémone, originaire du Levant, se trouve surtout en abondance dans les Isles de l'Archipel, où les bords des champs sont couverts de toutes les variétés de ces fleurs; mais elles y viennent simples, & elles n'ont été perfectionnées que par la culture.

On les a possédées en France long-tems avant qu'elles aient été connues en Hollande & en Angleterre. TOURNEFORT, qui fait mention de deux Gentilshommes François, MM. MALAVAL & BACHELIER, qui ont beaucoup contribué à l'amélioration de ces fleurs, raconte à cette occasion un tour fort plaisant joué à M. BACHELIER. Un certain Conseiller à qui il avoit constamment refusé des semences de ses belles Anémones, ne pouvant en obtenir ni par caresses, ni par argent, s'avisa de faire une visite à M. BACHELIER, avec quelques-uns de ses amis qui étoient du secret; il étoit en robe, & avoit ordonné à son laquais, qui la soutenoit, de la laisser tomber sur la planche des Anémones qu'il desiroit avoir, & dont les semences étoient mûres: il se promena long-tems en conversant sur divers objets, & lorsqu'ils vinrent auprès de la planche d'Anémones, un Gentilhomme de bonne humeur commença une histoire qui fixa l'attention de M. BACHELIER; alors le laquais, qui n'étoit pas un sot, laissa tomber la robe sur la couche, les semences, garnies de duvet, s'y accrocherent facilement: le laquais la ramassa aussi-tôt; & le Conseiller, après avoir pris congé, se retira chez lui, recueillit avec soin les semences, qui étoient fortement attachées à sa robe, les sema, & par ce moyen se procura de très-belles fleurs.

Dichotoma. La septieme espece, qui croît naturellement au Canada & en Sibérie, a une racine rampante qui se multiplie fortement; ses feuilles basses sont très-découpées; ses tiges, élevées à la hauteur de deux pieds, sont garnies de feuilles opposées qui embrassent les tiges; ses fleurs sont produites dans les fourches des tiges sur de minces pédoncules; sont blanches, mais petites & de peu d'apparence; ce qui est cause qu'on ne les cultive que dans les Jardins de Botanique. Cette plante est fort dure, & se multiplie considérablement.

Thalictroïdes. La huitieme est une plante très-basse, élevée rarement à plus de six pouces de hauteur, qui se trouve dans les bois de l'Amérique septentrionale; elle fleurit de bonne heure au printems, & produit alors le plus bel effet, lorsqu'il s'en trouve un grand nombre rassemblées dans le même lieu: quelques-unes de ces fleurs sont doubles, plus belles & plus durables que les ſimples. Les feuilles de cette plante reſſemblent beaucoup à celles de la *Rue des prés*; ſes tiges ont des feuilles qui croîſſent en têtes rondes, & ſont terminées par une ſeule fleur. Cette eſpece doit être plantée à l'ombre des arbres, & ſi l'on couvre en hiver le lieu où elle ſe trouve avec du vieux tan, elle ſera préſervée de tout accident.

ANEMONOIDES. *Voyez* ANEMONE.

ANEMONOS PERMOS. *V.* ARCTOTIS.

ANET. *Voyez* ANETHUM.

ANETHUM de ἄνω & θέειν, monter, parce que cette plante eſt prompte dans ſon accroîſſement. [*Dill.*] *Anet.*

Caracteres. Cette plante ombellifere produit pluſieurs ombelles ſans enveloppes, uniformes & compoſées de pluſieurs petites : ſes fleurs garnies de cinq pétales en forme de lance, renferment chacune cinq étamines minces & couronnées de ſommets émouſſés : le germe ſitué ſous la fleur, ſoutient deux petits ſtyles ſurmontés de ſtigmats obtus, & ſe change enſuite en deux ſemences comprimées & bordées.

Ce genre de plante ayant des fleurs pourvues de cinq étamines & de deux ſtyles, fait partie de la cinquieme claſſe de LINNÉE, intitulée *Pentandria Digynia.*

Nous n'avons qu'une ſeule eſpece de ce genre, ſavoir :

Anethum graveolens, fructibus compreſſis. Hort. Cliff. 106; Anet produiſant des ſemences comprimées.

Anethum hortenſe. C. B. P. 147; Anet ordinaire.

Il y a deux autres variétés qui ſont données par les Botaniſtes pour des eſpeces diſtinctes; mais après les avoir ſemées très-ſouvent, j'ai toujours remarqué qu'elles n'étoient réellement que des variétés produites de ſemences.

WESTON, dans ſa Botanique univerſelle, les décrit ſous la dénomination de *Anethum verum Pernambucenſe*, & *Anethum minus ſegetum, ſemine minori.*

On multiplie cette plante en la ſemant en automne, auſſitôt après la maturité des ſemences; car, ſi on attendoit juſqu'au printems, elles manqueroient ſouvent; ou, ſi elles produiſoient quelques plantes, elles ſeroient flétries avant d'avoir perfectionné leurs ſemences. Cette plante exigeant une terre légere, & ne ſouffrant pas la tranſplantation, elle veut être ſemée où elle doit reſter, en laiſſant huit ou dix pouces de diſtance entre chaque tige; ſans quoi elle fileroit, deviendroit foible, produiroit peu de branches latérales, ne donneroit que de mauvaiſes ſemences, & ſes feuilles ſe flétriroient. Pour obvier à ces inconvéniens, il eſt néceſſaire de les éclaircir avec la houe lorſqu'elles commencent à pouſſer, comme on le pratique pour les oignons & les carottes : on leur donne huit à dix pouces de diſtance entr'elles ; on les tient nettes de mauvaiſes herbes ; & , lorſque les ſemences commencent à ſe former , on coupe celles dont on veut ſe ſervir pour la cuiſine, & ſingulièrement pour mariner des concombres , & on laiſſe celles qui ſont deſtinées à la réproduction. Quand elles ſont mûres , on les coupe également, on les fait ſécher ſur un linge, on les bat, & on les conſerve pour l'uſage. Si on les laiſſe écarter ſur la terre , les plantes pouſſeront dès le printems ſuivant ſans aucun ſoin, & épargneront la peine de les ſemer (1).

(1) Les ſemences d'Anet miſes depuis long-tems au nombre des quatre ſemences chaudes mineures, méritent, en effet, la place qu'elles occupent, par leurs propriétés médicinales : une once de ces ſemences, ſoumiſe aux menſtrues chymiques, fournit environ un gros, tant de ſubſtance fixe réſineuſe, que d'huile eſſentielle éthérée , & un gros & demi de ſubſtance gommeuſe. Toutes les vertus de ces graines réſident preſque uniquement dans la partie réſineuſe, & principalement dans l'huile ethérée ; elles ſont très-diſcuſſives, fortifiantes, ſtomachiques, carminatives, utérines, & conviennent, par conſéquent, dans les vices de digeſtion, occaſionnés par le relâchement d'eſtomac, la tympanite, le cholera ſec, la cachexie, le vertige ſtomachal, les affections pituiteuſes, les obſtructions des viſceres, les maladies hiſtériques, quelques eſpeces de fleurs blanches, &c.

Comme ces graines ont une vertu narcotique, on les applique auſſi, après les avoir écraſées, ſur les tempes des enfans, pour leur procurer du ſommeil : quatre gouttes de leur huile eſſentielle, mêlée avec une demi-once huile d'amandes douces récente, forment un remede qui a la propriété d'arrêter le hoquet, pourvu que cette maladie ne ſoit point entretenue par quelque vice du diaphragme ou de quelque viſcere voiſin. Les feuilles de cette plante, appliquées en forme de cataplaſme, ſont fortement réſolutives, & quelquefois même hâtent la ſuppuration, ſuivant l'état de la tumeur. L'huile eſſentielle d'Anet entre dans la compoſition de l'huile carminative de MYNSICHT, dans l'huile de mucilage & dans celle de RENARD, &c.

ANGELICA ; Ainſi appelée par quelques Charlatans , à cauſe de ſes excellentes qualités. [*Angelica*] *Angélique.*

Caracteres. Cette plante eſt ombellifere : la plus grande ombelle eſt compoſée de pluſieurs plus petites ; l'enveloppe générale eſt formée par cinq petites feuilles ; & celles des plus petites ombelles par huit : les calices des fleurs ſont en cinq parties ; les fleurs de l'ombelle entiere ſont uniformes, & compoſées chacune de cinq pétales ſemblables & qui tombent ; elles renferment cinq étamines plus longues que les pétales, & couronnées de ſommets ſimples : le germe ſitué au-deſſous de la fleur, ſoutient deux ſtyles réfléchis, qui ſupportent des ſtigmats obtus ; le germe ſe change enſuite en un fruit rond, diviſé en deux & composé de deux semences unies d'un côté, convexes de l'autre & bordées.

Ce genre de plante est placé dans la seconde section de la cinquieme classe de LINNÉE, intitulée : *Pentandria Digynia*, dont les fleurs ont cinq étamines & deux styles.

Les especes sont :

1°. *Angelica sativa, foliorum impari lobato. Flor. Lapp. 101*; Angélique à feuilles composées d'un nombre impair de lobes.

Angelica sativa. C. B. P. 155; Angélique de jardin.

2°. *Angelica Archangelica, altissima, foliorum lobatis maximis serratis*; La plus grande Angélique à feuilles composées de lobes sciés.

Angelica Scandiaca, Archangelica. Tabern. Icon. 82. Angélique de Bohême.

3°. *Angelica sylvestris, foliis æqualibus ovato-lanceolatis, serratis. Hort. Cliff. 97*; Angélique à feuilles égales, composées de lobes ovales, sciés & en forme de lance.

Angelica sylvestris major. C. B. P. 155; Angélique des prés.

4°. *Angelica atro-purpurea, extimo foliorum pari coadunato, foliolo terminali petiolato. Prod. Leyd. 103*; Angélique à feuilles disposées par paires, dont les dernieres sont jointes, & terminées par des folioles pétiolées.

Angelica Canadensis atro-purpurea. Corn. Canad. 198.

5°. *Angelica lucida, foliolis æqualibus, ovatis, inciso-serratis. Hort. Cliff. 97*; Angélique à feuilles égales, dont les lobes sont ovales, découpés & sciés.

Angelica lucida Canadensis. Corn. Canad. 196; Angélique luisante du Canada.

Sativa. La premiere espece est l'Angélique commune, qu'on cultive dans les jardins pour l'usage de la Médecine, & dont on fait aussi des confitures fort estimées. Cette plante croit naturellement sur les bords des rivieres dans les Pays Septentrionaux.

Archangelica. La seconde espece, originaire de Hongrie & de quelques parties de l'Allemagne, a été regardée, par plusieurs Botanistes modernes, comme une variété de la premiere; mais, après plusieurs années d'expérience, je l'ai toujours vu se maintenir sans aucune espece d'altération : toutes les plantes élevées de semences, m'ont paru être exactement les mêmes que la souche principale ; & lorsqu'elles sont placées sur le même sol avec l'espece commune, elles deviennent toujours deux fois plus grandes : leurs feuilles sont aussi beaucoup plus larges, & plus profondément sciées à leurs bords; leurs fleurs sont jaunes, & les ombelles beaucoup plus larges. Cette espece ne subsiste gueres que deux ou trois ans ; de maniere qu'il faut en élever toujours de jeunes plantes, afin de la conserver : on la seme en automne, parce que si l'on attendoit jusqu'au printems, elle réussiroit rarement.

Sylvestris. La troisieme croît sans culture dans des prairies humides, & sur des rivages de plusieurs parties d'Angleterre; c'est pour cette raison qu'on l'admet rarement dans les jardins.

Atro-purpurea. Lucida. Les quatrieme & cinquieme sont des productions du sol de l'Amérique Septentrionale, d'où leurs semences ont été envoyées en Europe, & qu'on cultive dans les jardins pour la variété; mais comme elles ne sont d'aucun usage, & qu'elles ont d'ailleurs peu de beauté, on ne les recherche guere. Ces plantes sont dures, & se multiplient de semence : on les met en terre en automne; & lorsque les jeunes plantes ont acquis assez de force, on les transplante à l'ombre dans un terrein humide, en laissant entr'elles deux pieds de distance : elles s'élevent à quatre ou cinq pieds de haut, & poussent sur-tout pendant la seconde année, qui est celle où elles fleurissent, plusieurs rejettons de leurs racines : ces fleurs paroissent en Juin, & leurs semences mûrissent en Septembre; mais leurs racines durent rarement au-delà de deux ou trois ans.

L'Angélique commune se plaît dans un sol fort humide; elle doit être semée d'abord après la maturité des graines, qui germeroient difficilement, si elles étoient gardées jusqu'au printems; car à peine ai-je pu obtenir une plante sur quarante semences mises en terre dans cette saison. Lorsque les plantes ont six pouces de hauteur, on les enleve pour les placer à trois pieds de distance les unes des autres, afin que leurs feuilles qui s'étendent considérablement, ne soient point gênées. Le lieu qui leur convient le mieux, est le bord des fossés ou des étangs : elles y font beaucoup de progrès, & produisent des fleurs dès la seconde année; mais elles périssent bientôt après la maturité des graines. Lorsqu'on veut les conserver plus longtems, & les faire durer trois ou quatre années, il suffit de couper leurs tiges dans le courant du mois de Mai, & de les forcer par ce moyen à produire de nouvelles têtes ou des rejettons.

Les Jardiniers des environs de Londres, qui ont des fossés d'eau courante à travers leurs jardins, élevent une grande quantité de ces plantes, pour les vendre aux Confiseurs, qui préparent, avec leurs tendres rejettons coupés au mois de Mai, de fort bonnes confitures seches.

Cette espece d'Angélique étant, ainsi que ses racines, fort employée en Médecine, on doit, afin de n'en jamais manquer, la semer annuellement; car, comme nous l'avons déjà remarqué, elle périt aussi-tôt après la maturité de ses semences (1).

---

(1) La racine d'Angélique, qui est la partie de cette plante, la plus communément employée en

ANGÉLIQUE. *Voyez* ANGELICA.

Médecine, mérite vraiment tous les éloges qu'on lui a donnés; on en distingue deux especes, l'une qui croît dans les terreins bas & humides, & l'autre qui naît sur les montagnes & dans les intervalles des rochers de la Suisse & de la Bohême : c'est à cette derniere qu'on accorde généralement la préférence.

Cette racine répand une odeur pénétrante, aromatique, son goût est âcre, un peu amer, & mêlé d'une certaine douceur agréable : une livre de cette racine, soumise à la distillation, fournit à peine un gros d'huile essentielle éthérée; mais ses principes fixes sont plus abondans, car la même quantité de cette plante, produit par l'infusion aqueuse, quatre onces & demie d'extrait gommeux, & trois onces de substance résineuse, étant mise en digestion dans les menstrues spiritueuses.

Les principales propriétés de la racine d'Angélique, résident presque uniquement dans son principe fixe résineux, & dans son huile essentielle volatile : prise intérieurement, elle irrite & discute, déterge & adoucit en même tems, au moyen de la partie gommeuse, qui masque & emousse, pour ainsi dire, l'activité des autres principes : elle est par conséquent carminative, pectorale, utérine, & un des meilleurs antiscorbutiques connus; elle convient dans les maladies venteuses, dans les affections pituiteuses de la poitrine, la passion histérique, les fievres malignes, & surtout dans celles qui sont accompagnées d'exanthêmes, dans la petite vérole, dans toutes les maladies éruptives où il est question de pousser les humeurs à la peau, dans les foiblesses d'estomac, contre la mor-

ANGÉLIQUE A BAYES. *Voyez* ARALIA.

ANGÉLIQUE EN ARBRE. *Voyez* ARALIA SPINOSA.

ANGÉLIQUE SAUVAGE. *Voyez* ÆGOPODIUM.

ANGÉLIQUE DE VIRGINIE. *Voyez* CICUTA MACULATA. L.

ANGUINA. *Voyez* TRICHOSANTHES ANGUINA.

ANGURIA. [*Water-Melon or Citrul.*] *Melon d'eau*, ou *Citrouille*, ou *Pasteque.*

Caracteres. Cette plante a des fleurs mâles & femelles, qui croîssent à une certaine distance les unes des autres sur le même pied : les fleurs

---

sure des animaux vénimeux, &c. On applique sur les loupes & autres tumeurs indolentes, les feuilles écrasées de l'Angélique, comme un excellent résolutif; on se sert aussi de la racine comme d'un machicatoire antiputride, dans le scorbut & les engorgemens catharreux des glandes salivaires : lorsqu'on l'emploie seule dans les différentes maladies où elle convient, il vaut beaucoup mieux la donner en poudre depuis un demi-gros jusqu'à deux dans le vin ou quelqu'autre véhicule, que de toute autre maniere. On la fait entrer aussi dans les gargarismes odontalgiques, dans les cataplasmes & épithêmes fortifians, résolutifs & alexipharmaques, dans l'orviétan, la thériaque, l'antidote de MATHIOL; la confection thériacale de MYNSICHT; l'eau cordiale de GILBERT; l'élixir de QUERCETAN; l'eau antiépileptique de MYNSICHT; le vinaigre distillé de SYLVIUS; l'élixir antipestilentiel de CROLLIUS; l'eau épidémique, le grand cordial de BATÆUS, &c.

& les calices des deux ſexes ſont campanulés, ou en forme de cloche, & monopétales; les fleurs mâles ont trois courtes étamines jointes par leur partie ſupérieure, & ſont couronnées de ſommets minces; les fleurs femelles ſont poſées ſur un germe ovale, qui ſoutient un ſtyle cylindrique ſurmonté de trois gros ſtigmats boſſus; le germe devient enſuite un fruit oblong & charnu, renfermant cinq cellules remplies de ſemences comprimées, & rondes à leur extrémité.

Quoique le Docteur LINNÉE ait reconnu à ce fruit un caractere particulier & diſtinct, il l'a néanmoins joint au genre nombreux des Courges ou *Cucumis*; mais comme l'*Anguria* a cinq cellules, & que le *Cucumis* n'en a que trois, ils doivent certainement être ſéparés.

Ce genre, ſuivant ce Botaniſte, fait partie de la dixieme ſection de ſa vingt-unieme claſſe, intitulée: *Monœcia Syngeneſia*, parce que les plantes qui la compoſent, ont des fleurs mâles & femelles ſur le même pied, & que les étamines & les ſommets croîſſent enſemble.

Nous n'avons qu'une eſpece de ce genre, ſavoir:

Anguria, foliis multi-partitis; Melon d'eau à feuilles découpées de beaucoup de parties. *Paſteque.*

Anguria Citrullus dicta. C. B. P. 312. Dont on connoît beaucoup de variétés qui différent entre elles par la forme & la couleur de leurs fruits; mais comme la même ſemence produit toutes ces variétés, il eſt inutile de les dénombrer ici.

On cultive ce fruit en Eſpagne, en Italie, en Portugal & dans la plupart des pays chauds de l'Europe, ainſi qu'en Afrique, en Aſie & en Amérique. Quoique les habitans de ces divers pays le regardent comme très-ſain & très-rafraîchiſſant, on n'en fait pas à beaucoup près autant de cas en Angleterre; mais comme pluſieurs perſonnes l'aiment cependant beaucoup, je donnerai ici une ample inſtruction ſur ſa culture, afin que ceux qui voudroient ſe donner la peine de le cultiver, puiſſent facilement y réuſſir.

Il faut d'abord ſe pourvoir de ſemences qui aient trois ou quatre ans; car les nouvelles produiſent des plantes vigoureuſes, mais qui donnent rarement autant de fruits que des plantes plus foibles. Les meilleures eſpeces qu'on cultive en Angleterre, ſont celles qui produiſent de petits fruits ronds originaires d'Aſtracan: les très-gros fruits mûriſſent difficilement dans ce climat. Lorſqu'on s'eſt procuré de bonnes ſemences, on prépare un tas de nouveau fumier au commencement de Février; on le laiſſe en monceau pendant douze jours pour qu'il s'échauffe; &, après l'avoir retourné deux fois pendant cet intervalle pour le bien mêler, on en fait une couche chaude pour y mettre les semences de l'*Anguria*, avec celles de *Concombres* & de *Melons Musqués*. En établissant cette couche, on doit avoir soin de bien arranger le fumier & le presser avec la fourche, afin que la chaleur ne soit pas si violente & qu'elle puisse durer plus longtems. Quand le fumier est placé, on le couvre de quatre pouces de bonne terre légere, on la dresse, & on établit dessus un châssis & des vitrages; ensuite on la laisse s'échauffer pendant trois ou quatre jours avant de semer. Pendant ce tems, on a soin de soulever les vitrages, afin de donner une issue aux vapeurs lorsqu'elles s'y sont accumulées. Quand on s'apperçoit que la couche est d'une température modérée, on seme en rigole, & on recouvre les semences d'un demi-pouce de terre: si la couche devient trop chaude, on lui donne de l'air, en soulevant les vitrages pendant le jour; &, lorsque la couche est fraîche, on la couvre de nattes chaque nuit & dans les mauvais tems: quatre ou cinq jours après, on en prépare une nouvelle destinée à recevoir les plantes qui seront bonnes à être transplantées douze ou quinze jours au plus tard après avoir été semées. La premiere couche sur laquelle on éleve ces plantes, doit être fort petite, parce que, dans ce premier instant, un espace très-étroit peut en contenir un grand nombre; c'est-pourquoi ceux qui élevent de bonne heure des Concombres & des Melons Musqués, peuvent aussi semer sous le même vitrage les graines de l'Anguria: mais lorsqu'on les transplante à demeure, il leur faut beaucoup plus de place; car un petit nombre de ces plantes rempliroit une grande quantité de châssis.

Le traitement de ces plantes, lorsqu'elles sont jeunes, differe peu de celui qui a été donné pour les Melons Musqués: je ne répéterai point ici, ce qui a été dit ailleurs, & je renvoie à cet article pour une plus ample instruction. J'observerai seulement qu'il est essentiel de leur donner beaucoup d'air autant de fois que le tems le permettra; car sans cela les plantes fileroient & ne feroient plus bonnes à rien. Comme deux ou trois couches chaudes sont nécessaires pour porter ces fruits à leur perfection, on se servira avec avantage de paniers d'un pied de diamètre, dans lesquels on mettra ces plantes, lorsqu'elles auront poussé quatre feuilles; suivant la méthode qui est en usage pour les *Concombres printanniers*. On ne mettra dans chaque panier que deux plantes, & même une seule; car lorsque les deux réussissent, on est obligé de retrancher la plus foible avant qu'elle ait commencé à pousser ses rejettons de côté: car, sans cela, leurs branches s'entremêleroient de maniere qu'il seroit très-difficile de les arranger sans endommager les plantes. Un seul châssis peut contenir d'abord huit de ces paniers; mais lorsqu'ils sont une fois placés à demeure, le même nombre exigera au moins vingt-quatre vitrages; parce que ces plantes, lorsqu'elles sont vigoureuses, s'étendent prodigieusement, & que, si la place leur manque, elles poussent rarement bien leurs fruits.

Les paniers peuvent rester dans la couche de pépiniere, jusqu'à ce que les plantes se soient étendues, & qu'elles aient poussé plusieurs coulants: si la chaleur de la couche diminue, on la ranime promptement en garnissant le contour de fumier chaud; & on la prolonge par ce moyen assez long-tems, pour que les nouvelles couches soient prêtes à recevoir les paniers à demeure: lorsque la grande chaleur de ces couches est dissipée, & qu'elles sont parvenues au degré où elles doivent être pour faire pousser le fruit, on y place alors les plantes; mais je dois repéter qu'il est de la plus grande conséquence que ces couches ne soient point trop chaudes, parce que cette grande chaleur détruiroit le fruit, & brûleroit infailliblement la plante.

Lorsque ces plantes sont placées où elles doivent rester, il faut en conduire soigneusement les rejettons, comme ils sont produits; de maniere à remplir la surface du châssis, sans les entremêler; on les tient nettes de mauvaises herbes, on leur donne de l'air frais autant que la saison le permet, & on les arrose souvent & légèrement.

Enfin le traîtement de cette plante est à-peu-près le même que celui du Melon Musqué: on observe seulement de lui donner plus d'espace, & de tenir les couches à un bon dégré de chaleur. Lorsque le fruit paroît, on donne de l'air libre à la plante, afin qu'elle pose bien ses fruits; & quand les nuits sont froides, on couvre les vitrages de nattes pour conserver la chaleur des couches: sans quoi, ces fruits se perfectionneroient avec peine dans nos climats (1).

ANIL. *Voyez* INDIGOFERA TINCTARIA.

ANISUM, *ou* ANIS. *Voyez* PIMPINELLA ANISUM. L.

ANNONA. *Lin. Gen. Plant. 613. Guanabanus Plum. Nov. Gen. 10.* [*Custard-Apple*] *Pomme de Flan*, *Assiminier*, *Guanabane*, *Cœur de Bœuf*, ou *Annone*.

Caracteres. Le calice est com-

---

(1) Le Melon d'eau, ou Pasteque, est extrêmement sain & rafraichissant; sa chair, d'autant plus agréable qu'elle est colorée d'un plus beau rouge, ne fait jamais de mal, quand même on en prendroit avec excès; comme elle ne contient que très-peu de substance nutritive & beaucoup de liqueur très-atténuée & légérement sucrée, on doit la permettre, & elle est même très-salutaire aux malades qui en sont fort avides; elle rafraîchit, tempere & calme l'effervescence des humeurs, s'oppose à la putréfaction, déterge la bile, en arrête l'acrimonie, & convient par conséquent dans les inflammations des viscères, dans les fievres ardentes & bilieuses, le scorbut, l'ictere, les obstructions, &c.

posé de trois petites feuilles, en forme de cœur, concaves & pointues : la corolle a six pétales, dont trois sont grands, & trois plus petits alternativement : les étamines sont à peine visibles ; mais on remarque plusieurs sommets à chaque côté du germe qui est situé au fond de la fleur : il n'y a point de style, mais seulement un stigmat obtus : le germe devient ensuite un fruit ovale ou oblong, couvert d'une écorce écailleuse, & renfermant une cellule dans laquelle se trouvent plusieurs semences ovales & unies.

Ce genre de plantes est rangé dans la septieme section de la treizieme classe de LINNÉE, intitulée : *Polyandria Polygynia*, les fleurs de cette division ayant plusieurs étamines & plusieurs germes.

Les especes sont :

1°. *Annona reticulata*, *foliis lanceolatis*, *fructibus ovatis*, *reticulatoareolatis. Lin. Sp. Plant.* 537. Annona à feuilles en forme de lance, produisant un fruit ovale & brodé en filet.

Guanabanus, *fructu aureo*, *& molliter aculeato. Plum. Nov. Gen.* 43. Pomme de Flan.

Annona. Rumph. Amb. 1. *P.* 136. *T.* 45.

2°. *Annona muricata*, *foliis ovato-lanceolatis*, *glabris*, *nitidis*, *planis*, *pomis muricatis. Hort. Cliff.* 222 ; Annona à feuilles unies, luisantes, ovales & en forme de lance, produisant des fruits hérissés de pointes.

Guanabanus fructu è viridi lutescente, *molliter aculeato. Plum. Nov. Gen.* Le goût de ce fruit est acide. L'Annone.

3°. *Annona squamosa*, *foliis oblongis*, *fructibus obtusè subsquamatis. Lin. Sp. Plant.* 537 ; Annona à feuilles oblongues, produisant des fruits légèrement écailleux.

Guanabanus, *foliis odoratis*, *fructu subrotundo squamoso. Plum. Nov. Gen.* 43. La séve de ce fruit est douce. Il se nomme *Cœur de Bœuf.*

Atamaram. Rheed. Mal. 3 *P.* 21. *T.* 29.

4°. *Annona palustris*, *foliis oblongis*, *obtusis*, *glabris*, *fructu rotundo*, *cortice glabro* ; Annona à feuilles émoussées, oblongues & lisses, avec des fruits ronds couverts d'une peau lisse.

Guanabanus palustris, *fructu lævi viridi. Plum. Nov.* Pomme à l'eau.

5°. *Annona cherimola*, *foliis latissimis*, *glabris*, *fructu oblongo squamato*, *seminibus nitidissimis* ; Annona à feuilles fort larges & lisses, avec des fruits oblongs & écailleux, dont les semences sont très-luisantes.

6°. *Annona Africana*, *foliis ovato-lanceolatis pubescentibus*, *fructu glabro subcæruleo* ; Annona à feuilles ovales, couvertes de duvet & en forme de lance, produisant des fruits unis & bleuâtres.

Guanabanus, *fructu subcæruleo. Plum. Nov. Gen.* 43 ; La pomme douce.

7°. *Annona Asiatica*, *foliis lanceolatis*, *glabris*, *nitidis*, *lineatis. Hort. Cliff.* 222 ; Annona à feuilles lisses, en forme de lance, garnies de sillons nerveux.

Guanabanus, *fructu purpureo. Plum. Nov. Gen.* 43 ; La pomme pourpre, *ou* le Cachiment.

8°. *Annona triloba, foliis lanceolatis, fructibus trifidis. Lin. Sp. Plant.* 537; *Annona* à feuilles en forme de lance, avec des fruits divisés en trois parties.

Annona, fructu lutescente, lævi scrotum arietis referente. Catesb. car. 2. *p.* 85; *Annona* de l'Amérique Septentrionale, appellée par les habitans *Papaw. le Corrosol.*

Reticulata. La premiere espece originaire des Indes Occidentales, est fort garnie de branches latérales, & s'éleve à la hauteur de vingt-cinq pieds, & au-delà; son écorce est unie & d'une couleur cendrée; ses feuilles, d'un verd de lait, sont oblongues, pointues, & ont plusieurs veines ou côtes qui les pénétrent profondement; le fruit, aussi gros qu'une balle de paume, a une forme conique; sa couleur dans sa maturité, est celle de l'orange; & alors sa chair est douce, molle & jaunâtre comme un flan, ce qui lui a fait donner en Anglois le nom de *Custard Apple*, ou *Pomme à Flan* (1).

Muricata. La seconde espece, moins forte que la précédente, s'éleve rarement audessus de vingt pieds, & n'est pas si garnie de branches; ses feuilles sont plus larges, unies sans aucuns sillons, & d'un verd luisant; son fruit, d'un jaune verdâtre, est gros, d'une forme ovale, irréguliere, pointue au sommet, & couvert à l'extérieur de petites élévations, sa chair est molle, blanche, d'une séve douce mêlée d'acide, & renferme plusieurs semences oblongues, d'une couleur foncée.

Squamosa. La troisieme, dont l'élévation est tout au plus de quinze pieds, est garnie de beaucoup de branches à chaque côté; ses feuilles répandent une odeur agréable quand elle sont froissées; son fruit est rond, écailleux, & d'une couleur de pourpre dans sa maturité; sa chair est douce.

Palustris. La quatrieme espece, qui dans les Indes Occidentales s'éleve jusqu'à la hauteur de trente & quarante pieds, porte des feuilles oblongues, pointues, foiblement sillonnées, & d'une odeur forte en les froissant; & des fruits dont les seuls Negres se nourrissent: cet arbre croît dans les lieux humides de toutes les Isles des Indes Occidentales.

Cherimola. La cinquieme, dont les semences apportées en Angleterre ont produit plusieurs plantes, est très-multipliée & soigneusement cultivée au Pérou à cause de la bonté de son fruit: cet arbre, qui dans son pays originaire est de la plus grande taille, est fort chargé de branches, & garni de feuilles d'un verd luisant beaucoup plus

(1) Cette espece a été envoyée de Philadelphie dans les jardins de M. le Président de CHAZELLES, comme un arbre de vingt pieds de haut, dont le fruit est bon à manger; l'écorce du tronc est forte & propre à faire des cordes; il croît dans un sol riche & léger.

grandes que celles des autres especes; son fruit est oblong, écailleux au-dehors, & d'une couleur de pourpre foncé dans sa maturité; la chair est douce, molle, entremêlée de plusieurs semences brunes, luisantes & fort lisses : ce fruit est estimé des Péruviens, & regardé comme un des plus délicats de tous ceux qu'ils aient. Cet arbre a produit des fleurs en Angleterre, mais il n'y a pas donné de fruits.

Africana & *Asiatica*. Les sixieme & septieme especes, qui dans les Isles Françoises, ainsi qu'à Cuba, croissent en grande abondance, s'élevent à la hauteur de trente pieds & plus : leurs fruits sont estimés par les habitans de ces Isles, qui en donnent ordinairement aux malades, comme une nourriture saine & rafraîchissante.

Triloba. La huitieme, fort commune dans les Isles de Bahama, où elle s'éleve à dix-huit pieds de haut au plus, a plusieurs tiges, & un fruit dont la forme est celle d'une poire renversée; mais dont les seuls Negres & quelques animaux se nourrissent : cet arbre croît en plein air en Angleterre, quand il est planté dans une situation chaude & abritée; mais il faut l'élever en pot, & l'abriter pendant deux ou trois hivers, jusqu'à ce qu'il soit assez fort; après quoi, on le tire du pot au printems pour le mettre, en pleine terre, où il doit rester à demeure.

Cette espece a fleuri dans le jardin curieux du Duc d'ARGYLE à *Whitton*, près de *Hounslow*, où elle est en pleine terre depuis plusieurs années; ainsi que dans la pépiniere de M. GRAY, prés de *Fulham*. On reçoit souvent en Angleterre des semences de cette espece qui sont envoyées de l'Amérique Septentrionale; elles sont beaucoup plus grosses que celles des autres, & l'on en a depuis peu élevé plusieurs plantes dans les jardins des environs de Londres : ses feuilles ne ressemblent point à celles des autres; elles tombent en automne, tandis que celles des especes précédentes se conservent pendant tout l'hiver, & jusqu'à ce que les nouvelles commencent à pousser; son fruit est aussi très-différent; il y en a deux ou trois joints ensemble à chaque pédicule. Quand les semences de cette espece sont mises en terre, elles y restent souvent une année entiere sans pousser; c'est-pourquoi il ne faut pas remuer la terre des pots où elles sont : si les plantes ne paroissent pas la premiere année, on les abrite en hiver, & au printems suivant on les plonge dans une nouvelle couche chaude, où les plantes pousseront beaucoup plutôt que celles qui sont semées en plein air; & elles auront plus de tems pour acquérir de la force avant l'hiver.

Culture. Toutes les autres especes qui nous viennent des pays chauds de l'Amérique, étant trop délicates pour resver en plein air dans ce climat, elles veulent être renfermées dans des ſerres chaudes. Comme elles viennent aiſément des ſemences apportées de l'Amérique, ſi elles ſont fraîches, on les met ſur une bonne couche chaude, ou dans des pots remplis de terre légere que l'on plonge en Février dans une couche chaude de tan : on fait cette opération de bonne heure, parce que les plantes qui en proviennent ont le tems de ſe fortifier avant les premiers froids de l'automne.

En conſervant ces plantes dans la couche de tan de la ſerre chaude, & en les y traitant convenablement, elles feront un grand progrès, ſurtout ſi on leur donne beaucoup d'air dans les tems chauds; car ſans ce ſecours elles ſont ſujettes à languir, & à être ſouvent attaquées par la vermine, qui ſe multipliant & s'étendant ſur la ſurface entiere des feuilles, les fait bientôt périr : mais lorſque ces plantes ſont bien ſoignées, leurs feuilles ſe conſervent vertes pendant tout l'hiver, & produiſent un bel effet en cette ſaiſon, dans la ſerre chaude.

A meſure que ces plantes prennent l'accroîſſement, il faut leur donner des pots d'un plus grand diametre, mais éviter qu'ils ne ſoient trop grands, parce que rien ne leur eſt plus préjudiciable que de mettre leurs racines trop au large. Si on veut qu'elles faſſent des progrès, on les tient conſtamment dans la couche de tan ; car, quoiqu'elles puiſſent ſe conſerver dans les ſerres chaudes ſèches, cependant elles n'y profitent pas, & leurs feuilles ne paroiſſent pas auſſi belles que ſi elles étoient dans un état d'accroîſſement vigoureux. On les cultive ici plutôt pour la beauté de leurs feuillages que pour leurs fruits, car pluſieurs y produiſent ſouvent des fleurs ſans donner aucuns fruits.

Quelques-unes de ces plantes ont douze & quatorze pieds de haut dans nos jardins ; & depuis pluſieurs années, on en voit de la cinquieme eſpece dans les jardins de *Chelſea*, qui ont plus de vingt pieds d'élévation, & qui produiſent des fleurs depuis deux ou trois ans. La ſerre chaude dans laquelle on met ces plantes, doit être tenue au dégré de la chaleur des Ananas, marqué ſur le Thermometre botanique ; elles veulent une terre riche & légere, & il eſt néceſſaire de remuer & de renouveler ſouvent la couche de tan, où elles ſont plongées : on les arroſe fréquemment pendant l'été, mais peu à la fois, & en hiver une fois la ſemaine dans le beau tems, & pendant les gelées une fois tous les quinze jours, ou trois ſemaines.

ANONIS. *Voyez* ONONIS.

ANTHEMIS. *Lin. Gen. Plant.* 870. [*Chamomile*] *Camomille.*

Caracteres. La fleur eſt compoſée ; le calice commun eſt

hémisphérique, & formé de plusieurs écailles égales : les rayons de la fleur sont produits par la réunion de plusieurs fleurettes femelles, dont les pétales s'étendent en-dehors sur un côté en forme de langue, & sont découpés en trois parties à leur extrémité : le disque de la fleur est composé de plusieurs fleurs hermaphrodites en forme d'entonnoir, érigées & découpées au sommet en cinq parties ; elles ont cinq étamines courtes, étroites, couronnées de sommets cylindriques & creux : le germe, situé au fond, soutient un style mince & surmonté de deux stigmats réfléchis ; il devient ensuite une semence oblongue & nue : les fleurettes femelles n'ont point d'étamines, mais seulement un germe oblong dans le centre, qui soutient deux styles réfléchis.

Ce genre de plante est un de ceux qui composent la seconde section de la dix-neuvieme classe de LINNÉE, qui a pour titre *Syngenesia Polygamia superflua*. Les fleurs de cette section ayant plusieurs fleurettes, les unes mâles & d'autres hermaphrodites, dont les étamines sont jointes au sommet.

Les especes sont :

1°. *Anthemis nobilis, foliis pinnato-compositis, linearibus acutis, subvillosis. Lin. Sp. Plant. 894 ;* Camomille à feuilles aîlées, & composée de folioles linéaires légèrement velues.

Chamæmelum nobile. Sive Leucanthemum odoratius. C. B. P. 135 ; Camomille commune ou noble.

Matricaria receptaculis conicis, radiis deflexis, seminibus nudis, &c. Flor. Suec. 701.

2°. *Anthemis arvensis, receptaculis conicis, paleis setaceis, seminibus coronato-marginatis. Flor. Suec. 704 ;* Camomille avec un réceptacle conique, garni de lames roides & de semences bordées.

Anthemis arvensis. It. Scan. 177.

Chamæmelum inodorum. C. B. P. 136. Herbe de Mai.

3°. *Anthemis Cotula, receptaculis conicis, paleis setaceis, seminibus nudis. Lin. Sp. Plant. 894 ;* Camomille avec un réceptacle conique, garni de lames roides & des semences nues.

Anthemis, foliis pinnato-decompositis, &c. Roy. Lugdb. 172.

Chamæmelum fœtidum. C. B. P. 135 ; Herbe de Mai. Maroule, ou Camomille puante.

4°. *Anthemis cota, florum paleis rigidis pungentibus. Flor. Leyd. 172 ;* Camomille avec des lames roides entre les fleurettes.

Anthemis Italica arvensis annua, major vulgatissima, &c. Mich. Gen. 32.

Chamæmelum annuum, ramosum, Cotulæ fœtidæ floribus amplioribus.

Capitulis spinosis. Maris. 3. P. 36.

Bellis montana, Tanaceti foliis, caule singulari, annua. Pluk. alm. 65. T. 17. F. 5.

5°. *Anthemis altissima, erecta, foliorum apicibus subspinosis. Lin. Sp. Plant. 893 ;* Camomille très-haute, avec des feuilles terminées par des épines.

Anthemis foliorum serraturis setaceis, radiis florum albis. Sauv. Monsp. 265.

Chamæmelum Leucanthemum Hispanicum, magno flore. C. B. 135.

Chamæmelo affine Buphtalmum segetum altissimum. Bauh. Hist. 3. *P.* 120.

6°. *Anthemis maritima, foliis pinnatis, dentatis, carnosis, nudis, punctatis, caule prostrato, calicibus subtomentosis. Lin. Sp. Plant.* 893; Camomille à feuilles charnues, garnies de dents, avec une tige branchue & traînante.

Matricaria maritima. Bauh. Pin. 134.

Chamæmelum maritimum. C. B. P. 134

Anthemis maritima, annua, odorata, præcox, flore albo, caule purpurescente. Mich. Gen. 33.

7°. *Anthemis tomentosa, foliis pinnato-fidis, obtusis, planis, pedunculis hirsutis, foliosis, calicibus tomentosis. Hort. Cliff.* 415; Camomille à feuilles unies, émoussées, & aîlées à leur extrémité, avec des fleurs dont les queues sont garnies de feuilles, & hérissées.

Chamæmelum maritimum incanum, folio Absinthii crasso. Boerh. Ind. 1. *P.* 110.

8°. *Anthemis mixta, foliis simplicibus, dentato-laciniatis. Lin. Sp. Pl.* 894; Camomille à feuilles simples, dentelées, & découpées

Anthemis maritima, lanuginosa, annua, &c. Mich. Gen. 32. *T.* 30. *F.* 1.

Chamæmelum Lusitanicum, lati-folium, sive Coronopi folio. Breyn. Cent. 149.

Bellis pumila crenata, Agerati æmula, crenis bicornibus asperiusculis. Pluk. alm. 65. *T.* 17. *F.* 4.

9°. *Anthemis Pyrethrum, caulibus uni-floris decumbentibus, foliis pinnato-multifidis. Lin. Hort. Cliff.* 414; Camomille à tiges traînantes, & garnies d'une seule fleur, avec des feuilles aîlées, & découpées.

Pyrethrum flore Bellidis. C. B. P. 148; Pariétaire d'Espagne.

10°. *Anthemis Valentina, caule ramoso, foliis pubescentibus, tri-pinnatis, calicibus villosis, pedunculatis. Hort. Cliff.* 414; Camomille avec une tige branchue, des feuilles velues divisées en plusieurs parties, & des pedoncules velus.

Buphtalmum Cotulæ-folio. C. B. P. 134.

11°. *Anthemis tinctoria, foliis bipinnatis, serratis, subtùs tomentosis, caule corymboso. Lin. Sp.* 1263; Camomille à feuilles aîlées, sciées, & laineuses en-dessous, avec des fleurs en corymbe.

Buphtalmum Tanaceti-minoris foliis. C. B. P. 134. Œil-de-Bœuf.

Chrysanthemum foliis Tanaceti. Loes. Pruss. 47. *T.* 9.

12°. *Anthemis Arabica, caule decomposito, calicibus ramiferis. Hort. Cliff.* 413; Camomille avec une tige décomposée, & des calices branchus.

Asteriscus annuus trianthophorus, Craffas Arabibus dictus. Shaw. Afr. 58.

Nobilis. La premiere espece, ou la Camomille commune, qui croît en abondance sur les pâquis & dans les vastes campagnes, est une plante traînante & vivace, qui, poussant des racines de ses branches, lorsqu'elles sont couchées à terre, se multiplie tellement par ce moyen, qu'une simple bouture suffit au printems pour en garnir tout un jardin: on les plante à un pied de distance, afin qu'elles puissent avoir de la place pour s'étendre, & bientôt elles couvriront la terre. On en bordoit autrefois des allées; elles y faisoient un bon effet pendant quelque tems, lorsqu'elles étoient fauchées & roulées; mais comme il en périssoit souvent de gros paquets à la fois, les allées devenoient bientôt désagréables à la vue; ce qui les a fait rejetter. On fait usage en Médecine des fleurs de cette plante; mais on vend ordinairement dans les marchés celles à doubles fleurs, qui sont beaucoup plus grosses & moins fortes que les simples. L'espece à doubles fleurs est également dure, & peut se multiplier de la même maniere (1).

Arvensis. La seconde est une herbe commune & annuelle

---

(1) On distingue en Médecine deux especes de Camomille, la Camomille commune & la Camomille romaine, qui ont à la vérité des propriétés analogues, mais qui different cependant à certains égards.

Une once de fleurs de la Camomille commune, dont il vient d'être question dans le précédent article, fournit par l'analyse deux grains d'huile essentielle éthérée, une demi-once d'extrait gommeux, deux gros & demi de substance résineuse, & une petite quantité de sel analogue au sel marin.

Ces fleurs, à raison de la grande quantité de substance gommeuse qu'elles contiennent, sont émollientes, anodines & calmantes; mais quoiqu'il n'entre dans leur composition qu'une très-petite dose d'huile éthérée, c'est néanmoins dans ce principe que résident leurs principales propriétés médicinales: elles sont, en effet, carminatives, utérines, antispasmodiques, discussives, anodines; & conviennent de préférence à beaucoup d'autres remedes dans les affections venteuses, la colique spasmodique, la cardialgie, la passion hypocondriaque & histérique, la nephrétique, la rétention d'urine, dans les tranchées auxquelles les femmes en couche sont sujettes, &c. Ces fleurs mises en infusion dans l'huile d'olive, produisent ce qu'on appelle l'*Huile de Camomille*, dont on se sert avec succès, lorsqu'il est question d'adoucir & de ramollir en engourdissant légèrement les nerfs, comme dans les douleurs de rhumatisme, les hemorrhoïdes, &c.

Les fleurs de Camomille desséchées & mises en poudre, forment un remede regardé par les anciens Medecins, comme un spécifique pour guerir les fievres intermittentes: on les fait entrer dans les fomentations & les lavemens carminatifs & émollients, dans les cataplasmes émollients & résolutifs: leur suc exprimé & dépuré, est en usage en Angleterre pour guérir les écrouelles, de même que leur poudre est encore fort usitée en Ecosse contre les fievres intermittentes. Quant à leur vertu anthelmintique, elle me paroît fort douteuse, & si elle existe, elle ne peut dépendre que du principe résineux amer qu'elles contiennent. La petite quantité de sel marin qu'on y trouve n'entre point dans la combinaison des principes de cette plante, & n'est pas plus es-

qui

qui croît dans les bleds, & fleurit en Mai, ce qui la fait nommer *Herbe de Mai*. Quelques personnes ont donné mal-à-propos ce nom au *Cotula fœtida*, qui ne fleurit guere avant la fin de Juin.

Cota. Altissima. Mixta. Les quatrieme, cinquieme & huitieme especes sont des plantes annuelles qui croîssent naturellement en Espagne, en Portugal, en Italie & dans la France Méridionale: les semences de ces diverses especes ont été portées en Angleterre, où elles ont produit des plantes que l'on conserve dans les Jardins botaniques pour la variété: elles s'élèvent aisément des semences qu'on met en terre au printems, & elles n'exigent d'autre culture que d'être éclaircies où elles sont trop serrées, d'être placées à un pied & demi de distance à chaque côté, & d'être tenues nettes de mauvaises herbes; elles fleurissent en Juillet, & leurs semences mûrissent en Septembre.

Maritima. Tomentosa. Les sixieme & septieme especes sont des plantes vivaces qui croissent naturellement en Espagne, en Portugal & dans la Grece, d'où leurs semences ont été portées en Angleterre. Ces plantes, que l'on conserve dans quelques jardins curieux pour la variété, sont dures, & peuvent être multipliées par semence: on les seme au printems sur de mauvaises terres, où les plantes resteront beaucoup plus long-tems que dans un bon terrein, & n'y exigeront d'autre soin que d'être tenues nettes de mauvaises herbes: elles ne s'élevent pas beaucoup, mais elles deviennent touffues comme des buissons; ce qui exige un grand espace pour qu'elles puissent s'étendre sans obstacle: leurs fleurs sont blanches, & se succèdent depuis le mois de Juillet jusqu'en Octobre: leurs semences mûrissent en automne.

Pyrethrum. La neuvieme est la Pariétaire d'Espagne, dont les racines servent à guérir les maux de dents: cette plante est extrêmement chaude; & quand on l'applique sur la partie affligée, elle attire les humeurs froides, & guérit souvent cette espece de mal: elle est vivace; sa racine est cylindrique comme celle des carottes; & elle croît naturellement en Espagne & en Portugal, d'où l'on apporte ses racines en Angleterre. Les branches de cette espece, qui trainent sur la terre, & s'étendent à plus d'un pied à chaque côté, sont garnies de belles feuilles aîlées comme celles de la Ca-

---

sentielle à leur constitution, que le nitre qu'on rencontre tout formé dans les *Bourraches*, *les Bugloses*, *les Tournesols*, &c.

La Camomille romaine, differe de la premiere en ce que son principe ethéré est plus exalté & plus abondant; qu'elle est par conséquent moins émolliente, mais plus nervine & plus résolutive; ce qui doit la faire distinguer, afin qu'on puisse faire un choix entre l'une & l'autre, suivant les indications qui se présentent à remplir.

momille commune: l'extrêmité de chaque branche produit une grande fleur ſimple ſemblable à celle de la Camomille ordinaire, mais beaucoup plus large ; leurs rayons ſont d'un blanc pur en-dedans & pourpres au-dehors : lorſque les fleurs ſont paſſées, le réceptacle s'enfle & devient un large cône écailleux, entre les écailles duquel ſont renfermées les ſemences. Cette plante fleurit en Juin & Juillet, & ſes ſemences mûriſſent en Septembre ; mais elles ne parviennent point à leur perfection en Angleterre, à moins que la ſaiſon ne ſoit ſeche ; car l'humidité s'inſinuant entre les écailles, pourrit ordinairement les ſemences avant leur maturité (1).

Tinctoria. La onzieme qui ſe multiplie par ſes graines, eſt une plante vivace qui doit être ſemée au printems, ſur une planche de terre commune : lorſque les jeunes plantes qui en proviennent, ſont aſſez fortes pour être enlevées, on les tranſporte dans de grandes plates-bandes découvertes ; & comme elles s'étendent fort loin, il eſt néceſſaire de laiſſer au moins trois pieds de diſtance entre elles & les autres eſpeces. Ces plantes étant toujours en fleur depuis le mois de Juin juſqu'en Novembre, elles produiſent un très-bel effet, par le mélange varié de leurs couleurs : quelques-unes ſont blanches ; d'autres, couleur de ſoufre, & pluſieurs ont des fleurs jaunes : mais celles-ci ſont ſujettes à varier de ſemence.

Les eſpeces orientales deviennent beaucoup plus hautes, & leurs fleurs ſont plus larges que celles de la *Camomille commune* ; en toutes autres choſes elles ſont abſolument ſemblables, quoique pluſieurs perſonnes aient prétendu qu'elles étoient d'eſpeces différentes.

Arabica. La douzieme, dont les ſemences qui ont été apportées de l'Afrique, par le

---

(1) La racine de *pyrethre*, qui eſt la ſeule partie de cette plante dont on faſſe uſage en Médecine, eſt d'autant meilleure, qu'elle vient d'un pays plus méridional ; mais elle eſt actuellement fort rare dans les boutiques, & les Apothicaires y ſubſtituent ordinairement une eſpece de *Ptarmique*, qui croît ſur les montagnes & dans les forêts de l'Allemagne.

On retire par l'analyſe d'une once de cette racine environ un ſcrupule d'une ſubſtance fixe réſineuſe, & trois gros de principe gommeux : c'eſt dans la partie réſineuſe que paroît réſider la principale vertu de cette plante, qui conſiſte en une acrimonie, qui, par ſa violence, approche de la cauſticité.

On donne rarement cette racine intérieurement, mais on en fait un grand uſage en maſticatoire, dans les douleurs de dents, dans l'aphonie, la dépravation du goût, l'odontalgie rhumatiſmale & catharrale, l'engorgement des glandes ſalivaires, &c. On l'emploie auſſi en gargariſmes dans les mêmes circonſtances, ainſi que dans la paralyſie de la langue, & en lavemens dans les affections ſoporeuſes.

Docteur SHAW, & distribuées ensuite à plusieurs Botanistes curieux, tant en Italie, qu'en France & en Angleterre, où elles ont produit quelques plantes, pousse une tige droite, élevée d'environ deux pieds, & terminée par une seule fleur : il sort du calice deux ou trois pédoncules, de deux pouces environ de longueur, & placés horisontalement ; chacun de ces pédoncules supporte une seule fleur, plus petite que la premiere, & semblable à celle du *Souci fructueux*, ou de la *Marguerite fertile*, les graines de cette espece doivent être semées en automne, & traitées de la même maniere que les autres : on choisit cette saison pour les mettre en terre, parce que, si on attendoit jusqu'au printems, cette plante perfectionneroit difficilement ses semences en Angleterre.

ANTHERE, *ou* SOMMET DES ETAMINES. *Voyez* APICES.

ANTHERICUM. *Lin. Gen. Plant.* 380 ; [*Spider-wort*,] Herbe à l'araignée.

Caracteres. La fleur qui n'a point de calice, est composée de six pétales oblongs, émoussés, étendus & ouverts, & de six étamines érigées en forme d'alêne, & couronnées de petits sommets à quatre sillons : le germe, d'une forme triangulaire, & placé dans le centre, soutient un style simple aussi long que les étamines, & est surmonté d'un stigmat triangulaire & émoussé. Le germe devient ensuite une capsule ovale & unie à trois sillons, qui s'ouvrent en trois parties, remplies de semences angulaires.

Le genre de ces plantes est placé par LINNÉE, dans la premiere section de la sixieme classe, intitulée : *Hexandria monogynia* ; les fleurs ayant six étamines & un style.

Les especes sont :

1°. *Anthericum revolutum*, *foliis planis*, *scapo ramoso*, *corollis revolutis*, *Lin. Sp. Plant.* 310 ; Anthericum à feuilles unies, avec une tige branchue, & une fleur dont les pétales se renversent.

Asphodelus, *foliis compressis*, *asperis*, *caule patulo. Tourn. Inst. H. R.* 343 ; espece de *Phalangium.*

2°. *Anthericum ramosum*, *foliis planis*, *scapo ramoso*, *corollis planis*, *pistillo recto. Lin. Sp. Plant.* 310 ; Anthericum à feuilles unies, avec une tige branchue, des fleurs unies, & un style droit.

Phalangium, *parvo flore*, *ramosum. C. B. P.* 29.

3°. *Anthericum Liliago*, *foliis planis*, *scapo simplicissimo*, *corollis planis*, *pistillo declinato. Hort. Ups.* 83 ; Anthericum à feuilles unies, avec une tige simple, & un pistile baissé.

Phalangium, *parvo flore*, *non ramosum. C. B. P.*

4°. *Anthericum frutescens*, *foliis carnosis teretibus*, *caule fruticoso. Lin. Gen. Plant.* 310 ; Anthericum à feuilles charnues & arrondies, avec une tige d'arbrisseau.

Bulbine caulescens. Hort. Cliff. 122.

Phalangium Capense caules-

cens, foliis Cepitii, succosis. Hort. Elth. 310.

5°. *Anthericum Aloeïdes, foliis carnosis, subulatis, planiusculis. Hort. Ups.* 83; Anthericum à feuilles charnues, unies, & en forme d'alêne.

Phalangium Capense sessile, foliis aloe-formibus pulposis. Hort. Elth. 312.

Bulbine acaulis. Hort. Cliff. 123.

6°. *Anthericum Asphodeloïdes, foliis carnosis, subulatis, semiteretibus, strictis. Hort. Ups.* 83; Anthericum à feuilles grasses, en forme d'alêne à moitié arrondies & sessiles.

Bulbine acaulis, foliis subulatis. Prod. Leyd. 33.

7°. *Anthericum annuum, foliis carnosis, subulatis, teretibus, scapo subramoso. Hort. Ups.* 83; Anthericum à feuilles grasses, en forme d'alêne & arrondies, avec une tige branchue.

Asphodelus Africanus, angusti-folius, luteus, minor. Tourn. Inst. 343; Asphodele à filets barbus.

8°. *Anthericum altissimum, acaule, foliis carnosis, teretibus, spicis florum longissimis laxis. Fig. Plant. Pl.* 39; Le grand Anthericum d'Afrique, à feuilles grasses & arrondies avec des épis de fleurs fort longs & clairs.

9°. *Anthericum ossifragum, foliis ensi-formibus, filamentis lanatis. Flor. Suec.* 268; Anthericum à feuilles en forme d'épée, avec des étamines garnies de duvet.

Asphodelus luteus palustris. Dod. Pemt. 208.

10°. *Anthericum calyculatum, foliis ensi-formibus, perianthiis trilobis, filamentis glabris, pistillis trigynis. Flor. Suec.* 269; Anthericum à feuilles en forme d'épée, avec un calice à trois lobes, des étamines unies, & trois styles.

Phalangium Alpinum palustre, Iridis folio. T. Segu. Ver. 2. *P.* 61.

Pseudo-Asphodelus Alpinus. Bauh. Pin. 29.

Revolutum. La premiere espece, originaire du Cap de Bonne-Espérance, a des racines charnues, & composées de bulbes qui se joignent à la couronne, comme celles de l'*Asphodele*; une tige élevée de deux pieds environ de hauteur, & garnie de branches latérales, terminées par un épi de fleurs claires, blanches, & dont les pétales se renversent en arriere vers leurs pédoncules, des feuilles plates & une racine vivace: les épis se flétrissent en automne.

Ramosum. La seconde espece produit de sa racine vivace des tiges qui s'élevent à-peu-près à la même hauteur que celle de la précédente, & pousse aussi plusieurs branches latérales, terminées par des épis clairs de fleurs blanches, dont les pétales sont unis, & ne se renversent pas en arriere comme ceux de la premiere.

Liliago. La troisieme, dont la racine est aussi vivace, différe de la premiere, en ce que ses feuilles sont unies & ses tiges sans branches.

Les deux dernieres especes, qui croissent naturellement en Espagne, en Portugal & dans d'autres pays chauds, ont été autrefois plus communes dans les jardins Anglois, qu'elles ne le sont à présent, parce que le gros hiver de 1740, a détruit la plupart de leurs racines : elles fleurissent en Juin & Juillet; leurs semences mûrissent en Septembre, & on les seme en automne, parce qu'en retardant jusqu'au printems, elles ne leveroient jamais la même année, resteroient en terre jusqu'au printems suivant, & périroient même souvent. On les seme en planche dans une terre légere & sablonneuse, à une exposition chaude : quand les plantes poussent, on a soin de les tenir nettes des mauvaises herbes ; & lorsqu'en automne leurs feuilles se flétrissent, on les enleve avec soin, & on les transplante dans une terre légere, à un pied de distance l'une de l'autre : si l'hiver est rude, on couvre la planche avec de la paille, des chaumes de pois, ou quelqu'autre couverture légere, & même du vieux tan, pour empêcher la gelée d'y pénétrer ; car c'est-là le seul moyen de préserver ces racines. Elles peuvent rester une année dans cette planche ; après quoi, elles seront en état de fleurir, & dès l'automne suivant, il faudra les enlever avec précaution, sans rompre les racines, & les placer dans les plates-bandes des jardins à fleurs, où elles dureront plusieurs années, si elles ne sont pas détruites par les gelées, accident qu'on peut prévenir, en mettant pendant l'hiver du vieux tan sur leurs racines pour les conserver.

Frutescens. La quatrieme espece, qui a été longtems cultivée dans plusieurs jardins des environs de Londres, où elle étoit connue autrefois parmi les Jardiniers, sous le nom d'*Aloès à feuilles d'Oignon*, pousse de sa racine plusieurs branches ligneuses, qui forment chacune une plante à longues feuilles cylindriques, semblables à celles de l'*Oignon*, & formées d'une chair jaune & remplie de séve : chaque branche pousse des racines qui tendent vers le bas & s'enfoncent dans la terre ; ce qui multiplie l'espece considérablement, les fleurs produites en épis longs, sont jaunes, & paroissent en différens tems, de maniere que cette plante est rarement sans fleurs ; elles sont suivies de capsules rondes, à trois cellules, remplies de semences angulaires: mais comme la plante se multiplie fort par ses rejettons, on néglige les semences. Elle croît naturellement au Cap de Bonne-Espérance, & elle exige un peu d'abri en hiver; cependant j'ai eu de ces plantes qui ont résisté sans aucune couverture dans des saisons douces, étant placées contre des murailles, à une bonne exposition.

Aloeïdes. Asphodeloïdes. Les cinquieme & sixieme especes croissent tout près de terre, & n'ont jamais de tiges; la cinquieme a des feuilles plates; larges & charnues, qui ressemblent à celles de quelques especes d'Aloès, d'où lui vient le nom d'*Aloès à fleurs d'Anthericum*, qui lui a été donné autrefois par les jardiniers. Ses feuilles s'étendent & s'ouvrent; les fleurs de couleur jaune sont produites en épis clairs, comme celles de la précédente, mais elles sont plus courtes, & paroissent en différentes saisons: on multiplie cette plante par les rejettons qu'elle produit en abondance; on les plante dans des pots remplis de terre légere & sablonneuse; on les abrite en hiver dans la serre, & on les traite ensuite comme les autres plantes dures & succulentes du Cap de Bonne-Espérance, qui est aussi la patrie de celle-ci; il faut la tenir sèche en hiver, & si elle est bien à l'abri des gelées, elle n'exigera aucune chaleur artificielle.

La sixieme, dont les feuilles sont longues, étroites, charnues & presque en forme de cierge, mais applaties sur leur partie haute, pousse plusieurs rejettons par le moyen desquels on peut la multiplier en abondance; les fleurs jaunes croîssent en épis longs & clairs comme celles de la précédente, & paroissent en différentes saisons; celles du printems & de l'été sont suivies d'une grande quantité de semences qui mûrissent très-bien, & peuvent servir à la multiplier aisément; on la traite de même que la cinquieme.

Annuum. La septieme espece est une plante basse, annuelle, qui croît près de terre, & dont les feuilles sont longues, succulentes, cylindriques, mais applaties a leur extrêmité; les fleurs jaunes & suivies de capsules rondes, semblables à celles des especes précédentes, croîssent en épis clairs, & plus courts que ceux d'aucune autre: ces plantes périssent aussi-tôt après la maturité des semences; on les seme au mois d'Avril, sur une plate-bande chaude de terre légere, où elles doivent rester, & lorsque les plantes poussent, elles n'exigent d'autres soins que d'être tenues nettes de mauvaises herbes, & éclaircies où elles sont trop épaisses: cette espece fleurit en Juillet, & ses semences mûrissent en Octobre.

Altissimum. La huitieme ne s'éleve jamais en tige: les feuilles longues, succulentes, coniques, d'une couleur de verd de mer, sortent de terre, & croîssent érigées; les tiges de fleurs qui s'élevent entre les feuilles, à trois pieds environ de hauteur, ont leur moitié foiblement garnie de fleurs jaunes, de la même forme que celles des autres especes; elles paroissent en différentes saisons; de sorte que les plantes sont rarement sans fleurs, celle-ci ne produit pas autant de rejettons que quelques-unes des autres; mais comme elle donne annuellement des semences, on peut la multiplier aisément par leur moyen; elle exige le même traitement que les quatrieme, cinquieme & sixieme especes.

Offifragum. Calyculatum. Les neuvieme & dixieme croîffent naturellement dans les lieux marécageux de la plupart des pays feptentrionaux ; la dixieme eft commune dans plusieurs parties d'Angleterre, & particuliérement dans la province de *Lancaftre* ; ce qui lui a fait donner le titre d'*Afphodele de Lancashire* : on la trouve auffi dans les marais qui font fur *Putney-heath* : la neuvieme eft originaire du Danemarck, de la Suede & de la Lapponie.

Ces deux plantes font baffes ; leurs feuilles font étroites, & croiffent près de terre ; leurs tiges de fleurs qui s'élevent à-peu-près à fix pouces de hauteur, font terminées par des épis clairs de petites fleurs jaunes : elles différent l'une de l'autre, en ce que les étamines de la dixieme font laineufes, & celles de la neuvieme unies. On ne conferve ces plantes qu'avec beaucoup de difficulté dans les jardins, parce qu'elles ne fe plaifent que dans les fondrieres du Nord, d'où elles tirent leur origine.

ANTHERÆ. De 'Ανθηρὸς. *fleuriffant* ; ce font les fommets, ou antheres placées au milieu des fleurs, & foutenues par les filets des étamines.

ANTHOLOGIE. (De Ἄνθος, une *fleur*, & λόγος, Gr. un *mot*, un *difcours*,) un *Traité de fleurs.*

ANTHOLYZA. Nous n'avons point de nom anglois pour cette plante. *Efpece de Gladiole*, *Antholyfe.*

Caracteres. La fleur qui eft monopétale, a une fpathe imbriquée, alterne & perfiftante ; la corolle tubuleufe s'ouvre au-deffus en levres comprimées, dont la fupérieure eft mince, longue, érigée & ondée, & les deux autres courtes & jointes à leur bâfe : l'inférieure eft divifée en trois parties courtes, dont le fegment du milieu penche vers le bas ; elle a trois étamines longues, minces, & couronnées par des fommets pointus ; deux font placées audeffous de la levre fupérieure, & la troifieme dans la levre inférieure : le germe, fitué fous la fleur, foutient un ftyle mince, de la longueur des étamines, & eft furmonté d'un ftigmat réfléchi, mince, & divifé en trois parties : ce germe, quand la fleur eft flétrie, devient une capfule triangulaire à trois cellules, qui renferment plufieurs femences angulaires.

Ce genre de plantes eft un de ceux qui compofent la premiere fection de la troifieme claffe de LINNÉE, intitulée : *Triandria monogynia*, dont les fleurs ont trois étamines & un ftyle.

Les efpeces font :

1°. *Antholyza ringens*, *corollæ labiis divaricatis*, *fauce compreffa. Lin. Sp. Plant.* 54 ; Antholyfe dont les levres de la corolle fe féparent.

Gladiolus floribus rictum referens, *coccineus*, *fuprema lacinia erecta & fiftulofa. Breyn.* 21.

Gladiolo Æthiopico fimilis planta angufti-folia. Comm. Hort. 1. *T.* 41.

2°. *Antholysa spicata, foliis linearibus sulcatis, floribus albis, uno versu dispositis. Fig. Plant. Pl.* 40. Antholyse à feuilles étroites & sillonnées, avec des fleurs rangées sur un côté de la tige.

Ringens. La premiere espece a des racines rouges, rondes & bulbeuses, d'où s'élevent plusieurs feuilles rudes, sillonnées, & d'un pied environ de longueur, sur un demi-pouce de largeur; le pedoncule de ses fleurs, qui sort immédiatement de la racine entre les feuilles, & s'éleve à deux pieds de hauteur, est garni de poils, & supporte plusieurs fleurs placées à chaque côté : la fleur est rouge, monopétale & découpée en six parties inégales au sommet; un des segments s'étend au-dehors beaucoup au-delà des autres, & est érigé; les bords contournés & tout près les uns des autres, enveloppent trois étamines : ces fleurs paroissent en Juin, & leurs semences sont mûres en Septembre.

Spicata. Les racines de la seconde espece sont de la forme & de la grosseur de celles du *Crocus vernal*; mais leur enveloppe extérieure est mince & blanche : il sort de cette racine cinq ou six feuilles longues, étroites & profondément sillonnées; les pédoncules de la fleur partent du milieu, & s'élevent à un pied & demi de hauteur; les fleurs, postées sur la partie latérale des sommets de ces pédoncules, sont enveloppées d'une spathe divisée en deux, terminée en pointe & persistante : la corolle monopétale forme un long tube divisé en six segmens inégaux, étendus & ouverts, dont les bords sont ondés & recourbés en-dedans : les trois étamines s'élevent sur le segment supérieur, qui est plus large que les autres; & au-dessous est placé un style divisé en trois parties & surmonté d'un stigmat pourpre. Lorsque la fleur est passée, le germe devient une capsule à trois angles formant trois cellules qui s'ouvrent en trois vulves remplies de semences triangulaires : les fleurs de cette espece sont blanches, elles paroissent en Mai, & perfectionnent leurs semences en Août.

Ces plantes, originaires des contrées de l'Afrique, d'où leurs semences ont été envoyées en Hollande, ont fait long-tems dans ce pays un des plus beaux ornemens des jardins.

On les multiplie au moyen des cayeux ou rejettons que leurs racines bulbeuses produisent en assez grande quantité, ou par leurs semences, qui mûrissent quelquefois très-bien en Europe : on les seme aussi-tôt après leur maturité, parce que, si on les tenoit hors de terre jusqu'au printems, elles manqueroient souvent, ou au moins elles feroient une année dans la terre avant de germer. Ces plantes paroîtront l'hiver suivant, en plaçant leurs semences dans des pots remplis de terre légere qu'on plonge dans une vieille couche de tan qui ait perdu ſa chaleur, en les tenant à l'abri du ſoleil au milieu du jour, ſi la ſaiſon eſt très-chaude, & en les plaçant enſuite ſous des vitrages pour les préſerver du froid, qui détruiroit les jeunes plantes. Si elles ne ſont point trop ſerrées dans leurs pots, elles peuvent y reſter deux ans; après quoi elles ſeront aſſez fortes pour être tranſplantées chacune ſéparément dans de petits pots que l'on remplit de terre légere. Cette opération ſe fait en Juillet & en Août, lorſque leurs feuilles ſont flétries.

On peut placer pendant l'été les pots qui contiennent ces plantes en plein air à l'expoſition du levant; & en hiver, ils doivent être mis ſous des vitrages de couches chaudes. Quoique ces plantes ne ſoient pas fort tendres, leurs feuilles ſont néanmoins ſujettes à pourrir dans les lieux où il y a des vapeurs humides. Leurs bulbes ou racines pouſſent en automne; leurs fleurs commencent à paroître dans le mois de Mai, leurs ſemences mûriſſent en Août, & bientôt après, leurs tiges & leurs feuilles ſe fanent. On peut envoyer aiſément ces bulbes d'un pays à un autre dans le tems où on les tire de terre.

Ces plantes, lorſqu'elles ſont en fleurs, font un très-bel effet, & comme elles n'exigent que peu de culture, elles méritent d'occuper une place dans tous les beaux jardins.

ANTHOLYZA MERIANA. *Voyez* WATSONIA MERIANA.

ANTHORE ou ANTHORA, *Aconit. Voyez* ACONITUM ANTHORA. L.

ANTHOSPERMUM. [*Amber-tree*,] *Arbre d'ambre.*

Caracteres. Cette plante a des fleurs mâles & femelles placées ſur différens pieds; les fleurs mâles n'ont point de pétales, mais ſeulement un calice coloré, & formé d'une ſeule feuille découpée en quatre parties preſque juſqu'au fond: au-deſſus du calice, s'élevent quatre étamines minces & couronnées de ſommets oblongs, quarrés & ſillonnés profondément par le milieu; les fleurs femelles ont la même forme que les mâles, à cela près qu'elles n'ont point d'étamines, & qu'à leur place ſe trouve un germe ovale ſitué dans le fond, & ſoutenant deux ſtyles recourbés & ſurmontés d'un ſtigmat mince. La fleur étant paſſée, le germe devient une capſule ronde à quatre cellules renfermant chacune pluſieurs ſemences angulaires

Le Docteur LINNÉE a placé ce genre de plante dans ſa vingtieme claſſe; mais elle appartient naturellement à ſa vingt-deuxieme, parce qu'elles ont des fleurs mâles & femelles ſur différens pieds.

Nous n'avons qu'une eſpece de ce genre, ſavoir:

Anthoſpermum Æthiopicum, foliis lævibus. Hort. Cliff. 455; Arbre d'ambre à feuilles unies.

Cette plante a été long-tems connue dans les jardins curieux ſous le nom de *Frutex*

Africanus ambram spirans, ou d'*Arbre à odeur d'ambre.*

On la conserve dans presque tous les jardins où l'on entretient une collection de plantes délicates; on la multiplie aisément par boutures, qu'on peut planter tous les mois de l'été dans une platebande de terre légere, où elles prendront racine en six semaines de tems, pourvu qu'elles soient arrosées & tenues à l'ombre, suivant que la saison l'exige : on peut aussi placer ces boutures dans des pots, & les plonger dans une couche d'une chaleur très-modérée; par cette méthode, elles produiront plutôt de nouvelles fibres, & leur accroissement sera plus assuré. Lorsqu'elles sont parvenues au dégré où elles doivent être pour être déplacées, on les enleve en motte, & on les plante dans des pots remplis d'une terre légere & sablonneuse. Cette espece peut rester exposée en plein air jusqu'au mois d'Octobre; mais, passé ce tems, on ne peut se dispenser de l'enfermer soigneusement dans une serre, où elle doit être placée, autant qu'il est possible, de maniere à n'être pas ombragée par les autres plantes : on l'arrose fort légerement pendant l'hiver, & on lui donne beaucoup d'air quand le tems le permet; car sans cette précaution, elle seroit aisément attaquée par la moisissure, & se flétriroit bientôt après; de sorte que si l'orangerie est humide, il est difficile de la conserver pendant l'hiver.

La beauté de cet arbrisseau consiste dans ses petites feuilles toujours vertes, qui croissent aussi rapprochées que celles de la *Bruyere*, & qui répandent une très-bonne odeur quand elles sont froissées.

Ces plantes veulent être fréquemment renouvellées par boutures; car les vieilles se flétrissent aisément, & en général elles ne subsistent guere que trois ou quatre années.

On n'avoit autrefois dans les jardins que des plantes mâles, qu'on multiplioit par boutures, & qui ne produisoient jamais de graines; mais comme j'ai reçu depuis quelques années des plantes femelles du Cap de Bonne-Espérance, on a obtenu des semences qui ont fourni un nouveau moyen de les multiplier, & qui ont même produit quelques fleurs hermaphrodites dont les graines se sont trouvées fécondes.

ANTHYLLIS. *Lin. Gen. Plant.* 773. *Vulneraria. Tourn. Barba Jovis. Tourn.* [*Ladies-finger, or Kidney-vetch*,] *Doigts des Dames*, ou *Vesce de reins*, *Barbe de Jupiter*, ou la *Vulnéraire*, *Ebene de l'isle de Candie.*

Caracteres. Cette plante a un calice gonflé, velu, persistant, & formé d'une seule feuille divisée au sommet en cinq parties égales; la fleur, papilionacée, a un long étendart réfléchi à un côté au-delà du calice; les deux aîles sont courtes; la carêne, qui est de la même longueur & comprimée, porte dix étamines qui s'élevent ensemble, & sont couronnées de sommets simples. Dans le centre est situé un germe oblong soutenant un style mince, & surmonté d'un stigmat émoussé : le germe devient ensuite un petit légume rond renfermé dans le calice, & contenant une ou deux semences.

Ce genre est rangé dans la dix-septieme classe des plantes de LINNÉE, intitulée : *Diadelphia Decandria*, les fleurs ayant dix étamines jointes en deux corps.

Les especes sont :

1°. *Anthyllis tetraphylla, herbacea, foliis quaterno-pinnatis, floribus lateralibus. Hort. Ups.* 221 ; Anthyllis à feuilles herbacées, aîlées, & à quatre lobes, avec des fleurs croissant sur les côtés des tiges.

Lotus pentaphyllos vesicaria. Bauh. Pin. 332.

Vulneraria pentaphyllos. Tourn. Inst.

Trifolium halicacabum. Cam. Hort. 171. *T.* 47.

2°. *Anthyllis vulneraria, herbacea, foliis pinnatis, inæqualibus, capitulo duplicato. Lin. Sp. Plant.* 719 ; Anthyllis à feuilles inégales, aîlées, & à têtes doubles.

Loto affinis vulneraria pratensis. Bauh. Pin. 332.

Lagopodium flore luteo. Tabern. Ic. 925.

Vulneraria supina, flore coccineo. Raii Syn. Ed. 3. *P.* 325. La Vulnéraire. *Off.*

3°. *Anthyllis rustica, herbacea, foliis pinnatis, inæqualibus, foliolis caulinis, lineari-lanceolatis, floribus capitalis simplicibus* ; Anthyllis herbacée ; à feuilles inégales, aîlées, & dont les lobes sont étroits & en forme de lance, avec des têtes de fleurs simples, appelées *les Doigts des Dames.*

Vulneraria rustica. J. B. 11. *P.* 362.

4°. *Anthyllis montana, herbacea, foliis pinnatis, æqualibus, capitulo terminali secundo floribus obliquatis. Lin. Sp. Plant.* 719 ; Herbe à blessure, ou Vulnéraire herbacée à feuilles égales & aîlées, terminée par des têtes de fleurs placées obliquement.

Astragalus purpureus. Dalechampii. 1347. Vesce laiteuse pourprée.

Vulneraria foliis pinnatis æqualibus, sub umbellâ palmatis. Hall. Helv. 569.

Barba Jovis pumila villosa, flore globoso, purpurea. Br. Garid. Aix. 55. *T.* 13.

5°. *Anthyllis cornicina, herbacea, foliis pinnatis, inæqualibus, capitulis solitariis. Linn. Sp. Plant.* 719 ; Vulnéraire herbacée, avec des feuilles inégales & aîlées, & une tête de fleurs simples.

6°. *Anthyllis barba Jovis, fruticosa, foliis pinnatis, æqualibus, floribus capitatis. Hort. Cliff.* 371 ; Ebenier en arbrisseau, avec des feuilles également aîlées, & des fleurs recueillies en une tête.

Barba Jovis pulchrè lucens. J. B. 1. *P.* 385. Barbe de Jupiter, *ou* Arbuste d'argent. Vulnéraire barbue.

7°. *Anthyllis cytisoides, fruticosa, foliis ternatis inæqualibus, calycibus lanatis lateralibus. Linn. Sp. Plant. 720;* Ebenier en arbrisseau, avec trois feuilles inégales, & un calice laineux croissant sur les côtés.

Cytisus incanus, folio medio longiori. C. B. P. 390.

Spartium lati-folium, parvo flore. Barr. Ic. 1182.

8°. *Anthyllis erinacea, fruticosa, spinosa, foliis simplicibus. Linn. Sp. Plant. 720;* Ebenier en arbrisseau, épineux, avec des feuilles simples.

Genista-spartium spinosum, foliis lenticulæ, floribus ex cæruleo purpurascentibus. C. B. P. 394.

Erinacea. Clus. Hist. 1. P. 107.

9°. *Anthyllis Hermaniæ, fruticosa, foliis ternatis, subpedunculatis, calycibus nudis. Linn. Sp. Plant. 1014;* Ebene de Candie en arbrisseau, avec des feuilles découpées en trois parties & des calices nuds.

Doricnium foliis solitariis, floribus ad alas confertis. Hort. Cliff. 370.

Barba Jovis Cretica, Linariæ folio, flore luteo parvo. Tourn. P. 44.

Spartium spinosum. Alp. Exot. 27. T. 26.

10°. *Anthyllis heterophylla, fruticosa, foliis pinnatis, floralibus ternatis. Linn. Sp. Plant. 1013;* Ebenier de Portugal en arbrisseau, avec des feuilles aîlées, & des feuilles florales à trois lobes.

Barba Jovis minor, Lusitanica, flore minimo variegato. Tourn. Inst. 651.

Tetraphylla. La premiere espece croît naturellement en Espagne, en Italie & dans la Sicile; elle est annuelle, & garnie de branches rampantes qui s'étendent à plat sur la terre; ses feuilles naissent par quatre à chaque nœud, & ses fleurs, qui sortent en grappe sur les côtés des tiges, ont de larges calices gonflés, hors desquels la plus grande partie de pétales paroissent: ces fleurs sont jaunes, & suivies de légumes courts renfermés dans le calice; elles paroissent en Juin & en Juillet, & leurs semences mûrissent en Septembre. Cette espece doit être semée en Avril sur une plate-bande de terre légere, où les plantes n'exigeront d'autres soins que d'être éclaircies, placées à deux pieds de distance les unes des autres, & tenues nettes de mauvaises herbes.

Vulneraria. La seconde naît sans culture en Espagne & en Portugal, ainsi qu'au pays de Galles & dans l'Isle de Man: c'est une plante qui dure deux ans dont les feuilles du bas sont simples, ovales & velues, & celles des tiges aîlées; elles sont composées de deux ou trois paires de lobes terminés par un impair: ses fleurs, recueillies en tête au sommet des tiges, sont d'une écarlate brillante, & produisent un bel effet: cette espece fleurit en Juin & Juillet, & ses semences mûrissent en Octobre. Quand ces plantes croissent sur une mauvaise terre, elles durent quelquefois trois années; mais dans les jardins, elles subsistent rarement plus de deux ans.

Rustica. La troisieme, qui croît naturellement dans les terres de craie de plusieurs parties d'Angleterre, est rarement cultivée dans les jardins. LINNÉE la regarde avec la précédente comme ne formant qu'une seule & même espece; mais après les avoir cultivées de semence pendant plusieurs années sans que jamais elles se soient altérées, je puis affirmer qu'elles constituent deux especes parfaitement distinctes & séparées. Les feuilles de celle-ci, beaucoup plus étroites que celles de la précédente, ont généralement chacune une ou deux paires de lobes de plus. Ses têtes de fleurs sont simples, tandis que celles de la seconde sont constamment doubles; mais ce qui suffit pour les distinguer entiérement, c'est que la racine de cette troisieme espece est vivace, & que celle de la seconde n'est que bis-annuelle.

Montana. La quatrieme est une plante vivace dont les branches rampantes, garnies de feuilles aîlées, ont un nombre égal de lobes aîlés à leurs extrémités. Ses fleurs, produites en têtes, sont de couleur pourpre & de forme globulaire; elle se trouve sauvage sur les montagnes de la France méridionale & de l'Italie, d'où j'en ai reçu les graines: on la multiplie par semences, que l'on peut mettre en terre en automne ou au printems: celles qui sont semées en automne leveront au printems suivant & croîtront plus sûrement que celles qui n'auront été semées que dans cette derniere saison. Lorsque ces plantes poussent, il faut les débarrasser de toutes mauvaises herbes, & les éclaircir, si elles sont trop serrées. Dès l'automne suivant, on les transplante pour les mettre dans les places qui leur sont destinées; après quoi, elles n'exigeront aucun autre traitement particulier. Cette espece fleurit en Juin & en Juillet, & les semences mûrissent en Octobre.

Cornicina. La cinquieme a beaucoup de ressemblance avec la troisieme; mais elle en differe, en ce que ses feuilles sont blanches, & que ses fleurs jaunes & recueillies en petites têtes, naissent sur les côtés des branches. Cette plante est annuelle, ou tout au plus biennale; car, lorsqu'elle fleurit de bonne heure en été, elle se flétrit ordinairement aussi-tôt que ses semences sont mûres; au-lieu que celles qui fleurissent tard dans la saison, & qui ne produisent point de semences, durent encore la seconde année: elle peut être multipliée par semence, de même que la précédente.

Barba Jovis. La sixieme, connue sous le nom de *Barbe de Jupiter*, & par plusieurs sous celui d'*Arbuste argenté*, à cause de la blancheur de ses feuilles, est un arbrisseau qui s'éleve souvent à dix ou douze pieds de hauteur, & se divise en plusieurs branches latérales, garnies de feuilles aîlées, blanches, velues & composées d'un nombre égal de lobes étroits : ses fleurs d'un jaune brillant, sont produites à l'extrémité des branches, & recueillies en petites têtes: elles paroissent en Juin; & quelquefois elles sont suivies par des légumes courts & laineux, contenant deux ou trois semences en forme de rein, mais qui ne mûrissent pas dans ce pays, à moins que la saison ne soit très-chaude. Cette plante se multiplie également par semences ou par boutures : on répand ses semences en automne dans de petits pots remplis de terre légere, qu'on placé en hiver sous un châssis pour les abriter de la gelée : au printems suivant, les plantes paroîtront ; & lorsqu'elles seront assez fortes, on doit les mettre chacune séparément dans de petits pots remplis de terre légere, que l'on placera à l'ombre, & qu'on y laissera jusqu'à ce qu'elles aient formé de nouvelles racines; après quoi, on pourra les arranger avec d'autres plantes exotiques dures, dans une situation abritée, où elles resteront jusqu'au mois d'Octobre, tems auquel il faudra les mettre à couvert. Ces plantes doivent être toujours serrées dans la serre en hiver ; cependant j'en ai eu quelquefois qui ont résisté en plein air pendant trois ou quatre ans, étant plantées contre une muraille à l'exposition du sud-ouest. Si on veut la multiplier par boutures, on peut le faire dans tous les mois de l'été, en observant de les arroser & tenir à l'ombre jusqu'à ce qu'elles aient poussé ; & lorsqu'elles sont bien enracinées, on les plante dans des pots, & on les traite de la même maniere que la précédente.

La septieme est un arbrisseau bas, qui s'éleve rarement au-dessus de deux pieds de hauteur, & qui pousse plusieurs branches minces, garnies de feuilles blanches, quelquefois simples, mais ayant généralement trois lobes ovales, dont celui du milieu est toujours le plus long: ces fleurs jaunes sortent sur les côtés des branches, trois ou quatre jointes ensemble; elles ont des calices laineux, & sont très-rarement suivies de semences en Angleterre. Cette espece peut être, ainsi que la précédente, multipliée, par semences ou par boutures, & traitée ensuite comme il a été indiqué plus haut. Cette plante est, depuis long-tems, connue dans les jardins Anglois.

Erinacea. La huitieme, originaire d'Espagne & de Portugal, d'où ses semences m'ont été envoyées, est un arbrisseau élevé de neuf ou dix pieds de hauteur, qui a la même apparence que le *petit Houx*, mais les feuilles sont rondes & simples : il subsiste en plein air pendant l'hiver; cependant les fortes gelées le détruisent: il ne se multiplie que par semences.

Hermaniæ. La neuvieme, qui croît naturellement dans l'isle de Candie, ainsi que dans la

Paleſtine, étoit autrefois dans quelques jardins Anglois; mais l'hiver de 1739 à 1740 l'a détruite en grande partie, ſi ce n'eſt en totalité; car, depuis ce tems, je n'en ai plus vu du tout. Cet arbriſſeau, dont les branches ſont garnies de feuilles oblongues & à trois lobes, s'éleve à cinq ou ſix pieds de hauteur: ſes fleurs jaunes ſont produites en petites grappes ſur les parties latérales des branches, paroiſſent en Juillet & en Août, & ne ſont point ſuivies de ſemences en ce pays.

On multiplie cette eſpece par boutures, qu'on plante au commencement de Juin; & ſi elles ſont bien couvertes de cloches & miſes à l'ombre, elles poufferont des racines vers la fin d'Août: alors il faudra les enlever avec ſoin, pour les mettre chacune ſéparément dans des petits pots remplis de terre légere, qu'on placera à l'ombre juſqu'à ce qu'elles aient formé de nouvelles racines; après quoi, on pourra les expoſer en plein air juſqu'au mois d'Octobre, les mettre enſuite à couvert, & les traiter de la même maniere que les autres plantes dures de la ſerre.

Heterophylla. La dixieme, qui naît ſans culture en Portugal & en Eſpagne, eſt une plante en arbriſſeau, fort baſſe, dont les branches s'étendent près de terre, & ſont garnies de feuilles argentées, ailées & terminées en pointes aiguës: ſes fleurs produites vers l'extrémité des branches, ne ſont point ſuivies de ſemences en Angleterre; mais cette plante ſe multiplie par boutures, ainſi que la précédente, & exige le même traitement.

ANTIRRHINUM. Sa fleur reſſemble à des narines, & repréſente un nez ou un muffle de veau. [*Snap-dragon*, or *Calves-ſnout*] *Muffle de veau.*

Caracteres. Le calice eſt d'une ſeule feuille découpée en cinq parties, dont les deux ſegmens ſupérieurs ſont plus longs que les inférieurs: la fleur formée en gueule, eſt pourvue d'un tube oblong, diviſé au ſommet en deux levres, dont la ſupérieure, fermée au palais, eſt ſéparée en deux parties inclinées de chaque côté, & l'inférieure diviſée en trois parties obtuſes; dans le fond eſt ſitué un nectaire obtus qui ne déborde pas: elle a, dans ſa levre ſupérieure, deux longues & deux courtes étamines, couronnées de ſommets courts: dans le centre eſt placé un germe rond, ſoutenant un ſimple ſtyle ſurmonté d'un ſtigmat obtus; le germe ſe change enſuite en une capſule ronde, obtuſe, & à deux cellules remplies de petites ſemences angulaires.

Ce genre eſt placé dans la quatorzieme claſſe de LINNÉE, intitulée: *Didynamia angioſpermia*, dont les fleurs ont deux longues étamines & deux plus courtes, ainſi que pluſieurs ſemences renfermées dans une capſule, quoique LINNÉE ait également joint ce genre à celui de *Linaria* & *Asarina;* il doit en être séparé, parce que ces dernieres plantes ont des éperons à leurs pétales, & que leurs nectaires débordent beaucoup; ce qui n'est point dans celle-ci.

Les especes sont:

1°. *Antirrhinum minus, foliis lanceolatis, obtusis, alternis, caule ramosissimo, diffuso. Hort. Cliff. 324;* Muffle de veau à feuilles obtuses, en forme de lance, & alternes, avec des tiges branchues & touffues.

Antirrhinum arvense minus. C. B. P. 212.

2°. *Antirrhinum Orontium, floribus subspicatis, calycibus digitatis, corollâ longioribus. Hort. Ups. 176;* Muffle de veau avec des épis de fleurs, & des calices digités plus longs que les corolles.

Antirrhinum arvense majus. C. B. P. 212.

3° *Antirrhinum majus, foliis lanceolatis, petiolatis, calycibus brevissimis, racemo terminali. Vir. Cliff. 61;* Muffle de veau à feuilles en forme de lance, & pétiolées, avec des calices fort courts, & terminés par un épi de fleurs.

Antirrhinum majus, alterum, folio longiori. C. B. P. 211.

Antirrhinum lati-folium, foliis lanceolatis, glabris, calycibus hirsutis, racemo longissimo; Muffle de veau à feuilles unies en forme de lance, avec des calices velus & un très long épi de fleurs.

Antirrhinum lati-folium, pallido flore. Bocc. Mus. 2. P. 49.

5°. *Antirrhinum Italicum, foliis lineari-lanceolatis, hirsutis, racemo breviore;* Muffle de veau à feuilles étroites, velues & en forme de lance, & un épi de fleurs plus court.

Antirrhinum longi-folium majus, Italicum, flore amplo, niveo, lactescente. H. R. Par.

6°. *Antirrhinum Siculum, foliis linearibus, floribus petiolatis, axillaribus;* Muffle de veau à feuilles étroites, produisant des fleurs sur des pedoncules, sortant des aîles des feuilles.

Antirrhinum Siculum, Linariæ folio, niveo flore. Bocc. Mus.

Minus. Orontium. Les deux premieres especes qui croissent naturellement sur les terres cultivées de plusieurs parties d'Angleterre, sont rarement admises dans les jardins; elles sont toutes deux annuelles, s'élèvent de semences écartées, fleurissent en Juin & Juillet, & donnent des semences mûres en Septembre.

Majus. Quoique la troisieme ne soit pas naturelle à l'Angleterre, elle y est néanmoins devenue fort commune, au moyen des semences qui se sont écartées en grande adondance des plantes cultivées dans les jardins; elle croît sur les murailles & les vieux bâtimens, dans plusieurs endroits d'Angleterre, & fournit beaucoup de variétés qui différent dans la couleur de leurs fleurs; les unes étant rouges avec des levres blanches, d'autres ayant des levres jaunes, & plusieurs des fleurs blanches & des levres jaunes & blanches: on remarque aussi dans cette espece une variété à feuilles panachées, qu'on multiplie facile cilement par boutures : au printems & en automne, les différentes couleurs de ces fleurs sont des variétés qui proviennent des semences. (1)

Lati-folium. La quatrieme, dont j'ai reçu les semences des isles de l'Archipel, où elle croît naturellement, a des feuilles beaucoup plus larges, des fleurs plus grosses, & les épis plus longs qu'aucune autre espece; les couleurs de ses fleurs sont aussi variables que dans la précédente, lorsqu'on les éleve de semences; cette espece étant aussi dure que la commune, & la surpassant de beaucoup en beauté, doit être cultivée & multipliée de préférence.

Italicum. La cinquieme, aussi dure que l'espece commune, a des feuilles longues, étroites & velues, des fleurs grosses & un épi plus court que celui de la précédente; on remarque quelques variétés dans la couleur de ses fleurs.

Siculum. La sixieme, qui s'éleve rarement à plus d'un pied de hauteur, est une plante annuelle dont les feuilles sont fort étroites & unies; les fleurs fort blanches sur un fond sombre, sortent simples sur de longs pédoncules des aîles des feuilles, & produisent des semences qui, en s'écartant, poussent de toute part, & produisent des plantes qui n'exigent d'autre soin que d'être éclaircies, & tenues nettes de mauvaises herbes.

(1) Cette plante n'est point d'usage en Médecine : mais on a conseillé de l'employer en fomentation contre les fluxions des yeux.

Culture. Les troisieme, quatrieme & cinquieme especes s'élevent des semences qu'il faut répandre sur un sol sec & peu fertile, en Avril ou en Mai, & en Juillet; les plantes peuvent être transportées dans de larges plates-bandes où elles fleuriront au printems suivant, & même dans l'automne de la même année, si elles ont été semées de bonne heure au printems ; mais alors il est douteux qu'elles puissent passer l'hiver; & si l'automne n'est pas beau, elles ne perfectionneront pas leurs semences.

Ces plantes croissent extrêmement bien sur de vieilles murailles ou des bâtimens en ruine, & elles y subsistent plusieurs années; au-lieu que celles qu'on cultive dans des jardins ne se conservent guere plus de deux ans, à moins qu'elles n'y soient placées dans un mauvais sol, & qu'on n'en coupe souvent les fleurs pour les empêcher de produire des semences : mais on peut conserver chacune de ces especes & les perpétuer, en en faisant dans tous les mois de l'été des boutures qui prendront aisément racine.

Toutes les especes de *Musfles de veau* font de beaux ornemens dans les jardins, & sont d'autant plus agréables, qu'elles exigent peu de culture; elles sont toutes également dures, & résistent très-bien aux froids de nos hivers, surtout si elles sont plantées dans un sol sec, graveleux & sablonneux ; car lorsqu'elles se trouvent dans un terrein gras & humide, elles deviennent fort succulentes, pourrissent après facilement en automne ou en hiver, & sont plus susceptibles du froid, que lorsqu'elles sont placées sur une terre seche, aride, & remplie de brocailles ; de sorte qu'on peut mettre ces plantes parmi les pierres, & dans les crevasses des vieilles murailles, où elles serviront d'ornement dans les parties les plus désagréables d'un jardin, en se couvrant de fleurs plusieurs mois de suite ; & si on laisse tomber leurs semences, il y aura une succession continuelle de jeunes plantes qui pousseront sans aucun soin.

Dans quelque lieu qu'on veuille faire venir ces plantes, que ce soit sur des murailles ou sur un sol stérile & plein de rocailles ; leurs graines doivent y être semées au commencement de Mars ; car si elles étoient d'abord élevées sur un meilleur sol, & ensuite transplantées dans ces endroits, elles réussiroient difficilement : quand ces plantes ont poussé, elles n'exigent aucune autre culture que d'être tenues nettes de mauvaises herbes, & éclaircies où elles sont trop épaisses, afin qu'elles aient une place suffisante pour croître aisément : ces especes commenceront à fleurir en Juillet, & continueront à produire des fleurs jusqu'aux premieres gelées : les plantes qui croîssent sur des murailles, auront des tiges fortes & ligneuses, qui subsisteront deux ou trois ans, & plus, & seront rarement endommagées par les gelées.

APALANCHINE, ou *Cassine*, ou *Thé des Apalaches. Voyez.* CASSINE PARAGUA.

APALANCHINE, *Thé du Cap. ou Alarterne Bastard. Voy.* PHYLICA. L.

APALANCHINE ou *Thé du Cap de Bonne-Espérance. Voyez.* PHYLICA.

APARINE. Cette plante ainsi appellée, parce qu'elle est fort rude, est aussi connue sous le nom de *Philanthrôpon*, de Φιλέω, j'aime, & ἀνιθρωπος, homme, parce que quand une personne marche dans des endroits incultes, ces plantes s'attachent non-seulement à ses habits, mais le retiennent comme si elles le prenoient avec une main : [*Goose-grass or Clivers.*] *Herbe aux oies, Gratteron, ou Rieble.*

L'espece commune, qui croît naturellement presque partout, & dont les semences s'attachent aux habits des passans, est quelquefois employée en médecine ; mais elle n'a d'ailleurs aucun autre mérite qui puisse la faire admettre dans un jardin. (1)

---

(1) L'infusion & le suc clarifié de cette plante, sont recommandés par les anciens Médecins, comme un remede qui a eu de grands succès dans les douleurs de nephrétique & la gravelle ; ils vantent aussi son eau distillée, & la conseillent dans les pleurésies & les péripneumonies ; mais on s'en sert très-rarement aujourd'hui.

Il y a quelques autres especes de cette plante que l'on conserve dans les jardins botaniques pour la variéte, & dont je ferai mention ici.

1°. *Aparine, semine lœvi. Tourn*; Gratteron à semences légeres; LINNÉE l'a compris sous le titre de *Galium.*

2°. *Aparine semine Coriandri saccharati. Park. Theat.*; Gratteron avec des semences sucrées comme la *Coriandre.*

3°. *Aparine pumila supina, flore cæruleo. Tourn.*; Gratteron bas & rampant, à fleurs bleues.

Les deux dernieres sont comprises dans le genre de *Vailantia* de LINNÉE. Toutes ces plantes, si on leur permet d'écarter leurs semences, se maintiendront dans un jardin sans aucun autre soin que de ne pas les laisser étouffer par le voisinage des autres plantes.

La premiere se trouve fréquemment dans le Comté de Cambridge, de même que la troisieme, qui se voit aussi aux environs de Liphoeck en Hampshire, où je l'ai cueillie.

APETALES (fleurs) de *a* privatif, & πέταλον, une *feuille de fleur*, se dit de celles qui n'ont point de pétales ou de feuilles de fleurs.

APHACA. *Voyez* LATHYRUS APHACA.

APICES, d'*Apex*. Un *sommet* ou une *pointe* VAILLANT appelle ainsi les petits nœuds qui croissent à l'extrémité des étamines dans le milieu des fleurs, & qui sont généralement regardés comme le sperme ou la semence du mâle, laquelle, quand elle est mûre, se repand sur toutes les parties de la fleur, féconde l'ovaire, & le rend fructueux.

APIOS. *Voyez*. GLYCINE APIOS.

APIUM. Ainsi appelé, suivant quelques-uns, d'*apes*, *abeilles*, parce que l'on prétend que ces insectes l'aiment beaucoup. [*Parsley*] *Ache. Persil. Celeri.*

Caracteres. Cette fleur est a ombelles: la grande ombelle a peu de rayons, & les petites en ont beaucoup davantage; l'enveloppe est formée d'une seule feuille dans quelques especes, & de plusieurs dans d'autres. Les pétales de la plus grande ombelle sont uniformes, rondes, égales, & se tournent en-dedans: chaque fleur a cinq étamines couronnées de sommets ronds: sous la fleur est situé le germe soutenant des styles réfléchis, surmontés par des stigmats émoussés; le germe se change après en fruit ovale & cannelé, qui se divise en deux parties, formant deux semences ovales cannelées sur un côté, & unies sur l'autre.

Ce genre fait partie de la seconde section de la cinquieme classe de LINNÉE, nommée *Pentandria Digynia*, dont les fleurs ont cinq étamines & deux styles.

Les especes sont:

2°. *Apium petroselinum, foliolis caulinis linearibus, involucellis minutis. Hort. Cliff 108*; Persil à feuilles fort étroites supportées par des pétioles très-menus.

Apium hortense, vel petroseli-

num vulgò. C. B. P.; Persil commun.

2°. *Apium crispum, foliis radicalibus amplioribus crispis, caulinis ovato-multifidis*; Persil dont les feuilles du bas sont très-larges & frisées, & celles du haut ovales & découpées en plusieurs segmens.

Apium, vel petroselinum crispum C. B. P. 153; Persil frisé.

3°. *Apium lati-folium, foliis radicalibus trifidis, serratis, petiolis longissimis*; Persil avec les feuilles radicales divisées en trois parties, sciées & placées sur de très-longs pétioles.

Apium hortense lati-folium, maximâ crassissimâ suavi & eduli radice. Boerh. Ind. Alt.; le Persil à grosses racines.

4°. *Apium graveolens, foliolis caulinis cunei-formibus. Hort. Cliff. 107*; Ache dont les feuilles du haut sont en forme de coin.

Apium palustre, sive Apium officinarum. C. B. P. 154; Ache, ou grand persil.

5°. *Apium dulce, foliis erectis, petiolis longissimis, foliolis quinque lobatis serratis*; Celeri avec des feuilles droites sur de fort longs pétioles, & dont les plus petites feuilles sont composées de cinq lobes sciées.

Apium dulce, Celeri Italorum. R. H. Inst. 305; Celeri érigé.

6°. *Apium Napaceum, foliis patulis, petiolis brevibus, foliolis quinis serratis, radice rotundâ*; Celeri à feuilles étendues, de courts pétioles, dont les plus petites feuilles ont cinq lobes, & avec une racine ronde.

Apium dulce degenere, radice napaceâ. Juss. Celeri à racine de navet

7°. *Apium Lusitanicum, foliis radicalibus trilobatis, caulinis quinque lobatis, crenatis*; Celeri dont les feuilles du bas sont à trois lobes, celles des tiges à cinq, & dentelées.

Apium Lusitanicum maximum, folio trilobato, flore luteolo. Boerh. Ind. Alt.

Petroselinum. La premiere espece est le persil commun, qui est généralement cultivé pour l'usage de la cuisine, & recommandé par le Collége des Médecins pour les usages de la Medécine, sous le titre de *Petroselinum*; car lorsque l'*Apium* est prescrit, c'est l'Ache que l'on entend ordonner (1).

Crispum. La seconde a communément été regardée comme une variété de la premiere; mais plusieurs années d'expérience m'ont mis en état d'assurer que, si l'on recueille

(1) La racine de Persil, moins fréquemment employée en Médecine que ses semences, est légérement diurétique & diaphorétique; mais comme elle contient les mêmes principes que la racine d'*Ache*, & qu'elle peut lui être substituée dans toutes les circonstances, nous renvoyons à cet article, où l'on trouvera un détail plus circonstancié de ses propriétés & des produits de son analyse. Il en sera de même pour ses semences, qui, depuis longtems, sont mises au nombre des quatre semences chaudes majeures, & qui ne différent de celles de l'*Ache*, qu'en ce que leurs vertus sont plus foibles, & qu'elles doivent être par conséquent employées à plus grande dose.

avec soin les semences du Persil à feuilles frisées, on leur verra produire constamment des plantes exactement semblables à celles dont on les a tirées : ce qui a fait confondre ces deux especes, c'est qu'il y a peu de personnes qui se donnent la peine de conserver ces semences assez soigneusement pour n'en point avoir de l'espece commune mêlée avec celle-ci ; & que, lorsqu'on les achete dans les boutiques, elles sont presque toujours confondues : ainsi la seule méthode pour les avoir bonnes, est de separer toutes les plantes qui ont des feuilles unies de celles qui sont a feuilles frisées, aussi-tôt qu'on peut les distinguer, en laissant seulement celles qui sont de la véritable espece : si on le fait avec soin, les semences produiront constamment les mêmes plantes.

Lati-folium. La troisieme, dont les feuilles ont des pétioles beaucoup plus longs, des divisions moins nombreuses, des lobes plus larges, & d'un verd plus foncé que celles du Persil commun, enfin un caractere ou un aspect particulier qui suffit pour la faire distinguer de toutes les autres, est cultivée uniquement pour sa racine, dont le volume est six fois plus considérable que celui du Persil ordinaire, & qu'on commence à vendre communément dans les Marchés de Londres. J'ai semé les deux especes pendant plusieurs années sur la même piece de terre ; j'ai éclairci les plantes lorsqu'elles étoient jeunes, en leur laissant des intervalles égaux ; j'ai enfin employé la même culture pour toutes les deux : mais quand on a enlevé les racines, celles de l'espece commune n'étoient pas plus grosses que le petit doigt, tandis que les autres étoient du volume de celles des Carottes en pleine crûe : les premieres ont été trouvées fort âcres & filandreuses, & les dernieres étoient tendres & douces. Cette différence, qui s'est constamment soutenue tant que j'ai continué les expériences, m'a déterminé à regarder ces deux especes comme parfaitement distinctes & séparées. Cette troisieme a été cultivée en Hollande pendant plusieurs années, avant que les Jardiniers Anglois aient voulu se laisser persuader de la semer : mais ayant rapporté moi-même de ce pays en 1727, de la semence, j'ai voulu persuader d'en faire l'essai à quelques Jardiniers qui, entraînés par l'habitude, ont refusé constamment de l'entreprendre : de sorte que je l'ai cultivée pendant long-tems avant qu'elle fût connue dans les Marchés.

Graveolens. La quatrieme, ordinairement nommée *Ache*, est celle que les Médecins recommandent sous le titre d'*Apium*, & que le Docteur LINNÉE a jointe au genre du Celeri par la persuasion où il étoit que les différences qu'on observe entr'elles ne sont que le produit de la culture : mais cette opinion est encore une erreur vraiment grave; car après avoir cultivé l'Ache dans des jardins pendant quarante ans, pour essayer si au moyen de l'art il étoit possible de lui procurer la même saveur qu'au Celeri, je n'ai jamais pu le faire changer en rien; tout ce que la culture peut opérer, est de le porter à une grosseur plus considérable, & de le blanchir en le couvrant de terre; mais il ne croît jamais à la même hauteur, & sa tige est moins droite que celle du Céleri. Il pousse plusieurs rejettons près de la racine; & quand il est blanchi, il conserve son goût âcre qu'aucune culture ne peut lui ôter: ainsi je ne puis douter qu'il ne soit une espece parfaitement distincte de celle du Céleri (1).

Dulce. Napaceum. La cinquieme est le Céleri dont il

---

(1) La racine d'*Ache* ne fournit pas un seul atôme d'huile essentielle, mais seulement une petite quantité d'un principe odorant, spiritueux, âcre & balsamique très-volatil & incoercible. Une once de cette racine, soumise aux menstrues chymiques, produit environ trois gros de substance gommeuse, & un gros de partie résineuse. C'est dans l'un & l'autre de ces principes que résident ses propriétés: mais la substance résineuse, étant plus âcre, est aussi plus active, tandis que la partie gommeuse, plus douce & plus balsamique, lui sert naturellement de correctif; quant au principe volatil odorant, il est regardé comme ennemi des nerfs, & comme ayant quelque chose de *vireux* & de délétere: c'est pour cette raison que l'on conseille de ne point employer en substance cette racine fraiche; mais, lorsqu'on veut la donner sous cette forme, de la laisser dessécher auparavant, afin que son principe spiritueux s'évapore.

La racine d'*Ache*, prise intérieurement, discute, déterge & agit foiblement; elle est mise au nombre des bachiques incisifs, des diurétiques, des apéritifs, des diaphorétiques & des utérins modérés, & recommandée dans les obstructions des visceres, l'hydropisie, la rétention d'urine, &c. Son suc exprimé a été quelquefois donné avec succès dans les fievres intermittentes, à la dose de six onces au commencement du frisson: on l'emploie aussi en gargarisme dans le scorbut pour déterger la bouche & raffermir les gencives; on en bassine les cancers, les ulceres sordides, &c. Cette racine, écrasée en forme de cataplasme, est souvent appliquée comme résolutive sur les tumeurs laiteuses des mammelles, & surtout sur le scrotum lorsqu'il est affecté d'hydrocele. On la fait entrer dans le syrop des cinq racines apéritives, dans les bouillons & les apozêmes apéritifs, dans le syrop de chicorée, le syrop apéritif cachectique de CHARAS, le syrop bysantin, dans celui de chamæpytis, d'eupatoire, &c. On en défend l'usage aux femmes grosses & aux épileptiques; mais ceci ne doit s'entendre que de la racine fraiche à cause de sa partie odorante & *vireuse*.

Les semences d'*Ache* ont une saveur amere aromatique, & elles exhalent une odeur vive & pénétrante; on en tire par expression une huile grasse & onctueuse, & par la distillation une huile essentielle & éthérée: cette derniere possede au plus haut dégré toutes les propriétés attribuées à ces

vient d'être question ; & la sixieme a été regardée comme la même espece dégénérée : mais je ne puis être de cette opinion, parce que dans mes essais de plusieurs années, je ne l'ai jamais vu varier. Les feuilles de celle-ci sont courtes quand on les compare à celles de la cinquieme ; elles s'étendent horisontalement, & ses racines deviennent aussi grosses que des navets ordinaires. La seule différence que j'ai remarquée provenant de culture, consiste uniquement dans la grosseur des racines ; celles qui ont été plantées dans une terre riche, & bien cultivée, sont devenues beaucoup plus grosses que celles tenues dans une mauvaise terre : mais les feuilles & l'apparence des plantes n'ont jamais été altérées, de sorte que je ne doute point qu'elles ne constituent une espece différente.

Lusitanicum. La septieme, dont les semences m'ont été envoyées du Jardin Royal de Paris, où elle étoit cultivée depuis plusieurs années, conservant constamment sa différence : elle s'est conservée de même dans les jardins de *Chelsea* sans aucune altération pendant vingt ans que je l'ai soignée ; de sorte qu'elle forme encore une espece distincte & séparée de toutes les autres.

Le Persil de jardin à larges feuilles, dont GASPARD BAUHIN fait mention, & celui de Portugal à feuilles rondes, dont parle TOURNEFORT, sont, suivant mon opinion, des variétés du Persil commun ; car si ce sont des especes distinctes, toutes les semences qui m'ont été envoyées sous ce titre *des différentes parties de l'Europe*, étoient fausses, parce que les plantes qui en ont été produites, ont toujours paru être de l'espece commune.

TOURNEFORT & plusieurs autres Botanistes qui ont décrit toutes les variétés de ces plantes trouvées dans les jardins, n'ayant point distingué celles qui sont essentiellement différentes ; LINNÉE s'est trompé en donnant plusieurs plantes qui sont toujours distinctes, pour des variétés accidentelles procurées par la

graines ; la partie résineuse n'est guere moins active, mais la gommeuse est presque inerte, & ne retient presque aucune de leurs vertus : ainsi en les administrant comme remede, si on veut qu'elles agissent avec toute l'activité dont elles sont susceptibles, on doit éviter de les préparer en infusion aqueuse, parce que l'eau ne dissout & n'enleve que le principe gommeux & très-peu de la substance resineuse & éthérée. Ces graines qui sont mises au nombre des quatre semences chaudes mineures, sont très-discussives, carminatives, apéritives, diurétiques, utérines, &c. On les emploie avec succès dans les obstructions des visceres, la suppression des urines, les affections venteuses, les foiblesses d'estomac, la cachexie, les infiltrations, l'asthme humide, l'hydropisie : on les prépare en infusion vineuse, ou on les fait prendre en poudre depuis six grains jusqu'à un scrupule.

culture : mais comme ce Botaniſte cultive à préſent de ces plantes autant que le climat où il ſe trouve peut le lui permettre, il n'y a point de doute qu'il ne revienne de ſon erreur à ce ſujet, lorſqu'il les verra conſerver leurs différences ſpécifiques.

Culture. Comme les ſemences du *Perſil commun* reſtent long-tems avant de germer, & que les plantes ne paroiſſent que ſix ſemaines après qu'elles ont été miſes en terre, il faut les ſemer de bonne heure au printems. Dans les jardins potagers de Londres, on le cultive dans des rigoles près des haies & des bordures; au moyen de quoi, il eſt plutôt en état d'être coupé, & on le débarraſſe plus facilement des mauvaiſes herbes que s'il étoit ſemé ſur une planche. Lorſque l'on ſe propoſe de faire ſervir ces racines pour l'uſage de la Médecine, on ſeme les graines fort claires; & lorſqu'elles viennent à pouſſer, on les arrache dans les endroits où elles ſe trouvent trop épaiſſes, comme on le fait pour les *Carottes* & les *Oignons*, & on enleve toutes les mauvaiſes herbes. En obſervant toutes ces précautions, les racines ſeront bonnes, depuis le mois de Juillet ou Août, juſqu'au printems ſuivant.

Pluſieurs perſonnes craignent l'uſage du *Perſil*, à cauſe de ſa reſſemblance avec la *Ciguë*, qui s'y trouve quelquefois mêlée; reſſemblance qui a ſouvent trompé ceux qui ne ſont pas fort verſés dans la Botanique, & qui peut faire employer une plante venimeuſe en place d'une herbe ſalutaire; mais cet inconvénient, vraiment grave, n'aura plus lieu, ſi on veut ſuivre l'exemple que j'ai donné, en ne cultivant que l'eſpece de *Perſil* à feuilles friſées, qui eſt auſſi bonne que l'autre, ne varie jamais, & eſt très-différente de la *Ciguë*.

Le *Perſil* étant regardé comme un ſpécifique certain pour guérir & prévenir le tac, maladie mortelle à laquelle les brebis ſont ſujettes, pluſieurs perſonnes le cultivent dans les champs, & le font brouter à ces animaux deux fois par ſemaine pendant deux ou trois heures. Ceux qui emploieront cette méthode doivent avoir la plus grande attention à fermer exactement les eſpaces deſtinées à cette culture; ſans quoi, les lievres & les lapins qui en ſont très-friands, les dévaſteroient en peu de tems. Ce moyen eſt même excellent pour attirer dans une terre cette eſpece de gibier; ces animaux viennent de très-loin, & dépeuplent tout un pays pour ſe raſſembler dans un canton qui produit du *Perſil*.

Le mois de Février eſt le tems le plus propre pour ſemer en grand le *Perſil* dans les campagnes, afin de le faire ſervir aux uſages que nous venons d'indiquer. La terre deſtinée à cette culture, doit être ameublie; & ces ſemences veulent être répandues assez épaisses dans des rigoles éloignées d'un pied les unes des autres, afin qu'on puisse facilement houer la terre dans ces intervalles, & détruire les herbes nuisibles qui y croissent. Un bichet de semences suffira pour un âcre de terre.

Le grand *Persil* de jardin, à présent plus connu en Angleterre qu'il ne l'étoit il y a quelques années, est depuis long-tems commun dans tous les marchés de la Hollande, où l'on y expose ses racines en paquets, comme nous y portons ici les jeunes *Carottes* en été : elles ont la même grosseur, & sont appellées *Pieterselie - Wortelen* par les Hollandois qui s'en servent beaucoup dans leurs matelotes.

On seme le *Persil* de bonne heure au printems ; & en Avril, lorsque les plantes ont poussé, on les houe pour les laisser à la distance de cinq ou six pouces en quarré, comme on le pratique pour les jeunes *Carottes*, & on les débarrasse de toutes les mauvaises herbes : ces racines seront bonnes à être mangées au mois de Juillet, étant bouillies & apprêtées comme les jeunes *Carottes* ; elles ont un très-bon goût & sont fort saines, sur-tout pour ceux qui sont attaqués de la gravelle.

Mais si ces plantes sont placées dans un bon sol, bien cultivées, & qu'on leur donne assez d'espace pour croître, elles parviendront, vers le mois de Septembre, jusqu'à la grosseur d'un panais médiocre.

L'*Ache* est une herbe commune qui croît sur les bords des fossés & des ruisseaux de plusieurs parties de l'Angleterre, & qu'on cultive rarement dans les jardins : si on veut la multiplier, il est nécessaire de la semer aussi-tôt après la maturité des graines sur une piece de terre humide ; & quand les plantes poussent, on peut les transplanter dans un sol humide & labouré, à six ou huit pouces de distance : la semence de cette plante est une des moins chaudes, dont on fasse usage dans la Médecine.

Culture du Céleri. Les semences des deux especes de *Céleri* doivent être mises en terre en deux ou trois tems différens, afin de n'en point manquer pendant toute la saison, & de ne point leur donner le tems de monter en graines. Le premier semis se fait dans le commencement de Mars, sur une couche chaude & légere ; le second, quinze jours ou trois semaines après, sur une piece de terre légere & découverte, où il puisse joüir de l'influence du soleil ; le troisieme, à la fin d'Avril ou au commencement de Mai, sur un sol humide ; & s'il peut joüir seulement du soleil du matin, il n'en sera que bien mieux ; mais il ne doit pas être placé sous l'égoût des arbres. Ces semences étant répandues sur une couche chaude, elles pousseront trois semaines ou un mois environ après : il ſera tems alors de les éclaircir, d'arracher les mauvaiſes herbes qui les entourent ; & ſi la ſaiſon eſt ſèche, de les arroſer ſouvent : un mois après, elles ſeront bonnes à être tranſplantées. Après avoir préparé quelques planches d'une terre riche & humide à une expoſition chaude, on y place ces jeunes plantes à trois pouces de diſtance, afin qu'elles puiſſent devenir fortes ; & ſi la ſaiſon eſt froide, on les couvre avec des nattes pour les mettre à l'abri des gelées du matin, qui retarderoient leur accroîſſement. Lorſqu'on les enleve de la couche de ſemences, on doit avoir attention de les éclaircir où elles ſont trop épaiſſes, & d'y laiſſer les plus petites pour acquérir de la force ; au moyen de quoi, la même couche procurera trois différentes plantations.

Il faut avoir ſoin, dans les tems de ſèchereſſe, d'arroſer la couche auſſi-tôt après qu'on en a enlevé les plantes les plus fortes, de la nettoyer des mauvaiſes herbes, & de continuer ainſi pour avancer les petites qu'on y laiſſe. Vers le milieu du mois de Mai, les plantes du premier ſemis ſeront bonnes à tranſplanter pour blanchir ; elles doivent être miſes dans une terre humide, graſſe & légere, où elles acquerront ſouvent vingt pouces de hauteur, pendant que celles qui ſont placées dans un ſol mauvais & ſec, s'éleveront rarement à dix. La maniere de les tranſplanter, lorſque la terre qui leur eſt deſtinée eſt nette de mauvaiſes herbes, conſiſte à creuſer des foſſes ou tranchées en ligne droite de dix pouces de largeur, ſur ſix ou huit pouces de profondeur, diſtantes les unes des autres d'environ trois pieds ; à labourer la terre du fond ; à la mettre de niveau ; à placer de chaque côté celle qu'on ôte de la foſſe, de maniere à pouvoir être remiſe à meſure que les plantes deviennent grandes ; à planter le *Céleri* au milieu en ligne droite, en conſervant entre chaque pied une diſtance de quatre ou cinq pouces ; à retrancher le ſommet des longues feuilles ; à bien fixer la terre à leurs racines ; & ſi la ſaiſon eſt ſeche & la terre aride, à les arroſer abondamment juſqu'à ce qu'elles aient repris. Lorſqu'elles ſeront parfaitement établies, il ſera inutile de les arroſer davantage ; & à meſure que ces plantes acquerront de la hauteur, on aura ſoin de les garnir de terre, ſans cependant enterrer le cœur de la plante ; ce qu'il ne faut faire en aucun tems, à moins que la ſaiſon ne ſoit très-ſeche, car ſans cela cette opération les feroit pourrir.

Lorſque les plantes ſont parvenues à une hauteur conſidérable au-deſſus des foſſes, & que toute la terre des côtés a été employée, on creuſe les intervalles avec la bêche, pour employer la terre à butter les plantes, & on continue cette opération juſqu'à ce qu'elles ſoient bonnes à manger.

Les premieres plantées peuvent être arrachées vers le commencement de Juillet: elles feront fuivies de celles qui compofent la feconde plantation; de maniere que, fi les dernieres femées font bien traitées, elles fe fuccèderont continuellement jufqu'au mois d'Avril: mais il faut avoir foin de planter celles qui font deftinées à la derniere récolte dans un fol plus fec, afin qu'elles ne foient pas trop expofées à l'humidité pendant l'hiver. Dans les tems très-rudes, il fera prudent d'empêcher la gelée d'y pénétrer, en couvrant les rigoles avec des chaumes de pois, ou quelqu'autre couverture affez légere pour laiffer un libre accès à l'air, & point affez compacte pour expofer les plantes à la pourriture. On peut, par ce moyen, conferver le *Céleri* long-tems en faifon : mais il faut fe reffouvenir d'ôter les couvertures autant de fois que le tems le permettra, & profiter de ce moment pour arracher les racines dont on aura befoin; ce qui ne pourroit fe faire fi la terre étoit gelée. Lorfque le *Céleri* eft tout-à fait blanchi, il ne refte bon que trois femaines ou un mois fans pourrir : c'eft-pourquoi, pour le conferver en bon état, il fera néceffaire de le planter en fix ou fept faifons différentes; & fi l'on n'en a befoin que pour une provifion ordinaire, il n'en faudra planter que peu à la fois.

L'autre efpece de *Céleri*, qu'on appelle ordinairement *à racine de Navet*, ou *Celleriac*, doit être traitée fuivant la méthode prefcrite pour le *Céleri d'Italie*, excepté qu'elle veut être plantée fur une terre unie & nivelée, ou dans des rigoles peu profondes; car elle croît rarement au-deffus de huit à dix pouces de hauteur, & exige par conféquent peu d'élévation de terre. La perfection de ce *Céleri* confifte dans la groffeur de fes racines, qui égale fouvent celle du *Navet* ordinaire. On le feme, vers le milieu de Mars, fur une plate-bande de terre graffe; on l'arrofe fouvent dans les tems fecs pour le faire germer; & lorfque les plantes font affez fortes, on les tranfplante à dix huit pouces de diftance de rang en rang & à fix ou huit pouces dans les rangs, en les tenant nettes de mauvaifes herbes, en metrant un peu de terre fur leurs racines, & en continuant cette opération jufqu'à leur maturité. Ces deux efpeces de *Céleri* fe plaifent dans une terre graffe, humide & légere, où elles croîffent & parviennent à une groffeur plus confidérable, font plus tendres & de meilleur goût que dans une terre mauvaife & feche.

La meilleure méthode pour fe procurer d'excellente femence, eft de choifir quelques bonnes & longues racines de *Céleri-droit* qui ne foit pas trop blanchi, de les planter au commencement du printems à un pied de diftance dans un sol humide, de les soutenir avec des bâtons quand elles montent en semences, pour empêcher le vent de les briser; & en Juillet, lorsque les semences commencent à se former, il sera nécessaire d'arroser les plantes, si la saison est fort sèche, pour les aider à les produire bonnes. Dans le mois d'Août, lorsque ces semences sont mûres, il faut les couper par un tems sec, les étendre au soleil sur des toiles pour les faire sécher, les battre ensuite & les conserver au sec dans des sacs.

APIUM ANISUM DICTUM. *Voyez* PIMPINELLA.

APIUM MACEDONIUM. *Voyez* BUBON.

APIUM PYRENAICUM. *Voyez* CRITHMUM.

APOCIN *ou* HOUETTE. *Voyez* APOCYNUM, ASCLEPIAS, CYNANCHUM, PERIPLOCA, STAPELIA. L.

APOCIN EN ARBRISSEAU. *Voyez* MALPIGHIA PANICULATA.

APOCYNUM. *Tourn. Inst. R. H. 91. Lin. Gen. Plant. 269.* (Ἀποκυνον de *ἀπο* & *κυνὸς un chien*, parce que les anciens croyoient que cette plante eut la propriété de faire mourir les chiens.) [*Dogs-bane*] *Tue-chien. Apocin* ou *Houette. Outatte* ou *Soyeuse.*

Caracteres. Le calice, formé d'une seule feuille, est persistant & découpé au sommet en cinq segmens aigus : la fleur monopétale, en forme de cloche ouverte, est également divisée au bord en cinq parties qui penchent en arriere, & renferme dans son fond cinq nectaires ovales qui environnent le germe : il y a cinq étamines à peine visibles, couronnées de sommets érigés & divisés en deux parties : dans le centre sont placés deux germes ovales soutenant des petits styles surmontés de stigmats globulaires plus grands que les germes : ces germes se changent ensuite en deux capsules longues & pointues qui s'ouvrent en deux vulves, formant une cellule remplie de semences comprimées, serrées, placées l'une sur l'autre comme des tuiles, & couronnées de duvet.

Les plantes de ce genre ayant cinq étamines & deux styles, ont été placées par LINNÉE dans la seconde section de sa cinquieme classe, qui a pour titre : *Pentandria digynia.*

Les especes sont :

1°. *Apocynum Androsæmi-folium, caule rectiusculo, herbaceo, foliis ovatis utrinque glabris, cymis terminalibus. Lin. Sp. Plant. 213;* Apocin à feuilles ovales & unies sur les deux côtés, avec une tige érigée, herbacée, & terminée par une tête de fleurs.

Apocynum Canadense, foliis androsœmi majoris. Mor. Hist. 3. 609.

2°. *Apocynum Cannabinum, caule rectiusculo, herbaceo, foliis oblongis, paniculis terminalibus. Lin. Sp. Plant. 213;* Apocin à tige érigée, herbacée, & terminée par des fleurs, avec des feuilles oblongues.

Apocynum Canadense maximum, flore minimo herbaceo. Pluk. Alm. 35.

3°. *Apocynum Venetum, caule rectiusculo, herbaceo, foliis ovato-lanceolatis. Prod. Leyd.* 411; Apocin avec une tige droite & herbacée, & des feuilles ovales & en forme de lance.

Apocynum maritimum, Salicis flore purpureo. Tourn. Hist. 92.

Tithymalus maritimus, purpurascentibus floribus. Bauh. Pin. 291.

Esula rara è Lio Venetorum insulâ. Lob. Hist. 201.

4°. *Apocynum speciosissimum, foliis ovatis, petiolatis, supernè glabris, floribus amplis pediculis longis, hirsutis, caule fruticoso;* Apocin à feuilles ovales & unies au-dessus, avec de grosses fleurs soutenues par des pédicules longs & velus, & une tige d'arbrisseau.

Apocynum erectum, fruticosum, flore luteo maximo & speciosissimo. Sloan. Cat. Jam. 89.

5°. *Apocynum scandens, foliis oblongo-cordatis, rigidis, floribus lateralibus, caule fruticoso volubili;* Apocin avec des feuilles fermes, oblongues & en forme de cœur, des fleurs croissant sur les côtés de la tige, & une tige grimpante d'arbrisseau.

Apocynum scandens, foliis Citrii, siliquis maculatis. Plum. Cat. 2.

6°. *Apocynum frutescens, caule erecto frutescente, foliis lanceolato-ovalibus, corollis acutis, fauce villosis. Flor. Zeyl.* 114; Apocin avec une tige droite d'arbrisseau, des feuilles ovales & en forme de lance, des pétales aigus, velus, & formés en gueule.

Apocynum caule erecto arboreo, foliis ovatis, acutis. Prod. Leyd. 412.

7°. *Apocynum testiculatum, caule volubili perenni, foliis ovatis, venosis. Prod. Leyd.* 412; Apocin à tige tortillante & vivace, avec des feuilles ovales & veinées.

8°. *Apocynum obliquum, caule volubili, foliis ovatis, rigidis, obliquis, cymis lateralibus, tubo floris longissimo;* Apocin avec des feuilles ovales, fermes & obliques, une tige tortillante, & des fleurs croissant sur les côtés des branches.

Apocynum scandens, majus, folio subrotundo. Sloan. Cat. Jam. 89.

9°. *Apocynum nervosum, caule fruticoso scandente, foliis ovatis, nervosis, cymis lateralibus, flore luteo magno, tubo longissimo;* Apocin avec une tige grimpante d'arbrisseau, des feuilles ovales & veinées, & de grosses fleurs à très-longs tubes croissant en paquet sur les côtés des tiges.

10°. *Apocynum cordatum, foliis oblongo-cordatis, mucronatis, sessilibus, floribus lateralibus, caule scandente;* Apocin avec des feuilles oblongues & en forme de cœur, terminées en pointes, des fleurs croissant aux aisselles des feuilles, & une tige grimpante.

Apocynum scandens, foliis oblongis acuminatis, floribus amplis, patulis & luteis. Houst. Manuscrit. Fig. Pl. Num. 8. *Pl.* 44. *F.* 5.

11°. *Apocynum villosum, fo-*

liis cordatis, glabris, floribus villosis lateralibus petiolis longioribus, caule scandente; Apocin avec des feuilles velues en forme de cœur, des fleurs velues croîssant sur les côtés des branches, & une tige grimpante.

Apocynum scandens, amplo flore villoso luteo, siliquis tumidis, angulosis. Houst. Manuscrit. Fig. Pl. Tab. 44. Fig. 2.

Androsæmi-folium. La premiere espece, qui croît naturellement dans l'Amérique septentrionale, a une racine vivace, & des tiges élevées à trois pieds environ de hauteur, droites & garnies de feuilles ovales, unies & opposées. Dans toute la plante abonde un jus laiteux qui en découle lorsqu'on la coupe ou qu'on la blesse: ses fleurs sont blanches, & recueillies dans une espece d'ombelle qui croît au sommet des tiges: le nectaire, situé dans le fond, tire sur le pourpre. Les légumes qui succédent à ces fleurs mûrissent rarement en Angleterre; mais la plante se multiplie facilement par la division de ses racines: elle est dure, & peut croître en pleine terre, pourvu que le sol soit léger & sec; car s'il est humide, ces racines pourrissent aisément en hiver. Le meilleur tems pour partager ces racines est le mois de Mars, avant qu'elles commencent à pousser de nouvelles tiges.

Cannabinum. La seconde, originaire des mêmes contrées que la premiere, a des racines qui rampent au loin dans la terre; de sorte que, quand elle est plantée dans un jardin, elle s'y étend si considérablement qu'elle devient embarrassante. Ses tiges brunes & élevées à deux pieds environ de hauteur, sont garnies de feuilles oblongues, unies & portées par paires; elles sont également remplies d'un suc laiteux. Vers la partie haute de la tige, les aîles des feuilles produisent de petites fleurs blanches, herbacées, de peu d'apparence & recueillies en petits paquets. Cette plante est rarement admise dans les jardins, à moins que ce ne soit pour la variété. Elle est fort dure, & se multiplie trop par ses racines traînantes. Ces deux especes fleurissent en Juillet; & en automne, leurs tiges se flétrissent jusqu'à la racine.

Venetum. La troisieme se trouve dans une petite Isle près de Venise; mais on croît qu'elle y a été originairement apportée de quelqu'autre pays: on en connoît deux variétés, l'une à fleurs pourpres, & l'autre à fleurs blanches: ses racines tracent assez fort, & servent à la multiplier, parce qu'elle ne produit presque jamais des semences: soit dans les jardins où on la cultive, soit à Venise même, où elle croît naturellement; suivant que j'en ai été informé par un Botaniste fort curieux, qui a demeuré plusieurs années dans cette ville, & qui, allant dans le lieu où elle croissoit plusieurs fois dans la saison, pour en recueillir les semences, m'a assuré qu'il n'avoit jamais pu trouver aucuns légumes sur ces plantes. Les tiges de cette espece, élevées de deux pieds environ de hauteur, sont garnies de feuilles ovales, unies & opposées; les fleurs, de la même forme, mais plus grosses que celles des especes précédentes, naissent en petites ombelles au sommet des tiges. La variété à fleurs pourpres fleurit en Juillet & en Août, & produit un très-bel effet. Cette plante résiste en plein air, pourvu qu'elle soit placée à une exposition chaude, & dans un terrein sec; car, malgré que le sol près de Venise, dans lequel elle croît naturellement, soit humide, cependant ses racines pourriroient en hiver dans ce pays, si elles se trouvoient dans une terre humide. Le meilleur tems pour enlever & planter les racines, est le printems, précisément avant qu'elles commencent à pousser de nouvelles tiges.

Speciosissimum. La quatrieme croît naturellement dans les prairies de la Jamaïque que l'on nomme *Savannes* d'où elle a pris le nom de *Fleur de Savanne*, qu'on lui donne généralement dans cette Isle; elle s'éleve à la hauteur de trois ou quatre pieds, avec des tiges ligneuses qui poussent quelques branches latérales garnies de feuilles ovales & unies, placées par paires opposées, d'un vert luisant sur la surface supérieure, pâles & veinées en-dessous: ses fleurs, produites aux côtés des branches sur de longs pédoncules, se trouvent réunies au nombre de quatre ou cinq boutons, dont un seul s'ouvre ordinairement, tandis que les autres se fanent aussi-tôt après: cette fleur, fort large, d'un jaune brillant, & garnie d'un long tube qui s'étend & s'ouvre largement au sommet, a une belle apparence, sur-tout dans les endroits où les plantes croissent naturellement, étant presque toute l'année en fleur. Cette espece est trop tendre pour profiter en Angleterre sans le secours d'une serre chaude: on la multiplie par semences qu'on doit se procurer de la Jamaïque; car elles ne se perfectionnent point en Angleterre; & celles même qu'on apporte de cette Isle sont rarement bonnes, soit parce qu'elles sont recueillies avant leur maturité, soit parce qu'elles sont empaquetées humides. Quand on les reçoit, il faut les semer dans des pots remplis de terre légere & sablonneuse, & les plonger dans une couche chaude de tan; au moyen de quoi, si les semences sont bonnes, les plantes paroîtront un mois ou cinq semaines après; & on les traitera ensuite de la même maniere que les autres plantes délicates des pays de la zone torride; avec cette différence cependant qu'on ne doit les arroser que très-légerement, parce que les plantes remplies d'un jus laiteux craignent l'humidité. On les tient constamment dans la couche de tan de la serre chaude; & à mesure qu'elles croissent en hauteur, on leur donne de plus grands pots, qu'il faut néanmoins proportionner à leur taille; car s'ils étoient trop larges, ces plantes ne profiteroient qu'après que leurs racines feroient devenues assez fortes pour y être gênées. La seconde année, elles fleuriffent, si elles ont été convenablement traitées, & produiront alors un bel effet dans les serres. Ces fleurs paroissent ordinairement en Angleterre pendant les mois de Juillet & d'Août; & les plantes conservant toute l'année des feuilles d'un beau vert, elles sont très-agréables dans toutes les saisons.

Scandens. La cinquieme, que le Pere PLUMIER a découverte dans quelques Isles Françoises de l'Amérique, & dont il a donné un dessin, a été aussi trouvée en abondance dans les environs de Carthagene dans l'Amérique méridionale, par ROBERT MILLAR, Chirurgien, de qui plusieurs personnes en ont reçu des semences qui ont réussi dans leurs jardins. Cette plante s'éleve au sommet des plus grands arbres, au moyen de ses tiges tortillantes, qui sont garnies de feuilles fermes, oblongues, unies, en forme de lance, d'un vert luisant, & aussi épaisses que celles du *Citronnier*; ses fleurs, produites en petites grappes aux côtés des branches, sont d'une couleur herbacée, & n'ont point de beauté: elles paroîssent en Août & en Septembre, & ne sont point suivies de légumes dans ce pays.

Frutescens. La sixieme croît naturellement dans les Indes, & particulierement dans l'Isle de Ceylan, ainsi que sur les côtes de Guinée, d'où ses semences m'ont été envoyées: elle s'élevé avec une tige ligneuse à la hauteur de cinq à six pieds, & se divise en plusieurs branches garnies de feuilles pointues, unies, oblongues, d'un vert luisant à la surface supérieure, pâle en-dessous, & placées par paires opposées. Ses fleurs petites, tubuleuses, & d'une couleur de pourpre, sont produites en paquets clairs aux aîles des feuilles, & ne sont jamais suivies de légumes dans ce pays. Cette plante étant très délicate, doit être tenue constamment dans la serre chaude, & plongée dans la couche de tan; sans quoi, elle ne peut profiter en Angleterre: on la multiplie par boutures pendant les mois de l'été; mais comme cette plante est très-succulente, & remplie d'une séve laiteuse, on ne doit planter ces boutures qu'après avoir fait sécher pendant trois ou quatre jours, dans la serre chaude, les parties fraîchement séparées, si on veut éviter que la pourriture ne s'en empare. Cette espece exige une terre légere & sablonneuse, & ne doit être arrosée qu'avec beaucoup de modération, sur-tout pendant l'hiver.

Reticulatum. La septieme, dont le Docteur VAN ROYEN, Professeur de Botanique à Leyde, m'a procuré les semences, est originaire des Indes,

des, & pouſſe une tige tortillée, au moyen de laquelle elle s'éleve à une hauteur conſidérable : elle eſt garnie de feuilles oblongues, veinées, & remplies d'un ſuc laiteux, qui ſort en abondance des branches caſſées : cette plante qui n'a pas encore produit de fleurs en Angleterre, eſt tendre & veut être conſervée conſtamment dans la ſerre chaude; autrement elle ne peut profiter dans ce pays.

Obliquum. La huitieme, qui naît ſpontanément à la Jamaïque, d'où ſes ſemences m'ont été envoyées par le Docteur WILLIAM HOUSTOUN, a une tige grimpante, qui s'attache aux arbres voiſins & s'éleve à la hauteur de dix à douze pieds : ſes feuilles ſont ovales, fermes & obliques aux pétioles : les fleurs produites aux aîles des feuilles, ſont pourpres, & garnies de très-longs tubes, qui s'étendent beaucoup en s'ouvrant au ſommet. Cette eſpece n'a point produit de ſemences en Angleterre, & je n'ai pu la multiplier par marcottes ni par boutures : elle eſt tendre, exige peu d'arroſement, & doit être tenue conſtamment dans la ſerre chaude.

Nervoſum. La neuvieme, pourvue d'une tige grimpante & ligneuſe, s'éleve à une hauteur conſidérable ſur les arbres voiſins : ſes feuilles, qui croîſſent par paires oppoſées, ſont ovales, terminées en pointes aiguës & garnies de pluſieurs nerfs, qui, partant de la côte du milieu, les coupent tranſverſalement : ſes fleurs larges, d'un jaune brillant, & pourvues de très-longs tubes, qui s'étendent largement au ſommet, ſortent des aîles des feuilles, portées chacune ſéparément par un long pédoncule, & ſont ſuivies de légumes longs, comprimés, bordés d'un côté, & remplis de ſemences longues, cannelées, & couronnées de longues plumes en duvet mol : cette eſpece, originaire de Carthagêne, dans l'Amérique méridionale eſt tendre, & ne peut profiter en Angleterre, ſi on ne la tient conſtamment dans la ſerre chaude : on la multiplie par ſemences, qu'on doit ſe procurer du pays où elle croît naturellement, parce qu'elles ne mûriſſent point ici. Quand ces ſemences arrivent, on les place dans des pots qu'on plonge dans une couche chaude; & lorſque les plantes pouſſent, on les traite ſuivant la méthode qui a été preſcrite pour la quatrieme eſpece : elle fleurit en Août & en Septembre dans nos climats; mais dans ſon pays elle eſt en fleur durant une grande partie de l'année.

Cordatum. Villoſum. Les dixieme & onzieme ont été découvertes à la *Vera-Crux*, dans la Nouvelle Eſpagne, par le feu Docteur WILLIAM HOUSTOUN, qui en a envoyé les ſemences en Angleterre. Ces deux eſpeces qui, dans leur patrie, s'élevent par leurs tiges grimpantes juſqu'au ſommet des plus grands arbres, ſont parvenues en Angleterre même à la hauteur de plus de vingt pieds, en s'accrochant aux arbres des ferres chaudes. La dixieme a produit plusieurs fois des fleurs dans notre climat; mais la onzieme, dont les tiges & les fleurs font plus fortes & plus vigoureuses, n'a jamais eu aucune apparence de fleurs : elles se multiplient toutes deux par femences, qui ainsi que leurs plantes, doivent être traitées comme celles de la quatrieme espece. Tous ces *Apocins* font remplis d'un suc laiteux, qui découle de leurs tiges & de leurs feuilles, lorsqu'elles font blessées ou rompues : ce jus est regardé comme très-nuisible, étant pris intérieurement; mais il ne produit point d'ampoulles fur la peau comme la féve de l'*Epurge*, & de quantité d'autres plantes âcres. Les légumes de toutes ces especes font remplis de femences, la plupart ferrées & couchées l'une fur l'autre en forme des tuiles d'un toit : elles ont chacune un long plumet attaché à leur couronne, au moyen duquel elles peuvent être emportées par le vent à une distance considérable, lorsque les légumes font mûrs & ouverts ; de sorte que, dans les pays où ces plantes croîssent naturellement, elles font extrêmement communes & embarrassantes.

Le duvet qu'on en retire, est fort estimé en France (où il est connu sous le nom de *Houette*) pour garnir des coussins de fauteuils & faire des courtes-pointes extrêmement chaudes & légeres, qui font fur-tout propres aux personnes affligées de la goutte ; parce que ce duvet est si léger & si élastique, qu'il paroît n'avoir aucun poids. Quelques-unes de ces especes croissent en plein air dans la France Méridionale, où on en a formé des plantations pour en retirer le duvet.

Comme plusieurs de ces *Apocins* croissent en grande abondance dans les terres incultes de la Jamaïque, on pourroit faire une récolte abondante de ce duvet, qui alors deviendroit un objet considérable de commerce en Angleterre, si on y adoptoit la méthode d'en garnir les meubles. Cette marchandise feroit d'autant plus avantageuse, que les plantes qui la produisent n'exigent aucun soin, & que la feule difficulté consisteroit à la recueillir ; difficulté qui n'existeroit plus, si on vouloit se donner la peine de multiplier les especes qui produisent les plus grosses gousses.

On trouvera les autres especes, qui ont été autrefois rangées dans ce genre, sous les titres d'*Asclepias*, de *Cynanchum* & de *Periploca*, que le Lecteur est prié de consulter pour celles dont on ne fait pas mention ici.

AQUIFOLIUM. *Voy.* ILEX.

AQUILEGIA, aussi appelée *Aquilina* de *Aquila*, *Aigle*, parce que la fleur a quelque ressemblance avec cet oiseau. [*Columbine*,] *Colombine*, *Ancolie*.

Caracteres. La fleur n'a point de calice; mais elle est composée de cinq pétales ovales, égaux & unis, qui s'étendent & s'ouvrent; en-dedans sont placés cinq nectaires égaux, rangés alternativement avec les pétales, & dont chaque corne s'élargit vers le haut, l'ouverture de chacune étant oblique en montant, & attachée au réceptacle au-dedans; la partie basse s'allonge par dégrés, & forme un long tube, suspendu par un sommet obtus & recourbé : dans la fleur se trouvent plusieurs étamines en forme d'alênes, couronnées par des sommets oblongs & droits, & cinq germes ovales, qui soutiennent des styles en forme d'alênes, plus longs que les étamines, & surmontés par des stigmats érigés : le germe se partage ensuite en cinq capsules cylindriques, paralelles, érigées, pointues, s'ouvrant chacune en une cellule remplie de semences ovales & luisantes.

Les plantes de ce genre, ayant plusieurs étamines & cinq styles, sont placées dans la cinquieme section de la treizieme classe de LINNÉE, qui a pour titre : *Polyandria Pentagynia.*

Les especes sont :

1°. *Aquilegia vulgaris, nectariis rectis, petalo lanceolato brevioribus. Linn. Sp. Plant.* 533; Ancolie avec des nectaires droits, plus courts que les pétales qui sont en forme de lance.

Aquilegia sylvestris. C. B. P. 144. Colombine sauvage.

2°. *Aquilegia Alpina, nectariis rectis, petalis ovatis longioribus;* Ancolie avec des nectaires droits & des pétales plus longs & ovales.

Aquilegia montana, magno flore. C. B. P. 144.

3°. *Aquilegia inversa, nectariis incurvis. Hort. Upsal.* 152; Ancolie avec des nectaires renversés en-dedans.

Aquilegia flore plano inverso. J. B. 485; Colombine à fleurs doubles, courbées en-dedans.

4°. *Aquilegia Canadensis, nectariis rectis, staminibus, corollâ longioribus. Hort. Upsal.* 153; Ancolie avec des nectaires érigés, & des étamines plus longues que les pétales.

Aquilegia pumila præcox Canadensis. Cornut. Canad. 60; Colombine naine & printanniere du Canada.

Vulgaris. La premiere se trouve dans les forêts de quelques parties d'Angleterre, & je l'ai souvent cueillie dans les bois aux environs de *Bexley* en *Kent*, ainsi qu'entre *Maidstone* & *Rochester*; Les fleurs sont bleues, les pétales courts, & les nectaires très-saillants; en quoi elle différe de la seconde, dont les pétales sont plus longs, & les nectaires plus élevés.

Alpina. Celle-ci qui croît naturellement près de la montagne d'*Ingleborough*, dans la province d'Yorck, a des fleurs beaucoup plus larges que celles de l'*Ancolie de jardin* : ses graines, que j'ai recueillies dans cet endroit, & semées ensuite dans les jardins de

Chelsea, ont constamment produit la même espece, sans aucune altération.

Inversa. La troisieme est l'*Ancolie* ou *Colombine de jardin*, dont on connoît beaucoup de variétés, qui différent non-seulement par la couleur & la plénitude de leurs fleurs, mais aussi par leurs formes; dans quelques-unes il n'y a point de nectaires visibles, mais on trouve à leur place une multitude de pétales, de sorte que leurs fleurs sont aussi doubles que celles des *Pieds d'alouette* : celles-ci sont ordinairement appellées *Colombines à rose*, & les couleurs qu'elles présentent, sont le châtain, le bleu, le rouge & le blanc; quelques-unes mêmes sont joliment panachées en deux couleurs.

Plusieurs de ces variétés se présentent avec des pétales en pointes aiguës, qui s'étendent en forme d'étoile; les unes sont à fleurs doubles, & les autres simples; elles offrent, comme les précédentes, une telle diversité de couleurs, que beaucoup de personnes, peu exercées dans la culture des plantes, pourroient les regarder comme des especes absolument différentes; mais après en avoir recueilli les graines avec soin, & les avoir semées constamment pendant plusieurs années, je leur ai toujours vu produire toutes les variétés dont il vient d'être question. Ces différentes nuances ne perpétuant pas d'une maniere constante, & les graines de chacune, prises séparément & sans mélange, produisant toutes les teintes dont nous avons parlé plus haut, je n'entreprendrai point d'en faire un détail exact : quant aux especes panachées que leur beauté fait rechercher aujourd'hui, si on veut les avoir aussi parfaites qu'il est possible de les obtenir, il faut arracher avec soin toutes les fleurs qui ne sont pas bien marquées, & ne conserver que les plus belles pour en tirer des semences, afin que la poussiere séminale des fleurs non panachées ne se répande point sur les autres, & ne les fasse point dégénérer.

Culture. On multiplie ces plantes par leurs semences, ou par la division de leurs racines; mais la premiere de ces méthodes, qui est la plus généralement pratiquée, est aussi préférable à la seconde, parce que celles qu'on éléve de vieilles racines, lorsqu'elles ont fleuri deux ou trois fois, dégénérent presque toujours, & deviennent tout-à-fait unies.

Ces graines, lorsqu'elles sont mises en terre au printems, étant très-sujettes à ne montrer leurs plantes que l'année suivante, on doit les semer en Août ou en Septembre sur une couche de pépiniere; au moyen de quoi, dès le printems suivant, on verra paroître les jeunes plantes qu'il faudra tenir nettes de toutes mauvaises herbes, & arroser fréquemment, si la saison est séche, afin de leur faire acquérir de la force.

Au milieu ou à la fin du

mois de Mai, ces plantes auront fait assez de progrès pour être transplantées; pour cet effet, il faudra préparer des planches d'une bonne terre fraîche, sans fumier, les y planter à huit ou neuf pouces de distance à chaque côté, les tenir nettes de mauvaises herbes & les rafraîchir avec un peu d'eau, suivant qu'elles l'exigeront.

En automne, quand les plantes auront acquis assez de force pour fleurir dans l'été suivant, on enlevera avec soin les racines qu'on plantera dans les plates-bandes du jardin à fleurs; mais si l'on veut conserver ces racines dans leur perfection, il faudra couper toutes les tiges aussi-tôt que les fleurs sont flétries, pour les empêcher de dégénérer par le mélange de la poussiere fécondante des autres fleurs, & pour être assuré de n'en avoir point de simples ou de mauvaises dans les plates-bandes; on laisse les plantes dans la planche de pépiniere, jusqu'à ce qu'elles aient fleuri: alors on marque celles qu'on veut conserver, ou l'on arrache toutes les simples & celles dont les couleurs sont mauvaises; & on coupe toutes les fleurs des meilleures racines, aussi-tôt qu'elles paroissent; ce qui aide beaucoup à leur conserver leurs belles couleurs.

Pour avoir une continuité de belles fleurs, on seme chaque année de nouvelles graines; & si l'on peut trouver, à quelque distance, un amateur qui soit fourni de bonnes fleurs de cette espece, il sera avantageux pour tous les deux de faire un échange de semences une fois tous les deux ans, afin de croiser la terre, & d'empêcher qu'elles ne dégénérent en couleurs unies.

En recueillant les semences des couleurs panachées, il faut avoir attention de n'en conserver aucune des fleurs simples; & comme il y a presque toujours des fleurs unies, entremêlées avec les panachées sur la même plante, & souvent sur les mêmes branches, il est nécessaire de les retrancher avec soin: car si on leur laisse porter semences, & que leur poussiere séminale impregne les fleurs panachées, elles les font dégénérer & les rendent tout-à-fait unies; de sorte qu'on ne peut pas trop prendre de précautions pour conserver ces semences, si on est curieux de voir ces fleurs dans toute leur beauté.

Canadensis. Quoique l'*Ancolie*, ou *Colombine du Canada*, ne produise qu'une fleur très-médiocre pour la beauté, on la conserve cependant dans les jardins des curieux, parce qu'elle fleurit près d'un mois avant les autres; on connoit une variété de cette espece à plus hautes tiges, & dont les fleurs se montrent un peu plus tard; mais comme elle ne différe de la premiere, ni par la forme de ses fleurs ni par celle de ses feuilles, je suis fondé à conclurre qu'elle ne forme avec elle qu'une seule & même espece. L'*Ancolie de Canada* montre ses fleurs en Avril, & donne des semences mûres au commencement d'Août, les autres fleurissent vers la fin de Mai; & lorsque la saison n'est pas trop sèche, on voit de nouvelles fleurs se succéder sans interruption, sur leurs tiges, jusqu'au milieu de Juillet; leurs semences mûriront vers le milieu ou la fin de Septembre, suivant que la saison sera plus ou moins favorable.

La premiere espece est celle qui est d'usage en Médecine, & est ordonnée par la Pharmacopée; mais on s'en sert rarement à présent. (1)

(1) Quoique les racines, les fleurs & les graines de l'Ancolie aient été autrefois assez fréquemment employées en Médecine, & que M Tournefort ait beaucoup vanté ses propriétés dans sa Description des Plantes des environs de Paris, on en fait néanmoins très-peu d'usage aujourd'hui: on lui attribue des vertus apéritives, sudorifiques, diurétiques, déterfives & anti-scorbutiques: sa racine, réduite en poudre & prise dans un verre de vin à la dose d'un gros, a été regardée comme un excellent remede pour calmer les douleurs néphrétiques; la même quantité de cette poudre, mêlée avec un peu de safran, & delayée dans la même liqueur, a eu également de la réputation pour guérir la jaunisse; sa graine concassée & bouillie avec de l'orge, forme un assez bon gargarisme propre à déterger les ulcères de la bouche, & à raffermir les gencives; enfin, on l'a employée comme diaphorétique, pour hâter l'éruption de la rougeole & de la petite vérole, &c.

ARABIS. *Linn. Gen. Plant.* 732. [*Bastard tower Mustard*] Moutarde bâtarde.

Caracteres. La fleur a un calice à quatre feuilles qui tombent, dont deux opposées sont larges, & les deux autres étroites, & quatre pétales en forme de croix, qui s'étendent & s'ouvrent; au bas de chacun est situé un nectaire réfléchi, fixé au calice; & entr'eux s'élevent six étamines érigées, dont deux sont de la longueur du calice, & les quatre autres plus longues: elles sont couronnées de sommets en forme de cœur; dans le centre est situé un germe cylindrique, aussi long que les étamines, sans style, mais ayant seulement des stigmats obtus, placés dessus. Ce germe, lorsque la fleur est passée, devient un légume étroit, long & comprimé, s'ouvrant en longueur, & ayant deux valves séparées par une partition mince, dans lesquelles est renfermé un rang de semences plates.

Ce genre de plantes est rangé dans la quinzieme classe de Linnée, intitulée: *Tetradynamia Siliquosa*, ainsi appelée, parce que les fleurs qui la composent ont quatre étamines plus longues que les deux autres, & que les semences croîssent dans de longs légumes.

Les especes sont:

1°. *Arabis Thaliana, foliis petiolatis, lanceolatis, integerrimis. Vir. Cliff.* 64; Moutarde bâtarde, avec des feuilles entieres, en forme de lance & pétiolées.

Turritis foliis lanceolatis, integris, petiolatis, ad exortum ramorum solitariis. Hort. Cliff. 339.

Bursæ pastoris similis, siliquosa major. C. B. P. 108.

Pilosella siliquosa minor. Thal. Harc. 81. T. 7. F. D.

2°. *Arabis Alpina, foliis amplexi-caulibus dentatis. Hort. Cliff. 335*; Moutarde bâtarde, avec des feuilles dentelées qui embrassent les tiges.

Draba alba, siliquosa repens. C. B. P. 109.

3°. *Arabis pendula, foliis amplexi-caulibus, siliquis ancipitibus linearibus, calycibus subpilosis. Hort. Upsal. 191*; Moutarde bâtarde, avec des feuilles amplexicaules, des légumes étroits & pendans de deux côtés, & des calices velus.

Turritis lati-folia hirsuta, siliquis pendulis. Ammem. Ruth. 58.

4°. *Arabis turrita, foliis amplexicaulibus, siliquis decurvis, planis, linearibus, calycibus subrugosis. Hort. Upsal. 192*; Moutarde bâtarde, avec des légumes étroits, unis & pendants, & des calices ridés.

Turritis caule simplici, foliis lanceolatis, subdentatis, glabris. Sauv. Monsp. 73. Turrita major, Platenu, Clus. Hist. 2. P. 126.

Leucoïum Hesperidis folio. Tourn. Inst. 221; Tige de Giroflier à feuilles de Julienne, ou Violette des Dames.

Brassica sylvestris, albido flore, nutante siliquâ. Bocc. Mus. 2. P. 81.

5°. *Arabis lyrata, foliis glabris, radicalibus lyratis, caulinis linearibus. Flor. Virg. 99*; Moutarde bâtarde à feuilles unies, dont les feuilles radicales sont en forme de lyre, & linéaires sur les tiges.

Cheiranthus caule fili-formi lævi, foliis lanceolatis, infimis, incisis. Gron. Virg. 1. P. 76.

6°. *Arabis Canadensis, foliis caulinis lanceolatis, dentatis, glabris. Flor. Virg. 100*; Moutarde bâtarde à feuilles dentelées, unies & en forme de lance.

Eruca Virginiana, Bellidis majoris folio. Pluk. Alm. 136.

Turritis foliis lanceolatis, dentatis, radicalibus maximis. Gron. Virg. 1. P. 77.

Thaliana. La premiere espece, qui s'éleve rarement au-dessus de quatre ou cinq pouces, pousse de chaque côté plusieurs branches courtes & terminées par de petites fleurs blanches & alternes : ces fleurs ont chacune quatre pétales en forme de croix, & sont suivies par des légumes longs & minces, remplis de petites semences rondes : elle croît naturellement sur des terres sèches & sablonneuses de plusieurs parties d'Angleterre.

Alpina. La seconde, originaire de l'Istrie & des Alpes, ainsi que de plusieurs autres pays montagneux, est une plante vivace, qui se multiplie par ses racines, qui tracent & coulent obliquement près de la surface de la terre : les feuilles oblongues, blanchâtres & dentelées à leurs bords, sont recueillies en tête, & s'étendent circulairement comme celles du *Saxifraga*; au sommet de ces têtes, croissent des tiges de fleurs qui s'élevent à près d'un pied de haut, ſont garnies de feuilles alternes, plus larges à leur bâſe que celles du bas, & embraſſent les tiges de fort près : les fleurs naiſſent en paquets clairs à leurs extrémités ; elles ſont blanches, ont des pétales placés en forme de croix, & ſont ſuivies de légumes longs & plats qui s'ouvrent en longueur, montrent deux cellules diviſées par une cloiſon intermédiaire, dont chacune renferme un rang de ſemences plates & arrondies.

Cette plante eſt dure, & profite dans toutes les expoſitions ; elle produit des ſemences en abondance ; mais elle ſe multiplie ſi conſidérablement par ſes racines traçantes, qu'on ne ſe donne pas la peine de les recueillir ; elle fleurit de bonne heure au printems ; & comme une ſeule racine pouſſe pluſieurs tiges, elle produit un bel effet dans les expoſitions froides, où beaucoup de belles plantes ne pourroient pas profiter : ainſi on doit la placer dans des plantations ruſtiques, parmi les arbriſſeaux, où elle réuſſira avec très-peu de ſoin.

Pendula. La troiſieme, dont les ſemences ont été apportées de la Sibérie a Pétersbourg, eſt une plante vivace qui s'éleve à près d'un pied de hauteur ; les feuilles larges, velues & dentelées à leurs bords, embraſſent les tiges de fort près : ſes fleurs d'un blanc ſale, croîſſent alternativement dans des épis clairs, & ſont ſuivies de légumes longs, étroits & remplis de ſemences plates & brunes, comme celles de la précédente, avec cette différence que les légumes de celle-ci pendent vers le bas des deux côtés : elle fleurit de bonne heure au printems, & perfectionne très-bien ſes ſemences, au moyen deſquelles on peut la multiplier abondamment.

Turrita. Quoique la quatrieme ſoit originaire de la Hongrie, de la Sicile & de la France, je l'ai néanmoins trouvée ſur quelques murailles à *Cambridge* & *Ely* ; mais ces plantes devoient probablement leur naiſſance à quelques ſemences apportées par le vent des jardins où cette eſpece étoit cultivée ; celles qui viennent ſur des murailles ou des ruines, durent plus long-tems que celles qui ſont ſemées dans les jardins, où elles ſubſiſtent rarement plus d'une année. Les feuilles de cette eſpece ſont longues, larges, velues, un peu ondées à leurs bords, d'une couleur pâle, & s'étendent près de la terre : du centre de ces feuilles ſortent les tiges qui s'élevent à près d'un pied & demi de hauteur, avec pluſieurs feuilles alternes, qui les embraſſent ferrément : ces tiges ſe diviſent vers leur ſommet, en pluſieurs petites branches, terminées par des épis clairs & longs de fleurs d'un blanc ſale, dont chacune eſt garnie de quatre pétales placés en forme de croix. Après la fleur, le germe devient un légume long & plat qui penche en arriere à ſon extrémité, &

s'ouvrant en longueur, montre deux rangs de semences plates, d'un brun foncé, séparés par une cloison mince intermédiaire. On multiplie aisément cette espece, au moyen de ses semences qui doivent être mises en terre en automne, parce que celles qu'on garde jusqu'au printems, manquent souvent, ou sont une année entiere dans la terre avant de germer. Lorsque les plantes qui en proviennent sont assez fortes, on les transplante, soit dans une plate-bande ombrée, soit dans des plantations rustiques, où elles n'auront plus besoin d'autres soins que d'être tenues nettes de mauvaises herbes. Ces plantes fleurissent en Mai, & leurs semences mûrissent en Juillet; quoiqu'elles aient peu de beauté, cependant plusieurs personnes les conservent pour la variété.

Lyrata. La cinquieme est une plante annuelle qui croît naturellement dans l'Amérique Septentrionale ; ses feuilles radicales sont en forme de lyre, mais celles des tiges à fleurs sont linéaires & alternes : ces deux especes de feuilles sont unies ; les tiges de fleurs, élevées d'environ un pied de hauteur, sont terminées par des fleurs blanches, & suivies de légumes minces.

Canadensis. La sixieme, qui a été apportée de la Virginie, est une plante qui dure deux ans, dont les feuilles du bas s'étendent sur la terre, & sont profondément découpées à leurs bords : ses tiges, élévées à un pied de hauteur, soutiennent plusieurs fleurs jaunes, placées séparément au sommet, qui sont suivies de légumes plats, assez longs, & remplis de semences.

Ces deux dernieres especes ayant peu de beauté pour les faire rechercher, & leurs propriétés étant inconnues, elles sont rarement admises dans les jardins, à moins que ce ne soit pour la variété. On les multiplie aisément par leurs semences, qui produiront des plantes en abondance dans quelque sol ou situation que ce soit, si on leur permet de s'écarter sur la terre.

ARACHIS. [*Earth or Ground nut ;*] *Noix de terre. Salse-pareille de Terre-Neuve, Pistachier de terre.*

Caracteres. Le calice de la fleur s'ouvre en deux parties, dont le lobe supérieur est découpé en trois portions à l'extrêmité ; l'inférieur est creux, terminé en pointe, & plus long que le précédent : la fleur papillonnacée a quatre pétales ; l'étendard est large, rond & uni ; les aîles sont plus courtes que l'étendard ; la carène est un peu plus longue que le calice, & se tourne en arriere : la fleur a dix étamines, dont les neuf inférieures sont jointes, & la supérieure séparée ; elles sont plus longues que la carène, & couronnées par des sommets ronds : dans le centre est situé un germe oblong, soutenant un style en forme d'alêne, couronné par un stigmat simple; le germe se change ensuite en un légume oblong, renfermant deux ou trois semences oblongues & émoussées.

Ce genre de plante est rangé dans la dix-septieme classe de LINNÉE, intitulée : *Diadelphia Decandria*, les fleurs ayant dix étamines en deux corps.

Nous n'avons qu'une espece de cette plante ; savoir :

Arachis hypogæa. Linn. Hort. Cliff. 353 ; Noix de terre.

Arachidna quadri-folia, villosa, flore luteo. Plum. Nov. Gen. 49.

Senna tetraphylla, sive *Absi congener hirsuta Maderas patensis, folliculos sub terrâ condens. Pluk. Alm. 341. T. 60. F. 2.*

Chamæbalanus Japonica. Rumph. Amb. 4. P. 426. T. 156.

Mundubi. Maregr. Bras. 37.

Arachidnoïdes Americana. Niss. Act. 1723. P. 387. T. 19.

Quoique cette plante soit très-abondante dans toutes les plantations de l'Amérique, je crois néanmoins que sa vraie patrie est l'Afrique : c'est aussi le sentiment de plusieurs personnes qui, ayant long-tems habité les Isles, assûrent qu'elle y a été apportée par les Esclaves, & qu'elle s'est répandue ensuite dans tous les établissemens. Elle se multiplie considérablement dans les pays chauds ; mais comme elle est sensible au froid, on ne peut la propager en plein air en Angleterre. Ses semences doivent être répandues au printems sur une couche chaude, & les plantes qui en proviennent, veulent être constamment couvertes de vitrages jusqu'au milieu ou à la fin de Juin ; après quoi, si la saison est favorable, on les accoutume par dégrés à supporter le plein air. Les branches de cette plante traînent sur la terre ; leurs fleurs jaunes sont produites simples sur de longs pédoncules ; & aussitôt qu'elles commencent à se flétrir, le germe est poussé sous la terre où les légumes se forment, & parviennent en maturité ; de sorte qu'ils ne paroissent jamais, à moins qu'on n'enleve la terre qui les recouvre. Les Negres garderent long-tems ce secret entr'eux pour s'en conserver les noix à l'insçu de leurs Maîtres. Les racines de ces plantes sont annuelles ; mais les noix & les semences en produisent suffisamment dans les tems chauds, lorsqu'elles ne sont pas soigneusement enlevées. Ces noix sont très-abondantes dans la Caroline Méridionale, où les habitans les grillent pour s'en servir en guise de chocolat.

ARALIA. [*Berry-bearing Angelica ;*] *Angelique à bayes.*

Caracteres. Cette plante ombellifere a une ombelle globulaire avec une petite enveloppe : le calice de la fleur est petit, découpé en cinq parties, & reste sur le germe : la fleur a cinq pétales ovales réfléchis, & renferme cinq étamines en forme d'alêne, couronnées de sommets ronds : le germe rond, placé au-dessous du calice, soutient cinq styles courts, dont chacun est surmonté d'un ſtigmat ſimple : la fleur étant paſſée, le légume devient une baye ronde, cannelée, & a cinq cellules qui renferment chacune une ſemence oblongue & dure.

Les plantes de ce genre ſont inſérées dans la cinquieme ſection de la cinquieme claſſe de LINNÉE, qu'il a nommée *Pentandria Pentagynia*, parce que leurs fleurs ont cinq étamines & cinq ſtyles.

Les eſpeces ſont :

1°. *Aralia racemoſa, caule folioſo herbaceo lævi. Hort. Upſal.* 70 ; Angélique avec une tige herbacée & feuillée.

Panaces Carpimon, ſive racemoſa Canadenſis. Corn. Canad. 74. *T.* 75.

Aralia Canadenſis. Tourn. Int. R. H. 300 ; Anis ſauvage de Canada.

Chriſtophoriana Canadenſis, racemoſa & ramoſa. Moris. Hiſt. 1. *P.* 9. *S.* 1.

2°. *Aralia nudicaulis, ſive caule nudo, foliis ternatis. Hort. Cliff.* 113 ; Angélique avec une tige nue, & des feuilles à trois lobes.

Aralia caule nudo, radice repente. Cold. Noveb. 66 ; Salſepareille de Terre-Neuve.

Chriſtophoriana Virginiana, Zarzæ radicibus ſurculoſis & fungoſis. Pluk. Alm. 98. *T.* 238. *F.* 5.

3°. *Aralia ſpinoſa arboreſcens, caule foliolîſque aculeatis. Vir. Cliff.* 26 ; Angélique en arbre, dont la tige & les feuilles ſont épineuſes.

Chriſtophoriana arbor, aculeata Virginienſis. Pluk. Alm. 98. *T.* 20. *Aralia arboreſcens ſpinoſa. Vaill. Serm.* ; Angélique en arbre, ou Angélique épineuſe.

Angelica arboreſcens, ſpinoſa. Comm. Hort. 1. *P.* 89. *T.* 47.

Racemoſa. La premiere eſpece eſt aſſez commune dans les jardins près de Londres ; mais à préſent la ſeconde s'y trouve plus rarement. Ces deux plantes croîſſent naturellement dans l'Amérique Septentrionale, d'où on les a apportées en Europe : leurs tiges périſſent tous les ans en automne, mais leurs racines vivaces en repouſſent de nouvelles au printems.

La premiere, dont la hauteur eſt de trois ou quatre pieds, ſe diviſe en pluſieurs branches irrégulieres, garnies de feuilles branchues, placées alternativement ; ſes fleurs en ombelles arrondies & compoſées de petites fleurs à quatre pétales blanchâtres, naiſſent aux aîles des feuilles, & ſont ſuivies de bayes rondes & cannelées, qui deviennent noires à leur maturité. Cette plante fleurit en Juillet, & ſes ſemences mûriſſent en Octobre.

Nudi-caulis. La ſeconde, qui s'éleve preſqu'à la même hauteur que la précédente, a ſes feuilles partagées en trois larges lobes, & dentelées à leurs bords : ſes pédoncules de fleurs qui ſortent immédiatement de la racine, ſont nuds, & terminés par des ombelles rondes de fleurs de la même forme & de la même couleur que celles de la premiere : à ces fleurs ſuccèdent des bayes plus petites ; elle fleurit vers la fin de Juillet, & ses semences mûrissent vers la fin de l'automne.

Les racines de cette espece étoient autrefois apportées en Angleterre, & vendues pour de la Salse-pareille ; & malgré qu'elles soient différentes de celles de cette plante, quelques personnes en font cependant usage sous ce nom dans le Canada.

Ces deux especes se multiplient aisément par leurs graines qu'elles produisent en abondance : on les seme en automne, aussi-tôt après leur maturité, parce que celles que l'on garde jusqu'au printems ne germent pas dans la même année; de sorte qu'en suivant cette méthode, on gagne une saison entière. Lorsque les plantes paroîssent, il faut les tenir nettes de mauvaises herbes, & dès l'automne suivant, lorsque leurs feuilles se flétrissent, on les transporte dans les places où elles doivent rester. Ces plantes sont assez dures pour être mises en quelque situation que ce soit; & comme elles croîssent naturellement dans les bois, elles peuvent être plantées dans des lieux écartés sous des arbres, où elles produiront un bel effet par leur variété, quoiqu'elles ne soient pas d'une grande beauté.

On peut également multiplier ces deux especes, en divisant leurs racines en automne, aussi-tôt aprés que leurs feuilles sont flétries, en observant de placer ces racines à une bonne distance les unes des autres, parce qu'elles s'étendent considérablement, quand on les laisse plusieurs années sans y toucher.

Spinosa. La troisieme, qui s'éleve en tiges ligneuses jusqu'à la hauteur de huit à dix pieds, se divise en plusieurs branches garnies de feuilles branchues, composées de plusieurs aîles détachées, dont les lobes sont oblongs : les côtes de ces feuilles, ainsi que les tiges & les branches des plantes, sont armées d'épines fortes & courbées, qui rendent très-difficiles les passages où elles se trouvent.

Les fleurs de cette espece, qui naîssent en ombelles lâches & desserrées à l'extrémité des branches, sont d'une couleur herbacée, & sans apparence ; cependant on conserve cette plante dans les jardins curieux d'Angleterre : elle fleurit en Août; mais ses semences ne mûrissent point dans ce pays.

Cette espece se multiplie par semences, qu'on se procure aisément de l'Amérique Septentrionale ; mais comme elles n'arrivent ici qu'au printems, elles ne poussent point la premiere année ; c'est-pourquoi il faut les semer aussi-tôt qu'on les reçoit dans des pots remplis de terre légere, qu'on place à des expositions ombrées, & qu'on y laisse jusqu'à l'automne suivant, avec la précaution d'arracher de bonne heure les herbes nuisibles qui y naîssent, parce que, si l'on attendoit qu'elles fussent devenues grandes, on ne pourroit les enlever sans entraîner en même tems les semences hors des pots : en automne, on plonge ces pots, soit dans une vieille couche de tan, soit dans une plate-bande chaude, à l'abri d'une haie ou d'une muraille ; &, si l'hiver est rude, il sera prudent de les couvrir avec de la paille ou du chaume de pois, pour empêcher la gelée de pénétrer profondément dans la terre. Au mois de Mars suivant, on enfonce les pots dans une couche de chaleur modérée, qui fera pousser les plantes de bonne heure, & de façon à leur faire acquérir de la force avant l'hiver.

Lorsque les plantes poussent hors de terre, on doit les arroser fréquemment, les tenir nettes de mauvaises herbes, & les accoutumer ensuite à l'air dans le courant du mois de Mai : quand on les enleve de dessus la couche, on les place dans des lieux ombrés, & on n'y touche point durant cette premiere saison ; mais comme dans leur jeune âge elles sont sujettes à être souvent endommagées par le froid, il est nécessaire de renfermer les pots au mois d'Octobre sous des châssis vitrés, afin de les mettre à couvert des fortes gelées, & de pouvoir leur donner de l'air toutes les fois que le tems est doux. Comme les feuilles de ces plantes tombent en automne, plusieurs personnes les croyant mortes, les ont jettées hors des pots ; ce qu'il faut bien se garder de faire. Dans la seconde année, on sépare ces plantes au printems, avant qu'elles commencent à pousser. On les met chacune dans un petit pot, & ce qui reste pourra être placé dans une planche de terre légere située à une exposition chaude : celles qui sont dans les petits pots doivent être plongées dans une couche de chaleur modérée pour avancer leur accroissement, en les accoutumant à l'air de bonne heure, pour les empêcher de filer & de s'affoiblir : en été on les tient à l'ombre ; & lorsque les premiers froids commencent à se faire sentir, on les met à l'abri de la gelée. A leur troisieme printems on les tire des pots pour les placer en pleine terre dans les endroits qui leur sont destinés ; celles qui sont plantées dans la planche exigeront d'être couvertes dans le cours du premier hiver avec du vieux tan pour empêcher les gelées de pénétrer jusqu'à leurs racines ; &, si le froid devient très-vif, on y ajoûte des couvertures de paille ou de la grande litiere pour en garantir les tiges : ces plantes pourront rester deux années dans cette planche ; après quoi, elles seront en état d'être transplantées à demeure, ainsi que les premieres. Comme elles commencent à pousser très-tard au printems, elles se conservent en végétation assez avant dans l'automne ; ce qui rend les extrémités de leurs rejettons très-tendres & très-délicates, & les expose à être maltraitées, & même détruites par les premieres gelées de l'automne. Mais comme leurs tiges ligneuſes ne ſont pas ſouvent endommagées, elles pouſſent de nouvelles branches au-deſſous; & ſi par hazard ces tiges ſont détruites elles-mêmes, les racines en produiront d'autres dans l'été ſuivant; c'eſt-pourquoi dans aucun cas il ne faut les arracher.

Comme cette plante ſe multiplie auſſi par ſes racines, qui s'étendent au loin dans la terre, ſi on les découvre, & ſi on en ſépare quelques-unes des plus fortes, celles-ci produiront de nouvelles plantes: ces racines étant ainſi ſéparées, on les laiſſe dans le même lieu; ou bien, ſi on le veut, on les tranſporte ſur une couche de chaleur modérée, où elles pouſſeront des tiges en abondance.

ARALIASTRUM. *Voyez* PANAX.

ARBOR CAMPHORIFERA. *Voyez* LAURUS CAMPHORA.

ARBOR CORAL. *Voyez* ERYTHRINA.

ARBOR JUDÆ. *Voyez* CERCIS.

ARBOREUS. Sert à nommer tout ce qui tient à la nature des arbres: c'eſt auſſi une épithete que les Botaniſtes appliquent aux plantes ſpongieuſes & aux mouſſes qui naîſſent ſur des arbres, pour les diſtinguer de celles qui croîſſent ſur la terre; comme l'Agaric, &c.

ARBOUSIER *ou* FRAISIER EN ARBRE. *Voyez* ARBUTUS.

ARBRE. Eſt une plante qui differe de l'arbriſſeau en ce qu'il n'a qu'une ſeule tige haute, ligneuſe, chargée de branches; tandis qu'un arbriſſeau eſt une plante plus baſſe, vivace, & avec pluſieurs tiges ou troncs.

ARBRES NAINS. Ils ont été autrefois beaucoup plus recherchés qu'ils ne le ſont aujourd'hui: ce n'eſt point ſeulement à l'introduction des eſpaliers dans les jardins Anglois qu'on doit attribuer le mépris où ils ſont tombés, mais principalement à la difficulté de les bien traiter, qui l'emporte ſur quelques avantages qui pourroient les rendre recommandables.

1°. La forme d'un Arbre nain eſt ſi difficile à rendre agréable, que ſouvent on eſt forcé de perdre le fruit pour y parvenir, malgré que le ſeul but qu'on ſe propoſe, en les plantant, ſoit de s'en procurer.

2°. Leurs branches étant étendues horiſontalement près de la ſurface de la terre, il n'eſt point aiſé de la labourer & de nettoyer au-deſſous.

3°. Ils occupent tant de place dans un jardin, quand ils ſont parvenus à une groſſeur conſidérable, qu'on ne peut rien planter ni ſemer entre-eux.

4°. Ces arbres étendant leurs branches près de la terre, font un ombrage continuel, qui ferme le paſſage à l'air & aux rayons du ſoleil autour de leurs tiges & de leurs racines; de maniere que les vapeurs qui s'y attachent ne peuvent être diſſipées; & étant au contraire attirées par les feuilles & les fruits, leur ſuc devient crud, mal ſain & de mauvais goût.

Il eſt auſſi très-difficile d'atteindre au milieu de ces arbres, quand ils ſont chargés de feuilles & de fruits, ſans en abattre quelques-uns ou briſer les jeunes branches; au-lieu qu'on peut viſiter toutes les parties d'un eſpalier dans tous les tems & ſans aucun danger, lorſqu'il eſt néceſſaire d'attacher les nouveaux rejettons, ou de tailler les plus vigoureux, qui retrancheroient la nourriture de l'Arbre ſi on les laiſſoit.

Il faut auſſi ajouter que les boutons à fruits des *Poiriers*, des *Pommiers*, & de la plupart des eſpeces de *Pruniers* & de *Ceriſiers*, ne paroiſſent qu'aux extrémités des rejettons de l'année précédente, on eſt forcé de les retrancher ſur les arbres nains, pour donner à ceux-ci une forme convenable, & leur faire pouſſer un plus grand nombre de branches latérales; de ſorte que toutes les eſpeces, dont les branches doivent être conſervées dans leur entier, ne peuvent point être élevées en Arbres nains, & que les *Pêchers* & les *Pavies* qui ſouffrent la taille, & qui, par cette raiſon, ſeroient propres à reſter nains, ſont d'ailleurs trop tendres pour être traités de cette maniere, & qu'on ne peut les préſerver de tous accidens qu'en les mettant en eſpalier contre une muraille bien expoſée. Toutes ces raiſons ont fait donner une préférence bien fondée aux eſpaliers. Si, cependant, quelqu'un déſire avoir des Arbres nains, malgré ce qui vient d'être dit, j'établirai quelques régles, d'après leſquelles on pourra ſe conduire dans leur traitement.

Pour ſe procurer des *Poiriers nains*, il faut les greffer ſur des tiges de *Coignaſſiers*; mais comme pluſieurs eſpeces n'y réuſſiroient pas, on doit choiſir celles qui conviennent le mieux, & qu'on veut cultiver pour les greffer.

Les tiges vigoureuſes ſont ſujettes à pouſſer trop fort, & de maniere à ne pouvoir être retenues. Les greffes doivent être poſées à ſix pouces environ au-deſſus de la terre, afin que la tête des Arbres ne s'éleve pas trop haut; & quand la greffe a produit quatre rejettons, on les arrête à leur extrémité, afin de les forcer à pouſſer des branches latérales.

Deux ans après avoir été greffés, ces Arbres ſeront en état d'être tranſplantés à demeure; mais on ne doit pas attendre plus long-tems, parce qu'étant trop vieux, ils réuſſiſſent rarement auſſi bien. Si on veut qu'ils profitent & qu'ils faſſent promptement des progrès, il eſt néceſſaire de laiſſer entre-eux un intervalle de vingt-cinq ou trente pieds, qu'on pourra couvrir durant leur jeuneſſe de différentes plantes étrangeres, en obſervant néanmoins de ne point trop les rapprocher de leurs racines.

Afin de maintenir ces Arbres dans une ſituation réguliere, & leur donner de bonne heure la forme qu'ils doivent avoir, on les entoure de plusieurs ſoutiens fixés en terre, auxquels on attache les branches dans une ſituation horiſontale ; ce qu'on ne pourroit plus faire par la ſuite, ſi on négligeoit de les aſſujettir dans leur jeuneſſe.

On trouvera à l'article de la taille des Arbres toutes les règles néceſſaires au traitement de ceux-ci ; j'obſerverai ſeulement comme une choſe eſſentielle & particuliere aux Arbres nains, qu'il faut être très-attentif à empêcher leurs branches de ſe croiſer, à retrancher exactement les jeunes rejettons auſſi-tôt qu'ils paroiſſent, & à ménager tous les boutons qui ſe préſentent au dehors.

Les eſpeces de *Poiriers* qui réuſſiſſent le mieux en Arbres nains, ſont tous les fruits d'été & d'automne ; ceux d'hiver n'y valent rien, parce qu'étant greffés ſur *Coignaſſiers*, ils ne produiſent ordinairement que des fruits pierreux & de mauvais goût.

Quoique les *Pommiers* greffés ſur des tiges de *Paradis*, puiſſent être auſſi élevés en Arbres nains, leur peu de durée fait qu'on ne les emploie guere que dans les très-petits jardins, comme un objet de curioſité, parce qu'ils produiſent plutôt leurs fruits, & qu'ils en donnent en plus grande quantité que ceux qui ſont greffés ſur des tiges de *Pommiers*.

Les Arbres greffés ſur *Paradis*, doivent être plantés à ſix ou huit pieds de diſtance ; & ceux qui ſont ſur des tiges *Hollandoiſes*, à dix-huit ou vingt pieds : mais ceux qui ont été greffés ſur *Pommiers*, exigent qu'on laiſſe entr'eux au moins vingt-cinq ou trente pieds d'intervalle. Le traitement qui convient à ces Arbres, eſt le même que celui qui a été indiqué pour les *Poiriers nains*.

Quelques perſonnes élevent auſſi des *Pruniers* & *Abricotiers* en Arbres nains ; mais comme ils ne reuſſiſſent pas toujours bien, parce qu'ils ſont d'une conſtitution délicate, & que d'ailleurs ils ne donnent ſous cette forme que des fruits très médiocres, je penſe qu'il eſt beaucoup plus avantageux de les mettre en eſpaliers, parce qu'alors on peut les traiter avec plus de facilité, leur donner une plus belle forme, & leur faire produire de meilleurs fruits.

ARBRE D'AMBRE. *Voyez* ANTHOSPERMUM.

ARBRE ARGENTÉ. *Voyez* PROTEA ARGENTEA.

ARBRE A BATON. *Voyez* CELASTRUS.

ARBRE DE BAUME. *Voyez* CLUSIA.

ARBRE A BOUTON. *Voyez* CONOCARPUS.

ARBRE A CALLEBASSE, *ou* CALLEBASSIER D'AMÉRIQUE. *Voyez* CRESCENTIA.

ARBRE A CHAPELET, FAUX SICOMORE, LILAS DES-INDES, *ou* AZEDARACH. *Voyez* MELIA.

ARBRE DE CIRE, PIMENT

MENT ROYAL, *ou* CIRIER. *Voyez* MYRICA CERIFERA.

ARBRE A CHOUX. *Voyez* PALMA ALTISSIMA.

ARBRE DE CORAIL. *Voyez* ERYTHRINA.

ARBRE A COTTON DE SOIE. *Voyez* BOMBAX.

ARBRE DE DRAGON. *Voyez* PALMA DRACO.

ARBRE A ENCENS. *Voyez* PINUS TÆDA.

ARBRE A GIROFLE, *ou* GEROFLE, *ou* DE CLOUX DE GIROFLE. *Voyez* CARYOPHYLLUS.

ARBRE A GRIVES, SORBIER DES OISELEURS, *ou* COCHENE. *Voyez* SORBUS AUCUPARIA.

ARBRE DE JUDÉE, *ou* GAINIER. *Voyez* CERCIS.

ARBRE LAITEUX DES ANTILLES. *Voyez* SIDEROXYLON.

ARBRES LANIGERES, font ceux qui portent une substance laineuse ou velue, comme on en voit ordinairement sur les chatons des Saules.

ARBRE DE MAHOGONY. *Voyez* CEDRUS MAHAGONI.

ARBRE DE MACAW. *Voyez* PALMA SPINOSA.

ARBRE A MAMELLES. *Voyez* MAMMEA.

ARBRE AU MASTIC, *ou* LENTISQUE. *Voyez* PISTACIA LENTISCUS.

ARBRE DE NEIGE, [SNOW-DROP TREE,] ARBRE A FRANGES, *ou* AMELANCHIER DE VIRGINIE. *Voyez* CHIONANTHUS.

ARBRE A PARASOL. *Voy.* MAGNOLIA TRIPETALA.

ARBRE A POISON. *Voyez* TOXICODENDRON.

ARBRE, *ou* BOIS PUANT. *Voyez* ANAGYRIS.

ARBRE DU SAGOU. *Voyez* PALMA POLYPODIFOLIA.

ARBRE DE SAINTE-LUCIE, *Voyez* PADUS AVIUM, CERASUS MAHALEB.

ARBRE AUX SAVONETTES. *Voyez* SAPINDUS.

ARBRE A TANNER LES CUIRS. *Voyez* CORIARIA.

ARBRE DE TOLU, *ou produisant* LE BAUME DE TOLU. *Voyez* TOLUIFERA.

ARBRE A TROMPETTES, *ou* BOIS DE COULEUVRE. *Voyez* CECROPIA.

ARBRE AUX TULIPES, *ou* TULIPIER. *Voy.* TULIPIFERA.

ARBRE DE VIE. *Voyez* THUYA.

ARBRE A VIS. *Voyez* HELICTERES.

ARBRISSEAU. Plante formée par une ou plusieurs tiges ligneuses & durables, qui s'élevent plus que celle de l'*Arbuste*, & moins que celle de l'*Arbre*.

ARBUSTE *ou* SOUS-ARBRISSEAU, est une plante vivace, qui a une ou plusieurs tiges ligneuses qui résistent au froid de nos hivers, & qui ne s'élevent qu'à la hauteur des simples plantes.

ARBUTUS. [*Strawberry-tree*,] *Fraisier en arbre. Arbousier.*

Caracteres. La fleur a un petit calice obtus, persistant & découpé en cinq portions, sur lequel est placé le germe. La fleur, monopétale, de la forme d'une cruche, divisée au bord en cinq parties tournées en arriere, a dix courets étamines, jointes au fond de la corolle, & couronnées par des sommets séparés en deux: au fond de la fleur est situé un germe globulaire qui soutient un style cylindrique, surmonté d'un stigmat épais & émoussé. Après la fleur, le germe devient une baye ovale ou ronde, à cinq cellules remplies de semences dures.

Ce genre de plantes fait partie de la dixieme classe de LINNÉE, intitulée: *Decandria monogynia*, qui comprend celle dont les fleurs ont dix étamines & un style.

Les especes sont:

1°. *Arbutus Unedo, foliis glabris, serratis, baccis polyspermis, caule erecto arboreo;* Arbousier avec des feuilles unies & sciées, des bayes renfermant plusieurs semences, & une tige érigée.

Arbutus folio serrato. C. B. P. 460; Arbousier ou Fraisier en arbre.

2°. *Arbutus Andrachne, foliis glabris, integerrimis, baccis polyspermis, caule erecto arboreo;* Fraisier en arbre, avec des feuilles unies & entieres, des bayes remplies de semences, & une tige érigée & ligneuse.

Arbutus folio non serrato. C. B. P. 46.

Andrachne Theophrasti. Clus. Hist. 48; Appelée *Andrachne.*

3°. *Arbutus Acadiensis, caulibus procumbentibus, foliis ovatis, subserratis, floribus sparsis, baccis polyspermis. Linn. Sp. Plant. 395;* Arbousier avec des tiges traînantes, des feuilles ovales un peu dentelées, des fleurs croîssant claires, & plusieurs semences.

Vitis Idæa Acadiensis, foliis alternis. Tourn. Inst.

4°. *Arbutus Alpina, caulibus procumbentibus, foliis rugosis, serratis. Flor. Lapp. 161;* Arbousier avec des tiges rampantes & des feuilles rudes & sciées.

Vitis Idæa, foliis oblongis albicantibus. C. B. P. 470.

5°. *Arbutus caulibus procumbentibus, foliis integerrimis. Flor. Lapp. 162;* Arbousier avec des tiges rampantes & des feuilles entieres.

6°. *Arbutus Uva Ursi, caulibus diffusis, foliis emarginatis;* Arbousier avec des tiges diffuses & des feuilles dentelées.

Uva Ursi. Clus. Hist. 1. P. 63. Baye d'Ours. Busserole ou Raisin d'Ours.

Radix Idæa putata & Uva Ursi. Bauh. Hist. 1. P. 524.

Unedo. La premiere espece, qui croît naturellement en Italie, en Espagne, ainsi qu'en Irlande, est à présent fort commune dans les jardins anglois; on en connoît plusieurs variétés; savoir, une premiere à fleurs oblongues & à fruits ovales; une seconde à fleurs doubles, & une troisieme à fleurs rouges: mais toutes ces différences ne sont que des variétés séminales, qu'on ne doit point regarder comme des especes distinctes, quoique je dusse peut-être en donner une description plus détaillée en faveur des curieux.

Andrachne. La seconde, originaire des pays orientaux, & surtout des environs de *Magnésie* [e], où elle croit en telle

[e] L'on connoit trois Villes

quantité qu'elle sert de matiere combustible aux habitans du pays, s'éleve sous la forme d'un arbre d'une grosseur mediocre, dont les branches irrégulieres, sont garnies de feuilles larges & ovales, à-peu-près semblables à celles du *Laurier*, mais un peu moins longues, unies, entieres, & sans dentelures à leurs bords: les fleurs ressemblent à celles de *l'Arbousier commun*, & elles croissent claires sur les branches; son fruit est ovale, & de la même couleur & de la même consistance que celui de l'espece commune; & les semences sont plates, au-lieu que celles de l'espece suivante sont pointues & angulaires. TOURNEFORT fait mention de trois variétés de cet arbre, qu'il a observées dans le Levant; l'une à feuilles sciées, qui est à présent dans plusieurs jardins anglois, & passe pour l'*Andrachné*; une autre avec des fruits gros & oblongs, & la troisieme avec des fruits gros & comprimés: mais on ne sait point si ces trois variétés ne sont pas accidentelles, & ne proviennent pas des semences de la premiere.

L'ARBOUSIER *ou* L'ARBRE DE FRAISES COMMUN, trop connu pour exiger ici une description, se trouve à présent dans la plupart des jardins anglois, dont il fait un des plus grands ornemens dans les mois d'Octobre & de Novembre, parce que c'est dans cette saison que ces arbres fleurissent, & que mûrissent les fruits de l'année précédente, comme il leur faut une année entiere pour se perfectionner. Ces arbres se trouvent en même tems chargés de fleurs & de fruits; ce qui produit un aspect d'autant plus agréable, que cette saison est celle où les autres arbres commencent à se dépouiller de leur verdure, & ont perdu toute leur beauté.

Les arbres qui ont des fruits gros & ovales, avec des fleurs grosses & oblongues, produisent le meilleur effet. L'espece à fleurs doubles est curieuse; mais comme ces fleurs n'ont que deux rangs de pétales, elles n'ont point d'apparence, & ne produisent que peu de fruits; ainsi l'autre doit lui être préférée. L'espece à fleurs rouges fait une belle variété, quand elle est entremêlée avec d'autres, étant à l'extérieur d'une belle couleur rouge, qui se change en pourpre, lorsque ces fleurs sont prêtes à tomber; le fruit de celle-ci est semblable à celui de l'espece commune: toutes ces variétés ne se perpétuent qu'en les greffant sur l'*Arbutus commun*, parce que les semences de chacune ne produisent pas le même accident, quoique les semences du fruit ovale en donnent généralement plus que celles de l'espece commune.

---

du nom de *Magnesie*, une en Grece & deux dans l'Asie-mineure: de ces dernieres *Magnesie* ou *Manachie* près de L'*Hermus* est la plus celébre, à présent & celle probablement que l'Auteur a voulu indiquer.

Comme on multiplie plus avantageusement l'*Arbousier* par ses semences que de toute autre maniere, il faut en recueillir les fruits lorsqu'ils sont parfaitement mûrs, & les placer dans du sable sec, pour les conserver jusqu'au tems où l'on doit les mettre en terre. Dans le courant du mois de Décembre, on seme ces graines dans des pots, qu'on plonge dans une vieille couche de tan qui a perdu sa chaleur, en couvrant seulement la couche avec des vitrages, pour empêcher les gelées d'y pénétrer. Si ces semences sont bonnes, elles poufferont au commencement d'Avril : à mesure que le printems avancera, on les arrosera souvent & légèrement, & on les tiendra nettes de mauvaises herbes.

Lorsque le tems devient plus chaud, on avance leur accroîssement, en les tenant pendant le jour à l'abri du soleil, & en les exposant à l'air durant la nuit, afin de les faire jouïr de la fraîcheur & des rosées. Ces plantes étant ainsi traitées, elles s'éleveront dès le premier été jusqu'à la hauteur de cinq ou six pouces. Au commencement d'Octobre, on peut les enlever des pots où elles ont été semées, & les placer séparément dans de petits pots remplis de terre légère, qu'on plonge dans une vieille couche de tan, sous un châssis ordinaire, en observant de les abriter du soleil au milieu du jour, & de les arroser toutes les fois qu'elles en auront besoin. Les pots peuvent rester dans cette couche pendant tout l'hiver, avec l'attention de les exposer en plein air lorsque le tems est favorable, & de les garantir des gelées (qui ne manqueroient point de les détruire) en les couvrant avec soin.

Au printems suivant, les pots doivent être placés dans une couche de chaleur très-modérée, où ils n'exigeront d'autre couverture que des nattes : par ce moyen, les plantes seront en état de pousser de bonne heure en été de forts rejettons ; & de mieux résister au froid de l'hiver. On peut les laisser dans cette couche pendant la plus grande partie de l'été ; car si on les en tiroit plutôt pour les exposer en plein air, la terre des pots se dessècheroit si promptement qu'aucun arrosement ne pourroit y remédier : mais si au contraire elles passent tout l'été dans la couche, elles auront acquis plus d'un pied de hauteur dès l'automne suivant. Tant que les plantes seront conservées dans des pots, il sera prudent de les tenir à couvert des gelées, en les plongeant dans la terre à des expositions chaudes, & en les couvrant de nattes dans les mauvais tems.

Quand les plantes sont parvenues à la hauteur de deux ou trois pieds, il faut les tirer des pots au mois d'Avril, pour les mettre en pleine terre dans les endroits qui leur sont destinés, afin qu'elles aient le tems de former de bonnes racines avant l'hiver, dont les rigueurs leur feroient très-nuisibles, si elles étoient nouvellement plantées; & comme on peut conserver la motte autour de leurs racines, on est assuré qu'elles réussiront dans cette saison.

Ces plantes sont assez dures pour subsister en pleine terre dans toutes les saisons, à moins qu'il ne survienne des hivers extrêmement rigoureux, qui détruisent ordinairement les jeunes plantes, ainsi que les branches de la premiere poussée, mais presque jamais les racines. Ainsi, lorsqu'après ces grands hivers, les plantes paroissent mortes, il ne faut point y toucher: mais il est bon de les laisser jusqu'à l'été suivant, afin de distinguer celles qui ont péri de celles qui peuvent encore repousser; car après les hivers de 1728 à 29, & de 1739 à 40, plusieurs personnes ayant regardé quelques-uns de ces arbres comme détruits, les ont arrachés, pendant que ceux qui ont eu la patience d'attendre, en ont perdu à peine un seul sur cinq-cents.

Cet arbre se plaît dans un sol humide. Lorsqu'il est planté dans un terrein sec, il produit rarement beaucoup de fruit: ses fleurs, qui se montrent en automne, sont toujours détruites, si l'hiver est dur; ce qui est cause qu'il n'a produit que de très-petits fruits en Angleterre pendant plusieurs années; de maniere que, pour en obtenir, il faut placer ces arbres dans une exposition chaude; & si la terre n'y est pas naturellement humide, il est nécessaire de mêler à celle qui garnit leurs racines une bonne quantité de marne & de fumier de vaches, & de les arroser souvent, sur-tout si le printems est sec.

La meilleure saison pour transplanter l'*Arbousier*, est en Septembre, dans le moment où ses fleurs commencent à paroître; & si alors le tems est sec, & que la terre soit arrosée, il reprendra bientôt: mais il sera nécessaire de couvrir le dessus des racines avec du terreau, au commencement de Novembre, pour empêcher la gelée d'y pénétrer.

Acadiensis. La troisieme espece, qui croît naturellement en Acadie, & en d'autres parties septentrionales de l'Amérique, sur des terres marécageuses, & souvent inondées, est un arbrisseau bas qui vient en buisson, avec des branches minces & rampantes, garnies de feuilles ovales, un peu sciées à leurs bords: ses fleurs sortent des aîles des feuilles, & croîssent en paquets minces & clairs. Cette espece n'a jamais produit de fruits en Angleterre, où on la conserve difficilement.

Alpina. La quatrieme, originaire du sommet des Alpes & des montagnes de la Suisse, est une plante basse, qui pousse de sa racine plusieurs branches minces, traînantes sur la terre, & garnies de feuilles oblongues, rudes & d'un verd pâle: ses fleurs, produites aux aîles des feuilles sur des pédoncules longs & minces, font fuivies par des bayes de la groffeur environ d'une *Cerife* noire commune, qui font d'abord vertes, enfuite rouges, & enfin deviennent noire en mûriffant: elles ont un goût agréable, & fervent à la nourriture des habitans des pays où elles croîffent. Cette plante eft très-difficile à conferver dans les jardins, parce qu'elle vient ordinairement dans les marais & dans les mouffes où la terre n'eft jamais fèche.

La cinquieme, qu'on trouve fur les montagnes d'Efpagne & dans la plupart des parties feptentrionales de l'Europe, eft garnie de branches traînantes, couvertes de feuilles unies, épaiffes, ovales & alternes: fes fleurs, de la même forme que celles de l'efpece commune, mais plus petites, font produites en petits paquets vers l'extrémité des branches, & font fuivies par des bayes de la même groffeur, qui deviennent rouges à leur maturité.

Cette efpece eft très-rare dans les jardins Anglois, parce qu'elle croît naturellement dans des pays très-froids & couverts de neige pendant tout l'hiver, ou dans des fondrieres au milieu de la mouffe; de maniere qu'elle ne profite guere dans les jardins, & n'y dure que deux ou trois ans, malgré qu'on ait conftruit exprès des fondrieres artificielles, & qu'on ait apporté à fa culture tous les foins imaginables: ainfi il ne refte d'autre moyen de la faire réuffir que de la planter dans des fondrieres naturelles.

Uva Urfi. La fixieme, qui croît fur le Mont-Cenis en Savoie & fur quelques montagnes d'Efpagne, a des tiges ligneufes, élevées à la hauteur de deux ou trois pieds, & divifées en plufieurs branches touffues, fortement garnies de feuilles rondes, charnues & découpées au fommet: fes fleurs, d'une couleur herbacée, rayée de pourpre, font produites en grappes vers l'extrémité des branches, & ont la même forme que celles du *Fraifier* en arbre.

Cette efpece eft fi rare en Angleterre, qu'elle n'eft pas même fort connue des Botaniftes, dont la plupart fe font fingulièrement trompés en la regardant comme la cinquieme efpece dont CLUSIUS fait mention.

L'*Andrachne* à préfent fort rare en Angleterre, peut être multipliée de la même maniere que l'*Arbutus* commun; mais comme dans le nombre des plantes de cette efpece, qu'on cultive ici, il n'y en a aucune qui produife du fruit, il faut s'en procurer des femences du Levant, où on la trouve en abondance. Ces arbres ont des feuilles plus larges que celles des efpeces communes, & produifent un plus bel effet; & comme, outre cet avantage, ils ont encore celui de pouvoir fubfifter en pleine terre pendant toutes les faifons, ils méritent d'être cultivés par préférence dans les jardins. Il eft bon d'obferver que ces arbres ne résistent aux froids de nos hivers que lorsqu'ils ont acquis une tige ligneuse ; mais que dans leur jeunesse, ils y sont très-sensibles, & veulent être conservés en pots pendant trois ou quatre années, avant d'être plantés dans un terrein sec, à une exposition chaude.

ARBUTUS RAMPANT. *Voyez.* ÆPIGÆA. L.

ARC-EN CIEL. C'est un météore en forme d'arc de cercle composé de plusieurs couleurs, & représenté dans un nuage placé à l'opposite du soleil par la réfraction de ses rayons dans les gouttes de pluie qui tombent.

NEWTON observe que l'Arc-en-Ciel ne paroît que lorsque le soleil luit pendant la pluie; & qu'on peut le représenter artificiellement en faisant tomber de l'eau en gouttes comme la pluie; les rayons du soleil, venant à traverser ces gouttes, font voir au spectateur placé entre le soleil & la pluie un Arc qui devient plus apparent si un corps noir est placé derriere ces gouttes.

ANTONIO DE DOMINIS a expliqué en 1611 la cause de l'Arc-en-Ciel, & la maniere dont il se forme, par la réfraction des rayons du soleil dans les gouttes d'eau sphériques qui tombent des nuages : il confirme cette explication par des expériences faites avec des globes de verre remplis d'eau. DESCARTES a adopté cette théorie sur ce phénomene & il l'a perfectionnée.

Mais comme tous deux ignoroient la vraie cause & l'origine des couleurs, les explications qu'ils ont données de ce météore, sont défectueuses, & en quelques points erronées, il étoit réservé à la doctrine glorieuse de NEWTON d'y suppléer, & de les corriger.

Voici les propriétés qu'on attribue à l'Arc-en-ciel.

1°. Il ne paroît jamais qu'à l'opposite du soleil; de sorte que, quand nous regardons l'Arc-en-ciel, le soleil est toujours derriere nous.

2°. Quand l'Arc-en-ciel paroît, il pleut toujours en quelque endroit.

3°. L'ordre constant des couleurs est que celle du dehors soit d'un rouge safranné, la seconde jaune, la troisieme verte, la quatrieme violette ou bleue; mais ces couleurs ne sont pas également brillantes.

4°. Il arrive pour la plupart que deux Arc-en-ciels concentriques paroîssent ensemble ; le plus grand & le plus élevé est moins vif & a ses couleurs dans un ordre contraire à celui qu'elles ont dans le plus petit.

5°. L'Arc-en-ciel est toujours exactement rond, mais on ne le voit pas toujours également entier, les parties supérieures ou inférieures manquant quelquefois (1).

(1) Quoique l'Iris ou Arc-en-Ciel, décrive un cercle parfait, le spectateur ne peut néanmoins

6°. Sa largeur apparente eſt toujours la même.

7°. Ceux qui ſont placés ſur un terrein uni & bas ne voient jamais plus de la moitié de l'Arc-en-ciel, & le plus ſouvent moins.

8°. Plus le ſoleil eſt élevé au-deſſus de l'horiſon, moins on voit du cercle de l'Arc-en-ciel; plus au contraire il eſt près de ſon lever ou de ſon coucher (s'il n'eſt point caché par des nuages), plus l'Arc-en-ciel paroît grand.

9°. L'Arc-en-ciel ne paroît jamais quand le ſoleil eſt à plus de quarante-un dégrés, quarante-ſix minutes de hauteur (1).

L'Arc Lunaire. la lune montre auſſi le phénomene de l'Iris ou d'un Arc, par la réfraction de ſes rayons dans les gouttes d'eau. Aristote dit avoir été le premier qui l'ait obſervé; il ajoûte que ce phénomene n'eſt jamais viſible que dans la pleine lune, la lumiere de cet aſtre étant dans les autres tems trop foible pour être réfléchie. Après deux réfractions & une réflexion, l'Iris lunaire a toutes les couleurs de l'Arc du ſoleil; elles ſont diſtinctes & agréables, mais plus foibles que celles de l'autre Iris; ce qui vient de la différente intenſité des rayons, & de la différente diſpoſition du milieu.

L'Arc Marin eſt un phénomene que l'on obſerve quelquefois dans une grande agitation de la mer, lorſque le vent, balayant le ſommet des vagues, les éleve & les diſperſe; les rayons du ſoleil donnant alors deſſus, ils ſont réfléchis comme dans un nuage ordinaire, & produiſent toutes les couleurs de l'Arc-en-ciel.

F. Bourzes, dans les Tranſactions Philoſophiques, obſerve que les couleurs de l'Arc Marin ſont moins vives, moins

---

en voir qu'une partie; une portion plus ou moins conſidérable de la baſe du cône de lumiere réfléchi par ce cercle brillant, & dont ſon œil occupe le ſommet, eſt cachée par l'horiſon, & il faudroit qu'il fût très-élevé au-deſſus de la ſurface de la terre, pour qu'il pût le découvrir en entier: ce cercle paroit d'ailleurs plus grand ou plus petit, ſuivant que le ſoleil eſt plus ou moins élevé: quand cet aſtre eſt à l'horiſon, l'Arc en-Ciel eſt auſſi grand qu'il peut l'être; il diminue, au contraire, à meſure que le ſoleil s'éleve; & lorſqu'il eſt parvenu au-deſſus de la hauteur de 42 dégrés 2 minutes, le phénomène diſparoît.

(1) On voit quelquefois un Arc-en-Ciel renverſé, de maniere que ſa partie convexe touche la terre, & que ſes branches ſont tournées vers le ciel. Ce phénomène arrive toutes les fois que, par un tems calme, les rayons du ſoleil fortement réfléchis ſur la ſurface d'un étang, d'un lac ou d'une mer, ſont portés vers une nue qui ſe diſſout en pluie: les couleurs de cet Arc ſont foibles & peu diſtinctes, parce que les rayons réfléchis ont moins de force que les rayons directs.

diftinctes & moins durables que celles de l'Arc ordinaire, & qu'on a de la peine à y diftinguer plus de deux couleurs : on voit feulement un jaune obfcur du côté du foleil, & un verd pâle fur le bord oppofé. Ces Arcs Marins font plus nombreux que les autres ; on en obferve quelquefois vingt ou trente enfemble : ils paroiffent à midi, & dans une pofition oppofée à celle de l'Arc ordinaire ; c'eft-à-dire que le côté concave eft tourné en-haut : cela doit être d'après les raifons qu'on apporte pour expliquer la formation de l'Arc-en-ciel ordinaire.

ARCHANGE, *ou* ORTIE MORTE. *Voyez* LAMIUM.

ARCTIUM. *Linn. Gen. 830. Lappa. Tourn. Inft. R. H.* [*Burdock*,] *Bardane* ou *Glouteron. Herbe aux teigneux*, *le Pétafite.*

Caracteres. Le calice de la fleur eft écailleux ; chaque écaille fe termine en une longue épine réfléchie à l'extrémité. La fleur eft compofée de plufieurs fleurettes tubuleufes, uniformes, & d'une feule feuille, dont le tube eft long, mince, & découpé en cinq fegmens étroits au fommet : elles ont chacune cinq étamines minces, couronnées de fommets cylindriques : le germe, fitué au fond du tube, a fon fommet velu, & foutient un ftyle long & mince, furmonté par un ftigmat mince, & divifé en deux parties : le germe fe change enfuite en une femence fimple, pyramidale, angulaire, & couronnée de duvet.

Ce genre de plante eft rangé dans la premiere fection de la dix-feptieme claffe de LINNÉE, intitulée : *Syngenefia polygamia æqualis*, parce que les fleurs ont un nombre égal de fleurettes mâles & hermaphrodites renfermées dans un calice commun.

Les efpeces font :

1°. *Arctium Lappa*, *foliis cordatis*, *inermibus*, *petiolatis*, *capitulis majoribus fparfis. B.* ; Bardane avec des feuilles en forme de cœur fans épines, des pétioles, & de groffes têtes éparfes. Le Glouteron, ou la Bardane.

Lappa major, *five Arctium Diofcoridis. Bauh. Pin. 198.*

Bardana, *five Lappa major. Dod. Pempt. 58.*

Perfonata. Can. Epit. 887.

2°. *Arctium perfonata*, *foliis cordatis*, *inermibus*, *capitulis minoribus compactis* ; Bardane à feuilles en forme de cœur fans épines, & à petites têtes placées les unes très-près des autres.

Carduus mollis lati-folius, *Lappæ capitulis. Bauh. Pin. 377.*

3°. *Arctium tomentofa*, *foliis cordatis*, *inermibus*, *capitulis tomentofo-reticulatis* ; Bardane avec des feuilles en forme de cœur fans épines, & des petites têtes laineufes & brodées.

Lappa. Perfonata. Les deux premieres efpeces font des herbes fauvages & communes, qui croiffent fréquemment en Angleterre fur les bords des routes & des fentiers, ce qui eſt cauſe qu'on ne les cultive point dans les jardins. La premiere étant ordonnée dans l'uſage de la Médecine par le Collége de la Faculté à Londres, j'en ai fait mention ici : la ſeconde eſt regardée par pluſieurs comme une variété de la premiere ; mais comme j'ai ſemé ces deux eſpeces pendant pluſieurs années dans les jardins de *Chelſea*, où elles ont conſervé conſtamment leurs différences, je puis certifier qu'elles forment deux eſpeces parfaitement diſtinctes. La premiere eſt appelée par GASPARD BAUHIN : *Lappa major, ſive Arctium Dioſcoridis. Pin. 198* ; la plus grande Bardane, *ou* Arctium de Diſcoride. La ſeconde eſt intitulée par VAILLANT : *Lappa vulgaris, capitulo minore. Act. Par. 1718* ; Bardane commune, avec une petite tête (1).

Tomentoſa. La troiſieme ne croît pas naturellement en Angleterre, mais elle eſt originaire des montagnes de l'Appenin : ſes feuilles different de celles de l'eſpece commune, en ce qu'elles ſont plus blanches en-deſſous : ſes têtes ſont plus ſerrées ; & ſes fleurettes, d'un rouge brillant, ont leurs calices joliment brodés avec un duvet fin, en quoi conſiſte la plus grande différence de cette eſpece avec la premiere, dont elle a été auſſi regardée comme une variété : mais après l'avoir cultivée pendant plus de quarante ans, je puis aſſurer qu'elle n'a jamais varié ; de ſorte que c'eſt certainement une eſpece diſtinguée. Elle a été nommée par GASPARD BAUHIN, *Lappa major montana, capitulis tomentoſis. Pin. 198* ; la plus grande

(1) Les fleurs, les feuilles, les graines & les racines de Bardane ſont employées en Médecine ; mais on fait un uſage beaucoup plus fréquent de la racine que des autres parties de cette plante.

Cette racine n'a point d'odeur, mais elle a un goût douceâtre & légèrement amer ; auſſi ne fournit-elle par l'analyſe aucune partie volatile, mais ſeulement un gros & demi de ſubſtance gommeuſe, & deux ſcrupules de ſubſtance réſineuſe, & un peu de ſel marin ou de nitre, ſur une once ſoumiſe aux agens chimiques.

Toute la plante eſt légèrement ſudorifique, diurétique, déterſive altérante, réſolutive & fortifiante ; on uſe de ſes racines en décoction dans l'eau & le vin, dans les affections néphrétiques & arthritiques, dans les maladies de peau, les obſtructions des viſceres, les maladies vénériennes, le ſcorbut, &c. : ſa doſe eſt depuis deux gros juſqu'à une once.

On applique ſes feuilles en forme de cataplaſme, comme un excellent réſolutif dans les tumeurs des articulations.

Ses ſemences données en poudre, en infuſion vineuſe ou en émulſion, ſont très-diurétiques & conviennent dans la néphrétique & l'hydropiſie.

Ses jeunes tiges, cuites à la maniere des *Aſperges*, forment un aliment ſain & agréable, dont on fait uſage dans quelques endroits.

La Bardane entre dans l'onguent *populeum* & dans le *diabotanum*.

Bardane de montagne, avec des têtes laineuses.

Comme ces plantes sont rarement admises dans les jardins, il est inutile de parler de leur culture; & quoiqu'elles soient des herbes incommodes qui se multiplient en abondance, il est très facile de les détruire, & de s'en débarrasser entièrement en peu d'années, en les empêchant de porter semence, parce que leurs racines ne durent que deux ans. Les plantes de ces especes, qui viennent de semences, ne fleurissent que la seconde année, & leurs racines périssent aussi-tôt que les semences sont mûres.

ARCTOTIS. Cette plante a été originairement connue sous le titre d'*Anemono-spermos*, à cause de la ressemblance de ses semences avec celles des *Anemones*.

Caracteres. Le calice commun est rond & écailleux; les écailles de la partie basse sont plus desserrées, & en forme d'alêne; celles du milieu sont ovales, & celles du sommet concaves. La fleur est composée de plusieurs fleurettes femelles, rangées en rayons sur le bord; elles ont un côté étendu en-dehors en forme de langue, & un germe ovale à quatre angles, situé dans le centre, couronné de duvet, & soutenant un style mince surmonté de deux stigmats ovales : le germe se change ensuite en une semence simple & ronde, couronnée d'un duvet mou. Le disque de la fleur est composé de fleurettes hermaphrodites en forme d'entonnoir, divisées au sommet en cinq parties réfléchies; elles ont cinq étamines couronnées de sommets courts, dont le centre est occupé par un petit germe, qui soutient un style cylindrique avec un simple stigmat. Ces fleurs sont abortives.

Les plantes de ce genre étant composées de fleurettes femelles & hermaphrodites, LINNÉE, les a placées dans la quatrieme section de sa dix-septieme classe, qui a pour titre : *Syngenesia Polygamia necessaria.* Dans quelques especes, les fleurettes du disque sont fertiles, & dans d'autres elles sont stériles.

Les especes sont :

1°. *Arctotis tristis, flosculis radiantibus vicenis tripartitis. Linn. Sp. 1306;* Arctotis avec des rayons composés de fleurettes découpées en trois segmens.

Anemono-spermos Afra, foliis & facie Taraxaci incanis. Breyn. Prod. T. 15.

2°. *Arctotis angusti-folia, flosculis radiantibus, fertilibus, foliis lanceolatis, integris, dentatis. Linn. Sp. 1306;* Arctotis, dont les fleurettes des rayons sont fertiles, & les feuilles en forme de lance, entieres, & dentelées.

Anemono-spermos Afra, folio serrato, rigido, flore intùs sulphureo, extùs puniceo. Boerh. Ind. Alt. 1. P. 100.

3°. *Arctotis aspera, flosculis radiantibus, fertilibus, foliis pinnato-sinuatis, villosis, laciniis oblongis, dentatis. Linn. Sp.*

1307 ; Arctotis, dont les fleurettes des rayons sont fertiles, & les feuilles découpées en pointes, oblongues, & velues.

Anemono-spermos Afra, folio Jacobææ, tenuiter laciniato, flore aurantio pulcherrimo. Boerh. Ind. Alt. 1. P. 100.

Arctotheca, Jacobææ folio, radiis florum intùs luteis, extùs purpureis. Vaill. Act. 1720. n. 428.

4°. *Arctotis Calendula, flosculis radiantibus sterilibus duodenis subintegris, foliis lyratis nigrodenticulatis. Linn. Sp. 1306* ; Arctotis, dont les fleurettes du rayon sont stériles & presqu'entieres ; & les feuilles en forme de lyre, & dentelées.

Anemono-spermos Africana, Jacobææ maritimæ foliis, flore sulphureo. Comm. Rar. 36.

Anemone affinis Æthiopica. Herm. Lugd. B. 43. T. 42.

5°. *Arctotis plantaginea, flosculis radiantibus fertilibus, foliis lanceolato-ovatis, nervosis, decurrentibus, amplexicaulibus. Linn. Sp. 1306* ; Arctotis, dont les fleurettes des rayons sont fertiles, & les feuilles ovales, en forme de lance, nerveuses, courantes, & embrassant les tiges.

Anemono-spermos Afra, folio plantaginis, florum radiis intùs aureis, extùs puniceis. Boerh. Ind. 1. P. 100.

6°. *Arctotis acaulis pedunculis radicalibus, foliis lyratis. Linn. Sp. 1306* ; Arctotis, dont les pedoncules sortent de la racine, & les feuilles sont en forme de lyre.

Anemono-spermos Africana, folio plantaginis, flore sulphureo Comm. Rar. 35.

7°. *Arctotis, foliis pinnato laciniatis, crispis, caule ramoso fruticoso* ; Arctotis, avec des feuilles aîlées, dentelées & frisées, & une tige branchue en arbrisseau.

Anemono-spermos Africana, foliis Cardui benedicti, florum radiis intùs albicantibus. Hort. Amst. 2. 45.

8°. *Arctotis paleacea, flosculis radiantibus sterilibus, paleis flosculos disci æquantibus, foliis pinnatis, linearibus. Amœn. Acad. 6. Afr. 84* ; Arctotis, dont les fleurettes du rayon sont stériles, les lames des fleurs égales dans le disque, & les feuilles linéaires, & aîlées.

Aster foliis integris angustis, flore magno luteo. Burm. Afr. 176.

Ces plantes sont originaires des environs du Cap de Bonne-Espérance, d'où elles ont été apportées dans les jardins de quelques curieux.

Tristis. La premiere espece est une plante annuelle, qui peut être semée en plein air dans le courant d'Avril sur une plate-bande chaude de terre légere, où elle doit rester : elle fleurit en Août ; & si la saison est favorable, elle perfectionnera très-bien ses semences, & la plante y croîtra beaucoup mieux que si elle avoit été élevée sur une couche chaude ; mais comme souvent dans les saisons froides les semences ne mûrissent point, il sera prudent d'en élever quelques-unes sur une couche chaude, où elles ne manqueront jamais de perfectionner leurs semences, pourvu qu'elles ne soient pas traitées trop délicatement.

Angusti-folia. Aspera. Calendula. Les seconde, troisieme, quatrieme & septieme especes s'élevant à la hauteur de cinq ou six pieds, & poussant plusieurs branches, exigent d'être souvent taillées pour être tenues en ordre : ces soins sont sur-tout nécessaires pour la septieme qui produit de forts rejettons, qui s'écartent lorsque ses racines ne sont pas beaucoup gênées dans les pots, & qu'on les arrose souvent.

Ces plantes étant chargées de fleurs presque toute l'année; excepté dans les hivers rudes, sont infiniment préférables à celles qui ne fleurissent que dans une saison : elles font en hiver un très-bel effet dans la serre; & quand en été on les expose en plein air, elles se couvrent de fleurs, & contribuent beaucoup à l'ornement des jardins.

Les especes en arbrisseau se multiplient par boutures, que l'on place dans une planche de terre fraîche & légere, en quelque mois de l'été que ce soit, en observant de les tenir à l'ombre, & de les arroser souvent, jusqu'à ce qu'elles aient poussé des racines; ce qui aura lieu environ six semaines après : on les transplante alors dans des pots remplis de terre fraîche, qu'on place à l'ombre jusqu'à ce qu'elles aient formé de nouvelles racines; on les expose ensuite en plein air, & on les y laisse jusqu'à la fin d'Octobre, ou même plus tard, si la saison est favorable : après quoi on les transporte dans la serre, où on les met le plus près des vitrages qu'il est possible, afin qu'elles puissent avoir beaucoup d'air dans les tems doux, & on a l'attention de ne les point placer sous les autres plantes dont l'ombre les détruiroit après les avoir fait moisir. Ces plantes veulent être souvent & copieusement arrosées dans les tems doux, & sur-tout en été, sans cela leurs branches & leurs feuilles baisseront & se faneront : il sera nécessaire de les changer de pots au moins deux ou trois fois durant chaque été, & de les déplacer souvent pour empêcher que leurs racines ne pénetrent dans la terre par les trous des pots; car quand cela arrive, elles poussent trop vigoureusement; & lorsqu'on vient après à les changer de place, ces racines sont déchirées, & les plantes périssent quelquefois.

Toutes ces especes doivent être souvent renouvellées par des boutures, parce que les vieilles étant sujettes à se flétrir en hiver, on s'en trouve bientôt privé, si on néglige d'élever de jeunes plantes.

On éprouvera beaucoup de difficultés à conserver quelques-unes de ces especes, si la serre qui les renferme en hiver est naturellement humide : les fenetres étant tenues fermées, les parties tendres de leurs rejettons se moiſiſſent aiſément, & les plantes périſſent, ſi elles ne ſont pas ſouvent nettoyées, & ſi on ne leur donne pas un air libre pour diſſiper l'humidité.

ARGEMONE, ainſi appelée de 'Αργεμα, *maladie dans l'œil*, qu'on prétend pouvoir être guérie par cette plante; on l'appelle auſſi *Figue infernale*, parce que ſa capſule reſſemble un peu à la *Figue*, & qu'elle eſt hériſſée de pointes. [*Prickly Poppy*] *Pavot épineux*, *Pavot du Mexique*, *ou Chardon béni des Américains.*

Caracteres. Le calice eſt un voile ou ſpathe à trois feuilles qui tombent : la fleur a cinq pétales ronds, plus larges que le voile, qui s'étendent & s'ouvrent : dans le centre eſt ſitué un germe ovale à cinq angles, couronné d'un ſtigmat large, obtus, perſiſtant, diviſé en cinq parties, & accompagné d'un grand nombre d'étamines couronnées de ſommets oblongs & érigés : le germe devient enſuite une capſule ovale à cinq angles, & autant de cellules remplies de petites ſemences rudes.

Ce genre de plantes eſt rangé dans la treizieme claſſe de LINNÉE, intitulée : *Polyandria Monogynia*, les fleurs ayant pluſieurs étamines & un germe.

Nous n'avons qu'une eſpece de ce genre, qui eſt :

Argemone Mexicana, *capſulis quinque-valvibus*, *foliis ſpinoſis. Linn. Sp. 727*; Pavot épineux, dont les capſules ont cinq valvules, & les feuilles ſont épineuſes; *ou* Pavot épineux du Mexique.

Papaver ſpinoſum. C. B. P. 171.

Cette plante annuelle, fort commune dans la plus grande partie des Indes Orientales, eſt appelée par les Eſpagnols, *Fico del Infierno*, *Figue du Diable*; elle a peu de beauté, & n'eſt, de ma connoiſſance, propre à aucun uſage; on doit la ſemer au printems ſur une planche de terre légere, où elle doit reſter. Lorſque les plantes ſont trop épaiſſes, on les éclaircit pour les laiſſer à quatre pouces de diſtance; & lorſqu'on lui donne le tems d'écarter ſes ſemences, elle ſe multiplie annuellement & ſans aucun ſoin.

ARGENTINE. *Voy.* POTENTILLA ARGENTEA.

ARGILLE; c'eſt une eſpece de terre blanche comme de la craie, mais plus caſſante. *Terre Glaiſe de Potiers.*

ARIA THEOPHRASTI. *V.* CRATÆGUS.

ARISARUM. *Voyez* ARUM.

ARISTA, un filet fort pointu, appelé *Barbe*, qui ſort des épis de grains.

ARISTOLOCHE. *Voyez* ARISTOLOCHIA, TORDYLIUM. L.

ARISTOLOCHIA. 'Αριστολοχια, de ἄριστος, très-bon, & λοχεια, *lochies*; parce qu'elle eſt regardée comme bonne pour exciter les évacuations qui ſuivent l'accouchement. [*Birthwort*,] *Ariſtoloche.*

Caracteres. La fleur n'a point de calice, mais un ſeul pétale inégal, dont la bâse est gonflée & globulaire, & s'étend ensuite en un tube cylindrique, qui s'avance à l'extrémité, ayant sa partie basse en forme de langue : elle n'a point d'étamines, mais six antheres jointes à la partie basse du stigmat; le germe oblong, globulaire & situé sous la fleur, soutient un stigmat concave, globulaire & divisé en six parties : le germe devient ensuite une grande capsule de différentes formes, qui s'ouvre en six cellules, remplies de semences, pour la plupart serrées.

Ce genre de plante est un de ceux qui forment la cinquieme section de la vingtieme classe de LINNÉE, appelée : *Gynandria hexandria*, les fleurs étant mâles & femelles dans la même espece, n'ayant point de filets, mais seulement six antheres posés sur le réceptacle.

Les especes sont :

1°. *Aristolochia rotunda, foliis cordatis, subsessilibus, obtusis, caule infirmo, floribus solitariis. Linn. Sp. Plant.* 962 ; Aristoloche avec des feuilles émoussées & en forme de cœur, une tige foible & des fleurs simples.

Aristolochia rotunda, flore ex purpurâ nigro. C. B. P. 307.

Aristolochia rotunda, flore ex albo purpurascente. Bauh. Pin. 307 ; Variété.

2°. *Aristolochia longa, foliis cordatis, petiolatis, integerrimis, obtusiusculis, caule infirmo, floribus solitariis. Linn. Sp. Plant.* 962 ; Aristoloche avec des feuilles entieres, en forme de cœur, & émoussées, des pétioles, une tige foible & des fleurs croîssant simples.

Aristolochia longa vera. C. B. P. 307.

3°. *Aristolochia clematitis, foliis cordatis, caule erecto, floribus axillaribus confertis. Hort. Upsal.* 279 ; Aristoloche avec des feuilles en forme de cœur, une tige droite & des fleurs croîssant ramassées sur les côtés.

Aristolochia clematitis recta. C. B. P. 307.

4°. *Aristolochia Pistolochia, foliis cordatis, crenulatis, petiolatis, floribus solitariis. Linn. Sp. Plant.* 962 ; Aristoloche avec des feuilles en forme de cœur & dentelées, des pétioles & des fleurs simples.

Aristolochia, Pistolochia dicta. C. B. P. 307.

Pistolochia. Clus. Hist. 2. *P.* 72. *Dod. Pempt.* 525.

5°. *Aristolochia sempervirens, foliis cordato-oblongis, undatis, caule infirmo, floribus solitariis. Linn. Sp. Plant.* 961 ; Aristoloche avec des feuilles oblongues, en forme de cœur, & ondées, une tige foible & des fleurs simples.

Aristolochia, Pistolochia dicta Cretica, foliis smylacis, semper virens H. L.

Pistolochia Cretica. Bauh. Pin. 307.

6°. *Aristolochia serpentaria, foliis cordato-oblongis, planis, caulibus infirmis, flexuosis, teretibus, floribus solitariis. Linn. Sp. Plant.* 961 ; Aristoloche avec des feuilles unies, oblongues & en forme de cœur, des tiges foibles & flexibles, & des fleurs ſimples.

Ariſtolochia Piſtolochia, ſive ſerpentaria Virginiana. Pluk. Alm. 50; Ariſtoloche de Virginie.

7°. *Ariſtolochia arboreſcens, foliis cordato-lanceolatis, caule erecto fruticoſo. Linn. Sp. Plant. 960;* Ariſtoloche avec des feuilles lancéolées & en forme de cœur, & une tige droite d'arbriſſeau.

Ariſtolochia polyrrhizos, auriculatis foliis, Virginiana. Pluk. Alm. 50.

8°. *Ariſtolochia Indica, foliis cordato-oblongis, caule volubili, pedunculis multi-floris. Flor. Zeyl. 323;* Ariſtoloche avec des feuilles oblongues en forme de cœur, une tige tortillante & pluſieurs fleurs ſur chaque pédoncule.

Ariſtolochia ſcandens, odoratiſſima, floris labello purpureo, ſemine cordato. Sloan. Cat. Jam. 60; Contra-Yerva de la Jamaïque.

Catelæ-Vegon. Rheed. Mal. 8. P. 48. T. 25.

9°. *Ariſtolochia hirta, foliis cordatis, obtuſiuſculis, hirtis, floribus ſolitariis, pendulis recurvatis, ſubtruncatis. Linn. Sp. 1365;* Ariſtoloche velue, avec des feuilles obtuſes, en forme de cœur, & des fleurs penchées & recourbées, croiſſant ſimples & tronquées.

Ariſtolochia longa ſubhirſuta, folio oblongo, flore maximo. Tourn. Cor. 8.

10°. *Ariſtolochia ſcandens, foliis cordatis, petiolis longiſſimis, caule ſcandente, floribus terminalibus pedunculis longiſſimis;* Ariſtoloche avec des tiges grimpantes, des feuilles en forme de cœur, de très-longs pétioles, & des feuilles croiſſant à l'extrémité des branches ſur de fort longs pédoncules.

11°. *Ariſtolochia conferta, foliis cordatis, petiolatis, caule ſcandente, floribus axillaribus confertis;* Ariſtoloche avec des feuilles en forme de cœur, pétiolées, des tiges grimpantes & des fleurs ramaſſées aux aiſſelles des tiges.

12°. *Ariſtolochia repens, foliis lanceolatis, ſeſſilibus, ſubhirſutis, caule erecto, floribus ſolitariis longiſſimis;* Ariſtoloche avec des feuilles en forme de lance, velues & ſeſſiles aux branches, une tige droite, & de fort longues fleurs ſimples.

Ariſtolochia erecta, flore atro-purpureo, foliis anguſtis, radice repente. Houſt. MSS.

13°. *Ariſtolochia maxima, foliis oblongo-ovatis, obtuſis, integerrimis, caule ſcandente, floribus terminalibus, fructibus ſexangularibus maximis;* Ariſtoloche avec une tige grimpante, des feuilles oblongues, ovales, entieres & émouſſées, des fleurs croiſſant à l'extrémité des branches & de fort gros fruits à ſix angles.

Rotunda. Longa. La premiere & la ſeconde eſpeces croiſſent naturellement dans la France Méridionale, en Eſpagne & en Italie, d'où leurs racines ſont apportées pour l'uſage de la Médecine. Les racines de la premiere eſpece, qui ſont rondes & parvienviennent à la grosseur d'un petit *Navet*, ont la forme & la couleur des *Cyclamens communs*, & on les a souvent vendues dans les marchés sous le nom de *racines d'Aristoloche ronde* : celle-ci pousse trois ou quatre branches foibles, rampantes & de deux pieds de longueur, qui restent couchées sur la terre, si elles ne sont point soutenues : ses feuilles, en forme de cœur & arrondies à leurs extrémités, sont placées alternativement sur les tiges : ses fleurs, d'un noir de pourpre, sortent simples vers la partie haute de la tige tout près des pétioles des feuilles; elles sont de la même forme que celles des autres especes, & sont suivies de capsules à six cellules, remplies de semences plates : elles paroîssent en Juin & Juillet, & leurs semences mûrissent en automne.

Longa. La seconde qui, par ses longues racines, ressemble à la *Carotte*, pousse des branches foibles & rampantes, qui s'étendent un peu au-delà d'un pied : ses feuilles placées alternativement, sont plus pâles, & ont des pétioles plus longs que celles de la premiere; ses fleurs, d'une couleur de pourpre pâle, & moins longues que celles de l'espece précédente, sortent comme elles des aîles des feuilles, & sont quelquefois suivies de capsules oblongues, à six cellules, remplies de semences comprimées. Les tiges des deux especes paroîssent en automne; & au printems, leurs racines en repoussent de nouvelles.

Ces deux especes se multiplient par leurs graines, qu'il faut semer en automne dans des pots remplis de terre légere, que l'on place sous un châssis pour les abriter des gelées; mais on doit enlever les vitrages toutes les fois que le tems est doux. Si ces pots sont mis en Mars dans une couche de chaleur modérée, les plantes pousseront plutôt : à mesure que la saison avance, on les accoutume par dégrés à supporter le grand air; & lorsqu'on tire les pots de la couche, on les place de façon qu'ils puissent joüir du soleil levant, & être abrités de la grande chaleur du jour. Pendant l'été, on arrose légérement les plantes; mais en automne, lorsque les tiges commencent à se flétrir, il leur faut peu d'humidité : on les met à l'abri pendant l'hiver; & en Mars, avant que les racines commencent à pousser des rejettons, on les transplante séparément dans de petits pots remplis de terre légere, que l'on place sous les châssis pour les y laisser jusqu'au printems : alors on les met en plein air, où on les traite comme il a été dit pour l'été précédent, & on continue à les abriter l'hiver suivant. Au printems de la troisieme année, on les ôte des pots pour les placer dans une platebande chaude, où, durant l'été, elles n'exigeront d'autre soin que d'être tenues nettes de mauvaises herbes; & en automne, lorsque leurs tiges seront détruites, leurs racines seront en sûreté, si on couvre les plates-bandes de vieux tan, pour empêcher la gelée d'y pénétrer : mais si on ne prend pas ce soin, elles seront exposées à périr. Avec ce traitement, ces racines profiteront beaucoup mieux, & dureront plus long-tems que celles qui sont tenues dans des pots. Lorsqu'elles auront trois ans, elles fleuriront, & produiront une quantité de semences ; au-lieu que celles des pots les perfectionnent rarement en Angleterre.

Comme les graines de ces plantes ne poussent que dans le cours de la seconde année, & ne montrent leurs tiges qu'au printems suivant ; lorsqu'elles ont été semées dans la même saison de l'année précédente, il est nécessaire de les mettre en terre en automne, sans quoi on perd nécessairement une année.

Clematitis. La troisieme espece, que l'on conserve dans quelques jardins Anglois pour les usages de la Médecine, & qui croît sans culture en France, en Espagne, en Italie, en Hongrie, &c., est une plante dont les racines rampent extraordinairement ; de sorte qu'il est difficile de l'extirper des jardins lorsqu'elle y a été une fois plantée ; & comme elle couvre toutes les plantes voisines, il faut la placer dans quelque endroit écarté & inutile du jardin, car elle profite dans tous les sols & à toutes expositions (1).

Pistolochia. La quatrieme croît naturellement en Espagne, en Italie & dans la France Méridionale ; mais en Angleterre on ne la conserve qu'avec art dans les jardins botaniques, où elle est cultivée pour la variété. Les plantes de cette espece doivent être mises dans des pots remplis d'une terre

(1) Ces trois especes d'Aristoloches, contenant les mêmes principes & ayant les mêmes proprietés, sont employées indifferemment en Médecine, & substituées les unes aux autres ; outre les principes resineux & gommeux que leurs racines fournissent par l'analyse, on y découvre encore un principe spiritueux, camphré, très-volatil & doué d'une grande activité.

Ces racines sont apéritives, diurétiques, diaphorétiques, fortifiantes, carminatives, anthelmintiques, alexipharmaques, &c. & peuvent être employées dans les fievres malignes & eruptives, les affections soporeuses, l'esquinancie & l'apoplexie séreuses, la fievre quarte, l'ictere, l'hydropisie, la chlorosis, &c. Leur dose, lorsqu'on les donne en substance, est depuis un demi-gros jusqu'à deux, & en infusion jusqu'à une demi-once : la décoction de ces racines, administrée en lavement, est très-salutaire dans les hemorroïdes internes suppurées, qui tendent à dégénérer en fistule. On les fait entrer dans les lotions & les teintures vulnéraires & déterfives, dans la poudre *diaprassii*, dans la *dialacca magna*, dans l'onguent des apôtres, dans l'emplâtre vulneraire, dans l'*aurea alexandrina*, dans la thériaque, dans l'emplâtre *diabotanum*, &c.

riche & légere, & abritées de grands froids qui les feroient périr; il faut aussi leur donner autant d'air qu'il est possible dans les tems doux, moyennant quoi elles produiront des fleurs chaque année, mais ne perfectionneront jamais leurs semences dans ces pays.

Semper vivens. La cinquieme espece, dont la patrie est l'Isle de Candie, a des racines vivaces, d'où sortent plusieurs branches rampantes, qui s'étendent à un pied & demi de longueur, & sont garnies de feuilles toujours vertes, ovales, en forme de cœur, & ondées sur leurs bords: les fleurs, d'une couleur de pourpre foncé, & de la même forme que celles des especes précédentes, sortent simples des aîles des feuilles, mais ne produisent jamais de semences en Angleterre; ainsi on ne peut multiplier cette plante qu'en divisant ses racines. Comme elle est trop tendre pour supporter le froid de nos hivers, on la conserve dans des pots, que l'on place dans cette saison sous un châssis ordinaire, où ils doivent avoir autant d'air qu'il est possible dans les tems doux, & être mis à l'abri des fortes gelées. J'ai eu de ces plantes dans une plate-bande chaude, qui ont résisté en plein air dans des hivers doux; mais comme elles ont été détruites après par des froids plus rigoureux, je conseille d'en placer une ou deux à couvert pour en conserver l'espece.

Serpentaria. La sixieme est la *Serpentaire*, dont on fait grand usage en Médecine. Ces racines sont apportées de la Virginie & de la Caroline, où on en connoît deux especes; mais celle-ci est la meilleure pour l'usage. Quelques personnes, qui font leur amusement de conserver des plantes rares, la cultivent dans leurs jardins; mais comme les gelées la détruisent quelquefois, elle n'est pas fort commune en Angleterre. Elle se multiplie par ses graines, qu'on doit semer en automne dans de petits pots remplis de terre légere & sablonneuse, & les placer en hiver sous un châssis ordinaire: lorsque les plantes paroissent, on les traite suivant la méthode qui a été prescrite pour les deux premieres, moyennant quoi elles fleuriront, & perfectionneront leurs semences chaque année (1).

---

(1) La racine de *Serpentaire de Virginie* a une odeur aromatique & une saveur âcre, amère & camphrée; elle fournit par l'analyse les mêmes principes que l'Aristoloche commune, mais plus abondans & plus exaltés; ses propriétés médicinales résident en grande partie dans son principe resineux & dans sa partie volatile camphrée son infusion dans l'eau simple n'est point aussi efficace que celle qui est préparée avec le vin; mais la meilleure maniere de l'administrer est en poudre dans un véhicule convenable.

La *Serpentaire de Virginie* est employée avec succès dans tous les cas énoncés au sujet de l'Aristoloche; mais comme elle agit avec beaucoup plus d'activité, on doit éviter d'en faire usage toutes les

Arborescens. La ſeptieme eſt originaire de l'Amérique Septentrionale : elle eſt auſſi appelée *Serpentaire* par quelques-uns ; mais ſes qualités ne ſont pas auſſi fortes que celles de la précédente. Ses branches croîſſent érigées, & ſont vivaces ; au-lieu que celles de l'autre périſſent tous les hivers juſqu'à la racine. Cette plante s'éleve à deux pieds environ de hauteur ; ſes branches ne ſont pas fort ligneuſes, mais elles ſont aſſez fortes pour ſe ſupporter : ſes feuilles ſont oblongues & en forme de cœur : ſes fleurs ſortent ſimples aux aîles des feuilles. Elle ſubſiſte en pleine terre dans des plates-bandes chaudes, pour peu qu'on la mette à l'abri des fortes gelées. On la conſerve preſque toujours dans des pots, qu'on a ſoin de tenir à couvert pendant l'hiver : cependant celles qui ſont en pleine terre profitent beaucoup mieux, pourvu qu'on les pare des grands froids.

Indica. La huitieme, qui croît naturellement dans la Jamaïque, où elle eſt connue, ainſi que dans les uſages de la Médecine, ſous le nom de *Contrayerva*, a des branches longues & rampantes qui grimpent ſur les plantes voiſines, & s'élevent à une hauteur conſidérable. Ses feuilles ſont alternes, longues, & en forme de cœur : ſes fleurs, produites en petites grappes vers la partie haute des tiges, ſont d'une couleur de pourpre foncé, & ſes capſules ſont oblongues & unies. Cette plante eſt délicate : il faut l'arroſer peu en hiver, & la tenir conſtamment dans la ſerre chaude, ſans quoi elle ne ſubſiſtera pas dans ce climat (1).

---

fois qu'il y a beaucoup de chaleur, & qu'il eſt à craindre d'agiter & de remuer trop fortement ; elle produit ſurtout les plus grands effets dans les affections comateuſes, & dans les fievres malignes, où la décompoſition des humeurs entraîne la mortification des parties ; on l'emploie avec le quinquina comme un des plus puiſſans cordiaux & antiſeptiques. Ses vertus alexipharmaques ne ſont pas auſſi conſtatées, quoique les habitans de la Virginie s'en ſervent communément contre la morſure des reptiles, & ſurtout contre celle du ſerpent à ſonnettes.

Sa doſe eſt en infuſion vineuſe depuis un ſcrupule juſqu'à un gros, & en poudre depuis quelques grains juſqu'à un ſcrupule.

Sa teinture dans l'eſprit de vin eſt extrêmement chaude, & ne doit ſe preſcrire que depuis 10 juſqu'à 30 gouttes.

(1) Le *Contrayerva* croît non-ſeulement à la Jamaïque, mais encore au Pérou, car la plus grande partie de celui qui eſt dans le commerce, vient de cette derniere contrée.

Cette racine a une légere odeur aromatique & une ſaveur âcre & aſtringente ; lorſqu'elle eſt fraîchement recueillie, elle peut fournir une certaine quantité de principe ſpiritueux volatil ; mais celle qu'on trouve dans les boutiques, étant deſſéchée & conſervée depuis quelque tems, ne contient plus que des parties fixes reſineuſes & gommeuſes : c'eſt ſur-tout dans

Hirta. La neuvieme a été découverte dans le Levant par M. de TOURNEFORT : elle ressemble un peu à la seconde espece ; mais elle en differe en ce que ses fleurs sont plus grandes, ses feuilles velues, & leurs oreilles moins profondément découpées. Elle peut, comme la seconde espece, être multipliée par ses semences ; & elle réussira très-bien en Angleterre, si l'on suit dans son traitement tout ce qui a été prescrit.

Scandens. La dixieme, qui par ses tiges grimpantes, se soutient & s'attache aux arbres voisins, s'éleve par ce moyen à une très-grande hauteur : ses feuilles fort larges & en forme de cœur, sont sillonnées par plusieurs veines longitudinales : les fleurs, portées chacune par un long pédoncule, croissent en paquets clairs aux extrémités des branches. Cette espece étant fort tendre doit être tenue dans une serre chaude, & traitée comme les autres plantes exotiques : elle croît naturellement aux environs de Tolu dans la nouvelle Espagne, où elle a été découverte par M. ROBERT MILLAR, qui en a envoyé les semences en Angleterre.

Conferta. La onzieme a été trouvée par le même MILLAR à Campêche dans la nouvelle Espagne, d'où il a envoyé les semences : cette espece s'éleve rarement au-dessus de trois ou quatre pieds de hauteur : ses feuilles sont courtes, en forme de cœur, & ressemblent en quelque chose à celles de la premiere : ses fleurs sortent en petites grappes des aîles des feuilles, & sont d'une couleur de pourpre foncé.

Repens. La douzieme, qui a été découverte à la *Vera-Crux*, dans la nouvelle Espagne, par le Docteur HOUSTOUN, s'éleve avec une tige droite à la hauteur de trois pieds : ses feuilles sont longues, étroi-

---

son principe resineux que résident ses principales propriétés ; mais comme il est par lui-même très-âcre & très-irritant, & que le mucilage lui sert de correctif, il vaut beaucoup mieux donner cette racine en substance ou en infusion vineuse, que de toute autre maniere : elle est déterfive, irritante, sudorifique, alexitere, antiseptique, &c. & convient surtout dans les fievres malignes, & dans celles qui sont accompagnées d'exanthêmes, pour ranimer la nature languissante, & pousser à la peau les humeurs morbifiques : on lui attribue de grandes vertus contre les palpitations de cœur, les poisons coagulans, les vers intestinaux, la dyssenterie, les fievres intermittentes, les douleurs d'estomac, les affections rhumatismales, &c. On la regarde comme un puissant antidote curatif & prophylactique contre tous les poisons & les maladies contagieuses : mais toutes ces belles qualités ont besoin d'être confirmées par l'expérience & l'observation, avant qu'on puisse y ajouter une entiere confiance.

La racine de *Contrayerva* entre dans la poudre de la *Comtesse de Kent*, & dans quelques autres remedes cordiaux.

Sa dose en infusion est depuis deux gros jusqu'à une demi-once, & en substance depuis un gros jusqu'à deux.

tes, velues, presque sessiles aux branches, & ont à peine des pétioles: ses fleurs, d'une couleur de pourpre foncé, sortent simples des aîles des feuilles, & croîssent érigées; elles sont suivies de capsules minces, d'un pouce environ de longueur, s'ouvrant en six cellules remplies de semences plates & en forme de cœur. Cette espece exige la serre chaude pour être conservée dans ce pays.

Maxima. La treizieme, dont le même ROBERT MILLAR a envoyé les graînes des environs de Carthagène, dans l'Amérique Méridionale, a des tiges fortes & grimpantes, par lesquelles elle s'éleve jusqu'au sommet des arbres les plus élevés: ses feuilles, de quatre pouces de longueur sur deux de largeur, d'une forme ovale, arrondies à leur extrémité, sont presqu'aussi épaisses que celles du *Laurier commun*: ses fleurs sortent en grappes claires aux extrémités des rejettons, & sont supportées chacune par un fort long pédoncule: les capsules, longues de quatre pouces, & d'une circonférence égale, ont six côtes longitudinales, formant autant d'angles qui débordent beaucoup; elles s'ouvrent en six cellules remplies de semences en forme de cœur. Les habitans du pays donnent à cette plante le nom de *Capitan.*

Culture. Toutes ces especes, originaires de l'Amérique, étant trop tendres pour profiter en plein air dans ce pays, elles exigent la serre chaude. On les multiplie par semences, qu'on doit se procurer des pays mêmes où elles croissent naturellement; car elles n'en produisent point ici. Comme ces semences sont un tems considérable dans les passages, il est nécessaire de les apporter en Angleterre dans leurs légumes, parce que plusieurs de ces especes ont des semences fort minces & légeres qui sont bientôt desséchées dans les pays chauds, lorsqu'on les dépouille de leurs enveloppes; ce qui les empêche de croître. Ces graines doivent être semées, aussi-tôt qu'on les reçoit, dans de petits pots remplis de terre légere; & si elles arrivent en automne ou en hiver, il faut plonger ces pots dans la couche de tan de la serre chaude, entre les grosses plantes qui les mettront à l'abri du soleil; car, comme elles se plaisent à l'ombre, en plaçant ainsi les pots, la terre ne se desséchera pas fort promptement, & on sera dispensé d'employer beaucoup d'arrosements qui leur seroient très-nuisibles. Ces pots peuvent rester dans la serre jusqu'en Mars; alors on les enleve pour les plonger dans une couche chaude sous un châssis, où les plantes paroîtront en Mai, si les semences sont bonnes. Si ces graines, au-lieu d'arriver en automne & en hiver, sont seulement remises dans le printems ou en été, on les semera aussi-tôt dans de petits pots, que l'on plongera dans une couche de chaleur modérée, & qu'on garantira avec ſoin des ardeurs du ſoleil pendant la chaleur du jour : mais comme ces eſpeces de graines étant miſes en terre dans cette ſaiſon pouſſent rarement dans la même année, on les placera en automne dans la couche de tan de la ſerre chaude, & on les traitera enſuite comme il a déjà été dit. Lorſque les jeunes plantes auront acquis aſſez de force pour être déplacées, on les tranſplantera chacune ſéparement dans de petits pots, qu'on plongera dans la couche de tan de la ſerre chaude, où on les traitera comme les autres plantes délicates des mêmes pays.

ARMARINTHE. *Voyez* CACHRYS-LIBANOTIS.

ARMENIACA. *Prunus Armeniaca. L. Mala Armeniaca. B P.* 442. [*Apricot*] *Abricotier.*

Caracteres. Le calice de la fleur eſt en forme de cloche, découpé au ſommet en cinq ſegmens obtus, la fleur eſt compoſée de cinq pétales larges & ronds, qui s'étendent & s'ouvrent, & dont les bâſes ſont inſérées dans le calice. Dans le centre eſt placé un germe rond, ſoutenant un ſtyle mince ſurmonté d'un ſtigmat rond, & environné de plus de vingt étamines en forme d'alêne, couronnées de ſommets courts & doubles. Le germe ſe change enſuite en un fruit rond & charnu, traverſé par un ſillon longitudinal, & renfermant un noyau rond & un peu applati ſur les côtés.

Le Docteur LINNÉE a joint l'*Armeniaca*, le *Ceraſus*, le *Lauro-ceraſus*, & le *Padus* à ſon genre des *Prunus*; & ne les regardant que comme des eſpeces du même genre, il les a rangés dans ſa douzieme claſſe, intitulée : *Icoſandria Monogynia.* Les fleurs de cette claſſe ont depuis vingt juſqu'à trente étamines attachées au calice, & un ſimple ſtyle.

En réuniſſant tant de plantes au même genre, comme LINNÉE l'a fait, il eſt beaucoup plus difficile d'établir les différences ſpécifiques qui diſtinguent chaque eſpece, que ſi elles étoient placées dans différentes claſſes; & quoique la plupart s'accordent aux caracteres de ſon ſyſtême, cependant ſi on pouvoit mettre leurs fruits au nombre des marques diſtinctives (ce qui certainement ne doit pas être tout-à-fait négligé,) on pourroit alors en ſéparer quelques-unes, avec d'autant plus de raiſon que la nature a mis entr'elles des différences marquées : car il eſt certain que tous les arbres fruitiers du même genre peuvent être greffés les uns ſur les autres, & que ceux de différens genres n'y prennent point : le *Cériſier*, par exemple, & le *Prunier* ne peuvent être greffés l'un ſur l'autre; l'*Abricotier* ne prendra point ſur le *Cériſier*, non plus que ſur le *Padus* ou le *Laurier*; mais ſa greffe réuſſira ſur le *Prunier*, auquel il eſt analogue; ce qui fait que l'on peut les joindre enſemble ſuivant les regles ſtrictes de la Botanique : cependant dans un ouvrage du genre de celui-ci, destiné à l'instruction du Jardinier praticien, il sera très-embarrassant de joindre tous ces fruits sous la même dénomination pour ceux qui ne se sont point appliqués à l'étude de la Botanique ; c'est-pourquoi je conserverai à ce genre le titre ci-dessus, en faisant mention de toutes les variétés de ce fruit, qui sont actuellement cultivées dans les jardins Anglois, & en les rangeant suivant l'ordre du tems de leur maturité. La plupart des Jardiniers donnent différens noms à ces arbres & les regardent comme des especes différentes : mais comme ces variétés peuvent être le produit de la culture, elles ne doivent être regardées que comme une seule & même espece ; néanmoins comme elles se perpétuent toutes au moyen de la greffe, il seroit impardonnable de n'en point faire mention dans un ouvrage comme celui-ci, qui est particuliérement destiné au jardinage. Le titre spécifique donné par LINNÉE à l'*Abricotier*, est *Prunus floribus subsessilibus, foliis subcordatis. Sp. Plant.* 474 ; Prunier, dont les fleurs ont des pédoncules très-petits & les feuilles sont en forme de cœur. Les variétés sont :

1°. *L'Abricotier mâle.*
2°. *L'Abricotier d'Orange.*
3°. *L'Abricotier d'Alger.*
4°. *L'Abricotier Romain.*
5°, *L'Abricotier de Turquie.*
6°. *L'Abricotier de Bréda.*
7°. *L'Abricotier de Bruxelles.*

Mâle. L'Abricotier mâle est le premier qui donne des fruits mûrs : son fruit est rond, petit, & rouge du côté du soleil : à mesure qu'il mûrit, il devient d'un jaune verdâtre à l'autre surface : on le cultive, parce qu'il est printanier. Cet Abricot, quand il n'est pas trop mûr, a un goût relevé qui le rend agréable : l'arbre qui le produit est ordinairement couvert de fleurs ; mais comme elles paroissent de bonne heure au printems, elles sont souvent détruites par le froid, à moins que les arbres ne soient abrités.

D'Orange. L'Abricotier d'Orange mûrit après le mâle ; & il porte un fruit beaucoup plus gros que le précédent, & qui devient d'un jaune foncé à mesure qu'il mûrit : sa chair est sèche, & n'a pas un goût relevé ; ce qui le rend meilleur pour cuire que pour la table.

D'Alger. L'Abricotier d'Alger vient ensuite : son fruit, dont la forme est ovale & un peu applatie sur les côtés, devient en mûrissant d'un jaune pâle ou paille : sa chair a un goût agréable, & est très-remplie de jus.

Romain. L'Abricotier Romain le suit immédiatement ; mais son fruit est plus gros que le précédent, & moins applati sur les côtés ; sa couleur est plus foncée, & sa chair moins remplie de jus.

De Turquie. L'Abricotier de Turquie, dont la forme est globulaire, produit des fruits encore plus gros qu'aucun des précédens : leur couleur eſt plus foncée que celle du Romain; leur chair eſt plus ferme & plus ſèche que celle des troiſieme & quatrieme eſpeces.

De Bréda. L'Abricotier de Bréda, ainſi appelé, parce qu'il a été apporté de là en Angleterre, vient originairement de l'Afrique : il produit un fruit gros & rond, qui dans ſa maturité ſe colore d'un jaune foncé : ſa chair eſt molle, remplie de jus, & d'une couleur d'orange, foncée en-dedans : ſon noyau eſt rond, & plus gros qu'aucun des autres eſpeces. Cet Abricot eſt de tous ceux que nous connoiſſons le meilleur & le plus agréable; & lorſqu'il mûrit ſur un arbre en plein vent, il n'y en a aucun qui puiſſe lui être comparé.

De Bruxelles. L'Abricotier de Bruxelles eſt le plus tardif de tous; malgré qu'il ſoit diſpoſé en eſpalier, ſon fruit ne parvient point à ſa perfection avant le mois d'Août, à moins qu'il ne ſoit placé au plein midi : mais on doit éviter de lui donner cette expoſition, parce qu'alors ſes fruits, au-lieu de ſe perfectionner, dégénérent au contraire, & perdent beaucoup de leur ſaveur agréable. Ce fruit eſt d'une groſſeur médiocre, preſque ovale, rouge ſur le côté expoſé au ſoleil, tacheté de noir, & d'un jaune verdâtre ſur l'autre face : ſa chair eſt ferme & d'un goût relevé: le fruit ſe fend ſouvent avant ſa maturité. Quelques-uns le préferent à l'eſpece précédente : mais quand l'Abricotier de Bréda eſt planté en plein vent, ſon fruit eſt plus rempli de jus, & d'un meilleur goût que celui-ci.

Beaucoup de perſonnes élevent ces arbres en tiges de ſix ou ſept pieds de hauteur, ou les greffent ſur des ſujets de la même élévation; mais je me garderai bien de recommander cette pratique, parce que plus les têtes de ces arbres ſont hautes, plus elles ſont expoſées aux vents piquans du printems qui trop ſouvent en détruiſent les fleurs, & plus les fruits ſont expoſés à être abbattus par les vents de l'été, ſur-tout dans l'inſtant de leur maturité; ce qui les froiſſe & les gâte en tombant de ſi haut : c'eſt pourquoi je préfere les demi-eſpaliers avec une tige de deux ou trois pieds d'élevation, & même les arbres nains, pour les planter en eſpalier, leſquels produiſent une quantité de bons fruits quand ils ſont conduits avec art, d'ailleurs ces eſpaliers pouvant être plus commodement abrités au printems, lorſque la ſaiſon eſt mauvaiſe; on eſt preſque aſſuré de leur voir produire du fruit chaque année.

Toutes ces eſpeces ſe multiplient par la greffe, qui réuſſit promptement ſur toutes les eſpeces de Pruniers, pourvu que les tiges ſoient nettoyées & bien en ſéve, il faut en excepter cependant les Abricotiers de Bruxelles, qu'on greffe ordinairement ſur un Prunier appelé le *S. Julien*, qui lui eſt plus analogue, & qui eſt plus propre à produire des arbres à haut vent. La maniere d'élever les tiges & de greffer ces arbres ſera donnée ſous des articles particuliers auxquels je renvoie le Lecteur pour paſſer de ſuite au traitement & à la façon de les planter.

Culture. Tous ces arbres, à l'excèption des deux dernieres eſpeces, doivent être plantés contre des murailles, aux expoſitions d'eſt ou d'oueſt; car s'ils étoient en plein midi, la grande chaleur rendroit leurs fruits farineux, avant qu'ils fuſſent mangeables.

Les foſſes qu'on pratique contre les murailles pour les recevoir, doivent avoir au moins ſix ou huit pieds de largeur, & même davantage s'il eſt poſſible; mais je ne conſeillerai pas de défoncer ſi profondément la terre, quoique ce ſoit l'uſage commun, parce qu'il ſera ſuffiſant de leur donner deux pieds ou deux pieds & demi tout au plus dans cette dimenſion.

Si la terre eſt humide, froide, marneuſe ou glaiſeuſe, on élève la plate-bande au-deſſus du niveau de la ſurface, autant qu'on le peut, ayant ſoin de mettre dans le fond, des pierres ou des décombres, pour empêcher les racines de s'enfoncer trop profondément; mais ſi l'on plante ſur la craie ou ſur le gravier, il ſera bon ou d'élever les plates-bandes à une épaiſſeur convenable avec une bonne terre marneuſe, ou de les creuſer aſſez pour enlever la craie & le gravier; car malgré la précaution de vuider les plates-bandes dans leur largeur entiere de huit pieds, & de remplir cette tranchée de bonne terre, cependant en peu d'années, les racines de ces arbres s'étendront à cette longueur, & rencontreront alors la craie & le gravier; ce qui leur nuira beaucoup, & fera tomber leurs feuilles de bonne heure; le fruit en ſera petit, ſec & de mauvais goût, & les rejettons des arbres ſeront foibles: mais lorſque les plates-bandes ſont élevées à leur pleine hauteur, les racines ne s'enfoncent point vers le bas, dans le gravier ou la craie, & s'étendent plutôt près de la ſurface, où elles rencontrent un meilleur ſol. Comme ces arbres ſont d'une longue durée, que les vieux ſont plus fructueux que les jeunes, & que leurs fruits ſont d'un meilleur goût, il faut pourvoir à les conſerver long-tems.

La terre que je crois la meilleure pour les Abricotiers, ainſi que pour les autres arbres à fruits, eſt une terre fraîche & nouvelle, priſe dans un paturage avec le gazon, à dix pouces environ de profondeur, qu'on doit laiſſer pourrir & adoucir au moins une année, avant d'en faire uſage, en y mêlant un peu de fumier conſommé: il faut retourner ſouvent cette terre, pour l'adoucir & lui faire abſorber les particules nitreuſes de l'air.

Quand les plates-bandes sont creusées, on y porte la terre nouvelle, qui doit y être mise deux mois avant d'y planter les arbres, afin qu'elle soit mieux établie, & qu'elle ne s'affaisse pas tant après la plantation. On éleve la terre à quatre ou cinq pouces au-dessus du niveau que l'on s'est proposé, à cause de l'affaissement qui doit survenir.

Les plates-bandes étant ainsi préparées, on fait choix d'arbres qui n'aient qu'une année de greffe; & si le sol est sec ou d'une qualité médiocre, le mois d'Octobre sera la meilleure saison pour les planter: il est d'ailleurs très-avantageux de s'y prendre de bonne heure, parce qu'alors on peut choisir dans les pépinieres, les meilleurs arbres, avant que personne en ait encore enlevé aucun. La maniere de préparer ces arbres pour les planter, ne différe point de celle qui est en usage pour tous les autres arbres fruitiers. Je renvoie pour cela le Lecteur à l'article *Pêcher*, où il trouvera cette méthode amplement détaillée: lorsqu'on les plante, il ne faut retrancher aucune partie de leur tête, à moins qu'il ne se trouve quelques branches qui s'écartent trop de la muraille, & qu'il faudra alors entièrement couper.

Les arbres étant disposés de cette maniere, on marque les distances où ils doivent être placés dans une terre riche & forte, & contre une muraille basse; il faut laisser entr'eux un intervalle de vingt pieds, & même quelquefois au-delà; mais dans un sol d'une qualité médiocre, dix-huit pieds suffiront. On fait ensuite à chaque distance des trous, dans lesquels on place les tiges, à quatre pouces environ de la muraille, contre laquelle on les incline; & après avoir fixé l'arbre, on attache les branches à la muraille pour les empêcher de remuer; on couvre ensuite la terre au-dessus des racines avec du fumier pourri, pour prévenir les gelées; & on les laisse dans cet état jusqu'à la fin de Février, ou au commencement de Mars, tems auquel on détachera les branches, de maniere à ne pas déranger les racines: on met le pied tout près de la tige, qu'on tient avec la main gauche pour la fixer, & de la main droite, avec une serpette bien tranchante, on coupe la tête, s'il n'y a qu'une tige; mais s'il y a deux ou plusieurs branches, on raccourcit chacune à quatre ou cinq boutons au-dessus de la greffe, de maniere que les biseaux de la taille se trouvent du côté de la muraille. Si le tems est sec dans le printems, il sera nécessaire d'arroser légèrement les arbres, & il sera même utile de passer la gerbe de l'arrosoir par dessus leur tête: on mettra aussi dans cette saison des mottes de terre, ou du terreau, autour de leurs racines, pour les conserver & empêcher qu'elles ne soient desséchées par la chaleur de l'été. Lorsqu'il y aura de nouvelles branches produites au printems, on doit avoir attention de les attacher à la muraille, & de retrancher toutes celles qui viennent en avant; ce qu'il faut réitérer toutes les fois qu'il sera nécessaire, pour les assujettir : mais il ne faut jamais arrêter les rejettons pendant l'été.

A la Saint-Michel, lorsque la séve des arbres a perdu son activité, on détache les rejettons pour les raccourcir à proportion de leur force : on peut laisser huit à neuf pouces de longueur à une branche vigoureuse, mais celles qui sont foibles, ne doivent avoir que cinq ou six pouces. Plusieurs personnes seront sans doute étonnées, qu'après avoir recommandé de laisser, entre chaque arbre, dix-huit ou vingt pieds d'intervalle, je prescrive encore de tailler les branches aussi courtes; ils imaginent peut-être qu'un aussi grand espace ne sera jamais couvert : mais le but de cette méthode, est de ne laisser aucune partie de la muraille qui ne soit garnie : en donnant aux branches une plus grande longueur, les boutons des extrémités attireroient toute la séve, & ceux des parties basses ne pousseroient point; ce qui rendroit les tiges nues, & formeroit des vuides considérables, comme on le voit à tant d'autres, qui ne produisent qu'à leur extrêmité; inconvénient qu'on prévient, en ne laissant sur chaque branche que deux ou trois boutons.

Lorsque les rejettons sont taillés, il faut les palisser aussi horisontalement qu'il est possible, parce que de-là dépend la bonté à venir de l'arbre.

Dès le second été, on recourbe tous les rejettons qui poussent au-dehors à mesure qu'ils se présentent, pour les attacher à la muraille ou au treillis qui la revêt, de maniere que le milieu de l'arbre puisse être découvert. En été, on ne doit jamais raccourcir aucune des branches, à moins que ce ne soit pour remplir les places vuides de la muraille; ce qu'il ne faut pas faire plus tard qu'à la fin d'Avril, pour les raisons dont il sera question ci-après, dans l'article des *Pêchers.* A la Saint-Michel, on raccourcit ces rejettons, comme il a été dit pour la premiere année; on donne neuf ou dix pouces de longueur aux fortes branches, & six ou sept pouces aux plus foibles.

Le traitement de la troisieme année, sera à-peu-près le même que celui de la précédente; mais il faut observer que les *Abricotiers*, poussant leurs boutons à fleurs, non-seulement sur le bois de la derniere année, mais aussi sur les brendilles de deux ans, on doit bien se garder de les retrancher, ni même de les déplacer pendant l'été. On taille les branches en hiver, & on les émonde de maniere qu'elles puissent produire du nouveau bois & des rejettons propres à garnir toutes les parties de l'arbre; on retranche entièrement toutes les branches gourmandes, aussitôt qu'elles paroissent; car si on les laissoit croître, elles enleveroient toute la nourriture des bonnes, qui ne peuvent être trop fortes, pourvu qu'elles soient productives; parce que, plus l'arbre est vigoureux, & plus il résiste aux injures du tems, quoique nous en voyons souvent de très-vigoureux en apparence, devenir si foibles, qu'à peine ils peuvent produire leurs fleurs, & dont les bonnes branches périssent; ce qui a fait penser que cet accident provenoit de la nielle, tandis qu'il n'est occasionné que faute d'un bon traitement; & je suis entièrement convaincu, que cette nielle dont on se plaint tant, ne procède en partie que de négligence.

Ces regles, quoique simples & peu nombreuses, suffiront, si elles sont suivies avec soin & exactitude : il seroit impossible de prescrire des instructions particulieres pour prévenir les différents accidents, & de donner la maniere de traiter les fruits : le Lecteur, en se conformant scrupuleusement à ce qui vient d'être dit, remplira son dessein; mais s'il n'est pas attentif aux moindres choses, les meilleures instructions lui deviendront inutiles.

Les *Abricotiers* de Bruxelles & de Bréda, étant, pour la plupart, destinés à pousser en plein vent, exigeront très-peu de traitemens & de tailles; ils n'ont besoin que d'être nettoyés de branches mortes, ou de celles qui se croîsent; ce qu'on doit faire de bonne heure en automne, ou au printems, lorsque les froids sont passés, afin que les parties coupées ne dégénerent point en chancres.

ARMERIUS. *Voyez* DIANTHUS BARBATUS-ARENARIUS, ET SILENE ARMERIA.

ARMOISE. *V.* ARTEMISIA.

ARNICA. *Linn. Gen. Plant.* 784. *Doronicum. Bauh. Pin.* 184. [*Leopards-bane*,] Herbe de Léopard; Doronic.

Caracteres. Le calice commun est écailleux, & plus court que les rayons de la fleur : la fleur est composée, & les rayons renferment plusieurs fleurettes femelles, qui s'étendent, s'ouvrent, & sont découpées en trois parties à leurs extrémités. Le disque a plusieurs fleurettes hermaphrodites, tubuleuses, découpées au bord en trois segmens inégaux, & pourvues chacune de cinq courtes étamines, couronnées de sommets oblongs. Les fleurettes femelles ont aussi cinq étamines en forme d'alêne, sans aucun sommet : dans les fleurettes hermaphrodites, le germe, situé au-dessous de la fleur, soutient un style mince & court, surmonté d'un stigmat divisé en deux parties. Le germe se change ensuite en une semence simple & oblongue, couronnée d'un duvet long & mince.

Ce genre de plante est rangé dans la seconde section de la dix-neuvieme classe de LINNÉE, intitulée : *Singenesia polygamia superflua*, dont les fleurs ont des fleurettes femelles & hermaphrodites. La principale-distinction de ce genre consiste dans les fleurettes hermaphrodites & femelles, qui sont de la même forme; & en ce que les femelles ont des filets.

Les especes sont :

1°. *Arnica montana, foliis ovatis, integris, caulinis geminis oppositis. Linn. Sp. Plant.* 884; Doronic avec des feuilles entieres & ovales; celles des tiges croissant par paires opposées.

Doronicum, plantaginis folio, alterum. C. B. P. 185.

Alisma. Matth. Diosc. 934.

Diuretica. Renealm. Spec. 118.

2°. *Arnica scorpioïdes, foliis alternis, serratis. Hall. Helvet. 737. Jacq. Vind. 192*; Doronic avec des feuilles sciées & alternes.

Doronicum radice dulci. C. B. P. 184.

3°. *Arnica crocea, foliis ovalibus, serrato-denticulatis, subtùs tomentosis. Linn. Sp. Plant.* 1246; Doronic avec des feuilles ovales & dentelées, dont le dessous est laineux.

Dens Leonis, Enulæ folio. Pet. Mus. 393.

Gerbera, foliis planis, dentatis, flore purpureo. Burm. Afr. 157. T. 56. F. 2.

Doronici species pumila, auriculæ Ursi, folio glabro, flore saturatè croceo. Pluk. Mant. 65. T. 343. F. 4.

Carlina, foliis latis, ad oras spinis dentatis, flore aureo. Burm. Afr. 154. T. 55.

Tussilago Pyrolæ folio. Vaill. Act. 560.

Montana. La premiere espece, qu'on trouve sur les Alpes, ainsi que sur plusieurs montagnes d'Allemagne, & dans d'autres parties froides de l'Europe, est fort recherchée par les Allemands, pour l'usage de la médecine, dans lequel elle est ordonnée sous le nom d'*Arnica* : elle est aussi rangée parmi les plantes médicinales, dans plusieurs Pharmacopées, sous le titre qui lui a été donné par Gaspard Bauhin. Les racines de cette plante, quand elle croît sur un sol, & dans une situation convenables, prennent un accroissement considérable, & s'étendent très-loin sur la surface de la terre : ces racines qui sont épaisses & charnues, poussent plusieurs feuilles ovales & entieres, du milieu desquelles sortent les tiges de fleurs, qui s'élévent à un pied & demi environ de hauteur, ayant chacune deux ou trois paires de feuilles opposées, & leurs sommets terminés par des fleurs simples : ces fleures jaunes & composées de plusieurs fleurettes semblables à celles de la Dent de lion, sont suivies de semences oblongues, couronnées de duvet, par lequel elles sont dispersées à une distance considérable après leur maturité. Cette plante fleurit en Avril & en Mai ; & les semences mûrissent en Septembre.

Elle se plaît à l'ombre & dans une terre humide : on peut la multiplier en divisant ses racines en automne, lorsque les tiges sont flétries, ou par ses graines qu'on seme dans la même saison, aussitôt qu'elles sont recueillies ; car celles qui sont mises en terre au printems manquent souvent ; mais si on laisse écarter naturellement ces semences, on les verra lever au printems suivant ; de sorte qu'il suffit d'avoir une de ces plantes pour la multiplier aisément, & sans aucun autre soin, que de détruire les mauvaises herbes qui l'entourent. (1)

(1) C'est ici un des plus puissans remedes de la Médecine, mais qu'un Médecin qui a sa réputation à cœur, doit rarement employer à cause des effets terribles qu'il produit : cet aphorisme d'HIPPOCRATE (*ad extremos morbos extrema remedia exquisitè optima*) n'est plus de mise dans notre siecle, où les Médecins sont en général trop peu instruits pour mériter une entiere confiance, & le vulgaire trop injuste & trop rempli de préjugés pour apprécier leurs opérations. Voici donc l'aphorisme qu'il faut substituer au premier : *n'employez que des moyens doux contre des maladies violentes, laissez plutôt périr le malade que de hasarder votre réputation en lui donnant un remede actif, qui, en produisant dans son corps une révolution assez forte pour effrayer les Spectateurs, puisse vous faire attribuer l'évènement, s'il vient à n'être pas favorable.*

Les feuilles, les fleurs & la racine de l'*Arnica* ou *Doronic*, ont une odeur legèrement aromatique, & une saveur très-âcre & très-piquante : cette plante ne fournit par l'analyse qu'une très-petite quantité d'huile essentielle volatile, mais une dose assez forte de principes fixes résineux gommeux, dans lesquels résident ses propriétés. La partie résineuse qui a beaucoup plus d'activité que l'autre, est beaucoup plus abondante dans les fleurs que dans aucune autre partie de la plante ; ce qui doit les faire préférer pour les usages de la Médecine.

L'infusion des fleurs, des feuilles ou des racines de l'*Arnica*, prise intérieurement, agace, irrite & aiguillonne fortement les parties solides, accélere la circulation des humeurs, produit un orgasme général, met en contraction toutes les fibres motrices, excite une effervescence prodigieuse dans les humeurs & un trouble universel, auquel succede une espece d'évacuation critique, qui ramene le calme & l'équilibre dans toute la machine.

Le malade, après avoir pris ce remede, éprouve d'abord une grande agitation dans tout son corps, & une douleur vive dans la partie affligée ; ce premier effet subsiste jusqu'à la fin de l'opération : mais il en survient bientôt d'autres, tels qu'une violente cardialgie, des efforts considérables pour vomir, des tranchées & des angoisses si vives que le malade croit toucher à son dernier moment ; tous ces symptômes sont d'une intensité & d'une énergie extrême s'il reste dans son lit, mais ils sont infiniment plus supportables s'il a le courage de se tenir debout, & même de marcher dans sa chambre. Cet effrayant orage cesse & disparoît instantanément par une grande évacuation qui se fait par le vomissement, les selles, les urines ou les sueurs, & il ne reste qu'une foiblesse qui disparoît bien-tôt elle-même.

Les Allemands font usage de ce

Scorpioïdes. La seconde croît naturellement sur les montagnes de la Bohême, ainsi

---

remede après des chûtes ou des contusions considérables : on rend alors une grande quantité de sang noir & grumelé par le vomissement, les selles ou les urines, & même par la partie malade, si la contusion se trouve à l'extérieur, & que les humeurs extravasées puissent se former quelque issue. Au moyen de ce remede, on a guéri des nephrétiques opiniâtres, en faisant rendre par les urines des sables & des graviers; des fievres quartes qui avoient résisté à tous les moyens ; des paralysies, des douleurs rhumatismales & arthritiques invétérées, &c. Il convient également dans l'épilepsie, où il a eu un succès prodigieux entre les mains du fameux GESNER qui a osé en faire l'essai sur lui-même ; dans l'asthme humide, & les autres affections catharrales ; dans les obstructions désespérées des visceres, la cachexie, l'hydropisie commençante, &c. : mais ce moyen, qui n'est point sans danger, ne doit pas être confié à des mains ignorantes ; il n'appartient qu'au Médecin prudent & éclairé à juger des circonstances où il peut être utile, & à le modifier suivant les indications qu'il se propose de remplir : sa dose est depuis une poignée jusqu'à deux en infusion aqueuse ou vineuse.

Cette plante a la propriété de tuer les chiens & les autres animaux qui en mangent. Elle est aussi regardée comme spécifique pour guérir & prevenir le vertige ; de maniere que plusieurs danseurs de corde en font usage pour se fortifier le cerveau & se garantir des chûtes. Elle entre dans l'électuaire *lætificans* DE RHASIS ; dans celui de *diamargariti frigidi* ; dans celui de *diambra* de MESUE, dans le *philonum persicum*, &c.

qu'en Sibérie, d'où ses semences m'ont été envoyées : elle a des racines noueuses & divisées en plusieurs rejettons irréguliers, charnus & singulièrement contournés ; d'où l'on a fait croire à plusieurs personnes crédules, qu'elles étoient bonnes contre les morsures des scorpions : cette plante est fort dure, & se multiplie de même que la précédente.

Crocea. La troisieme, dont les semences ont été apportées du Cap de Bonne-Espérance en Europe, ne résiste point en plein air dans nos climats ; ainsi il faut en garder les plantes dans des pots, & les placer sous un châssis de couche chaude, ordinaire en hiver, pour les abriter des gelées, & leur donner de l'air dans tous les tems doux. Elle se multiplie en abondance par ses racines & par ses semences. Elle est intitulée par le Docteur BURMANN, *Gerbera, foliis planis, dentatis, flore purpureo. Plant. Afr.* 157.

ARRÊTE-BŒUF. *Voyez* ONONIS.

ARROCHE. *Voyez* CHENOPODIUM.

ARTEDIA. *Linn. Gen. Plant.* 249 ; Espece de *Thapsie Gingidium.* Nous n'avons point d'autre nom pour ce genre.

Caracteres. Cette plante est ombellifere ; l'ombelle générale est étendue, ouverte, & composée de plusieurs petites : l'enveloppe commune est composée de dix feuilles oblongues, de la même longueur que l'ombelle, & découpées en en trois parties à leur sommet. L'enveloppe des petites ombelles n'a que trois feuilles étroites, plus longues que l'ombelle : les rayons de la grande ombelle sont inégaux; ceux des petites dans le disque sont composés de fleurs mâles, & celles des rayons sont hermaphrodites ; elles ont cinq pétales érigés, en forme de cœur, & tournés en-dedans, & chacune cinq étamines minces, couronnées de sommets ronds. Les fleurs qui forment les rayons, ont, dans le fond, un petit germe qui soutient deux styles réfléchis, surmontés d'un stigmat simple. Le germe devient ensuite un fruit rond & comprimé, avec une bordure feuilletée, qui se fend en deux, & renferme deux semences oblongues, dont les bordures sont écailleuses.

Nous n'avons qu'une espece de cette plante, savoir :

1°. *Artedia squamata, seminibus squamatis. Hort Cliff. 89*; Artedia à semences écailleuses.

Thapsia orientalis, anethi folio, semine eleganter crenato. Tourn. Cor. 22.

Gingidium Rauwolffi. Cam. Hort. 67. T. 16.

Cette plante, annuelle & originaire du Levant, a été trouvée par Rauwolf, sur le mont Liban : ses tiges, élevées à deux pieds environ de hauteur, poussent quelques branches latérales, garnies de feuilles étroites & composées, semblables à celles de l'*Anet*: l'extrémité de la tige est terminée par une grande ombelle de fleurs blanches, composée de cinq pétales inégaux ; ceux de l'extérieure sont plus larges que les autres; elles sont suivies par des fruits ronds & comprimés, renfermant chacun deux semences, dont les bords sont écailleux.

Cette plante périt aussi-tôt que les semences sont mûres, & en Angleterre, souvent avant leur maturité; car à moins qu'on ne les seme en automne, & que les plantes ne poussent avant l'hiver, elles produisent rarement de bonnes semences dans nos climats. Comme ces plantes ne souffrent point la transplantation, elles doivent être semées dans la plate-bande chaude, où elles doivent rester. Tout le soin qu'elles exigent, est d'être débarrassées de toutes mauvaises herbes, & éclaircies à sept ou huit pouces de distance : elles fleurissent en Juin, & leurs semences mûrissent à la fin d'Août.

ARTEMISIA. Ἀρτεμισία, *Gr.* ainsi appellée, suivant quelques-uns, d'Artémise, femme de Mausole, Roi de Carie, qui faisoit usage de cette plante, & lui donna son nom. Auparavant on l'appelloit *Parthenis.* [*Mugwort* and *Wormwood*;] *Armoise. Aurone. Absinthe.*

Caracteres. Le calice commun est écailleux & rond, ainsi que les écailles. La fleur est composée de fleurettes hermaphrodites & femelles: la bordure est garnie de fleurettes femelles, dont chacune porte dans son fond un petit germe qui soutient un style mince, couronné d'un stigmat divisé en deux parties. Les fleurettes hermaphrodites qui composent le disque, sont tubuleuses, & découpées au bord en cinq parties. Dans le centre est placé le germe avec un style & un stigmat semblable à ceux des femelles, accompagné de cinq étamines velues, & couronnées de sommets cylindriques, découpés en cinq parties. Le germe devient ensuite une semence simple & nue, postée sur un placenta nud.

Ce genre de plante est un de ceux qui forment la seconde section de la dix-neuvieme classe de LINNÉE, qui a pour titre: *Syngenesia Polygamia superflua*, dont les fleurs sont composées de fleurettes femelles & hermaphrodites fructueuses.

Les especes sont:

1°. *Artemisia vulgaris, foliis pinnati-fidis, planis, incisis, subtùs tomentosis, racemis simplicibus, floribus ovatis, radio quinque-floro. Linn. Sp. Plant. 348*; Armoise avec des feuilles unies, découpées & terminées en plusieurs parties, laineuses en-dessous, des épis simples, des fleurs ovales, dont les rayons sont composés de cinq fleurettes. [*Mugwort.*]

Artemisia vulgaris major. C. B. P. 137; Que l'on croit être le Moxa des Chinois.

2°. *Artemisia integri-folia, foliis lanceolatis, subtùs tomentosis, integerrimis dentatisque, florum radio subquinque-floro. Linn. Sp. Plant. 1189;* Armoise, avec des feuilles entieres en forme de lance, dentelées à leurs bords, dont le dessous est laineux, & les rayons de la fleur sont composés de cinq fleurettes.

Artemisia foliis planis, lanceolato-linearibus, inferioribus sæpè ex pinnato dentatis. Flor. Sib. 2. P. 109.

3°. *Artemisia cærulescens, foliis caulinis lanceolatis, integris, radicalibus multifidis, flosculis fœmineis ternis. Linn. Sp. 1189;* Armoise dont les feuilles des tiges sont entieres, les radicales divisées en plusieurs parties, & dont trois fleurettes femelles composent les rayons de la fleur.

Absinthium maritimum, Lavendulæ folio. C. B. P. 139. Absinthe maritime, à feuilles de Lavende.

Abrotanum lati-folium rarius, Artemisiæ folio. Col. Ecphr. 2. P. 75. T. 76.

4.° *Artemisia dracunculus, foliis lanceolatis, glabris, integerrimis. Hort. Cliff. 403;* Armoise à feuilles entieres, unies & en forme de lance.

Abrotanum Lini folio acriori & odorato. Tourn. Inst. 459; Estragon.

Dracunculus hortensis. Bauh. Pin. 98. Draco herba. Dod. Pempt. 709.

5°. *Artemisia minima, foliis cunei-formibus repandis, caule procumbente, floribus axillaribus sessilibus. Linn. Sp. 1190;* Armoise avec des feuilles en forme de coin, une tige rampante, & des fleurs croissant aux aisselles de la tige.

Draco herba. Dod. Pempt. 709; Herbe de Dragon.

6°. *Artemisia abrotanum, foliis ramosissimis, setaceis, caule erecto suffruticoso. Hort. Cliff.* 403; Armoise avec des feuilles fort branchues, très-fines, & une tige d'arbrisseau érigée.

Abrotanum mas, angusti-folium majus. C. B. P. 136; Aurone mâle.

7°. *Artemisia humilis, foliis setaceis, pinnati-fidis, caule decumbente suffruticoso*; Armoise avec des feuilles très fines, des aîles pointues, & une tige basse d'arbrisseau.

Abrotanum humile corymbis majoribus aureis. Tourn. Inst. 459.

8°. *Artemisia Santonicum, foliis caulinis linearibus, pinnato-multifidis, ramis indivisis, spicis secundis reflexis. Zinn. Goett.* 397; Armoise avec des feuilles linéaires & divisées en plusieurs parties sur les tiges, des branches indivisées & des épis réfléchis dont les fleurs n'occupent qu'un côté.

Semen Sanctum. Lob. Icon. 756.

9°. *Artemisia campestris, foliis multi-fidis linearibus, caulibus procumbentibus virgatis. Hort. Cliff.* 403; Armoise avec des feuilles linéaires & divisées en plusieurs parties, & des tiges rampantes & branchues.

Abrotanum campestre. [*Wild-Southernwood.*] Aurone sauvage. *C. B. P.* 136.

Ambrosia altera. Cam. Epit. 597.

10°. *Artemisia Crithmi-folia, foliis compositis, divaricatis, linearibus, carnosis, glabris, caule ascendente paniculato. Linn. Sp.* 1186; Armoise avec des feuilles composées, linéaires, unies & charnues, & une tige montante & en panicule.

Abrotanum Hispanicum maritimum, folio crasso splendente & rigido. Tourn. Inst. 459.

Absinthium inodorum, foliis Crithmi, lucidis, obscurè virentibus. Moris. Hist. 3. *P.* 11.

11°. *Artemisia maritima, foliis multi-partitis, tomentosis, racemis cernuis, flosculis fœmineis ternis. Linn. Sp.* 1186; Armoise avec des feuilles laineuses & divisées, des branches penchées, & trois fleurettes femelles.

Absinthium seriphium Belgicum. C. B. P. 139; Voyez Absinthe. Armoise maritime. [*Sea-Wormwood*].

12°. *Artemisia rupestris, foliis pinnatis, caulibus ascendentibus, hirsutis, floribus globosis cernuis, receptaculo papposo. Her. Gotl.* 285; Armoise avec des feuilles aîlées, des tiges montantes & velues, & une fleur globulaire & penchée.

Absinthium Alpinum incanum. C. B. P. 139.

13°. *Artemisia Pontica, foliis multi-partitis, subtùs tomentosis, floribus subrotundis nutantibus, receptaculo nudo. Hort. Upsal.* 257; Armoise avec des feuilles joliment découpées, laineuses en-dessous, & des fleurs rondes penchées.

Absinthium Ponticum, tenui-folium incanum. C. B. P. 138; Absinthe Pontique. Petite Absinthe. [*True Roman-Wormwood.*]

14°. *Artemisia annua, foliis triplicatò pinnatis utrinque glabris, floribus subglobosis nutantibus, receptaculo glabro, conico. Hort.*

Upsal. 257 ; Armoiſe avec des feuilles triplement aîlées, unies aux deux côtés, & des fleurs globulaires & penchées, dont les réceptacles ſont unis & coniques.

Abſinthium Tanaceti folio, odoratiſſimum. Amm. Ruth. 142.

15°. *Artemiſia Abſinthium, foliis compoſitis multi-fidis, floribus ſubglobofis, pendulis, receptaculo villoſo. Hort. Cliff.* 404; Armoiſe avec des feuilles compoſées & diviſées en pluſieurs parties, des fleurs globulaires & penchées, & des réceptacles velus.

Abſinthium vulgare. J. B. [*Common Wormwood;*] Abſinthe commune. Aluyne.

16°. *Artemiſia inodora, foliis compoſitis, tomentoſis, floribus ſubgloboſis, receptaculo villoſo*; Armoiſe avec des feuilles laineuſes & compoſées, des fleurs globulaires, & des receptacles velus.

Abſinthium inſipidum, Abſinthio vulgari ſimile. C. B. P. Abſinthe inſipide.

17°. *Artemiſia arboreſcens, foliis compoſitis, multi-fidis, linearibus, floribus ſubgloboſis, caule fruteſcente. Linn. Sp.* 1188; Armoiſe avec des feuilles compoſées & linéaires, des fleurs globulaires, & une tige d'arbriſſeau.

Abſinthium arboreſcens. Lob. Icon. 753; Abſinthe en arbre.

Abrotanum lati-folium arboreſcens. Bauh. Pin. 136.

18°. *Artemiſia Æthiopica, foliis linearibus confertis, minimis, diviſis, caule fruticoſo, tomentoſo. Linn. Sp.* 1184; Armoiſe avec des feuilles linéaires en paquets ayant une tige laineuſe d'arbriſſeau.

Abſinthium Africanum arboreſcens, folio vermiculatæ incano. Tourn. Inſt. 458.

Abrotanoïdes Africanum, foliis cinereis muſcoſis, capitulis florum globoſis magnis. Rai. Suppl. 232.

19°. *Artemiſia glacialis, foliis palmatis, multi-fidis, ſericeis, caulibus aſcendentibus, floribus glomeratis, ſubfaſtigiatis. Linn. Sp.* 1187; Armoiſe avec des feuilles ſoyeuſes & diviſées en pluſieurs parties, des tiges montantes & des fleurs globulaires.

Abſinthium Alpinum candidum humile. C. B. P. 139; Genepi ou Abſinthe des Alpes.

20°. *Artemiſia Tanaceti-folia, foliis bipinnatis, ſubtùs tomentoſis, nitidis; pinnis tranſverſis, racemis ſimplicibus. Linn. Sp.* 1188; Armoiſe avec des feuilles à doubles aîles, laineuſes endeſſous, & des branches ſimples de fleurs.

Abſinthium foliis radicalibus multotiès pinnatis. Allion. pedem. 6. *T.* 2. *F.* 1.

Vulgaris. La premiere eſpece croît naturellement ſur les côtés des routes & des ſentiers de la plus grande partie de l'Angleterre : elle eſt rarement admiſe dans les jardins, où elle deviendroit bientôt une herbe embarraſſante, à cauſe de ſes racines, qui, rampant & s'étendant au loin au-deſſous de la ſurface de la terre, rempliroient bientôt un grand eſpace, ſi elles n'étoient arrêtées ; mais comme cette plante eſt d'uſage en médecine, j'en fais mention ici: elle fleurit en Juin, & c'est dans cet état qu'il faut la recueillir pour l'usage.

Le *Moxa*, qui est un *Cotonier* ou espece d'*Armoise de la Chine*, si fameux dans les pays orientaux, pour guérir la goutte, en brûlant, sur la partie affligée, le duvet qui se trouve attaché à la partie basse de ses feuilles, est regardé comme une espece différente de notre *Armoise commune*; mais par les échantillons secs de cette plante, que j'ai vu apporter en Angleterre, il paroît qu'elle ne diffère de la nôtre que par sa grosseur, celle-ci étant beaucoup plus petite; & je crois que le duvet mou de notre *Armoise commune*, ou de quelqu'autre espece, produiroit le même effet (1).

(1) Nous avons déjà eu occasion de remarquer combien la matiere médicale est surchargée de remedes inutiles, accrédités par une prétendue expérience, & consacrés par un antique préjugé: l'Armoise nous en fournit encore un nouvel exemple par ses foibles vertus, comparées à la réputation prodigieuse dont elle jouit.

Cette plante, qui ne contient en effet qu'une fort petite quantité de principe volatil balsamique très-foible, & des parties fixes résineuses & gommeuses, absolument inutiles & presque dénuées de saveur, est légèrement discussive & détersive, & ne peut être que d'un bien foible secours dans les maladies pour lesquelles on l'emploie communément; car elle est regardée, par le vulgaire des Médecins, comme un puissant remede dans les obstructions des visceres, la disurie, la néphrétique, les blessures empoisonnées, les coups d'armes à feu, les affections histériques, la suppression des règles & des vuidanges, les accouchemens laborieux, & différentes autres affections de la matrice, &c. On la fait entrer dans le syrop d'armoise auquel elle a donné son nom; dans le catholicon simple; dans l'électuaire de JUSTIN; dans l'onguent *martiatum*, dans l'eau vulnéraire, &c.

Le *Moxa*, dont les Chinois font un très-grand usage, est suivant KEMPFER, une espece de duvet fort inflammable qu'on tire des feuilles de l'Armoise commune, cueillies avant le lever du soleil & séchées à l'ombre: on fait avec ce duvet de petits cônes qu'on applique sur différentes parties du corps, après les avoir humectés avec de la salive; on met ensuite le feu à leur sommet au moyen d'une baguette enflammée; ils se consument lentement sans pétiller, & sans lancer aucune étincelle; ils échauffent insensiblement la peau & finissent par la cautériser légèrement en n'occasionnant qu'une très-foible douleur que les enfans eux mêmes supportent sans se plaindre. Il ne se forme aucune ampoule sur la partie, & il ne paroît qu'une tâche spadicée & fauve. On applique sur cette brûlure de l'ail écrâsé & par-dessus le tout la pellicule même de l'ail, afin de hâter la suppuration: lorsque l'escarre commence à se détacher, on la panse avec quelques feuilles de plantin rissolées. Les Chinois & les Japonois emploient ce moyen, non-seulement pour se guérir des maladies rhumatismales & arthritiques, &c., mais aussi pour se préserver de toute espece de contagion,

Integri-folia. La seconde espece, originaire de la Sibérie, s'élève à deux pieds environ de hauteur, avec des tiges ſimples, garnies de feuilles à-peu-près ſemblables à celles du *Nerprun*, unies, étroites, en forme de lance, & découpées ſur leurs bords en ſegments aigus : les fleurs qui ſortent des aîles des feuilles, en petits épis clairs, & qui ſont ſouvent ſimples à la proximité du ſommet, ſont plus larges que celles de notre eſpece commune, & d'une couleur jaune-pâle. Cette plante eſt auſſi dure que la précédente, & ſe multiplie auſſi fort. On ne la conſerve dans les jardins Botaniques, que pour la variété.

Cœruleſcens. La troiſieme, qu'on trouve aux environs de la mer, en Italie, en Eſpagne & en France, eſt aſſez dure pour réſiſter en plein air, en Angleterre même, pourvu qu'elle ſoit plantée dans un ſol ſec : elle s'élève à deux pieds de hauteur, avec pluſieurs branches ligneuſes, terminées par des épis de fleurs qui ont peu de beauté; auſſi ces plantes ne ſont conſervées dans les jardins, que pour la variété.

Dracunculus. La quatrieme eſt l'*Eſtragon commun* ou *Serpentine*, que l'on mange ſouvent dans les ſalades, ſur-tout en France : cette plante très-dure, ſe multiplie fortement par ſes racines rampantes, ou par la tranſplantation de ſes rejettons, au commencement du mois de Mai; comme on le pratique pour la Menthe; ces rejettons s'étendront en peu de tems juſqu'à ſe rencontrer, s'ils ſont arroſés dans les tems ſecs.

Minima. La cinquieme, originaire de la Chine, eſt aſſez dure pour profiter ici en plein air; cette plante annuelle pouſſant rarement la premiere année, lorſque ſes ſemences ne ſont miſes en terre qu'au printems, il faut les lui laiſſer écarter en automne, ſi l'on veut qu'elles produiſent plus ſûrement.

Abrotanum. La ſixieme, ou l'*Aurône commune*, qu'on cultive dans les jardins, à cauſe de l'odeur agréable de ſes feuilles, eſt un ſous-arbriſſeau élévé, tout au plus à trois ou quatre pieds, qui pouſſe des branches latérales, érigées, & garnies de feuilles à cinq pointes hériſſées & aigues, qui exhalent une odeur agréable, quand elles ſont froiſſées. Les fleurs, produites en épis aux extrémités des branches, s'ouvrent rarement en Angleterre, à moins que l'automne ne ſoit chaud & ſec. Elle ſe multiplie par boutures, qu'on plante dans une plate-bande à l'ombre, vers le commencement d'Avril, en obſervant de les bien arroſer dans les tems ſecs: elles peuvent y reſter juſqu'à l'automne ſuivant, tems auquel il faudra les tranſplanter dans des pots, ou dans les parties du jardin qui leur feront deſtinées (1).

(1) L'Aurone a une ſaveur amere & une odeur aromatique citronée.

Une once des feuilles de cette

Humilis. La ſeptieme eſt un arbriſſeau fort bas, dont les branches penchent vers la terre, & qui ne s'éléve à deux pieds de hauteur, que lorſqu'il fleurit; parce que les épis ont toujours au moins un pied de longueur: les fleurs ſont jaunes, diſpoſées en épis, & paroîſſent en automne. Cette eſpece ſe multiplie par boutures, ainſi que la précédente, & eſt également dure.

Santonicum. La huitieme, qui produit le *Semen Santonicum*, dont on fait uſage pour détruire les vers des enfans, croît naturellement en Perſe, d'où les ſemences ont été apportées en Europe: elle a l'apparence de notre *Armoiſe ſauvage*: les branches ſont minces, érigées & garnies de feuilles linéaires, aîlées, & terminées par des épis de fleurs minces & recourbées, qui ont des réceptacles nuds. Elle peut être multipliée par boutures, de la même maniere que la précédente; mais les plantes doivent être placées dans un ſol ſec, & à une ſituation abritée, où elles ſupporteront aſſez bien le froid de nos hivers ordinaires: mais il ſera prudent d'avoir une plante ou deux dans des pots, que l'on puiſſe abriter dans cette ſaiſon, ſous un châſſis commun de couche chaude, pour en conſerver l'eſpece (1).

---

plante fournit par l'analyſe trois gros de ſubſtance gommeuſe, un gros & demi de partie réſineuſe, & quelques grains d'huile eſſentielle éthérée. Quoique cette partie volatile, & la ſubſtance fixe réſineuſe ſoient en moindre quantité que le mucilage, c'eſt néanmoins dans ces deux premiers principes que réſident toutes les vertus médicinales de cette plante: elle eſt diſcuſſive, déterſive, fortifiante, carminative, pectorale, utérine, diurétique, cordiale, anthelmintique, alexipharmaque, &c.: on la preſcrit avec ſuccès dans la foibleſſe d'eſtomac, dans les affections pituiteuſes, l'aſthme humide, quelques eſpeces de fleurs blanches, la paſſion hiſtérique, la ſuppreſſion des règles, les obſtructions des viſceres, après avoir fait précéder les délayans & fondans; dans la colique venteuſe, la néphrétique, &c.

Sa doſe eſt depuis une pincée juſqu'à trois, en infuſion vineuſe ou aqueuſe, on la fait entrer dans les décoctions anthelmintiques & vulnéraires, dans les lavemens carminatifs & hiſtériques, &c.

(1) Les graines du *Santonicum*, qu'on appelle encore *Sementine*, ou *Semen contrà*, ont une odeur balſamique & une ſaveur âcre & amere.

Une once de ces ſemences ſoumiſe à l'analyſe, a produit un principe odorant, très-fugace & incoercible, une quantité preſque imperceptible d'huile eſſentielle volatile, trois gros d'extrait gommeux & un gros de ſubſtance réſineuſe.

Ces graines ſont ſtomachiques, fortifiantes, diſcuſſives, céphaliques, nervines, antiputrides, anthelmintiques, utérines, pectorales, carminatives, &c. & conviennent dans les maladies occaſionnées par des ſaburres putrides, le relâchement de l'eſtomac, les vers inteſtinaux, la rétention des règles & des hémorrhoïdes, &c. Dans ces différentes circonſtances elles fortifient & diſcutent puiſſamment,

Campestris. La neuvieme est l'*Aurone sauvage*, qui croît naturellement dans quelques parties de Norfolk, & n'est guere admise dans les jardins.

Crithmi-folia. La dixieme, originaire du Portugal, est un arbrisseau bas, qui s'éleve au plus à deux pieds de hauteur, & ressemble beaucoup à notre espece sauvage: on la conserve rarement dans les jardins Anglois.

Maritima. La onzieme est l'*Absinthe maritime commune*, qui croît spontanément sur les côtes de la mer de la plus grande partie d'Angleterre, où on en remarque plusieurs variétés, qui pourroient bien être aussi des especes différentes. Ce sont des arbrisseaux bas, dont la plupart rampent par leurs racines, au moyen desquelles ils se multiplient fortement dans les places où ils naissent; mais lorsqu'ils sont transplantés dans un jardin, ils ne profitent pas autant. Toutes ces variétés sont vendues dans les boutiques de Londres, pour la véritable *Absinthe romaine*

Rupestris. La douzieme, originaire des Alpes, est aussi un arbrisseau, à peine élevé d'un pied de hauteur, qui pousse plusieurs branches minces, garnies de feuilles très-blanches & ailées, pour lesquelles on l'admet quelquefois dans les jardins: cette plante est fort dure, & se multiplie aisément de boutures au printems.

Pontica. La troisieme est la véritable *Absinthe romaine*, assez rare à présent dans les boutiques, quoiqu'elle soit fort préférée par des personnes expérimentées à l'*Absinthe maritime*, parce qu'elle est moins dégoutante, & que son amertume est beaucoup plus agréable: on pourroit néanmoins se la procurer en grande quantité, si les Jardiniers, qui fournissent les marchés d'herbes médicinales, vouloient la cultiver. Cette plante est basse & herbacée; les tiges meurent en automne, jusqu'à la racine, & les nouvelles paroissent au printems; elles sont garnies de feuilles joliment découpées, dont la surface inférieure est laineuse; la partie

---

donnent de l'activité à la bile, aiguillonnent les fibres languissantes, augmentent l'oscillation des vaisseaux, détachent & corrigent les crudités visqueuses, accélerent la circulation des liqueurs, échauffent & rétablissent les forces digestives, divisent la limphe épaissie, &c., & peuvent être employées avec succès dans toutes les maladies où il est nécessaire de fortifier, de discuter & de s'opposer à l'atonie des fibres.

Ses vertus anthelmintiques ne sont point équivoques; lorsqu'on les donne dans cette intention, il est essentiel de les joindre à quelques purgatifs, tels que la rhubarbe ou le mercure doux, afin d'évacuer les vers qu'elles ont détruits, & prévenir par-là les inconvéniens qui pourroient résulter de la putréfaction de ces insectes dans les premieres voies.

Leur dose, lorsqu'on les fait prendre en infusion, est depuis un gros jusqu'à trois, & en substance depuis quelques grains jusqu'à un gros.

haute des tiges eſt garnie de fleurs globulaires, qui ſe renverſent d'un côté, & ont des receptacles nuds ; elles paroiſſent en Août : mais elles ne ſont pas toujours ſuivies de ſemences en Angleterre.

Cette eſpece ſe multiplie aiſément par ſes racines rampantes, que l'on peut diviſer en automne, pour les planter à deux ou trois pieds de diſtance, afin qu'elles puiſſent avoir aſſez de place pour s'étendre : le meilleur tems pour cette opération, eſt vers le milieu d'Octobre ; elles croîtront dans tous les ſols, pourvu qu'ils ne ſoient pas trop humides. (1)

Annua. La quatorzieme, qui eſt originaire de la Sibérie, eſt une plante annuelle, élévée de deux pieds de hauteur,

---

(1) Nous plaçons cette note après l'article de l'*Abſinthe romaine*, parce qu'elle eſt plus eſtimée en Médecine qu'aucune autre, quoique les différentes eſpeces dont il eſt queſtion dans le texte, puiſſent lui être ſubſtituées ſans beaucoup d'inconvéniens.

L'*Abſinthe* a une odeur forte, aromatique, & une ſaveur très-amere.

Une once de cette plante ſoumiſe à la diſtillation, produit une aſſez grande quantité de principe odorant mêlé avec l'eau, mais qu'on ne peut jamais obtenir ſéparement.

La même doſe miſe en infuſion dans de l'eau, produit une demi-once d'extrait gommeux, tandis qu'on en retire à peine un demi-gros de ſubſtance réſineuſe, par l'action des menſtrues ſpiritueuſes. Ces deux derniers principes ſont tellement adhérens l'un à l'autre, qu'il eſt impoſſible de les obtenir parfaitement purs. Par le leſſivage des cendres provenus de la combuſtion des feuilles & des tiges de l'*Abſinthe*, on extrait une petite quantité de ſel cubique, analogue au ſel marin & de ſel alkali végétal, dont la doſe n'eſt point conſtante.

Le principe odorant de l'*Abſinthe* a quelque choſe de vireux & de narcotique ; la partie gommeuſe a peu de vertu, parce que ſon amertume eſt foible, mais la ſubſtance réſineuſe eſt très-active & poſſede au plus haut dégré toutes les propriétés des autres principes : quant au ſel alkalin que fournit le lavage des cendres, il ne diffère en rien de celui qu'on retire des autres végétaux, quelle que ſoit l'opinion commune à cet égard.

Toute la plante eſt échauffante, fortifiante, ſtomachique, inciſive, déterſive, anthelmintique, carminative, utérine, céphalique, fébrifuge, diurétique, apéritive, &c. Elle convient dans un grand nombre de maladies chroniques, dans les vices de digeſtion & de l'eſtomac, le relâchement de ce viſcere, l'atonie générale, l'hydropiſie univerſelle & particuliere, les fievres intermittentes, la cachexie, la diarrhée ſéreuſe, les ſupreſſions des règles, le gonflement des glandes, l'inertie de la bile, les fleurs blanches, dans différentes maladies de la peau, les vers inteſtinaux, les flatuoſités, &c.

Sa doſe eſt en infuſion vineuſe ou aqueuſe depuis une demi-poignée juſqu'à deux.

On la fait entrer dans les cataplaſmes réſolutifs, dans les bains aromatiques ; dans la *diaLacca magna* de MESUE ; dans la confection

& garnie de feuilles ailées, d'une odeur agréable : les fleurs ſont globulaires, & penchent ſur un côté. Si on lui laiſſe écarter ſes ſemences en automne, les plantes pouſſeront mieux, que ſi elles étoient ſemées avec ſoin.

Abſinthium. La quinzieme, ou l'*Abſinthe commune*, qui croît naturellement ſur les bords des chemins & dans les lieux incultes de pluſieurs parties d'Angleterre, eſt peu cultivée dans les jardins : elle, ſe multiplie aiſément par ſes graines qu'il faut ſemer en automne, auſſi-tôt qu'elles ſont mûres; & ſi on les laiſſe écarter, les plantes pouſſeront ſans aucun ſoin.

Inodora. La ſeizieme a été regardée comme une variété de l'*Abſinthe commune* : elle a, en effet, la même apparence; mais les ſegments de ſes feuilles ſont plus larges & plus blancs, & toute la plante eſt inſipide : elle ſe perpétue par ſemences.

Arboreſcens. La dix-ſeptieme, ordinairement connue ſous le nom d'*Abſinthe en arbre*, croît ſans culture aux environs de la mer, en Italie, & dans le Levant : elle s'éleve, avec une tige ligneuſe, à ſix ou ſept pieds de hauteur, & pouſſe pluſieurs branches ligneuſes, garnies de feuilles à-peu-près ſemblables à celles de l'*Abſinthe commune*, mais plus joliment diviſées, & beaucoup plus blanches; les branches ſont terminées, en automne, par des épis de fleurs globulaires, qui ſont peu ſuivies de ſemences ici. Cette plante peut être multipliée par boutures, qui prennent aiſément racine, ſi elles ſont placées dans une plate-bande ombrée, pendant l'été, & arroſées à propos. En automne, il faut mettre quelques jeunes plantes dans des pots, pour les abriter en hiver : les autres peuvent être placées dans une plate-bande chaude, où elles ſubſiſteront, pourvu que l'hiver ſoit favorable.

Æthiopica. La dix-huitieme eſt une plante baſſe en arbriſſeau, dont la tige ligneuſe produit quelques branches, garnies de feuilles linéaires, diſpoſées en paquets : ſes fleurs, qui naiſſent également en paquets ronds, ont la même forme que celles de l'*Abſinthe.* Elle croît naturellement en Ethiopie. On la multiplie par boutures en quelque tems de l'été que ce ſoit : elle doit être garantie des fortes gelées de l'hiver.

Glacialis. La dix-neuvieme, qu'on trouve ſur les Alpes, eſt une plante baſſe, qui s'éleve au plus à un pied & demi de hauteur : ſes tiges ſont fortement garnies de feuilles

---

homec, dans les pilulles de NICOLAS DE SALERNE; dans les pilulles aggrégatives DE MESUE; dans le ſyrop cachectique DE CHARAS, &c.

Son extrait a la même vertu que la plante, & ſe donne à la doſe d'un gros, deux ou trois fois par jour.

fort blanches, en forme de main : ses fleurs, globulaires & rassemblées en paquet à l'extrémité de la tige, sont rarement suivies de semences en Angleterre. Cette plante peut être multipliée dans tous les mois de l'été, en plantant dans une plate-bande ombrée ses rejettons de côté, qui pousseront des racines, s'ils sont bien arrosés; & en automne, on peut les placer dans les lieux où ils doivent rester.

Tanaceti-folia. La vingtieme, originaire du Piémont, est une plante herbacée, dont les tiges périssent en hiver jusqu'à la racine, & qui pousse au printems de nouveaux rejettons, garnis de feuilles aîlées, & laineuses en-dessous : ses fleurs, produites sur des épis simples, ne sont pas ordinairement suivies de semences en Angleterre. On multiplie aisément cette plante, en divisant ses racines en automne.

ARTICHAUD. *Cynara.* [*Artichoke*].

Comme cette plante est plus généralement connue sous le nom d'*Artichaud*, que sous celui de *Cynara*, je parlerai de sa culture, sous cette premiere dénomination, & je renverrai pour son caractere & ses différentes especes, au mot latin *Cynara.*

On cultive dans les jardins anglois deux especes d'Artichauds dont nous ferons mention ici, sous les noms par lesquels ils sont généralement connus, en réservant leurs autres distinctions pour les titres latins.

La meilleure espece, appelée par les Jardiniers, *Artichaud rond*, à des têtes garnies d'écailles larges, brunes, & tournées en-dedans : la partie charnue du fond des écailles étant fort épaisse, on la préfere beaucoup à l'autre espece, connue sous le nom d'*Artichaud de France*, dont les tiges sont généralement plus hautes, les têtes plus petites & plus coniques, les écailles plus étroites, plus vertes, & tournées en-dehors ; la partie charnue moins épaisse, & le parfum moins agréable au goût. Toutes ces imperfections ont fait absolument rejetter cette seconde espece des jardins anglois, jusqu'à ce que la forte gelée de l'hiver de 1739 à 1740, ayant détruit presque toutes les racines de la premiere, on fut forcé d'en faire venir de nouvelles de l'isle de Guernesey, où l'on ne cultivoit que l'*Artichaud de France* ; mais depuis, l'*Artichaud rond* ayant été multiplié, la seconde espece a été encore rejettée.

On multiplie cette plante par ses œilletons, qui, étant pris sur les vieilles racines en Février ou en Mars, produisent de gros fruits dès l'automne suivant, s'ils sont plantés dans un bon sol : mais comme il y a peu de Jardiniers, à l'exception de ceux qui ont reçu leurs instructions dans les jardins des environs de Londres, qui entendent bien la culture de cette plante, j'en donnerai une instruction particuliere.

Culture. Premiere espece. Cette plantation se fait en Février ou en Mars, suivant que la saison & les vieilles racines d'Artichaud sont plus ou moins avancées, & on s'y prend de la maniere suivante: on enleve d'abord avec la bêche, toute la terre qui environne les tiges, jusqu'au dessous de la partie où sont produits les jeunes rejettons; on ôte avec la main la terre qui peut se trouver entre ces rejettons, afin de pouvoir reconnoître quels sont les meilleurs, & la maniere dont ils sont placés sur la tige; on choisit les deux plus forts, qui soient en même tems droits & de belle apparence, pour les laisser en place; on les prend dans la partie la plus basse, parce que ceux qui croissent sur la couronne des racines, quoique forts & gros, ont des tiges dures & ligneuses, qui ne produisent pour l'ordinaire, que de mauvais fruits, connus sur les marchés sous le nom de *Rogues*, dont les fonds sont très-petits, & les écailles placées irrégulierement; on enleve ensuite les rejettons destinés à à être replantés, en les pressant avec le pouce le plus près de la tige qu'il est possible, avec la précaution de ne laisser aucuns boutons qui, par leur accroissement, puissent nuire aux deux rejettons conservés, & de ne point endommager ceux qui sont destinés à une autre recolte. Cette opération faite, on remet la terre avec la bêche, & on la presse avec les mains autour des deux plantes laissées, en les séparant à une aussi grande distance qu'il est possible, sans les rompre; on coupe ensuite le sommet des feuilles qui penchent. Quand la terre, autour des tiges, est nivelée & dressée, on peut y semer légèrement des *Epinars*, qui seront cueillis avant que les Artichauds se soient assez étendus pour la couvrir; on les tient nets de mauvaises herbes, & vers la fin d'Avril ou au commencement de Mai, lorsque les vieilles plantes commencent à montrer leurs fruits, on examine les tiges avec soin, pour en retrancher les jeunes plantes qui auroient pu avoir poussé depuis, on enleve tous les rejettons produits sur la tige, & on ne laisse que la tête principale, qui doit donner les plus gros fruits. Quand les Artichauds sont en état d'être cueillis, on casse ou on coupe les tiges qui les soutiennent près de la surface de la terre, afin que les plantes puissent en pousser de nouvelles avant la fin d'Octobre. La saison pour les couvrir de terre est au milieu ou à la fin de Novembre; ce qui doit être fait de la maniere suivante.

Coupez les jeunes rejettons tout près de la surface de la terre, puis creusez autour des tiges, & mettez la terre en butte entre chaque rang, comme il est d'usage dans les labours, de façon que chaque rang d'Artichauds puisse être exactement au milieu de chaque butte, ce qui suffira pour les abriter des gelées de l'hiver. Je recommande essentiellement ici de ne point se servir de grand fumier, comme le font souvent des gens peu expérimentés qui l'enfoncent en terre, & en entourent les plantes, parce que rien ne leur est plus préjudiciable, & ne contribue davantage à rendre le fruit petit, & presque sans fond, que le nouveau fumier.

Quoiqu'il soit rare que les racines d'Artichaud plantées dans une terre sèche soient détruites par le froid, cependant, comme on l'a vu arriver quelquefois dans des hivers fort rudes, tels que ceux de 1683 & de 1739 à 1740, il est prudent de donner les moyens de les en garantir; avec d'autant plus de raison que ces deux derniers hivers ne leur ont été aussi funestes en Angleterre, que par le peu de soin qu'on a apporté à les en préserver. Depuis ce tems on a donné dans une autre extrémité, en couvrant chaque hiver les Artichauds avec du fumier long, ce qui est une très-mauvaise méthode, comme je l'ai déjà fait observer, parce que ce fumier les fait non-seulement pourrir, mais les expose encore à beaucoup d'autres accidens: c'est-pourquoi je conseille de ne couvrir de terre les Artichauds qu'à la fin de Novembre ou au commencement de Décembre, pourvu que la saison continue à être douce; & vers Noël, si on craint quelques fortes gelées, on met une quantité de long fumier, de chaume de pois, de tan, ou de quelqu'autre couverture légere sur les buttes seulement; ce qui suffira pour empêcher la gelée de pénétrer & d'endommager les racines: mais il faut ôter ces couvertures au commencement de Février, & même plutôt si le tems est doux, sans quoi elles nuiroient beaucoup aux plantes.

Il sera bon aussi d'enlever en automne quelques racines d'Artichauds, de les enterrer profondément dans une fosse jusqu'au printems, ou de les mettre en monceaux, de maniere qu'on puisse les couvrir aisément dans les fortes gelées, afin d'avoir une provision de réserve si les autres plantes sont détruites dans la terre. Quand elles sont ainsi couvertes de terre, il n'y a plus rien à faire avant les mois de Février ou de Mars, & jusqu'à ce qu'elles aient poussé au travers des buttes; alors, si le tems est convenable, il faut les travailler comme il a été dit ci-dessus.

Lorsqu'il est question de faire une nouvelle plantation, après avoir labouré & enterré du fumier fort pourri, on choisit entre les rejettons pris sur les vieilles tiges, les plus forts & les plus sains, pourvus de quelques racines, & qui soient assez tendres pour se casser aisément; mais on rejette ceux qui sont durs, ligneux & filandreux : après quoi, on coupe & on retranche les boutons de la partie ligneuse qui les joignent à la tige, ainsi que les larges feuilles, afin que celles du cœur puissent être à l'extérieur, & exposées à la lumiere. Si le tems est très-sec, ou si les plantes ont été depuis long-tems détachées des tiges, il sera nécessaire de les laisser tremper dans l'eau pendant trois ou quatre heures avant de les mettre en terre, ce qui servira à les rafraîchir : les plantes ainsi préparées, on procède alors à la plantation; ce que l'on fait en traçant des lignes droites sur le terrein, & avec une mesure : on les plante à deux pieds de distance dans les rangs, & à cinq pieds de rang en rang, en les enterrant d'environ quatre pouces de profondeur, & en pressant fortement la terre sur les racines. Cette opération étant finie, on les arrose deux ou trois fois la semaine, si la saison est sèche; jusqu'à ce qu'elles commencent à croître : après quoi, elles auront peu besoin d'eau.

Il est bon d'observer ici que l'on peut semer légèrement des *Epinars* dans le terrein avant d'y mettre les plantes, avec le soin cependant de n'en point laisser autour des rejettons quand ils ont poussé.

Ces plantes produiront les plus gros & les meilleurs Artichauds, vers les mois d'Août & de Septembre, si la saison est bonne & le sol humide, & après que tous ceux des vieilles tiges sont cueillis. Si on veut se procurer des Artichauds pendant toute la saison, il faut faire chaque année de nouvelles plantations, sans quoi, il n'est pas possible d'avoir de ce fruit plus long-tems que deux ou trois mois.

Si quelques-unes de ces plantes du printems n'ont point donné de fruits en automne, on peut, lorsqu'on butte les racines, lier leurs feuilles avec des branches de saule, &c. rapprocher la terre autour, de façon que le sommet des plantes puisse être au-dessus; &, quand la gelée commence, couvrir les sommets avec un peu de paille pour qu'ils ne soient pas détruits : par ce moyen elles produiront du fruit en hiver ou de bonne heure au printems.

Lorsqu'on veut semer quelques légumes au milieu de ces plantations, on peut suivre la méthode pratiquée par les Jardiniers des environs de Londres, qui consiste à laisser neuf ou dix pieds d'intervalle entre chaque rang d'Artichauds; à semer dans cet espace des *Raves* ou des *Epinars*, ou à planter deux rangs, de *Choux-fleurs* à la distance de quatre pieds, & séparés seulement de deux pieds & demi entr'eux, de maniere qu'il reste encore à chaque plante d'Artichaud un espace de cinq pieds pour s'étendre : & dans le mois de Mai, lorsque les *Raves* & les *Epinars* sont cueillis, on seme exactement entre les deux rangs de *Choux-fleurs* une rangée de *Concombres* propre à être marinés, à trois pieds de distance l'un de l'autre; & entre les rangs de *Choux-fleurs* & d'Artichauds, on plante une ligne de *Choux-pommés*, ou de *Choux de Savoie*, qui peuvent croître aisément quand les *Choux-fleurs* & les Artichauds sont récoltés : par ce moyen la terre se trouve employée pendant toute la saison; ce qui est très-nécessaire pour les Jardiniers des environs de Londres, qui, payant de gros loyers, sont forcés de tirer de leur terre le plus grand produit possible.

Dans les terreins où les rangs d'Artichaud sont placés à cinq pieds de distance, on y plante pour l'hiver des *Choux-pommés* ou de *Savoie*, qui seront arrachés lorsqu'il sera nécessaire de couvrir les Artichauds; alors on mettra la terre en monceaux de la largeur de cinq pieds, à moins qu'elle ne soit extrêmement ferme, ou que les plantes ne soient très-jeunes; car dans ces deux cas, on ne prendra que l'espace de trois pieds & demi pour butter les racines, le reste pouvant être mis en petits tas dans les intervalles. Il faut aussi employer à butter la même quantité de terre quand les plantes sont placées à une plus grande distance.

Si, après de fortes gelées ou une trop grande humidité, les plantes paroîssent pousser avec peu de vigueur au printems, il sera nécessaire de les découvrir, de labourer la terre dans les intervalles avec la bêche, de former une petite élévation autour de chaque tige, & de niveler la terre entre les rangs; ce qui les mettra en état d'être châtrées trois semaines ou un mois après.

Les Artichauds plantés dans une terre riche & humide produiront toujours les plus gros & les meilleurs fruits; de sorte qu'il sera bon, quand on peut employer un pareil sol, de faire chaque printems une nouvelle plantation qui succédera aux vieilles tiges, & procurera du fruit en automne : mais comme ces racines ne subsisteront pas en hiver dans ce terrein humide, on doit placer dans un sol sec celles qui seront destinées à produire au printems; & on aura soin que ces plantations soient toujours dans une situation ouverte, & non sous l'égoût des arbres, où elles fileroient, & produiroient des fruits petits & mauvais.

ARTICHAUD DE JÉRUSALEM. *Topinambour*, ou *Poire de terre*. *Voyez* HELIANTHUS TUBEROSUS. L.

ARTICHAUD SAUVAGE D'ESPAGNE. *Voyez* CYNARA HUMILIS.

ARTICHAUD SAUVAGE, *ou* CHARDON-MARIE. *Voyez* CARDUUS MARIANUS.

ARTICULATION. C'est l'union des parties des plantes formées par un nœud ou une jointure pareille à celles qu'on observe dans les siliques de plusieurs plantes, comme de l'*Ornithopodium*, *Coronilla*, qui sont jointes ensemble par un nœud soluble ; d'où ces parties sont appelées *articulées*, & que l'on dit être attachées *articulatim* ou *geniculatim* : les plantes appelées *articulées* sont aussi celles dont les racines sont noueuses, quoique les tiges ne soient point chargées de nœuds ; c'est ce qui fait nommer la racine de Polygonatum, *articulée* ou *géniculée*.

ARUM. [*Wake-Robin*, *or Cuckow-pint*,] *Pied de Veau.*

Caracteres. La fleur a une enveloppe grande & oblongue, fermée à la bâse, resserrée au milieu, & colorée en-dedans : le spadix, sur lequel les germes sont placés, est en forme de massue au sommet, & plus court que l'enveloppe. Cette fleur n'a ni pétales ni étamines ; mais plusieurs sommets quarrés portés fort près des germes, avec un double rang de filets entre eux, qui adhérent au spadix : plusieurs germes ovales, privés de styles, mais pourvus seulement de stigmats barbus, environnent la partie haute du spadix. Les germes se changent, lorsque la fleur est passée, en bayes globulaires, & à une cellule renfermant des semences rondes.

LINNÉE a placé ce genre dans la septieme section de la vingtieme classe, qu'il a nommée *Gynandria Polyandria* : les plantes qui la composent ont des fleurs mâles & femelles jointes ensemble, sans étamines ni styles, mais pourvues seulement de plusieurs sommets.

Cette plante est appelée *Wake Robin*, à cause de son goût âcre & fort, qui cause beaucoup de douleur dans la bouche & à la gorge, suivie d'un flux abondant d'humeur salivaire lorsqu'on la mange.

Les especes sont :

1°. *Arum maculatum*, *acaule*, *foliis hastatis integerrimis*, *spadice clavato. Hort. Upsal.* 434 ; Arum sans tige, avec des feuilles entieres, en forme de hallebarde, & un spadix en forme de massue.

Arum vulgare maculatum, & *non maculatum. C. B. P.* 195 ; Arum commun.

2°. *Arum Italicum*, *foliis hastatis*, *acutis petiolis*, *longissimis*, *spathâ maximâ*, *erectâ* ; Arum sans tige, avec des feuilles pointues, & en forme de hallebarde, de longs pétioles, & une grosse gaîne érigée.

Arum venis albis, *Italicum maximum. H. R. Par.*

3°. *Arum proboscideum*, *acaule*, *foliis hastatis*, *spathâ declinatâ*, *fili-formi subulatâ. Linn. Sp. Plant.* 966 ; Arum sans tige, avec des feuilles en forme de hallebarde, & une spathe penchée, & en forme d'alêne.

Arisarum, *flore in tenuem caudam abeunte. Tourn. Inst.* 161 ; Capuchon de Moine.

4°. *Arum arisarum*, *acaule*, *foliis cordato-oblongis*, *spathâ bifidâ*, *spadice incurvo. Hort. Cliff.* 435 ; Arum sans tige, avec des feuilles oblongues, & en forme de cœur, une spathe divisée en deux parties,

ties, & un ſpadix recourbé.

Ariſarum lati-folium majus. C. B. P. 196; Capuchon de Moine à larges feuilles.

5°. *Arum tenui-folium, acaule, foliis lanceolatis, ſpadice ſetaceo, declinato. Hort. Cliff. 345*; Arum ſans tige, avec des feuilles en forme de lance, & un ſpadix très-menu, & penché.

Ariſarum anguſti-folium, Dioſcoridis forte. Boerh. Ind. Alt. 2. P. 73.

6°. *Arum Virginicum, acaule, foliis haſtato-cordatis acutis, angulis obtuſis. Hort. Cliff. 434*; Arum ſans tige, avec des feuilles pointues, en forme de cœur & de hallebarde, & des angles obtus.

7°. *Arum triphyllum, acaule, foliis ternatis, floribus monoicis. Flor. Virg. 113*; Arum ſans tige, à trois feuilles.

Arum minus triphyllum, ſive ariſarum penè viride, Virginianum. Mor. Hiſt. 3. P. 547.

Dracunculus, ſive Serpentaria triphylla Braſiliana. Bauh. Pin. 195.

8°. *Arum Dracunculus, foliis pedatis, foliolis petiolatis integerrimis, æquantibus ſpatham ſpadice longiorem. Linn. Sp. Prod. Leyd. 7*; Arum, avec des feuilles en forme de pied, compoſées de lobes entiers, égaux, & en forme de lance, & la ſpathe beaucoup plus longue que le ſpadix.

Dracunculus polyphyllus. C. B. P. 195. Dragon commun.

Dracontium Dod. Pempt. 329.

9°. *Arum Dracontium, foliis pedatis, foliis lanceolatis integerrimis, ſuperantibus ſpatham, ſpadice breviorem. Prod. Leyd. 7*; Arum, avec des feuilles en forme de pieds, les ſupérieures compoſées de lobes entiers, & en forme de lance, & la ſpathe plus courte que le ſpadix.

Arum polyphyllum, minus & humilius. H. L. 60.

10°. *Arum trilobatum, acaule, foliis ſagittato-trilobis, flore ſeſſili. Fl. Zeyl. 326*; Arum ſans tige, à feuilles à trois lobes, & avec des fleurs ſeſſilles à leurs racines.

Arum humile Zeylanicum lati-folium, piſtillo coccineo. Hort. Amſt. 1. P. 97.

Ariſarum Amboinicum. Rumph. Amb. 5. P. 320. T. 110. F. 2.

11°. *Arum Colocaſia, acaule, foliis peltatis, ovatis, repandis, baſi ſemi-bifidis. Hort. Cliff. 434*; Arum ſans tige, ayant des feuilles ovales, & en forme de bouclier, ondées, découpées à leurs bords, & diviſées en deux parties à leur baſe.

Arum maximum Ægyptiacum, quod vulgò Colocaſia; Feu d'Egypte.

Colocaſia. Clus. Hiſt. 2. P. 75.

12°. *Arum Betæ-folio, acaule, foliis cordatis, nervoſis, floribus ſeſſilibus*; Arum ſans tige, ayant des feuilles nerveuſes en forme de cœur, & des fleurs ſans pédoncules.

Arum Americanum, Betæ-folio. Cateſb. Hiſt. Car. 1. 71.

13°. *Arum divaricatum, acaule, foliis haſtato-cordatis, angulatis, divaricatis. Linn. Sp. Plant. 966*; Arum ſans tige, avec des feuilles angulaires, en forme de cœur & de hallebarde.

Arum acaule, foliis subhastatis. Flor. Zeyl. 325.

Neienschena major. Rheed. Mal. 11. *P.* 39. *T.* 20.

14°. *Arum peregrinum, acaule, foliis-cordatis, obtusis, mucronatis, angulis rotundatis. Hort. Cliff.* 435; Arum sans tige, avec des feuilles émoussées, en forme de cœur, pointues, & les angles arrondis, appelé *Edder* en Amérique.

15°. *Arum esculentum, acaule, foliis peltatis, ovatis, integerrimis, basi semi-bifidis. Hort. Cliff.* 435; Arum sans tige, dont les feuilles sont ovales, en forme de bouclier, & la bâse est partagée en deux parties.

Arum minus, Nymphææ folio, esculentum. Sloan. Cat. Jam. 62; Chou caraibe, *ou* Arum violet, *ou* Tayore.

Arum esculentum. 15.

Brassica Brasiliana, foliis Nymphææ. Bauh. Pin. 111.

Caladium æquatile. Rumph. Amb. 5. *P.* 318. *T.* 110. *F.* 1.

16°. *Arum sagittæ-folium, acaule, foliis sagittatis, triangulis, angulis divaricatis, acutis. Hort. Cliff.* 345; Arum sans tige, ayant des feuilles triangulaires, en forme de dard, & en pointes aigues, qui divergent.

Arum maximum Ægyptiacum, quod vulgô Colocasia, cauliculis nigricantibus, Zeylanica. H. L. B.

17°. *Arum arborescens, caulescens rectum, foliis sagittatis. Linn. Sp. Pl.* 1371; Arum à tige érigée, avec des feuilles en forme de flèche, ordinairement appelé *Canne muette.*

18°. *Arum auritum, caulescens radicans, foliis ternatis, lateralibus uni-lobatis. Linn. Sp.* 1371; Arum dont les tiges poussent des racines avec des feuilles à trois lobes.

Arum hederaceum, triphyllum, & auritum. Plum. Amer. 41 *T.* 58.

Maculatum. La premiere espece croit naturellement dans les bois & sur les terres ombrées de la plus grande partie d'Angleterre. Elle est rarement admise dans les jardins; mais comme c'est une plante médicinale, on en fait mention ici pour en venir ensuite aux autres especes. On connoit deux variétés de celle-ci, l'une à feuilles unies & l'autre à feuilles tachetées de noir; mais ces différences ne sont qu'accidentelles, & sont produites par les mêmes semences. Les racines de cette espece d'Arum sont ordonnées par le Collége des Médecins, & elles entrent dans la poudre qui porte le nom de la plante. Comme on recueille toujours ces racines dans le printems, lorsque les feuilles sont en pleine vigueur, elles se rétrécissent, & perdent bientôt leur qualité piquante: mais celles qui sont recueillies en Août, lorsque les feuilles sont flétries, se conservent bonnes toute l'année, & gardent la même qualité piquante qu'elles avoient étant fraiches. Le défaut d'avoir fait cette observation a fait décréditer l'usage de cette racine dans la Médecine. Elle fleurit en Avril, & ses semences mûrissent en Juillet (1).

(1) Les feuilles & les racines d'Arum jouissent des mêmes pro-

Italicum. La ſeconde, qui naît en Eſpagne, en Italie & en Portugal, d'où ſes ſemences m'ont été envoyées, a des feuilles larges, terminées en pointes, & d'un pied & demi d'élévation; elles s'étendent en-dehors, & ſont joliment veinées en blanc & tachetées de noir; ce qui fait une belle variété avec leur verd luiſant. Ses fleurs, élevées à près d'un pied de hauteur, ont des ſpathes fort longues & droites, d'un verd pâle incliné au blanc, & paroiſſent à la fin d'Avril ou au commencement de Mai: ſes ſemences mûriſſent en Août. Cette eſpece ſe multiplie fortement par les rejettons de ſa racine, & profite dans tous les ſols & à toutes les ſituations: le meilleur tems pour les tranſplanter eſt auſſi-tôt après que les ſemences ſont mûres, parce qu'à la fin d'Octobre elles pouſſent de nouvelles fibres.

---

priétés médicinales: mais on emploie rarement les premieres, tandis qu'on fait un uſage fréquent des racines.

Cette racine, lorſqu'on la goûte, produit ſur la langue & dans le goſier une irritation & un ſentiment de chaleur conſidérable: cette grande âcreté réſide en partie dans la ſubſtance réſineuſe, quoique peu abondante, puiſqu'une once de racine d'Arum en produit à peine douze grains; & ſur-tout dans un principe volatil ſalin qu'on y découvre. Cet acide volatil eſt très-abondant dans les racines fraîches; mais il ſe diſſipe en partie dans celles qui ſont deſſéchées; ce qui fait qu'on préfere ces dernieres pour les uſages de la Médecine, parce qu'elles peuvent être employées avec plus de ſûreté. Outre les deux principes dont on vient de parler, ces racines fourniſſent encore de la gomme, & une ſubſtance farineuſe ou amilacée fort abondante.

Cette plante, priſe intérieurement, irrite, agace & aiguillonne fortement les parties ſolides, augmente les contractions du ſyſtême vaſculaire, ranime la chaleur, diviſe les liqueurs épaiſſies, & les diſpoſe à être évacuées: elle eſt par conſéquent purgative, apéritive, inciſive, pectorale, ſtomachique, diurétique, antiſcorbutique, &c. & convient dans toutes les maladies produites par les mucoſités & l'épaiſſiſſement de la lymphe, dans les vices de digeſtion qui reconnoiſſent pour cauſe le relâchement de l'eſtomac & l'inertie des liqueurs gaſtriques, dans les fievres intermittentes, l'aſthme humide, l'engorgement pituiteux des bronches, les glaires de veſſie & des canaux urinaires, les affections catharrales, les rhumatiſmes chroniques, les embarras du foie & des autres viſcères, la cachexie, l'hydropiſie générale & particuliere, le ſcorbut, quelques eſpeces de fleurs blanches, le chloroſis, l'engorgement des glandes, &c.

Sa doſe eſt en poudre depuis ſix grains juſqu'à vingt, & en infuſion vineuſe, depuis un ſcrupule juſqu'à un demi-gros.

On s'en ſert auſſi extérieurement pour déterger les ulceres putrides: on en compoſe des tablettes & des paſtilles.

La racine d'Arum, réduite en pâte, exprimée, deſſéchée ſur la poëlle, & préparée à la maniere de la caſſave, pourroit, à raiſon de ſa partie farineuſe, ſervir d'aliment en cas de diſette.

Proboſcideum. Ariſarum. Tenui-folium. Les troiſieme, quatrieme & cinquieme eſpeces ont été généralement ſéparées de ce genre, & ſont diſtinguées ſous le titre d'*Ariſarum* ou *Capuchon de Moine*, à cauſe de la forme de la fleur qui reſſemble en effet à cette partie du vêtement des Moines. Les feuilles de celles-ci ont de courts pétioles : leurs fleurs croîſſent tout près de la terre, & ſe montrent en Avril, & produiſent rarement des ſemences en Angleterre ; mais elles ſe multiplient fortement par leurs rejettons, qu'on doit placer dans une ſituation ombrée. Le tems le plus propre pour tranſplanter leurs racines eſt le même que pour l'eſpece précédente. Elles ſont conſervées dans quelques jardins ſeulement pour la variété ; car elles ont peu de beauté qui puiſſe les faire rechercher.

Virginicum. Triphyllum. Les ſixieme & ſeptieme croîſſent naturellement en Virginie & à la Caroline, d'où j'ai reçu leurs ſemences : leurs feuilles s'élèvent immédiatement des racines, ayant à peine des pétioles ; leurs fleurs ſortent entre les feuilles ſur de courts pédoncules, & paroîſſent en Mai. Ces plantes, qu'on ne cultive dans les jardins de Botanique que pour la variété, ſubſiſtent en plein air, ſi elles ſont plantées dans une ſituation abritée, ou légèrement couvertes, durant l'hiver, avec du tan, pour empêcher les gelées d'y pénétrer. Elles profitent mieux en pleine terre que dans des pots, & ſe multiplient par leurs rejettons.

Dracunculus. La huitieme eſt le *Dragon commun*, dont on fait uſage en Médecine, & elle a été généralement rangée dans un genre ſéparé, ſous le titre de *Dracunculus*, dans lequel TOURNEFORT a claſſé toutes les eſpeces qui ont des feuilles compoſées : celles à feuilles ſimples ont été miſes par cet Auteur ſous le titre d'*Arum.*

Cette eſpece étant employée en Médecine, on la cultive dans les jardins pour en fournir les marchés. Elle croit naturellement dans la plus grande partie de l'Europe Méridionale : ſa racine groſſe, bulbeuſe & charnue, pouſſe au printems des tiges droites, élevées de trois pieds environ de hauteur, tachetées comme le ventre d'un ſerpent, & garnies aux ſommets de feuilles découpées preſque juſqu'au fond en pluſieurs ſegmens étroits, étendues & ouvertes en forme de main. Sa fleur, ſemblable à celle de l'*Arum commun*, ayant une ſpathe fort longue, érigée, & d'une couleur de pourpre foncé, avec un large piſtil de la même couleur, eſt produite au ſommet de la tige. Cette plante a une aſſez belle apparence lorſqu'elle eſt en fleurs ; mais on l'a rejetée de la plupart des jardins, à cauſe de ſa mauvaiſe odeur, qui a quelque rapport à celle de la chair corrompue : cependant, malgré ce défaut, on peut en cultiver quelques plantes, à cauſe de la ſingularité de sa fleur. Elle est fort dure, & peut croître dans tous les sols & dans toutes les situations; elle se multiplie fortement par les rejettons de sa racine: le tems le plus propre pour la transplanter, est l'automne, lorsque ses feuilles se flétrissent. Elle fleurit en Juin ou en Juillet, & ses tiges périssent en Septembre (1).

Dracontium. La neuvieme, qu'on trouve dans des terreins humides de la Virginie & de la Nouvelle Angleterre, est très-difficile à conserver longtems dans les jardins: ses racines, que j'ai reçues il y a quelques années de cette derniere contrée, ont subsisté pendant deux ans; mais comme elles étoient placées sur un sol sec, elles se fanoient pendant l'été: il est donc de la plus grande importance de leur choisir une situation ombrée & un terrein humide, si on veut qu'elles réussissent. Les feuilles de cette espece, divisées comme celles de la précédente, sont néanmoins plus petites, & s'élèvent rarement à plus de neuf pouces de haut: ses fleurs, dont le pistil est plus long que la spathe, se montrent en Juin, & les tiges qui les supportent périssent en automne.

Trilobatum. La dixieme, originaire de l'isle de Ceylan & de quelques autres parties des Indes, est une plante basse & fort sensible au froid: ses feuilles, qui sortent de sa racine sur des pétioles de quatre pouces environ de longueur, sont divisées en trois lobes terminés en pointes: la fleur, garnie d'une spathe longue, érigée, & de couleur d'écarlate en-dedans, ainsi que le pistil, s'élève immédiatement de la racine sur un très-court pédoncule, & paroît ordinairement en Mai: ses feuilles périssent en Août, & sont aussitôt remplacées par de nouvelles qui croîssent sur la racine. Cette plante ne profite point en Angleterre, à moins qu'elle ne soit placée dans la couche de tan de la serre chaude: elle se multiplie par les rejettons que sa racine produit en abondance lorsque la plante est en bon état.

Colocasia. Divaricatum. Peregrinum. Esculentum. Sagittæ-folium. Les onzieme, treizieme, quatorzieme, quinzieme & seizieme especes ont des racines douces & agréables au goût, dont les habitans des Pays chauds, où elles croissent naturellement, font usage comme aliment. Quelques unes d'entre-elles sont cultivées dans les colonies à sucre comme des plantes bonnes à manger. On se sert des racines de toutes ces especes, & aussi des feuilles de quelques unes, surtout de la quinzieme, qu'on y appelle *Indian Kale*, en faisant bouillir ces feuilles pour remplacer d'autres legumes qui y man-

(1) Cette plante ne differe en rien de la premiere espece quant à ses principes & à ses propriétés médicinales, & peut lui être substituée sans inconvénient dans toutes les circonstances.

quent Comme il y a une fucceffion conftante de ces plantes pendant toute l'année, une petite piece de terre plantée de ces racines, peut fuffire à la nourriture d'une nombreufe famille. Elles font regardées comme un aliment fain & peuvent fuppléer aux plantes potageres d'Europe qu'on ne fe procure dans ces Pays chauds qu'avec beaucoup de difficulté. Les habitans de ces contrées font peu de diftinction, à ce qu'il paroit, entre ces efpeces d'*Arum*, car j'en ai reçu les racines de trois différentes fortes fous le nom commun d'*Edder*; cependant, je crois que c'eft la quatorzieme que l'on y cultive le plus pour fes racines. La feizieme efpece n'a été portée aux Antilles que depuis peu d'années du continent Efpagnol des Indes Occidentales, où elle croit en grande abondance. Tant celle-ci que la quatorzieme efpece font preferées à la quinzieme, à caufe qu'elles ont des racines plus groffes.

Toutes ces efpeces font confervées dans les jardins où il y a des collections de plantes exotiques, plutôt pour la variété de leurs feuilles, que pour leurs fleurs qui ont peu de beauté, & ne paroiffent pas fouvent dans ce pays. On multiplie facilement ces plantes par les rejettons que leurs racines produifent en abondance: on doit les mettre dans des pots remplis de terre légere, & les plonger dans une couche chaude, pour leur faire prendre racine & les avancer. Si on les place enfuite dans la couche de tan de la ferre chaude, elles feront de grands progrès, & poufferont des feuilles beaucoup plus larges que fi on fe contentoit de les tenir fur des tablettes dans la même ferre chaude, quoiqu'elles puiffent néanmoins réuffir de cette maniere, lorfqu'elles font bien établies dans leurs pots.

Betæ-folio. La douzieme m'a été donnée par M. Collinson, Membre de la Société Royale, qui l'avoit reçue de l'Amérique Septentrionale, où elle croit naturellement; elle réfifte au froid de nos hivers; mais elle exige un fol humide & une fituation ombrée: elle a fleuri pendant deux années à *Chelfea*; mais enfuite elle a été fletrie par une faifon fêche. Sa fleur pouffoit avant que fes feuilles fe montraffent, & elle s'eft fanée fans laiffer aucune apparence de femences; fa fpathe étoit large, & fon piftil court & émouffé: fes fleurs femelles étoient rangées en échiquier & diagonalement au piftil.

Arborefcens. La dix-feptieme, dont la tige eft verte, noueufe & de la groffeur d'une canne ordinaire, s'élève à la hauteur de fix à fept pieds, & eft garnie de feuilles oblongues, d'une couleur de verd clair, & placées irrégulièrement en forme de grappes au fommet des tiges: fes fleurs, pourvues d'une longue fpathe d'un verd pâle & tacheté de blanc, fortent entre les feuilles sur les parties latérales de la tige, & sont sessiles à cette même tige. Lorsqu'elles commencent à paroître, elles sont érigées & perpendiculaires : bientôt après, elles prennent une situation horisontale, & elles finissent enfin par pencher vers le bas. Leur partie basse est gonflée dans la longueur du pistil, au dessus duquel elles se retrécissent considérablement, pour s'élargir vers le sommet, où elles sont torses, mais assez ouvertes pour laisser appercevoir les parties nues du pistil : toute la partie basse se plie serrément sur le pistil, de sorte qu'on peut à peine le voir, à moins que d'entrouvrir la spathe ; ce qu'on ne peut faire que d'un côté, l'autre adhérant serrément au pistil jusqu'à la partie où elle se gonfle ; de sorte que les fleurs femelles & les étamines ne sont rangées que sur un côté du pistil ; en quoi elle differe de toutes les especes que j'ai eu occasion d'observer.

Elle croît naturellement dans les Isles où il y a des plantations de cannes à sucre, ainsi que dans les autres parties chaudes de l'Amérique, & principalement dans des terres basses & humides.

La plante entiere est remplie d'une séve si âcre, que, lorsqu'on applique sur la langue la partie fraîchement rompue de sa tige, ou d'une de ses feuilles, elle y occasionne une forte douleur, qui est presque toujours suivie de gonflement, & d'un flux abondant de salive. C'est cette propriété qui a fait imaginer le supplice d'appliquer cette plante à la bouche des Negres, pour les punir de quelque faute.

Cette espece se multiplie par boutures, qu'on se procure en coupant les tiges à la longueur de trois ou quatre nœuds: on les fait sécher pendant six semaines ou deux mois ; car si les parties blessées n'étoient pas parfaitement guéries avant d'être plantées, elles pourriroient & périroient. On les met dans des petits pots remplis d'une terre légere & sablonneuse, qu'on plonge dans une couche de tan de chaleur modérée, ayant soin de leur donner peu d'humidité jusqu'à ce qu'elles aient poussé des racines. Quand elles sont bien établies, on peut en mettre quelques-unes dans une serre sèche, & plonger les autres dans la couche de tan de la serre chaude, où elles feront les plus grands progrès, & produiront plus de fleurs que les autres. Cette plante est tendre, & doit être tenue constamment dans la serre chaude : il ne lui faut que très-peu d'humidité pendant l'hiver.

Auritum. La dix-huitieme est une plante grimpante, qui pousse par-tout des racines de ses tiges & de ses branches : ses feuilles sont larges, en forme de cœur, & divisées en trois lobes ou oreilles : ses fleurs sont renfermées dans une large spathe ; mais elles ne sont pas fructueuses en Angleterre. Cette plante, aussi tendre que la précédente, exige d'être tenue constamment dans une couche de tan de la serre, & d'être traitée comme les autres plantes délicates & exotiques, qui viennent des pays chauds. On ne peut la multiplier qu'en plantant quelques-unes de ses branches qui poussent facilement des racines; car toutes ces especes, originaires des pays chauds, ne produisent jamais de semences en Angleterre.

ARUM ÆTHIOPICUM. *Voyez* CALLA.

ARUM SCANDENS. *Voyez* DRACONTIUM.

ARUM VIOLET, *ou* CHOU CARAIBE. *Voy.* ARUM ESCULENTUM. L.

ARUNDO. *Lin. Gen Plant.* 76. [The *Reed*] Canne, *ou* Roseau.

Caracteres. Elle est dans la classe des herbes: ses fleurs croissent en épis, & sont renfermées dans des balles oblongues, pointues, & qui s'ouvrent en deux valves: les pétales des fleurs sont bivalves & plus longs que la balle; elles sont garnies à leur bâse d'un duvet qui s'élève à leur longueur: la fleur a trois étamines velues, couronnées de sommets en corne: dans le centre est situé un germe oblong, qui soutient deux styles minces, velus, réfléchis, & surmontés d'un stigmat simple; le germe devient, quand la fleur est passée, une semence oblongue & pointue, garnie d'un long duvet adhérent à sa bâse.

Ce genre de plante est rangé dans la seconde section de la troisieme classe de LINNÉE, intitulée: *Triandria Digynia*, dont les fleurs ont trois étamines & deux styles.

Les especes sont:

1°. *Arundo phragmitis, calicibus quinque-floris, paniculâ laxâ. Prod. Leyd. 66*; Roseau avec cinq fleurs dans chaque balle, croissant en épis lâches.

Arundo vulgaris palustris. J. B. 2. 485; Roseau commun des marais, *ou* Roseau à balai.

2°. *Arundo Donax, calicibus trifloris, paniculâ diffusâ. Prod. Leyd. 66*; Roseau avec trois fleurs renfermées dans chaque balle, croissant en épis diffus.

Arundo sativa, quæ Donax Dioscoridis. C. B. P. 17; Celui-ci est quelquefois appellé par les Jardiniers, *le Roseau toujours verd*, & j'en ignore la raison; car les tiges périssent chaque automne, & les nouveaux rejettons poussent des racines au printems suivant. *Canne Roseau.*

3° *Arundo versicolor, Indica Laconica versicolor. Mor. Hist. 3. P. 219*; Roseau des Indes à feuilles panachées.

Arundo Indica variegata, seu Laconica Theophrasti. Cornut. Can. 55; Roseau panaché.

4°. *Arundo Bamboa, calicibus multi-floris, spicis ternis, sessilibus. Linn. Sp. 120*; Ordinairement appelé *Bambou.*

Beesha. Hort. Mal. Vol. V. P. 119, est le *Bambu, altera species. Raji. Hist. 1316.*

5°. *Arundo arborea, caule arboreo, foliis utrinque acuminatis*; Roseau en arbre à feuilles pointues aux deux extrémités.

Ily. Hort. Mal. Vol. 1. P. 25.

T. 16. *Arundo arbor. Bauh. Pin. 18.*

Tabaxir & Mombu arbor. Bauh. Hist. 1. P. 222.

6°. *Arundo Orientalis, tenuifolia, caule pleno ex quâ Turcæ calamos parant. Tourn. Cor. 39;* Roseau du Levant, avec une feuille étroite & une tige pleine, dont les Turcs font leurs plumes à écrire.

Phragmitis. La premiere espece est si commune sur les bords des rivieres & des étangs de l'Angleterre, qu'il est inutile de parler de sa culture. On la coupe en automne : lorsque ses fleurs commencent à tomber, les tiges deviennent brunes, & servent à faire les enclos des jardins potagers, ainsi qu'à plusieurs autres usages.

Donax. La seconde, quoiqu'originaire des pays chauds, supporte cependant en pleine terre le froid de nos hivers, pourvu qu'elle ne soit pas plantée dans un sol trop humide; néanmoins, lorsque la saison est extrêmement rigoureuse, il est bon de couvrir ses racines avec un peu de terreau : ses tiges périssent en automne; mais elle en repousse de nouvelles au printems, & en été, elle s'élève à la hauteur de dix à douze pieds, lorsqu'on a soin de l'arroser dans les tems secs. Cette plante est propre à être mêlée avec les arbrisseaux, ou avec les grandes plantes à fleurs des bosquets, où elle produira le meilleur effet, & augmentera la variété par sa singularité. On la multiplie au commencement du printems, en divisant ses racines, avant qu'elle commence à pousser. Si la terre est bonne, elle poussera en une ou deux années de fort grosses tiges, qui seront au nombre de dix ou de douze dans chaque trochée, mais qui ne produiront point d'épis de fleurs en Angleterre. Les tiges de cette espece sont apportées du Portugal & de l'Espagne pour l'usage des Tisserands, & servent aussi à faire des lignes à pêcher.

Versicolor. La troisieme, qui est regardée comme une variété de la précédente, n'en differe en effet que par ses feuilles panachées; cependant je doute qu'elle soit de la même espece, parce que cette derniere est beaucoup plus tendre que la seconde, & ne peut subsister en Angleterre, si elle n'est mise à l'abri des froids de l'hiver. Quoique cette plante ne s'élève jamais au-delà du tiers de la hauteur de la précédente, que ses feuilles soient plus étroites & plus courtes, je ne puis assurer qu'elle soit une espece distincte & particuliere, & que ces différences ne soient pas des signes de foiblesse; car il est certain que toutes celles qui ont des feuilles panachées, sont beaucoup plus délicates que les unies, ne deviennent pas à beaucoup près aussi fortes, & ne résistent pas si bien au froid. Mais comme celle-ci est regardée comme étant originaire d'un pays différent, & que plusieurs Auteurs, qui en ont fait mention, l'ont diftinguée de toutes les autres, je l'ai mise au nombre des especes.

Les deux especes de *Bamboux*, s'élevant à une hauteur & à une grosseur prodigieuses dans leur pays natal, sont très-utiles aux Indiens, qui en fabriquent la plupart de leurs ustensiles communs.

Bamboa. Nous avons dans les jardins Anglois des plantes de la quatrieme espece, qui ont plus de vingt pieds de hauteur, & qui deviendroient probablement une fois plus grandes, si les serres, dans lesquelles elles sont renfermées, pouvoient avoir assez d'élévation pour les contenir. Les rejettons de ces plantes sont d'un accroîssement plus prompt qu'aucune autre plante à tige droite que nous connoissons; ils s'élèvent dans l'espace de cinq ou six semaines, jusqu'à la hauteur de vingt pieds, ainsi que je l'ai observé pendant plusieurs années. Quelques-unes de ces plantes sont aussi grosses que le poignet, mais en général, elles sont de la grosseur d'une canne; & quand elles sont sèches, elles sont aussi bonnes à cet usage que celles qui nous sont apportées du pays même qui les produit. Les feuilles de cette espece sont beaucoup plus larges, sur-tout à leur bâse, que celles de la cinquieme: ces feuilles servent à envelopper les cassettes de thé lorsqu'on les emballe, & sont attachées de façon qu'elles forment une espece de natte.

Arborea. La cinquieme est à présent plus rare en Europe, quoiqu'elle soit fort commune sur la côte de Malabar.

Celle-ci & la précédente sont toutes deux des plantes tendres, qui ne peuvent subsister dans ce pays, si elles ne sont conservées dans une serre chaude; & comme leurs racines s'étendent au loin, elles ne doivent point être gênées. Ainsi, quand on veut qu'elles produisent des tiges fortes, il faut les planter dans de grandes caisses remplies d'une terre riche, & les plonger dans la couche de tan de la serre chaude; & comme elles croissent naturellement dans des endroits bas & marécageux, elles exigent beaucoup d'arrosement, sur-tout quand leurs racines ont rempli les caisses où elles sont plantées. Lorsque les caisses sont pourries, on peut ôter les planches, & permettre aux plantes de s'enraciner dans le tan; ce qui les fera croître à une plus grande hauteur: mais alors, quand on renouvelle la couche, il faut avoir grand soin de laisser une quantité suffisante du vieux tan autour des racines de ces plantes; car si elles étoient trop découvertes, & si on les chargeoit de nouveau tan, elles en seroient brûlées, & quelquefois détruites. Ces deux especes se multiplient par des bouts de racines qu'on détache au printems, afin qu'elles puissent être bien établies avant l'hiver.

Orientalis. La sixieme est celle dont les Turcs se servent en guise de plumes à écrire : elle croît dans des vallées, près du Mont-Athos, ainsi que sur les bords de la riviere du Jourdain ; mais elle n'a point été apportée en Angleterre ; & si elle y arrivoit, elle pourroit être traitée comme le *Bambou*.

ARUNDO SACCHARIFERA. *Voy*. SACCHARUM. *Canne à Sucre*.

ASARINA. *Tourn. Inst. R. H. 171. T. 76 ;* [*Bastard Asarum.*] *Asarum bâtard.*

Caracteres. Le calice est formé d'une seule feuille découpée presque jusqu'au fond en cinq segmens égaux : la fleur est en gueule & monopétale : le pétale a un long tube cylindrique, divisé au sommet en deux lèvres ; la supérieure est divisée en deux parties, dont les bords sont réfléchis, & la lèvre inférieure est légèrement découpée en trois parties obtuses : ces deux lèvres sont rapprochées l'une de l'autre, de maniere qu'elles forment une espece de museau ou de grimace : cette fleur a quatre étamines, dont deux sont plus longues que les autres. Dans le centre est placé un germe rond, qui supporte un style simple, surmonté d'un stigmat obtus, & qui se change, quand la fleur est formée, en une capsule ronde, divisée en deux cellules remplies de semences rondes.

Ce genre de plante a été joint, par le Docteur LINNÉE, à celui d'*Antirrhinum*, qui est rangé dans la seconde section de sa quatorzieme classe, intitulée : *Didynamia Angiospermia*, les fleurs ayant deux longues étamines & deux plus courtes, & les semences étant renfermées dans une capsule.

Les especes sont :

1°. *Asarina procumbens, caule decumbente, foliis oppositis, reniformibus crenatis ;* Asarum bâtard avec une tige grimpante, des feuilles en forme de rein, opposées & dentelées à leurs bords.

Asarina, sive Hederula saxatilis. Lob. Icon. 601 ; Lierre terrestre de roc, *ou* Asarina.

Antirrhinum Asarina. Lin. Sp. Plant. 860.

2°. *Asarina erecta, caule erecto, foliis lanceolatis, amplexicaulibus, paniculâ dichotomâ ;* Asarum bâtard à tige droite, avec des feuilles en forme de lance, qui embrassent les tiges, & des épis de fleurs sortant de la fourche des branches.

Penstemon. Mitch. Gen. 14.

Chelone Penstemon. Lin. Sp. Plant. 850.

Dracocephalus lati-folius glaber, Lysimachiæ luteæ foliis. Moris. Hist. 3. P. 417.

Procumbens. La premiere espece est une plante basse, traînante & annuelle, dont les branches, qui s'étendent un peu au-delà d'un pied à chaque côté, sont foibles, & ramperoient à terre, si elles n'étoient soutenues : ses feuilles sont semblables à celles du *Lierre terrestre*, & croissent par paire : ses fleurs, pourvues chacune d'un long tube, sortent simples aux aîles des feuilles de chaque côté de la tige, & sont d'une couleur de pourpre sale au sommet, & herbacée en-dessous : elles paroîssent en Juin, & leurs semences mûrissent en Septembre ; elles doivent être semées aussi-tôt après leur maturité, si on ne leur permet pas de s'écarter ; car elles poussent rarement, quand on attend le printems. Il faut laisser ces plantes où elles ont été semées ; & alors elles n'exigent d'autres soins que d'être tenues nettes de mauvaises herbes, & d'être éclaircies où elles sont trop serrées. Comme cette plante a peu de beauté, on n'en conserve guere que deux ou trois dans un jardin pour la variété. Elle croît naturellement en Italie & dans la France Méridionale.

Erecta. La seconde espece, originaire de l'Amérique Septentrionale, s'éleve avec des tiges droites à la hauteur d'un pied & demi, & pousse plusieurs branches latérales, garnies de feuilles oblongues en forme de cœur, terminées en pointe, croîssant opposées & embrassant les tiges à leurs bâses : ses fleurs, de la même forme que celles de la précédente, mais plus petites, & d'une couleur de pourpre, sortent en épis courts & clairs des divisions des tiges ; elles paroîssent en Juin & en Juillet : leurs semences mûrissent en Septembre.

Les graines de cette espece doivent être semées en automne ; car celles que l'on réserve pour le printems, croîssent rarement dans la même année, & restent dans la terre jusqu'au printems suivant. Quand ces plantes sont assez fortes pour être enlevées, on les transplante dans une plate-bande ombrée ; ce qui les empêchera de fleurir la premiere année ; & à l'automne, on peut les placer dans les plates-bandes du jardin à fleurs, où elles contribueront à la variété. Les racines de cette espece ne subsistent guere que deux ou trois ans ; de sorte qu'il faut élever tous les ans de jeunes plantes.

ASARUM de 'α privatif, & σαίρω, *Gr. orner*, c'est-à-dire, une plante qui ne peut servir d'ornement. [*Asarabacca*,] *Le Cabaret. Oreille d'Homme.*

Caracteres. Une seule feuille en forme de cloche, épaisse, colorée, & légèrement découpée au bord en trois parties réfléchies, forme le calice de la fleur, qui n'a point de pétales, mais seulement douze courtes étamines en forme d'alêne : au fond du calice est placé un germe épais, qui supporte un style court & cylindrique, surmonté d'un stigmat réfléchi, découpé en six parties. La fleur étant passée, le germe devient une capsule coriacée, divisée en six cellules, dans lesquelles il y a plusieurs semences ovales.

Ce genre de plante est de la onzieme classe de LINNÉE, intitulée : *Dodecandria Monogynia*, les fleurs ayant douze étamines & un ftyle.

Les efpeces font :

1°. *Afarum Europæum, foliis reni-formibus, obtufis, binis. Linn. Sp. Plant.* 442 ; Cabaret avec des feuilles en forme de rein, fe terminant en deux pointes émouffées.

Afarum. C. B. P. 197 ; Cabaret commun.

2°. *Afarum Canadenfe, foliis reni-formibus, mucronatis. Linn. Sp. Plant.* 442 ; Cabaret à feuilles en forme de rein, terminées en une pointe.

Afarum Canadenfe. Cornut. Canad. 24 ; Cabaret du Canada.

3°. *Afarum Virginicum, foliis cordatis, obtufis, glabris, petiolatis. Flor. Virg. 162 ;* Cabaret à feuilles unies, émouffées, en forme de cœur, & fupportées par des pétioles.

Afarum Virginianum, Piftolochiæ foliis fubrotundis, Cyclaminis more maculatis. Pluk. Alm. 53.

Europæum. La premiere efpece a des racines épaiffes, charnues & noueufes, qui pouffent des fibres à chaque côté : fes feuilles en forme de rein, oreillées au pétiole, & arrondies au fommet, où elles font dentelées, unies & d'un verd luifant, croîffent fimples fur de courts pétioles, & s'élèvent immédiatement de la racine : fes fleurs, portées par des pédoncules fort courts, fortent tout près de terre, & font cachées fous les feuilles. Elles font compofées d'un calice en forme de cloche, d'une couleur de pourpre ufé, découpé en trois au fommet, où il fe tourne en arriere. Le germe eft placé dans le fond, accompagné de douze courtes étamines : il fe change enfuite en une capfule coriacée, divifée en fix cellules.

Canadenfe. Les feuilles de la feconde, beaucoup plus larges que celles de la premiere, font portées fur de plus longs pétioles, pointues & velues : fes fleurs, femblables à celles de la précédente, & un peu verdâtres en-dehors, croîffent tout près de la racine. Cette plante ne differe en rien de la précédente.

Virginicum. La troifieme a des feuilles unies, émouffées, en forme de cœur, portées fur de plus longs pétioles, veinées & tachetées à leur furface fupérieure, comme celles du *Cyclamen automnal* : les fleurs de cette efpece font de la même forme que celles des autres ; mais elles font foutenues fur de plus longs pédoncules, & font d'un pourpre plus foncé : elles paroîffent en Avril & en Mai, & leurs femences mûriffent en Juillet & en Août.

Culture. La premiere de ces efpeces fe trouve, quoiqu'affez rarement, en Angleterre, dans des terreins humides & ombrés : on la multiplie en divifant fes racines en automne. C'eft l'efpece qui eft d'ufage en Médecine (1).

---

(1) La racine d'Afarum ou Cabaret, contient des principes fort actifs, & produit des effets très-marqués dans les corps des animaux ; mais la découverte du

Celle de Canada eſt également dure, & peut ſupporter en pleine terre le froid de nos hivers, ſans être endommagée par les gelées : mais il eſt néceſſaire de la planter dans un ſol ſec, parce que trop d'humidité la fait ſouvent pourrir : on la multiplie comme la précédente.

La troiſieme peut auſſi être plantée en pleine terre en Angleterre : elle eſt rarement endommagée par les gelées ; mais comme elle profite peu, lorſqu'elle ſe trouve expoſée en été aux rayons d'un ſoleil ardent, on ne parvient à la faire bien croître & à la multiplier, qu'en la plaçant dans une plate-bande à l'aſpect du ſoleil levant. Ces deux dernieres croiſſent naturellement dans pluſieurs parties de l'Amérique Septentrionale.

ASCIRUM. *V.* HYPERICUM QUADRANGULUM.

ASCLEPIAS, plante ainſi nommée d'ESCULAPE, 1er. inventeur de la Médecine. Elle eſt auſſi appelée *Vincitoxicum*, de *vincere*, *vaincre* & τοξικον, *poiſon*, c'eſt-à-dire, une plante qui dompte le poiſon. *Hirundinaria* [*Swallow - wort.*] *Dompte-venin. Apocin. Soyeuſe. Ouatte.*

Caracteres. Le calice eſt formé d'une feuille découpée en cinq ſegmens aigus : la fleur eſt monopétale, diviſée en cinq parties ovales & réfléchies. Dans le centre ſont placés cinq nectaires qui environnent les parties de la génération; ils ont des cornes qui penchent vers les étamines, & ſont jointes en un corps tordu, renfermé dans cinq écailles qui s'ouvrent à chaque côté. Il y a cinq étamines à peine viſibles, terminées par cinq ſommets placés entre les nectaires, & renfermés dans les écailles du corps tordu : la fleur a deux germes ovales & pointus, qui ſoutiennent deux ſtyles courts, ſurmontés d'un ſtigmat ſimple : les germes deviennent enſuite deux gros légumes oblongs & gonflés, qui ſe terminent en pointe, ayant une cellule à deux

---

Tartre émétique en a beaucoup diminué l'uſage & l'a fait preſque oublier dans la matiere Médicale : elle pourroit néanmoins être utile dans quelques circonſtances, & produire des effets ſalutaires dans certaines maladies chroniques; car, outre ſes propriétés purgatives & émétiques, elle eſt très-apéritive, diurétique, ſtimulante, hydragogue, réſolutive, &c. & convient particuliérement dans l'hydropiſie, les obſtructions invétérées, les fièvres intermittentes opiniâtres, l'ictere, les douleurs rhumatiſmales & arthritiques, &c. Cette racine, priſe en infuſion dans du vin blanc, depuis deux gros juſqu'à une demi-once, purge fortement, & produit le vomiſſement : la même quantité, infuſée ſeulement dans l'eau commune, n'eſt plus qu'apéritive & pouſſe les urines ſans produire d'autres évacuations. Elle eſt auſſi regardée avec raiſon comme un excellent remede pour guérir le farcin des chevaux, on l'emploie alors en poudre depuis une demi-once juſqu'à une once, qu'on mêle avec du ſon mouillé. Cette plante fait la bâſe du *Diaſarum* DE FERNEL, & elle entre dans le ſyrop hydragogue DE CHARAS.

valves remplies de femences ferrées, pofées l'une fur l'autre comme des tuiles, & couronnées d'un duvet mou.

Ce genre de plante eft rangé dans la feconde fection de la cinquieme claffe de LINNÉE, intitulée : *Pentandria Digynia*, qui comprend celles qui ont cinq étamines & deux ftyles.

Les efpeces font :

1°. *Afclepias alba, foliis ovatis, bafi barbatis, caule erecto, umbellulis proliferis. Linn. Sp. Plant. 314*; Afclépias à feuilles ovales, barbues à leur bâfe, ayant une tige droite & des ombelles proliferes.

Afclepias albo flore. C. B. P. 303.

Afclepias vincitoxicum. Linn. Sp. Plant. 314.

2°. *Afclepias nigra, foliis ovatis, bafi barbatis, caule fupernè fubvolubili. Linn. Sp. Plant. 216*; Afclépias à feuilles ovales, barbues à leur bâfe, & dont la partie fupérieure de la tige eft tortillante.

Afclepias nigro flore. C. B. P. 303.

Vincitoxicum flore nigro. Cam. Epit. 560.

3°. *Afclepias lutea, foliis ovatis, acutis, caule infirmo, umbellis fimplicibus*; Afclépias à feuilles ovales & pointues, avec une tige foible & des ombelles fimples.

Afclepias angufti-folia, flore flavefcente. H. R. Par.

4°. *Afclepias verticillata, foliis revolutis, linearibus, verticillatis, caule erecto. Linn. Sp. Plant. 217*; Afclépias à feuilles étroites & roulées, croiffant en tête ronde, & ayant une tige droite.

Apocynum Marianum erectum, Lineriæ anguftiffimis foliis, umbellatum. Pluk. Mant. 17.

5°. *Afclepias Syriaca, foliis ovalibus, fubtùs tomentofis, caule fimpliciffimo, umbellis nutantibus. Linn. Sp. Pl. 214*; Afclépias à feuilles ovales & velues, avec une tige fimple & des ombelles penchées. C'eft l'*Apocynum majus Syriacum erectum. Corn. Canad. Soyeufe*, ou *Ouatte*.

Apocynum Syriacum. Cl. Hift. 2. P. 87.

6°. *Afclepias amœna, foliis ovatis, fubtùs pilofiufculis, caule fimplici, umbellis nectariifque erectis. Linn. Sp. Plant. 214*; Afclépias avec des feuilles ovales, velues en-deffous, une tige fimple, des ombelles & nectaires érigés.

Apocynum, floribus amœnè purpureis, corniculis furrectis. Hort. Elth. 31.

7°. *Afclepias purpurafcens, foliis ovatis, fubtùs villofis, caule fimplici, umbellis erectis, nectariis refupinatis. Linn. Sp. Plant. 214*; Afclépias avec des feuilles ovales & velues en-deffous, une tige fimple, des ombelles érigées & des nectaires penchés.

Apocynum erectum, Nov-Eboracenfe, foliis minùs incanis, flore ex-obfoleto, dilutè purpurafcente. Par. Bat. 33.

8°. *Afclepias variegata, foliis ovatis, rugofis, nudis, caule fimplici, umbellis fubfeffilibus, pedicellis tomentofis. Linn. Sp. Plant.* Afclépias à feuilles rudes, nues & ovales, dont la tige eft fimple, avec des ombelles sessiles à la tige, & les pédicules laineux.

Apocynum vetus Americanum, Wisank dictum. Hort. Elth. 32.

9°. *Asclepias incarnata, foliis lanceolatis, caule supernè diviso, umbellis erectis geminis. Linn. Sp. Plant. 215*; Asclépias à feuilles en forme de lance, & à doubles ombelles érigées, dont la partie haute de la tige est divisée.

Apocynum minus rectum Canadense. Corn. Canad. 9.

10°. *Asclepias decumbens, foliis villosis, caule decumbente. Lin. Sp. Pl. 216*; Asclépias à feuilles velues, avec une tige couchée sur la terre.

Apocynum Carolinianum aurantiacum pilosum. Pet. H. Sicc. 90.

11°. *Asclepias tuberosa, foliis alternis, lanceolatis, caule divaricato, piloso. Lin. Sp. Plant. 217*; Asclépias avec des feuilles en forme de lance & alternes, & une tige divisée & velue.

Apocynum Novæ-Angliæ hirsutum, tuberosâ radice, floribus aurantiis. H. L. 649; Ordinairement appelé *Apocin d'orange.*

12°. *Asclepias glabra, foliis lineari-lanceolatis, glabris, caule fruticoso, umbellis lateralibus*; Asclépias à feuilles unies, étroites, & en forme de lance, ayant une tige d'arbrisseau, & des ombelles de fleurs sur les côtés.

Apocynum erectum Africanum, villoso fructu, Salicis folio, glabro, angusto. Par. Bat. 23.

13°. *Asclepias fruticosa, foliis lanceolatis, glabris, umbellis simplicibus lateralibus, caule fruticoso*; Asclépias avec des feuilles unies, en forme de lance, des ombelles simples sortant des côtés des branches, & une tige d'arbrisseau.

Apocynum erectum Africanum, Salicis folio, lato, glabro, fructu villoso. Par. Bat. 24.

14°. *Asclepias villosa, foliis lanceolatis, villosis, acutis, umbellis simplicibus, erectis, caule fruticoso*; Asclépias à feuilles velues, en forme de lance, ayant des ombelles simples & érigées, & une tige d'arbrisseau.

Apocynum erectum Africanum, villoso fructu, Salicis folio, lato, subhirsuto. Par. Bat. 24.

15°. *Asclepias rotundi-folia, caule erecto fruticoso, foliis subrotundis amplexicaulibus, umbellis congestis*; Asclépias avec une tige érigée d'arbrisseau, des feuilles rondes amplexicaules, & des ombelles serrées.

Apocynum erectum fruticosum, folio subrotundo, glauco. Par. Bat. 37.

16°. *Asclepias nivea, foliis lanceolatis, glabris, caule simplici, umbellis erectis, lateralibus, solitariis. Linn. Sp. Plant. 215*; Asclépias avec une tige simple, des feuilles unies en forme de lance, & des ombelles simples, érigées, sortant des aîles des feuilles.

Apocynum Americanum, foliis Amygdali longioribus. Plum. Cat. 2.

17°. *Asclepias Curassavica, foliis lanceolatis, petiolatis, glabris, caule simplici, umbellis erectis solitariis. Linn. Sp. Plant. 215*; Asclépias à feuilles unies, &

& en forme de lance, avec des pétioles, une tige ſimple, & de ſimples ombelles érigées.

Apocynum radice fibroſâ, petalis coccineis, corniculis croceis. Hort. Elth. 34; Ordinairement appelé *Ipecacuanha bâtard.*

18°. *Aſclepias gigantea, foliis amplexicaulibus, oblongo-ovalibus. Flor. Zeil.* 112; Aſclépias à feuilles ovales, oblongues, & embraſſant les tiges.

Apocynum erectum majus latifolium Indicum. Pluk. Alm. 35. *T.* 175. *F.* 3.

19°. *Aſclepias ſcandens, foliis oblongo-lanceolatis, ſubhirſutis, caule fruticoſo ſcandente, umbellis lateralibus congeſtis*; Aſclépias à feuilles oblongues, velues, & en forme de lance, avec une tige d'arbriſſeau grimpante, & des ombelles ſerrées, ſortant ſur les côtés.

Alba. La premiere eſpece eſt le Dompte-venin commun des boutiques, laquelle eſt auſſi connue ſous le nom de *Vincitoxicum* & *Hirundinaria*, parce qu'on lui ſuppoſe la propriété d'être un puiſſant contre-poiſon. La racine eſt la ſeule partie de cette plante dont on faſſe uſage: elle eſt compoſée de pluſieurs fibres fortes qui adhérent au ſommet, comme celles des *Aſperges*, d'où s'élevent pluſieurs pétioles de deux pieds de haut, en nombre proportionné à la groſſeur des racines: ces pétioles ſont fort minces à leurs ſommets; leurs feuilles ſont ovales, terminées en pointes, & placées par paires: les fleurs de cette eſpece croiſſent en ombelles vers l'extrémité de la tige, d'où ſortent de plus petites ombelles: ces fleurs ſont blanches & monopétales; leur corolle eſt découpée en cinq parties, & dans leur centre ſont placés cinq nectaires cornus, parmi leſquels on remarque les étamines & les ſtyles. Lorſque la fleur eſt paſſée, les deux germes ſe changent en deux légumes longs & pointus, renfermant pluſieurs ſemences comprimées, & couronnées d'un duvet mou & blanc. Ces fleurs paroiſſent en Juin, & leurs ſemences mûriſſent en Septembre. Cette eſpece croît naturellement dans la France Méridionale, en Eſpagne & en Italie (1).

Nigra. La ſeconde approche de la premiere par la forme de ſes racines, de ſes feuilles & de ſes fleurs; mais ſes ti-

(1) La racine d'*Aſclepias albo flore*, ou *de Dompte-venin*, qui eſt la ſeule partie de cette plante dont on faſſe uſage en Médecine, a une légère odeur balſamique, & une ſaveur un peu âcre & amere: les principes qu'on extrait d'une once de cette racine, par l'analyſe chymique, ſont une quantité preſque imperceptible d'huile eſſentielle volatile, d'où lui vient ſon odeur balſamique; un gros de ſubſtance fixe réſineuſe, & deux gros de ſubſtance gommeuſe: c'eſt dans le ſecond de ces principes que réſident ſes principales propriétés. Elle eſt au nombre des doux ſtimulans, réſolutifs, incifiſs, anti-catharreux, diaphorétiques, diurétiques, antihiſtériques, alexiteres, & produit des effets ſalutaires, dans les affections muqueuſes du poumon & de la veſſie, le ſcro-

ges s'étendent à une plus grande longueur, & se tortillent vers leurs extrémités après toutes les plantes voisines : ses fleurs, qui sont noires, se montrent dans le même tems que celles de la premiere, & sont presque toujours suivies de semences en Angleterre.

Lutea. La troisieme differe des deux premieres par ses feuilles étroites & la foiblesse de ses tiges : ses ombelles sont simples & ses fleurs jaunes : elle fleurit en même tems que les deux especes précédentes, & perfectionne toujours ses semences en ce pays. Il y a une variété de celle-ci à feuilles plus larges, qui peut avoir été obtenue des mêmes semences.

Ces plantes sont communes dans les jardins Anglois, & originaires des mêmes pays : on les multiplie généralement par la division de leurs racines, sur-tout la premiere qui produit rarement des semences en Angleterre. Le meilleur tems pour cette opération est en automne, quand leurs tiges commencent à se flétrir : on doit les planter à trois pieds de distance, parce que les fibres de leurs racines occupent un espace considérable. Ces plantes sont fort dures, &, quoiqu'elles profitent dans toutes situations, elles préferent cependant un sol sec : leurs tiges périssent en automne, & leurs racines en poussent de nouvelles au printems.

Verticillata. La quatrieme, qui croît naturellement dans l'Amérique Septentrionale, s'éleve avec des tiges minces & droites, garnies de feuilles fort étroites, croissant en têtes rondes autour des tiges, au sommet desquelles poussent des ombelles de petites fleurs blanches & étoilées. Ces fleurs paroissent en Juillet ; & comme elles ne sont jamais suivies de légumes en Angleterre, on ne peut multiplier cette espece qu'en divisant ses racines ; ce qui doit être fait au printems, avant qu'elles poussent de nouveaux rejettons. On plante ces racines dans une plate-bande chaude sur un sol sec ; & on les couvre en hiver avec du vieux tan pour empêcher la gelée de pénétrer dans la terre.

Syriaca. La cinquieme rampe fortement par ses racines, & s'étend bientôt sur une grande piece de terre ; elle pousse de fortes tiges qui s'élevent à

---

phule, les tumeurs lymphatiques des glandes, la néphrétique sablonneuse & pituiteuse, la cachexie, la suppression chronique des regles, l'hydropisie, l'obstruction des visceres, &c. On la fait prendre dans ces différentes circonstances, depuis un gros jusqu'à une demi-once, en infusion aqueuse ou vineuse, & on en réitere l'usage suivant les circonstances : on la fait entrer dans les lavemens vulnéraires, ainsi que dans les gargarismes contre la fausse angine, & les tumeurs des glandes salivaires. Les feuilles de cette plante étant écrâsées, & appliquées en forme de cataplasme, sont très-utiles contre les tumeurs laiteuses des mammelles : on se sert aussi de ses racines réduites en poudre pour détruire les chairs fougueuses & déterger les ulceres putrides.

plus de quatre pieds de hauteur: ses feuilles sont épaisses, ovales, opposées, & blanches en-dessous: les ombelles de ses fleurs sortent sur les côtés des sommets des tiges; elles sont d'une couleur de pourpre usé, d'une odeur agréable, & penchent vers le bas; quelquefois elles sont suivies de légumes gros & ovales, remplis de semences plates, couronnées d'un duvet mou & long. Elle fleurit en Juillet, se multiplie assez fort par ses racines rampantes, & croît dans toutes sortes de sols & de situations. On peut la transplanter en tout tems, lorsque les tiges sont péries, ou au printems, avant que les racines commencent à pousser.

Amœna. La sixieme a une racine vivace qui pousse au printems plusieurs tiges droites de deux pieds environ de hauteur, garnies de feuilles ovales, & opposées: les ombelles des fleurs sont produites au sommet des tiges; elles sont d'un pourpre brillant, & ont une belle apparence en Juillet; mais elles ne sont point suivies de légumes en Angleterre. Cette plante doit être traitée comme la quatrieme espece. Celle que je possede m'a été donnée par M. Pierre Collinson.

Purpurascens. La septieme tire son origine de l'Amérique Septentrionale: cette plante est vivace, & pousse des tiges simples d'environ trois pieds de hauteur, garnies de feuilles ovales, laineuses en-dessous, & opposées: ses fleurs, pourvues de nectaires penchés, croîssent au sommet en ombelles érigées, & sont comme celles de la cinquieme espece, d'une couleur de pourpre usé. Cette plante est fort dure, & se multiplie fortement par ses racines rampantes, & quoiqu'elle ne produise jamais de semences dans nos climats, elle profite cependant dans tous les sols & dans toutes les situations: elle peut être transplantée quand les tiges sont flétries.

Variegata. La huitieme, qui ressemble beaucoup à la précédente, en differe néanmoins en ce que ses feuilles sont rudes, les ombelles de ses fleurs plus serrées, & placées sur les parties latérales de la tige: ces fleurs, d'une couleur herbacée, ne produisent point de semences dans ces pays-ci; mais on multiplie cette plante comme la septieme espece, au moyen de ses racines.

Incarnata. La neuvieme a été d'abord envoyée du Canada; mais ensuite on a trouvé qu'elle croît naturellement en plusieurs autres parties de l'Amérique. Elle pousse de sa racine vivace plusieurs tiges droites, de deux pieds environ de hauteur, garnies de feuilles unies, oblongues, & placées par paires, & au sommet desquelles sont produites des ombelles serrées de fleurs pourpre, qui paroîssent en Août, & qui ne sont pas suivies de semences dans nos climats. Cette plante ne pouvant être multipliée que par la division de ses racines, qui ne font que des progrès très-lents, elle est assez rare dans les jardins, quoiqu'elle soit dure, & qu'elle puisse subsister en pleine terre, si elle est plantée dans un sol sec.

Decumbens. La dixieme, qui croît naturellement dans l'Amérique Septentrionale, est assez forte pour résister en pleine terre, si elle est plantée à une situation chaude & dans une terre seche; ses tiges sont couchées, velues, & d'un pied & demi de longueur; ses feuilles sont étroites, velues & opposées: ses fleurs, d'une couleur d'orange brillante, croîssent en ombelles, serrées aux extrémités des branches. On multiplie cette espece par semences, qu'on répand dans des pots, & qu'on plonge dans une couche de chaleur modérée pour faire pousser les plantes, qu'il faut accoutumer au plein air aussi-tôt que le tems le permet; parce que, si on les laisse filer, elles se rétablissent difficilement. Quand ces plantes sont en état d'être enlevées, on les tire des pots pour les placer dans une plate-bande chaude, à six pouces de distance les unes des autres: on les pare avec soin des rayons du soleil, jusqu'à ce qu'elles aient formé de nouvelles racines, & on les arrose, très-peu, parce qu'étant remplies d'une séve laiteuse, elles pourriroient aisément par trop d'humidité: elles doivent être tenues nettes de mauvaises herbes pendant l'été; & quand leurs tiges périssent en automne, on met un peu de tan pourri sur la terre pour empêcher la gelée d'y pénétrer; mais ce tan doit être enlevé dès le commencement du printems, avant que les plantes aient poussé de nouveaux rejettons: elles n'exigent que les mêmes soins durant l'été suivant; & en hiver on les couvrira également avec du tan. Au second printems, les racines peuvent être transplantées où elles doivent rester; elles seront alors assez fortes pour fleurir au premier été; & elles dureront plusieurs années, si elles sont soigneusement couvertes tous les hivers: mais il ne faut plus les transplanter, parce qu'alors leurs racines sont trop grosses pour qu'elles puissent reprendre après cette opération.

Tuberosa. La onzieme est originaire des mêmes pays, & ressemble beaucoup à la précédente; elle en differe cependant par ses tiges droites & ses feuilles alternes. Les racines de cette espece deviennent très-grosses, & ne souffrent point d'être transplantées lorsque les plantes ont deux ans: elle se multiplie par semences, qui doivent être traitées comme celles des especes précédentes: elle fleurit à la fin de Juillet & au commencement d'Août; & lorsque l'été est ford chaud, ses semences mûrissent quelquefois en Angleterre. Comme il n'y a aucune de ces plantes qui puisse vivre long-tems dans des pots, j'ai recommandé de les placer en pleine terre; mais il faut pour cela choisir la situation la plus chaude.

Glabra. Fruticosa. Villosa. Les douzieme, treizieme & quatorzieme especes croissent sans culture dans les terres du Cap de Bonne-Espérance. J'ai reçu d'Alexandrie les semences de la treizieme: & M. COLLINSON m'en a donné quelques-unes qui lui avoient été envoyées de Minorque; mais il n'est point pour cela certain qu'elles croissent naturellement dans cette isle; & il est probable qu'elles y ont été apportées d'Afrique. Elles s'élevent en tiges droites d'*Arbrisseaux*, à la hauteur de sept ou huit pieds, & se divisent en plusieurs branches; les plantes de la douzieme sont garnies dans toute leur longueur de feuilles longues, étroites, unies & terminées en pointes; les ombelles sortent des aîles des feuilles sur de longs pédoncules; ses fleurs sont blanches, peu nombreuses sur chaque ombelle, & sont souvent suivies de légumes courts, épais, gonflés, terminés en pointes, garnis de poils, & remplis de semences comprimées & couronnées d'un duvet mou. Cette espece fleurit depuis le mois de Juin jusqu'en Octobre, & ses semences mûrissent en hiver.

Fruticosa. La treizieme differe de la douzieme par ses feuilles plus larges & d'un vert plus foncé; ses fleurs sont aussi plus grosses, ses ombelles plus petites, & placées sur de plus courts pédoncules: elle fleurit dans le même tems que la douzieme espece.

Villosa. La quatorzieme ne s'éleve pas à une hauteur aussi considérable que les précédentes; mais ses branches sont plus allongées: ses feuilles sont plus courtes, & couvertes des deux côtés d'un poil court. Les fleurs sont blanches, croissent en petites ombelles claires, & paroissent dans la même saison que celles de la treizieme.

On multiplie ces trois dernieres especes au moyen de leurs semences, qu'on peut répandre en plein air dans le courant du mois d'Avril, sur une couche de terre légere. Quand les jeunes plantes qui en proviennent ont atteint la hauteur de trois ou quatre pouces, on les distribue chacune séparément dans de petits pots remplis de terre légere, qu'on place à l'ombre jusqu'à ce qu'elles aient formé de nouvelles racines, & qu'on tient ensuite dans une situation abritée jusqu'en Octobre: alors on les enferme dans une serre pour les y laisser passer l'hiver; & comme la grande quantité de séve laiteuse qu'elles contiennent les dispose à pourrir par trop d'humidité, on les arrose très-peu durant cette saison; après cela, elles n'exigeront plus d'autres soins que d'être changées de pots à mesure que leur accroissement fait des progrès, en observant toujours de ne pas leur en donner de trop grands, & de les placer en plein air pendant l'été avec les autres plantes du même pays.

Ces trois especes peuvent être aussi multipliées par boutures, qui prendront bientôt racine, si elles sont plantées en Juillet ou Août dans une plate-bande ombrée ; & qui pourront être enlevées bientôt après pour être mises en pot, & traitées ensuite comme les plantes provenues de semences. La treizieme a résisté en plein air par des hivers doux dans les jardins de *Chelsea*; mais elle a toujours été détruite lorsque le froid est devenu rigoureux.

Rotundi-folia. La quinzieme croît avec une tige droite d'Arbrisseau, à la hauteur de six à sept pieds, & se divise vers son sommet en trois ou quatre branches garnies dans toute leur longueur de feuilles fermes & rondes qui les embrassent serrément : ses fleurs, d'une couleur herbacée & peu remarquable, sortent latéralement vers le sommet de la plante en ombelles courtes & comprimées & paroissent en automne ou en hiver.

Cette espece, qui nous vient du Cap de Bonne-Espérance, exige la même culture que les précédentes. J'ai obtenu des mêmes semences qui ont produit celle-ci, une variété, à feuilles d'un ver foncé, que plusieurs personnes ont regardée comme une espece différente.

Nivea. La seizieme, dont les semences m'ont été envoyées de la *Vera Crux*, croît naturellement dans les pays chauds de l'Amérique : elle s'élève à la hauteur de quatre pieds, avec des tiges simples, garnies de feuilles unies, en forme de lance, & terminées en une pointe. Vers le sommet de la tige, les ombelles des fleurs sortent aux aîles des feuilles ; elles sont blanches, érigées & suivies de légumes oblongs & pointus, remplis de semences comprimées, & couronnées d'un duvet mou. Elle fleurit en Juin & en Juillet, & ses semences mûrissent en Octobre.

Cette plante étant fort tendre, elle doit être élevée sur une couche chaude, & transplantée dans de petits pots remplis d'une terre riche, qu'on plonge ensuite dans la couche de tan de la serre chaude : elle ne demande que peu d'arrosement, & veut être tenue constamment dans la serre; sans quoi, elle ne peut réussir dans ce pays.

Curassavica. Les racines de la dix-septieme qui croît aussi dans les climats chauds de l'Amérique, ont été envoyées en Angleterre pour celles de l'*Ipécacuanha*, dont il est néanmoins très-aisé de les distinguer, celles-ci étant composées d'un grand nombre de petites fibres, tandis que celles du véritable *Ipécacuanha*, sont noueuses, charnues, & coulent profondément dans la terre. On a beaucoup d'exemples des mauvais effets occasionnés par l'usage de cette racine, ainsi que de la qualité venimeuse de la plante ; & on doit prévenir le Public contre son usage, & empêcher qu'on ne mêle sa séve laiteuse à aucun remede destiné à être pris intérieurement.

Cette plante s'élève à la hauteur de cinq ou six pieds, avec des tiges droites, garnies de feuilles unies, oblongues & opposées: ses fleurs, simples & érigées, sortent en ombelles vers le sommet des branches, & ont une très-belle apparence, à raison de la couleur écarlate dont leurs pétales sont teints, & de la couleur vive de safran qui brille sur les nectaires cornus qui en occupent le centre: ces fleurs se succèdent ordinairement sur la même plante, depuis le mois de Juin jusqu'en Octobre; elles sont suivies de légumes cylindriques, remplis de semences couronnées d'un duvet mou, & qui mûrissent sur la fin de l'automne.

Elle se multiplie par graines, qu'il faut semer au printems sur une couche chaude; & les plantes, qui en proviennent, doivent être traitées comme celles de la précédente. Les racines de cette espece peuvent être conservées trois ou quatre années; mais comme après la seconde les plantes se dépouillent, deviennent nues, & ne produisent pas autant de semences qu'auparavant, il vaut mieux en élever des jeunes pour remplacer les vieilles, que de les conserver trop long-tems.

Gigantea. La dix-huitieme s'élève à la hauteur de six ou sept pieds, avec des tiges droites, garnies de feuilles épaisses, ovales & opposées: ses ombelles sont simples; ses fleurs sont blanches, & en forme d'étoiles à cinq pointes: les légumes de cette espece sont fort gros, & en forme de testicules de bœuf; ils sont remplis de semences plates, placées l'une sur l'autre en forme de tuiles. Celles que je possede m'ont été données par le Duc de NORTHUMBERLAND, qui les avoit tirées des Indes.

Cette plante est tendre, & veut être conservée constamment dans la serre chaude, où elle doit être traitée de la même maniere que les deux especes précédentes, en observant de les arroser peu, sur-tout pendant l'hiver.

Scandens. La dix-neuvieme, qui m'a été envoyée de Carthagene, a des tiges grimpantes, qui s'attachent aux plantes voisines, & s'élèvent à la hauteur de dix ou douze pieds: de chacun des nœuds de ses tiges, qui sont assez éloignés les uns des autres, partent deux feuilles oblongues, en forme de lance, velues, opposées, & postées sur de fort courts pétioles: ses ombelles de fleurs sortent des aîles des feuilles; elles sont très-serrées, & les fleurs sont d'une couleur de soufre. Elles paroîssent en Août; mais elles ne sont point suivies de semences en Angleterre.

Cette plante est tendre; elle doit être conservée constamment dans la serre chaude, & traitée de la même maniere que les especes précédentes.

ASCYRUM. *Linn. Gen. Plant.* 737. *Hypericoïdes. Plum.*

Nov. Gen. 51. T. 7; [*St. Peters-wort.*] Herbe de Saint Pierre.

Caracteres. Le calice de la fleur eſt formée par quatre feuilles, dont les deux extérieures ſont étroites & oppoſées, & les deux intérieures larges, en forme de cœur & érigées: la fleur a quatre pétales ovales, dont les deux extérieurs ſont larges & oppoſés & les deux intérieurs beaucoup plus petits. Dans le centre eſt ſitué un germe oblong, avec un ſtyle fort court, couronné d'un ſtigmat ſimple, & accompagné d'un grand nombre d'étamines garnies de poils ou de filets, & jointes à leurs bâſes en quatre corps, & couronnées de ſommets ronds. Le germe ſe change enſuite en une capſule pointue, qui s'ouvre en deux valves, & eſt remplie de petites ſemences rondes. La capſule eſt renfermée dans deux feuilles larges du calice.

Les plantes de ce genre, ayant pluſieurs étamines jointes en pluſieurs corps, ont été placées par LINNÉE dans la troiſieme ſection de la dix-huitieme claſſe, qu'il a nommée *Polyadelphia Polyandria.*

Les eſpeces ſont:

1°. *Aſcyrum Crux Andreæ, foliis ovatis, caule tereti, paniculâ dichotomâ. Linn. Sp. Plant. 787*; Aſcyrum à feuilles ovales, ayant une tige cylindrique, & des fleurs croiſſant en épis clairs aux diviſions des branches.

Hypericoïdes ex terrâ Marianâ, floribus exiguis luteis. Pluk. Mant. 104; appelée *Croix de Saint André.*

2°. *Aſcyrum villoſum, foliis hirſutis, caule ſtricto. Linn. Sp. Plant. 788*; Aſcyrum à feuilles velues, avec une tige ferme & mince.

Hypericum Virginianum fruteſcens piloſiſſimum. Pluk. Alm. 189.

3°. *Aſcyrum Hypericoïdes, foliis oblongis, ramis ancipitibus. Linn. Sp. 1108*; Aſcyrum avec des feuilles oblongues, & une tige à deux angles.

Hypericoïdes fruteſcens erecta, flore luteo. Plum. Nov. Gen. 51.

Hypericum pumilum ſemper virens, caule compreſſo ligneo ad bina latera alato, flore luteo tetrapetalo. Pluk. Mant. 104.

Crux Andreæ. La premiere eſpece eſt une plante baſſe, dont les tiges, élevées rarement au-deſſus de ſix pouces, ſont garnies de petites feuilles ovales, placées par paire: ces tiges ſont minces, & ſe diviſent en deux vers le ſommet: ſes fleurs jaunes, petites & de peu d'apparence, croiſſent en épis clairs, & ſortent de la fourche des branches. Cette plante, n'ayant rien qui puiſſe la faire rechercher, n'eſt admiſe dans les jardins que pour la variété: ſa racine eſt vivace, & la plante peut être multipliée par marcottes; elle ſe plaît dans un ſol humide & dans une ſituation ombrée: elle croît naturellement dans l'Amérique Septentrionale, & m'a été donnée par le Duc de NORTHUMBERLAND, qui l'avoit reçue de ce pays-là.

Villoſum. La ſeconde produit des tiges d'environ trois pieds de hauteur, garnies de feuilles oblongues & velues: ses fleurs, qui sortent à l'extrémité des branches, sont de la même forme, & de la même couleur que celles de l'*Herbe de Saint-Jean commune;* mais elles n'ont que quatre feuilles. Celle-ci a une racine vivace, & des tiges annuelles qui périssent en automne: on peut la multiplier en divisant ses racines, quand les tiges sont détruites, & les planter dans un sol marneux. Elle a produit, durant quelques années, des semences en Angleterre: elle croit naturellement en Virginie.

Hypericoïdes. La troisieme, originaire de la Caroline Méridionale, d'où ses semences m'ont été envoyées, s'élève à la hauteur d'un pied & demi, avec des tiges plates, garnies de feuilles ovales, unies & opposées: ces tiges sont terminées par trois ou quatre fleurs jaunes, plus grosses que celles de l'*Herbe de Saint-Jean commune* qui croîssent serrément les unes auprès des autres, & dont les pétales sont creux. Cette espece produit rarement des semences en Angleterre; mais on peut la multiplier par boutures qui, étant coupées dans le mois de Mai sur de jeunes rejettons, pousseront des racines en cinq ou six semaines: on les plante dans des pots, qu'on plonge dans une couche de chaleur très-modérée, & on les transplante ensuite dans une plate-bande chaude, où elles supporteront le froid de nos hivers ordinaires; mais elles sont souvent détruites par les fortes gelées, si on ne les couvre avec du tan, pour les garantir des impressions du froid.

Ces plantes ayant peu de beauté, on ne les cultive guere que dans les jardins Botaniques pour la variété.

ASCYRUM BALEARICUM. *Voyez* HYPERICUM.

ASCYRUM MAGNO FLORE. *Voyez* HYPERICUM.

ASCYRUM VULGARE. *Voyez* HYPERICUM.

ASFODELE MARITIME. *Voyez* PANCRATIUM.

ASFODELE. *Voyez* ASPHODELUS.

ASPALATH. *Voyez* ROBINIA CARAGANA PIGMÆA. L.

ASPALATHUS. *Linn. Gen. Plant.* 767; [*African Broom.*] Genest Africain. Aspalathe.

Caracteres. Le calice est formé par une seule feuille découpée au sommet en cinq segmens égaux: la fleur est papillonnacée; l'étendard est velu, serré & terminé en pointe émoussée: les aîles sont émoussées, formées en croîssant, étendues, ouvertes & plus courtes que l'étendard: la carène est divisée en deux parties, & de la longueur des aîles. Cette fleur a dix étamines, dont neuf sont jointes & couronnées par l'étendard, & l'autre est séparée; toutes sont couronnées de sommets oblongs & simples: au fond est situé un germe oblong, soutenant un style simple, surmonté d'un stigmat pointu: quand la fleur est passée, le germe devient un légume ovale & oblong, renfermant une ou deux semences en forme de rein.

Ce genre de plantes est rangé dans la troisieme section de la dix-septieme classe de LINNÉE, intitulée *Diadelphia Decandria*, les fleurs ayant dix étamines jointes en deux corps.

Les especes sont :

1°. *Aspalathus Chenopoda, foliis confertis, subulatis, mucronatis, hispidis, floribus capitatis. Linn. Sp. Planta. 711*; Aspalathe à feuilles rudes, pointues, & en forme d'alêne, ayant des fleurs en tête.

Genista Africana lutea, floribus hirsutis, in capitulâ lanuginosâ conglobatis, foliis Corrodæ aculeatis, sub-hirsutis. Herm. Cat. 11; Genest Jaune d'Afrique.

Chamælarix, sivè Chenopoda Monomopatensis. Breyn. Cent. 23, t. 11.

2°. *Aspalathus Indica, foliis quinatis sessilibus, pedunculis unifloris. Linn. Sp. Pl. 712*; Aspalathe à cinq feuilles sessiles aux branches, produisant une fleur sur chaque pédoncule.

Dorycnium Indicum, floribus singularibus, rubris in pedicellis, oblongis, siliquis perexiguis. Raji. Supp. 471.

Genista, foliis quinatis sessilibus, pedunculis capillaribus unifloris, floribus minimis. Fl. Zeyl. 271.

Lotus tenui-folius Maderas patanus, siliquâ singulari glabrâ. Pluk. Alm. 225, t. 201, f. 2.

Manelli. Rheed. Mal. 9, p. 69, t. 37.

3°. *Aspalathus argentea, foliis trinis linearibus sericeis, stipulis simplicibus mucronatis, floribus sparsis tomentosis. Linn. Sp. Plant. 713*; Aspalathe avec trois feuilles étroites & soyeuses, des stipules simples & pointues, & des fleurs laineuses dispersées sur la tige.

Cytisus Africanus, angusti-folius, sericeâ lanugine argentatus, spicâ lagopoide. Pluk. Mant. 63.

Les semences de ces différentes especes m'ont été envoyées du Cap de Bonne-Espérance, où elles croissent naturellement.

Chenopoda. La premiere est un arbrisseau qui s'élève à environ trois pieds de hauteur, avec des branches minces, garnies de plusieurs feuilles à trois lobes, en forme d'alêne, pointues & rudes, qui croissent en paquets : les fleurs jaunes & recueillies en tête, laineuses, sortent des extrêmités des branches, & sont rarement suivies de légumes en Angleterre. Cette plante se multiplie par semences, qu'il faut se procurer du pays même où elle croît naturellement, & les répandre aussi-tôt qu'elles arrivent, dans de petits pots remplis de terre légère : si on les reçoit en automne, on plonge les pots où elles ont été semées dans une vieille couche de tan, dont la chaleur soit dissipée, & on les y laisse jusqu'au printems, pour les placer ensuite dans une couche de chaleur modérée, qui fera pousser les plantes : mais quand ces semences arrivent au printems, on plonge aussi-tôt les pots dans une couche de chaleur modérée ; on a soin de les tenir à l'ombre au milieu du jour dans les tems chauds, & de les arroser fréquemment. Celles qui sont semées au printems ne paroîssent pas ordinairement dans le cours de la premiere année ; il faudra en automne placer les pots qui les contiennent dans une vieille couche de tan, comme il a été dit ci-dessus pour celles qui sont semées en automne, & les mettre ensuite dans une couche chaude au printems suivant. Quand les plantes poussent & qu'elles sont assez fortes pour être enlevées, on les transplante chacune séparément, dans de petits pots remplis de terre légère, qu'on plonge dans une couche de chaleur modérée, pour leur faire pousser de nouvelles racines ; & aussi-tôt qu'elles sont établies dans les pots, on les accoutume par dégrés au plein air ; on les y tient exposées en été, en les plaçant dans une situation abritée, où elles peuvent rester jusqu'à l'automne : alors on les enferme dans la serre, & on les arrose très-peu pendant l'hiver.

Indica. La seconde espece parvient à la hauteur d'environ cinq pieds, avec des branches minces, garnies de feuilles sessiles aux tiges, & qui sortent au nombre de cinq de chaque bouton : ses fleurs d'une rougeur pâle naissent simples dans la longueur des pédoncules ; elles paroîssent en Août, & produisent rarement des légumes dans notre climat. Cette espece se multiplie comme la précédente, & exige le même traitement.

Argentea. La troisieme s'éleve à quatre pieds de hauteur, avec une tige d'arbrisseau, divisée en branches minces, garnies de feuilles soyeuses, sortant par trois : les fleurs sont pourpre, remplies de duvet, & dispersées sur les branches. Cette espece se multiplie comme les précédentes, & doit être traitée de la même maniere que la premiere : elle fleurit sur la fin de l'été.

ASPARAGUS. Les premiers rejettons des tiges, avant qu'ils soient déployés en feuilles, & les branches les plus jeunes & les plus tendres qui sont bonnes à manger, sont appellées *Asperges.*

ASPARAGUS. (Ἀσπάραγος, *Gr.* signifie un jeune rejetton qui pousse). [*Asparagus.*] *Asperge.*

Caracteres. Elle a des fleurs mâles & hermaphrodites, placées sur différentes racines : les fleurs mâles sont tubuleuses, composées de six pétales étroits, qui ne s'étendent & ne s'ouvrent point, & de six courtes étamines, mais sans style ni stigmat ; celles-ci sont stériles : les fleurs hermaphrodites ont six pétales qui s'étendent & s'ouvrent, six étamines qui environnent le germe, & un court style, surmonté d'un stigmat obtus qui déborde. Le germe devient ensuite une baie ronde, à trois cellules, renfermant chacune une ou deux semences arrondies extérieurement, & angulaires dans leur jonction.

Quoique le Docteur LINNÉE ait placé ce genre dans la premiere section de la sixieme classe, qui a pour titre *Hexandria Monogynia*, il devroit plutôt se trouver dans le second ordre de sa vingt-unieme classe, qui renferme les plantes qui ont le *Polygamia* sur différentes racines.

Les especes sont :

1°. *Asparagus officinalis, caule herbaceo erecto, foliis setaceis, stipulis duabus interioribus, unâ exteriore. Flor. Svec.* 272 ; Asperge, avec une tige droite & herbacée, des feuilles très-minces, ayant deux stipules intérieures, & une extérieure.

Asparagus sativa. C. B. P. 489 ; Asperge de jardin.

2°. *Asparagus maritimus, caule inermi herbaceo, foliis teretibus longioribus fasciculatis*; Asperge avec une tige unie & herbacée & des feuilles très-longues & grêles.

Asparagus maritimus, crassiore folio. C. B. p. 490.

3°. *Asparagus acuti-folius, caule inermi fruticoso, foliis aciformibus, rigidulis, perennantibus, mucronatis, æqualibus. Linn. Sp.* 449 ; Asperges avec une tige d'arbrisseau unie, & des feuilles en forme d'épingle, & qui durent tout l'hiver.

Asparagus, foliis acutis. C. B. p. 409.

4°. *Asparagus albus, spinis retroflexis, ramis flexuosis, foliis fasciculatis, angulatis, muticis, deciduis. Linn. Sp.* 449 ; Asperge avec des branches flexibles, & des feuilles ramassées en paquets, qui tombent en hiver.

Asparagus aculeatis spinis horridus. C. B. p. 490.

Corduba tertia. Clus. Hist. 2, *p.* 178.

5°. *Asparagus retrofractus, aculeis solitariis, ramis reflexis retrofractisque, foliis fasciculatis. Lin. Sp. Plant.* 313 ; Asperge avec des épines simples, des branches réfléchies, & des feuilles croîssant par paquets.

Asparagus Africanus tenuifolius, viminalibus virgis, foliis Laricis ad instar ex uno puncto numerosis stellatim positis. Pluk. Amal. 40, *T.* 375.

6°. *Asparagus aphyllus, spinis subulatis, striatis, inæqualibus, divergentibus. Hort. Cliff.* 122 ; Asperge sans feuilles, ayant des épines en forme d'alêne, inégales, qui s'écartent l'une de l'autre.

Asparagus aculeatus alter tribus aut quatuor spinis ad eundem exortum. C. B. p. 490.

Corduba altera. Clus. Hist. 2, *p.* 178.

7°. *Asparagus declinatus, caule inermi, ramis declinatis, foliis setaceis. Prod. Leyd.* 29 ; Asperge avec une tige unie, des branches penchées, & des feuilles très-minces.

8°. *Asparagus Asiaticus, aculeis solitariis, caule erecto, foliis fasciculatis, ramis fili-formibus. Linn. Sp. Plant.* 313 ; Asperge avec des épines simples, une tige érigée, des feuilles par paquets, & des branches fort minces.

9°. *Asparagus Capensis, spinis lateralibus terminalibusque, ramis aggregatis*, *foliis fasciculatis. Linn. Sp. Plant. 314;* Asperge avec des épines, croissant sur les côtés aux extrémités des branches, & disposées en paquets, de même que les feuilles.

10°. *Asparagus sarmentosus, foliis solitariis, lineari-lanceolatis, caule flexuoso, aculeis recurvis. Flor. Zeyl. 124;* Asperge avec des feuilles simples, étroites & en forme de lance, une tige flexible, & des épines recourbées.

Asparagus aculeatus Zeylanicus, maximus, sarmentosus. H. L. 62.

Schadaveli Kelangu. Rheed. Mal. 10, p. 19.

Officinalis. La premiere espece ou l'Asperge commune, qui est cultivée pour l'usage de la table, a été probablement portée à la perfection où elle est à présent, par la culture de l'espece sauvage qui croît naturellement dans les marais de la Province de Lincoln, où les rejettons ne sont pas plus gros qu'un fétu de paille; mais si cela est ainsi, elle n'a pu parvenir à cette perfection que par une longue culture & un traitement suivi. Un de mes amis s'étant procuré des semences de l'espece sauvage, les a cultivées avec grand soin dans une terre fort riche; mais il n'a pu parvenir à leur faire produire des jets plus gros que la moitié de ceux de jardin, quoiqu'ils eussent été placés sur la même terre; il a toujours remarqué que l'espece sauvage poussoit huit ou dix jours avant l'autre, & que ses jets étoient extrémement doux.

J'ai douté si l'espece d'Asperge qui croît sans culture en Angleterre fût la même que celle dont GASPARD BAUHIN fait mention parce que TOURNEFORT & VAILLANT affirment qu'ils ont cultivé l'espece sauvage pendant plusieurs années, dans le Jardin Royal à Paris, & qu'elle ne s'est jamais altérée: c'est pourquoi j'ai fait venir des échantillons de celle dont ils parlent, & je l'ai trouvé très-différente de l'espece d'Angleterre: les feuilles sont beaucoup plus fines & plus courtes, & sont produites en plus gros paquets: les branches sont placées plus près les unes des autres, & les pédoncules de ses fleurs sont plus longs: toutes ces différences m'ont déterminé à la regarder comme une espece distincte de la sauvage, qui me paroît être certainement la même que celle de jardin.

L'Asperge de jardin se multiplie par semences, qu'il faut se procurer de gens sûrs & expérimentés, sur lesquels on puisse compter pour le choix de la bonté des semences & de la grosseur des jets, mais lorsqu'on a en sa possession une plantation de bonnes especes d'Asperges, il vaut mieux en recueillir la semence soi-même. On choisit pour cela un nombre suffisant de jets, parmi les plus précoces, & on les laisse monter en semences: on préfere ceux qui se montrent les premiers au commencement du printems; parce que ceux qui poussent après que les premieres Asperges sont coupées, sont toujours si retardés, que leurs semences ne mûrissent point, à moins que l'été ne soit chaud, & l'automne très-favorable. En faisant un choix entre les jets propres à porter semence, il faut avoir égard à leur grosseur, à leur rondeur, & rejetter tous ceux qui sont applatis, & qui développent de bonne heure leurs têtes, & donner toujours la préférence aux plus ronds, & à ceux dont les sommets sont serrés. Mais comme plusieurs d'entr'eux ne doivent donner que des fleurs mâles & stériles, il faut en réserver un plus grand nombre que celui dont on a besoin, & les marquer avec un bâton sans endommager la couronne des racines. Vers la fin de Septembre, les baies étant en pleine maturité, on coupe les tiges, & on en détache les baies, qu'on place dans un vâse, & qu'on y laisse pendant trois semaines ou un mois, jusqu'à ce qu'elles aient éprouvé une fermentation suffisante pour détruire leurs enveloppes extérieures: on remplit ensuite le vâse avec de l'eau, & on froisse les baies avec la main, pour en détacher les enveloppes qu'on verra surnager, tandis que les semences resteront au fond: on jette ensuite l'eau, en la répandant doucement, afin que les enveloppes soient emportées, & que les semences restent au fond: on y en remet de la nouvelle à plusieurs reprises, en froissant à chaque fois les graines, qui, bientôt resteront absolument nettes. Cette opération étant faite, on étend les semences sur un linge, on les expose au soleil pour les faire sécher entièrement, & on les renferme ensuite dans des sacs qu'on suspend au plancher d'une chambre sèche, jusqu'au commencement de Février, qui est la saison convenable pour les semer. On prépare alors une planche de bonne terre riche, bien dressée & nivelée, sur laquelle on répand cette graine fort légèrement, afin que les plantes ne poussent pas trop petites: on foule la terre avec les pieds, pour enterrer les semences, & on y passe ensuite le rateau pour l'unir.

Pendant l'été suivant on fortifie les jeunes plantes, en les débarrassant avec soin de toutes les mauvaises herbes qui croissent aux environs; & vers la fin d'Octobre, lorsque leurs tiges sont détruites, on étend du fumier pourri de l'épaisseur de deux pouces sur la surface de la terre, pour préserver les jeunes boutons, & les empêcher d'être endommagés par les gelées, &c.

Les jeunes racines étant plus propres à être transplantées que les autres, parce qu'elles deviennent beaucoup plus fortes, & poussent des tiges plus vigoureuses, on ne doit pas laisser plus d'un an dans la terre celles qu'on a obtenues de semence ; mais il faut les transplanter dès le printems suivant, sans quoi elles ne seroient plus bonnes à être enlevées, ainsi que je l'ai souvent éprouvé. On commence cette opération par préparer la terre par un bon labour, après avoir mis au fond de chaque fosse, jusqu'à six pouces de la surface, une bonne quantité de fumier pourri : on ôte toutes les pierres du terrein, on dresse & on nivelle exactement sa surface. Tous ces préparatifs ne doivent être faits que très-peu de tems avant de planter les Asperges ; mais on les commence plutôt ou plus tard, suivant la nature du sol, & selon que la saison est plus ou moins avancée. Si le sol est sec & le printems précoce, on commence cette plantation dans les premiers jours du mois de Mars ; si au contraire la terre est humide, on doit différer jusqu'à la fin de ce mois, ou au commencement d'Avril, qui est le tems où ces racines commencent à pousser. Plusieurs personnes de ma connoissance ont conseillé de planter les Asperges à la Saint-Michel ; mais cette méthode est très-mauvaise, car l'ayant essayée moi-même, je n'ai pas sauvé une racine sur cinq, qui se sont trouvées pourries ; & de plus, celles qui restoient étoient si foibles, qu'elles ne valoient pas la peine d'être conservées.

Lorsque le tems de planter ces racines est arrivé, on les enlève avec soin, au moyen d'une fourche à crochet ; on les secoue pour en ôter la terre & les séparer ; on observe de mettre leurs têtes droites, afin d'avoir plus d'aisance pour les planter, & on s'y prend de la maniere suivante.

Quand la piece de terre est nivelée, on commence par tracer d'un côté une ligne droite sur le terrein, le long de laquelle on ouvre une tranchée de six pouces de profondeur, sans pénétrer jusqu'au fumier ; on y place les racines la tête en haut sur le talus de la tranchée, en les étendant avec les doigts, & de façon que les boutons se trouvent à environ deux pouces au-dessous de la surface, & qu'il reste un espace d'un pied entre chaque racine : on se sert ensuite du rateau, pour remplir la tranchée avec la terre qui en a été ôtée, & pour la niveler, sans déranger les racines ; après quoi, on porte le cordeau à un pied au-delà de la premiere ligne, pour en commencer une seconde, qui doit être plantée de même ; & ainsi de suite, jusqu'à ce que toute la planche soit finie. Il faut seulement observer de laisser entre chaque quatre rangées un espace de deux pieds de largeur, pour procurer la facilité de couper les Asperges.

La piece de terre étant remplie & nivelée, on peut y semer une récolte d'Oignons, qui ne fera point de tort aux Asperges, pourvu qu'ils n'y ſoient pas trop épais : on foule enſuite la terre avec les pieds, & on la nivele avec un rateau.

La méthode pratiquée par quelques perſonnes, de ſemer les Aſperges dans le lieu même où elles doivent reſter, eſt fort-bonne, ſi elle eſt bien exécutée : pour y réuſſir, on fume & on cultive bien la terre ; quand elle eſt nivelée, on trace des lignes, comme il a été dit pour la plantation des racines : on fait enſuite des trous avec un plantoir, à un pied de diſtance, dans leſquels on met deux ſemences, de peur qu'une des deux ne manque (ces trous ne doivent avoir qu'un demi-pouce de profondeur) ; puis on recouvre les ſemences avec de la terre : on remet enſuite le cordeau à un pied de diſtance pour un autre rang ; & après le quatrieme, on laiſſe un ſentier, ſi on deſtine ce ſemis pour être à demeure : mais ſi l'on ſe propoſe d'enlever les plantes pour les mettre ſur des couches chaudes, on peut en former ſix rangs dans chaque planche, & ne laiſſer entr'eux qu'une diſtance de neuf pouces. Le ſemis doit être fait au milieu de Février, parce que ces graines ſont long-tems dans la terre avant de pouſſer ; & ſi on veut y ſemer encore des Oignons, on ne doit le faire que quinze jours ou trois ſemaines après, pourvu qu'on ne remue pas la terre aſſez profondément pour déranger les ſemences d'Aſperges.

Comme les racines d'Aſperges pouſſent pluſieurs longues fibres, qui s'enfoncent profondément dans la terre, en les ſemant en place on ne court point le riſque de les endommager en les arrachant ; elles s'étendent alors au loin ; pouſſent vigoureuſement, & font de très-grands progrès ſur les côtés & en tous ſens ; au moyen de quoi leurs couronnes ſe trouvent dans le centre ; au-lieu qu'en les tranſplantant, les racines ſont à plat ſur les côtés des tranchées.

Quand les Aſperges & les Oignons commencent à pouſſer, il faut les débarraſſer avec ſoin de toutes les herbes inutiles qui naiſſent avec eux, éclaircir les Oignons dans les endroits où ils ſont trop ſerrés, & arracher tous ceux qui ſe trouvent trop près des Aſperges. On choiſit pour cette opération un tems ſec, afin que les mauvaiſes herbes périſſent auſſi-tôt qu'elles ſont arrachées, & qu'on n'endommage point les jeunes rejettons d'Aſperges.

Cet ouvrage doit être répété deux ou trois fois juſqu'au tems où les Oignons ſont en état d'être enlevés. Cette récolte étant faite, on nettoie de nouveau le terrein, & on attend que les tiges ſoient flétries au mois d'Octobre, pour creuſer les ſentiers & élever le niveau des planches. Ce travail ne doit point être fait lorſque les tiges ſont encore vertes, parce qu'elles pouſſeroient de nouveau, & s'affoiblis'affoibliroient beaucoup. Lorsqu'elles sont absolument fanées, on les coupe avec un couteau à deux pouces au-dessus de la terre, afin que ces bouts restans puissent servir à faire distinguer les planches des sentiers; on arrache ensuite toutes les mauvaises herbes, & on les enterre dans les allées qui ont été auparavant creusées pour les recevoir : la terre, qui en a été ôtée, sert à recouvrir les planches qu'on élève par ce moyen à quatre ou cinq pouces au-dessus de leur premier niveau. Cette opération étant finie, on peut planter un rang de Choux dans le milieu des sentiers; mais on ne doit jamais rien semer ni planter dans les planches, parce que cela seroit extrêmement nuisible aux racines : on voit par-là que je suis bien éloigné d'adopter la mauvaise pratique de quelques Jardiniers qui ne craignent pas d'endommager leurs Asperges en plantant des féves sur la planche, après qu'elle a été recouverte. Les choses doivent rester dans cet état jusqu'au mois de Mars suivant : alors on houe la terre pour détruire les mauvaises herbes qui commencent à pousser, on unit sa surface avec le rateau; & pendant tout l'été, on a soin de la tenir absolument nette. Lorsque le mois d'Octobre est arrivé, on creuse les allées, comme on l'a fait l'année précédente, & on en répand la terre sur les planches.

Quelques Jardiniers commencent dès le second printems à couper les Asperges; mais il est beaucoup plus avantageux d'attendre pour cela jusqu'à la troisieme année. Lorsque ce terme est arrivé, on remue la terre des planches, avant que les Asperges commencent à pousser, avec une fourche appropriée à cet usage, & qu'on appelle pour cela Fourche d'Asperges; on a soin de ne pas trop enfoncer cet instrument, pour ne pas toucher les têtes des racines, & on remet ensuite la terre à l'uni, avant que les premiers rejettons paroîssent au-dessus de la surface : par cette manœuvre, on détruira toutes les mauvaises herbes, & on rendra les planches absolument nettes. Lorsque les jets ont atteint la hauteur d'environ quatre pouces, on laisse croître les plus foibles, pour fortifier leurs racines, qui, sans cela, ne feroient plus de progrès, & même finiroient bien-tôt par périr; & avec un couteau, dont la lame doit être longue, pointue & en forme de scie, on découvre la bâse des plus gros, pour ne point endommager ceux qui croîssent autour, & on les scie à deux pouces au-dessous de la surface. Quoique cette méthode puisse paroître incommode & fatigante à ceux qui n'ont aucune connoissance de la pratique du jardinage, elle n'en est pas moins bonne; & un Jardinier exercé, en la mettant en usage, peut dans très-peu de tems cueillir un grand nombre d'Asperges;

mais beaucoup de soin & d'attention est absolument nécessaire en le faisant.

Le traitement qu'on doit employer par la suite pour les plantes d'Asperges, ne differe en rien de celui qui a été indiqué pour la seconde année : il consiste à les tenir nettes de mauvaises herbes pendant l'été ; à creuser les sentiers dans le mois d'Octobre ; à remuer la terre avec une fourche sur la fin de Mars ; à répandre tous les ans du fumier pourri, pris dans une vieille couche de *Melon*, ou de *Concombre*, sur toute la surface du quarreau ; à en enterrer une partie dans les sentiers, pour pouvoir les creuser d'autant par la suite : au moyen de quoi, on entretiendra les plantes en vigueur, on obtiendra de beaux jets, & on parviendra à faire durer dix ou douze ans une plantation d'Asperges. Je dois aussi recommander de ne point couper trop long-tems chaque saison les jets d'Asperge, & de laisser monter tous ceux qui paroîtront après les premiers jours de Juin ; car sans cette précaution, les racines s'affoibliroient, & ne produiroient que de très-petites Asperges dans l'année suivante. Si on veut encore manger des Asperges après le terme que je viens d'indiquer, il faut avoir pour cela un quarreau de réserve, afin de ne point endommager une plantation entiere.

Je ne puis pas m'empêcher de relever ici une erreur qui a été autrefois adoptée par le peuple, & qui consistoit à ne point mettre de fumier dans le quarreau d'*Asperges*, sous prétexte qu'il leur communique un goût désagréable : mais cette opinion est absolument déraisonnable ; car l'expérience nous prouve que les *Asperges* qui croissent dans la terre la plus riche, sont les plus douces de toutes : au-lieu que celles qui ont été produites par un sol maigre & aride, contractent ce goût fort & désagréable dont on se plaint si souvent. La douceur des *Asperges* ne provient que de leur prompt accroissement, qui est toujours proportionné à la bonté du terrein, & à la chaleur de la saison, ainsi que je l'ai éprouvé en plantant deux quarreaux d'*Asperges* sur un terrein où il y avoit un pied d'épaisseur de fumier, & sur lequel on en remettoit tous les ans beaucoup de nouveau. Ces *Asperges* furent plus belles, & bien plus douces que toutes les autres, quoique les unes & les autres furent bouillies dans la même eau.

La surface d'un quarreau d'*Asperges* destiné à un petit ménage, doit être au moins de huit verges. Car, si on ne peut pas en recueillir un cent à la fois, cela ne vaut pas la peine, parce qu'il faudroit les garder deux ou trois jours après qu'elles sont coupées, surtout dans des saisons froides, afin d'en avoir assez pour un plat : mais pour un gros ménage, il faut seize verges de terrein, sur lesquelles on pourra en récolter deux ou trois-cents par jour, si la saison est favorable.

Comme plusieurs personnes désirent avoir des *Asperges printannieres*, & que les Jardiniers de Londres en font un assez grand commerce, je vais donner les moyens de s'en procurer pendant tout le tems de l'hiver.

On commence par se pourvoir d'une certaine quantité de bonnes racines de trois ans d'âge qu'on a élevées soi-même, ou qu'on a achetées des Jardiniers qui en font commerce, & on les plante cinq ou six semaines avant le tems où on veut avoir des Asperges, sur une couche qui a été préparée de la maniere suivante: on met d'abord en monceau autant de fumier de cheval qu'il en faut pour la couche, après y avoir mêlé de la cendre de charbon de terre; on le laisse ainsi fermenter pendant dix ou douze jours; après quoi, on le remue & on le laisse encore en tas durant une semaine avant de l'employer. Ces préparatifs étant terminés, on creuse dans la terre une fosse dont la largeur soit égale à celle des châssis destinés à la couvrir, & dont la longueur soit proportionnée à la quantité de châssis qu'on veut employer. Si ce n'est que pour une petite consommation, trois ou quatre vitrages suffiront; mais si on en veut davantage, il en faut au moins six ou huit; on met le fumier dans la fosse, on l'arrange avec une fourche, on le presse autant qu'il est nécessaire, on lui donne au moins trois pieds d'épaisseur & même davantage, si on fait cette couche au mois de Décembre: on dispose ensuite par-dessus de la terre de jardin, de l'épaisseur d'environ six pouces, dont on brise les mottes & qu'on dresse exactement; après quoi, on commence à planter les racines à une extrémité de la couche, contre le talus de la terre & à la hauteur de quatre pouces au-dessus du fumier; on rapproche autant qu'il est possible les racines dans les rangs, & on les place de maniere que les boutons soient en-haut. Entre chaque rang on met une quantité de fin terreau, on a soin que toutes les couronnes des racines soient exactement de niveau; & quand elles sont toutes placées de cette maniere, on répand de la terre ferme sur toutes les parties des racines qui restent à découvert, pour les empêcher de sécher, & on enfonce deux ou trois bâtons pointus de deux pieds de long, entre les racines, au milieu de la couche, à une certaine distance les uns des autres, afin qu'après les avoir retirés, on puisse connoitre, en les touchant avec la main, quel est le dégré de chaleur de la couche; huit jours après que la couche a été ainsi disposée, si on s'apperçoit qu'elle ne s'échauffe point, on la couvre tout-autour, & même par-dessus de paille ou de litiere, afin d'exciter la chaleur: mais si, au contraire, on la trouve trop chaude, & qu'il soit à craindre que les racines ne soient endommagées & même brûlées, on la laisse tout à fait découverte, & on enfonce dans le fumier un gros bâton à chaque côté, en deux ou trois endroits, pour y faire des trous par lesquels les grandes vapeurs puissent s'échapper; ce qui réduira la couche, en peu de tems, à une chaleur modérée.

Quinze jours après que la couche est faite, on répand sur les racines environ deux pouces d'épaisseur de terre fine; & lorsque les jets commencent à paroitre au-dessus de cette terre, on y en remet encore trois pouces de la nouvelle, de maniere qu'il y aûra à-peu-près cinq pouces de terre au-dessus des couronnes; ce qui suffira.

On fait ensuite un rouleau de paille ou de grande litiere, de quatre pouces d'épaisseur, qu'on attache autour de la couche, de façon qu'il se trouve de niveau avec sa surface; on l'assujettit avec des bâtons pointus de deux pieds de longueur, qu'on enfonce dans la terre: on pose les châssis sur ce rouleau, & on y ajuste les vitrages. Au bout de trois semaines, si l'on s'apperçoit que la chaleur de la couche diminue, on met tout autour du nouveau fumier chaud pour la ranimer: dans les mauvais tems & pendant la nuit, on couvre les vitrages avec des nattes & de la paille, qu'on enleve pendant le jour, surtout lorsque le soleil paroit, afin que les Asperges acquierent de la force & une bonne couleur. Cette couche étant ainsi soignée, elle donnera des Asperges, bonnes à être coupées, au bout de six semaines, & elle continuera à en produire pendant trois semaines; de maniere qu'on en recueillira au moins trois-cents sous chaque vitrage, si les racines ont été bien choisies. Si l'on veut avoir continuellement des Asperges jusqu'à la saison où elles viennent naturellement, il faut faire une nouvelle couche chaque trois semaines, depuis le moment où l'on a construit la premiere, jusqu'au commencement de Mars; car, si la derniere est faite dans les huit premiers jours de Mars, elle durera jusqu'à la saison des Asperges, parce que ces dernieres couches produiront quinze jours plutôt que celles qui ont été faites à Noël, & les jets seront plus gros & plus colorés par le soleil. Quand on se propose d'avoir des Asperges pendant l'hiver, on doit en conserver pour cet usage, si on ne veut pas en acheter chez les Jardiniers: on peut juger de la quantité dont on a besoin par la grandeur des vitrages; une verge de terre en fournira assez pour un châssis, si ces racines se trouvent dans une plantation de réserve où elles sont placées plus près les unes des autres, parce qu'on les destine à être enlevées pour produire pendant l'hiver; il y a ordinairement dans chaque planche six rangs d'Asperges, placées à huit ou neuf pouces de distance les unes des autres dans les rangs: mais si on les prend dans les plantations où elles sont plus éloignées, il faudra alors une plus grande mesure pour chaque vitrage. Quoique la plupart des Jardiniers des environs de Londres enlevent leurs pieds d'Asperges deux ans après qu'ils ont été plantés; il faudra cependant attendre trois ans, si la terre qui les a produits n'est pas d'une excellente qualité; parce que ces racines, lorsqu'elles sont foibles, ne produisent que de très-petits jets, & ne mériteront pas la peine d'être forcées. La meilleure terre pour planter les Asperges, & celle qui produit les racines les plus propres à être plantées sur une couche chaude, est un sol riche & humide; mais celle qui convient pour les quarreaux d'Asperges, où elles croîssent dans leur vraie saison, ne doit être ni trop sèche, ni trop humide, mais fraîche, sablonneuse, marneuse & bien engraissée (1).

Maritimus. On croit que la seconde espece vient naturellement dans le pays de Galles & aux environs de Bristol: les semences de cette espece que j'ai cultivées avec succès dans le jardin de *Chelsea*, m'ont été envoyées de l'Isle de Portland: je suis convaincu qu'elle

(1) Quoique les racines d'Asperges ne contiennent point d'autres principes que ceux qu'on découvre, par l'analyse, dans les jeunes rejettons de cette plante, elles sont cependant préférées pour les usages de la Médecine, parce que ces principes s'y trouvent en plus grande abondance, & qu'ils sont doués d'une plus grande activité: ils consistent en une très-foible dose de substance résineuse amere, & en une assez grande quantité de mucilage, sans y comprendre un acide très-délié, qui paroît très-disposé à tourner à l'alkalescence. Les racines d'Asperges sont regardées comme diurétiques & apéritives, & ordonnées dans l'ictere chronique, les douleurs de la néphrétique, & dans différentes affections des reins & de la vessie. L'odeur désagréable que les Asperges communiquent aux urines des personnes qui en mangent, prouve qu'elles portent principalement leur action sur les voies urinaires, & que leur principe salin est susceptible de s'alkaliser promptement. Quoiques les jeunes tiges & les racines de cette plante soient regardées comme propres à chasser les graviers des reins & de la vessie, quelques Auteurs sont cependant dans l'opinion qu'elles peuvent contribuer à la formation de la pierre, lorsqu'on en fait un trop grand usage.

Selon QUERCETAN, les Asperges sont pour les hommes un excellent aphrodisiaque, & produisent chez les femmes un effet opposé. Les racines d'Asperges entrent dans les tisanes & les bouillons apéritifs, dans le syrop des cinq racines, dans la bénédicte laxative, dans les pillules arthritiques de NICOLAS DE SALERNE, dans le syrop d'armoise de RHASIS, dans le syrop de guimauve de FERNEL, & dans le syrop de chicorée composé: ses graines font partie des ingrédiens dont on se sert pour composer la poudre lithontriptique de DURENOU.

differe de celle des jardins, ainsi que de l'espece sauvage, qui croît sans culture à Gibraltar & auprès de Montpellier. M. MAGNOL, de Montpellier, a été aussi de l'opinion que c'étoit une espece différente, parce que les rejettons de l'espece sauvage commune, ainsi que de celle qu'on trouve aux environs de Montpellier, sont très-doux, tandis que ceux de cette derniere sont amers. La même chose m'a été confirmée par plusieurs personnes, qui ont résidé quelques années à Gibraltar & à Minorque, où la seconde espece croît naturellement en abondance. Cette plante se multiplie par semences de la même maniere que celle de jardin; mais elle exige une situation plus chaude: ses racines doivent être bien couvertes en hiver, pour les préserver des gelées qui les détruiroient.

Acutifolius. La troisieme a des tiges d'arbrisseau, blanches & courbées, qui s'élévent à la hauteur de quatre ou cinq pieds, sans épines: ses feuilles, qui sortent en paquets du même point comme celles du *Mélèze*, sont fort courtes, & se terminent en piquans aigus; de façon qu'il est dangereux de les manier. Cette espece croît naturellement dans la France Méridionale, en Espagne & en Portugal: on la multiplie par semences comme l'espece précédente; mais comme elle est trop tendre pour résister en plein air en Angleterre, ses racines doivent être plantées dans des pots, contre une muraille, à l'exposition du midi, & abritées en hiver.

Albus. La quatrieme, dont l'écorce est fort blanche, s'élève avec des tiges d'arbrisseau à la hauteur de trois ou quatre pieds; elle est armée d'épines simples, qui sortent précisément au-dessus des feuilles. Ces tiges durent quelques années, & poussent plusieurs branches garnies de feuilles courtes & étroites, qui subsistent tout l'hiver, si les plantes sont à l'abri des gelées.

On la multiplie comme la précédente, par semences, qu'on doit se procurer des bords de la Méditerranée, où elle croît naturellement. Il faut mettre quelques-unes de ces plantes dans des pots, pour les abriter en hiver; & les autres peuvent être placées en pleine terre dans une situation chaude, si elles sont couvertes pendant les fortes gelées; car, sans cela, elles ne subsisteront pas en plein air dans ce pays.

Retrofractus. La cinquieme naît spontanément dans les terres du Cap de Bonne-Espérance: elle pousse des tiges courbées & irrégulieres, en forme d'arbrisseau, qui s'élèvent jusqu'à la hauteur de huit à dix pieds, & sont divisées en plusieurs branches foibles & latérales, garnies de feuilles longues & étroites, sortant en paquets comme celles du *Mélèze*: sous chacun de ces paquets est placée une simple épine aiguë; ses tiges subsistent plusieurs années, & ses feuilles se conservent vertes pendant tout l'hiver. On multiplie ordinairement cette espece en divisant ses racines, parce qu'elle produit rarement des semences dans ce pays: on fait cette opération dans le mois d'Avril; on plante les racines dans des pots, & on les met dans la serre en automne; car elles ne vivent point en plein air en Angleterre.

Aphyllus. La sixieme croît naturellement en Espagne, en Portugal & en Sicile, dans les lieux escarpés & couverts de rochers: elle pousse plusieurs jets foibles & irréguliers, dépourvus de feuilles, & armés d'épines courtes & fermes, qui sortent quatre ou cinq ensemble du même point, & s'écartent les unes des autres: ses fleurs sont petites, d'une couleur herbacée; & ses baies, qui sont plus grosses que celles de l'espece commune, deviennent noires à leur maturité. Cette plante est tendre, & doit être traitée comme la troisieme espece.

Declinatus. La septieme, qu'on trouve dans les campagnes du Cap de Bonne-Espérance, pousse de sa racine plusieurs tiges minces, couvertes de branches foibles, qui penchent vers le bas, & sont fortement garnies de feuilles velues, comme celles des Asperges de jardin, qui restent vertes toute l'année. Cette espece n'ayant point encore produit de semences en Angleterre, on ne peut la multiplier qu'en divisant ses racines comme on fait celles de la cinquieme, & on en traite aussi les plantes de la même maniere.

Asiaticus. La huitieme, qui croît aussi sans culture aux environs du Cap de Bonne-Espérance, pousse plusieurs jets foibles, qui naissent en paquets, armés d'épines aiguës, à côté & aux extrémités des rejettons: ses feuilles sortent en petits paquets, & conservent leur verd toute l'année. Comme elle ne produit point de semences en Angleterre, on la multiplie comme la cinquieme espece, & on la traite aussi de même.

Sarmentosus. La dixieme s'élève à la hauteur de cinq ou six pieds, avec plusieurs branches foibles & grimpantes, garnies de feuilles étroites, en forme de lance, & qui sortent simples: ses rejettons sont armés d'épines courtes & courbées, qui les rendent fort difficiles à manier; car elles sont très-proches les unes des autres. On la multiplie en divisant ses racines; mais les plantes doivent être placées dans une serre de chaleur modérée; sans quoi, elles ne profiteroient pas dans ce pays: elle croît naturellement dans l'isle de Ceylan.

On conserve ces plantes dans les jardins des curieux, pour faire nombre & servir à la variété: elles ne sont point difficiles à conduire, quand on a un emplacement pour les serrer pendant l'hiver: il faut en conserver quelques unes avec les autres plantes exotiques.

ASPARAGUS SCANDENS. *Voyez* MEDEOLA ASPARAGOÏDES.

ASPECT DU NORD. Cet Aspect est le moins favorable de tous en Angleterre, parce que les rayons du soleil ne le frappant guere, même dans le milieu de l'été, il ne peut être que d'une très-foible utilité, dans un petit nombre de circonstances, quelle que soit l'opinion contraire qu'on puisse avoir à cet égard. Quoique plusieurs especes d'arbres fruitiers croissent & produisent du fruit dans cette position, ces fruits n'ayant point été perfectionnés par l'action bienfaisante du soleil, ils sont d'une qualité très-inférieure aux autres; leur suc est mal élaboré, de mauvais goût & mal sain: ainsi il est presqu'inutile de planter des arbres fruitiers à l'Aspect du Nord, à moins que ce ne soit des especes de fruits propres à être cuits au four; le feu mûrira leur jus, les rendra sains, & leur procurera le dégré de perfection qu'ils n'ont pu recevoir de l'action du soleil. On pourroit aussi planter à cette exposition des *Cerises de Morelle*, propres à être confites; des *Groseilles blanches & rouges*, qui succéderoient à celles qui sont placées à une exposition plus favorable. Si le sol est chaud & sec, on peut aussi y mettre quelques *Poires* d'été, qui réussiront assez bien à cette exposition, & dureront plus long-tems que si elles en avoient eu une meilleure: mais il ne faut jamais planter à l'exposition du Nord des *Poires* d'hiver, comme le font plusieurs personnes ignorantes, puisque nous trouvons que celles de cette espece, qui sont exposées au Midi, n'acquierent point le dégré de maturité dont elles sont susceptibles, lorsque l'année est froide & peu favorable.

Comme les *Cerises Ducs*, plantées au Nord, mûrissent bien plus tard que les *Cerises ordinaires*, & que, si le terrein est chaud & sec, elles se perfectionnent assez pour acquérir un goût agréable, on peut, en employant ce moyen, se procurer de ce fruit un mois plus tard qu'on n'en a ordinairement.

ASPERGE. *V.* ASPARAGUS.

ASPERGE D'AFRIQUE. *Voyez* MEDEOLA.

ASPERI-FOLIA, se dit des plantes qui ont des feuilles rudes, & qui sont alternes, ou placées sans ordre sur les tiges: M. RAY donne aussi ce nom à une famille des plantes dont les fleurs sont monopétales, découpées ou divisées en cinq parties, & dont chacune est ordinairement suivie de quatre semences. Telles sont les *Buglosses*, les *Bourraches*, les *Consoudes*, les *Langue-de-Chiens* ou *Cynoglosses*, *&c.*

ASPERUGO. [*Small wild Bugloss*] *Petite Buglose sauvage. Porte-feuille ou la Rapette.*

Caracteres. Le calice est d'une feuille légérement découpée au sommet en cinq parties égales ; la fleur monopétale a un tube court & cylindrique, dont le pétale eſt découpé en cinq petites parties émouſſées & jointes à leur bâſe : elle a cinq courtes étamines, couronnées de ſommets oblongs. Dans le centre de la fleur ſont placés quatre germes comprimés qui ſoutiennent un ſtyle court, mince & couronné d'un ſtigmat émouſſé. Ces germes, lorſque la fleur eſt paſſée, ſe changent en quatre ſemences oblongues, renfermées dans le calice.

Ces plantes ayant cinq étamines & un ſtyle, ſont placées dans la premiere ſection de la cinquieme claſſe de LINNÉE, intitulée : *Pentandria Monogynia.*

Nous ne connoiſſons qu'une eſpece de ce genre, qui eſt :

Aſperugo procumbens, calicibus fructus compreſſis. Flor. Lap. 76 ; Herbe à l'Oie, ou Herbe contre la rage, qui eſt connue en Allemagne & en France ſous le nom de *Rapette* ou de *Porte-feuille.*

Bugloſſum ſylveſtre, caulibus procumbentibus. C. B. P. 257.

Cette plante eſt annuelle, & ſe trouve ſauvage dans quelques parties de l'Angleterre, particulièrement dans les environs de *Newmarket*, à *Boxley* en *Suſſex*, & dans *Holy-Iſland* ſur la côte de *Northumberland.* On la conſerve dans les jardins de Botanique pour la variété, & on peut la multiplier aiſément par ſes ſemences, qu'il faut mettre en terre en automne, parce que, ſi on les garde juſqu'au printems, elles ne réuſſiſſent pas auſſi bien. Quand les plantes paroiſſent, elles n'exigent d'autre culture que d'être tenues nettes de mauvaiſes herbes ; elles fleuriſſent en Mai, & leurs ſemences, qui mûriſſent en Juin, pouſſeront en automne, ſi on leur permet de s'écarter ; de ſorte que, ſi cette plante eſt une fois dans un jardin, elle s'y perpetue d'elle-même, pourvu qu'elle ait aſſez de place (1).

ASPERULA. [*Woodroof.*] *Hépatique des bois.*

Cette plante croît ſans culture dans les bois ombrés de pluſieurs parties de l'Angleterre ; elle fleurit en Avril ou en Mai, & on s'en ſert quelquefois en Médecine.

Le Docteur LINNÉE a joint à celle-ci le genre du *Galium album*, *Galium montanum*, & le *Rubia Cynanchica ſaxatilis. C. B.* ; mais comme ces plantes naiſſent ſauvages en Angleterre & ſont rarement admiſes dans les jardins, je me contenterai d'en donner cette ſimple indication.

ASPHODELUS. Ἀσφόδελος, *Gr.* Par Pline elle eſt appellée *Haſtula*, ou *Bacillus Regius*, parce que, quand elle eſt en fleurs, ſa tige reſſemble à un ſceptre royal. [*King's ſpear.*] *Lance de Roi. Aſphodele.*

Caracteres. La fleur n'a point de calice ; elle eſt monopétale

(1) Cette plante eſt très-peu employée en Médecine, quoiqu'elle ſoit regardée comme déterſive & vulnéraire.

& découpée en six parties, qui s'étendent & s'ouvrent; dans son fond est inséré un nectaire globulaire à six valvules; elle a six étamines en forme d'alêne, insérées dans les valvules du nectaire, couronnées de sommets oblongs, courbés, & tournés vers le haut: entre le nectaire est placé un germe globulaire, soutenant un style couronné d'un stigmat en forme de massue: le calice se change ensuite en une capsule charnue, globulaire, & a trois cellules remplies de semences triangulaires.

Ce genre de plante est rangé dans la premiere section de la sixieme classe de LINNÉE, intitulée : *Hexandria Monogynia*, dont les fleurs ont six étamines & un style.

Les especes sont :

1°. *Asphodelus luteus, caule folioso, foliis triquetris fistulosis. Hort. Cliff. 127*; Asphodele avec une tige couverte de feuilles triangulaires & fistuleuses.

Asphodelus luteus & flore & radice. C. B. P. 28; Asphodele jaune.

2°. *Asphodelus ramosus, caule nudo, foliis ensi-formibus, carinatis, lævibus. Linn. Mat. Med. 172*; Asphodele avec une tige nue & branchue, des feuilles unies, en formes d'épée, & cannelées.

Asphodelus albus, ramosus mas. C. B. P. 28.

3°. *Asphodelus albus, caule nudo simplici, foliis lineari-ensiformibus*; Asphodele avec une tige simple & nue, & des feuilles étroites, en forme d'épée.

Asphodelus albus non ramosus. C. B. P. 28.

4°. *Asphodelus fistulosus, caule nudo, foliis strictis, subulatis, striatis, subfistulosis. Hort. Cliff. 83*; Asphodele avec une tige nue, de feuilles fistuleuses, en forme d'alêne, & une racine annuelle.

Phalangium parvo flore ramosum, foliis fistulosis annuum. H. L. Asphodele fistuleuse.

Luteus. La premiere espece est l'Asphodele jaune, qui est ordonnée dans l'usage de la Médecine : ses racines sont composées de plusieurs fibres jaunes, épaisses & charnues, jointes à leurs sommets, en une tête, d'où s'élève une tige simple, forte & ronde, de trois pieds environ de hauteur, garnie dans toute sa longueur de feuilles d'une couleur de verd de mer, longues, triangulaires & en forme de bateau. La partie supérieure de la tige est garnie à moitié de fleurs jaunes, en forme d'étoile, dont les plus inférieures s'ouvrent d'abord, & les autres ensuite, successivement, jusqu'au sommet; de sorte que sur le même épi il y a souvent une continuité de fleurs pendant un mois. Cette plante fleurit en Juin, & ses semences mûrissent en automne.

Il y a dans cette espece une variété à plus grosses fleurs, qui est rapportée dans le Catalogue du jardin royal de Paris, sous le titre d'*Asphodelus spiralis luteus Italicus, magno flore*, & dont les ſemences que j'ai reçues il y a quelque tems du jardin de Piſe, ont produit, dès la premiere année, des plantes & des fleurs dans les jardins de *Chelſea* : ces fleurs étoient plus larges, & leurs épis plus longs que dans l'eſpece commune ; mais deux ans après, elles étoient ſi ſemblables à celles de l'eſpece ordinaire, qu'à peine pouvoit-on les diſtinguer : il en a été de même des jeunes plantes, que ſes ſemences, recueillies dans les jardins de *Chelſea*, ont produites, & qui n'ont conſervé aucune de leurs différences accidentelles ; ce qui prouve, ſans contre-dit, que cette plante n'eſt qu'une ſimple variété de la premiere (1).

Ramoſus. La ſeconde a des racines compoſées de pluſieurs fibres épaiſſes & charnues, à chacune deſquelles eſt attachée une tubéroſité oblongue, & auſſi groſſe qu'une petite *Pomme de terre* : ſes feuilles, dont les bords ſont aigus, ſont oblongues, flexibles, & ſortent en paquets irréguliers de la couronne de la racine : du centre de ces feuilles naît une tige élevée à la hauteur de plus de trois pieds, & garnie latéralement de quelques branches nues : l'extrémité de ces branches eſt ornée de pluſieurs fleurs blanches, en forme d'étoile, compoſées d'un pétale découpé en ſix parties, ayant chacune une raie de pourpre coulant en longueur dans l'extérieur de chaque ſegment : ces fleurs croîſſent en épis longs, & elles écloſent ſucceſſivement, depuis leurs parties inférieures, juſqu'à leurs extrémités : elles paroîſſent au commencement de Juin, & leurs ſemences mûriſſent en automne.

Albus. La troiſieme, dont les racines ſont ſemblables à

(1) La racine d'Aſphodele eſt âcre, irritante, & eſt employée en Médecine ſous différentes formes, comme un bon médicament déterſif, inciſif, apéritif, emménagogue, diurétique, &c. Il ſeroit à déſirer que des Obſervateurs intelligens & zélés ſe fuſſent appliqués à examiner avec ſoin l'effet des plantes actives, telle que paroît être celle-ci, ſur les corps des animaux, dans l'état de ſanté & dans celui de maladie ; ſans ce travail, on ne pourra jamais compter ſur rien en matiere médicale, & l'art de guérir ſera toujours le plus conjectural de tous les arts. Nous ne pouvons donc rapporter les propriétés de l'Aſphodele, que d'après ce qu'en ont dit les anciens, que les modernes ont copiés ſans examen & ſans faire de nouvelles expériences, pour reconnoitre s'ils avoient tort ou raiſon. Cette racine eſt employée avec confiance comme un puiſſant emménagogue, & paroît avoir eu du ſuccès dans cette circonſtance : on s'en ſert auſſi dans les affections calculeuſes des reins & de la veſſie, dans l'ictere, l'hydropiſie, la cachexie, l'aſthme humide, les engorgemens catharreux, les fievres malignes, &c. Sa doſe eſt depuis un gros juſqu'à une demi-once, en infuſion aqueuſe ou vineuſe. Cette racine étant rapée, exactement lavée, & deſſéchée ſur des poëles, peut être enſuite tranſformée en pain, & ſervir de nourriture en cas de diſette.

celles de la ſeconde, a des feuilles plus longues & plus étroites : ſes tiges ſont ſimples, & dépourvues de branches latérales ; ſes fleurs, d'un blanc plus pur que celles des autres eſpeces, naiſſent auſſi ſur des épis plus longs : elle fleurit en même tems que la précédente.

Fiſtuloſus. La quatrieme eſt annuelle; les racines ſont compoſées de pluſieurs fibres jaunes & charnues; les feuilles étendues en un gros paquet en dehors de la couronne de la racine, & tout près de la terre, ſont convexes en deſſous, planes en deſſus, & creuſes comme le tuyau d'une pipe : les tiges des fleurs, qui s'élèvent immédiatement de la racine, croîſſent à deux pieds environ de hauteur, & ſe diviſent vers leurs ſommets en trois ou quatre branches, ornées de fleurs blanches, en forme d'étoiles, & traverſées extérieurement par une raie de couleur pourpre. Cette eſpece fleurit en Juillet & en Août, ſes ſemences mûriſſent en Octobre, & bientôt après les plantes périſſent. On la trouve dans la France Méridionale, en Eſpagne & en Italie.

Culture. La premiere croît naturellement en Sicile, ainſi que dans pluſieurs iſles de l'Archipel; les ſeconde, troiſieme & quatrieme naiſſent ſans culture en Portugal, en Eſpagne & en Italie : la troiſieme n'étant pas tout-à-fait auſſi dure que les autres, elle eſt quelquefois détruite par les fortes gelées, à moins que ſes racines ne ſoient couvertes dans la mauvaiſe ſaiſon.

L'*Aſphodele* jaune ſe multiplie conſidérablement par ſes racines, qui finiſſent par couvrir en peu de tems la plus large plate-bande, ſi l'on n'a pas ſoin de les détruire; mais les autres eſpeces, produiſant moins de rejettons, ſont plus facilement reſtreintes, & maintenues dans de juſtes bornes.

Les ſeconde & troiſieme eſpeces ne ſe multiplient pas fort par leurs racines, & ne doivent point être tranſplantées ſouvent, parce que cela les affoiblit de maniere que leurs tiges de fleurs ne s'élèvent pas auſſi haut, & ne produiſent pas autant que ſi on les laiſſoit quelques années ſans les remuer; c'eſt-pourquoi il vaut mieux les multiplier par ſemence, que de toute autre maniere.

Ces trois eſpeces d'*Aſphodele* font un très-bel effet dans les jardins à fleurs, & ſont d'autant plus précieuſes, que leur culture exige peu de ſoin. On peut les multiplier toutes par ſemences, qu'il faut répandre auſſi-tôt après leur maturité, ſur une plate-bande chaude de terre fraîche & légére : les plantes paroîtront au printems, & alors il ſera néceſſaire de les nettoyer avec ſoin de toutes mauvaiſes herbes, & de les arroſer ſouvent en tems ſec : ſi cela eſt bien obſervé, les plantes auront acquis aſſez de force à la Saint-Michel, pour être tranſplantées ſur une planche de terre fraîche, qu'on prépare pour cela dans la pépiniere à fleurs : & on y place ces racines à six pouces environ de distance les unes des autres, en observant de les enfoncer assez, pour que leurs sommets se trouvent à trois ou quatre pouces au-dessus de la surface de la terre, & de les couvrir avec du fumier, pour empêcher la gelée d'y pénétrer. Ces plantes peuvent rester un an dans cette place; pendant ce tems on les tient nettes de mauvaises herbes, & on ne néglige rien, afin de leur faire acquérir assez de force pour fleurir dans l'année suivante. On les enlève avec soin en automne, lorsque leurs feuilles sont péries, pour les transplanter dans les jardins à fleurs, où il faudra les placer au milieu des plates-bandes, parmi les autres especes dures : elles resteront long-tems en fleurs; & si elles sont entremêlées avec goût, elles feront une agréable variété.

La quatrieme est une plante annuelle qui ne se multiplie que par ses semences, qu'on met en terre en automne; parce qu'elles croîtront plus sûrement que si elles étoient semées au printems : depuis le moment où les jeunes plantes paroîssent jusqu'à ce qu'elles aient poussé quatre ou cinq feuilles, elles ne demandent aucun autre soin, que d'être débarrassées de toutes les herbes inutiles qui s'y trouvent mêlées : après quoi on les enlève avec précaution, & on les place dans le lieu qui leur est destiné. Si on laisse écarter naturellement les semences de cette espece, elle se renouvellera d'elle-même, sans aucun soin; &, comme les jeunes plantes n'auront point été déplacées, elles seront plus fortes que les autres, & produiront un grand nombre de fleurs.

ASPIC. *Voyez* LAVENDULA SPICA.

ASPIC, *ou* LAVENDE DU LABOUREUR. *Voy.* BACCHARIS.

ASPLENIUM, *ou* CÉTERACH. (Cette plante est ainsi appelée *de* 'α *privatif*, & σπλὴν, *la rate*, parce qu'on la croit propre à guérir les maladies de la rate.) [*Spleenwort or Miltwaste.*] *Le Céterach*, *Capillaire commun*, *Polytric*, *Sauvevic*, ou *la Doradille Céterach.*

Les feuilles ressemblent à celles du *Polypode*; mais elles sont plus petites, arrondies, entaillées latéralement, velues en-dessous, & couvertes d'une poussiere écailleuse, qui, vue au microscope, paroît être un assemblage de capsules membraneuses posées les unes sur les autres, & garnies chacune de petits cordons ronds, qui, par leur construction, ouvrent le fruit en deux parties, & poussent en-dehors des semences fort petites. Cette plante, dont la racine est fibreuse, se plaît dans des endroits pierreux, sur les rochers & les murailles, &c.

Elle est de l'espece des Fougères, & croît sur de vieilles murailles humides & ombrées dans plusieurs parties de l'Angleterre ; mais elle n'eſt jamais cultivée dans les jardins. L'Amérique produit plusieurs plantes de cette eſpece, qui n'ont pas encore été apportées en Angleterre (1).

ASTER. Ἀςὴρ, *Gr.* Une Etoile, ainſi nommée, parce que ſa fleur eſt radiée, & que ſes minces pétales ſont diſpoſés en étoile. [*Starwort.*] *Herbe à l'Etoile.*

Caracteres. Cette fleur eſt compoſée de pluſieurs femelles & hermaphrodites, renfermées dans un calice commun & écailleux : les rayons ou bordures de la fleur ſont compoſés de pluſieurs fleurettes femelles, dentelées en trois ſegments à leur extrémité, & dont les parties ſupérieures en forme de langues ſont étendues latéralement en-dehors. Les fleurettes hermaphrodites du diſque ſont en forme d'entonnoir, & diviſées au ſommet en cinq parties, qui s'étendent & s'ouvrent ; elles ont chacune cinq étamines courtes, minces, & terminées par des ſommets cylindriques : dans le fond eſt placé un germe couronné, ſoutenant un ſtyle mince, ſurmonté d'un ſtigmat diviſé en deux parties : quand la fleur eſt formée, le germe devient une ſemence oblongue, & couronnée de duvet : les fleurs femelles ont un germe qui ſoutient un ſtyle mince, couronné de deux ſtigmats oblongs, penchés en arriere : elles ſont dépourvues d'étamines ; mais en toute autre choſe, elles reſſemblent aux fleurs hermaphrodites.

Ce genre de plantes fait partie de la ſeconde ſection de la dix neuvieme claſſe de LINNÉE, intitulée : *Syngeneſia Polygamia Superflua*, qui comprend celles qui ont des fleurs femelles & hermaphrodites, renfermées dans le même calice.

Les eſpeces ſont :

1°. *Aſter Alpinus, foliis lanceolatis, hirtis, radicalibus obtuſis, caule ſimpliciſſimo unifloro. Linn. Sp. Plant.* 872 ; After à feuilles hériſſées & en forme de lance, ayant des feuilles radicales émouſſées, & une tige ſimple ſoutenant une ſeule fleur.

Aſter montanus cæruleus, magno flore, foliis oblongis. C. B. P. 267.

2°. *Aſter Amellus, foliis lanceolatis, obtuſis, ſcabris, trinerviis, integris, pedunculis nudiuſculis corymboſis, ſquamis calicinis obtuſis. Linn. Sp. Plant.* 873 ; After à feuilles rudes, émouſſées, & en forme de lance, entieres, & garnies de trois veines, avec des pédoncules mis en corymbes, & des écailles obtuſes aux calices.

Aſter Atticus, cæruleus vulgaris. C. B. P. 267 ; After d'Italie, Œil de Chriſt. *Amellus Virgilii. Calceol. Veron.* 8.

(1) Comme les propriétés médicinales du Polytrée ou Ceterach, ne different point de celles des autres capillaires, nous renvoyons pour cet article, à celui qui eſt placé après le *Capillaire du Canada*, dont on fait un plus grand uſage que de toutes les autres eſpeces.

3°. *Aster Tripolium, foliis lanceolatis, integerrimis, carnosis, glabris, ramis inæquatis, floribus corymbosis. Linn. Sp. Plant. 872*; After à feuilles unies, charnues, en forme de lance, & entieres, avec des branches inégales, & des fleurs en corymbes.

Aster maritimus, Tripolium dictus. Raii. Hist. 270.

Tripolium majus cæruleum. Bauh. Pin. 267.

4°. *Aster lini-folius, foliis linearibus, acutis, integerrimis, caule corymboso, ramosissimo. Hort. Cliff. 408*; After à feuilles étroites, pointues & entieres, dont la tige est fort branchue, & croît en corymbe.

Aster Tripolii flore, angustissimo & tenuissimo folio. Mor. Hist. 3, 121.

5°. *Aster Novæ-Angliæ, foliis lanceolatis, alternis, integerrimis, semi-amplexicaulibus, floribus confertis terminalibus. Hort. Cliff. 408*; After à feuilles entieres, en forme de lance, alternes, & embrassant à moitié les tiges, qui sont terminées par des fleurs ramassées.

Aster Novæ-Angliæ, altissimus, hirsutus, floribus amplis, purpuro-violaceis. Par. Bat. 98.

Asteripholis, receptaculis paleaceis. Pont. Diss. 244.

6°. *Aster undulatus, foliis cordatis, amplexi-caulibus, undulatis, subtùs tomentosis, floribus racemosis ascendentibus. Hort. Cliff. 408*; After à feuilles en forme de lance, ondées & laineuses en-dessous, dont les fleurs croissent en épis élevés.

Aster Novæ-Angliæ, purpureus, virgæ aureæ facie & foliis undulatis. Par. Bat. 96.

7°. *Aster Puniceus, foliis semi-amplexi-caulibus, lanceolatis, serratis, scabris, pedunculis alternis, sub uni-floris, calicibus discum superantibus. Hort. Cliff. 408*; After à feuilles rudes, sciées, en forme de lance, embrassant les tiges à moitié, avec des pédoncules alternes, une simple fleur sur chaque tige, & le calice plus élevé que le disque.

Aster Americanus, lati-folius, puniceis caulibus. H. L. 649.

8°. *Aster miser, floribus ovatis, disco radiis longiore. Linn. Sp. Pl, 877*; After avec des fleurs ovales, dont le disque est plus long que les rayons.

Aster ericoïdes, Meliloti agriæ umbone. Hort. Elth. 40.

9°. *Aster Novi-Belgii, foliis lanceolatis, subserratis sessilibus, caule paniculato, ramulis uni-floris solitariis, calicibus squamosis. Hort. Cliff. 408*; After à feuilles en forme de lance, sciées, & sessiles, avec une tige en panicule & branchue, de simples fleurs, & des calices rudes.

Aster Novi-Belgii, lati-folius umbellatus, floribus dilutè violaceis. H. L. 66.

10°. *Aster linari-folius, foliis lanceolato-linearibus, integerrimis, planis floribus, corymbosis fastigiatis, pedunculis foliolosis. Linn. Sp. Plant. 874*; After, dont les feuilles sont en forme de lance, charnues, entieres & unies, les fleurs recueillies en corymbe, & les pédoncules feuillés.

Aster Tripolii flore. C. B. P. 267.

11°. *Aster concolor, caule simplicissimo, foliis oblongo-ovatis, sessilibus integerrimis, racemo terminali. Flor. Virg. 178*; After avec des tiges simples, des feuilles ovales, entieres, & sessiles aux tiges, qui se terminent en une grappe de fleurs.

12°. *Aster ericoïdes, foliis linearibus integerrimis, caule paniculato, pedunculis racemosis, pedicellis racemosis. Flor. Virg. 124*; After à feuilles linéaires & entieres, ayant une tige en grappe & branchue, & des pédoncules en grappe & feuillés.

Aster ericoïdes dumosus. Hort. Elth. 40.

13°. *Aster cordi-folius, foliis cordatis, serratis, petiolatis, caule paniculato. Hort. Cliff. 408*; After à feuilles sciées & en forme de cœur, ayant des pétioles, & une tige en grappe, claire ou disposée en panicule.

Aster lati-folius autumnalis. Corn. Canad. 64.

14°. *Aster tenui-folius, foliis sublinearibus integerrimis, pedunculis foliolosis. Linn. Sp. 1227*; After à feuilles étroites, entieres, & en forme de lance, avec des pédoncules feuillés.

Aster Americanus, Belvedere-foliis, floribus ex cæruleo albicantibus, spicis prælongis Pluk. Phyt. T. 78. F. 5.

15°. *Aster grandi-florus, caule corymboso, foliis lingulatis, reflexis, floribus solitariis, calicibus squamosis. Flor. Leyd. 168*; After avec une tige en corymbe, des feuilles en forme de lance, & réfléchies, des fleurs solitaires, & des calices rudes.

Aster Virginianus pyramidatus, Hyssopi-folius, asperis calicibus, squamulis foliaceis. Mart. Cent. 19.

16°. *Aster scaber, foliis lanceolatis, scabris, integris, caule ramoso, pedunculis foliosis, calicibus obtusis*; After à feuilles rudes, en forme de lance, & entieres, ayant une tige branchue, & des pédoncules feuillés.

Aster Atticus, Alpinus alter. C. B. P. 267.

17°. *Aster glaber, foliis oblongo-lanceolatis, acutis, serratis, caule ramoso, floribus terminalibus, calicibus linearibus erectis*; After à feuilles oblongues, pointues, sciées, & en forme de lance, ayant une tige branchue, terminée par des fleurs, dont les calices sont étroits & érigés.

Aster Persicæ, foliis serratis, glabris, floribus sparsis, pallidè cæruleis. Dillen. Cat. Axon.

18°. *Aster Tradescanti, foliis oblongis, acutis, basi latioribus, semi-amplexicaulibus, caule ramoso, floribus terminalibus, plerùmque solitariis*; After à feuilles oblongues & pointues, larges à leur bâse, amplexicaules, avec des tiges branchues, & terminées par des fleurs, dont la plupart sont solitaires.

Aster cæruleus, serotinus, fruticescens, Tradescanti. Raii. Hist. 269; Ordinairement appelée *Marguerite de la Saint-Michel.*

19°. *Aster præcox, caule erecto, hirsuto, foliis oblongis, acutis, scabris, acutè dentatis, semi-amplexicaulibus, floribus corymbosis, calicibus hirsutis, erectis*;

After

After avec une tige hérissée & érigée, des feuilles oblongues, pointues, rudes, fortement dentelées, & embrassant les tiges à moitié, des fleurs en corymbe, & des calices velus & érigés.

Aster Pyrenaicus præcox, flore cœruleo majori. H. R. Par.

20°. *Aster altissimus, caule latissimo, hirsuto, simplicissimo, foliis oblongis, acutis, basi latioribus, semi-amplexicaulibus, floribus tribus sessilibus terminalibus;* After avec une tige fort haute, hérissée, & sans branches, des feuilles oblongues, pointues, plus larges à la bâse, & amplexicaules, & des tiges terminées par trois fleurs fort rapprochées.

21°. *Aster ramosissimus, caule ramosissimo patulo, foliis lineari-lanceolatis, rigidis, floribus serratim positis, pedunculis foliosis;* After avec une tige fort branchue, & étendue, des feuilles étroites, fermes, & en forme de lance, des fleurs placées l'une sur l'autre, & des pédoncules feuillés.

22°. *Aster umbellatus, foliis lanceolatis, acutis, scabris, caule simplici, floribus umbellatis, terminalibus;* After à feuilles rudes, pointues, & en forme de lance, ayant une tige simple, terminée par des fleurs en ombelle.

23°. *Aster nervosus, foliis nervosis, lanceolatis, acutis linearibus, caule simplici, floribus terminalibus, quasi umbellatim dispositis;* After à feuilles étroites, pointues, nerveuses, & en forme de lance, ayant une tige simple, terminée par des fleurs croissant presqu'en ombelles.

24°. *Aster paniculatus, foliis inferioribus, ovatis, basi semi-amplexicaulibus, superioribus lanceolatis parvis, caule paniculato, ramis uni floris, pedunculis foliosis;* After, dont les feuilles inférieures sont ovales, embrassant les tiges à moitie de leur bâse, & les feuilles supérieures petites, & en forme de lance, avec une tige terminée par un épi clair, une simple fleur sur chaque branche & un pédoncule feuillé.

25°. *Aster rigidus, floribus terminalibus solitariis, foliis linearibus alternis. Flor. Virg. 98;* After avec des fleurs simples aux extrémités des branches, & des feuilles fort étroites & alternes.

26°. *Aster lati-folius, foliis lineari-lanceolatis, glabris, trinerviis, floribus corymbosis terminalibus;* After à feuilles unies, en forme de lance, & garnies de trois veines, produisant des fleurs en corymbe, qui terminent la tige.

Aster lati-folius, Tripolii flore. H. R. Par.

27°. *Aster dumosus, foliis linearibus integerrimis, caule paniculato. Hort. Cliff. 408;* After à feuilles fort étroites & entieres, ayant un épi clair de fleurs.

Aster Novæ-Angliæ, Linariæ foliis, Chamæmeli flore. Par. Rat. Prod. 95.

28°. *Aster annuus, foliis lanceolatis lateralibus, inferioribus crenatis, radice annuâ, caule corymboso, pedunculis nudis. Hort. Cliff. 409;* After à feuilles en forme de lance, dont les feuilles basses sont dentelées sur leurs bords, qui a une racine annuelle, les tiges terminées en une corymbe de fleurs, & des pédoncules nus.

Aster ramosus annuus, Canadensis. Mor. Hist. 29; Paquerette rameuse.

29°. *Aster fruticosus, foliis linearibus, fasciculatis, punctatis, pedunculis uni-floris nudis, caule fruticoso rugoso. Hort. Cliff. 409;* Aster à feuilles terminées en pointes étroites, & croissant en paquets, avec des pédoncules nus, soutenant une seule fleur, & une tige d'arbrisseau.

Aster Africanus frutescens, foliis angustis & plerùmque conjunctis. Hort. Amst. 2. P. 53.

30°. *Aster Chinensis, foliis ovatis, angulatis, dentatis, petiolatis, calicibus terminalibus, patentibus foliosis. Hort. Cliff. 407;* Aster à feuilles ovales, angulaires & dentelées, ayant des calices avec des folioles étendues.

Aster Chenopodii-folio, annuus, flore ingenti specioso. Hort. Elth. 38. Reine Marguerite *ou* Grande Paquerette.

31°. *Aster aurantius, foliis pinnatis. Hort. Cliff. 407;* Aster à feuilles aîlées.

Aster Americanus, foliis pinnatis & serratis, floribus aurantiis. Houst. MSS.

32°. *Aster procumbens, foliis ovatis, dentatis, caule procumbente, pedunculis nudis, axillaribus uni-floris;* Aster à feuilles ovales & dentelées, ayant une tige couchée, & des pedoncules nus, axillaires, qui supportent une seule fleur.

Aster Americanus procumbens, Bellidis minoris facie. Houst. MSS.

33°. *Aster mutabilis, foliis lanceolatis, serratis, calicibus squamosis, paniculâ sub-fastigiatâ. Linn. Sp. 1230;* Aster avec des feuilles sciées & en forme de lance, des calices rudes & des panicules par étages.

Aster Novi-Belgii lati-folius paniculatus, floribus saturatè violaceis. H. L. 65.

34°. *Aster Sibiricus, foliis lanceolatis, venosis, scabris, extimò serratis, caulibus striatis, pedunculis tomentosis. Linn. Sp. 1226;* Aster à feuilles veinées & en forme de lance, ayant des tiges cannelées, & des pédoncules cotoneux.

35°. *Aster divaricatus, ramis divaricatis, foliis ovatis, serratis, floralibus integerrimis, obtusiusculis, amplexicaulibus. Flor. Virg. 123;* Aster avec des branches fourchues, des feuilles ovales & sciées, des feuilles florales obtuses, entieres, & embrassant la tige.

Aster Americanus lati-folius albus, caule ad summum brachiato. Pluk. Alm. 56.

Alpinus. La premiere espece, croît naturellement sur les Alpes, où elle s'éleve rarement au-dessus de neuf pouces, & ne passe pas au-delà de seize, quand elle est transplantée dans un jardin. Elle pousse de sa racine de simples tiges foiblement garnies de feuilles oblongues, & dont chacune est terminée par une grosse fleur bleue à peu-près semblable à celle de l'Aster d'Italie: elle fleurit en Juin : sa racine est vivace, & doit être plantée à l'ombre, & dans un sol humide. On la multiplie en automne, en divisant ses racines.

Amellus. La seconde est l'Aster d'Italie, qui a été il y a quelques années plus commune dans les jardins qu'elle ne l'est aujourd'hui ; car depuis qu'on a introduit en Angleterre les grandes variétés des Asters d'Amérique, cette espece n'a pas été fort multipliée, quoiqu'elle ne soit point inférieure à aucune des autres, & qu'elle les surpasse même à certains égards. Comme elle est moins sujette à ramper par ses racines, & que, s'élevant rarement au-dessus de deux pieds de hauteur, elle n'a besoin d'aucun appui, elle est moins embarrassante dans un jardin qu'aucune des autres especes ; ses tiges sont aussi plus fortes, & sont moins sujettes à être brisées par le vent.

Cette espece pousse de sa racine un paquet de tiges, dont chacune est garnie à son sommet de huit ou dix pédoncules, terminés par une grosse fleur simple dont les rayons sont bleus & le disque jaune : elle fleurit en Octobre ; & lorsque la saison est favorable, elle reste en fleurs jusqu'au milieu de Novembre, & contribue beaucoup à l'ornement des jardins. On multiplie cette espece, en divisant ses racines aussi-tôt après que ses fleurs sont passées ; parce que si on attend jusqu'au printems pour faire cette operation, elles ne fleurissent pas aussi bien dans l'automne suivant. Ces racines ne doivent être transplantées que tous les trois ans, si on veut qu'elles produisent beaucoup de fleurs.

Cette plante naît spontanément dans les campagnes de Narbonne, ainsi que dans les vallées de l'Italie & de la Sicile ; & elle est généralement regardée comme étant l'*Amellus* dont Virgile fait mention dans son quatrieme livre des Géorgiques, en indiquant qu'elle croît dans les pâturages: comme ses feuilles & ses tiges sont rudes & ameres, & que les bestiaux en mangent rarement, elle pousse dans les campagnes où elle croît des trochées épaisses & touffues qui subsistent après que l'herbe a été broutée, & qui étant alors couvertes de fleurs, produisent un assez bel effet pour avoir pu fixer l'attention des Poëtes.

Tripolium. La troisieme croît sans culture dans des marécages salés & inondés par le flux de la mer : elle est peu recherchée, & rarement admise dans les jardins. Elle fleurit en Juillet & en Août.

Lini-folius. La quatrieme, qui est originaire de l'Amérique Septentrionale, a été pendant plusieurs années cultivée dans les jardins Anglois : ses racines produisent au printems plusieurs forts rejettons qui s'élevent à la hauteur de deux ou trois pieds, & sont garnis de feuilles oblongues & alternes, qui embrassent les tiges à moitié avec leurs bâses : il sort de ces tiges principales plusieurs branches couvertes sur la moitié de leur longueur de feuilles plus petites, & dont la largeur diminue encore à mesure qu'elles s'approchent du sommet: ces tiges sont terminées par une simple fleur bleue. Cette espece fleurit en Août & en Septembre, est aisément multipliée par la division de ses racines, qu'on pratique aussi-tôt après que ses fleurs sont fanées. Elle profite dans presque tous les sols & dans toutes les situations.

Novæ Angliæ. La cinquieme pousse de sa racine plusieurs branches qui s'élevent jusqu'à la hauteur de cinq pieds, & sont garnies de feuilles entieres & en forme de lance, qui embrassent les tiges à moitié: elles sont terminées par de grosses fleurs violettes & pourprées, qui naissent en panicules claires. Cette plante fleurit en Août; elle est fort dure, & peut être plantée dans tous les sols & dans toutes les situations: on la multiplie en divisant ses racines.

Undulatus. La sixieme croît naturellement dans l'Amerique Septentrionale; ses feuilles sont larges, en forme de cœur, & ondées vers le bas; les tiges s'élevent à deux ou trois pieds de hauteur, & poussent plusieurs petites branches latérales sur lesquelles les fleurs sortent en épis clairs; elles sont d'une couleur bleue fort pâle, tirant sur le blanc. Elle fleurit en même tems que la précédente, & peut être multipliée de la même maniere.

Puniceus. La septieme pousse plusieurs branches de couleur pourpre, fortes, longues d'environ deux pieds, & garnies de feuilles unies, en forme de lance, dont la bâse embrasse les tiges à moitié: ses fleurs, d'un bleu pâle, naissent sur des pédoncules simples qui forment un corymbe au sommet, & paroissent à la fin de Septembre. Cette espece vient de l'Amérique Septentrionale; elle peut être multipliée de la même maniere que la précédente.

Miser. La huitieme s'éleve à trois pieds de hauteur, avec des tiges minces garnies de branches foibles, couvertes de très-petites feuilles: ses fleurs qui sont petites, avec un disque jaune & des rayons blancs, sortent sur de courts pédoncules des parties latérales des branches: elles paroissent en Novembre, & durent souvent pendant une partie du mois de Décembre. Cette espece vient du même pays que la précédente, & peut être multipliée de la même maniere.

Novi Belgii. La neuvieme s'éleve jusqu'à la hauteur d'environ quatre pieds: les plus basses de ses feuilles sont fort larges; mais les autres deviennent d'autant plus petites, qu'elles s'approchent davantage du sommet: ses fleurs, produites en une espece d'ombelle claire au sommet des tiges, sont d'un bleu pâle, & paroissent à la fin d'Août. Cette plante est dure, & peut être multipliée comme la précédente.

Linari-folius. La dixieme, qui a été apportée de la France Méridionale & de l'Italie, où elle croît sans culture, a des tiges couvertes d'un grand nombre de branches, qui se sous-divisent au sommet en plusieurs plus petites, entiérement garnies dans toute leur longueur de feuilles fort étroites: ses fleurs croissent au sommet en grosses grappes, formant une espece de corymbe; elles sont d'une couleur pâle, bleuâtre, & paroissent au commencement d'Août. Cette espece est dure, & peut être multipliée comme la précédente, par la division de ses racines.

Concolor. La onzieme, dont la hauteur est d'environ quatre pieds, a des feuilles ovales sessiles aux branches, & terminées par des épis minces & clairs, chargés de fleurs d'un bleu pâle, qui paroîssent vers la Saint-Michel. Elle croît naturellement dans l'Amérique Septentrionale, & se multiplie comme les especes précédentes.

Ericoïdes. La douzieme pousse à trois pieds de hauteur des tiges minces, garnies dans presque toute leur longueur d'une grande quantité d'autres branches plus petites; de maniere qu'elles forment un buisson épais; ces dernieres sont couvertes sur toute leur surface de feuilles fort étroites, & sont terminées par des fleurs simples.

Cordi-folius. La treizieme a des tiges hautes de deux pieds, garnies de feuilles oblongues, pointues, en forme de cœur, & fortement sciées à leurs bords; le sommet de ces tiges est divisé en plusieurs petites branches terminées par des fleurs blanches qui croissent en panicules claires. Elle fleurit en Septembre, & peut être multipliée comme les précédentes.

Tenui-folius. La quatorzieme produit des tiges de cinq pieds de hauteur, desquelles naissent plusieurs branches minces & latérales, garnies de feuilles étroites, en forme de lance, & terminées par des épis de petites fleurs blanches qui paroissent à la fin d'Octobre. Cette espece s'étend fortement par ses racines, & couvre aisément toutes les plates-bandes.

Grandi-florus. La quinzieme a des feuilles étroites, oblongues & velues; les tiges qui s'élévent à trois pieds de hauteur, sont garnies de petites feuilles étroites, rudes & penchées en arriere; les tiges poussent plusieurs branches latérales, qui se terminent chacune par une grosse fleur simple & bleue. Cette espece fleurit à la fin d'Octobre, & reste en fleur pendant la plus grande partie du mois de Novembre; elle produit alors l'effet le plus agréable: elle ne se multiplie pas considérablement par ses racines; mais on peut y suppléer facilement par des boutures de jeunes rejettons qu'on met en terre dans le courant du mois de Mai, & qui fleuriront dans la même année, si elles sont plantées dans une couche chaude de terre légere, & abritées du soleil. Les Jardiniers donnent à cette espece le nom d'*Aster de Catesby*, parce qu'elle a été rapportée de la Virginie par ce Naturaliste.

Scaber. La seizieme pousse plusieurs tiges, longues d'un pied & demi, garnies de feuilles rudes en forme de lance, & divisées en différentes branches latérales qui s'écartent des tiges à chaque côté ; la plupart de ces branches sont terminées par une grosse fleur bleue, à-peu-près semblable à celles de l'*Aster d'Italie*, mais plus pâles, & qui fleurit plutôt. Elle croît naturellement sur les Alpes : on la multiplie en divisant la racine.

Glaber. La dix-septieme s'éleve à la hauteur de cinq pieds, avec des tiges branchues, garnies de feuilles oblongues en forme de lance & sciées à leurs bords. Chaque branche latérale est divisée au sommet en plusieurs pédoncules terminés par de grosses fleurs d'un bleu pâle, qui sont dans leur beauté en Octobre. On multiplie cette espece comme les précédentes, par la division de ses racines: elle croît naturellement dans l'Amérique Septentrionale.

Tradescanti. La dix-huitieme a été apportée, il y a plus d'un siecle, de la Virginie par M. JEAN TRADESCANT, qui étoit infatigable dans la recherche des raretés, & plantée ensuite dans son jardin, d'où elle s'est répandue partout, & est devenue bientôt commune: elle est généralement connue sous le nom de *Marguerite de Saint-Michel*, parce qu'elle fleurit vers le tems où l'on célèbre cette fête, suivant l'ancien style. Les tiges de cette espece sont très-nombreuses, hautes d'environ trois pieds & demi, entièrement garnies de feuilles oblongues, terminées en pointe & dont la bâse embrasse à moitié les tiges.

Les rejettons des branches latérales sont terminées par des fleurs assez grosses, d'une couleur bleuâtre, fort pâle, & tirant sur le blanc. Comme ses racines font beaucoup de progrès, & que ses semences sont souvent dispersées dans les environs, elle se multiplie quelquefois si fort, qu'elle en devient embarrassante : elle profite dans toutes les situations & dans tous les sols.

Præcox. La dix-neuvieme pousse plusieurs tiges fortes & velues d'un pied & demi de hauteur, & garnies de plusieurs feuilles oblongues, rudes, terminées en pointe, & dont les bâses embrassent les tiges à moitié : ces tiges se divisent au sommet en plusieurs petites branches disposées en corymbes, & dont chacune est terminée par une grosse fleur bleue, dont le calice est velu. Cette espece, qui fleurit à la fin de Juillet, croît naturellement sur les Alpes ; elle est fort dure ; mais elle veut être placée dans un sol humide, & à une situation ombrée. On la multiplie en divisant ses racines.

Altissimus. La vingtieme s'éleve à la hauteur de huit à neuf pieds, avec des tiges fortes, velues, droites & ſans branches, mais garnies de feuilles oblongues, émouſſées, terminées en pointe, & dont la bâſe embraſſe les tiges à moitié : ces tiges ſont la plupart terminées par trois groſſes fleurs, de couleur pourpre tirant ſur le rouge, ſeſſiles au ſommet de la tige, & entourées par quelques feuilles étroites. Cette plante, qui fleurit en Novembre, nous vient de Philadelphie, où elle croît naturellement: on la multiplie en diviſant ſes racines; elle ſe plait dans un ſol humide.

Ramoſiſſimus. La vingt-unieme a des tiges minces, couleur de pourpre, qui s'élevent à trois pieds environ de hauteur, & pouſſent dans preſque toute leur longueur pluſieurs branches latérales, qui s'étendent horiſontalement, & ſont garnies de feuilles étroites, petites & en forme de lance: ſes fleurs, qui naiſſent les unes au-deſſus des autres, ſur les parties latérales de la tige, forment une eſpece d'épi clair; elles ſont petites, d'une couleur pourpre pâle, & paroiſſent en Novembre. Cette plante eſt originaire de l'Amérique Septentrionale, & ſe multiplie comme les autres par la diviſion de ſes racines.

Umbellatus. La vingt-deuxieme eſpece, que j'ai reçue de Philadelphie, où elle croît naturellement, pouſſe des tiges fermes & canelées, de deux pieds environ de hauteur, garnies de feuilles rudes, en forme de lance, terminées en une pointe, & placées alternativement ſur les parties latérales des tiges: ſes fleurs ſont blanches, & croîſſent en une eſpece d'ombelle au ſommet des tiges. Elle fleurit à la fin de Septembre, & ſe multiplie en diviſant ſes racines.

Nervoſus. La vingt-troiſieme eſpece m'a été donnée par M. COLLINSON, qui l'avoit reçue de la Penſylvanie. Elle reſſemble fort à la premiere, quoique ſes feuilles ſoient plus étroites, plus blanches en-deſſous, & qu'elles ſoient traverſées par trois veines longitudinales; ſes fleurs ſont auſſi plus groſſes & plus blanches; elle fleurit dans le même tems que la précédente.

Paniculatus. La vingt-quatrieme parvient juſqu'à la hauteur de quatre pieds: ſes feuilles baſſes ſont ovales, & environnent la tige à moitié de leur bâſe; ſes feuilles ſupérieures ſont petites & en forme de lance: ſes tiges pouſſent vers leur ſommet pluſieurs branches latérales, érigées, & formant une eſpece d'épi: chacune de ſes branches eſt terminée, vers la fin d'Octobre, par une groſſe fleur bleue, ſoutenue ſur un pédoncule feuillé. Cette plante, qui eſt originaire de l'Amérique Septentrionale, peut être multipliée comme les précédentes, par la diviſion de ſes racines.

Rigidus. La vingt-cinquieme eſpece, qui eſt originaire de Philadelphie, produit pluſieurs tiges minces, qui s'élevent à la hauteur de trois pieds, &

font garnies de feuilles fort étroites, ainsi que de plusieurs branches latérales, dont chacune est terminée par une fleur blanche : ces fleurs paroissent en Novembre, & la plante se multiplie aisément en divisant ses racines.

Lati-folius. La vingt-sixieme ne parvient guere au-dessus d'un pied & demi d'élévation : ses tiges sont garnies de feuilles étroites, unies & en forme de lance ; leurs extrémités sont terminées par des pédoncules qui supportent chacun une fleur d'un bleu pâle. Celle-ci croît naturellement dans le Canada, & se multiplie comme les précédentes : elle est connue sous le nom d'*Aster Canadensis, Linariæ folio. Hort. R. Par.*

Dumosus. La vingt-septieme produit des tiges érigées, hautes d'environ deux pieds, & garnies de feuilles étroites & en forme de lance, qui sortent irrégulièrement en grappes : sur la partie haute des tiges, sont produites quelques branches latérales, garnies de feuilles étroites : ses fleurs, d'un bleu pâle, sortent en panicules, & paroîssent en Septembre. On multiplie cette plante en divisant ses racines.

Annuus. La vingt-huitieme est une plante annuelle, qui, dès qu'elle est introduite dans un jardin, écarte ses nombreuses semences, au moyen desquelles elle se reproduit abondamment & sans aucun soin : elle s'éleve à la hauteur de deux pieds, avec des tiges droites, terminées par des fleurs blanches, disposées en corymbe, qui paroîssent en Août, & dont les semences mûrissent en Octobre. Elle croît naturellement dans l'Amérique Septentrionale.

Fruticosus. La vingt-neuvieme, qu'on trouve dans les terres du Cap de Bonne-Espérance, atteint la hauteur d'environ trois pieds, avec une tige ligneuse, de laquelle partent plusieurs branches latérales & ligneuses, garnies de feuilles étroites, qui sortent en paquets du même point, comme celles du *Méleze :* ses fleurs, d'un bleu pâle, & portées par des pédoncules longs & minces, naissent une à une sur les parties latérales des branches, & paroissent au commencement de Mars. Comme cette plante ne produit jamais de semences en Europe, on ne peut la multiplier que par boutures, qu'on plante durant tout l'été dans de petits pots remplis de terre légere, qu'on plonge dans une vieille couche chaude, où elles prendront racine en six semaines, si elles sont abritées du soleil, légèrement arrosées, & ensuite placées en plein air. Un mois environ après, on les sépare, pour les planter chacune séparément dans de petits pots remplis de terre légere & sablonneuse. Au mois d'Octobre suivant, on les met à couvert dans la serre, où elles doivent être placées le plus à l'air qu'il est possible, pourvu néanmoins qu'elles ne soient pas exposées à la gelée & à l'humidité, qui ne manqueroient pas de les détruire : elles seroient encore mieux placées dans une caisse de vitrage, où elles jouiroient plus de l'air & de la lumiere que dans la serre; mais il ne faut pas les mettre dans une serre chaude, parce que la chaleur artificielle les feroit bientôt périr. Cette plante est rare à présent dans les jardins Anglois.

Chinensis. La trentieme est originaire de la Chine: ses semences ont été envoyées par les Missionnaires, en France, où elles ont d'abord été cultivées. En 1731, j'ai reçu des semences de cette espece, qui m'ont procuré des plantes à fleurs rouges, & quelques-unes à fleurs blanches; & en 1736, j'en ai reçu d'autres qui m'ont donné des fleurs bleues, mais toutes simples: elles furent envoyées sous le nom de *la Reine Marguerite*, qui leur a été donné par les François. En 1752, on m'a envoyé des semences de celles à fleurs doubles, rouges & bleues; & en 1755, les semences de l'espece double à fleurs blanches, m'ont été données par mon ami le Docteur JOB BASTER *de Zirickzée*. Toutes ces especes se sont conservées les mêmes, depuis le moment où elles ont été plantées jusqu'à présent; mais comme elles ne sont généralement regardées que comme des variétés, je n'en ai point fait mention, comme d'especes distinctes & séparées.

Comme ces plantes sont annuelles, on ne peut les multiplier que par leurs semences, qu'il faut répandre au printems sur une couche modérément chaude de terre légere, pour les faire seulement pousser, & les accoutumer ensuite au plein air, aussi-tôt qu'il sera possible, afin de les empêcher de filer. Quand elles sont assez fortes pour être enlevées, on le fait avec précaution; on les plante dans une planche de terre riche, à six pouces de distance les unes des autres, & on a grand soin de les tenir à l'abri du soleil, jusqu'à ce qu'elles aient formé de nouvelles racines; & si la saison est sèche, de les rafraîchir souvent avec de l'eau. Elles peuvent rester dans cette planche environ un mois ou cinq semaines; après quoi, elles seront assez fortes pour être transplantées dans les plates-bandes du jardin à fleurs où elles doivent rester. En faisant cette opération, on conserve à leurs racines une bonne motte de terre, & on a soin que celle où elles doivent être, soit bien ameublie. Lorsque ces plantes sont placées, & que la terre est bien fixée autour de leurs racines, on leur donne un peu d'eau pour les établir. Cet ouvrage doit être fait, s'il est possible, quand il tombe de la pluie, parce qu'alors les plantes formeront bien plutôt de nouvelles racines : après quoi, elles ne demanderont plus aucun soin; si ce n'est de les tenir nettes de mauvaises herbes.

Ces plantes fleurissent en

Août ; & si la terre dans laquelle elles sont plantées est riche, elles s'éleveront à la hauteur de deux pieds, & seront garnies de plusieurs branches latérales, dont chacune sera terminée par une grosse fleur radiée, blanche, rouge ou bleue. Lorsque cette plante est en fleur, elle forme un des plus beaux ornemens du parterre : ses semences mûrissent au commencement d'Octobre, & doivent être recueillies lorsqu'elles sont parfaitement sèches : on préfere celles qui croîssent sur les branches latérales, parce qu'elles proviennent de fleurs plus doubles & plus garnies de pétales, que celles qui sont produites sur les tiges principales.

Aurantius. La trente-unieme qui a été découverte en 1731, à la Vera-Crux, dans la Nouvelle Espagne, par le Docteur HOUSTON, est une plante annuelle, dont la tige élevée à environ un pied de hauteur, est garnie dans toute sa longueur de feuilles aîlées, composées de deux ou trois paires de lobes, terminés par un impair ; chacun de ces lobes est en forme de cœur, & scié à ses bords : au sommet de la tige est produite une grosse fleur de couleur d'orange, pourvue d'un simple calice, découpé en plusieurs segments minces, qui se terminent en pointe. Lorsque la fleur est détruite, chaque fleurette est suivie d'une semence oblongue, angulaire, & couronnée d'un long duvet. On multiplie cette espece par ses semences, qu'il faut répandre au printems, sur une couche de chaleur modérée ; & lorsque les plantes sont assez fortes pour être enlevées, on les arrange chacune séparément dans des petits pots remplis de terre riche, & on les plonge dans la couche de tan, ayant soin de les tenir à l'ombre jusqu'à ce qu'elles aient poussé de nouvelles racines ; on les arrose, & on leur donne de l'air dans les tems chauds. Quand les racines se sont multipliées de maniere à remplir exactement les pots, on en tire les plantes avec précaution, on retranche toute la partie extérieure des racines, & on les remet ensuite dans de plus grands pots, qu'on a remplis de terre légere ; & on les replonge dans la couche chaude, où elles peuvent rester pour fleurir, perfectionner leurs semences, parce qu'elles ne profiteroient pas en plein air. Cette espece fleurit au mois de Juillet, & ses semences mûrissent en Septembre.

Procumbens. Le Docteur WILLIAM HOUSTON a trouvé la trente-deuxieme en 1729, dans les terres sablonneuses des environs de la Vera-Cruz, en Amérique ; il l'a dessinée exactement, & il en a fait une description dans le lieu même, qu'il a envoyée en Angleterre, avec les semences de la plante : ces graines semées dans les jardins de *Chelsea*, quelques-unes d'elles ont réussi, & les plantes qu'elles ont produites ont fleuri elles-mêmes dans l'année suivante ; mais elles n'ont point perfectionné leurs semences.

Cette espece a des racines fibreuses & touffues, qui rampent dans la terre, & qui poussent plusieurs tiges minces, rondes & courbées vers le bas ; ces tiges ont environ quatre à cinq pouces de longueur ; elles sont dépourvues de feuilles, & produisent chacune une fleur d'une couleur de pourpre clair, & de la même grosseur que celle des *Marguerites* champêtres ; mais dont les rayons sont plus étroits. Le disque est composé de plusieurs fleurettes, qui sont suivies de petites semences, couronnées d'un duvet en forme d'aigrette : le calice commun est écailleux.

Comme cette plante est originaire d'un climat chaud, elle ne peut vivre en plein air en Angleterre : ses graines doivent être semées sur une couche chaude, & les plantes qui en proviennent veulent être conservées dans une serre chaude pendant l'hiver.

Mutabilis. La trente-troisieme, qui est originaire de l'Amérique Septentrionale, a des tiges droites de trois pieds environ de hauteur, garnie de feuilles sciées, & en forme de lance ; les fleurs sont produites dans des panicules, en paquets, & ont des calices rudes. Elle fleurit à la fin d'Août, & peut être multipliée par la division de ses racines en automne.

Sibiricus. La trente-quatrieme croît naturellement en Siberie : les tiges cannelées & hautes d'environ deux pieds, poussent plusieurs branches latérales, garnies de feuilles rudes, veinées, & en forme de lance ; les pédoncules de ses fleurs sont laineuses, & soutiennent chacun une grosse fleur bleue, qui paroît en Août : on multiplie aussi cette plante, en divisant les racines en automne.

Divaricatus. Les tiges de la trente-cinquieme espece sont rudes, hautes de deux pieds, & divisées vers leur sommet en plusieurs branches fourchues, écartées les unes des autres, & garnies par le bas de feuilles ovales & sciées : & ses tiges à fleurs ont des feuilles entieres & obtuses qui les embrassent dès leur bâse ; les fleurs croîssent presqu'en ombelles, & elles paroîssent au commencement de Septembre. Cette plante est également multipliée par la division de ses racines.

ASTERICUS. *Voyez* BUPHTALMUM.

ASTEROIDES. ASTER BATARD. *Voyez* INULA.

ASTRAGALE *ou* RÉGLISSE SAUVAGE. *Voyez* ASTRAGALUS.

ASTRAGALOIDES. *Voyez* PHACA.

ASTRAGALUS, [*Wild Liquorice, Liquorice-Vetch, or Milk-Vetch.*] *la Réglisse sauvage, Astragale.*

Caracteres. Cette plante a une fleur papillonnacée, dont le calice est formé par une feuille découpée au sommet en cinq ſegments aigus. L'étendard eſt droit, émouſſé & réfléchi ſur les côtés; les aîles ſont oblongues & plus courtes que l'étendard; la carène eſt de la même longueur que les aîles, & bordée : cette fleur a dix étamines couronnées de ſommets ronds, dont neuf ſont jointes, & l'autre ſéparée. Au fond de la fleur eſt ſitué un germe cylindrique, qui ſoutient un ſtyle en forme d'alêne, couronné par un ſtigmat émouſſé : le germe devient enſuite un légume à deux cellules, qui renferment chacune un rang de ſemences en forme de rein.

Ce genre de plantes eſt rangé dans la troiſieme ſection de la dix-ſeptieme claſſe de LINNÉE, qui a pour titre *Diadelphia Decandria ;* les fleurs qui la compoſent ont dix étamines jointes en deux corps.

Les eſpeces ſont :

1°. *Aſtragalus glycyphyllos, caulescens, proſtratus, leguminibus ſubtriquetis arcuatis, foliis ovalibus, pedunculo longioribus. Linn. Sp. Plant.* 758; Régliſſe ſauvage, ou Aſtragale, ayant des tiges courbées, avec des légumes arqués, preſque triangulaires, & des feuilles ovales, plus longues que les pédoncules.

Aſtragalus luteus, perennis, procumbens, vulgaris ſylveſtris. Mor. Hiſt. 2. 107; l'Aſtragale. *Glycyrhiza ſylveſtris, floribus luteo-palleſcentibus. Bauh. Pin.* 352; Régliſſe ſauvage.

2°. *Aſtragalus hamoſus, cauleſcens procumbens, leguminibus ſubulatis, recurvatis, glabris. Hort. Upſal.* 226; Aſtragale à tiges traînantes, ayant des légumes unis en forme d'alêne, & recourbes en-dedans.

Aſtragalus luteus, annuus, Monſpeliacus, procumbens. Mor. Hiſt. 2. 108.

Securidaca lutea minor, corniculis recurvis. Bauh. Pin. 349.

3°. *Aſtragalus alopecuroïdes, cauleſcens, ſpicis cylindricis ſubſeſſilibus, calicibus leguminibuſque lanatis. Linn. Sp. Plant.* 755; Aſtragale en tiges, avec des épis cylindriques, & ſeſſiles aux tiges, des légumes, & des calices laineux.

Aſtragalus alpinus, procerior alopecuroïdes. Tourn. Inſt. 416; Aſtragale queue de Renard.

4°. *Aſtragalus cicer, cauleſcens proſtratus, leguminibus ſubgloboſis, inflatis, mucronatis, piloſis. Hort. Upſal.* 226; Aſtragale avec une tige penchée, & un légume globulaire, gonflé, velu, & terminé en pointe.

Aſtragalus luteus perennis, ſiliquâ gemellâ rotundâ, veſicam referente. Mor. Hiſt. 2. 107.

Cicer ſylveſtre. Cam. Epit. 205.

5°. *Aſtragalus epiglottis, cauleſcens procumbens, leguminibus capitatis, cordatis, acutis, reflexis, complicatis. Linn. Sp. Plant.* 759; Aſtragale avec des tiges traînantes, & des légumes en forme de cœur, pointus, réfléchis, compliqués, & croîſſant en tête.

Aſtragalus Hiſpanicus, ſiliquâ Epiglottidi ſimili, flore purpureo major. H. L. 74.

Aſtragaloïdes incana flore pur-

pureo, Lentis filiqud. Barr. Ic. 537. F. 1.

6°. *Aftragalus montanus, fubacaulos, fcapis folio longioribus, floribus laxè fpicatis, erectis, leguminibus ovatis, acumine inflexo. Prod. Leyd. 392;* Aftragale avec des tiges de fleurs plus longues que les feuilles, & des fleurs croîffant en épis clairs & érigés.

Onobrychis, floribus Viciæ majoribus, cæruleo-purpurafcentibus, five, foliis Tragacanthæ. C. B. P. 351.

7°. *Aftragalus Bæticus, caulefcens procumbens, fpicis pedunculatis, leguminibus prifmaticis rectis triquetris, apice uncinatis. Hort. Cliff. 225;* Aftragale avec des tiges traînantes, des épis de fleurs fur des pédoncules, & des légumes droits, en prifme triangulaire, & terminés en pointe courbée.

Aftragalus annuus, maritimus procumbens, lati-folius, floribus pediculato incidentibus. Tourn. Inft. 416.

Securidaca Sicula, filiquis foliaceis. Boc. Sic. Raj. Hift. 935.

8°. *Aftragalus arenarius, fubcaulefcens procumbens, floribus fubracemofis erectis, foliis tomentofis. Linn. Sp. Plant. 759;* Aftragale avec des tiges baffes & traînantes, des fleurs en grappes, & des feuilles velues.

Aftragalus incanus, parvus, purpureus, noftras. Pluk. Alm. 59.

Glaux montana, purpurea, noftras. Raj. Hift. 939.

9°. *Aftragalus phyfodes, acaulis, fcapis folia æquantibus, leguminibus inflatis, fubglobofis, nudis. Linn. Sp. Plant. 760;* Aftragale avec des feuilles qui fortent immédiatement des racines, des tiges à fleurs auffi longues que les feuilles, & des légumes nus, globulaires & gonflés.

Aftragalus acaulis, leguminibus inflatis, fubglobofis. Amæn. Nit. Acad.

10°. *Aftragalus chriftianus, caulefcens erectus, floribus glomeratis fubfeffilibus, ex omnibus axillis foliaceis. Linn. Sp. 755;* Aftragale avec des tiges droites, & des fleurs en paquets ronds & feffiles, fortant de toutes les aîles des feuilles.

Aftragalus orientalis, maximus incanus, erectus, caule ab imo ad fummum, florido. Tourn. Cor. 29.

11°. *Aftragalus Ægyptiacus, caulefcens, fcapis folio longioribus, floribus laxè fpicatis, erectis, leguminibus arcuatis;* Aftragale en tige, avec des tiges de fleurs plus longues que les feuilles, des fleurs érigées, croîffant en épis clairs, & des légumes arqués.

Aftragalus Ægyptius, floribus fpicatis purpurafcentibus, filiquis incurvis. Juff.

12°. *Aftragalus fefameus, caulefcens diffufus, capitulis fubfeffilibus lateralibus, leguminibus erectis, fubulatis, acumine reflexis. Hort. Cliff. 361;* Aftragale avec des tiges diffufes, des têtes à fleurs feffiles aux côtés des tiges, & des légumes droits, en forme d'alêne, & réfléchis à leurs pointes.

Aftragalus annuus, foliis & filiquis hirfutis, plurimis in foliorum alis feffilibus. Pluk. Alm. 60.

Ornithopodio affinis hirsuta, fructu stellato. Bauh. Pin. 350.

Vicia sesamea Apula. Col. Ecphr. 1. P. 303. T. 301.

13°. *Astragalus Galegi-formis, caulescens strictus glaber, floribus racemosis pendulis, leguminibus triquetris, utrinque mucronatis. Linn. Sp. 1066 ;* Astragale avec des tiges minces & unies, des fleurs en grappe, & des légumes à trois angles & pointus.

Astragalus orientalis altissimus, Galegæ foliis, flore parvo flavescente. Tourn. Cor. 29.

14°. *Astragalus. Uralensis, acaulos, scapo erecto, foliis longiore, leguminibus subulatis, inflatis, villosis, erectis. Hort. Upsal. 226 ;* Astragale sans tiges à feuilles, & une tige à fleurs, plus longue que les feuilles, & des légumes en forme d'alêne, droits, gonflés & velus.

Astragalus non ramosus, villosus & incanus spicatus, floribus purpureo-violaceis. Amm. Ruth. 167. P. 126.

Phaca pedunculis radicatis hirsutissimis, foliolis ex ovato acutis, sæpe imbricatis. Zinn. Gœt. 343.

15°. *Astragalus Carolinianus, caulescens erectus lævis, pedunculis spicatis, leguminibus ovato-cylindricis, stylo acuminatis. Linn. Sp. Plant. 757 ;* Astragale avec une tige unie & droite, des pédoncules en épis, & des légumes ovales, cylindriques, & terminés en pointes aigues.

Astragalus procerior, non repens, flore viridi-flavescente. Hort. Elth. 45.

16°. *Astragalus Canadensis, caulescens diffusus, leguminibus subcylindricis mucronatis, foliolis subtùs subvillosis. Lin. Sp. Plant. 757 ;* Astragale avec des tiges diffuses, des légumes pointus & cylindriques, & des petites feuilles velues en-dessous.

Astragalus Canadensis, flore viridi-flavescente. Tourn. Inst. 416.

17°. *Astragalus pilosus, caulescens, erectus, floribus spicatis, leguminibus subulatis pilosis. Linn. Sp. Plant. 756 ;* Astragale avec des tiges droites & velues, des fleurs en épis & des légumes en forme d'alêne & velus.

Astragalus villosus erectus spicatus, floribus flavescentibus. Amman. Ruth. 166.

Cicer montanum lanuginosum erectum. Bauh. Pin. 347. Prodr. 148.

18°. *Astragalus procumbens, incanus, caulibus procumbentibus, scapis folio æquantibus, floribus glomeratis;* Astragale blanc, avec des tiges rempantes, des pédoncules de fleurs égaux aux feuilles, & des fleurs en paquets ronds.

Astragalus supinus, siliquis villosis, glomeratis. Tourn. Inst. R. H. 417.

19°. *Astragalus incanus, caulescens incanus, leguminibus subulatis, recurvatis, incanis ;* Astragale à tige blanche, ayant des légumes en forme d'alêne, recourbés & blancs.

Astragalus incanus, siliquâ recurvâ. Bot. Monsp.

Onobrychis incana. Bauh. Prodr. 149. Foliis longioribus. Bauh. Pin. 350.

20°. *Astragalus capitatus, caulescens, capitulis globosis, pedunculis longissimis, foliolis emargi-*

matis. Hort. Cliff. 360 ; Aſtragale à tiges chargées de têtes globulaires, avec de fort longs pédoncules, & de petites feuilles échancrées à leurs pointes.

Aſtragalus orientalis villoſiſſimus, capitulis rotundioribus, floribus purpureis. Tourn. Cor. 29.

21°. *Aſtragalus Chinenſis, cauleſcens procumbens, capitulis pedunculatis, leguminibus priſmaticis rectis triquetris, apice ſubulatis*; Aſtragale avec des tiges rampantes, des pédoncules terminés par des fleurs recueillies en têtes, & des légumes à trois angles, en forme de priſme.

22°. *Aſtragalus uncatus, acaulis ſive exſcapus, leguminibus ſubulatis, hamatis, folio longioribus, foliolis obcordatis. Linn. Sp. 1072*; Aſtragale ſans tige, ayant des légumes en forme d'alêne & crochus, plus longs que les feuilles, & des folioles preſqu'en forme de cœur.

Glycyphyllos. La premiere, qui croît ſans culture ſur des terres de craie de pluſieurs parties de l'Angleterre, eſt rarement admiſe dans les jardins: ſes tiges périſſent chaque automne, mais ſa racine eſt vivace; & comme elle rampe & s'étend au loin, elle ſe multiplie abondamment dans les lieux qu'elle occupe. Cette plante fleurit en Juin, & ſes ſemences mûriſſent en Septembre.

Hamoſus. La ſeconde eſpece eſt annuelle; ſes branches ſont cannelées, & traînent ſur la terre; ſes feuilles aîlées & échancrées à leurs pointes, ſont compoſées d'environ huit paires de lobes, & terminées par un lobe impair: les pédoncules des fleurs, dont la longueur eſt d'environ trois pouces, ſortent des ailes des feuilles, & ſont garnis vers le ſommet de quelques fleurs d'un jaune pâle, qui s'élèvent l'une ſur l'autre: ces fleurs ſont ſuivies de légumes oblongs, en forme de faulx, ronds en-dehors, applatis en-dedans, & terminés en pointes, qui s'ouvrent en deux cellules dont chacune contient un rang de ſemences quarrées. Cette plante fleurit en Juin; & ſes ſemences, qui mûriſſent en Septembre, doivent être répandues, dans le mois d'Avril ſuivant, ſur le terrein qui leur eſt deſtiné: lorſque les plantes ſont levées, & qu'elles acquierent de la force, leur culture ſe réduit à arracher toutes les mauvaiſes herbes, & à les éclaircir de maniere qu'elles ſoient éloignées les unes des autres, d'environ un pied de diſtance.

Alopecuroïdes. La troiſieme, qui croît naturellement ſur les Alpes, dure deux ans, & s'éleve à environ trois pieds de hauteur, avec une tige droite & velue, garnie de longues feuilles aîlées, fermées chacune par dix-huit ou vingt paires de lobes ovales, terminés par un lobe ſeul: les fleurs jaunes qui paroîſſent à travers le duvet qui les couvre preſqu'entièrement, ſont produites en gros épis cylindriques qui ſortent des ailes des feuilles, & ſont ſeſſiles aux tiges: ces fleurs paroiſſent dans les mois de Juin & de Juillet, & font remplacées par des légumes ovales, enfermés dans des calices laineux qui s'ouvrent en deux cellules, dont chacune contient trois ou quatre femences quarrées. Les tiges de cette efpece périffent en automne, bientôt après la maturité des femences; on la propage en répandant fes graines en Avril fur une plate-bande ouverte, où les plantes doivent refter; & lorfqu'elles pouffent on les éclaircit, en laiffant entr'elles au moins deux pieds d'intervalle; on arrache toutes les mauvaifes herbes qui croiffent au milieu d'elles: la feconde année elles fleuriront & produiront des femences.

Cicer. La quatrieme a une racine vivace, qui pouffe plufieurs branches cannelées, hautes d'environ trois pieds, & penchées vers la terre, fi on ne leur donne point de fupport: ces branches font garnies de feuilles aîlées, alternes, compofées d'environ dix paires de lobes, petits, ovales, terminés par un lobe feul & placées à deux pouces de diftance les unes des autres: fes fleurs jaunes, & femblables à toutes les autres de ce genre, fortent des aîles des feuilles en petits épis clairs, fur des pédoncules longs de deux pouces, & font fuivies de légumes velus, globulaires, gonflés, terminés en pointes aigues, & qui s'ouvrent en deux cellules, dont chacune renferme deux ou trois femences dures & rondes. Cette plante fleurit en Juillet, & fes femences mûriffent en automne: elle croît naturellement dans la France Méridionale & en Italie: on la multiplie facilement, en répandant fes femences au printems, fur une plate-bande ouverte; quand les jeunes plantes commencent à pouffer, on les éclaircit, on les tient nettes de toutes mauvaifes herbes; & lorfque l'automne eft arrivé, on les tranfplante dans les lieux où elles doivent refter. Quoique ces plantes aient peu de beauté, on peut néanmoins en placer une ou deux dans un jardin, pour fervir à la variété.

Epiglottis. La cinquieme eft annuelle; elle pouffe de fa racine deux ou trois branches rampantes & velues, garnies de feuilles aîlées, compofées de dix à douze paires de lobes émouffés, & terminés par un lobe feul: les fleurs qui fortent des aîles des feuilles fur des pédoncules nus, & longs de quatre à cinq pouces, font recueillies en une tête ronde, & font de la même forme que les autres; mais plus larges, & d'une couleur de pourpre foncé: elles font fuivies de légumes longs, rudes à l'extérieur, en forme de cœur, quand ils font ouverts, terminés en pointes aigues, & qui renferment trois ou quatre femences.

Les graines de cette efpece doivent être femées en Avril, fur une plate-bande ouverte, où elles font deftinées à refter; & les plantes qui en proviennent veulent être traitées

comme

comme les autres especes annuelles, dont il a déjà été question: elle fleurit en Juillet, & ses semences mûrissent en automne: elle croît naturellement en Espagne & en Portugal, d'où j'ai reçu ses semences.

Montanus. La sixieme est une plante basse & vivace, qui croît naturellement sur les montagnes de l'Espagne, & qui s'éleve rarement au-dessus de la hauteur de trois pouces: sa tige est garnie à chaque côté de feuilles ailées, & composées de plusieurs paires de lobes étroits, postés fort près les uns des autres sur la côte du milieu, & terminés par un lobe déparié: les fleurs grosses, & d'une couleur de pourpre, croissent en épis clairs & érigés, sur de longs pédoncules qui s'élevent au-dessus des feuilles, & sont suivies de légumes oblongs & courbés, qui s'ouvrent en deux cellules, remplies de semences quarrées. Cette espece fleurit en Juin, & ses semences mûrissent en Août: on la multiplie par les graines, qu'on seme en même-tems que celles de la quatrieme: les plantes qui en proviennent doivent être aussi traitées par la même méthode; mais elles veulent être placées à l'ombre, & dans une terre plus forte.

Bœticus. La septieme est annuelle: elle pousse plusieurs branches rampantes, longues d'environ deux pieds, & garnies de feuilles ailées, composées de dix paires de lobes émoussés, placés assez loin les uns des autres sur la côte du milieu, & terminés par un lobe déparié: de l'aîle de chaque feuille sort un pédoncule long de deux pouces, qui soutient à son sommet quatre à cinq fleurs jaunes: ces fleurs sont suivies de légumes bruns & triangulaires, de forme prismatique, érigés, & s'ouvrant en deux cellules remplies de semences quarrées & verdâtres. Elle fleurit en Juillet, & ses semences mûrissent en automne; bientôt après les plantes périssent: elle doit être traitée comme la seconde espece.

Arenarius. La huitieme est une plante vivace, qui croît naturellement sur les montagnes de plusieurs parties de l'Angleterre, & particuliérement sur celles du Nord. C'est une plante basse qui s'éleve rarement au-dessus de deux ou trois pouces, & qui a plusieurs feuilles aîlées, composées de lobes étroits & laineux, placés tout près de la côte du milieu: ses fleurs assez grosses & de couleur pourpre croissent en épis clairs. Elle fleurit en Juin, & ses semences mûrissent en Août: on la multiplie comme la quatrieme espece, & elle doit être placée à l'ombre.

Physodes. La neuvieme a une racine vivace & rampante, des feuilles composées de plusieurs paires de lobes ovales, terminés par un lobe seul, & des tiges de fleurs, aussi longues que les feuilles, & qui supportent un épi cylindrique de fleurs jaunes, auxquels succèdent des légumes gonflés, qui s'ouvrent en deux cellules, remplies de femences verdâtres. Cette efpece, originaire de la Sibérie, fleurit dans le mois de Juin: elle doit être placée à l'ombre, & on peut la multiplier comme la quatrieme efpece.

Chriftianus. La dixieme a été découverte dans le Levant, par M. TOURNEFORT, qui en envoya les femences au Jardin Royal à Paris, où elle a réuffi, & d'où j'en ai reçu moi-même: elle pouffe des tiges longues d'à-peu-près trois pieds, groffes vers le bas, & qui diminuent par dégrès vers le fommet: fes feuilles étant fort longues au bas de la tige, & devenant d'autant plus petites, qu'elles s'approchent davantage du fommet de la tige, la plante entiere forme une efpece de pyramide: ces feuilles font aîlées, & compofées de plufieurs paires de lobes larges & ovales, placés clairement fur la côte du milieu, & terminés par un lobe déparié: fes fleurs qui fortent en grappes des aîles de chaque feuille commencent près de la racine, où les pédoncules font les plus longs, & continuent vers le haut, où elles font moins nombreufes, & diminuent par dégrés; elles font groffes, d'une couleur jaune, brillante, & font fuivies de légumes cylindriques, qui s'ouvrent en deux cellules, remplies de femences quarrées & jaunes: elle fleurit en Juillet; &, lorfque la faifon eft très-favorable, elle perfectionne fes femences en Angleterre. On la multiplie par fes graines, qu'on met en terre en même tems que celles de la quatrieme efpece; & lorfque les plantes font levées, on les traite auffi de même, avec cette feule différence qu'elles exigent, pour pouvoir profiter, une plate-bande chaude, & une terre féche. Lorfque ces plantes fe trouvent dans un fol convenable, elles fleuriffent dès la troifieme année, & continuent à donner des fleurs pendant plufieurs autres.

Ægyptiacus. La onzieme croît naturellement en Ægypte, d'où les femences ont été envoyées au Jardin Royal de Paris, & M. de Juffieu a bien voulu les partager avec moi: cette plante eft annuelle, & s'éleve à un pied & demi de hauteur, avec des tiges droites, peu garnies de feuilles qui font aîlées & compofées d'environ douze paires de lobes ovales, terminés par un lobe feul. Les pédoncules de fes fleurs fortent des aîles des feuilles; ils font terminés par des épis clairs, de fleurs jaunes, lefquelles font fuivies de légumes en forme de faulx: ces fleurs paroiffent en Juillet, & leurs femences mûriffent en automne; la plante elle-même périt bientôt après. Elle peut être multipliée par femence, ainfi que les autres efpeces annuelles: on les répand fur une plate-bande chaude, & dans un fol fec, où les plantes croîtront & mûriront très-bien leurs femences.

Sefameus. Les femences de la douzieme m'ont été envoyées d'Italie & de la France Méridionale, où cette espece croît sans culture; elle est annuelle, & pousse plusieurs tiges foibles sans aucun ordre, & garnies de feuilles aîlées & velues; composées de dix ou douze paires de lobes, qui sont quelquefois terminés par un lobe seul: ses fleurs d'une couleur de cuivre, & sessiles aux branches, sortent en petites grappes des aîles des feuilles, & sont suivies de légumes pointus en forme d'alêne, érigés & réfléchis à leur pointe. Cette plante peut être multipliée par semence, comme les autres especes annuelles; elle fleurit en Juillet, & ses semences mûrissent en automne (1).

Galegi-formis. La treizieme a été trouvée dans le Levant, par TOURNEFORT, qui en envoya les semences au Jardin Royal à Paris, où elles ont réussi, & ont produit elles mêmes de nouvelles semences, qui ont été répandues dans plusieurs jardins de l'Europe: elle a une racine vivace, qui pousse plusieurs tiges droites, & hautes de plus de cinq pieds, garnies de feuilles aîlées; composées d'environ quatorze paires de lobes ovales, terminés par un lobe déparié: les tiges des fleurs sortent des aîles des feuilles, & sont garnies de petites fleurs jaunes, qui croîssent en épis clairs, & sont étendues au-delà des feuilles: ces fleurs sont suivies de légumes fort courts, angulaires, terminés en pointe, qui s'ouvrent en deux cellules, remplies de semences quarrées, & d'une couleur de cendre. Elle fleurit en Juin & en Juillet, & ses semences mûrissent en automne. Elle se multiplie par ses graines, qu'on peut répandre au printems sur une plate-bande légere; &, lorsque les jeunes plantes sont levées, on les traite comme celles de la quatrieme espece; avec cette différence qu'en automne on les transplante dans un sol sec, à une situation ouverte, & que, lorsqu'elles ont pris une fois racine, elles n'ont plus besoin d'aucune espece de culture. Il y a dans les Jardins de *Chelsea* une plante de cette espece, qui a plus de trente ans, & qui produit chaque année une grande quantité de semences.

Uralensis. La quatorzieme croît naturellement sur les montagnes de l'Allemagne, elle n'a point de tige; mais elle pousse de sa racine plusieurs feuilles aîlées, composées de lobes émoussés, placés par paires, & terminés par un lobe seul: les pédoncules de ses fleurs s'élevent immédiatement de la racine, & sont plus longs que les feuilles; ils sont terminés par

(1) Les racines de cette espece sont regardées comme astringentes, & ordonnées quelquefois dans les diarrhées séreuses & dans les pertes de sang: on les applique aussi réduites en poudre sur les ulceres, pour en détruire les chairs fougueuses.

des épis de fleurs bleues, suivis de légumes gonflés, en forme d'alêne, érigés, velus, & à deux cellules, remplies de semences verdâtres. Cette plante fleurit en Juillet, & ses semences mûrissent en automne : ses racines sont vivaces, & elle se multiplie par semence, comme la quatrieme espece ; mais elle exige une situation ouverte.

Carolinianus. La quinzieme, dont les semences m'ont été envoyées de la Caroline, où elle naît spontanément, a une racine vivace, & une tige annuelle qui périt en automne : de sa racine sortent plusieurs branches qui s'élevent à trois pieds de hauteur, & sont garnies de feuilles aîlées, composées de dix-huit ou vingt paires de lobes ovales, unis, & terminés par un lobe seul; les pédoncules sortent des aîles des feuilles, & supportent des épis de fleurs d'un jaune verdâtre, qui sont suivies de légumes ovales & cylindriques, auxquels les styles adherent, & s'étendent en pointe au-delà de la longueur des légumes. Cette espece fleurit en Août ; mais ses semences mûrissent rarement en Angleterre, à moins que la saison ne soit chaude : elle se multiplie par ses semences, qu'on répand au printems sur une couche de chaleur modérée ; & lorsque les jeunes plantes sont assez fortes, on les place chacune séparément dans de petits pots remplis de terre de jardin potager; on les replonge dans une couche chaude pour les avancer, & leur faire prendre de nouvelles racines : aussi-tôt qu'elles sont établies dans les pots, on les accoutume au plein air, où elle doivent être exposées à la fin du mois de Mai, en les plaçant dans une situation abritée, pour y rester jusqu'en Octobre : alors on les couvre d'un châssis commun pour les garantir des injures de l'hiver ; & au printems suivant, on les tire des pots, & on les plante dans une plate-bande chaude, où elles profiteront & fleuriront. Si l'on craint que le second hiver ne soit trop rude, on met un peu de tan sur leurs racines pour les conserver.

Canadensis. La seizieme, qu'on rencontre dans presque toute l'Amérique Septentrionale, a une racine vivace, qui pousse à deux pieds de hauteur plusieurs tiges irrégulieres garnies de feuilles aîlées ; composées de quelques paires de lobes ovales & velus en-dessous : les pédoncules sortent des aîles des feuilles, & soutiennent des épis de fleurs d'un jaune verdâtre, après lesquels paroissent des légumes cylindriques & terminés en pointe. Cette plante fleurit en Juillet, & les semences mûrissent au commencement d'Octobre ; on la multiplie par ses semences, qu'il faut traiter comme celles de l'espece précédente ; mais comme elle est plus dure, elle subsiste pendant l'hiver dans une planche commune de terre légere, sans avoir beſoin d'aucune couverture.

Piloſus. La dix-ſeptieme s'éleve à la hauteur de deux pieds, avec des tiges droites, velues & garnies de feuilles aîlées; compoſées de pluſieurs paires de lobes ovales, laineux, & terminés par un lobe ſeul : des aîles des feuilles ſortent des pédoncules terminés par des épis ſerrés de fleurs jaunes, qui ſont ſuivies de legumes velus, en forme d'alêne, & partagés en deux cellules remplies de ſemences brunes. Elle fleurit en Juin, & ſes ſemences mûriſſent en automne. Elle croît naturellement en Sibérie, d'où ſes ſemences ont été envoyées à Pétersbourg au Docteur AMMAN, qui m'en a fait part. Cette plante eſt vivace, & ſe multiplie par ſemence, comme la quatrieme eſpece.

Procumbens. La dix-huitieme eſt une qui dure deux ans, dont les ſemences m'ont été envoyées de l'Eſpagne, ſa patrie; elle pouſſe pluſieurs tiges rampantes diviſées en petites branches garnies de quelques paires de lobes étroits, & ſurmontés par un lobe ſimple : ſes fleurs blanches, qui ſont recueillies en tête, & terminent les pédoncules, ſont à-peu-près de la même longueur que les feuilles : les légumes de cette eſpece ſont courts & triangulaires, & la plante entiere eſt couverte d'un duvet argenté. Ses graines doivent être ſemées à demeure ſur une planche ouverte de terre légere, & traitée enſuite de la même maniere que les eſpeces annuelles : ces plantes fleuriront & perfectionneront leurs ſemences dans la ſeconde année; après quoi, elles periſſent pour la plupart.

Incanus. La dix-neuvieme, qui croît ſur des montagnes des environs de Vérone, d'où je l'ai reçue, pouſſe une tige droite, élevée rarement au-deſſus de ſix pouces, & garnie de petites feuilles blanches & aîlées : ſes pédoncules naiſſent des aîles des feuilles, & ſoutiennent trois ou quatre fleurs pâles qui ſont ſuivies de légumes blancs, & en forme de faulx. Cette plante dure deux ans & doit être traitée comme la précédente.

Capitatus. La vingtieme, que M. de TOURNEFORT a découverte dans le Levant, & dont il envoya les ſemences au Jardin Royal à Paris, a une racine vivace, qui pouſſe pluſieurs branches érigées, garnies de feuilles aîlées, & compoſées de pluſieurs paires de lobes, dentelés au ſommet; des aîles, des feuilles ſortent de longs pédoncules, qui ſoutiennent une tête globulaire de fleurs pourpre, qui ſont rarement ſuivies de légumes en Angleterre. Cette plante fleurit à la fin de Juillet, & ſe multiplie par ſemences, qu'il faut répandre au printems, ſur une couche, dont la chaleur ſoit modérée : on traite enſuite les jeunes plantes comme celles de la quinzieme eſpece.

Chinenſis. La vingt-unieme

croît naturellement à la Chine ; elle eſt annuelle, & les tiges qui s'étendent ſur la terre ſont ſerrément garnies de feuilles aîlées, légèrement dentelées à leurs bords ; ces tiges ſont compoſées de huit ou dix paires de lobes ovales, unis & placés près de la côte du milieu. Les pédoncules des fleurs, qui ſortent toujours au nombre de deux des aiſſelles des tiges, ſont de la même longueur que les feuilles, & ſoutiennent une tête globulaire de fleurs pourpre, auxquelles ſuccédent des légumes à trois angles, qui croiſſent, érigés en une tête ferrée, & qui s'ouvrent en deux cellules, remplies de petites ſemences angulaires. Cette plante fleurit en Juillet & en Août, & ſes ſemences mûriſſent en automne.

On ſeme cette eſpece ſur une couche chaude, en Mars ; & quand les plantes pouſſent & ſont aſſez fortes pour être tranſplantées, on les place ſéparément dans de petits pots, remplis de terre légere, qu'on plonge dans une autre couche de chaleur modérée, ayant ſoin de les parer du ſoleil, juſqu'à ce qu'elles aïent formé de nouvelles racines : on leur donne enſuite de l'air chaque jour, ſuivant que la ſaiſon eſt plus ou moins chaude, & on les arroſe légèrement & ſouvent ; avec ce traitement les plantes fleuriront, & produiront des ſemences.

Uncatus. La vingt-deuxieme, qui croît ſans culture dans les environs d'Alep, d'où les ſemences ont été apportées par le Docteur RUSSEL, eſt une plante annuelle, qui pouſſe quelques tiges branchues, rampantes, & garnies de feuilles étroites, aîlées, dentelées, deſquelles tiges les lobes, qui ont preſque la forme d'un cœur, ſont plus larges à leur pointe qu'à leur bâſe : les fleurs, produites aux aiſſelles des tiges en petits épis clairs, ſont preſque blanches, & ſont ſuivies de légumes en forme de faulx, ayant deux cellules remplies de ſemences quarrées & brunes. Cette eſpece fleurit en Juillet & en Août, & ſes ſemences mûriſſent en automne.

On la multiplie par ſes ſemences, qu'il faut répandre au printems, ſur une planche ouverte, de terre légere ; & traiter enſuite les plantes comme celles des eſpeces annuelles, dont on a déjà parlé.

ASTRANTIA, [*Maſter-wort*,] *Sanicle de montagne*.

Caracteres. Les fleurs de cette plante croiſſent en ombelles ; l'*Ombelle générale* eſt compoſée de quatre ou cinq petites : l'enveloppe de l'*Ombelle générale* eſt formée par deux larges feuilles, diviſées en trois parties, & par deux entieres ; dans une autre eſpece elle eſt compoſée de pluſieurs petites feuilles : l'enveloppe des petites *Ombelles* eſt compoſée de pluſieurs petites feuilles pointues, plus longues que les *Ombelles*, colorées, qui s'étendent & s'ouvrent. Le calice de la fleur eſt perſiſtant.

érigé, & découpé en cinq courts segments aigus; la fleur est composée de cinq pétales, érigés, divisés en deux parties, & penchés en-dedans : elle a cinq étamines, de la longueur des pétales, couronnées de sommets simples; le germe est oblong, situé au-dessus du receptacle, & soutient deux styles minces, couronnés par des stigmats étendus : le germe se change ensuite en un fruit ovale, émoussé, cannelé, & divisé en deux parties, qui renferment deux semences longues & ovales, contenues dans l'enveloppe.

Les plantes de ce genre ayant cinq étamines & deux styles, font partie de la seconde section de la cinquieme classe de LINNÉE, intitulée : *Pentandria Digynia.*

Les especes sont :

1°. *Astrantia major, foliis radicalibus, quinque lobatis serratis, caulibus trilobatis acutis;* Sanicle de montagne, dont les feuilles radicales sont à cinq lobes, & sciées, & celles des tiges découpées en trois lobes aigus.

Astrantia major, coronâ floris purpurascente. Inst. R. H. 314.

Helleborus niger, Saniculæ folio. Bauh. Pin. 186.

Veratrum nigrum. Dod. Pempt. 387.

2°. *Astrantia candida, foliis quinque-lobatis tripartitis;* Sanicle de montagne, ayant des feuilles à cinq lobes divisés en trois parties.

Astrantia major, coronâ floris candidâ. Tourn. Inst. 314.

3°. *Astrantia minor, foliis digitatis, serratis. Linn. Sp. Plant. 255;* Sanicle de montagne, à feuilles digitées & sciées.

Helleborus, Saniculæ folio, minor. Bauh. Pin. 186.

Major. La premiere espece a plusieurs feuilles qui s'étendent, & sortent de sa racine; ces feuilles sont composées de cinq larges lobes, sciés profondément à leurs bords : les tiges sortent des feuilles, s'élevent à la hauteur d'environ deux pieds, & ont à chaque nœud une feuille fortement découpée en trois lobes à pointes aiguës : au sommet des tiges est produite une ombelle de fleurs, dans le bas de laquelle est située l'enveloppe générale, composée de deux longues feuilles, divisées en trois parties, & de deux autres entieres, qui égalent les premieres en longueur. Les petites ombelles sont supportées par de longs pédoncules ou rayons, sous lesquels est placée l'enveloppe, composée de plusieurs feuilles pointues, & en forme de lance, qui s'étendent au-delà des rayons, & sont d'une couleur de pourpre (1).

Candida. La seconde, qui n'est regardée que comme une variété de la premiere, lui ressemble en effet beaucoup; mais elle en differe en ce qu'elle a cinq lobes aux feuil-

(1) Cette plante est un purgatif violent, qui agit à-peu-près comme l'*Ellebore noire*, & peut être employé dans les mêmes circonstances.

les des tiges, & que ces feuilles sont beaucoup plus courtes & plus rondes à la pointe que celles de la précédente. L'enveloppe générale de l'ombelle est composée de feuilles ouvertes & étroites, & celles des ombelles particulieres sont plus courtes & plus blanches.

Minor. La troisieme, qui s'éleve rarement au-dessus d'un pied de hauteur, a des feuilles dont les pétioles ont quatre pouces de longueur : ses feuilles sont découpées jusqu'au fond en cinq segments, qui s'étendent & s'ouvrent comme une main, & elles sont profondément sciées à leurs bords : l'enveloppe de l'ombelle générale est composée de plusieurs feuilles fort étroites ; les pédoncules des ombelles particulieres sont fort larges, minces, & se divisent souvent vers leur sommet en trois parties, dont chacune forme une petite ombelle, pourvue d'une enveloppe courte & blanche.

Ces plantes sont fort dures, on peut les multiplier par leurs semences, ou par leurs racines. On seme ces graines en automne, aussi-tôt après leur maturité, sur une plate-bande ombrée ; & lorsque les plantes sont sorties de terre, on les éclaircit dans les endroits où elles sont trop serrés : on arrache toutes les herbes inutiles qui naissent avec elles, & on les laisse croître dans cette situation jusqu'à la Saint-Michel. A cette époque on les transplante dans les places où elles doivent rester, en laissant entr'elles un espace de trois pieds, afin que leurs racines, qui s'étendent beaucoup, ne se nuisent point réciproquement. Ces plantes veulent être placées à l'ombre, & dans un terrein humide ; elles n'exigent aucune autre culture que d'être tenues nettes de mauvaises herbes, & d'être transplantées tous les trois ou quatre ans, à l'époque de la Saint-Michel, lorsqu'on divise leurs racines : comme elles ont peu de beauté, on ne les cultive que dans les Jardins Botaniques. Toutes les especes croissent naturellement sur les Alpes.

ATHAMANTA. *Linn. Gen. Plant. 301. Meum. Tourn. Inst. R. H. 312.* [*Spignel.*]

Caracteres. Cette plante a une fleur ombellée : l'ombelle générale s'étend, s'ouvre, & est composée d'autres plus petites ; l'enveloppe de la grande ombelle a plusieurs feuilles étroites, plus courtes que les rayons ; celles des petites sont étroites & égales aux rayons : les fleurs de la grande ombelle sont uniformes ; celles des petites ont cinq pétales réfléchis en forme de cœur, & un peu inégaux : chaque fleur a cinq étamines minces, d'une longueur égale à celle des pétales, & couronnées par des sommets ronds ; le germe placé au-dessus du receptacle soutient deux styles réfléchis, & couronnés par des stigmats obtus ; le germe se change ensuite en un fruit oblong & cannelé, divisé en deux parties, qui sont chacune une femence ovale & cannelée.

Ce genre eft rangé dans la feconde fection de la cinquieme claffe de LINNÉE, intitulée : *Pentandria Digynia*, les fleurs ayant cinq étamines & deux ftyles.

Les efpeces font :

1°. *Athamanta meum*, *foliolis capillaribus*, *feminibus glabris*, *ftriatis. Hort. Cliff. 93* ; Athamanta avec des feuilles capillaires, & des femences unies & cannelées.

Meum foliis Anethi. C. B. P. 148 ; ordinairement appelé *Spignel*, ou *le Meum. Off.*

2°. *Athamanta Cretenfis*, *foliolis linearibus*, *planis*, *hirfutis*, *petalis bipartitis*, *feminibus oblongis*, *hirfutis. Linn. Mat. Med. 143* ; Athamanta avec des feuilles unies & velues, des pétales divifés en deux parties, & des femences oblongues & hériffées.

Daucus Creticus, *foliis Fœniculi tenuiffimis. C. B. P.* ; Daucus de Candie.

Libanotis foliis tenuiffimè pinnatis, *laciniis petiolatis. Hall. Helo. 451. Opufc. 241.*

3°. *Athamanta Sicula*, *foliis inferioribus nitidis*, *umbellis primordialibus fub-feffilibus*, *feminibus pilofis. Hort. Upfal. 60* ; Athamanta, dont les feuilles inférieures font luifantes, les ombelles primordiales feffiles, & des femences velues.

Daucus fecundus Siculus, *Sophiæ folio. Zan. Hift. 80.*

4°. *Athamanta Oreofelinum*, *foliolis divaricatis. Flor. Suec. 249* ; Athamanta avec des feuilles écartées.

Selinum foliolis lacinulifque oblongo-linearibus. Guett. Stamp. 1. P. 79.

Apium montanum, *folio ampliore. C. B. P. 153* ; Petit Perfil de Macédoine.

Oreo-Selinum. Clus. Hift. 2. P. 195.

5°. *Athamanta cervaria*, *foliolis pinnatis*, *decuffatis*, *incifo-angulatis*, *feminibus nudis. Linn. Sp. 352* ; Athamanta avec des feuilles aîlées, dont les lobes font coupés en angle, & des femences nues.

Daucus montanus, *Apii folio*, *major. C. B. P. 150.*

Selinum foliis radicalibus ovatis, *inæqualiter ferratis. Hort. Cliff. 92. Hort. Ups. 59.*

Dauci tertium genus. Fuch. Hift. 233.

Cervaria. Riv. Pent. 12.

Meum. La premiere efpece ou l'*Athamanta commune*, dont on fait ufage en Médecine, croît naturellement en Weftmoreland, où elle eft appelée par les habitans : *Bald-Money* ou *Bawd-Money* ; & par d'autres, *Meu.* Cette plante eft vivace ; fes tiges s'élevent à un pied & demi de hauteur, & font cannelées ; fes feuilles font fort branchues, & compofées de plufieurs belles feuilles capillaires d'un verd foncé, & très-rapprochées ; fa tige eft terminée par une ombelle de fleurs blanches, fuivies de femences oblongues & unies.

Elle peut être multipliée, en divifant fes racines à la Saint-Michel, ou par fes femences, qu'on doit mettre en terre auffitôt qu'elles font mûres. Cette plante exige une fituation ombrée & un sol humide : elle fleurit en Juin, & ses semences mûrissent en automne (1).

(1) La racine de *Meum foliis anethi*, dont on fait usage en Médecine, a une odeur pénétrante, & une saveur âcre & aromatique : outre le principe spiritueux éthéré, qui se manifeste par l'odeur, cette racine contient encore une assez grande quantité d'huile essentielle, de résine fixe & de substance mucilagineuse. Ce dernier principe est plus abondant & sert à marquer la grande activité des autres, qui est d'autant moindre, que cette racine est plus desséchée, & conservée depuis plus longtems : comme le principe spiritueux a quelque chose de vireux & de malfaisant, il est prudent de ne jamais employer cette racine fraîche ; il ne faut point non plus la conserver trop longtems, parce qu'elle est très-susceptible de carie, & qu'elle perd bientôt toutes ses propriétés.

Cette racine est incisive, utérine, céphalique, carminative, diurétique, &c. ; elle convient dans toutes les affections muqueuses, l'asthme humide, les engorgemens catharreux ; dans tous les cas d'épaississement des liqueurs, & d'inertie de la fibre ; dans le chlorosis, les suppressions chroniques des règles, les douleurs de tête provenant d'un vice de digestion, les flatuosités, le cholera sec, les congestions glaireuses des reins & de la vessie, dans le vertige, &c. On assure qu'un morceau de cette racine, mis sous la langue, calme & arrête les parroxcimes histériques : les Anglois, & les habitans des Alpes, s'en servent comme d'un excellent remede dans les fievres intermittentes. On la fait prendre en infusion aqueuse ou vineuse, depuis un gros jusqu'à deux.

La racine de *Meum* entre dans la composition du Mithridate, & dans celle de la Thériaque ; dans la poudre de l'Electuaire Lithontriptique de NICOLAS D'ALEXANDRIE ; dans le *Diacurcuma magna* DE MESUE ; dans l'*Aurea Alexandrina*.

Cretensis. La seconde est le *Daucus Creticus*, dont on connoit deux especes, & dont les semences se trouvent également dans les boutiques : l'une est annuelle, & celle de cet article est vivace ; elle pousse plusieurs tiges, garnies de feuilles minces, étroites comme celles du *Fénouil*, & disposées irrégulièrement : la tige des fleurs s'élève à deux pieds environ de hauteur, & pousse plusieurs branches, garnies dans toute leur longueur de pareilles feuilles, composées & capillaires ; le sommet de ses tiges est terminé par des ombelles formées de vingt autres plus petites ; elles sont garnies de fleurs blanches à cinq pétales, dont chacune est suivie de fruits oblongs, velus, cannelés, & divisés en deux parties, qui forment deux semences oblongues & velues.

On multiplie cette espece par ses graines, qu'on seme en automne sur une planche de terre légère & sèche ; lorsque les plantes poussent au printems, on les tient nettes de mauvaises herbes, & on les éclaircit où elles sont trop serrées, afin qu'elles puissent avoir assez de place pour s'étendre jusqu'à l'automne suivant ; alors on les enleve avec soin, pour les planter à un pied environ de distance les unes des autres, dans une planche de terre légère & sablonneuse, où les racines subsisteront pendant plusieurs années, & produiront annuellement des fleurs & des semences. Cette plante fleurit en Juin, & les semences mûrissent en Septembre. Quoiqu'elle soit originaire de l'isle de Candie, elle est rarement endommagée par le froid de nos hivers (1).

La troisieme est une plante vivace qui pousse de sa racine plusieurs tiges droites, élevées d'environ trois pieds, & terminées par des ombelles composées, qui, lorsqu'elles paroissent, sont fort rapprochées & serrées les unes contre les autres, & qui, à mesure qu'elles croissent, s'ouvrent, s'étendent & se divisent en plusieurs petites ombelles portées sur des pédoncules courts & velus. Ces fleurs sont composées de cinq pétales blancs, qui ne sont pas entiérement égaux, & sont suivies de fruits oblongs & laineux, divisés en deux parties dont chacune forme une semence oblongue & cannelée. Cette plante peut être multipliée comme la précédente; elle est aussi dure, & elle croît naturellement en Sicile ainsi que dans quelques parties de l'Italie.

Oreoselinum. La quatrieme qui croît naturellement dans plusieurs cantons de l'Angleterre, de la France & de l'Allemagne, est une plante vivace, dont les feuilles sont linéaires & découpées en segmens oblongs & fort aigus; les tiges s'élevent à trois pieds de hauteur, & sont divisées au sommet en trois ou quatre branches, terminées chacune par une ombelle de fleurs blanches, qui sont suivies de semences oblongues & cannelées: elles fleurit en Juillet, & ses semences mûrissent en automne.

Cervaria. La cinquieme naît spontanément dans la France Méridionale & en Autriche: elle a une racine vivace, & des tiges élevées à trois pieds de hauteur, garnies de feuilles ailées, & découpées en

---

(1) Les graines du *Daucus Creticus*, dont on fait un usage plus frequent en Médecine que de toutes les autres parties de cette plante, contiennent les mêmes principes que celles de l'*Ache*, & produisent un effet pareil dans toutes les circonstances; elles sont cependant plus propres que ces dernieres à certaines maladies, & un grand nombre de Médecins leur attribuent des effets surprenans dans les douleurs après l'accouchement, dans les coliques venteuses, & surtout dans les calculs des reins & de la vessie, sur lesquels on prétend qu'elle a une prise singuliere. On donne ces graines en substance, depuis un scrupule jusqu'à deux, & en infusion vineuse, depuis un jusqu'à deux gros.

Les graines du *Daucus Creticus* entrent dans la composition de la Thériaque & du Mithridate; dans le *Triphera magna*; dans les pilulles de huit drogues de NICOLAS D'ALEXANDRIE, dans son *Aurea Alexandrina*; dans le syrop de *Calamintha* DE MESUE; dans son *Diacurcuma magna*; dans le *Philonium magnum*, &c.

ſegments angulaires : ces tiges ſont terminées par des ombelles de fleurs blanches, qui ſont ſuivies de ſemences nues. Elle fleurit en Juillet, & les ſemences mûriſſent en automne.

Ces deux dernieres eſpeces ne ſont admiſes dans les jardins de Botanique que pour la variété ; elles ont peu de beauté, & ne ſont d'aucun uſage. On les multiplie de graines qu'on ſeme en automne, auſſi-tôt qu'elles ſont mûres ; leurs plantes paroiſſent au printems ſuivant, & n'exigent aucun autre ſoin que d'être éclaircies où elles ſont trop ſerrées, & tenues nettes de mauvaiſes herbes. Elles fleuriſſent & produiſent des ſemences mûres dans le ſecond été : leurs racines durent pluſieurs années.

ATHANASIA. *Linn. Gen.* 943. *Baccharis. Vaill. Act. Gall.* 1719. [*Goldy-locks.*] Floccons d'or.

Caracteres. Le calice eſt imbriqué, ovale, & les écailles ſont en forme de lance ; la fleur eſt compoſée, les fleurettes ſont uniformes, & plus longues que les corolles ; les fleurettes hermaphrodites ſont en forme d'entonnoir, & découpées en cinq ſegments érigés ; elles ont chacune cinq courtes étamines capillaires avec des ſommets cylindriques & tubuleux, un germe oblong avec un ſtyle mince, terminé par un ſtigmat obtus, diviſé en deux parties : chaque fleurette contient une ſemence oblongue, accompagnée de filets.

Ce genre de plantes eſt rangé dans le premier ordre de la dix-neuvieme claſſe de LINNÉE, intitulée : *Syngeneſia ; Polygamia æqualis*, les fleurettes de cet ordre ſont toutes hermaphrodites.

Les eſpeces ſont :

1°. *Athanaſia dentata, corymbis compoſitis, foliis inferioribus linearibus, dentatis, ſuperioribus ovatis, ſerratis. Linn. Sp.* 1181 ; Athanaſia avec des corymbes compoſés, dont les feuilles inférieures ſont linéaires & dentelées, & les ſupérieures ovales & ſciées.

Coma aurea Africana fruteſcens, foliis inferioribus inciſis, ſuperioribus dentatis. Hort. Cliff. 398. *Comm. Rar. Pl.* 41.

Santolina corymbis compoſitis, faſtigiatis, foliis inferioribus linearibus, dentatis, ſuperioribus ovatis, ſerratis. Hort. Cliff. 398.

2°. *Athanaſia trifurcata, corymbis ſimplicibus, foliis trilobis cunei-formibus. Linn. Sp.* 1181 ; Athanaſia avec des corymbes ſimples, & des feuilles en forme de coin à trois lobes.

Coma aurea Africana fruticans, foliis glaucis, & in extremicate trifidis. Hort. Amſt. 2. *p.* 97.

Santolina corymbo ſimplici terminali, foliis trifidis. Hort. Cliff. 397.

3°. *Athanaſia Crithmi-folia, corymbis ſimplicibus, foliis ſemi-trifidis linearibus. Linn. Sp.* 1181 ; Athanaſia avec des corymbes ſimples & des feuilles linéaires, diviſées à moitié en trois parties.

Coma aurea fruteſcens, foliis anguſtiſſimis, trifidis. Burm. Afr. 186.

Santolina corymbo simplici, foliis trifidis. Hort. Ups. 252.

4°. *Athanasia pubescens, corymbis simplicibus, foliis lanceolatis, indivisis, villosis. Amœn. Acad. 4. P. 329;* Athanasia avec des corymbes simples & des feuilles en forme de lance, non divisées & velues.

Coma aurea Africana, fruticosa, omnium maxima, foliis tomentosis & incanis. Hort. Amst. 2. P. 93.

5°. *Athanasia annua, corymbis simplicibus coarctatis, foliis pinnatifidis, dentatis. Linn. Sp. 1182;* Athanasia avec des corymbes simples & des feuilles aîlées & dentelées.

Elichrysum inodorum, glabrum, Coronopi folio, annuum. Magn. Monsp. 307.

Chrysanthemum corymbiferum. Triumf. Obs. 85. T. 86.

Bellis polyclonos annua Africana, Coronopi folio, floribus nudis, compactis. Moris. Hist. 3. P. 30.

6°. *Athanasia maritima, pedunculis unifloris subcorymbosis, foliis lanceolatis, indivisis, crenatis, obtusis, tomentosis. Linn. Sp. 1182;* Athanasia avec des fleurs simples sur chaque pédoncule, en forme de corymbes, & des feuilles obtuses, laineuses & en forme de lance.

Gnaphalium maritimum. C. B. P. 263. Herbe blanche.

Filago maritima. Sp. Pl. 927.

Chrysanthemum perenne Gnaphaloïdes maritimum. Moris. Hist. 3. P. 81. S. 6. T. 4. F. 47.

Dentata. La premiere espece croît naturellement au Cap de Bonne-Espérance: elle a une tige basse d'arbrisseau, branchue, & rarement élevée au-dessus de trois pieds de hauteur; ses branches sont garnies de deux especes de feuilles; celles du bas sont linéaires & dentelées, & celles du haut sont ovales & sciées à leurs bords; les fleurs, d'une couleur jaune-pâle, sont disposées en corymbe, & placées à l'extrémité des branches; elles paroissent de bonne heure en été; & si la saison est favorable, elles sont suivies de semences mûres en automne.

Trifurcata. La seconde qui est originaire du Cap de Bonne-Espérance, s'élève à cinq ou six pieds de hauteur, avec une tige d'arbrisseau qui se divise en plusieurs branches irrégulieres, garnies de feuilles plates de couleur verd-de-mer, & découpées en trois segments à leur extrémité: ces feuilles, lorsqu'elles sont froissées, répandent une odeur agréable: ses fleurs, produites en un corymbe simple à l'extrémité des branches, sont d'un jaune brillant, & paroissent en automne: ses semences mûrissent rarement en Angleterre.

Crithmifolia. La troisieme qu'on trouve dans les terres du Cap de Bonne-Espérance, où elle croît sans culture, a comme la précédente, une tige branchue d'arbrisseau: ses feuilles sont linéaires & divisées à plus de la moitié de leur longueur, quelques-unes en trois segments étroits, & d'autres en cinq: les fleurs sont produites à l'extrémité des branches, en un corymbe simple, comme celles de l'espece précédente, auxquelles elles ressemblent encore pour la forme & la couleur. Cette plante reste couverte de fleurs pendant la plus grande partie de l'été; mais elle ne mûrit point ses semences en Angleterre, à moins que la saison ne soit chaude.

Pubescens. La quatrieme qui s'élève aussi avec une tige d'arbrisseau à la hauteur de six à sept pieds, a des branches garnies de feuilles velues, entieres & en forme de lance: les fleurs jaunes & produites en corymbe simple à l'extrémité des branches, ne produisent point de bonnes semences en Angleterre.

On multiplie aisément ces quatre especes, en les plantant de boutures pendant tous les mois de l'été; si elles sont plantées dans des pots, ou sur une vieille couche, bien couverte avec des vitrages, abritées de la chaleur du jour, & arrosées toutes les fois qu'elles en ont besoin, elles pousseront des racines en cinq ou six semaines de tems: deux mois après que ces boutures ont été plantées, on peut les enlever & les arranger dans des pots remplis de terre légère qu'on place à l'ombre, jusqu'à ce qu'elles aient produit de nouvelles racines, pour être portées ensuite dans un lieu abrité avec les autres plantes exotiques, où elles peuvent rester jusqu'au milieu ou à la fin d'Octobre, suivant que la saison est plus ou moins favorable. Lorsque le mauvais tems commence à paroître, on les transporte dans une serre ou dans une caisse de vitrages, & on les place de maniere qu'elles puissent jouïr de l'air, & être en même tems à l'abri des gelées. Avec ce traitement, elles profiteront & produiront des fleurs en abondance; mais si elles filent en hiver, elles seront désagréables à la vue.

Annua. La cinquieme est annuelle, & originaire d'Afrique: sa tige herbacée, haute d'environ neuf pouces, est divisée au sommet en trois ou quatre branches garnies de feuilles unies, & partagées en segmens comme celles du *Plantain*: ses fleurs larges & d'un jaune brillant, sont produites à l'extrémité des branches en un corymbe simple & serré: elles paroissent en Juillet & en Août; mais leurs semences ne mûrissent pas souvent dans ce pays.

Quand on peut parvenir à faire mûrir les semences de cette espece, on les seme à la fin du mois de Mars, sur une couche de chaleur modérée; & lorsque les plantes commencent à pousser, on leur donne de l'air à proportion de la chaleur de la saison, pour les empêcher de filer: aussitôt qu'elles sont assez grosses pour être enlevées, on les transplante dans une autre couche chaude douce, à trois pouces de distance les unes des autres; on les tient à l'ombre jusqu'à ce qu'elles aient formé de nouvelles racines; après quoi, on leur donne de l'air & de l'eau. Vers la fin de Mai, ces plantes ayant acquis assez de force pour être mises en pleine terre, on en plante quelques-unes dans des pots, pour les placer en été parmi d'autres especes exotiques, & on transplante les autres dans des plates-bandes chaudes, où elles fleuriront pendant tout l'automne; mais leurs semences ne mûriront qu'autant que la saison sera fort chaude.

Maritima. La sixieme, qu'on rencontre sur les côtes de la mer, dans les parties méridionales de l'Europe, ainsi que dans quelques endroits du pays de Galles, d'où elle m'a été envoyée, pousse des tiges qui rampent sur la terre, & atteignent rarement une longueur au-dessus de celle de sept ou huit pouces : ces tiges sont fortement garnies de feuilles laineuses, en forme de lance, entieres & obtuses : les fleurs, d'un jaune brillant, & produites chacune sur un simple pédoncule, forment une espece de corymbe : elles paroissent en Juin & en Juillet; mais leurs semences ne mûrissent pas souvent dans notre climat.

Cette espece, comme celles d'Afrique, peut être multipliée par bouture pendant tout l'été : on met quelques-unes de ces plantes dans des pots, afin de pouvoir les placer en hiver sous un châssis de couche chaude, où elles subsisteront, si la saison est douce; mais elles résistent rarement aux grands froids.

ATMOSPHERE, de Ἀτμὸς, une *vapeur*, & σφαῖρα, *Gr.* une *sphere.*

L'Atmosphere est cet amas de substance fluide, légere & élastique, qui enveloppe le globe de la terre jusqu'à une hauteur considérable.

La masse ou l'étendue entiere de *l'air* est assez souvent nommée *Atmosphere*; mais les meilleurs Ecrivains restreignent cette dénomination à cette partie de l'air qui approche le plus de la terre, qui reçoit les vapeurs & les exhalaisons qui en émanent, & qui est terminée là, où cesse sa puissance de refracter les rayons solaires [*f*].

L'espace, qui est au-dessus de cette partie, est appellé la *Région Ethérée* : on suppose qu'il s'y trouve repandu un fluide nommé *Ether*, infiniment plus fin, plus délié & plus élastique que *l'air*, quoiqu'il contienne peut-être un peu de ce dernier fluide.

La matiere *Atmosphérique* s'insinue dans les vuides & dans les pores de tous les corps, & produit par son action la plupart des changemens auxquels ils sont exposés, telles que la génération & la destruction des végétaux, &c : c'est aussi au poids de *l'Atmosphere* qu'on doit attribuer la végétation des plantes, ainsi que la respiration, la circula-

[*f*] Cette partie s'étend à environ 16 lieues audessus de la surface de la terre, ainsi qu'il est demontré par la durée des Crépuscules.

tion & la nutrition dans les animaux.

ATRACTYLIS. *Linn. Gen. Plant.* 837 ; [*Distaff Thistle.*] Chardon en Quenouille.

Caracteres. La fleur est radiée & composée de plusieurs fleurettes hermaphrodites, renfermées dans un calice commun, écailleux & sans épines; elle a une enveloppe persistante, formée par plusieurs feuilles étroites, unies & armées d'épines aiguës sur le côté: les fleurettes hermaphrodites, qui composent les rayons ou bordures, sont étendues en-dehors sur un côté, en forme de langue, & légèrement découpées en cinq parties; celles qui composent le disque sont en forme d'entonnoir, & divisées au sommet en cinq portions: celles-ci ont chacune cinq étamines minces, courtes & couronnées de sommets cylindriques: dans celles du disque, est situé un germe court & couronné, soutenant un style mince, surmonté d'un stigmat séparé en deux parties. Le germe devient ensuite une semence turbinée, comprimée, couronnée d'un plumet de duvet, & renfermée dans le calice.

Ce genre de plante est rangé dans la premiere section de la dix-septieme classe de LINNÉE, intitulée: *Syngenesia: Polygamia æqualis*, les fleurettes du bord & du disque étant hermaphrodites.

Les especes sont:

1°. *Atractylis cancellata, involucris cancellatis, ventricosis; linearibus dentatis calicibus ovatis, floribus flosculosis. Linn. Sp. Pl.* 830; Atractylis avec une enveloppe gonflée, en forme de filet, un calice ovale, dentelé & linéaire, & des fleurs flosculeuses.

Cnicus exiguus, capite cancellato, semine tomentoso. Tourn. Inst. R. H. Le Chardon prisonnier.

Acarna capitulis globosis. Bauh. Pin. 379.

Eryngium parvùm palmare, foliis serratis. Moris. Hist. 3. P. 166. S. 7. T. 36. F. 16.

Carduus parvus. Bauh. Hist. 3. P. 93.

2°. *Atractylis humilis, foliis dentato-sinuatis, flore radiato, obvallato involucro patente, caule herbaceo. Linn. Sp. Plant.* 829; Atractylis à feuilles sinuées & dentelées, ayant une fleur radiée, fortement défendue par son enveloppe étendue, & une tige herbacée.

Cnicus aculeatus purpureus humilior. Tourn. Inst. R. H. 451.

Crocodiloïdes Atractylidis folio, flore purpureo coronato. Vaill. Act. 1718. P. 172.

Carlina minima caulodes Hispanica. Barr. Rar. 1127. T. 592; Variété.

3°. *Atractylis gummifera, flore acauli. Linn. Sp. Plant.* 829; Atractylis à fleurs sessiles.

Carlina acaulos gummifera. Bauh. Pin. 380.

Cnicus Carlinæ folio, acaulos, gummifer, aculeatus. Tourn. Cor. 33.

4°. *Chamæleo albus Dioscoridis. Colum. Ecphr. 1. P. 1. T. 12.*

Cancellata. La premiere espece est une plante annuelle, originaire de Sicile, d'Espagne, &

& de quelques autres parties chaudes de l'Europe, qui ne s'élève guere au-deſſus de huit à neuf pouces, & dont la tige mince eſt légèrement garnie de feuilles étroites, blanches, & armées d'épines ſur leurs bords: du ſommet de cette tige ſortent deux ou trois branches minces, terminées chacune par une tête de fleurs ſemblables à celles du *Chardon*, avec une enveloppe compoſée de pluſieurs feuilles étroites, armées latéralement d'épines plus longues que la tête des fleurs. Le calice, ſingulièrement figuré en forme de filet, eſt étroit à ſon ſommet, & gonflé au-deſſous; il renferme pluſieurs fleurettes de couleur pourpre, à chacune deſquelles ſuccède une ſemence ſimple, couronnée de duvet. Cette plante fleurit en Juillet; & ſi la ſaiſon eſt chaude & ſèche, ſes ſemences mûriront en Septembre; mais dans les années froides, elles ne ſe perfectionnent jamais ici.

On la multiplie par ſes ſemences, qu'on répand ſur une planche ouverte de terre légere, où les plantes doivent reſter: elles n'exigent point d'autre ſoin que d'être tenues nettes de mauvaiſes herbes, & éclaircies où elles ſont trop épaiſſes.

Humilis. La ſeconde eſpece porte une tige d'environ un pied de hauteur, garnie de feuilles dentelées, & armées de petites épines ſur leurs bords: le ſommet de cette tige ſe diviſe en deux ou trois branches minces, ſoutenant chacune une tête de fleurs pourpre, dont le bord eſt occupé par des rayons, & le centre par des fleurettes renfermées dans un calice écailleux. Les racines de cette plante ſubſiſtent deux ou trois ans: elle fleurit en Juin; mais elle ne perfectionne pas ſes ſemences en Angleterre, à moins que l'été ne ſoit chaud & ſec. Elle croît naturellement dans les environs de Madrid, d'où ſes ſemences m'ont été envoyées.

Gummifera. La troiſieme, que le Collége des Médecins de Londres, a placée au nombre des plantes médicinales, ſous le titre de *Chardon de Carline*, croît naturellement en Italie, & dans les Iſles de l'Archipel: ſa racine vivace pouſſe pluſieurs feuilles étroites, profondément découpées, armées d'épines à leurs bords, & couchées ſur la terre: ſa fleur eſt dépourvue de tige, & placée dans le milieu des feuilles; elle a pluſieurs fleurettes renfermées dans un calice épineux: celles du bord ſont blanches; mais celles qui compoſent le diſque ſont jaunâtres. Cette plante fleurit en Juillet, & ſe multiplie par ſemences; mais comme elle n'en produit point en Angleterre, il faut les faire venir des contrées où elle naît naturellement.

On les ſeme au commencement d'Avril, ſur une plate-bande de terre légere, & à une expoſition chaude. Quand ces plantes ont acquis une certaine force, on en arrache une aſſez grande quantité, pour que celles qui reſtent ſoient ſéparées entr'elles par un intervalle de deux pieds, & on plante celles qu'on a enlevées dans un autre endroit. Après cette opération, elles n'ont plus beſoin que d'être exactement nettoyées en été, & d'avoir en hiver leurs racines couvertes de vieux tan, pour empêcher la gelée de pénétrer dans la terre.

La quatrieme eſpece eſt originaire du Cap de Bonne-Eſpérance ; elle s'éleve à la hauteur de trois pieds, avec une tige d'arbriſſeau, garnie de feuilles oblongues, dentelées ſur leurs bords, & armées d'épines foibles à chaque dentelure : des parties latérales de cette tige ſortent pluſieurs branches minces, & terminées par une tête ſimple de fleurs renfermées dans un calice commun qui s'étend & s'ouvre : ces fleurs, qui ſont d'une couleur d'or, ne produiſent jamais de ſemences en Angleterre.

On multiplie cette eſpece par boutures, qui doivent être priſes dans le mois de Juin, ſur les tiges de fleurs ; on les plante dans des pots remplis de terre légere, qu'on plonge dans une vieille couche de tan ſans chaleur ; on a ſoin de les tenir à l'ombre avec des nattes, pendant la chaleur du jour, juſqu'à ce qu'elles aient pouſſé des racines ; après quoi, on peut les expoſer en plein air, & les y laiſſer juſqu'au mois d'Octobre ; enſuite, on les place ſous un abri, & on les arroſe peu pendant l'hiver : dès l'été ſuivant, on les expoſe au plein air, mais dans une ſituation abritée, avec les autres plantes exotiques dures.

ATRAPHAXIS. *Linn. Gen. Plant. 405.*

Nous n'avons point d'autre nom pour cette plante.

Caracteres. La fleur a un calice perſiſtant, compoſé de deux petites feuilles colorées & oppoſées ; deux pétales ronds & ſinués, plus larges que le calice, & perſiſtans ; ſix étamines capillaires, de la longueur du calice, & couronnées de ſommets ronds : dans le centre eſt ſitué un germe comprimé, ſans ſtyle, mais ſurmonté de deux ſtigmats : le germe devient enſuite une ſemence ronde, comprimée & renfermée dans le calice.

Les plantes de ce genre, ayant ſix étamines & deux ſtigmats, ſont placées dans la ſeconde ſection de la ſixieme claſſe de LINNÉE, qui a pour titre : *Hexandria Digynia.*

Les eſpeces ſont :

1°. *Atraphaxis ſpinoſa, ramis ſpinoſis. Hort. Cliff. 138* ; Atraphaxis avec des branches épineuſes.

Atriplex orientalis, frutex aculeatus, flore pulchro. Tourn. Cor. 38.

2°. *Atraphaxis undulata, inermis. Linn. Sp. Plant. 333* ; Atraphaxis ſans épines.

Arbuſcula Africana repens, folio ad latera criſpo, ad polygona relata. Hort. Elth. 36.

Spinoſa. La premiere eſpece croît naturellement en Médie, d'où M. de TOURNEFORT en a envoyé les semences au Jardin Royal à Paris.

Cet arbrisseau, qui s'éleve à quatre ou cinq pieds de hauteur, pousse plusieurs branches foibles & latérales, armées d'épines, & garnies de petites feuilles en forme de lance, unies & d'une couleur de cendre : ses fleurs sortent en grappes des extrémités des rejettons; elles sont composées chacune de deux pétales blancs colorés en pourpre, & renfermées dans un calice à deux feuilles, blanc & herbacée : ces fleurs paroissent en Août; mais leurs semences ne mûrissent jamais dans ce pays : ainsi la plante ne peut être multipliée que par boutures, & doit être abritée des fortes gelées, qui détruisent ordinairement celles qui sont en pleine terre.

Undulata. La seconde pousse des branches minces, qui traînent sur la terre, si elles ne sont pas soutenues; elles sont garnies de feuilles ovales ondées, frisées à leurs bords, alternes, & embrassant la tige à moitié avec leur bâse : ces feuilles sont de la grandeur de celles de la *Sanguinaire.* Les fleurs sortent des aîles des feuilles, & ressemblent fort aux fleurs apétales, étant composées de quatre feuilles herbacées, dont deux forment le calice, & les deux autres sont les pétales : dans le centre est situé un germe comprimé, & accompagné de six étamines. Cette plante fleurit en Juin & en Juillet; mais ses graines ne mûrissent jamais dans ce pays : elle est originaire des environs du Cap de Bonne-Espérance, d'où elle a été d'abord apportée dans les jardins Hollandois, & ensuite dans ceux d'Angleterre, où on la cultive plus pour la variété que pour sa beauté. On la multiplie aisément par boutures dans tous les tems de l'été, & on la conserve en hiver à l'abri de la gelée.

ATRAPPE MOUCHE. *Voy.* SILENE MUSCIPULA. L. *Lychnis viscaria. L.*

ATRIPLEX. [*Orach, or Arach.*] *Arroche. Pourpier de mer.*

Caracteres. Cette plante a des fleurs femelles & hermaphrodites sur le même pied; les fleurs hermaphrodites ont des calices persistans formés par cinq feuilles ovales & concaves, avec des bordures membraneuses; elles n'ont point de pétales, mais seulement cinq étamines en forme d'alêne, opposées aux feuilles du calice, & soutenant de doubles sommets. Dans le centre est placé un germe orbiculaire avec un court style divisé en deux parties, & surmonté d'un stigmat réfléchi : le germe devient ensuite une semence orbiculaire & comprimée, renfermée dans un calice à cinq angles. Les fleurs femelles ont un calice à deux feuilles larges, unies, érigées & pointues; elles n'ont ni pétales, ni étamines; mais un germe comprimé situé dans le centre, au-dessus duquel est placé un style divisé en deux parties, & surmonté d'un stigmat réfléchi : ce germe devient, quand la fleur est passée, une semence orbiculaire comprimée & renfermée dans les valvules du calice.

Ce genre de plantes est rangé dans la premiere section de la vingt-troisieme classe de Linnée, intitulée : *Polygamia Monœcia*, les mêmes plantes ayant des fleurs femelles & hermaphrodites.

Les especes sont:

1°. *Atriplex hortensis, caule erecto herbaceo, foliis triangularibus. Hort. Cliff. 469;* Arroche avec une tige droite & herbacée, & des feuilles triangulaires.

Atriplex hortensis alba, sivè, pallidè virens. C. B. p. 119; Arroche *ou* Bonne-Dame.

2°. *Atriplex halimus, caule fruticoso, foliis deltoïdibus integris. Hort. Cliff. 469*; Arroche avec une tige d'arbrisseau, & des feuilles entieres à trois angles.

Atriplex lati-folia halimus fruticosa. Mor. Hist. 2. p. 207; communément appelée *Pourpier de mer en arbre.*

Halimus lati-folius, sivè, fruticosus. Bauh. Pin. 120.

3°. *Atriplex Portulacoides, caule fruticoso, foliis obovatis. Flor. Suec. 289;* Arroche avec une tige d'arbrisseau & des feuilles ovales.

Halimus, sive, Portulaca marina. Bauh. Pin. 120.

Atriplex maritima fruticosa, Halimus & Portulaca marina dicta, angusti-folia. Raii. Syn. Portulaca marina. Dod. Pempt. 771.

Il y a quelques autres especes de ce genre, dont plusieurs croîssent naturellement en Angleterre; mais comme ces plantes n'ont aucune beauté, & qu'elles sont rarement admises dans les jardins, je n'en parlerai point ici.

Hortensis. La premiere de ces plantes a été autrefois cultivée dans les jardins potagers comme une herbe bonne à manger, & propre à remplacer les épinars : plusieurs personnes la préferent encore à cette derniere plante, quoiqu'en général les Anglois en fassent fort peu de cas; mais les François la cultivent & en font usage dans leur cuisine.

On en connoît trois ou quatre especes, qui ne different entr'elles que par leur couleur; l'une est d'un verd foncé, l'autre pourpre foncé, & la troisieme a des feuilles vertes bordées de pourpre : quoiqu'on les regarde comme des variétés accidentelles provenant des mêmes semences, je ne les ai cependant jamais vu varier, après les avoir cultivées pendant quarante ans; mais comme il n'y a point entr'elles de différences essentielles, je me suis dispensé de les décrire.

Ces plantes sont annuelles, & doivent être semées pour l'usage au commencement du printems; mais elles réussiront encore mieux, si leurs graines sont mises en terre en automne aussi-tôt qu'elles sont mûres; on pourra alors en faire usage un mois plutôt que de celles qui n'ont été semées qu'au printems. Ces plantes n'ont besoin d'aucune autre culture que d'être houées lorsqu'elles ont atteint la hauteur d'un pouce, débarrassées du voisinage des mauvaises herbes, & éclaircies de maniere à ce qu'il reste entr'elles un espace d'environ quatre pouces. On fait cette opération dans un tems sec; sans quoi, toutes les herbes arrachées reprendroient racine, & le travail seroit inutile. Quand ces plantes ont pris à-peu-près quatre pouces de croîssance, il sera bon de les nettoyer une seconde fois, & de les éclaircir encore dans les endroits où elles sont trop serrées; si cela est bien fait, & dans un tems sec, la terre demeurera nette jusqu'à ce que ces plantes soient bonnes à être cueillies. Si elles sont semées sur une terre riche & à une bonne distance, leurs feuilles deviendront fort larges; & c'est en cela que consiste leur perfection. On doit en faire usage lorsqu'elles sont jeunes, parce que leurs tiges étant une fois devenues dures, elles ne sont plus bonnes à rien. On conserve sur pied quelques-unes de leurs plantes pour en recueillir la graine, qui sera mûre au mois d'Août; on coupe alors leurs tiges, on les enferme dans des toiles; & lorsqu'elles sont bien séchées, on les bat, & on garde les semences jusqu'à ce qu'on veuille en faire usage. La premiere de ces especes est employée en Médecine (1).

Halimus. La seconde a été autrefois cultivée dans les jardins comme un arbrisseau, & quelques personnes en ont fait des haies, qu'on tailloit souvent pour les rendre plus épaisses; mais comme cette plante pousse trop fortement, elle n'est point du tout propre à cet usage: ses rejettons, lorsqu'ils sont placés dans une bonne terre, s'élevent dans un mois à deux pieds de hauteur; de sorte qu'une haie qui en est formée ne peut être tenue en ordre ni conservée à une certaine épaisseur; cette espece étant d'ailleurs sujette à être détruite par les grands froids & les grandes sécheresses, elle laisse

(1) Les feuilles de cette plante, à raison de la grande quantité d'eau & de mucilage qu'elles contiennent, sont très-rafraîchissantes & calmantes; leur suc clarifié peut être d'un grand secours dans toutes les maladies inflammatoires, dans les érosions de la gorge & des intestins, les fievres ardentes, les douleurs de la néphrétique, &c. Sa graine est au nombre des quatre semences froides mineures; on en forme des émulsions, qui, outre leur vertu rafraîchissante, ont encore, comme celles de la *laitue*, quelque chose de narcotique. Les anciens Médecins, tels que DIOSCORIDE, SERAPION, &c. attribuent à ces graines la propriété de purger & d'exciter le vomissement avec violence; mais les Auteurs modernes de matiere médicale, n'en font aucune mention: il feroit néanmoins intéressant de vérifier ce fait, & l'expérience en est facile.

souvent des vuides désagréables.

Quoique cette plante ne soit point propre à former des haies, on peut néanmoins s'en servir pour garnir quelque endroit écarté, où elle figurera très-bien, & produira une variété agréable, au moyen de ses feuilles argentées, parmi les arbrisseaux du même crû : elle s'élève à huit ou dix pieds, & si on la laisse croître librement sans la tailler, elle s'étendra à plusieurs pieds de largeur, & produira quelquefois des fleurs.

Cette espece se multiplie par boutures, qu'on peut planter pendant tout l'été sur une plate-bande à l'ombre, où elles prendront bientôt racine, & feront bonnes à être transplantées à la Saint-Michel, si on a soin de les arroser à propos. Il faut les placer dans les lieux où elles doivent rester ; parce qu'elles ne réussissent pas, si elles sont trop souvent dérangées, sur-tout lorsqu'elles sont devenues grosses & ligneuses.

Portulacoïdes. La troisieme, qui croît sauvage sur les bords de la mer dans quelques cantons de l'Angleterre, peut être multipliée par boutures, comme l'espece précédente : elle croît tout au plus jusqu'à la hauteur de deux pieds & demi ou trois pieds, sous la forme d'un arbrisseau très-touffu, & chargé de feuilles fort étroites moins blanches que celles de la seconde espece.

Cette plante peut être placée parmi les autres arbrisseaux bas, où elle subsistera pendant plusieurs années, & fera une belle variété, si elle se trouve dans une terre sèche & graveleuse.

ATROPA. *Linn. Gen. Plant.* 222, *Belladonna. Tourn. Inst. R. H.* 77. [*Deadly Nightshade.*] Morelle mortelle *ou* poison.

Caracteres. La fleur a un calice persistant formé par une seule feuille en forme de cloche, & découpée en cinq parties : le tube est court & se gonfle vers le bord, où il s'étend en s'ouvrant ; il est également divisé en cinq parties égales : cette fleur a cinq étamines en forme d'alêne, qui s'élevent de la bâse du pétale où elles se joignent, & qui, s'écartant ensuite les unes des autres, sont terminées par de grands sommets tournés vers le haut. Dans le centre est situé un germe ovale, qui soutient un style mince, surmonté d'un stigmat oblong & transversal. Lorsque la fleur est passée, le germe se change en une baie globulaire à trois cellules, placée sur le calice, & remplie de semences en forme de rein.

Ce genre de plantes est rangé dans la premiere section de la cinquieme classe de LINNÉE, intitulée : *Pentandria Monogynia*, la fleur ayant cinq étamines & un style.

Les especes sont :

1°. *Atropa Belladonna, caule herbaceo, foliis ovatis integris. Linn. Sp. Plant.* 181 ; Morelle avec une tige herbacée, &

des feuilles ovales & entieres.

Atropa. Hort. Cliff. 57. Hort. Ups. 45.

Belladonna, majoribus foliis & floribus. Tourn. Inst. R. H. 97.

Solanum Melano cerasus. Clus. Hist. 2, p. 86.

2°. *Atropa frutescens, caule fruticoso, pedunculis confertis, foliis cordato-ovatis, obtusis. Linn. Sp. Plant. 182;* Morelle à tige d'arbrisseau, ayant des pédoncules en paquets, & des feuilles ovales, obtuses, & en forme de cœur.

Belladonna frutescens, rotundi-folia Hispanica. Tourn. Inst. R. H. 77.

3°. *Atropa herbacea, caule herbaceo, foliis ovatis, nervosis, marginibus undulatis;* Morelle à tige herbacée, ayant des feuilles ovales, veinées & ondées sur leurs bords.

Belladonna. La premiere espece croît sauvage dans plusieurs parties de l'Angleterre; mais elle n'est pas fort commune dans les environs de Londres. Je l'ai trouvée dans le parc de Woodstock en Oxfordshire, & en grande abondance en Uppark en Hampshire. Cettè plante pousse de sa racine vivace des tiges fortes & herbacées, hautes de quatre ou cinq pieds, d'une couleur tirant sur le pourpre, & garnies de feuilles oblongues & entieres, qui prennent en automne une couleur de pourpre : ses fleurs larges & portées sur de longs pédoncules, sortent simples entre les feuilles; elles ont la forme d'une cloche, & sont peintes intérieurement d'une couleur de pourpre, & d'un brun sombre à l'extérieur. Quand la fleur est passée, le germe devient une grosse baie ronde, un peu applatie au sommet, d'abord verte, & d'un noir luisant à sa maturité; cette baie est placée sur le calice, & contient un jus pourpre, d'une saveur douce & fade, & rempli de petites semences en forme de rein. Cette plante est appellée dans quelques endroits *Dwale*, mais elle est plus généralement connue sous celui de *Morelle Mortelle*, à cause de ses propriétés pernicieuses : on l'admet rarement dans les jardins, & elle ne doit jamais être placée dans les lieux que fréquentent les enfans; parce qu'étant un violent poison, il pourroit en résulter des accidens funestes, ainsi que nous en avons eu plusieurs exemples dans ces dernieres années, par la mort de quelques enfans qui trompés par la forme, la belle couleur noire, la grosseur de ses baiès qui approche de celle d'une cerise noire, & par leur goût assez agréable, ont succombé à la tentation d'en manger. M. Ray a décrit les symptômes que produisit ce poison sur un Moine mendiant, qui après avoir bu un verre de vin dans lequel cette plante avoit été infusée, tomba dans un délire violent, éprouva des convulsions si fortes, qu'il parut comme un homme enragé; il tomba ensuite dans un état de stupidité pareil à celui d'un homme ivre mort : à la fin il fut gueri par un verre de vinaigre qu'on lui fit avaler.

BUCHANAN, dans son Histoire de l'Ecosse, rapporte un autre exemple des mauvais effets de cette plante ; il raconte que les Danois ayant fait une invasion en Ecosse sous la conduite de SWENON, les Ecossois leur fournirent, pendant une treve, une boisson dans laquelle on avoit mêlé le suc de ces baies ; que ce breuvage enivra tellement les soldats qui composoient l'armée de SWENON, qu'ils ne purent se défendre, & que les Ecossois étant tombés dessus, en tuerent une si grande quantité, qu'il en resta à peine assez pour sauver leur Roi. (1)

Frutescens. La seconde espece s'éleve à la hauteur de

(1) Les différens noms qui ont été donnés à cette plante, indiquent assez qu'elle a toujours été regardée comme extrêmement nuisible & même mortelle : une multitude d'exemples funestes, que nous pourrions rapporter, ne laisse aucun doute sur ses propriétés deleteres. Les symptômes qu'elle occasionne dans ceux qui ont imprudemment goûté de ses fruits, sont d'abord une ivresse complette, un délire profond, une soif inextinguible, des efforts considérables pour vomir, auxquels succèdent des accès de fureur, des serremens de dents, accompagnés de convulsions dans les muscles de la machoire ; les paupieres restent ouvertes, & l'ouverture de la pupille n'est plus susceptible de dilatation ni de contraction : après ces premiers symptômes, on voit bientôt paroître des convulsions générales dans tous les muscles du corps, la face devient rouge & gonflée, la déglutition ne peut plus se faire, il survient une agitation extrême, qui se termine bientôt par un sommeil profond & léthargique, accompagné de soubre-sauts dans les tendons ; la face pâlit, les extrémités se refroidissent, le pouls devient petit, dur & prompt, & enfin le malade périt. L'ouverture des cadavres a fait voir des inflammations & des érosions dans l'estomac & les intestins ; le foie & le mésentere enflammés, tous les visceres de l'abdomen complettement gangrénés, un sang noir & putride dans les gros vaisseaux, des épanchemens d'une humeur séreuse & âcre dans les cavités, &c.

Après avoir donné une idée des funestes effets de ce terrible poison, il ne sera point inutile d'indiquer le traitement qui a été employé avec le plus de succès pour le combattre. La premiere indication à remplir, est de vuider l'estomac autant qu'il est possible, au moyen de trois ou quatre grains de tartre émétique ; mais comme un des effets de ce poison est d'engourdir l'estomac au point de le rendre insensible à l'action de tout remede, on ne pourra y réussir qu'en chatouillant en même tems le gosier avec les barbes d'une plume trempée dans l'huile. Aussitôt que le vomissement paroit, on fait avaler au malade une grande quantité d'eau, à laquelle on a ajouté un quart de vinaigre & quelques cuillerées de miel, & on continue à lui en donner jusqu'à ce que tous les accidens aient absolument disparu. On joint à ces secours des lavemens faits avec la décoction des plantes émollientes, & on les rapproche le plus qu'il est possible.

Quelque dangereuse que soit une plante qui produit des accidens aussi terribles, on l'a cependant em-

six ou huit pieds, avec une tige d'arbrisseau divisée en plusieurs branches, & garnie de feuilles alternes, rondes & semblables à celles du *Styrax*, de la même forme que celles de l'espece précédente, mais beaucoup plus petites. Ses fleurs, d'une couleur sale & jaunâtre, avec quelques traits bruns, sortent entre les feuilles portées sur des pédoncules courts, & ne sont jamais suivies de baies en Angleterre : elle croît naturellement en Espagne, d'où l'on peut s'en procurer les semences au moyen desquelles on la multiplie, en les semant au printems, sur une couche de chaleur modérée, & seulement assez forte pour les faire pousser. Quand ces jeunes plantes ont acquis une certaine grandeur, on les met chacune séparement dans de petits pots, remplis d'une terre marneuse; on les tient à l'ombre jusqu'à ce qu'elles aient formé de nouvelles racines; on les place ensuite avec d'autres plantes dures & exotiques dans une situation abritée, au mois d'Octobre, on les enferme dans une serre, & on les traite après comme les autres plantes du même pays. Cette espece fleurit en Juillet & en Août.

Herbacea. Les semences de la troisieme m'ont été envoyées de Campêche; elle a une racine vivace qui pousse plusieurs tiges cannelées & herbacées, hautes d'environ deux pieds, & divisées au sommet en deux ou trois petites branches, garnies de feuilles ovales longues de quatre pouces, larges de trois, & marquées en-dessous par plusieurs côtes transversales & saillantes : ses fleurs sortent entre les feuilles, sur de courts pédoncules; elles sont blanches & de la même forme que celles de l'espece commune, mais plus petites. Elle fleurit en Juillet & en Août, & son fruit mûrit rarement en Angleterre; on la multiplie en divisant ses racines au printems : ces plantes ne profitent dans notre climat, qu'autant qu'elles sont tenues constamment dans la

---

ployée intérieurement, non-seulement pour calmer les douleurs rhumatismales & goutteuses; mais encore comme un excellent remede fondant & résolutif, dans les concrétions lymphatiques des glandes, & les tumeurs cancereuses occultes & ulcérées : on peut même dire qu'elle a eu dans ces différentes circonstances, ainsi que dans l'épilepsie d'assez grands succès, pour qu'on puisse en espérer encore de plus considérables, lorsque l'habitude de la manier aura rendu les Médecins plus hardis, & que l'expérience leur aura appris à diriger son action & à prévenir ses mauvais effets. On applique aussi ses feuilles écrâsées, & en forme de cataplasme comme un excellent calmant, sur les hémorrhoïdes enflammées & sur les ulcères cancereux.

Son nom de *Belladonna*, lui vient de ce que les Dames Italiennes se servent de son eau distillée pour embellir la peau. On extrait aussi de ses fruits, par la macération, une très-belle couleur verte qui est employée par les Peintres en mignature.

couche de tan de la ferre chaude.

AUBERGINE. *Voyez* MELONGENA.

AUBEPIN. *V.* CRATÆGUS OXYACANTHA.

AUBÉPINE A FLEURS. *Voy.* CRATÆGUS COCCINEA.

AUBEPINE NOIRE, *ou* CROTIN DE BREBIS. *Voyez* VIBURNUM PRUNI-FOLIUM.

AUBIFOIN, BARBEAU, BLEUET, *ou* CASSE-LUNETTE. *Voyez* CENTAUREA CYANUS.

AUBOURS. *Voy.* CYTISUS. LABURNUM.

AVELINIER, NOISETIER. *Voyez* CORYLUS MAXIMA.

AVENA. *Linn. Gen. Plant.* 85. *Tourn. Inst. R. H.* 514. [*Oats.*] *Avoine.*

Caracteres. Les fleurs font recueillies en un épi clair & fans barbe; elles ont une balle bivalve, gonflée au milieu, & pointue aux deux extrémités: la corolle de la fleur a deux valvules, dont l'inférieure eft de la même groffeur que la balle, mais plus dure, & pouffant fur le dos une barbe fpirale, tortillée, noueufe & réfléchie. Il y a au côté fupérieur du germe, deux nectaires ovales & obtus, qui foutiennent deux ftyles réfléchis, velus, couronnés par deux ftigmats unis, & accompagnés de trois minces étamines couronnées de fommets oblongs & fourchus. Le germe fe change enfuite en une femence oblongue & gonflée, pointue aux deux extrémités, marquée par un fillon longitudinal & ferrément enveloppée dans la balle.

Les plantes de ce genre font partie de la feconde fection de la troifieme claffe de LINNÉE, qui a pour titre: *Triandria Digynia;* les fleurs qui la compofent ont trois étamines & deux ftyles.

On ne connoît qu'une efpece de ce genre; favoir:

Avena difpermis, calicibus difpermibus, feminibus lævibus. Hort. Cliff. 25; Avoine à deux femences unies dans chaque balle.

On cultive en Angleterre trois efpeces de cette *Avoine*, qui font la blanche, la noire, & l'*Avoine* brune ou rouge, qu'on fuppofe être feulement des variétés accidentelles; mais dans les endroits où on les a cultivées féparément pendant plufieurs années, je ne les ai jamais vu s'altérer: cependant, comme leurs différences principales ne confiftent que dans la couleur de leurs graines, je ne les regarderai point comme des efpeces diftinctes. Il y a auffi une efpece d'*Avoine* nue qu'on cultive dans quelques parties reculées de l'Angleterre; mais on en voit rarement dans les environs de Londres, où l'efpece blanche eft la plus commune: on cultive la noire de préférence dans les provinces feptentrionales de l'Angleterre où elle eft regardée comme une très-bonne nourriture pour les chevaux: la premiere donne une farine plus blanche, & eft principalement cultivée par les habitans qui en font ufage pour leur nourriture.

L'*Avoine nue* eft moins commune qu'aucune des autres dans les provinces méridionales de l'Angleterre; mais au nord de ce pays, en Ecoffe & dans le pays de Galles, elle eft cultivée en abondance. On fait cas de cette efpece, parce que le grain fort propre de la balle, & il n'eft pas néceffaire de le réduire en farine pour le faire fervir à différens ufages. Un âcre de terre ne produit pas autant de bichets de celle-ci que de l'avoine commune, parce que le grain en eft petit & nud; mais ce qui manque dans la quantité eft fuppléé par la valeur.

On cultive beaucoup l'*Avoine* rouge dans les Comtés de Derby, de Stafford & Chefhire; mais on en voit rarement dans les environs de Londres; comme elle eft fort dure, & qu'elle multiplie beaucoup, elle devroit y être préférée pour les terres fortes.

La balle de celle-ci eft d'un rouge brunâtre, ainfi que la graine qui eft fort pleine & lourde; elle eft regardée comme étant une meilleure nourriture pour les chevaux que les autres efpeces.

L'*Avoine* eft un grain excellent pour la nourriture des chevaux, non-feulement parce qu'ils l'aiment beaucoup, mais parce qu'il leur eft très-falutaire, étant doux & légèrement laxatif, & qu'il ne les refferre point, comme le font les autres grains, qui font par cette raifon dangereux pour les chevaux de labour. L'*Avoine* trop nouvelle leur eft également nuifible, parce qu'elle eft trop laxative, fi on leur en fait manger auffi-tôt après qu'elle eft engrangée, & avant qu'elle foit reffuyée.

Cette plante eft d'une grande reffource dans le nord de l'Angleterre, en Ecoffe & dans le pays de Galles, parce qu'elle réuffit dans les fols froids & ftériles, qui ne peuvent produire aucune autre efpece de graine; elle profite auffi dans la terre la plus chaude: ainfi il n'y en a point de trop riches ou de trop pauvres pour elle, ni de trop chauds ou de trop froids; elle n'eft point d'ailleurs fufceptible d'être gâtée par les pluies qui furviennent dans le temps de la moiffon, & qui endommagent prefque tous les autres grains; fa paille & fes balles font d'une nature fi fèche, qu'étant engrangées humides, elles ne s'échauffent pas dans le tas, & n'y moififfent pas comme les autres efpeces de grains, ce qui eft très-avantageux dans les pays où la moiffon fe fait tard, & où les automnes font humides.

La farine de cette graine fait un pain affez bon, qui fert de nourriture ordinaire aux payfans des parties feptentrionales de la Grande-Bretagne, & dans celles du midi on en prépare différentes efpeces de bouillies & de potages fains & agréables. On en fait auffi de la bierre dans quelques endroits.

On feme les *Avoines* en Février ou en Mars, fuivant que

la saison est plus avancée ou plus tardive : j'en ai même vu quelquefois semer en Avril sur des terres froides, & qui ont cependant mûri de bonne heure. Les *Avoines* noires & rouges, étant plus dures que les autres, peuvent être semées un mois plutôt.

On seme cette espece de grains sur des terres qui ont produit les années précédentes du froment, du seigle ou de l'orge. La méthode commune est de labourer la terre sur les chaumes, vers le commencement de Février, de semer les *Avoines* & de les hersser dans la longueur des sillons pour enterrer la graine, parce que, si on hersoit en travers on entraineroit le chaume au-dessus: mais cette pratique, quoique généralement reçue, a quelque chose de vicieux; car si on a le temps de labourer la terre en automne, le chaume pourrira pendant l'hiver; & en donnant un second labour au printemps; en hersant convenablement, avant de semer les *Avoines*, la terre en sera plus meuble & plus en état de recevoir le grain. La plupart des laboureurs emploient quatre bichets de semence pour un âcre; mais je suis convaincu que trois bichets sont plus que suffisans. Le produit ordinaire d'un âcre de terre est de vingt-cinq bichets; mais il y en a qui en donnent plus de trente.

Les *Avoines* se sement aussi sur des terres nouvellement défrichées, avant qu'elles soient en état de produire d'autres graines, & même souvent avant que l'herbe soit consommée; mais il vaut mieux la laisser pourrir avant de semer, parce que les mauvaises racines empêchent celles de l'*Avoine* de pénétrer dans la terre (1).

AVENUES. Ce sont des allées d'arbres d'une longueur

---

(1) L'*Avoine* n'est pas seulement un aliment sain & agréable, mais on en prépare encore quelques remedes salutaires & employés dans un grand nombre de circonstances.

Outre le principe amilacé grossier qui en fait la bâse, ces graines contiennent une assez grande quantité de matiere gommeuse, & un sel nitreux fourni par les engrais, & charié dans leur substance par l'eau de végétation.

L'*Avoine* est très-rafraîchissante, laxative, tempérante; on en prepare des ptisannes qui sont d'un très-grand secours dans toutes les especes de fievres, dans les maladies inflammatoires, les grandes hémorragies, les douleurs rhumatismales, les affections spasmodiques, le scorbut, la dyssenterie, la toux, l'asthme, l'enrouement, &c. On la donne comme aliment aux convalescens, aux personnes maigres & bilieuses, & à celles qui sont échauffées. L'*Avoine* fricassée avec du vinaigre, & appliquée sur le côté, dans les pleurésies, est un bon résolutif qui procure quelque soulagement au malade: on la fait également cuire dans du gros vin rouge, & on l'applique sur les membres attaqués de rhumatismes chroniques. La farine d'*Avoine* est une des farines résolutives & émollientes qu'on applique en forme de cataplasme, sur les tumeurs, pour en hâter la résolution, ou déterminer la suppuration.

considérable qui conduisent ou aboutissent à une maison d'un côté, & qui communément sont terminées de l'autre par la vue de quelque objet ou par un point de vue remarquable.

Elles étoient autrefois plus recherchées qu'elles ne le sont aujourd'hui; car il y a peu de vieux châteaux de campagne où l'on ne voit une ou plusieurs *Avenues*, & il y a d'autres où l'on en remarque autant qu'il y a de points de vue: mais depuis peu on les a toutes supprimées, & avec raison; car rien n'est si absurde que de s'interdire la vue par un ou plusieurs alignemens d'arbres qui cachent les terres voisines, & ôtent le coup-d'œil de la verdure, & les beautés de la campagne. Lorsque ces *Avenues* sont très-longues, fussent-elles d'une largeur proportionnée, elles ne paroissent à chaque extrémité que comme des allées étroites au travers d'un bois, ce qui ne peut jamais être agréable pour une personne de bon goût, pas même quand le chemin de la maison s'y trouveroit pratiqué, parce que les objets de côté sont soustraits à la vue, & que de la maison on n'apperçoit qu'une route droite, qui n'a pas même l'agrément des chemins ordinaires qui se perdent dans leurs circuits, & ne se font appercevoir que dans une petite étendue. Lorsque les arbres qui forment ces *Avenues* en ligne droite sont devenus grands, non-seulement ils cachent la vue, mais ils masquent & défigurent la beauté du gazon des parcs & des prairies bien entretenues. Dans tous les cas où le terrein peut admettre une plaine large & ouverte de gazon en face du Château, la route qui y conduit doit aller en circuit jusqu'à une certaine distance; & s'il se trouve quelques arbres sur les côtés, & qu'elle tourne d'une maniere aisée & naturelle, elle sera plus belle qu'aucune *Avenue* en droite ligne, si large qu'elle puisse être.

Comme, malgré toutes ces raisons, il peut se trouver encore quelques personnes qui préferent l'ancien usage de diviser les terres par des *Avenues*, aux plus belles dispositions de la nature, je vais indiquer quelle est la meilleure méthode de les tracer, & de les planter.

La largeur de ces Avenues étoit en général autrefois égale à celle de la maison entiere avec ses aîles, vis-à-vis de laquelle elle étoit plantée; on fera même bien de lui donner douze ou quatorze pieds de plus; parce que les arbres, en grossissant, la rétrécissent considérablement.

Les Avenues qui aboutissent à des bois ou à d'autres points de vue, ne doivent pas avoir moins de soixante pieds de largeur; & parceque de pareilles *Avenues* ne donnent pas trop d'ombrage avant un tems considérable, il sera convenable de planter une seconde rangée d'arbres à chaque côté, pour en augmenter l'air de grandeur & de magnificence,

& pour conserver en même tems la beauté de la vue. Il faut donner à ces contre-allées au moins trente-cinq ou quarante pieds de largeur, surtout si elles sont plantées en especes d'arbres qui s'étendent beaucoup, & observer la même distance, si on veut en faire des bosquets réguliers.

Les arbres les plus propres à ces sortes d'*Avenues* sont les Ormes, les Tilleuls, les Maronniers d'inde, les Châteigniers, les Hêtres, les Peupliers & les Chênes:

1°. Les Ormes d'Angleterre réussissent dans tous les sols, excepté dans les terres froides, fort humides & peu profondes; & ils doivent avoir la préférence, parce qu'on peut les tailler & leur donner telle forme que l'on veut, avec plus de sûreté qu'à aucune autre espece d'arbres.

2°. Plusieurs personnes préferent néanmoins le Tilleul, parce qu'il profite dans les terreins médiocres, pourvu qu'ils ne soient ni trop chauds, ni trop graveleux, & à cause de la forme réguliere qu'il conserve dans son accroissement, de son ombrage, de la beauté & de la couleur de ses feuilles.

3°. Le Marronnier d'inde peut aussi être placé en *Avenues;* mais il faut qu'il soit abrité des vents impétueux, à cause de la fragilité de ses branches, qui sont bientôt brisées, si elles ne sont pas exactement taillées. L'accroissement prompt de cet arbre, sa verdure printaniere, la noblesse de son port & de son feuillage, ainsi que la beauté de ses fleurs, le font rechercher, & le rendent aussi propre pour l'ombrage que pour l'ornement. Il se plaît dans un sol fort & serré; mais, s'il est planté avec soin, il réussit aussi dans toutes les terres médiocres. Lorsqu'on l'emploie en *Avenues*, il faut lui donner trente pieds de distance, afin que sa tête puisse s'étendre, & qu'il se développe dans toute sa beauté.

4°. Les Châteigniers ordinaires réussissent bien dans un sol convenable, & s'élévent à une grande hauteur, s'ils sont plantés fort près les uns des autres; mais s'ils sont séparés, & qu'ils puissent prendre leur forme naturelle, leurs têtes s'élargiront, & ils ne s'éléveront pas autant à beaucoup près.

5°. Quoique le Hêtre ait aussi ses partisans, il réussit néanmoins difficilement lorsqu'il est transplanté, à moins qu'on n'en prenne un soin extraordinaire; car malgré qu'il devienne dans les forêts un très-bel & très-grand arbre, on a cependant beaucoup de peine à l'élever à une hauteur considérable par le moyen des pépinieres.

6°. Le Peuplier est plus clair & s'étend plus en longueur qu'aucun des précédens; & quoiqu'il soit peu propre à faire des enclos, il ne doit pas pour cela être exclu des *Avenues*, parce que c'est de tous les arbres celui qui croît le plus promptement, qu'il profite assez bien dans presque tous les sols, & sur-tout dans les terres humides, où peu des autres especes pourroient subsister, & qu'il peut être transplanté sans inconvénient.

7°. Le Chêne n'est guere employé dans les *Avenues*, parce qu'il est trop long-tems à s'élever, & qu'il profite peu quand il est transplanté à une certaine grandeur.

Quant à l'Aune, au Frêne, au Platâne & au Sycomore, ils servent peu à former des *Avenues*.

AVICENNIA. *Voy.* BONTIA GERMINANS.

AUNE. *Voyez.* BETULA ALNUS. SUPPLEMENT, *ou* BOURDAINE.

AUNE NOIR. *Voyez* FRANGULA ALNUS.

AUNE PRODUISANT BAYE. *Voyez* MAUROCENIA AMERICANA.

AUNÉE. *Voyez* INULA HELENIUM.

AVOCAT, POIRE D'AVOCAT. *Voyez* LAURUS PERSEA. L.

AVOINE. *Voyez* AVENA.

AURANTIUM. Cet arbre est ainsi appelé d'*Aurum*, *Or*, à cause de la couleur d'or de son fruit. [*The Orange-tree.*] *L'Oranger, Bigaradier.*

Caracteres. Le calice de la fleur est petit, & formé par une seule feuille découpée en cinq parties : la fleur a cinq pétales oblongs & étendus, & plusieurs étamines qui sont souvent jointes au fond en un petit corps séparé, & couronnées de sommets oblongs : dans le centre est situé un germe rond, qui supporte un style cylindrique, surmonté d'un stigmat globulaire. Quand la fleur est détruite, le germe devient un fruit rond, charnu, applati aux deux extrémités, & rempli d'une pulpe épaisse & charnue, divisée en plusieurs cellules, dont chacune renferme deux semences ovales & dures.

Ce genre de plante a été joint par LINNÉE, au Citronier, auquel il joint aussi le Limonier, & il a fait de chacun une espece du même genre, qu'il a rangé dans sa dix-huitieme classe, intitulée : *Polyadelphia Icosandria*, les fleurs ayant plus de vingt étamines réunies en plusieurs corps.

Les especes sont:

1°. *Aurantium acri medullâ, foliis ovato - lanceolatis, glabris ;* Oranger à feuilles ovales, unies & en forme de lance.

Aurantium acri medullâ, vulgare. Ferr. Hesp. L'Oranger de Séville.

2°. *Aurantium Sinense, foliis lanceolatis, acutis, glabris ;* Oranger à feuilles pointues, unies & en forme de lance.

Aurantium Sinense. Ferr. Hesp. L'Oranger de la Chine.

3°. *Aurantium orientale, foliis lineari-lanceolatis, glabris ;* Oranger à feuilles étroites, unies & en forme de lance.

Aurantium angusto Salicis folio dictum. Boerrh. Ind. Alt. 2. 238 ; Oranger à feuilles de Saule, appelé, par plusieurs, *Oranger de Turquie*, ou *Turquoise.*

4°. *Aurantium decumanum, foliis ovato - lanceolatis, crassis, lucidis, fructu maximo;* Oranger à feuilles luisantes, ovales & en forme de lance, ayant de très-gros fruits.

Aurantium fructu maximo. Indiæ Orientalis. Boerrh. Ind. Alt. 2. 238; appelé *Shaddock*, ou *Pompelmouse*, ou *la Tête d'Enfant.*

5°. *Aurantium humile, pumilum, foliis ovatis, floribus sessilibus;* Oranger nain, à feuilles ovales, ayant des fleurs sessiles aux branches.

Aurantium pumilum, subacri meaulla. Bartol; l'Oranger nain, ou Oranger muscade.

Toutes ces especes sont constantes & distinctes; mais on connoit parmi les *Orangers*, ainsi que parmi les autres especes d'arbres qui ont été perfectionnés par la culture, plusieurs différences qui ne doivent être regardées que comme de simples variétés: tels sont, 1°. l'Oranger à feuilles jaunes, panachées en blanc; 2°. l'Oranger à feuilles frisées; 3°. l'Oranger corné; 4°. l'Oranger à doubles fleurs, &, 5°. l'Oranger hermaphrodite.

Sinense. L'Oranger de la Chine n'étant pas aussi dur que celui de Séville, il faut le traiter plus délicatement, le placer dans la partie la plus chaude de l'orangerie, & le renfermer plutôt en automne; sans cela, les fruits ne tiendront point sur les arbres. Comme cette espece produit rarement de bon fruit en Angleterre, & que ses feuilles sont moins belles & moins larges que celles de la premiere espece, celle de Séville doit lui être préférée, & on n'en doit conserver que deux ou trois de la Chine pour la variété.

Humile. L'Oranger nain est aussi très-tendre: ses feuilles sont fort petites, & croissent par paquets; les nœuds de ses branches sont très-rapprochés, & les fleurs, dont ses branches sont couvertes, naissent très-près les unes des autres. Cette espece, lorsqu'elle est en fleurs, peut servir d'ornement dans les appartemens: ses fleurs parfument l'air d'une odeur douce & suave; mais cet arbre n'est jamais en bon état, parce qu'étant plus tendre que l'Oranger & le Limonier communs, il exige autant de soin que le *Shaddock* ou *Pompelmouse;* sans quoi, il perd ses fruits pendant l'hiver, ainsi que fait celui-là.

Decumanum. Pompelmouse. Le Pompelmouse a été apporté des Indes Orientales par le Capitaine SHADDOCK; ce qui lui en a fait donner le nom par les habitans des Indes Occidentales; mais son fruit a considérablement dégénéré depuis qu'il a été transporté en Amérique, & sur-tout depuis que les arbres, qui les produisent, ont été élevés de semence; ce fruit est devenu aigre, âpre & bien inférieur à l'espece primitive, dont la chair est rouge, tandis que celui d'Amérique est d'un jaune pâle. En continuant de les élever ainsi, ces fruits dégénereront de plus en plus; au-lieu qu'en les

les multipliant avec des greffes choisies, on rétabliroit bientôt l'espece dans sa premiere perfection; mais il y a peu de personnes en Amérique qui entendent la méthode de greffer les arbres fruitiers; & quand même les habitans de ces contrées en seroient instruits, ils sont si négligens, qu'ils abandonnent tout à la Nature, & ne se donnent d'autre peine que de mettre les semences dans la terre, où ils les laissent croître sans daigner les cultiver.

Pour prouver que cette dégénération n'est dûe qu'à la négligence, je rapporterai, qu'ayant envoyé, il y a quelques années, deux jeunes *Orangers de Séville*, à la Jamaïque, où cette espece n'étoit point connue, on se servit de leurs branches pour greffer d'autres arbres, qui ont produit une grande quantité de fruits, dont on en a envoyé depuis peu quelques-uns en Angleterre; que ces fruits, malgré qu'ils eussent été longtems dans la traversée, ont été trouvés bien supérieurs à tous ceux qui nous viennent d'Espagne ou de Portugal, & qu'un seul a donné trois fois plus de jus qu'un autre de la même grosseur, venant de ces dernieres contrées.

Toutes les especes d'*Oranger* à feuilles panachées étant plus tendres que les autres, elles ne profiteront pas, si on n'a pas l'attention de les placer en hiver dans les endroits les plus chauds de l'orangerie, & si on ne les traite pas avec plus de soin que l'espece commune. Quoique plusieurs personnes fassent cas de ces variétés, cependant comme elles ne produisent point de si bons fruits, ni des fleurs en si grande quantité, il n'en faut conserver que peu, & seulement pour le coup-d'œil & la variété.

L'Oranger corné. Troisieme variété. L'Oranger corné differe des autres especes par son fruit qui se divise, & dont l'écorce s'étend en forme de cornes; celui-ci, ainsi que *l'Oranger* tordu ou contourné, sont conservés dans quelques jardins pour la variété; mais ils ne sont pas aussi beaux que les *Orangers* communs.

Il y a aussi une grande variété d'*Orangers* douces dans les Indes Orientales & Occidentales, dont quelques-unes sont beaucoup plus estimées que celles que nous possédons en Europe: mais comme elles sont trop délicates pour réussir dans notre climat avec la culture ordinaire, je n'en ferai point mention ici; je me contenterai de donner des instructions pour le traitement des especes qu'on cultive en Angleterre.

Culture. Quand on veut élever des arbres à tiges pour être greffés en *Orangers*, il faut se procurer des graines de *Citrons*, bien mûres, parce que les tiges de cette espece sont préférables à toute autre pour la promptitude de l'accroissement, & parce qu'elles prennent facilement les greffes d'*Oranger*, de *Limonier* ou de *Citronier*. Après celles-ci, les graines d'*Orange* de Séville doivent être préférées : les fruits pourris fourniſſent ordinairement les meilleures ſemences, & on peut s'en pourvoir aiſément. Au printems, on prépare une bonne couche chaude avec du fumier de cheval, ou, ce qui ſera encore mieux, avec du tan, ſi l'on peut s'en procurer. Quand cette couche a acquis une chaleur modérée, on met les ſemences dans des pots remplis de bonne terre, on les plonge dans la couche, on les arroſe ſouvent, & on ſouleve les vitrages pendant la grande chaleur du jour, pour renouveller l'aïr, & empêcher qu'une chaleur trop forte ne nuiſe aux ſemences. Au bout de trois ſemaines, on verra paroître les plantes ; & ſi elles ne ſont point arrêtées dans leur accroîſſement par défaut de chaleur ou d'arroſement, elles acquerront, dans l'eſpace d'un mois, aſſez de force pour être tranſplantées chacune ſéparément dans des pots. On renouvelle alors la couche, & on ſe pourvoit d'une ſuffiſante quantité de petits pots de la valeur d'un ſou, & dont le diamètre ſoit d'environ cinq pouces à leurs bords: on remplit ces pots à moitié d'une bonne terre fraiche, mêlée avec du fumier de vache fort pourri ; on tire des gros pots les jeunes plantes avec toute leur motte, afin de mieux les ſéparer, ſans déchirer leurs racines; on les met chacune ſéparément dans les petits pots, qu'on remplit enſuite avec la même terre, & qu'on replonge dans la couche chaude, après les avoir bien arroſées, pour fixer la terre aux racines. Comme ces plantes, lorſqu'elles ſont dans une couche chaude, ont beſoin de beaucoup d'humidité, il faut les arroſer ſouvent, & les abriter avec ſoin des rayons du ſoleil, pendant la grande chaleur du jour. Si elles ſont ainſi traitées, elles auront atteint, pour le mois de Juillet ſuivant, la hauteur d'environ deux pieds : alors on commencera à les endurcir par dégrés, en ſoulevant fort haut les vitrages, & en les ôtant même tout-à-fait quand le tems eſt beau ; on évitera néanmoins de les expoſer au ſoleil pendant la grande chaleur du jour, qui leur eſt extrêmement nuiſible, & on aura ſoin de les couvrir pendant ce tems avec des nattes, après avoir ôté les vitrages, qu'on remettra, lorſque le ſoleil commencera à décliner. Vers la fin de Septembre, on les renferme dans l'orangerie, où elles doivent être placées près des fenêtres, afin que l'humidité ne moiſiſſe pas leurs tendres rejettons. Pendant l'hiver, on les rafraîchit ſouvent : au mois de Mars ou d'Avril, on lave leurs têtes & leurs tiges, pour les débarraſſer de la pouſſiere qui s'y eſt attachée ; & au printems ſuivant, on les remet ſur une couche modérément chaude, afin d'avancer leur accroîſſement. Lorſque le mois de Juin eſt arrivé, on fait tout ce qui a été indiqué plus haut pour les endurcir, & les mettre en état d'être greffés dans le mois d'Août. Quand le moment de pratiquer cette opération est venu, on choisit sur un arbre sain & fructueux, & de l'espece qu'on veut multiplier, quelques boutures bien rondes, parce que les yeux sont plus faciles à détacher sur ces especes de branches, que sur celles qui sont plates ; & lorsque les jeunes plantes sont greffées, on les transporte dans l'orangerie, pour les garantir de l'humidité, & on les tourne de maniere que les greffes ne soient pas exposées au soleil ; on leur donne autant d'air qu'il est possible, & on les arrose souvent. Un mois après, on reconnoitra les greffes qui ont réussi ; on détachera les liens, afin qu'elles n'en soient point coupées, & on les laissera dans l'orangerie pour y passer l'hiver. Au printems suivant, on prépare une couche de tan de chaleur modérée ; & après avoir coupé les tiges à trois pouces au-dessus des greffes, on plonge les pots dans la couche, en observant de leur donner de l'air, & de les arroser plus ou moins, suivant la chaleur de la saison, & on a soin de les abriter du soleil pendant le milieu du jour. Par ce traitement, si les greffes poussent bien, elles auront acquis deux pieds de hauteur, & même davantage, pour la fin du mois de Juillet : alors on commencera à les endurcir avant que le froid s'approche, afin qu'elles résistent mieux à l'hiver dans l'orangerie. Durant le premier hiver, on doit les tenir fort chaudement, parce qu'ayant été forcées dans le tan, elles seront un peu plus tendres : mais il est absolument nécessaire de les élever à leur hauteur dans une saison, afin que leurs tiges puissent être droites ; car les arbres, qui sont deux ans à former leurs tiges, les ont toujours courbes. Le traitement qu'il convient d'employer pour ces jeunes plantes dans les années suivantes, est le même que celui des arbres en pleine crûe dont il va être question.

Oranger en bâton. Je vais à présent donner la maniere de conduire les jeunes Orangers qui nous sont apportés tous les ans d'Italie, & par le moyen desquels on garnit plus aisément une orangerie de grands arbres ; car ceux qu'on éleve de semence en Angleterre seront au moins dix-huit à vingt ans avant d'avoir des tiges aussi grosses que les premiers ; & quoique leurs têtes soient petites lorsqu'ils arrivent, cependant avec du soin, on parvient à leur en faire pousser de fortes, & à produire du fruit en trois années.

En choisissant ces arbres, il faut d'abord observer la forme de leurs feuilles & de leurs rejettons, s'ils en ont, afin de distinguer par-là de quelles especes ils sont. Les *Shaddoks* & les *Citronniers* poussent toujours de plus forts rejettons que les *Orangers* ; & les Italiens les apportent de préférence aux *Orangers* de Séville, qui valent cependant mieux pour la fleur & le fruit. On doit préférer ceux qui ont deux bons jets sur leurs tiges, parce que ceux qui n'en ont qu'un produisent toujours des têtes irrégulieres Il faut aussi avoir attention que les tiges soient droites, les branches fraîches, & l'écorce épaisse.

Quand on a fait l'emplette de quelques-uns de ces arbres, on prépare une couche de tan modérément chaude, & dont les dimensions soient proportionnées à la quantité d'arbres qu'on veut forcer; on place ces arbres debout dans une cuve remplie d'eau, de maniere que la moitié de leurs tiges y soient plongées, & que leurs parties supérieures & leurs têtes en soient dehors; on les laisse ainsi pendant deux ou trois jours, & même plus long-tems, si leurs tiges sont plus grosses, afin qu'ils puissent absorber une certaine quantité d'eau, & se préparer à la végétation. Lorsqu'on les sort de cette cuve, on nettoie les racines de toutes leurs ordures, on retranche celles qui sont rompues ou froissées, ainsi que les fibres qui se sont desséchées pour avoir été trop long-tems hors de la terre; on frotte ensuite les tiges avec une vergette douce, & on coupe les branches à six pouces de la tige. Après avoir préparé une bonne quantité de terre fraîche mêlée de fumier de vache fort pourri, on plante ces jeunes arbres dans des pots proportionnés à leur grosseur, & on les remplit ensuite avec la terre qui a été préparée. Il suffit pour cette fois que les pots puissent contenir les racines; on en garnit le fond avec des pierres & des débris de pots cassés, pour empêcher les trous de se boucher, & faciliter l'écoulement de l'eau; on enveloppe les tiges avec des rouleaux de foin depuis le bas jusqu'au sommet, afin que le soleil ne puisse sécher leur écorce; & après avoir bien arrosé les pots pour établir la terre sur les racines, on les plonge dans la couche de tan; on répand souvent de l'eau sur les têtes & sur les tiges, en observant de ne pas leur en donner trop à la fois, surtout avant qu'ils aient formé de nouvelles racines; & on a soin de couvrir les vitrages lorsque le soleil y donne fortement.

Ces arbres auront poussé de forts rejettons au commencement de Juin; & s'ils ont bien pris (ce qui ne peut manquer d'arriver, si on suit exactement ce qui vient d'être prescrit) il sera nécessaire de les arrêter, pour leur faire pousser des branches latérales, & former leurs têtes: on leur donnera beaucoup d'air, pour les endurcir de maniere à pouvoir être placés au dehors dans une situation chaude, dès le milieu du mois de Juillet suivant, avec l'attention de les garantir de la grande chaleur du soleil, & des vents. Vers la fin de Septembre, on les renfermera dans l'orangerie, où ils doivent être placés vis-à-vis les vitrages, qu'il faut tenir ouverts autant que la saison le permettra; & à la fin d'Octobre, lorsqu'on y met les *Myrthes* & les autres plantes moins tendres, on placera les *Orangers* dans l'endroit le plus chaud de l'orangerie, en observant de mettre les plantes ou les arbres les plus bas sur le devant pour cacher leurs tiges. Pendant l'hiver, on les arrosera souvent, mais légèrement à chaque fois, parce que leurs têtes sont alors très-petites, & par conséquent incapables de dissiper beaucoup d'humidité, & on aura grand soin de les préserver de la gelée.

Au printems, lorsqu'on commence à sortir les plantes les plus dures & précoces, pour donner plus d'air à l'orangerie, on lavera les tiges & les feuilles des *Orangers* : on enlevera la surface de la terre, pour remplacer par de la nouvelle, fraiche & riche, qu'on couvrira ensuite extérieurement avec un peu de fumier de vache pourri, sans l'approcher de la tige des arbres : après quoi, on les rangera à des distances plus éloignées dans l'orangerie : afin que l'air puisse mieux circuler autour, on y en introduira plus souvent du nouveau, à mesure que la chaleur augmentera, & on ne les sortira pas avant la fin du mois de Mai, lorsque la saison chaude est bien établie; car si on les mettoit trop tôt en plein air, les matinées, qui sont souvent froides, leur nuiroient beaucoup, changeroient la couleur de leurs feuilles, & détruiroient quelquefois leurs tendres rejettons. Pendant l'été, les *Orangers* mis en plein air seront abrités par de grands arbres ou des haies, pour les préserver du soleil au milieu du jour, ainsi que des grands vents, qui leur seroient très-préjudiciables, s'ils y étoient exposés.

A mesure que ces arbres poussent, on doit arrêter les rejettons les plus forts & ceux qui croissent irrégulierement, pour les forcer à produire des branches latérales qui puissent former les têtes : mais il faut bien se garder d'imiter quelques personnes qui pincent le sommet de toutes les branches; ce qui rempliroit les arbres de petits rejettons trop foibles pour supporter les fruits. On ne doit travailler qu'à former une tête reguliere, & à obtenir de forts rejettons, en retranchant les branches foibles, qui ne peuvent servir à rien quand elles sont trop serrées.

Les *Orangers*, sur-tout s'ils sont grands & forts, exigeant beaucoup d'eau pendant les sécheresses de l'été. on doit avoir un réservoir le plus à portée qu'il est possible, afin d'éviter la peine de l'aller chercher plus loin, & d'épargner un tems considérable qu'il faudroit y employer lorsqu'on possede une grande quantité d'arbres. La fraîcheur de cette eau doit être amortie par la chaleur du soleil, & on doit éviter d'y mêler aucune espece de fumier, quoique cette pratique ait été souvent recommandée; ce seroit comme une liqueur chaude à un corps humain, qui paroît d'abord en augmenter la vigueur, mais qui l'affoiblit plus ensuite qu'il n'étoit foible avant.

Les pots dans lesquels les *Orangers* sont placés devant être changés chaque deux années, il faut avoir soin de préparer toujours un an d'avance une certaine quantité de bonne terre, afin que le fumier qui y est mêlé ait le tems de se consommer entièrement. Cette opération doit être faite au mois d'Avril, afin que les arbres puissent pousser de nouvelles racines avant d'être renfermés dans l'orangerie. Quand cet ouvrage est terminé, il est prudent de les laisser encore quinze jours dans la serre, pour leur donner le tems de s'établir parfaitement.

Quand les arbres sont hors des pots, on coupe toutes les racines qui débordent la motte de terre, & s'il y en a quelques-unes qui soient moisies, on les retranche avec soin; on enleve, autant qu'il est possible, la vieille terre qui remplit les intervalles des racines avec un instrument de fer pointu, & on a soin de ne pas les endommager : on laisse tremper la motte dans une cuve remplie d'eau pendant un quart-d'heure; on frotte ensuite les tiges avec une brosse dure pour les nettoyer, & on essuie les têtes avec une étoffe de laine douce & mouillée. Après avoir garni le fond des pots de pierrailles & d'autres débris, & placé au-dessus de la bonne terre jusqu'à l'épaisseur de trois ou quatre pouces, on y place les arbres bien droits, & on remplit le reste du pot avec la même terre, qu'on presse fortement avec les mains, & qu'on arrose ensuite légerement & abondamment, en passant la gerbe sur la tête de l'arbre, comme si c'étoit une grosse ondée de pluie; ce qu'il faut faire dans l'orangerie, pour rafraîchir leurs têtes, & les aider à pousser des racines.

Lorsqu'on place hors de l'orangerie ces arbres nouvellement transplantés, on a soin de les situer contre une haie, & de les assujetrir à des poteaux, pour empêcher qu'ils ne soient agités, & même déracinés par les vents.

Lorsque les vieux *Orangers* ont été mal soignés, & que leurs têtes sont en mauvais ordre, la meilleure méthode pour les rétablir est de retrancher la plus grande partie de leurs branches, dans le commencement du mois de Mars, de les sortir de leurs caisses ou de leurs pots, de secouer la terre de leurs racines, de couper celles qui pourroient être moisies, ainsi que les petites fibres; de les faire ensuite tremper, de nettoyer l'arbre en entier, depuis les branches jusqu'aux racines; de le replanter dans une bonne terre, de le plonger dans une couche de tan, & de le traiter après comme ceux qui sont envoyés des pays étrangers; au moyen de quoi, ils produiront de nouvelles têtes, & deviendront de bons arbres en deux ans : mais si ces arbres sont gros, & qu'ils aient été pendant plusieurs années dans des caisses, il sera plus aisé de préparer des paniers semblables à ceux dans lesquels on envoie les arbres verds, plus petits que les caisses dans lesquelles ils étoient, & de les y planter ensuite. On plonge ces paniers dans une couche chaude; & vers le commencement de Juillet, lorsqu'ils ont poussé de bons rejettons, on les remet dans des caisses avec leurs paniers, en remplissant les espaces vuides avec de la bonne terre : les caisses ne pourriront point dans le tan, & les arbres réussiront aussi bien, pourvu qu'en ôtant les paniers on ne dérange pas les racines; il faut aussi les laisser quinze jours ou trois semaines dans l'orangerie, lorsqu'ils sont replantés, avant de les mettre en plein air.

Dans les années où l'on ne transplante pas les *Orangers*, on se contente d'enlever en Avril, autant qu'on peut, de la superficie de l'ancienne terre des pots ou des caisses, sans endommager les racines, & on y en remet de la fraiche; on lave aussi les feuilles, les branches & les tiges ce qui contribue à les fortifier, les faire fleurir, & les forcer à pousser vigoureusement l'été suivant.

Dans le traitement des arbres en bon état, la principale attention est de les arroser fréquemmènt, & de ne les point laisser manquer d'eau en hiver; sans quoi, leurs fibres se sécheroient, & les arbres souffriroient beaucoup. Ces arrosements doivent être fort modérés à chaque fois, & on doit avoir soin que l'eau puisse s'écouler aisément, parce que, si elle séjournoit dans les caisses, elle ne manqueroit point de pourrir les fibres des racines. Ces arbres ayant besoin de beaucoup d'air pendant l'hiver, & souffrant beaucoup lorsqu'on les en prive, il faut les placer dans l'orangerie, à une certaine distance les uns des autres, de façon que leurs branches ne s'entremêlent point, & que l'air puisse circuler librement autour de leurs têtes. En été on les met à l'abri des vents violents, à l'exposition du soleil du matin & du soir; car ils ne profiteroient point au soleil du midi : la meilleure situation pour ces arbres est auprès de quelques grandes plantations qui puissent rompre la force des vents & les abriter des chaleurs brûlantes du soleil : on pourra les y laisser jusqu'au commencement d'Octobre, & même plus tard, si la saison est favorable; car si on les renfermoit de bonne heure, & que l'automne fût chaud, ils pousseroient de nouvelles branches foibles & tendres, qui périroient en hiver, & ils fleuriroient dans la serre, ce qui les affoibliroit beaucoup; mais aussi il faut craindre de les laisser trop long-temps à l'air, de peur que les matinées fraîches ne les endommagent.

La terre des *Orangers* doit être composée de deux tiers d'une bonne terre de pâturage, qui ne soit ni trop légère ni trop ferme; mais plutôt marneuse, que l'on prend avec le gazon, à dix pouces de profondeur, & d'un tiers de fumier de vache; on mêle le tout exactement, & on la laisse ainsi pendant un an, avant d'en faire usage, en observant de la retourner chaque mois pour la bien mélanger, & faire pourrir l'herbe & les racines, de casser les mottes, & rendre la terre plus meuble. Avant de l'employer on doit la passer au travers d'un gros crible, pour en séparer les grosses pierres & les racines, sans cependant la rendre trop fine, ce qui seroit extrêmement nuisible, non-seulement aux *Orangers*, mais encore à toute espece de plantes.

On a essayé de planter depuis quelques années plusieurs de ces arbres contre des murailles, & on a établi par-dessus des vitrages, pour les garantir des froids de l'hiver; on en a même mis quelques-uns en pleine terre, qu'on a entourés également de vitrage qui s'enlevoit pendant l'été: ces arbres ont poussé plus vigoureusement, & ont produit une plus grande quantité de fruits que les autres; ces fruits étoient très-mûrs, & ont été trouvés excellents: cette méthode est néanmoins très imparfaite; car quelque précaution qu'on prenne, on ne pourra jamais mettre ces arbres à l'abri des grands froids, qui les détruiront entièrement, ou les endommageront de maniere qu'ils auront beaucoup de peine à recouvrer assez de force pendant l'été, pour pouvoir produire du fruit: on ne peut donc prévenir cet accident, qu'en établissant des fournaux, dont les tuyaux s'étendront dans la longueur des murailles, ou feront le tour des arbres à plein-vent, pour pouvoir échauffer dans le tems rigoureux l'air qui les environne. Les parois de ces tuyaux doivent avoir quatre pouces d'épaisseur en brique, & ils seront attachés à la muraille, par des liens de fer placés de distance en distance. La maniere de construire ces fourneaux est amplement détaillée à l'article *Muraille chaude*. Sans ces fourneaux les arbres courront risque d'être gelés, & on aura encore la peine de couvrir les vitrages, & de les découvrir tous les jours, lorsque le soleil paroîtra. Malgré toutes les couvertures dont on pourroit révetir les vitrages, le froid les pénétrera dans les hivers rudes, & toute la peine qu'on aura prise sera à pure perte. On ne peut donc être certain de réussir, qu'en donnant aux murailles l'épaisseur convenable pour pouvoir y établir des fourneaux. Si le sol est humide on forme une glaise forte, propre à retenir l'eau; on doit élever les plates-bandes au-dessus du niveau du terrein, suivant la situation du lieu. Avant de planter les arbres on garnit le fond des plates-bandes, de deux pieds de décombres, propres à attirer l'humidité, & on établit par-dessus environ deux pieds & demi, ou trois pieds d'épaisseur de bonne terre; ce qui sera suffisant pour permettre aux racines de s'étendre. Cette précaution est si nécessaire que, si l'eau venoit à séjourner au pied des arbres, ils en seroient fort endommagés, & quelquefois même entièrement détruits.

On peut planter dans ces plates-bandes quelques racines de *Lys de Guernesey*, de *Lys de Bella-Donna* & de *Hemanthus*, ou quelques autres fleurs exotiques à racines bulbeuses, qui ne s'élèvent pas trop haut, & ne prennent pas beaucoup de nourriture; ces plantes produisant leurs fleurs en automne ou en hiver, auront une belle apparence, & profiteront mieux que dans des pots.

La maniere de traiter ces arbres plantés contre des murailles ou en pleine terre, est à-peu-près la même que celle qui a été indiquée pour ceux que l'on conserve dans des pots ou dans des caisses; excepté qu'il faut labourer les plates-bandes, & les renouveler chaque année avec du fumier bien consommé.

AUREOLE, GAROU, *ou* LAURIER D'EPURGE. *Voyez* DAPHNÉ. L.

AURICULA MURIS, *ou* PILOSELLA, [*Mouse Ear.*] *La Piloselle*, ou *Oreille de Souris*.

C'est une espece d'herbe à l'*Epervier*, à petites feuilles velues, & blanche en-dessous: cette plante traîne sur la terre, & pousse des racines à chacun de ses nœuds, au moyen desquelles elle s'étend en peu de tems, & couvre bientôt un grand espace.

Cette herbe, fort commune en Angleterre, croît principalement dans des endroits stériles & sur de vieilles murailles, & devient souvent herbe fort embarrassante dans les gazonnages des jardins.

AURICULA URSI. *Oreille d'ours*; ainsi appelée parce que les Anciens ont cru lui trouver de la ressemblance avec l'oreille d'un ours. [*Bears Ear, or Auricula.*]

Le Docteur LINNÉE a joint ce genre au *Primula veris* de TOURNEFORT, & n'en a fait qu'une seule espece, sous le titre de *Primula.*

Il est presqu'impossible & inutile d'indiquer toutes les variétés de cette plante, parce qu'elle produit tous les ans une grande quantité de nouvelles fleurs, qui different entr'elles par leur forme, leur grosseur & leur couleur. Elle varie aussi dans la forme de ses feuilles, dont les différences sont si multipliées que le plus habile Fleuriste a peine à les distinguer.

Il arrive souvent qu'une fleur dont on faisoit beaucoup de cas, après quelques années, n'est plus digne d'être regardée, parce que les semences en auront produit de plus belles auxquelles les Fleuristes donneront la préférence. Ne pouvant décrire toutes ces variétés, je me contenterai d'indiquer les principaux caracteres qui distinguent une bonne *Oreilles d'Ours*.

1°. La tige de la fleur doit être haute & forte.

2°. Son pédoncule doit être court, afin que l'ombelle soit réguliere & serrée.

3°. Dans une bonne fleur, le tuyau ou le cou est court, & la fleur elle-même est large, régulierement étendue, & ne penche en aucune maniere vers le calice.

4°. Il faut que ses couleurs soient vives, brillantes & bien opposées sans aucune nuance.

5°. Que l'œil de la fleur soit large, rond, d'un beau blanc ou jaune, & que son tube ne soit pas trop large.

Les fleurs de cette espece qui ne réunissent point toutes ces qualités, sont rejettées par les bons Fleuristes : ces différentes variétés se multiplient chaque année par semences. Il est facile de choisir les bonnes especes pour remplacer les mauvaises; mais on a tant de penchant pour la nouveauté, que, malgré que les anciennes soient plus belles, on donne cependant la préférence à ces nouvelles fleurs, sur-tout quand on les a élevées soi-même.

Pour obtenir de bonnes fleurs par semences, on fait choix des meilleures especes qu'on expose en plein air, afin qu'au moyen des pluies & des rosées, elles puissent se perfectionner, & produire de bonnes semences. On s'apperçoit que ces semences sont mûres, lorsque dans le mois de Juin, leurs enveloppes deviennent brunes, & commencent à s'ouvrir; mais comme elles ne mûrissent pas toutes dans le même tems, il faut les recueillir à propos, & faire en sorte qu'elles ne se perdent pas.

On seme ordinairement ces graines en Août; mais il suffira de le faire quelques tems avant Noël.

Ces semences exigent une terre fraîche, légère & sablonneuse, mêlée avec du fumier de vache fort consommé, ou du fumier fort pourri du fond d'une ancienne couche de tan : on en remplit les pots ou les caisses dans lesquelles on veut les semer ; après en avoir exactement dressé & uni la surface, on y répand les semences, & on les recouvre légèrement avec du terreau qu'on trouve dans les creux des vieux saules pourris : on garnit ensuite de filets ou de fils de fer le dessus de ces caisses, afin que les chats ou les oiseaux ne puissent gratter la terre, & déterrer ou trop enfoncer les graines; car lorsque ces semences sont recouvertes d'une trop grande épaisseur de terre, elles restent ainsi une année avant de germer, & souvent elles ne poussent point du tout : c'est ce qui a engagé quelques Fleuristes à ne point les recouvrir, & à attendre que les pluies les enfoncent assez; pratique qui a été suivie souvent du meilleur ſuccès. Ces pots & ces caiſſes doivent être placées de maniere à jouïr en hiver des rayons du ſoleil pendant la moitié du jour, & au commencement de Mars, depuis ſon lever, juſqu'à dix heures; parce que les jeunes plantes qui commencent à paroître alors, ſeroient infailliblement détruites, ſi elles reſtoient expoſées durant une journée entiere à l'activité d'un ſoleil ardent.

Pendant les ſechereſſes de l'été, il faut arroſer ſouvent & légèrement ces plantes; elles ſeront aſſez fortes en Juillet, pour être tranſplantées; & ſi on a préparé une planche ou des caiſſes remplies de la terre dont il a été ci-deſſus queſtion, on les y plante à trois pouces de diſtance, & on les abrite du ſoleil juſqu'à ce qu'elles ſoient tout-à-fait enracinées, ainſi que dans les tems chauds & ſecs.

Avant de planter les *Oreilles d'Ours* de ſemence, dans les planches qui leur ſont deſtinées, on en garnit le fond à dix pouces de la ſurface avec du fumier de vache bien pourri, qu'on preſſe après qu'il eſt uni, pour empêcher les vers de déterrer les jeunes plantes, ce qui arrive ordinairement quand cela n'a pas été pratiqué. Ces planches doivent être expoſées au ſoleil levant, & à l'abri de la chaleur du midi. Lorſque les racines des jeunes plantes auront pénétré juſqu'au fumier, qui doit avoir ſix pouces d'épaiſſeur, elles acquerront une nouvelle force, & leurs fleurs deviendront bien plus groſſes.

Quand on a enlevé, des pots ou caiſſes de ſemences, toutes les plantes bonnes à être tranſplantées, on unit encore légèrement la terre, & on n'y touche plus, parce qu'il arrive ſouvent que pluſieurs ſemences, quand elles ont été trop couvertes, après avoir été ſemées, ou par quelque autre cauſe, ne pouſſent point dans la premiere année.

Dès le printems ſuivant, on verra paroître pluſieurs fleurs, parmi leſquelles on choiſira les meilleures, pour les mettre dans des pots avec la terre préparée, & les conſerver juſqu'à la ſaiſon ſuivante: alors on pourra faire un bon choix; celles dont les fleurs ſont petites, ou qui n'ont que des couleurs unies, ſeront placées dans des plates-bandes; on tranſplante dans une nouvelle planche toutes celles qui ne fleuriſſent point encore, & on les y laiſſe, juſqu'à ce qu'on ſache ce qu'elles deviendront.

On multiplie ces fleurs, quand on les a obtenues, ou par rejettons, ou par boutures, priſes en Avril ſur les vieilles racines, lorſqu'elles ſont en fleurs: ces rejettons doivent être plantés dans de petits pots remplis de la terre dont on a déjà parlé, & placés à l'ombre, pour y paſſer l'été: on les arroſe ſouvent & légèrement durant cette ſaiſon; mais il faut les mettre à couvert des pluies violentes, en automne & en hiver. Au printemens suivant, les jeunes plantes, quoique foibles encore, produiront néanmoins des fleurs; & aussi-tôt que la fleur sera passée, on les mettra dans des pots plus grands : pour la seconde année, ces fleurs auront acquis toute la perfection dont elles sont susceptibles.

Pour obtenir une bonne fleur, il faut 1°. préserver les plantes de l'humidité de l'hiver qui les pourriroit, ou les endommageroit beaucoup; leur donner autant d'air qu'il est possible, sans trop les exposer au soleil qui leur feroit pousser leurs fleurs beaucoup trop tôt, & les exposeroit à avoir leurs boutons détruits, par les gelées du matin : pour prévenir ces accidens, les Amateurs des fleurs placent leurs pots d'*Oreille d'Ours* sous le châssis d'une couche ordinaire, où ces plantes peuvent jouïr du grand air dans le tems favorable, en ôtant les vitrages, & être à couvert des grandes pluies, des neiges & des gelées : quand on observe cette méthode avec soin, les fleurs sont plus fortes, & les plantes se multiplient plus promptement que lorsqu'elles restent exposées en plein air.

2°. Si le tems est doux au commencement de Février, on enleve avec précaution la surface de la terre qui remplit les pots, en creusant aussi profondément qu'il est possible, sans endommager les racines; & on remplace cette terre avec de la nouvelle fraîche & riche, qui fera fleurir les plantes, & fera pousser assez vigoureusement les rejettons, pour pouvoir être plantés au mois d'Avril.

Les *Oreilles d'Ours* qui ont des têtes grosses & simples, produisent toujours les plus gros bouquets de fleurs : les Fleuristes curieux enlevent les rejettons le plutôt qu'il est possible, pour faire mieux fleurir les meres-plantes : ils ont aussi grand soin de pincer & de retrancher les fleurs d'automne, pour les empêcher de s'ouvrir, & fortifier par ce moyen les plantes.

3°. Lorsque dans le tems que les plantes poussent leurs boutons, les matinées froides & les gelées se font encore sentir, & qu'il est à craindre que ces tems facheux & les nielles, ne les empêchent de fleurir, on doit couvrir exactement les pots avec des nattes.

4°. Quand les tiges avancent, & que les boutons se gonflent, on doit les abriter des grosses pluies, qui feroient tomber leur poussiere blanche & farineuse, & effaceroient la beauté de leurs fleurs : il est également nécessaire de les tenir découvertes, autant que le tems le permet; sans cela, leurs tiges fileront & deviendront trop foibles pour supporter leurs fleurs : ce qui arrive souvent, quand les pots sont placés auprès des murailles. On doit les arroser légèrement, pour les fortifier, & prendre garde qu'il ne tombe point d'eau dans le centre de la plante ou parmi les feuilles.

5°. Quand les fleurs commencent à s'ouvrir, on met les pots fur un gradin, conftruit avec des tablettes placées les unes au-deffus des autres, & couvert d'un toit de planches pour les préferver de l'humidité : cette couverture doit être mobile pour pouvoir être enlevée, afin de procurer aux plantes l'afpect du foleil levant; & replacée enfuite pour les garantir des rayons du midi. Dans cette pofition les fleurs paroîtront avec plus d'avantage, que fi les pots étoient pofés fur la terre, parce que ces fleurs étant baffes, leur beauté feroit cachée à nos yeux, au-lieu qu'étant placées fur les tablettes, elles font plus en évidence. Elles peuvent refter fur les gradins jufqu'après la fleur; alors on les remet en plein air, & on les expofe aux pluies pour en obtenir des femences qui ne réuffiroient point fi on les tenoit trop long-tems fous un abri. Quand les femences font mûres, on les recueille par un tems bien fec, on les expofe au foleil fur du papier, à une fenêtre, pour qu'elles ne moififfent point, & on les laiffe dans les légumes jufqu'à ce qu'on en faffe ufage.

AURICULA URSI MYCONI. *V.* VERBASCUM MYCONI.

AURONE. *Voy.* ARTEMISIA ABROTANUM.

AURONE SAUVAGE. *Voy.* ARTEMISIA CAMPESTRIS.

AURONE FEMELLE, PETIT CYPRÈS, GARDEROBE. *Voyez* SANTOLINA.

AXE. C'eft proprement un cylindre rond & uni fur lequel on fait tourner une roue; mais en étendant cette dénomination, on peut s'en fervir pour défigner cette partie longue & ronde qui eft placée dans le centre du *Chaton* du *Noyer* & du *Coudrier*, ainfi que de celui de beaucoup d'autres plantes, autour de laquelle les organes mâles font difpofés : les François l'appellent *ame*, *noyau*, ou *poinçon*.

AZALEA. *Linn. Gen. Plant.* 195; [*American upright Honeysuckle.*] Chevrefeuil érigé d'Amérique. *Chamærodadendras.*

Caracteres. La fleur a un petit calice coloré, perfiftant & découpé au fommet en cinq parties aiguës : elle eft en forme d'entonnoir, & a un long tube nud, féparé en cinq lobes, dont les deux fupérieurs font réfléchis en arriere, les deux latéraux penchent en-dedans, & l'inférieur eft tourné vers le bas. Elle eft pourvue de cinq étamines minces, d'égale longueur, & terminées par des fommets oblongs & érigés. Le germe eft rond & foutient un ftyle long & mince, furmonté d'un ftigmat obtus. Le germe devient, quand la fleur eft paffée, une capfule ronde, à cinq cellules remplies de petites femences rondes.

Ce genre de plantes eft rangé dans la premiere fection de la cinquieme claffe de LINNÉE, intitulée : *Pentandria Monogynia*, la fleur ayant cinq étamines & un ftyle.

Les efpeces font :

1°. *Azalea*, *vifcofa foliis*

margine, corollis piloso-glutinosis. Linn. Sp. Plant. 151; Azalea dont les feuilles ont des bords rudes, & dont les pétales de la fleur sont velus & glutineux.

Cistus virginiana flore & odore Periclymeni. Pluk. Phyt. Tab. 161. F. 4.

2°. *Azalea nudi-flora, foliis ovatis, corollis pilosis, staminibus longissimis. Linn. Sp. Plant. 150*; Azalea à feuilles ovales, ayant des fleurs velues & de très-longues étamines.

Cistus Virginiana Periclymeni, flore ampliori, minùs odorato. Pluk. Mant. 49.

Il y a dans ce genre trois ou quatre autres especes, dont deux croîssent naturellement sur les Alpes, & principalement dans les fondrieres; ces plantes ont peu de beauté, elles sont basses, & très-difficiles à conserver dans les jardins. Les autres se trouvent, l'une sur les côtes méridionales du Pont Euxin, & l'autre dans les Indes; mais comme aucune de ces dernieres n'est cultivée dans les jardins anglois, je n'en ferai pas mention.

Viscosa. La premiere espece est un arbrisseau bas qui pousse plusieurs tiges minces & longues de quatre pieds; ses feuilles rudes, en forme de cœur, étroites à leur bâse, & légèrement dentelées à leurs bords, sortent en paquets & sans ordre de l'extrémité des rejettons: ses fleurs naîssent en grappes, entre les feuilles, à l'extrémité des branches; elles sont blanches & d'un jaune sale au dehors, elles sont pourvues d'un tube long d'environ un pouce, & sont divisées assez profondément en cinq segments, dont les deux supérieurs sont recourbés au dehors, les deux latéraux se replient en-dedans, & l'inférieur penche vers le bas. Elles ont aussi cinq étamines minces, un peu plus longues que les pétales, & terminées par des sommets oblongs de couleur de safran, un style beaucoup plus long que les étamines, & surmonté par un stigmat obtus: ces fleurs ressemblent beaucoup à celles du *Chevrefeuil*, & leur odeur est aussi agréable; elles paroissent au milieu de Juillet, & ne sont pas suivies de semences en Angleterre.

Nudi-flora. La seconde espece est beaucoup plus grande que la premiere; mais quoique, dans sa patrie, elle s'élève fréquemment jusqu'à la hauteur de quinze pieds, en Angleterre, elle ne parvient jamais qu'à la moitié de cette élévation: sa racine produit plusieurs tiges garnies de feuilles oblongues, unies, alternes & pétiolées; ses tiges de fleurs sortent des divisions des branches; elles sont longues, nues & supportent une grappe de fleurs rouges, tubuleuses, gonflées à leur bâse comme celles des *Jacinthes*, retrécies à leur cou, & divisées au sommet en cinq segments égaux qui s'étendent en s'ouvrant: les cinq étamines & le style sont beaucoup plus longs que les pétales, & se tiennent érigés. Cette espece fleurit à-peu-près dans le même tems que la précédente ; mais son odeur est moins agréable.

Ces plantes croissent naturellement à l'ombre & sur les terres humides de la plus grande partie de l'Amérique Septentrionale, d'où quelques-unes ont été envoyées depuis peu en Angleterre, & ont produit de très-belles fleurs dans nos jardins ; mais elles n'y profiteront qu'autant qu'on les placera à l'ombre & sur un sol humide. Comme elles ne produisent point ici de semences, on ne peut les multiplier qu'en marcottant leurs branches, & par les rejettons de leurs racines : si cependant il arrivoit qu'on parvînt à faire mûrir leurs graines, on auroit beaucoup de peine à les faire germer, & les plantes qui en proviendroient, seroient long-tems à fleurir. Quand les vieilles plantes se trouvent placées dans la situation qui leur convient, leurs racines s'étendent & produisent des rejettons qu'on peut arracher & transplanter ailleurs.

On ne doit marcotter que les jeunes rejettons de la même année ; parce que les vieilles branches ne poussent point de racines : le meilleur tems pour cette opération, ainsi que pour les transplanter, est à la Saint-Michel. Pendant l'hiver on couvre la terre au-dessus des racines avec du vieux tan, pour empêcher la gelée d'y pénétrer ; & si l'on ne néglige aucune des précautions indiquées, ces plantes resteront long-tems en vigueur, & produiront des fleurs en abondance.

AZARERO, *ou* LAURIER DE PORTUGAL. *Voy.* PADUS LUSITANICA.

AZEDARACH, FAUX SICOMORE, *ou* LILAS DES INDES. *Voyez* MELIA.

AZEROLIER. *Voyez* CRATÆGUS AZAROLUS. L.

B

BACCA, ou *Baie*, eſt un fruit ordinairement rond, mou & couvert d'une peau mince, renfermant des ſemences diſſéminées dans une ſubſtance charnue ; mais lorſqu'il eſt plus dur & couvert d'une chair plus épaiſſe, on le nomme *Pomum* ou *Pomme*.

BACCHANTE. *Voyez* BACCHARIS.

BACCHARIS. [*Ploughman's Spikenard.*] *Aſpic*, ou *Lavande du Laboureur. Bacchante.*

Caracteres. La fleur eſt compoſée de pluſieurs fleurettes hermaphrodites & femelles, égales, mêlées ſans aucun ordre, & renfermées dans un calice commun cylindrique & écailleux. Les fleurettes hermaphrodites ont la forme d'entonnoir ; elles ſont diviſées en cinq parties, & renferment cinq étamines minces, couronnées de ſommets cylindriques, & un germe ovale ſoutenu par un ſtyle foible, & ſurmonté par un ſtigmat qui s'ouvre en deux parties. Ce germe devient enſuite une ſemence ſimple, courte & couronnée d'un duvet long. Les fleurs femelles n'ont point d'étamines ; mais en toute autre choſe, elles reſſemblent aux fleurettes hermaphrodites.

Les fleurs de ce genre étant compoſées de fleurettes femelles & hermaphrodites, toutes deux également fructueuſes, ont été placées par LINNÉE dans la ſeconde ſection de la dix-neuvieme claſſe, intitulée : *Syngeneſia Polygamia ſuperflua.*

Les eſpeces ſont :

1°. *Baccharis Ivæ-folia, foliis lanceolatis, longitudinaliter dentato-ſerratis. Linn. Hort. Cliff.* ; Bacchante à feuilles en forme de lance : dentelées & ſciées longitudinalement.

Senecio Africana arboreſcens, folio ſerrato. Boerrh. Ind. Alt. 1 *P.* 117.

Conyza fruteſcens, foliis anguſtioribus, nervoſis. Few. Peruv. 750. *T.* 37.

Eupatorium Africanum, agerato affinis Peruvianæ, floribus albis. Pluk. Alm. 400. *T.* 318. *F.* 2.

Pſeudo-Helichryſum fruteſcens Peruvianum, foliis longis, ſerratis. Moris. Hiſt. 3. *P.* 90.

2°. *Baccharis Nerii-folia, foliis lanceolatis, ſupernè uno alterove denticulo ſerratis. Hort. Cliff.* 404 ;

Bacchante à feuilles en forme de lance, ſciées ſur leurs bords.

Arbuſcula foliis Nerii. Boerh. Ind. 2. *P.* 263.

3°. *Baccharis Halimi-folia, foliis obovatis, ſupernè emarginato-crenatis. Hort. Cliff.* 405 ; Bacchante à feuilles ovales & dentelées.

Senecio Virginianus arboreſcens, Atriplicis folio. Ray. Hiſt. 1799.

Pſeudo Helichryſum Virginianum fruteſcens, Halimi latioris foliis glaucis. Moris. Hiſt. 3. *P.* 90. *F.* 7. *T.* 10.

Helichryſo affinis Virginiana fruteſcens, foliis Chenopodii glaucis. Pluk. Alm. 134. *T.* 27. *F.* 2.

Argyrocome.

Argyrocome Virginiana, Atriplicis folio. Pet. Gaz. T. 7. F. 4.

4°. *Baccharis fœtida, foliis lanceolatis, serrato-dentatis, corymbis foliosis. Flor. Virg. 121*; Bacchante à feuilles en forme de lance & sciées, avec des corymbes feuillus.

Conyza Americana frutescens fœtidissima. Hort. Elth. Tab. 89.

Le nom Anglois d'*Aspic de Laboureur*, a toujours été appliqué au *Conysa major*; mais depuis, la plupart des Botanistes modernes, ayant donné à ce genre le titre de *Baccharis*, j'ai rappelé l'ancienne dénomination d'*Aspic de Laboureur*, plutôt que de le laisser sans nom.

Ivæ-folia. Quoique la premiere espece ait été apportée du Cap de Bonne-Espérance; on la trouve cependant au Pérou & dans d'autres parties de l'Amérique: cette plante, que les curieux ont long-tems cultivée dans leurs jardins, est un arbrisseau flexible, qui s'élève à la hauteur de cinq ou six pieds, & peut être multiplié par boutures ou par semences. On plante ces boutures sur une plate-bande à l'ombre, en quelque mois de l'été que ce soit, & on répand les semences au printems, sur une terre ordinaire: ces graines mûrissent très-bien dans notre climat; & si on leur permet de s'écarter en automne, elles produiront d'elles-mêmes & sans aucun soin, des plantes nouvelles au printems suivant. Cette espece est assez dure, pour subsister en plein air dans les hivers doux, si elle est placée à une bonne exposition; mais la méthode ordinaire est de la conserver dans une serre pendant la saison froide, & de l'exposer au plein air en été: elle exige beaucoup d'arrosemens dans les grandes chaleurs.

Nerii-folia. La seconde qui est aussi originaire d'Afrique, a une tige molle d'arbrisseau, qui s'élève à huit ou dix pieds, & pousse vers son sommet plusieurs branches latérales, garnies de feuilles fermes, en forme de lance, un peu dentelées vers le haut, & placées sans ordre: les fleurs sortent à l'extrémité des branches en épi serré, composé de fleurettes femelles & hermaphrodites, renfermées dans un calice commun; elles sont d'une couleur herbacée, ont une médiocre apparence, & ne sont pas suivies de semences en Angleterre.

Cette plante est difficile à multiplier, parce que ses boutures ne prennent racine qu'avec beaucoup de peine; & comme il est fort rare de trouver des rejettons près de la racine pour les marcotter, on a imaginé, en Hollande, de coucher la tige entiere des jeunes plantes, & de fixer en terre les plus petites branches avec un crochet, après leur avoir fait une entaille, comme on le pratique pour les œillets: si l'on a bien soin d'arroser ces marcottes, toutes les fois qu'elles en ont besoin, elles auront en une année poussé d'assez fortes racines, pour pouvoir être enlevées &

plantées dans de petits pots remplis de terre légère : on place ces pots à l'ombre jusqu'à ce que les plantes aient produit de nouvelles racines ; après quoi, on les expose en plein air pendant l'été dans une situation abritée, & en hiver on les tient constamment dans une serre.

Halimi-folia. La troisieme est assez commune dans les pépinieres des environs de Londres, où elle est ordinairement connue sous le nom de *Seneçon en Arbre* : cette plante, originaire de la Virginie & des autres parties de l'Amérique Septentrionale, devient un arbrisseau élevé d'environ sept à huit pieds, & fleurit en Octobre. Ses fleurs sont blanches & peu remarquables ; mais comme ses feuilles conservent leur verd toute l'année, on l'admet ordinairement dans les jardins des curieux.

Cette espece peut être multipliée par boutures qui doivent être plantées en Avril ou en Mai, sur une plate-bande à l'ombre, & exactement arrosées dans les tems secs, jusqu'à ce qu'elles aient poussé de bonnes racines : à la St. Michel elles seront en état d'être transplantées où elles doivent rester. Cet arbrisseau peut subsister en plein air, & n'est jamais endommagé par le froid de nos hivers ordinaires ; mais les fortes gelées le détruisent quelquefois.

Fœtida. La quatrieme qui croît naturellement dans la Caroline & dans quelques-autres parties de l'Amérique Septentrionale, s'élève à la hauteur de six à sept pieds, avec une tige ligneuse, garnie de feuilles longues en forme de lance, velues en-dessous, & répandant une odeur désagréable, lorsqu'elles sont touchées : ses tiges sont terminées par des ombelles claires de fleurs, qui paroîssent sur la fin de l'automne, & qui ne sont jamais suivies de semences en ce pays.

On la multiplie par boutures, qu'il faut planter vers la fin de Mai : elles pousseront des racines en deux mois, si elles sont tenues à l'ombre, & exactement arrosées ; après ce tems il faut les mettre dans des pots, afin qu'elles puissent être abritées sous un châssis pendant l'hiver.

BACCIFER, de *Bacca*, une *Baie*, & de *ferre*, *porter* : cette épithete sert à distinguer les arbres, les arbrisseaux & les plantes qui produisent des *Baies* ou de petits fruits en grappe ; tels sont la *Brione*, le *Lys des Vallées*, l'*Asperge*, la *Morelle*, le *Sceau de Salomon*, &c.

BACILLE, PASSEPIERRE, *ou* FENOUIL MARIN. *Voyez* CRITHMUM.

BAGUENAUDIER, FAUX SENÉ. *Voyez* COLUTEA.

BAGUENAUDIER DES JARDINIERS, EMERUS, SENÉ BATARD, *ou* SECURIDACA. *Voyez* EMERUS. T

BALAUSTIA, BALAUSTIER, GRENADIER. *Voyez* PUNICA.

BALAUSTIER, *ou* GRENADIER. *Voyez* PUNICA. L.

BALAUSTIUM. C'est le carice de la fleur du *Grenadier à fruit.*

BALISIER, *ou* CANNA CORUS. *Voyez* CANNA.

BALLOTA, Βαλλωτὴ, *Gr.* [*Black Horehound.*] Marrube noir.

Cette espece est une herbe commune, qui croît sur la plupart des rivages de la mer, qui baigne les côtes de l'Angleterre, & qui est rarement admise dans les jardins. On en connoit deux variétés, l'une à fleurs blanches, & l'autre à fleurs pourpres ; mais comme elles ne sont jamais cultivées, je n'importunerai pas le Lecteur de leur description (1).

BALSAMINE. *Voyez* IMPATIENS BALSAMINA.

BALSAMITA. *Voyez* TANACETUM.

BAMBOU. *Voyez* ARUNDO BAMBOU. L.

BANANIER, *ou* FIGUIER D'ADAM. *Voyez* MUSA.

BANISTERIA. *Houst. M. S. S. Lin. Gen.* 509. *Acer scandens. Sloan. Cat.* 137. *Plum. Cat.* 18. [*Climbing Maple.*] Erable grimpant. Espece de Clematite.

Caracteres. La fleur a un petit calice persistant, découpé jusqu'au fond en cinq segments aigus; cinq pétales de la forme des papilionnacées, qui s'étendent & s'ouvrent: dans quelques especes, une ou deux; & dans d'autres, plusieurs glandes qui forment le nectaire, & dix courtes étamines couronnées de sommets simples. Plusieurs de ces especes ont trois, & d'autres un simple germe; chacun de ces germes soutient un style simple, surmonté d'un stigmat obtus: le germe se change, lorsque la fleur est passée, en plusieurs fruits ailés, semblables à ceux de l'*Erable*, & renferment chacun une simple semence.

Le titre de ce genre a été donné par le Docteur HOUSTOUN, en l'honneur de M. BANISTER, Botaniste curieux, qui est mort en Virginie, en faisant des recherches pour enrichir la Botanique.

Il range cette plante dans la classe des fleurs papilionnacées avec lesquelles elle a une grande affinité par la forme de ses fleurs; mais les dix étamines, placées séparément, ont engagé le Docteur LINNÉE à la comprendre dans sa dixieme classe; & quoiqu'il l'ait mise sous sa troisieme section, cependant il seroit plus convenable de la reporter sous la seconde; le plus grand nombre des especes n'ayant que deux styles.

(1) Quoique le *Marrube noir* ait à-peu-près les mêmes propriétés médicinales que le *Marrube blanc*, on l'emploie néanmoins très-rarement à l'intérieur, à cause de son odeur désagréable; mais on en fait un usage plus fréquent comme topique, lorsqu'il est question d'opérer la résolution des tumeurs & de diviser la matiere qu'elles contiennent. Les feuilles de cette plante, séchées sous la cendre & incorporées avec du miel, sont vantées comme un excellent remede pour guérir les hémorrhoïdes. On en fait aussi une espece d'onguent, dont on recommande de frotter la tête des enfans attaqués de la teigne.

Les especes sont:

1°. *Banisteria angulosa, foliis ovato-oblongis, rigidis, racemis terminalibus, caule fruticoso scandente*; Banisteria avec des feuilles ovales, oblongues & fermes, des épis de fleurs terminant les branches, & une tige grimpante d'arbrisseau.

Le sieur HANS SLOAN l'appele *Acer scandens, foliis Laurinis. Cat. Jam.* 137.

Clematis anguloso folio, Aceris fructu. Plum. Amer. 77. *T.* 92.

2°. *Banisteria fulgens, foliis ovatis, glabris, floribus corymbosis terminalibus, caule fruticoso scandente*; Banisteria avec des feuilles ovales & unies, des fleurs en corymbes à l'extrémité des branches, & une tige grimpante d'arbrisseau.

Triopteris Americana scandens, fructu fulgente majore aureo. Pluk. Mant. 185.

Acer scandens minus, Apocini facie, folio subrotundo. Sloan. Cat. 138.

3°. *Banisteria bracchiata, foliis ovatis, acuminatis, floribus laxè spicatis, ramis diffusis scandentibus*; Banisteria à feuilles ovales & pointues, ayant des fleurs en épis clairs, & des branches grimpantes & diffuses.

Banisteria scandens & frutescens, folio subrotundo, flore ex aureo coccineo. Houst. Manuscrip.

4°. *Banisteria Lauri-folia, foliis ovatis, nervosis, subtùs incanis, floribus lateralibus, caule fruticoso scandente*; Banisteria à feuilles nerveuses, en forme de cœur, velues en-dessous, dont les fleurs croissent sur le côté des branches, & ayant une tige grimpante d'arbrisseau.

Acer Americanum, foliis subrotundis, subtus pubescentibus. Millar. Cat.

Acer scandens, foliis Laurinis. Sloan. Jam. 137. *Hist.* 2. *P.* 26.

5°. *Banisteria Bengalensis, foliis ovato-oblongis, acuminatis, racemis lateralibus, seminibus patentibus. Fl. Zeyl.* 176; Banisteria à feuilles oblongues, ovales & pointues, ayant des épis de fleurs croîssant sur le côté des branches, & des semences étendues.

Acer scandens, foliis Citrei, flore cœruleo spicato. Plum. Cat. 18.

6°. *Banisteria aculeata, foliis pinnatis foliolis oblongis, obtusis, floribus spicatis, caule ramoso aculeato*; Banisteria à feuilles aîlées, dont les lobes sont oblongs & émoussés, ayant des fleurs qui croîssent en un épi, & une tige épineuse & branchue.

7° *Banisteria purpurea, foliis pinnatis, foliolis ovatis, spicis lateralibus, seminibus erectis*; Banisteria avec des feuilles aîlées, dont les lobes sont ovales, des épis de fleurs croîssant sur le côté des branches, & des semences érigées.

Banisteria foliis ovatis, spicis lateralibus, seminibus erectis. Linn. Sp. Plant. 427.

Acer scandens, pseudo-Acaciæ folio, flore purpurascente. Plum. Spec. 18. *Ic.* 15.

Angulosa. La premiere espece, qui croît naturellement à la Jamaïque, a une tige ligneuse, au moyen de laquelle elle se tortille autour des arbres voisins, & s'élève jusqu'à leur ſommet : elle eſt garnie de feuilles d'une grandeur & d'une épaiſſeur égales à celles du Laurier, & qui naiſſent oppoſées: ſes fleurs croiſſent en épis longs & branchus à l'extrémité des branches; elles ſont jaunes, compoſées de cinq ou ſix petites feuilles, & ſuivies de deux ou trois ſemences aîlées, ſemblables à celles du grand Erable.

Fulgens. La ſeconde, qu'on trouve également à la Jamaïque, ainſi qu'à Campêche, & dans pluſieurs autres parties de l'Amérique, a des tiges minces, qui embraſſent auſſi les arbres, & s'élèvent à cinq ou ſix pieds de hauteur; elles ſont peu garnies de feuilles ovales & unies: ſes fleurs, d'une couleur jaune brunâtre, ſortent en paquets ronds de l'extrémité des branches, & ſont ſuivies de ſemences aîlées, pareilles à celles de la précédente, mais plus petites, & avec des aîles plus étroites.

Bracchiata. La troiſieme, qui m'a été envoyée de Carthagene dans l'Amérique Méridionale, où elle croît naturellement, pouſſe quelques branches qui ſe diviſent en pluſieurs autres diſpoſées ſans ordre & fort touffues vers le haut: ces branches ſont garnies de vrilles, au moyen deſquelles elles s'attachent aux arbres voiſins, & s'élèvent à une très-grande hauteur: ſes feuilles ſont ovales, fermes & terminées en pointe: ſes fleurs, produites en épis clairs aux extrémités des branches, ſont d'abord d'une couleur d'or, & deviennent enſuite écarlate; elles ſont ſuivies par des ſemences de la même forme que celles de la précédente, mais foibles, minces, & la plupart ſimples.

Lauri-folia. La quatrieme m'a été envoyée de Campêche par M. ROBERT MILLAR; elle a pluſieurs branches irrégulieres & grimpantes, qui s'attachent aux arbres voiſins, & s'élèvent à une hauteur conſidérable: ces branches ſont couvertes de feuilles ovales, velues en-deſſous, & diviſées ſur cette face par pluſieurs côtés tranſverſaux: ſes fleurs, d'un jaune pâle, ſortent éparſes & claires ſur le côté des branches, & ſont remplacées par de groſſes ſemences doubles & aîlées.

Bengalenſis. La cinquieme a des tiges fortes & ligneuſes, qui s'attachent & ſe tortillent autour des arbres voiſins, & s'élèvent à la hauteur de vingt pieds; elles ſont garnies de feuilles oblongues, pointues, oppoſées, & ſemblables à celles du Laurier: ſes fleurs, qui ſont bleues, ſortent des aîles des feuilles en épis clairs, ſur de longs pédoncules, & ſont ſuivies par des ſemences minces & aîlées, qui s'étendent les unes ſur les autres.

Aculeata. la ſixieme, que j'ai reçue de Tolu dans la Nouvelle Eſpagne, où elle croît ſans culture, a des tiges grimpantes, qui ſe diviſent en pluſieurs branches, garnies de feuilles longues, aîlées, & compoſées d'une vingtaine de paires de petits lobes oblongs & émouſſés, marqués chacun en-dessous par un sillon profond: ses tiges sont armées aux aisselles de fortes épines courtes & un peu recourbées: les fleurs sont produites aux extrémités des branches en épis longs & clairs, & sont succédées chacune par une semence aussi grosse que celle du grand Erable.

Purpurea. La septieme a des tiges fortes & ligneuses, couvertes d'une écorce couleur de cendre & divisées en plusieurs branches, garnies de feuilles aîlées, & composées de cinq ou six paires de petites feuilles ovales, à-peu-près de la même grandeur que celles de l'Acacia commun, mais blanchâtres en-dessous: ses fleurs sortent des aîles des feuilles en grappes minces, comme celles du Groseillier, & sont d'une couleur de pourpre; elles sont remplacées par des semences grosses, aîlées, & qui se tiennent droites: ces graines m'ont été envoyées de Campêche, où la plante naît spontanément.

Culture. Toutes ces plantes étant originaires des pays chauds ne peuvent se conserver en Angleterre que par le moyen des serres chaudes à couches de tan; elles se multiplient par semences, qu'on doit se procurer de leur pays natal: on recueille ces semences lorsqu'elles sont tout-à-fait mûres, & on les met dans du sable ou de la terre pour les envoyer en Europe; car sans cette précaution, leurs germes périssent. Je n'ai pu obtenir que très-peu de plantes d'un très-gros paquet de semences aussi fraîches qu'elles pouvoient l'être, qui avoient été envoyées dans des enveloppes de papier; & celles qui ont réussi n'ont paru que la seconde année. Parce que ces semences sont de la même nature que celles de l'*Erable*, auxquelles elles ressemblent aussi par la forme, elles veulent être semées aussi-tôt après leur maturité, ou être conservées dans le sable ou la terre jusqu'à ce qu'elles soient mises en terre; sans cela elles réussissent rarement. Aussi-tôt qu'on les reçoit il faut les mettre tout de suite dans des pots, si c'est en automne ou en hiver, & les plonger dans une couche de tan dont la chaleur soit très-modérée, pour les préserver des gelées & de l'humidité jusqu'au printems; alors on les enfonce dans une nouvelle couche chaude, qui fera pousser les plantes. Si elles ne paroîssent pas dans la premiere année, on conserve les pots jusqu'au printems suivant, afin de s'assurer si les semences germeront. Lorsque les plantes ont poussé, on les met séparement dans des pots remplis de terre légere, on les plonge dans une couche de tan & on les traite ensuite comme les plantes délicates des pays méridionaux.

BAOBAB. *Voyez* ADANSONIA.

BARBAREA. *Voyez* ERYSIMUM BARBAREA.

BARBE DE CHEVRE. *Voyez* SPIRÆA ARUNCUS. L.

BARBE DE JUPITER. *Voyez*

ANTHYLLIS, BARBA JOVIS; EBENUS & PSORALEA.

BARBE DE BOUC ou SALSIFIS *Voyez* TRAGOPOGON & GEROPOGON.

BARBE DE RENARD. *Voyez* TRAGACANTHA.

BARBEAU, AUBIFOIN, BLEUET ou CASSE-LUNETTE. *Voyez* CENTAUREA, CYANUS.

BARBOUTINE ou POUDRE AUX VERS. *Voyez* SPIGELIA. L.

BARDANE, GLOUTERON, HERBE AUX TEIGNEUX ou LE PETASITE. *Voyez* ARCTIUM.

BARLERIA. Le Pere PLUMIER a nommé ainsi ce genre de plante en l'honneur de JACQUES BARELIER, fameux Botaniste de Paris.

Caracteres. La fleur a un calice persistant divisé en quatre parties opposées, dont deux sont larges & les deux autres plus petites. Cette fleur est de l'espece des *labiées*, d'une feuille en forme d'entonnoir, & divisée au sommet en cinq parties; le segment du milieu est large & érigé, les deux latéraux sont plus étroits, & celui de dessous est tourné vers le bas & divisé en deux. On y remarque quatre étamines minces, dont deux sont fort courtes, & deux grandes, qui sont aussi plus grosses, & couronnées par des sommets oblongs. Dans le centre est placé un germe ovale soutenu par un style mince, & surmonté d'un stigmat séparé en deux parties. Ce germe devient une capsule oblongue, quadrangulaire & membraneuse, composée de deux cellules fort élastiques qui contiennent deux ou trois semences rondes & comprimées.

Ce genre de plantes est classé par LINNÉE dans le second ordre de sa quatorzieme classe, intitulée : *Didynamia Angiospermia*, dont les fleurs ont deux étamines longues & deux plus courtes, & dont les semences sont renfermées dans une capsule.

Les especes sont:

1° *Barleria Solani-folia, spinis axillaribus, foliis lanceolatis, denticulatis. Linn. Sp. 887*; Barleria avec des épines sur les parties latérales des branches, & des feuilles dentelées en forme de lance.

Barleria aculeata Solani folio, angustiore flore cæruleo. Plum. N. G. 31.

2° *Barleria Prionitis, spinis axillaribus quaternis, foliis integerrimis. Linn. Sp. Plant. 636*; Barleria avec quatre épines sortant des côtés des branches & des feuilles entieres.

Colletta-Veetla. Hort. Mal. 9. P. 77. T. 41.

Prionitis. Hort. Cliff. 486.

Lycium Indicum, spinis quaternis ad foliorum singulorum exortum. Seb. Thes. 1. P. 21 T. 13. F. 1.

Melampyro cognata Maderas patana, spinis horrida. Pluk. Alm 243. T. 119. F. 5.

Hystrix frutex. Rumph. Amb. 7. P. 22. T. 13.

3°. *Barleria Buxi-folia, spinis axillaribus oppositis solitariis, foliis subrotundis, integerrimis. Linn. Sp. 887*; Barleria avec des épines aux aisselles de la tige, & des feuilles rondes & entieres.

Barleria Americana spinosissima frutescens, Buxi folio, parvo flore. Amm. Herb. 104.

Caraschulli. Rheed. Mal. 2. *P.* 91. *T.* 47.

4°. *Barleria Coccinea, inermis, foliis ovatis, denticulatis, petiolatis. Linn. Sp. 888*; Barleria sans épines, avec des feuilles ovales & dentelées, supportées par des pétioles.

Barleria Solani-folio, flore coccineo. Plum. Nov. Gen. 31.

Solani-folia. La premiere espece s'élève à la hauteur de trois pieds, avec des tiges droites & quarrées, garnies à chaque nœud de deux feuilles ovales & entieres, au-dessus desquels les fleurs sortent en paquets, & entourent les tiges; sous chacun de ces paquets sont six épines aiguës aussi longues que le calice des fleurs. Ces nœuds sont à trois pouces environ de distance les uns des autres: les fleurs sont bleues, & ont plus de ressemblance aux fleurs *labiées* qu'aucune des autres especes. J'ai reçu celle-ci de Panama.

Prionitis. La seconde, qui a été cultivée dans les jardins des curieux en Hollande depuis plus longtems qu'en Angleterre, pousse de sa racine plusieurs tiges minces qui s'élèvent à la hauteur de huit à neuf pieds, & sont garnies de feuilles ovales pointues, opposées par paires à chaque nœud, & accompagnées de quatre épines longues & croisées. Cette espece n'a pas encore fleuri en Angleterre, quoiqu'il y en ait de grosses plantes dans le Jardin de *Chelsea.*

Buxi-folia. La troisieme a des tiges d'arbrisseau qui s'élèvent à cinq ou six pieds de hauteur, garnies de feuilles rondes, entieres & opposées, sous lesquels il y a de fortes épines. Ses fleurs, produites en paquets vers le haut des tiges, sont suivies de légumes courts qui renferment trois ou quatres semences plates: cette plante croît naturellement dans la Jamaïque.

Coccinea. La quatrieme, qui est originaire des parties chaudes de l'Amérique, a des tiges unies qui s'élèvent à quatre pieds de haut, & sont garnies à chaque nœud de feuilles ovales, & dentelées & opposées; ses fleurs sont placées en paquets aux nœuds des tiges; elles paroîssent en Juillet, Août & Septembre, sont suivies de légumes cours renfermant des semences plates.

ulture. Les racines de la premiere espece subsistent trois ou quatre années; mais après la seconde, les plantes sont trop traînantes, les parties basses des branches se dégarnissent, & deviennent moins agréables à la vue que les plus jeunes: c'est pourquoi il faudroit en élever en différens tems, pour pouvoir remplacer à propos les plus vieilles. Cette espece se multiplie par semences, qu'on recueille dans des pots placés près des plantes dans la serre; mais on en reçoit aussi des pays étrangers, qu'on seme sur une couche chaude au printems. Lorsque les jeunes plantes ſont aſſez fortes, on les place chacune ſéparément dans des pots, qu'on plonge dans une couche chaude de tan, où elles doivent reſter conſtamment, & être traités de la même maniere que les autres plantes exotiques & délicates des mêmes pays, en obſervant de les arroſer fréquemment en été, & de leur donner de l'air frais chaque jour dans les tems chauds. En hiver, il leur faut très-peu d'humidité & beaucoup de chaleur. Elles fleuriſſent depuis le mois de Juin juſqu'en Novembre, & leurs ſemences mûriſſent bientôt après.

La ſeconde eſpece a des tiges flexibles & vivaces qui prennent aiſément de boutures : on les coupe pendant tous les mois de l'été de la longueur de ſix ou huit pouces, & on les plante dans des pots, qu'on plonge dans une couche chaude. Si elles ſont exactement arroſées & abritées du ſoleil, elles pouſſeront bientôt des racines, & pourront être plantées ſéparement dans des petits pots, qu'on plongera dans la couche chaude de tan de la ſerre; car quoique cette eſpece puiſſe être tenue dans une ſerre ſèche pendant l'hiver, cependant les plantes n'y croîſſent pas ſi vîte, & leurs feuilles n'y ſont pas auſſi larges que celles qui ſont plongées dans la couche de tan. On peut par cette méthode les multiplier en abondance; mais comme elle produit rarement des fleurs en Angleterre, & qu'elle ſert très-peu à l'agrément, il eſt inutile d'en garder plus de deux ou trois, pour conſerver l'eſpece.

Comme les troiſieme & quatrieme ne manquent pas de donner des ſémences dans notre climat, quand on les tient dans la couche de tan de la ſerre chaude, elles peuvent être multipliées aiſément par ces graines, qu'il faut ſemer dans la ſerre chaude, & traiter enſuite les plantes qui en proviennent comme celles de la premiere eſpece.

BAROMETRE, de βαρὸς *poids*, & μετρὸν, *meſure*. C'eſt un inſtrument qui ſert à meſurer le poids de l'atmoſphere, à indiquer les variations qui arrivent dans le poids ou la preſſion de l'air, & à déterminer les changemens du tems. Nous devons cet inſtrument aux expériences de TORICELLI ſur le vuide.

1°. Il conſiſte en un long tube de verre ſcellé hermétiquement à l'extrémité ſupérieure, & rempli de vif-argent; on arrange ce tube de maniere qu'il ait ſon extrémité inférieure ouverte & enfoncée dans un baſſin rempli de vif-argent ſtagnant, expoſé à la preſſion de l'air extérieur : le cylindre de vif-argent reſte ſuſpendu dans le tuyau à la hauteur d'environ vingt-huit, vingt-neuf ou trente pouces [g] en meſurant perpen-

[g] Meſure d'Angleterre. L'on peut fixer les limites ordinaires de hauteur du vif-argent dans le Barometre aux Pays-Bas, depuis vingt ſix pouces & trois quarts juſqu'à vingt-huit pouces & trois-quarts, meſure de France. L'A. M.

diculairement depuis la surface du vif-argent stagnant; cette hauteur varie suivant la pesanteur ou pression plus ou moins forte de l'air sur le vif-argent; la partie supérieure du tuyau est vuide, ou au moins privée d'air ordinaire.

Les phénomenes du Baromètre sont différens, ainsi que les causes auxquels plusieurs Auteurs les attribuent; on n'a encore rien de parfaitement certain sur l'usage qu'on en doit faire pour prédire l'état de l'atmosphere.

A Londres, la plus grande hauteur du mercure est de trente pouces & trois huitiemes, & la plus petite de vingt-huit pouces; &, comme M. Boyle l'observe, quoique les phénomenes du Baromètre soient si variés qu'il est très-difficile de se former des regles générales sur l'élévation ou l'abaissement du mercure qu'il contient; cependant on regarde assez généralement comme certaines les observations suivantes.

Dans les grands vents, le mercure est plus bas que dans le tems calme. Suivant le Docteur Halley, dans un tems calme à l'approche de la pluie, le mercure est continuellement bas, & il est haut dans les tems fixement clairs & sereins: il descend au plus bas pendant que durent les grands vents, quoique sans pluie; & toutes choses égales d'ailleurs, il descend moins par les vents d'Est ou de Nord-Est que par les autres. Lorsqu'après de très-grands vents le tems devient calme, le mercure, de très-bas qu'il étoit, se releve promptement; il est également haut dans les tems calmes de gelées.

Les variations du mercure sont beaucoup plus considérables dans les latitudes éloignées de l'Équateur, que dans celles qui en sont proches. Vers les Tropiques & dans la Zone Torride, il y a fort peu de variation dans le Baromètre.

Le Docteur Beal observe 1°. que, toutes choses égales, le mercure s'élève plus dans les froids que lorsqu'il fait chaud, & qu'il est ordinairement plus haut le matin & le soir qu'au milieu du jour.

2°. Que le mercure est plus haut par un tems beau & fixe, qu'un peu avant, ou après, ou pendant la pluie; qu'il descend généralement plus bas après la pluie, qu'il n'étoit auparavant; & que, si par hasard il monte plus haut après la pluie, elle est suivie d'un tems serein & durable.

3°. Qu'il y a souvent de grands changemens dans l'air sans aucune altération sensible dans le Baromètre.

Quant aux prédictions du tems par le moyen du Baromètre, le Docteur Halley a trouvé, qu'après la pluie, le soulèvement du mercure indique le beau tems, & un vent d'est ou nord-est. Que la descente du mercure indique ou des vents de sud ou d'ouest avec pluie, ou des vents violents sans pluie, ou tous deux ensemble. Que, si dans un orage, le mercure commence à monter, c'est un signe assuré qu'il commence à diminuer.

M. PATRICK obſerve, que la chute du mercure dans un tems chaud, préſage le tonnerre. Lorſqu'il arrive du mauvais tems après la chûte du mercure, il dure rarement longtems : on obſerve la même choſe, ſi le beau tems ſuit immédiatement ſon élévation.

D'après ces obſervations, M. POINTER conclut, que la cauſe principale de l'élévation & de la chûte du mercure, vient des variations du vent dans les Zônes tempérées, deſquelles la grande inconſtance ſe fait remarquer notablement en Angleterre.

Une ſeconde cauſe qu'il aſſigne, eſt la diverſe quantité de tranſpiration & d'exaltation des vapeurs qui rendent l'air plus lourd, & le font peſer avec plus de force ſur le mercure du Baromètre dans un tems que dans d'autres : cette ſeconde cauſe dépend en partie de la premiere.

D'après ces principes, il tâche d'expliquer les différents phénomenes du Baromètre.

1°. Le mercure étant bas, préſage de pluie, parce que l'air étant léger, il ne peut plus ſupporter les vapeurs qui ſont devenues ſpécifiquement plus péſantes que le milieu dans lequel elles ſont ſuſpendues; de ſorte qu'elles deſcendent vers la terre : dans leur chûte, elles rencontrent d'autres particules aqueuſes, avec leſquelles elles s'incorporent & forment de petites goûtes de pluie; mais les variations dans la deſcente du mercure eſt l'effet de deux vents contraires, ſoufflant de l'endroit où le Baromètre eſt placé : l'air de cet endroit en eſt tranſporté dans deux directions différentes; par conſéquent, le cylindre incombant de l'air eſt diminué, & à cauſe de cela, le mercure baiſſe. Si par exemple, dans l'océan Germanique il ſouffloit un vent occidental, & qu'il régnât en même-tems un vent oriental dans la mer d'Irlande, ou ſi dans la France il ſouffloit un vent ſeptentrional, & en Ecoſſe un vent méridional, il faut convenir que la partie de l'atmoſphere, qui couvre l'Angleterre, ſeroit par-là attenuée, & rendue plus légere, & que le mercure s'abbaiſſeroit : les vapeurs qui flottoient auparavant dans ces parties de l'air, & qui ſe trouvoient d'un poids égal à lui, s'abbaiſſeroient auſſi vers la terre.

2°. La plus grande hauteur du Baromètre eſt occaſionnée par deux vents contraires, qui ſoufflent vers le lieu où on fait l'obſervation; l'air des autres endroits y eſt porté & accumulé, en ſorte que le cylindre incombant de l'air étant augmenté, & dans la hauteur & dans la peſanteur, le mercure eſt par-là preſſé & obligé de s'élever & de ſe tenir à cette hauteur, tant que les vents continuent à ſouffler dans cette direction : alors l'air étant ſpécialement plus denſe, les vapeurs ſont tenues plus aiſément ſuſpendues; de ſorte qu'elles ne peuvent ſe précipiter, ni tomber en gouttes. Voilà la raiſon du tems ſerein & beau, qui occaſionne les plus grandes hauteurs du mercure.

3°. Le mercure se précipite au plus bas, par le mouvement très-rapide de l'air, dans les orages venteux; parce que l'étendue de la surface de la terre, sur laquelle ces vents exercent leur ravage, ne s'étendent pas sur tout le globe; l'air stagnant qui est laissé en arriere, ainsi que celui des côtés, ne peut y entrer assez vîte pour suppléer à l'évacuation faite par un courant si rapide; de sorte que l'air doit nécessairement être atténué, tant que lesdits vents continuent à souffler, & plus ou moins suivant les degrés de leur violence. Ajoutez à cela que le mouvement horizontal de l'air, par sa rapidité, peut probablement en diminuer la pression perpendiculaire. La grande agitation de ses parties dissipe les vapeurs qui ne se condensent pas en gouttes pour former de la pluie; ce qui, sans cela, seroit l'effet naturel d'une aussi grande raréfaction de l'Air.

4°. Le mercure se tient au plus haut par un vent d'est ou de nord-est, parce que dans le grand océan Atlantique, vers le trente-cinquieme dégré de latitude septentrionale, les vents d'ouest & sud-ouest soufflent presque toujours régulièrement; de sorte que toutes les fois que le vent vient ici de l'est & du nord-est, il est toujours arrêté par un vent contraire, aussi-tôt qu'il atteint l'océan; c'est-pourquoi, suivant ce qui a été observé dans la seconde remarque, l'air doit nécessairement être amassé sur notre Isle, & par conséquent le mercure doit se tenir haut tant que ces vents soufflent.

5°. Dans un tems calme pendant la gelée, le mercure se tient généralement haut, parce qu'il gele rarement à moins que les vents ne soufflent du nord ou du nord-est, ou à moins que ces vents ne regnent dans les environs. Les parties septentrionales de l'Allemagne, le Danemarck, la Suede, la Norwege, & toutes les contrées septentrionales, d'où les vents de nord-est viennent, sont exposées à une gelée presque continuelle pendant tout l'hiver; leur atmosphere condensé par un froid rigoureux, nous est apporté par les vents, & s'accumule dans nos climats, parce que le vent occidental, qui souffle sur l'océan sans interruption, lui oppose un obstacle insurmontable. Cet air condensé & accumulé, presse sur le mercure du Baromètre, & le force à s'élever à une plus grande hauteur. On peut ajouter une autre cause qui concourt à la même fin; savoir: la contraction des parties inférieures de l'Air en moindre espace qui se fait par ce froid, doit en faire baisser les parties supérieures, ce qui attirera un courant d'air de tous les environs jusqu'à ce que l'équilibre soit rétabli dans cette partie de l'Atmosphere.

6°. Après les grands coups de vents, lorsque le mercure a été fort bas, il se releve presque toujours fort promptement. Le même Auteur assûre, qu'il a vu une fois le mercure s'élever d'un pouce & demi en moins de six heures, après un long orage de vent du sud-ouest : la raison de ce phénomene, est que l'air étant fort raréfié par les grandes évacuations que de tels orages occasionnent, l'air voisin s'y précipite plus promptement pour reprendre l'équilibre, comme nous voyons couler l'eau plus vîte à mesure que la pente augmente.

7°. Les variations sont plus considérables, à mesure qu'on s'avance davantage vers le nord; à Stockholm, elles sont plus grandes qu'à Paris, ainsi que l'a observé M. Pascal; parce que les lieux qui avoisinent le nord, sont plus exposés aux grandes secousses de l'air, que ceux qui sont plus au sud, ce qui, dans ces circonstances, doit y faire baisser davantage le mercure : puis les vents du nord amenent encore l'air condensé & lourd du voisinage du pole, qui, étant arrêté de nouveau par un vent méridional, qui souffle à une distance prochaine, doit nécessairement accumuler l'air sur ces pays, & par conséquent soutenir le mercure à un plus grand dégré d'élévation que dans les pays méridionaux.

8°. Cette remarque, *qu'il y a peu ou point de variations dans le Baromètre sous l'Equateur*, confirme plus que tout le reste que les vents variables sont la cause principale des variations de hauteur du mercure dans le Baromètre. Entre les tropiques, le vent souffle presque toujours du même point; à la Barbade, il vient de l'est-nord-est; à Sainte-Helene, de l'est-sud-est. On n'y connoît point de courants contraires qui puissent accumuler ou épuiser l'air; l'atmosphere est presque toujours dans le même état.

M. Patrick nous donne les regles suivantes, pour pouvoir pronostiquer l'état du tems, d'après l'élévation ou la chûte du mercure dans le Baromètre.

1°. Il a été observé que le mouvement du mercure n'excede jamais trois pouces en montant ou en descendant dans le Baromètre d'une forme ordinaire.

2°. Que ses moindres altérations doivent être observées, afin de faire de bons pronostics sur le tems qui doit suivre.

3°. L'ascension du mercure présage généralement le beau tems, & son abaissement, le contraire, comme pluie, neige, gros vents & orages.

4°. Dans un tems très-chaud, la chûte du mercure annonce le tonnerre.

5°. En hiver, l'élévation du mercure présage la gelée; & quand il gele, si le mercure tombe de trois ou quatre dégrés, on aura certainement un dégel; mais si le mercure monte dans une gelée continue, il neigera certainement.

6°. Lorsqu'il arrive du mauvais tems, presque immédiatement après la descente du mercure, on ne doit en attendre que peu : on peut juger de même lorsque le tems devient beau, immédiatement après que le mercure est monté.

7°. Lorsque le mercure monte beaucoup, qu'il se soutient à la même hauteur dans le mauvais tems, & qu'il reste dans cet état pendant deux ou trois jours avant que le mauvais tems soit passé, on peut attendre une durée considérable de beau tems ensuite.

8°. Lorsque le mercure tombe beaucoup, & reste bas dans le beau tems, pendant deux ou trois jours avant que la pluie survienne, on doit s'attendre à beaucoup d'humidité, & probablement à des vents forts.

9°. Le mouvement déréglé du mercure dénote un tems incertain & variable.

10°. On ne doit pas observer si exactement ce qui est marqué sur la planche qui soutient le Baromètre, quoique d'ailleurs les mots s'accordent assez avec le mouvement du mercure : par exemple, si celui-ci après avoir été fixe à *Grande Pluie*, monte jusqu'à *Variable*, il présage le *Beau Temps*, quoique pas d'une maniere aussi durable, que si le mercure étoit monté jusqu'à *Beau-fixe*, & ainsi du contraire.

Ces regles & ces observations suffisent pour instruire les personnes qui ne connoissent point cet instrument, & pour leur apprendre comment il faut qu'elles fassent leurs observations. En comparant constamment les changemens qui arrivent dans le tems avec les variations du mercure, on peut deviner à-peu-près les grandes altérations de l'atmosphere, un jour ou deux avant qu'elles arrivent : ce qui peut être très-utile aux Jardiniers & Fermiers; mais particulièrement à ces derniers, qui peuvent commencer à faucher leurs herbes, lorsqu'ils trouvent une apparence de beau tems, ou les laisser quelques jours, jusqu'à ce qu'ils prévoyent un tems serein : & comme on peut s'en servir également avec avantage pendant les moissons & les semailles, ainsi que dans la plupart des autres travaux de la campagne ; l'usage de cet instrument devroit être plus généralement connu par les Fermiers & Jardiniers, qu'il ne l'est communément (1).

(1) Il n'y a rien à ajouter à cet article, relativement aux opinions généralement adoptées, sur la cause qui fait monter & descendre le mercure du Baromètre ; notre Auteur est parfaitement d'accord à cet égard avec les autres Physiciens. On ne peut douter que l'air ne soit le principal agent de ce phénomene, & qu'il n'agisse par son ressort & son volume sur la colonne de mercure ; mais comment se fait-il que cette colonne s'aggrandisse, lorsque l'air est le plus sec, lorsqu'il paroît plus léger, plus raréfié & moins chargé de vapeurs ; tandis qu'elle s'abbaisse, au contraire, lorsqu'il est surchargé de brouillards & agité par des vents qui coupent en quelque sorte sa pression perpendiculaire ? quel concours de circonstances n'est-on pas forcé d'imaginer, pour faire cadrer la cause avec le résultat ? quel embarras dans l'explication des phénomenes! j'ai bien de la peine à croire que ce systême, dont on est forcé de se contenter, faute de mieux, soit fondé

BARTRAMIA *Voy.* TRIUMFETTA.

---

sur des principes bien raisonnables. Si les expériences qui ont été faites tout récemment sur la nature de l'air, n'ont point ébloui les yeux; si on peut prouver que ce fluide regardé jusqu'à présent comme élémentaire, est, comme les autres mixtes, susceptible d'être détruit & formé dans une multitude de circonstances, quelle lumiere cette théorie nouvelle ne portera-t-elle point dans la Physique? Tout s'arrangera alors de soi-même, & nous aurons deviné le secret de la Nature. [*h*]

[*h*] En admettant ce principe, *que l'Air, comme les autres mixtes, est susceptible d'être détruit & formé dans une multitude de circonstances*, on ne voit pas encore comment cela expliquera les mouvemens du mercure dans le Baromètre comparés avec les variations de l'Atmosphere. Tout s'arrangera alors de soi-même dit-on, mais il auroit fallu dire, au moins, comment cela se fera. Au contraire, en reconnoissant *que les vapeurs & les Exhalaisons sont spécifiquement plus légeres que l'Air Atmosphérique, & , en même tems, qu'elles en diminuent le ressort*, comme toutes les expériences le prouvent, l'on concevra facilement qu'une Atmosphere chargée de vapeurs & d'exhalaisons doit moins péser sur le mercure dans le Baromètre, qu'une Atmosphere claire & sereine, laquelle a, en même temps, & plus de pesanteur & plus d'élasticité. *Voyez l'Art.* AIR, *Note* [*c*] ci-dessus, page 71. Après tout, rien n'est plus sensé à cet égard, que ce que dit *M. de Saussure* dans ses *Essais d'Hygrométrie* (page 307.) dans ces termes: « Quoique » j'attribue à la *Chaleur* & aux » *Vents* les principales variations » du Baromètre, je ne nie cependant point l'Influence des *Vapeurs*; je l'ai au contraire démontrée par des expériences directes, & je n'ai fait que restreindre ses effets d'après ces mêmes » expériences. Je ne nie point non » plus l'influence des *Modifications* » *Chymiques de l'Air*, telles que » l'absorption ou la génération » d'une certaine quantité d'Air pur, » le mêlange de quelques especes » d'Air dont la pesanteur spécifique est plus grande ou plus petite » que la pesanteur moyenne de » l'Air commun. Je dirai même » plus: il me paroît vraisemblable que les Physiciens découvriront encore quelque nouvelle » cause des variations du Baromètre: au moins est-il certain que » celles que nous connoissons sont » insuffisantes pour expliquer tous » les phénomenes. » Note de l'A. M.

BASELLA, [*Climbing Nightshade from Malabar.*] *Morelle grimpante de Malabarre.*

Caracteres. La fleur, dépourvue de calice, a la forme d'un vâse charnu à la bâse, & gonflé; mais elle est fermée vers son bord, où elle est divisée en six parties, dont deux sont plus larges que les autres: elle a cinq étamines en forme d'alêne, égales, attachées au pétale, & couronnées de sommets ronds: dans le centre est situé un germe globulaire, qui soutient trois style minces, surmontés par des stigmats oblongs. Le pétale de la fleur reste, & renferme une baie ronde & charnue, dans laquelle se trouve une semence ronde.

Les plantes de ce genre ayant cinq étamines & trois styles, ont été placées dans la troisieme section de la cinquieme classe de LINNÉE, qui a pour titre : *Pentandria Trigynia.*

Les especes sont :

1°. *Basella rubra, foliis planis, pedunculis simplicibus. Linn. Sp. 390*; Cuscute, ou Morelle grimpante, à feuilles unies sur de simples pétioles.

Cuscuta foliis subcordatis. Hort. Cliff. 39; Morelle grimpante.

Gandola rubra. Rumph. Amb. 5. P. 417.

2°. *Basella alba, foliis ovatis, undatis, pedunculis simplicibus, folio longioribus. Linn. Sp. 390*; Morelle grimpante, à feuilles ovales & ondées sur de simples pétioles, plus longs que les feuilles.

Basella Sinica, foliis & caulibus viridibus minus succulentis, fructu minore. Juss.

Gandola alba. Rumph. Amb. 5. P. 417.

Mirabili Peruvianæ affinis tinctoria, Betæ folio, scandens. Pluk. Alm. 252. T. 63. F. 1.

Rubra. La premiere espece a des tiges & des feuilles épaisses fortes, succulentes, & d'une couleur de pourpre foncé; la plante exige un soutien, parce qu'elle grimpe à la hauteur de huit ou dix pieds : dans une serre ou caisse de vitrages, elle produit un grand nombre de branches latérales; mais si elle est exposée en plein air, elle ne s'étend pas aussi fort, & ne perfectionne ses semences que dans des saisons très-chaudes. Lorsqu'elle est placée dans la serre de tan, elle subsiste souvent pendant tout l'hiver, & produit une grande quantité de fleurs & de semences : ses fleurs n'ont pas une grande beauté; mais la plante est conservée à cause du coup-d'œil singulier de ses tiges & de ses feuilles.

Alba. Les semences de la seconde espece, qui m'ont été fournies par le Docteur JUSSIEU, de Paris, m'ont procuré deux variétés; l'une à tige & à feuilles pourpre, & l'autre à feuilles panachées de blanc; mais toutes les deux retiennent leurs petites tiges, des feuilles oblongues & molles, des fleurs & des fruits plus petits que ceux de la premiere espece, dont elle differe essentiellement.

Ces especes se multiplient par leurs semences, qu'il faut répandre au printems sur une couche chaude : lorsque les plantes sont en état d'être enlevées, on les plante chacune séparement dans des pots remplis de terre, qu'on plonge dans la couche de tan, où il faut les traiter de la même maniere que les plantes exotiques & delicates. On les multiplie aussi par boutures, qu'on fait sécher avant de les planter, pendant deux ou trois jours après qu'elles ont été coupées, afin de donner aux blessures le tems de sécher; sans quoi, elles pourriroient infailliblement. On plante ces boutures dans des pots remplis de terre légère & fraîche, qu'on plonge ensuite dans une couche de tan, dont la chaleur est modérée. Lorsque ces boutures auront poussé des racines, ce qui aura lieu quinze jours ou trois semaines après qu'elles auront été mises en terre, on doit

doit les traiter comme les plantes qu'on a obtenues de semences; mais comme on les multiplie très-facilement au moyen de leurs graines, & qu'elles ont peu de durée, on emploie rarement la bouture. Ces plantes fleurissent depuis le mois de Juin jusqu'en automne, & leurs semences mûrissent en Septembre & en Décembre.

Ces plantes grimpent à une hauteur considérable, & poussent un grand nombre de branches; il faut les placer dans le fond de la serre & les dresser contre un treillage; si elles sont bien polissées, elles feront un très-bon effet, & formeront une variété agréable; au-lieu qu'en les laissant croître en liberté, elles s'entremêleront avec les plantes voisines, & les endommageront beaucoup.

J'ai vu tirer une belle couleur des baies de la premiere espece; mais lorsqu'on en a fait usage pour la Peinture, elle ne s'est pas soutenue longtems, & a pâli considérablement; je crois cependant qu'on pourroit trouver une méthode pour fixer cette belle couleur, & la rendre par-là fort utile; car on m'a assuré qu'on faisoit usage du jus de ces baies dans les Indes pour la teinture de Calico, espece de toile de coton.

BASILIC. *Voyez*. OCYMUM BASILICUM L.

BASILIC SAUVAGE. *Voy.* CLINOPODIUM VULGARE. L.

BASILIC DES CHAMPS. *Voyez* ZIZIPHORA. L.

BASSINET. Espece de Renoncule. *Voyez* RANUNCULUS RUTÆ - FOLIO. L.

BASSINS *ou* FONTAINES. On donne différentes formes aux Bassins ou Fontaines qui servent à l'ornement ou à l'usage des jardins; il y en a de ronds, d'oblongs, & ovales, d'autres sont quarrés, octogones, &c., mais la forme la plus ordinaire est la circulaire; les plus larges sont ceux qui conviennent le mieux lorsque la grandeur du terrein y répond; lorsqu'ils ont un diametre considérable, on les appelle des *Pieces d'eau*, *Canaux*, *Etangs & Réservoirs*.

En les construisant, on doit éviter de les faire trop grands ou trop petits, afin qu'une piece d'eau n'occupe pas la plus grande partie d'un petit espace, ou qu'un Bassin trop petit soit à peine remarquable dans une grande étendue. Cette proportion dépend entierement du jugement & du goût de celui qui dessine un jardin.

Quelques personnes veulent proportionner la largeur d'un Bassin à la hauteur du jet d'eau qui s'en élève, afin que l'eau ne soit pas portée par le vent au-delà des bords du Bassin, & qu'elle y retombe en totalité sans mouiller les allées.

Leur profondeur doit être de deux à trois pieds; ce qui sera suffisant pour pouvoir y plonger commodément les arrosoirs, & empêcher que la gelée ne pénètre jusqu'au fond du Bassin.

Mais s'ils sont destinés à servir de réservoirs, on leur donne quatre ou cinq pieds de profondeur, pour que le poisson puisse y frayer & qu'on puisse y aller facilement en bateau.

Une plus grande profondeur seroit non-seulement inutile, mais même dangereuse, parce que si quelqu'un venoit à y tomber, il s'en retireroit difficilement.

On doit apporter le plus grand soin dans la construction d'un Bassin, parce que l'eau s'échappe par la moindre issue; que cette breche s'élargit de plus en plus, & que quand il a été d'abord mal construit, il est très-difficile à réparer.

On fait les Bassins en terre glaise, en ciment ou en plomb; mais la méthode la plus ordinaire est de se servir de glaise, & on s'y prend de cette maniere. On trace d'abord le Bassin suivant la forme & la longueur qu'on veut lui donner, en observant d'éloigner ses bords tout autour, d'environ quatre pieds, parce que cet espace doit être rempli par les ouvrages qui formeront les parois.

On a soin aussi de le creuser de deux pieds au-dessous de la profondeur qu'on veut lui donner, afin de pouvoir y placer dix huit pouces de glaise, & parce que les six pouces qui restent doivent être occupés par le gravier & le pavé.

La terre glaise qu'on emploie pour cette sorte de construction, doit être détrempée avec de l'eau & exactement paîtrie; lorsqu'on la met en place, on la foule avec les pieds nuds, & on la presse autant qu'il est possible, afin que l'eau ne puisse pas la pénétrer, & que les racines des arbres voisins ne s'insinuent point. La premiere muraille, qu'on appelle *mur de terre*, ne sert qu'à soutenir l'effort des terres qui l'environnent; on la construit avec du mortier ordinaire, dans lequel on mêle des pierres qui aient déjà servi, des cailloux & des fragmens de vâses de terre; la seconde muraille, qui est appliquée à la premiere, & qui doit former l'intérieur du Bassin, se construit avec de bonnes pierres qui aient déjà été employées, & qui ne soient point susceptibles de s'écailler & de se détruire dans l'eau; mais on donne la préférence à celles dont la surface est très-inégale, & aux roches dures de montagne. On place dans l'intérieur de cette muraille des pierres assez longues pour la traverser, afin de rendre cet ouvrage solide & durable.

Pour faire les Bassins en ciment: lorsqu'on a tracé ses dimensions, on l'élargit d'un pied neuf pouces sur chaque bord, & on le creuse d'autant au-delà de la profondeur qu'il doit avoir.

L'excavation étant achevée, on élève perpendiculairement contre la terre une muraille de maçonnerie d'un pied d'épaisseur, depuis le fond jusqu'aux bords du Bassin; on construit cette muraille avec des fragmens de vâses de terre, de vieilles pierres & du bon mortier fait avec de la chaux & du sable de riviere.

On établit ensuite sur le fond du Bassin une maçonnerie pareille & d'un pied d'épaisseur ; après quoi, on construit avec de petits cailloux & du mortier de chaux & de ciment, une nouvelle muraille de huit pouces d'épaisseur, qui revêt tout le fond & les murs latéraux.

Lorsque cet ouvrage a pris de la solidité, on l'enduit dans toute sa surface, au moyen d'une truelle, avec un mélange de chaux & de ciment bien fin & bien criblé.

La proportion de cet enduit doit être de deux tiers de ciment sur un tiers de chaux ; lorsqu'il est bien fait, il acquiert sous l'eau la dureté du marbre, & ne s'amollit jamais.

Quand le Bassin est fini, on frotte tous les jours une fois, le dernier enduit avec de l'huile ou du sang de bœuf, pendant cinq ou six jours, pour empêcher le ciment de se gercer ; après quoi, on y fait entrer l'eau le plutôt possible.

Quant aux Bassins qu'on veut construire en plomb, on creuse chaque bord d'un pied de plus, pour y élever une muraille de la même épaisseur, propre à résister à la poussée des terres ; mais le fond n'a pas besoin d'être creusé de plus d'un demi-pied au-delà de la profondeur qu'il doit avoir.

Cette muraille doit être faite en pierres bien jointes, & unies avec du mortier de plâtre, parce que, si l'on employoit de la chaux, elle attaqueroit le plomb, & le détruiroit. On arrange ensuite les feuilles de plomb dans le fond & sur les côtés, & on les soude les unes avec les autres.

Cette derniere sorte de Bassin est peu en usage ; non-seulement à cause de la grande dépense qu'elle occasionne, mais encore, parce que le plomb excite la cupidité des voleurs. Il faut avoir grand soin de tenir les bords des Bassins de niveau, afin que l'eau puisse les couvrir également.

Quant aux tuyaux qui conduisent l'eau dans les Bassins, & à ceux qui servent de décharge, il ne faut pas les faire trop étroits, de peur qu'ils ne viennent à se boucher, malgré les coiffes ou couloirs que l'on y met pour les en garantir.

Les décharges peuvent être faites en tranchées, ou avec des tuyaux de terre ; mais si elles doivent servir à nourrir des jets d'eau, il faut nécessairement avoir des tuyaux de plomb.

Ces Bassins sont à présent rejettés par les personnes de bon goût, comme ne pouvant servir d'ornement ; & quand il est nécessaire de faire des réservoirs d'eau pour l'usage des jardins, on les creuse dans les parties basses, pour recevoir l'eau des terres voisines pendant les grandes pluies. Les côtés de ces étangs doivent être pratiqués en pentes douces, afin que les terres ne s'éboulent point, & ne soient pas emportées par le courant de l'eau.

Les côtés & le fond de ces étangs, doivent être garnis de terre glaise bien travaillée, & de neuf ou dix pouces d'épaisseur : quand cet ouvrage est fini, on couvre bien la glaise pour empêcher le soleil & le vent de la fendre avant que l'eau n'y soit. La forme & les contours de ces étangs ne doivent point être réguliers, parce qu'il faut suivre les sinuosités du terrein où ils sont pratiqués ; ce qui épargnera beaucoup de frais, & aura meilleure apparence.

BASTERIA. *Nov. Gen. ou Calycanthus Floridus*, *Lin. Sp. Plant. 718. Butneria* [*Allspice*] *Les Quatre Epices.* Comme cette plante n'avoit point de nom, je lui ai donné celui de *Basteria*, en l'honneur de mon ami le Docteur JOB BASTER, de Zirickzée en Hollande, habile Botaniste, qui possede un très-beau jardin rempli de plantes rares, qu'il communique volontiers à tous ses amis, & dont j'ai éprouvé la générosité depuis longues années. Les François la nomment *la Pompadour*, ou *faux Girofier*.

Caracteres. Le calice de la fleur est court, & d'une feuille découpée au sommet en cinq segmens étroits. La fleur a un double rang de pétales, étroits, étendus, ouverts & tournés en-dedans à leur extrémité. Sous le receptacle, est situé un germe ovale qui n'a point de style, mais cinq stigmats placés au-dessus ; il est accompagné de plusieurs courtes étamines, couronnées de sommets obtus. Le germe se change ensuite en un fruit rond, comprimé aux extrémités, & a plusieurs cellules qui renferment des semences oblongues.

Nous n'avons à présent qu'une espece de ce genre en Angleterre, qui est :

Basteria, foliis ovatis oppositis, floribus lateralibus, caule fruticoso ramoso; les Quatres Epices à feuilles ovales & opposées, dont les fleurs sortent des parties latérales des tiges qui sont disposées en arbrisseau branchu.

Calycanthus floridus, *Lin. Sp. Plant. 718.*

Frutex Cornifoliis conjugatis, floribus Anemones stellatæ, petalis crassis, rigidis, colore sordidè rubente, cortice aromatico. Catesb. Hist. Carol. vol. 1. p. 46 ; ordinairement appelée dans la Caroline *Allspice* ou *Quatre Epices.*

Butneria Anemones flore. Duham. Arb. 1. p. 114. t. 45.

Butneria petalis coriaceis, oblongis, calicis foliolis reflexis. Ehret. Pict. t. 13 ; Butneria, à fleur d'Anemone.

Cet arbrisseau qui croît naturellement en Amérique, a été introduit dans les jardins Anglois par CATESBY, qui l'a fait venir de l'intérieur du continent, de quelques centaines de milles à l'occident de Charles-Town dans la Caroline.

Il s'éleve ici à quatre pieds de hauteur, & se divise près de la terre, en plusieurs branches foibles, garnies sur chaque nœud de deux feuilles ovales, entieres, supportées par de courts petioles, & opposées. Ses fleurs croîssent seules à l'extrémité des pédoncules, qui sortent des aîles des feuilles ; elles ont un enchaînement de petales coriacés & étroits, qui s'ouvrent, & se tournent en-dedans au sommet, comme ceux des Anémones étoilées; ces fleurs sont d'un pourpre foncé, d'une odeur désagréable, & paroîssent en Mai: le germe qui est placé au-dessous de la fleur, & qui soutient cinq stigmats, paroît ensuite renfermer cinq cellules remplies de semences, qui ne mûrissent jamais parfaitement dans ce pays; ainsi je ne puis en parler que sur un échantillon imparfait que j'ai reçu il y a quelques années. L'écorce de cet arbrisseau est brune, & rend une odeur forte & aromatique, qui lui a fait donner, par les habitans de la Caroline, le nom d'*All-spice* ou *de toute Epice*, sous lequel il est aussi généralement connu dans les pépinieres près de Londres.

Cet arbrisseau réussit en plein air en Angleterre, quand il est planté dans une exposition chaude, & dans un terrein sec: on le multiplie en marcottant ses jeunes branches, qui prennent racine dans une année; après quoi, on les sépare de la plante principale, pour les placer à demeure dans les lieux où elles doivent rester; parce que cet arbrisseau souffre difficilement d'être transplanté, lorsqu'il est parvenu à une certaine grandeur. Quand les marcottes sont en place on couvre la surface de la terre avec du terreau, ou de la terre douce, pour empêcher le hâle de pénétrer jusqu'aux racines: si la saison est sèche on les arrose une fois par semaine, & toujours avec ménagement, pour ne point faire pourrir les tendres fibres des racines.

On doit choisir l'automne, pour marcotter ces plantes; mais on ne les transplante qu'une année après; parce que le printems est la saison la plus favorable pour les enlever Lorsque les branches sont marcottées, on couvre la surface de la terre avec du vieux tan pour empêcher la gélée d'y pénétrer, & on en fait autant pour les jeunes plantes, afin de les garantir de l'impression des grands froids.

Cet arbrisseau a été fort rare en Angleterre, jusqu'à ces dernieres années qu'on en a beaucoup rapporté de la Caroline, où ils se sont fort multipliés, sur-tout dans les jardins des environs de Charles-Town.

Le Docteur KÆMPFER a donné dans ses *Amænitates Exoticæ*, la figure & la description d'une plante qui paroît être de ce genre; mais il parle du fruit, comme renfermant huit cellules; cependant, pour autant que j'ai été à portée d'examiner celle de la Caroline, elle paroît n'en avoir que cinq. La fleur, & le port général de sa plante s'accordent très-bien avec la nôtre; mais je la crois d'une espece distincte du même genre; parce que ses feuilles sont beaucoup plus longues, & que ses fleurs sont portées sur des pédoncules nus, tandis que celles de notre espece ont communément deux petites feuilles plus étroites & plus pointues que celles qui sont sur les branches. MM. LINNÉE & DUHAMEL les regardent toutes deux comme la même plante.

Je n'ai reçu le Traité des Arbres & Arbrisseaux, qui croissent en pleine terre aux environs de Paris, par M. DUHAMEL, qu'après avoir donné le dessin de cette plante dans la soixantieme Planche de mes figures des Plantes; mais la description qu'en a fait M. DUHAMEL, sous le titre de *Butneria*, ne me paroît pas exacte. Comme ma Planche avoit paru avant son ouvrage, & ne connoissant point le nom qu'il lui avoit donné, j'ai conservé à cette plante celui de *Basteria*, non par quelque prédilection, parce que ce nom vient de moi, mais pour empêcher la confusion, que l'on doit éviter dans la dénomination des plantes, & qui est très commune à présent.

BATATE DES INDES. *V.* CONVOLVULUS BATATAS.

BATATE DE VIRGINIE. *Voyez* POMME DE TERRE, TRUFFE *ou* LYCOPERSICON TUBEROSUM.

BAUHINIA, vulgairement appellée EBÉNIER DE MONTAGNE. [*Mountain Ebony.*]

Cette plante a été ainsi nommée par le Pere PLUMIER, en l'honneur des deux fameux Botanistes Jean & Gaspar BAUHIN.

Caracteres. Le périanthe de la fleur est persistant, tubuleux, & d'une feuille découpée au sommet en cinq parties : la fleur est composée de cinq pétales, qui dans quelques especes sont en forme de lance, ondés & réfléchis, & dans d'autres ronds & concaves; elle a dix étamines égales, dont quelques unes sont couronnées de sommets ovales, & les autres n'en ont point : le germe est oblong & porté sur le pédoncule; il soutient un style mince & penché, dont la pointe est tournée vers le haut, & il est surmonté par un stigmat obtus; le germe devient ensuite un légume long & cylindrique, renfermant un rang de semences rondes & comprimées.

Ce genre de plante est rangé dans la premiere Section de la dixieme Classe de LINNÉE, intitulée *Decandria Monogynia*, la fleur ayant dix étamines & un style.

Les especes sont:

1°. *Bauhinia aculeata, caule aculeato. Hort. Cliff. 156*; Ebénier de montagne à tige piquante.

Bauhinia aculeata, folio rotundo emarginato. Plum. Nov. Gen. 23.

2°. *Bauhinia tomentosa, foliis cordatis, lobis semi-orbiculatis, tomentosis. Linn. Sp. Pl. 536*; Ebénier de montagne, à feuilles en forme de cœur, dont les lobes sont semi-orbiculaires & laineux.

Bauhinia, flore luteo, spicato, folio subrotundo, bicorni. Houst.

Mandaru Maderaspatense, foliis firmioribus, bisulcis, glabritie splendentibus. Pluck. Alm. 240, T. 44, fol. 6.

Chanschena-pou. Rheed. Mal. 1, p. 63, Tom. 35.

3°. *Bauhinia acuminata, foliis ovatis, lobis acuminatis, semi-ovatis. Linn. Sp. Pl. 375*; Ebénier de montagne à feuilles ovales, avec des lobes pointus à moitié ovales.

Bauhinia non aculeata, folio ampliori & bicorni. Plum. Nov. Gen. 23.

Sennæ-spuriæ aut Asphalto affinis arbor siliquosa, foliis bifidis. Sloan. Jam. 150, Hist. 1, p. 51.

Velutta-Mandaru. Rheed. Mal. 1, p. 61, T. 34. Raj. Hist. 1751.

4°. *Bauhinia ungulata, foliis ovatis, lobis paralellis. Linn. Sp. Plant. 535*; Ebénier de montagne à feuilles ovales, dont les lobes sont paralleles.

Bauhinia non aculeata, folio nervoso, bicorni, floribus albicantibus. Houst.

5°. *Bauhinia emarginata, caule aculeato, foliis cordatis, lobis orbiculatis, subtùs tomentosis;* Ebénier de montagne, avec une tige piquante, des feuilles en forme de cœur, & des lobes ronds.

Bauhinia aculeata, folio rotundo, emarginato, flore magno albo. Houst.

6°. *Bauhinia foliis subcordatis, bipartitis, rotundatis, subtùs tomentosis. Linn. Sp. 536*; Ebénier de montagne, avec des feuilles presqu'en forme de cœur, divisées en deux lobes ronds & laineux en-dessous.

Bauhinia non aculeata, folio subrotundo bicorni, floribus albis. Houst.

Chovanna - mandaru. Rheed. Mal. 1, p. 59, T. 33.

7°. *Bauhinia rotundata, foliis subcordatis, bipartitis, rotundatis, caule aculeato, floribus sparsis;* Ebénier de montagne, avec des feuilles rondes, en forme de cœur, & divisées en deux parties, une tige piquante, & des fleurs croîssant séparément.

Bauhinia aculeata, foliis subrotundis, bicornis, flore magno albo. Houst.

8°. *Bauhinia variegata, foliis cordatis, lobis coadunatis, obtusis. Linn. Sp. Plant. 375;* Ebénier de montagne, à feuilles en forme de cœur, & avec des lobes obtus qui se joignent.

Chovanna mandaru. Hort. Mal. 1, p. 57.

Arbor S. Thomæ, sive *Assitra. Zanon. Hist. 26, T. 15.*

9°. *Bauhinia scandens, caule Cirrhifero. Lin. Sp. Plant. 374;* Ebénier de montagne, avec une tige grimpante, garnie de vrilles. *Clematis Indica, folio bifido, flore fructuque carens, arbores transcendens. Raj. Suppl. 328.*

Folium Linguæ. Rumph. Amb. 5, p. 1, T. 1.

Naga-mu-Valli. Rheed. Mal. 8, p. 57, T. 29.

10°. *Bauhinia divaricata, foliis ovatis, lobis divaricatis. Linn. Sp. Plant. 374;* Ebénier de montagne à feuilles ovales, dont les lobes s'étendent de différens côtés.

Bauhinia, foliis quinque nerviis, laciniis acuminatis, remotissimis. Hort. Cliff. 156; la Culotte de Suisse.

Aculeata. La premiere espece croît en abondance dans la Jamaïque, ainsi que dans les autres Isles de l'Amérique, où l'on cultive le sucre; elle s'élève à la hauteur de seize à dix-huit pieds, avec une tige courbe qui se divise en plusieurs branches irrégulieres, armées d'épines courtes & fortes, garnies de feuilles aîlées obliques, émoussées, dentelées au sommet, & composées chacune de deux ou trois paires de lobes terminés par un impair. Les tiges se terminent en plusieurs longs épis de fleurs jaunes, suivies de légumes bordés, de trois pouces environ de longueur, qui renferment deux ou trois semences renflées : ces légumes sont glutineux, & répandent, ainsi que les feuilles, une odeur forte & balsamique, lorsqu'ils sont froissés. On la nomme en Amérique *Savinier des Indes*, ou *Sabine des Indes*, à cause de son odeur forte qui approche un peu de celle de la *Sabine* commune.

Tomentosa. La seconde m'a été envoyée en 1730, par le Docteur HOUSTON, qui l'a trouvée croissant naturellement à Campêche : elle s'élève à la hauteur de douze ou quatorze pieds, en une tige unie qui se divise en plusieurs branches, garnies de feuilles en forme de cœur, & a deux lobes unis & pointus : l'extrémité de chaque branche est terminée par de longs épis, de sorte que ces arbres ont une très-belle apparence, lorsqu'ils sont en fleur : leurs légumes gonflés & longs de cinq pouces, renferment chacun cinq ou six semences rondes & comprimées.

Acuminata. La troisieme qui se trouve également dans les deux Indes, pousse plusieurs tiges droites, unies, & assez fortes, desquelles partent des branches minces, garnies de feuilles ovales & profondément découpées en deux lobes : ces feuilles sortent sans ordre, & ont de longs pétioles beaucoup plus minces que ceux des especes précédentes. Ses fleurs sont produites aux extrémités des branches au nombre de trois ou quatre dans chaque bouquet : leurs pétales, dans quelques fleurs, sont rouges & rayés de blanc, & dans d'autres, d'un rouge tout-à-fait uni ; leurs étamines & leurs styles sont blancs, & s'étendent au-dessus des pétales : ces fleurs sont remplacées par des légumes longs, plats, de couleur brun-foncé, qui renferment cinq ou six semences rondes & comprimées. Le bois de cet arbre étant fort dur & veiné de noir, a été nommé par les habitans de l'Amérique, l'*Ebene de montagne*.

Ungulata. La quatrieme, dont les semences m'ont été envoyées de Campêche, où elle croît naturellement, s'élève à la hauteur de vingt pieds, en une tige qui se divise en plusieurs petites branches, garnies de feuilles oblongues, en forme de cœur, alternes & divisées en deux lobes paralleles & pointus qui ont chacun trois côtes longitudinales. Ses branches sont terminées par des bouquets clairs de fleurs, auxquelles succedent des légumes fort longs, étroits & comprimés, qui renferment chacun huit à dix semences rondes & un peu applaties.

Emarginata. La cinquieme espece m'a été envoyée de Carthagene, dans l'Amérique Méridionale, où elle croît en abondance : elle s'élève rarement à plus de dix pieds de haut ; & se divise en plusieurs branches irrégulieres, armées d'épines courtes & courbées : ses feuilles sont alternes, en forme de cœur, laineuses en-dessous, divisées en deux lobes ronds, & supportées par de petits pétioles. Deux ou trois fleurs assez grosses, & d'un blanc sale, croissent à l'extrémité des branches, & sont suivies de légumes courts & plats, qui renferment chacun deux ou trois semences.

Purpurea. La sixieme croît naturellement à la Vera-Cruz. Elle s'élève à la hauteur de vingt-cinq ou trente pieds, en plusieurs tiges irrégulieres, qui se divisent en quantité de branches minces, garnies de feuilles en forme de cœur, & séparées en trois lobes ronds : ses fleurs sortent en épis clairs à chaque nœud des aîles des feuilles, sur des pédoncules nus ; elles sont d'un blanc sale, & remplacées par des légumes oblongs, plus larges à l'extrémité qui est arrondie, & renfermant chacun trois ou quatre semences comprimées.

Rotundata. La septieme espece, qu'on trouve dans les environs de Carthagene, dans l'Amérique, s'élève à la hauteur de vingt pieds, avec une tige forte & droite, garnie vers son sommet de plusieurs branches armées d'épines fortes, recourbées & disposées par paires. Ses feuilles, en forme de cœur & alternes, sont divisées en deux lobes ronds. Ses fleurs sont larges, blanches, claires, & sortent aux extrémités des branches ; leurs pétales ont près de deux pouces de long, & s'étendent considérablement en s'ouvrant ; leurs étamines & le style ont presque la même longueur. Ces fleurs sont suivies de légumes longs, plats, étroits, & renfermant chacun cinq ou six semences.

Variegata. La huitieme est une des plantes qu'on rencontre également dans les deux Indes ; elle s'élève en une tige forte au-delà de vingt pieds de hauteur, & se divise en plusieurs branches fortes & garnies de feuilles en forme de cœur, & séparées en lobes obtus fort rapprochés : ses fleurs d'une couleur de pourpre tacheté de blanc à leur bord, & jaune à la bâse, sont grosses, répandent une odeur agréable, & croissent en panicules clairs à l'extrémité des branches : elles sont succédées par des légumes comprimés, longs de six pouces, larges de trois pouces & un quart, & renfermant chacun trois ou quatre semences comprimées.

Scandens. La neuvieme, qui est aussi originaire des deux Indes, produit plusieurs tiges minces, garnies de vrilles, avec lesquelles elles s'attachent aux arbres voisins, & par-là s'élèvent à une très-grande hauteur ; les feuilles sont alternes, en forme de cœur, portées sur des pétioles longs de six pouces, & larges de trois pouces & demi ; & divisées profondément en deux lobes pointus, dont chacun est marqué par trois côtes gonflées qui coulent longitudinalement. Cette plante n'a point produit de fleurs en Angleterre ; & il n'y avoit aucune description jointe aux semences qui m'ont été envoyées de Campêche.

Divaricata. La dixieme croît en abondance dans les parties septentrionales de la Jamaïque : c'est un arbrisseau bas, qui s'élève rarement au-dessus de cinq à six pieds de haut, & qui se divise en plusieurs branches, garnies de feuilles ovales, partagées en deux lobes qui s'écartent. Ses fleurs sortent de l'extrémité des branches en panicules clairs ; elles sont blanches, d'une odeur très-agréable, & paroissent pendant la plus grande partie de l'été, ce qui rend cet arbrisseau un des plus beaux de la serre chaude : ces fleurs sont remplacées par des légumes cylindriques, longs d'environ quatre pouces, & renfermant chacun quatre ou cinq semences rondes, comprimées, & d'une couleur foncée.

Culture. Comme toutes ces plantes viennent des pays chauds, elles ne peuvent profiter en Angleterre sans le secours des serres chaudes : on les multiplie par semences que l'on doit se procurer des pays où elles croissent naturellement, parce qu'elles ne parviennent point ici en maturité. La derniere espece a quelquefois donné des légumes dans le Jardin de *Chelsea* ; mais ils n'y ont jamais mûri. Ces graines doivent être envoyées dans leurs légumes, afin qu'elles se conservent bonnes; on les seme dans des pots remplis de terre fraîche & légere qu'on plonge dans une couche de chaleur modérée : si les semences sont bonnes, les plantes paroîtront au bout de six semaines, & un mois après elles seront en état d'être transplantées ; alors on les tire avec soin des pots pour ne pas déchirer leurs racines, on les remet séparément dans de petits pots remplis d'une terre riche, légere & marneuse, & on les replonge dans une couche chaude de tan, ayant soin de les tenir à l'abri du soleil, jusqu'à ce qu'elles aient formé de nouvelles racines ; après quoi, on leur donne de l'air frais chaque jour dans les tems chauds, & on les place en automne dans la couche de tan de la serre chaude, où on les traite comme les autres plantes exotiques tendres : elles ne doivent avoir que peu d'eau pendant l'hiver : comme elles fleurissent fréquemment, elles méritent d'occuper une place dans la serre chaude.

BAUME *ou* MENTHE DES JARDINS. *Voyez* MENTHA.

BAUME DE GILEAD. *Voy.* DRACOCEPHALUM CANARIENSE.

BAUME DE TOLU. *Voyez* TOLUIFERA. L.

BAUMIER DE CAPAHU. *Voyez* COPAIFERA.

BAUMIER, *ou* TACAMAHACA. *Voyez* POPULUS TACAMAHACEA.

BAUMIER DE GILEAD. *Voyez* ABIES BALSAMEA.

BAYE D'HIVER. *Voyez* PRINOS. L.

BAYE D'OURS. *Voyez* ARBUSTUS UVA URSI.

BECCABUNGA, [*Brooklime*] VERONIQUE AQUATIQUE : C'eſt une eſpece de Véronique dont il y a deux ſortes, l'une à feuilles longues, & l'autre à feuilles rondes ; elles ſont toutes deux très-communes dans les foſſés & dans les endroits aquatiques de l'Angleterre ; on fait uſage de la ſeconde en Médecine. *Voy.* VERONICA BECCABUNGA.

BEC DE GRUE, *ou* HERBE A ROBERT. *Voy.* GERANIUM.

BEHEN BLANC. *Voyez* CUCUBALUS BEHEN-FABARIUS, CENTAUREA BEHEN.

BEHEN ROUGE. *Voyez* LIMONIUM MARITIMUM MAJUS.

BELLA DONNA, BELLADONE. *Voyez* ATROPA.

BELLADONE, LYS NARCISSE. *Voyez* AMARYLLIS BELLADONNA. L.

BELLE-DAME, *ou* ARROCHE. *Voyez* ATRIPLEX-HORTENSIS.

BELLE-FEUILLE. *Voyez* PHYLLIS-NOBLA. L.

BELLE-DE-JOUR. *Voyez* CONVOLVULUS TRICOLOR.

BELLE-DE-NUIT. *Voyez* MIRABILIS JALAPA.

BELLIS, ainſi appelée de *Bellus*, *Beau.* [*Daiſy.*] *Petite Marguerite*, ou *Paquerette.*

Caracteres. Elle a une fleur plate & en rayons, compoſée de pluſieurs fleurettes hermaphrodites dans le diſque, & de fleurettes femelles dans les rayons, renfermées dans un calice commun, avec une double enchaînure de petites feuilles égales : les fleurettes hermaphrodites du diſque ſont en forme d'entonnoir, & découpées à leur bord en cinq parties ; les fleurettes femelles ſont en forme de langue, & compoſent la bordure ; elles n'ont point d'étamines, mais un germe ovale ſoutenant un ſtyle mince, couronné par deux ſtigmats qui s'étendent : les fleurettes hermaphrodites ont un germe ovale qui ſupporte un ſtyle ſimple, couronné par un ſtigmat bordé & accompagné de cinq courtes étamines couronnées de ſommets tubuleux & cylindriques. Le germe ſe change enſuite en une ſemence ſimple & nue, placée verticalement.

Ce genre de plante eſt rangé dans la ſeconde ſection de la dix-neuvieme claſſe de LINNÉE, intitulée : *Syngeneſia polygamia ſuperflua*, les fleurs étant compoſées de fleurettes femelles & hermaphrodites, renfermées dans un calice ordinaire.

Les eſpeces ſont :

1°. *Bellis perennis*, *ſcapo nudo*, *uni-floro. Hort. Cliff.* 418 ; Marguerite à tige nue & à fleur ſimple.

Bellis ſylveſtris minor. C. B. P. 267 ; la plus petite Marguerite ſauvage, *ou* Paquerette.

2°. *Bellis annua*, *caule ſubfolioſo. Linn. Sp. Plant.* 887 ; Marguerite avec des feuilles à la partie baſſe de la tige.

Bellis minor, *pratenſis*, *caule folioſo. Bocc. Mus.* 2. *p.* 96.

3°. *Bellis hortenſis*, *flore pleno majore. C. B. P.* 261 ; Marguerite de jardin, à groſſes fleurs doubles.

Perennis. La premiere eſpece eſt la Marguerite commune,

qui croît naturellement dans les terres en pâturages de la plupart des pays de l'Europe. Elle devient souvent fort incommode dans les jardins comme mauvaise herbe, c'est pourquoi elle n'y est jamais cultivée.

Bellis annua. La seconde espece est une plante basse & annuelle qui se trouve sur les Alpes & dans les montagnes de l'Italie; elle s'élève rarement à plus de trois pouces de hauteur, & pousse une tige droite, garnie de feuilles à sa partie basse, nue à son extrémité, & terminée par une fleur semblable à celle de la Marguerite commune, mais plus petite. On la conserve dans quelques jardins de Botanique pour la variété : elle m'a été envoyée de Vérone, où elle naît sans culture.

Hortensis. La Marguerite de jardin est généralement regardée comme une variété de l'espece sauvage, perfectionnée par la culture; ce qui peut être vrai, quoique je n'aie rien observé de semblable après un grand nombre d'expériences, & que l'espece sauvage se soit toujours conservée la même, après avoir été cultivée dans un jardin pendant quarante ans, & multipliée dans cet intervalle, par ses semences & par la division de ses racines: je n'ai point non plus observé que celle de jardin dégénérât en sauvage, quoiqu'elle eût été abandonnée à elle-même, & négligée pendant plusieurs années; j'ai seulement remarqué que ses fleurs avoient beaucoup perdu de leur grosseur & & de leur beauté.

J'ai aussi observé les différentes variétés des Marguerites de jardin se changer de l'une à l'autre, ce qui m'oblige de les considérer, non comme des especes distinctes, mais comme de simples variétés; cependant, puisqu'on les cultive dans les jardins, je dois en faire mention ici. Ces variétés sont :

1°. *La Marguerite de jardin, rouge & blanche à doubles fleurs.*

2°. *La Marguerite de jardin, double & bigarrée.*

3°. *La Marguerite à rejettons ou à marcottes, dite, la Marguerite à poules & poulettes.*

4°. *La Marguerite à crête de coq, avec fleurs rouges & blanches.*

Les Marguerites de jardin fleurissent en Avril & en Mai, & font dans ce tems une belle variété, lorsqu'elles sont entremêlées avec d'autres plantes du même crû. Il faut les planter dans des plates-bandes ombrées, & dans un sol marneux sans fumier : elles s'y conserveront sans varier, pourvu qu'on ait soin de les multiplier, en divisant & en transplantant leurs racines tous les ans en automne : elles n'exigent point d'autre culture que d'être tenues nettes de mauvaises herbes.

On s'en servoit autrefois pour faire des bordures autour des plates-bandes; mais comme elles sont sujettes à périr, lorsqu'elles sont tout-à-fait exposées au grand soleil, & à laisser ainsi des vuides desagréables, elles ne sont point propres à cet usage.

BELLIS MAJOR. *Voyez* CHRYSANTHEMUM.

BELLONIA. Cette plante a été ainsi nommée par le Pere PLUMIER, en l'honneur du fameux PIERRE BELLON, qui a composé plusieurs bons Traités sur l'Histoire Naturelle, &c.

Caracteres. La fleur a un calice persistant, formé d'une feuille découpée au sommet en cinq parties; elle est en forme de roue, avec un tube court, qui s'étend & s'ouvre au-dessus, où elle est divisée en cinq segmens obtus: elle a cinq étamines, en forme d'alêne, couronnées de sommets courts, érigés & joints ensemble: le germe, situé sous le réceptacle de la fleur, soutient un style, en forme d'alêne, plus long que les étamines, & couronné d'un stigmat aigu: ce germe devient après la fleur une capsule ovale, turbinée, terminée en pointe, & ayant une cellule remplie de semences rondes & petites.

Les plantes de ce genre, ayant cinq étamines & un style, ont été rangées par LINNÉE dans la premiere section de sa cinquieme classe, qui a pour titre: *Pentandria Monogynia*.

Nous n'avons qu'une espece de ce genre, qui est:

Bellonia. Linn. Sp. Plant. 172.

Bellonia frutescens, folio Melissæ aspero. Plum. Nov. Gen. 19.

Cette plante est fort commune dans plusieurs isles des Indes Occidentales, d'où j'en ai reçu les semences.

Elle a une tige ligneuse, qui s'élève a dix ou douze pieds de hauteur, & pousse plusieurs branches latérales, garnies de feuilles ovales, rudes & opposées: ses fleurs sortent des aisselles des feuilles dans des panicules clairs; elles sont en forme de roue, monopétales, & divisées en cinq parties: ces fleurs sont remplacées par des capsules ovales, terminées en pointe, & remplies de petites semences rondes.

On multiplie cette plante au moyen de ses semences, qu'il faut placer au commencement du printems dans des pots remplis de terre légere & fraîche, qu'on plonge dans une couche chaude de tan, & qu'on arrose toutes les fois que la terre commence à se dessécher: mais en leur donnant de l'eau, il faut avoir attention de n'en pas répandre trop à la fois, & de ne pas la laisser tomber trop lourdement, pour ne point faire sortir les semences de la terre. Lorsque les plantes ont atteint la hauteur d'un pouce, on les transplante dans des pots remplis de terre fraîche & légere, qu'on replonge dans la couche chaude, & qu'on a soin d'arroser, & de placer à l'abri du soleil, jusqu'à ce qu'elles aient formé de nouvelles racines; après quoi, on leur donne de l'air chaque jour quand le tems est chaud, & on les arrose exactement. Lorsque les racines de ces plantes ont rempli les pots qui les contiennent, on les en tire avec précaution, pour les replacer dans de plus grands, qu'on remplit de terre fraîche & légere, &

qu'on plonge dans la couche chaude: on leur donne de l'air tous les jours pendant la chaleur; mais en automne, elles exigent une ferre de tan, où elles doivent être traitées de la même maniere que les autres plantes tendres & exotiques. Ces plantes fleuriffent quelquefois dans la feconde année, mais leurs femences deviennent rarement bonnes dans notre climat. On peut auffi les multiplier par boutures dans tous les mois de l'été, en obfervant de les placer dans une terre légere, fur une couche; de faire en forte qu'elles foient conftamment à l'ombre, & régulièrement arrofées, jufqu'à ce qu'elles aient pouffé des racines. Ces plantes ne profitant pas dans notre climat, lorfqu'on les tient expofées en plein air, il faut les conferver conftamment dans une ferre chaude, & leur donner beaucoup d'air durant les chaleurs.

BELVEDERE, *ou* PYRAMIDALE. *Voyez* CHENOPODIUM SCOPARIA.

BENZOIN DE FRANCE, *ou* IMPERATOIRE. *Voyez* IMPERATORIA.

BENZOIN, ARBRE DE BENZOIN. *Voyez* LAURUS BENZOIN.

BENOITE, HERBE DE SAINT-BENOIT, GALIOT, *ou* RECIZE. *Voyez* GEUM URBANUM.

BERBERIS. [*Barberry, or Pipperidge-bufh.*] *Epine vinette.*

Caracteres. La fleur de cette plante a un calice coloré, qui s'étend & s'ouvre; il eft compofé de fix feuilles concaves, dont trois font alternativement plus larges que les autres: la fleur a fix pétales ronds, concaves, & un peu plus grands que le calice; deux nectaires colorés, attachés à la bâfe de chaque pétale, & fix étamines obtufes, comprimées & érigées, avec deux fommets attachés à chaque côté. Le germe eft cylindrique, de la longueur des étamines, dépourvu de ftyle, mais couronné d'un ftigmat orbiculaire, obtus, & plus large que le germe. Ce germe fe change enfuite en une baie obtufe, cylindrique & ombiliquée, ayant une ouverture & une cellule qui renferme deux femences cylindriques.

Les plantes de ce genre font partie dans la premiere fection de la fixieme claffe de LINNÉE, intitulée: *Hexandria Monogynia*, parce que leurs fleurs ont fix étamines & un ftyle.

Les efpeces font:

1°. *Berberis vulgaris, pedunculis racemofis. Mat. Med. 290;* Epine-vinette avec des pédoncules en grappes.

Berberis dumetorum. C. B. P. 454; Epine-vinette commune à fleurs jaunes & à triples épines.

2°. *Berberis Canadenfis, foliis obverfè-ovatis;* Epine-vinette à feuilles ovales & obverfes.

Berberis latiffimo folio Canadenfis. H. R. Par.

3°. *Berberis Cretica, pedunculis uni-floris. Linn. Sp. Plant. 331;* Epine-vinette avec une fimple fleur fur chaque pédoncule.

Berberis Cretica Buxi folio. Tourn. Cor. 42.

Lycium è Candiâ. Pon. Ital. 137.

Vulgaris. La premiere eſpece croît naturellement dans les haies de pluſieurs parties d'Angleterre; mais on la cultive auſſi dans les jardins à cauſe de ſon fruit qui eſt propre à être confi. Cet arbriſſeau pouſſe de ſa racine pluſieurs branches longues de huit à dix pieds, & recouvertes d'une écorce blanche en-dehors, & jaune en-dedans: ſes tiges & ſes branches ſont armées d'épines aiguës, placées ordinairement par trois: ſes feuilles ſont ovales, obtuſes, & légérement ſciées à leurs bords: ſes fleurs jaunes ſortent des aîles des feuilles en petits bouquets à grappe comme celles du Groſeillier, & ſont remplacées par des fruits ovales, d'abord verts, & qui deviennent d'un beau rouge à leur maturité. Les fleurs paroîſſent en Mai, & les fruits mûriſſent en Septembre.

Il y a dans cette eſpece deux ou trois variétés qui ont été données comme des eſpeces diſtinctes. L'une eſt le *Berberis ſine nucleo. C. B. P.*; l'Epine-vinette ſans gaines: la ſeconde eſt, *Berberis fructu albo*; l'Epine-vinette à fruit blanc: la troiſieme eſt, *Berberis Orientalis procerior, fructu nigro, ſuaviſſimo. Tourn. Cor.*; la plus grande Epine-vinette. Orientale à fruit noir & très-doux. La premiere de ces variétés eſt certainement accidentelle, puiſque des rejettons, pris ſur cet arbriſſeau & tranſplantés, produiſent ordinairement des fruits avec des pepins; ainſi c'eſt l'âge de la plante qui occaſionne cette variation. L'eſpece à fruit blanc fructifie rarement dans ce pays: ſes feuilles ſont d'un vert plus clair, & l'écorce des tiges eſt plus blanche que celle de l'eſpece commune; mais ces légeres différences ſont les ſeules qu'on remarque entr'elles dans notre climat, parce qu'on voit rarement paroître ſes fruits. La troiſieme paroit être la même que l'Epine-vinette ordinaire; elle en differe ſeulement par la couleur & le goût de ſon fruit.

On multiplie généralement l'eſpece commune par les rejettons qui ſortent en abondance de ſa racine; mais ces ſortes de plantes étant plus ſujets à pouſſer des rejettons, & en plus grande quantité que ceux qui proviennent de marcottes, il eſt bon de préférer cette derniere méthode. Le commencement de l'automne, lorſque les feuilles commencent à tomber, eſt l'inſtant favorable pour cette opération; on préfere les rejettons de l'année à ceux qui ſont plus âgés. Ces marcottes ayant pouſſé des racines, on les ſépare, dès l'automne ſuivant, de la mere tige, & on les place dans les lieux où elles doivent reſter à demeure. Lorſqu'on cultive cette plante pour ſon fruit, il faut la placer de maniere qu'elle ſoit abſolument iſolée, & ne point la diſpoſer en haie, comme on le faiſoit autrefois; retrancher tous les ans en automne les nouveaux rejettons qui ont pouſſé dans l'année, & émonder ſoigneuſement les vieilles branches. Au moyen de ce traitement, on obtiendra des fruits beaucoup plus beaux, & en plus grande quantité que si on laissoit croître naturellement la plante. On peut bien planter quelques-uns de ces arbrisseaux dans des lieux à l'écart, & dans des massifs d'arbrisseaux, où ils feront une belle variété, & où le fruit servira de nourriture aux oiseaux ; mais il faut avoir l'attention de ne pas les placer en grande quantité près des avenues ou des promenades fréquentées, parce que leurs fleurs répandent une odeur très-forte & désagréable.

Canadensis. L'Epine-vinette du Canada étoit beaucoup plus commune dans les jardins Anglois il y a quelques années, qu'elle ne l'est aujourd'hui : ses feuilles sont plus larges & plus courtes que celles de l'espece commune, & son fruit devient noir à sa maturité : elle est aussi dure que l'espece commune, & peut être multipliée de la même maniere.

Cretica. L'Epine vinette à feuilles de buis, est à présent très-rare en Angleterre. Comme ces plantes, dans leur jeunesse sont un peu plus tendres que les autres, elles ont été détruites par les fortes gelées. Cette espece qui ne s'élève jamais ici au-dessus de trois ou quatre pieds, pousse de sa racine plusieurs tiges fortement armées d'épines à chaque nœud. ses feuilles sortent sans ordre, & sont d'une forme semblable à celles du buis étroit : ses fleurs sont produites entre les feuilles, & placées chacune sur un mince pédoncule ; mais elles ne sont jamais suivies de fruit en Angleterre.

On peut multiplier cette espece, en couchant ses branches, de la même maniere que celles de la premiere ; & lorsqu'on enleve les jeunes plantes, il faut les mettre dans des pots, & les abriter sous des vitrages pendant l'hiver ; jusqu'à ce qu'elles aient acquis de la force ; après quoi, on les retire des pots pour les mettre en pleine terre, dans une situation chaude.

BERÉE, PANAIS SAUVAGE, *ou* FAUSSE BRANC-URSINE. *Voyez* HERACLEUM SPHONDYLIUM.

BERCEAUX. Ils étoient autrefois plus estimés parmi nous, qu'ils ne le sont à présent ; car on voyoit peu de jardins où l'on ne trouvât cette espece d'ornement ; mais depuis quelque tems, on les en a exclus, & cela par des bonnes raisons : car outre la grande dépense que leur construction occasionnoit, ils étoient toujours à charge par les continuelles réparations qu'ils exigeoient. L'humidité qui s'insinuoit par l'égoût des feuilles dans les bois ou les lattes de support y étant conservée par l'ombrage, & par le défaut de circulation dans l'air, faisoit pourrir les treillages en deux ou trois ans de tems, au lieu qu'ils auroient duré sept ou huit ans, s'ils avoient été exposés au vent : d'ailleurs, les siéges y étant continuellement humides & mal-sains, on les

les à supprimés, pour leur substituer les alcoves ou siéges couverts.

Les Berceaux sont généralement fait en treillage de bois ou de fer, on les couvre d'Ormes, de Tilleuls ou de Charmes; ou avec des Arbustes à tiges grimpantes, comme Chevre-Feuilles, Jasmins & fleurs de Passion : qui tous y conviennent, lorsqu'ils sont bien conduits.

BERCEAU DE VIERGE, HERBE AUX GUEUX *ou* CLEMATITE. *Voyez* CLEMATIS. L.

BERGAMOTTE - CITRONNIER. *Voyez* CITRUS.

BERGAMOTTE - POIRE. *Voyez* PYRUS.

BERLE *ou* ACHE D'EAU. *Voyez* SISON. L. ET SIUM ANGUSTI-FOLIUM.

BERMUDIENNE. *Voyez* SISYRINCHIUM.

BESLERIA. Cette plante a pris son nom de BASILE BESLER, Apoticaire de Nuremberg, Auteur d'un livre intitulé : *Hortus Eystetensis.*

Caracteres. La fleur est de l'espece des labiées; elle a un calice formé d'une seule feuille, érigée & découpée au bord en cinq parties aiguës; la corolle est monopétale & découpée, divisée en cinq segments arrondis; ceux du bas sont larges, & les deux supérieurs plus étroits & moins profondément séparés : cette fleur a dans son tube deux longues & deux courtes étamines, couronnées par de petits sommets : le germe de forme ovale, soutient un style en forme d'alêne, & terminé par un stigmat aigu; il se change ensuite en une baie ovale, & a une cellule remplie de petites semences.

Ce genre de plante est rangé dans la seconde section de la douzieme classe de LINNÉE, intitulée : *Didynamia Angiospermia*, parce-que la fleur a deux étamines longues & deux courtes, & que les semences sont renfermées dans une capsule.

Les especes sont :

1°. *Besleria Melitti-folia, pedunculis ramosis, foliis ovatis. Lin. Sp. Plant. 619*; Besleria avec des pédoncules branchus, & des feuilles ovales.

Besleria Melissæ, Tragifolio. Plum. Nov. Gen. 29.

2°. *Besleria lutea, pedunculis simplicibus confertis, foliis lanceolatis. Linn. Sp. Plant. 619*; Besleria, avec des pédoncules simples croîssant en paquet, & des feuilles en forme de lance.

Besleria, Virgæ aureæ foliis, flore luteo, minor. Plum. Nov. Gen. 29.

3°. *Besleria cristata, pedunculis simplicibus, solitariis, involucris pentaphyllis propriis. Linn. Sp. Plant. 619*; Besleria, avec des pédoncules simples, croîssant seuls, & une enveloppe de cinq feuilles.

Besleria scandens cristata, fructu nigro. Plum. Nov. Gen. 29.

Melitti-folia. La premiere espece a une tige unie, ligneuse & garnie de nœuds, à chacun desquels sont placées deux feuilles ovales, étroites, opposées, & entaillées à leurs bords; les fleurs sortent des aîles des feuilles, ſur de courts pedoncules branchus, qui ſoutiennent chacun ſix ou huit fleurs, placées ſéparément ſur un plus court pédoncule : ces fleurs ſont monopétales, d'une figure irréguliere, & diviſées en cinq parties : lorſqu'elles ſont fanées, leur germe devient une baie ovale & molle, à une ſeule cellule remplie de petites ſemences.

Lutea. La ſeconde eſpece s'élève avec une tige ligneuſe, à ſix ou ſept pieds de hauteur, & ſe diviſe au ſommet en pluſieurs branches irrégulieres, garnies de feuilles en forme de lance, ſciées ſur leurs bords, & marquées de pluſieurs veines tranſverſales : les fleurs ſortent des aîles des feuilles en gros paquets, chacune ayant un pédoncule ſéparé : elles ſont petites, tubuleuſes, d'un jaune pâle, & ſont remplacées par des baies rondes & molles, qui renferment pluſieurs petites ſemences (1).

Criſtata. La troiſieme a une tige grimpante qui pouſſe des racines à chaque nœud, & qui eſt garnie de feuilles ovales, oppoſées & marquées de pluſieurs côtes tranſverſales : ces feuilles ſont fortement dentelées à leurs bords ; leurs pédoncules, qui ſortent des aîles des feuilles, ſoutiennent chacun une ſeule fleur tubuleuſe, irréguliere, velue, diviſée au ſommet en cinq parties obtuſes, & garnie d'une enveloppe large formée par cinq feuilles profondément dentelées à leurs bords. Après la fleur, le germe ſe trouve dans le placenta velu ou dans le centre du calice, & contient pluſieurs petites ſemences.

Culture. Comme ces plantes ſont originaires des climats chauds de l'Amérique, on doit les ſemer dès le commencement du printems ſur une couche chaude : lorſque les plantes ont atteint la hauteur d'un demi-pouce, on les tranſplante chacune ſéparément dans un petit pot rempli de terre fraîche & légere, qu'on plonge dans une couche de tan, en obſervant de les arroſer & de les tenir à l'ombre juſqu'à ce qu'elles aient pris racines ; après quoi on leur donne de l'air, & on les arroſe à proportion de la chaleur de la ſaiſon & de celle de la couche où elles ſont plongées. Lorſque les petits pots ſe trouvent remplis de leurs racines, il faut leur en ſubſtituer de plus grands, que l'on remplit d'une terre fraîche & légere, & qu'on replonge dans la couche chaude, où il faut leur donner beaucoup d'air dans les tems chauds, & les arroſer fréquemment. En les traitant ainſi, elles feront de grands progrès durant l'été : aux approches de l'hiver, on les enfermera ſoigneuſement dans la ſerre, on les placera de maniere à ce qu'elles n'éprouvent qu'une chaleur temperée, & on les arroſera ſouvent & légérement. Ces plantes fleuriront

(1) Il y a une variété de celle-ci, dont la plante eſt plus forte, la fleur plus groſſe & de même couleur.

dans la seconde année, & quelquefois elles perfectionneront leurs semences dans ce pays; mais comme elles sont trop tendres pour subsister jamais en plein air, il faut les tenir constamment dans la serre chaude.

BETA. [*Beet.*] *Poirée* ou *Bette blanche.*

Caracteres. La fleur a un calice persistant formé par cinq feuilles concaves : elle n'a point de pétales, mais cinq étamines en forme d'alêne, placées en opposition aux feuilles du calice, & terminées par des sommets ronds. Le germe, situé au-dessous du réceptacle, soutient deux styles courts, érigés & couronnés de stigmats pointus : ce germe se change en une capsule à une cellule, ayant une simple semence enveloppée dans le calice.

Ce genre de plante est rangé dans la seconde section de la cinquieme classe de LINNÉE, intitulée : *Pentandria Digynia*, qui comprend celles dont les fleurs ont cinq étamines & deux styles.

Les especes sont :

1°. *Beta maritima, caulibus decumbentibus, foliis triangularibus, petiolatis;* Poirée avec des tiges tombantes, & des feuilles triangulaires supportées par des pétioles.

Beta sylvestris maritima. C. B. P. 118.

2°. *Beta hortensis, foliis radicalibus petiolatis, caulinis sessilibus, spicis lateralibus longissimis;* Poirée avec des feuilles radicales pétiolées, les feuilles des tiges sessiles, & des épis de fleurs fort longs.

Beta alba vel pallescens, quæ Cicla officinarum. C. B. P. 118. Epinar de la Chine.

3°. *Beta vulgaris, caule erecto. Linn. Sp. 322;* Poirée rouge commune avec une racine de navet. Bette-rave.

Beta rubra, radice rapaceâ. C. B. P. 118. Epinar des Indes.

Il y a plusieurs variétés de ce genre, dont quelques-unes sont cultivées dans les jardins pour l'usage de la cuisine ; mais comme leur amélioration n'a été occasionnée que par la culture, il ne faut pas les comprendre au nombre des especes distinctes. Quoique plusieurs personnes aient pensé que toutes ces especes n'étoient que des variétés séminales, je puis néanmoins assurer, d'après une expérience de quarante années, que j'ai toujours vu les trois especes dont il vient d'être question se reproduire constamment sans aucune altération, si l'on en excepte la troisieme, que j'ai quelquefois vu varier dans la couleur de ses feuilles & de ses racines.

Maritima. La premiere croît naturellement sur les bords de la mer, & dans les marais salés de plusieurs parties d'Angleterre : des personnes ont pensé que c'étoit la même que la seconde ; mais après avoir recueilli plusieurs fois ses semences dans les lieux où elle naît spontanément, & les avoir cultivées avec soin, je n'y ai apperçu aucune modification qui puisse faire conjecturer cette identité : elle a toujours conſervé ſes principaux caractères, & m'a confirmé dans l'opinion qu'elle eſt une eſpece vraiment diſtincte & ſéparée.

Hortenſis. La ſeconde eſt cultivée dans les jardins pour ſes feuilles, dont on fait ſouvent uſage dans les potages; ſa racine ne devient guere plus groſſe que le pouce : ſes tiges érigées ſont ornées de feuilles oblongues, en forme de lance, & croiſſent très-près de la tige : ſes épis de fleurs ſortent aux aîles des feuilles; ils ſont longs, & garnis de feuilles étroites placées entre les fleurs : les feuilles du bas de la plante ſont épaiſſes & ſucculentes, & leurs pétioles ſont larges. Les variétés de cette eſpece ſont la Poirée blanche, la Poirée verte & la Poirée Suiſſe : celles-ci varient encore par la culture, comme je l'ai ſouvent obſervé; mais elles ne s'éloignent jamais de la premiere ou troiſieme eſpece (1).

Vulgaris. La troiſieme a des feuilles larges, épaiſſes & ſucculentes, qui ſont pour la plupart d'un rouge foncé ou pourpre. Ses racines ſont groſſes & d'un rouge foncé; elles ſont d'autant plus eſtimées, qu'elles ont plus de volume, & que leur couleur a plus d'intenſité. Les variétés de cette eſpece ſont la Bette-rave rouge commune, la Bette-rave rouge à racine de navet, la Bette-rave rouge à feuilles vertes, & la Bette-rave à racine jaune.

La ſeconde eſpece, dont les feuilles ſervent aux uſages de la cuiſine, eſt également cultivée dans les jardins; on répand ſes ſemences au commencement de Mars ſur une terre douce & peu humide, & on les ſeme légerement, parce que

(1) Les feuilles de *Bette* ou de *Poirée*, ſont quelquefois employées pour les uſages de la Médecine : elles ſont remplies d'une grande quantité de ſéve aqueuſe, légérement mucilagineuſe, qui tient en diſſolution une petite quantité de ſel nitreux. Ces feuilles ſont émollientes, adouciſſantes, & légérement laxatives : on les fait quelquefois entrer dans les décoctions laxatives ordinaires mais elles ſont plus généralement employées à l'extérieur, comme elles conſervent long-tems l'humidité & la fraicheur : on les applique ſur la peau, lorſque l'épiderme en a été enlevé par des véſicatoires, ou par quelqu'autre cauſtique; lorſqu'il y a quelqu'écoulement d'humeur âcre à l'extérieur, comme dans les dartres & quelques eſpeces de gales. On fait reſpirer le ſuc des feuilles de la *Poirée*, ou bien on introduit dans les narines un morceau de leur pédicule, lorſqu'il eſt queſtion de débarraſſer les conduits d'une mucoſité épaiſſe qui les obſtrue, &c.

Les racines de cette plante, ayant quelque choſe d'âcre & d'irritant, différent beaucoup des feuilles, quant à leurs propriétés : lorſqu'elles ſont réduites en poudre & introduites dans les narines, elles deviennent un ſternutatoire aſſez puiſſant, dont on fait quelquefois uſage dans les céphalalgies & autres douleurs de tête opiniâtres : on en fait auſſi des ſuppoſitoires qu'on emploie avec ſuccès pour les enfans.

ces plantes exigent beaucoup d'espace, afin qu'elles puissent s'étendre librement, & que leurs feuilles puissent atteindre le point de développement dont elles sont susceptibles; sans quoi, elles seroient petites, remplies de fibres, & de mauvaise qualité. Lorsque ces plantes ont poussé quatre feuilles, il faut houer la terre, comme on le pratique pour les *Carottes*, arracher soigneusement les mauvaises herbes, éclaircir les plantes où elles sont trop serrées, & leur donner au moins quatre pouces de distance de l'une à l'autre. Si on fait cette opération dans un tems sec, toutes les mauvaises herbes seront détruites; mais comme il en reparoîtra bientôt de nouvelles, au bout de trois semaines ou d'un mois, il faut houer encore la terre, éclaircir de nouveau les plantes, & leur donner une plus grande distance: l'espace qu'on doit laisser entr'elles est de six pouces pour l'espece ordinaire, & de neuf ou dix pour celle de Suisse, dont les feuilles sont beaucoup plus larges. Lorsqu'elles ont été bien houées pour la seconde fois, & dans un tems sec, la terre restera nette pendant près de deux mois; mais au bout de ce tems, elles exigeront la même opération pour la troisieme fois. Si ce dernier houage est fait avec soin, & par un tems convenable, on ne sera plus dans le cas de le renouveller de long-tems, parce qu'alors toutes les mauvaises herbes seront détruites, & que les plantes auront acquis assez de force pour empêcher les nouvelles de croître: comme bientôt après, les feuilles seront bonnes à manger, on cueillera d'abord les plus larges, qui se trouvent à l'extérieur, & on laissera à celles qui forment le cœur de la plante le tems d'acquérir de la largeur. Une petite piece de terre couverte de cette herbe potagere peut suffire à la consommation d'une famille, & lui fournir pendant deux ans des feuilles toujours nouvelles, pourvu qu'on ne laisse point monter les plantes en semence; parce qu'alors ces feuilles ne peuvent plus être d'aucun usage. Ceux qui aiment cette plante, doivent semer tous les ans une nouvelle piece de terre; car quoique ses racines puissent durer plusieurs années, ses tiges commencent à filer dès la seconde, & malgré le soin qu'on a de les couper, leurs feuilles ne sont jamais ni si larges ni si tendres que celles des jeunes plantes.

Les Jardiniers des environs de Londres sont dans l'usage de semer la Poirée rouge avec les Carottes, les Panais & les Oignons; ils arrachent ces dernieres plantes lorsqu'elles sont encore jeunes, & laissent, par ce moyen, à la Poirée de l'espace pour s'étendre: mais si les Panais ou les Oignons ne peuvent pas être cueillis à tems, il sera plus à propos de semer les Poirées séparément. Cette espece exige un sol léger & profond, parce que ses racines s'étendant profondément dans la terre, elles deviennent courtes & fibreuses dans un mauvais sol qui n'a pas de profondeur : elle doit être semée en Mars, & traitée ensuite comme l'espece précédente : on laisse entre chaque plante un pied ou un pied & demi d'intervalle dans un sol riche, parce que les feuilles couvriront la terre à cette distance. Les racines de cette espece sont bonnes à manger en automne & pendant tout l'hiver ; mais au printems, lorsqu'elles commencent à pousser, elles deviennent dures & fibreuses. On peut laisser subsister quelques-unes de ces racines, pour fournir de la semence, ou transplanter les plus belles d'entr'elles dans un endroit abrité des vents, parce que leurs têtes devenant très-lourdes lorsque leurs semences commencent à se former, elles sont très-sujettes à tomber & à se rompre, & elles ont même besoin d'un soutien.

Lorsque dans le courant du mois de Septembre ces semences sont parvenues à leur maturité, on coupe leurs tiges, & on les étend sur des nattes, pour les faire secher; on les bat ensuite, on les nettoie, & on les conserve dans des sacs.

BÉTELE, BETRE, *ou* TEMBOUL. *Voyez* PIPER SIRIBOA.

BÉTOINE. *Voy.* BETONICA OFFICINALIS.

BÉTOINE D'EAU, *ou* HERBE DU SIEGE, SCROFULAIRE AQUATIQUE. *Voyez* SCROPHULARIA AQUATICA.

BETONICA, *ou* VETTONICA; ainsi appelée des *Vettones*, ancien peuple d'Espagne, qui les premiers ont fait usage de cette plante. [*Betony.*] *Bétoine.*

Caracteres. La fleur de cette plante a un calice persistant, formé d'une seule feuille tubuleuse, & découpée au bord en cinq parties ; elle est monopétale, de l'espece des *labiées*, & elle a un tube cylindrique & courbe, dont la levre supérieure est ronde, unie, droite & entiere ; & celle d'en-bas, découpée en trois parties, dont le segment du milieu est large, rond & dentelé à son extrémité ; elle a quatre étamines en forme d'alêne, deux longues & deux plus courtes qui s'inclinent vers la levre supérieure, & qui sont toutes quatre terminées par des sommets ronds : le germe est divisé en quatre parties, & soutient un style de la même longueur & de la même forme que les étamines, & couronné d'un stigmat divisé en deux parties : ce germe se change ensuite en quatre semences nues, ovales & renfermées dans le calice.

Les plantes de ce genre sont rangées dans la premiere section de la douzieme classe de LINNÉE, qui a pour titre : *Didynamia gymnospermia*, & qui comprend celles dont le germe a deux étamines longues & deux plus courtes, qui sont remplacées par des semences nues.

Les especes sont :

1°. *Betonica officinalis*, *spicâ*

interruptâ, corollarum laciniâ labii intermediâ emarginatâ. Flor. Leyd. Prod. 316; Bétoine avec un épi clair, & le fegment du milieu de la levre inférieure de la fleur, dentelé à l'extrémité.

Betonica purpurea. C. B. P. 235. Bétoine pourpre, ou des bois.

2°. *Betonica Danica, foliis radicalibus ovato-cordatis, caulinis lanceolatis, obtufis, fpicâ craffiore*; Bétoine dont les feuilles du bas font en forme de cœur, celles des tiges en forme de lance & obtufes, & les épis de fleurs plus gros.

Betonica major Danica. Park. Theat. 615. Mor. Hift. 3. P. 365.

3°. *Betonica Alpina, foliis triangularibus obtufis, fpica breviore*; Bétoine à feuilles obtufes & triangulaires, avec des épis de fleurs plus courts.

Betonica minima Alpina-Helvetica. Park. Theat. 650.

4°. *Betonica Orientalis, fpicâ integrâ, corollarum laciniâ labii intermediâ integerrimâ. Flor. Leyd. Prod. 316*; Bétoine avec un épi entier, & le fegment du milieu de la levre inférieure entier.

Betonica Orientalis, anguftiffimo & longiffimo folio, fpicâ florum craffiori. Tourn. Corol. 13.

5°. *Betonica incana, foliis lanceolatis, obtufis, incanis, fpicâ florum craffiori*; Bétoine avec des feuilles obtufes, en forme de lance & velues, & un épi de fleurs plus épais.

Betonica Italica incana, flore carneo. Barrel. Icon. 340.

Officinalis. La premiere efpece qui croît naturellement dans les bois, & fur les bancs fablonneux de l'Angleterre, eft rarement admife dans les jardins : on en fait ufage en Médecine, & elle eft regardée comme un bon vulnéraire.

Il y a une variété de cette plante à fleurs blanches, que j'ai fouvent rencontrée dans la province de Kent.

---

(1) La *Bétoine* eft encore une de ces plantes dont on a beaucoup exagéré les vertus, & à laquelle le vulgaire accorde une confiance fans bornes, fur la foi de fon antique réputation : elle eft généralement regardée comme un excellent remede céphalique, nervin, vulnéraire, apéritif, diurétique, lithontriptique, diaphorétique, &c. : & elle eft adminiftrée avec confiance par beaucoup de Praticiens dans le coryfa, la céphalalgie, le vertige, la migraine, les palpitations de cœur ; dans l'hydropifie, l'obftruction des vifceres, la fuppreffion des urines, le calcul, l'enrouement, la toux, l'afthme, la pthifie, les affections arthritiques ; contre la morfure des animaux venimeux, &c.; mais toutes ces belles propriétés ne font aux yeux de la raifon & de l'expérience, que de ridicules chimeres propres feulement à nourrir la crédulité du peuple.

Les feuilles de *Bétoine* ont une odeur balfamique, très-foible & une légere faveur amere ; elle abonde en principe mucilagineux, & fournit très-peu de fubftance réfineufe active : l'infufion de ces feuilles eft légerement incifive & apéritive, elle eft propre à déterger & à divifer doucement, & peut être employée avec quelque fuccès dans les légeres affections catharrales de la poitrine & de la veffie, & dans toutes les circonftances où il eft néceffaire d'aiguillonner un peu la fibre & de divifer foiblement les humeurs.

Danica. La seconde est originaire de Danemarc : elle differe de notre espece commune, en ce que ses feuilles basses sont beaucoup plus larges & en forme de cœur, que celles des tiges, qui sont lanceolées & rondes à l'extrémité, & que ses tiges sont plus grosses, droites & terminées par des épis de fleurs plus épais. Ces différences sont constantes, parce que je l'ai cultivée de semence pendant plusieurs années de suite, & que je ne l'ai jamais vu varier.

Alpina. La troisieme se trouve sur les Alpes, où elle s'élève rarement au-dessus de quatre pouces; mais quand on la cultive dans les jardins, elle atteint une hauteur presque double : ses feuilles, beaucoup plus larges à la bâse que celles de l'espece commune, en different aussi par leur forme; elles sont triangulaires & obtuses à leur extrémité : ses fleurs croîssent au sommet des tiges en épis fort courts & serrés. Ces différences subsistent dans les plantes élevées de semence.

Les racines de *Bétoine* sont bien différentes des feuilles de cette plante, quant à leurs propriétés médicinales; elles contiennent des principes très-actifs, propres à exciter le vomissement & à purger avec force; elles peuvent par conséquent être utiles dans un grand nombre de circonstances.

La *Bétoine* entre dans le syrop & l'emplâtre de bétoine, dans le syrop d'armoise, dans la poudre diarrhodon de NICOLAS DE SALERNE, dans le modificatif d'ache, dans l'onguent martiatum, &c.

Orientalis. La quatrieme qui a été découverte dans le Levant par M. TOURNEFORT, a des feuilles fort longues, étroites, velues, & proprement découpées à leurs bords : ses fleurs croîssent au sommet des tiges en épis fort serrés & épais; elles sont plus larges & d'une couleur de pourpre plus clair que celles de l'espece commune.

Incana. La cinquieme croît spontanément sur les montagnes de l'Italie, d'où ses semences m'ont été envoyées : ses feuilles sont velues, plus larges & moins longues que celles de l'espece commune : ses tiges sont aussi plus courtes & beaucoup plus épaisses, & ses épis de fleurs sont plus larges & couleur de chair. Cette plante ayant été multipliée de semence pendant plusieurs années, n'a jamais varié.

Il y a une autre espece de ce genre, que TOURNEFORT & quelques autres Botanistes indiquent sous le nom de *Betonica rubicun dissimo flore Montis Aurei*: elle differe seulement un peu de la cinquieme, excepté dans la couleur de la fleur, & pourroit bien n'être qu'une simple variété.

Toutes ces especes sont des plantes vivaces qui peuvent être multipliées par semence ou par la division de leurs racines; elles sont toutes fort dures, mais elles ne profitent bien qu'à une situation ombrée, & dans un sol humide & ferme; on transplante leurs racines en automne, & on seme leurs graines au printems ſur une plate-bande à l'abri du ſoleil : quand ces plantes pouſſent, elles n'exigent aucun autre ſoin que d'être tenues nettes de mauvaiſes herbes, & éclaircies dans les endroits où elles ſont trop ſerrées.

Elles fleuriſſent toutes dans les mois de Mai & de Juin, & leurs ſemences mûriſſent en Août.

BETRE, TEMBOUL, *ou* BETELE. *V.* PIPER SIRIBOA.

BETTE, *ou* POIRÉE. *Voyez* BETA.

BETTE-RAVE. *Voyez* BETA VULGARIS.

BETTE RAVE D'ÉGYPTE, *ou* RAVE DE JUIF. *Voyez* MELOCHIA.

BETULA. [*Birch-tree.*] *Bouleau.*

Caracteres. Cette plante a des fleurs mâles & femelles, placées ſéparement ſur la même tige : les fleurs mâles ſont rapprochées ſur un chaton ou axe cylindrique, écailleux, clair & concave latéralement : chaque écaille contient trois fleurs qui ont deux petites écailles ſur le côté. La fleur eſt compoſée de trois fleurettes égales, attachées à l'axe par une ſimple écaille ; chaque fleurette eſt formée par une ſeule feuille diviſée en quatre ſegments ovales, qui s'étendent & s'ouvrent ; elles ont quatre petites étamines couronnées de ſommets doubles. Les fleurs femelles naîſſent ſur un axe ou chaton de la même maniere que les fleurs mâles : le chaton commun eſt cylindrique & garni de chaque côté par trois écailles oppoſées & attachées à l'axe du centre, & par deux fleurs en forme de cœur qui penchent vers le ſommet, où elles ſont ſituées : ces fleurs n'ont point de pétales viſibles, mais ſeulement un germe court, ſoutenu par deux ſtyles velus, de la longueur des écailles du chaton, & ſurmontés d'un ſtigmat : elles ſont auſſi privées de péricarpe, & ſont remplacées par des ſemences ovales & aîlées, renfermées dans les écailles du chaton.

Ce genre de plante eſt rangé dans la quatrieme ſection de la vingt unieme claſſe de LINNÉE, intitulée : *Monœcia Tetrandria*, parce que les fleurs mâles & les fleurs femelles ſont ſur la même plante ; & que les mâles ont quatre étamines.

Les eſpeces ſont :

1°. *Betula alba, foliis ovatis, acuminatis, ſerratis. Hort. Cliff.* 442 ; Bouleau à feuilles ovales, dentelées & terminées en pointes. Le Bouleau commun.

2°. *Betula nana, foliis orbiculatis. Flor. Lap.* 266 ; Bouleau à feuilles rondes & entaillées.

Betula pumila, foliis ſubrotundis. Amman. Bouleau nain.

3° *Betula lenta, foliis cordatis, oblongis, acuminatis, ſerratis. Linn. Sp. Plant.* 983 ; Bouleau à feuilles oblongues, pointues, en forme de cœur & ſciées.

4°. *Betula nigra, foliis rhombeo-ovatis, acuminatis, duplicato-ſerratis. Linn. Sp. Pl.* 982 ; Bouleau à feuilles rhomboïdales, ovales, pointues & doublement ſciées.

Betula nigra Virginiana. Pluk.

Alm. 67. Bouleau noir de Virginie.

Alba. La premiere espece, ou le *Bouleau commun*, est si connue, qu'il n'est pas nécessaire d'en donner une description; elle n'est pas fort estimée pour son bois; mais elle peut être cultivée avec avantage sur une terre stérile, où les arbres de meilleure qualité ne profiteroient pas : elle croît dans tous les sols, quelque mauvais qu'ils puissent être, & même dans les endroits marécageux, remplis de sources, & dans des terreins graveleux & sablonneux, où il y a peu de fond; de sorte qu'une terre qui ne produit que de la mousse, si elle est plantée en bouleaux, peut, lorsqu'après dix ans ils sont en état d'être coupés, rapporter dix livres sterling par âcre, ou 231 liv., argent de France; & la valeur des coupes suivantes sera beaucoup davantage. Comme on a défriché depuis quelques années la plupart des bois de cette espece dans les environs de Londres, leur valeur ne peut qu'augmenter à proportion : par conséquent, les personnes qui possédent de ces mauvaises terres, ne peuvent pas mieux les employer qu'en y plantant de ces arbres; les frais de ces plantations ne coûtant pas beaucoup.

Lorsqu'on veut faire une plantation de *Bouleaux*, on commence par se pourvoir dans les forêts où ils croissent naturellement & souvent en grande quantité, d'un nombre suffisant de jeunes sujets; mais si on ne peut point s'en procurer aisément de cette maniere, on se contente de recueillir leurs semences. En automne, aussi tôt que les écailles sous lesquelles elles sont renfermées, commencent à s'ouvrir, (car un peu plus tard elles se répandroient sur terre, & seroient perdues) comme les semences sont petites, il ne faut point les enterrer profondément : on leur choisit, autant qu'il est possible, une situation ombrée, où elles réussiront mieux que si elles étoient exposées au grand soleil, & on pratique cette opération en automne. On se rapproche par-là de la marche de la Nature; car par-tout où il y a de ces arbres, leurs semences en produisent en abondance & sans aucun soin, pourvu qu'ils ne soient pas détruits par les troupeaux. Lorsque les jeunes plantes ont acquis assez de force, on les enleve avec soin & sans endommager leurs racines; la terre qui leur est destinée, n'exige aucune préparation; elle doit être seulement labourée avec la beche ou le hoyau, dans l'endroit où on veut mettre les plantes : on y fait des trous, pour y placer les racines, qu'on recouvre ensuite, en observant de presser fortement la terre tout autour. Si leurs plantes sont jeunes, & que leurs têtes ne soient pas trop fortes, elles n'auront pas besoin d'être taillées; mais si leurs têtes sont épaisses & touffues, il faudra les raccourcir, pour empêcher le vent de les secouer & de les déplacer. Quand ces plantes ont pris racine, on ne leur donne plus aucun autre soin, que de couper avec une faucille, les grandes herbes qui pourroient faire pencher les plantes; en prenant garde de ne pas couper ni endommager les jeunes arbres : on répète cette opération deux ou trois fois pendant l'été des deux premieres années; après quoi, les plantes seront assez fortes pour étouffer les mauvaises herbes, ou du moins pour n'en pas essuyer de dommages.

On peut planter ces arbres depuis le milieu d'Octobre jusqu'au milieu de Mars, pourvu que la terre ne soit pas gelée : cependant si le sol qui leur est destiné est naturellement sec, on doit préférer l'automne; si au contraire c'est un terrein humide, on fera beaucoup mieux de différer cette opération jusqu'au printems. On les place à la distance de six pieds en quarré; parce qu'étant ainsi serrés, ils couvriront bientôt la terre, ils monteront plus facilement, & profiteront beaucoup mieux que s'ils étoient plus éloignés.

Si ces arbres réussissent bien, ils seront en état d'être coupés après dix ans environ de crûe, & les coupes suivantes pourront se faire tous les sept ou huit ans, s'ils ne doivent servir qu'à faire des balais; mais si on les destine à faire des cercles, il ne faut les couper que chaque douze ans.

La dépense qu'exigeront ces plantations dans les endroits où l'on peut se procurer aisément de jeunes plantes, n'excédera pas quarante shelins par âcre de terre; ce qui fait quarante-cinq livres, argent de France; & environ vingt shelins pour nettoyer la terre l'année suivante; de sorte que le total des frais n'excédera pas trois livres sterling. Si la terre, qui est employée à cette plantation, est de peu de valeur, le propriétaire ne peut pas mieux placer son argent; car à la premiere coupe, il sera remboursé de sa dépense & de l'intérêt de son argent, & sa terre se trouvera garnie pour l'avenir. J'ai vu de ces plantations faites sur des terreins dont l'âcre n'auroit pas été loué un sheling par année, & qui ont produit dix à douze livres sterling par âcre chaque douze années, déduction faite de la dépense qu'exige la coupe. Les faiseurs de balais achetent constamment tous les bouleaux à vingt milles de Londres, ainsi qu'en d'autres endroits d'où ils peuvent les y faire venir par eau : ailleurs ils sont employés à faire des cercles : les Tourneurs achetent les gros arbres, dont on fait aussi des jougs & autres instruments de labourage.

Dans quelques parties septentrionales de l'Europe, le bois de cet arbre est employé à la construction des charriots & des roues, parce qu'il est dur & d'une longue durée : en France on en fait des sabots; il est aussi très-bon à brûler.

Dans quelques endroits, on

cerne ces arbres au printems pour en tirer la séve, dont on fait le vin de *Bouleau*, qui est bon pour les personnes attaquées de la pierre & de la gravelle ainsi que l'est la séve non-fermentée : son écorce est presque incorruptible. En Suede, on en couvre les maisons, où elle dure plusieurs années ; & il arrive souvent que le bois est entièrement pourri, & que l'écorce est encore très-saine & très-bonne (1).

Nana. La seconde espece croît naturellement dans les parties septentrionales de l'Europe & sur les Alpes. Elle s'élève rarement à plus de deux ou trois pieds de hauteur, & pousse des branches minces, garnies de feuilles rondes. Cette espece ne produit guere ici des fleurs ni mâles ni femelles ; on ne la conserve dans quelques jardins curieux que pour la variété, car cette plante n'est d'aucune utilité.

Lenta. Nigra. Les troisieme & quatrieme especes sont originaires de l'Amérique Septentrionale, d'où leurs semences apportées en Europe, y ont produit plusieurs plantes qui ont très-bien réussi. Ces arbres s'élèvent à une grande hauteur dans le Canada, où la troisieme est appelée *Merisier.* Les naturels du pays font des

---

(1) On s'est beaucoup occupé dans ces dernieres années à faire des recherches sur les végétaux, qui, croissant spontanément & sans culture dans nos climats, pourroient, en cas de disette, fournir une nourriture précaire, mais suffisante, pour attendre la prochaine récolte : toutes les vues ont été tournées vers les racines, & les bulbes de certaines plantes qui contiennent une substance amilacée, analogue à celle du froment. On a bien reconnu que le principe gommeux, très-abondant dans les farines, étoit, en quelque sorte, le seul qui fût vraiment nutritif ; mais on ne l'a point cherché partout où il existoit ; ces racines sont une ressource de plus. L'aliment qu'elles peuvent fournir est peut-être plus agréable & plus analogue que tout autre à celui qu'elles doivent remplacer : mais cette ressource n'est point assez abondante pour nourrir, pendant un tems considérable, la classe la plus indigente du peuple. Il s'agit moins dans ces terribles circonstances de nourrir agréablement & même sainement, que d'entretenir la vie des hommes par quelque moyen que ce soit, & de trouver un aliment assez généralement répandu, & assez abondant pour pouvoir remplir cet objet pendant plusieurs mois de disette. C'est donc aux grands végétaux, qui croissent dans nos forêts, qu'il faudroit avoir recours. Parmi ces derniers, le tremble, l'aune, le tilleul, & surtout le bouleau, tiennent le premier rang ; l'exemple de certains peuples, tels que les Samojedes, les Kamschatkadales, &c., qui, pendant les longs & rudes hivers qui engourdissent la nature dans leurs climats glacés, font de l'écorce de ces arbres la bâse de leur nourriture, auroit dû servir de guide. Les moyens de préparer cette écorce pour la rendre propre à servir d'aliment, ne pouvant trouver place dans un Ouvrage de la nature de celui-ci, on peut s'en instruire dans les relations des voyageurs qui ont visité dans l'un & l'autre continent les peuples qui habitent le voisinage du Pole.

canots avec l'écorce de ces arbres qui eſt très-légère & d'une longue durée.

Ces deux eſpeces peuvent être multipliées par ſemence, comme le *Bouleau* commun, & ſont également dures : on tire ces graines de l'Amérique ; mais comme nous poſſèdons en Angleterre quelques arbres de cette eſpece qui ſont tout près de produire leurs chatons, nous pourrons bientôt recueillir ces ſemences ſur notre propre ſol. Comme ces deux dernieres eſpeces croîſſent plus vigoureuſement que la nôtre, & qu'elles profitent dans la terre la plus ſtérile, elles peuvent être cultivées en Angleterre avec grand avantage ; parce que leur bois eſt fort eſtimé dans le Canada où ces arbres parviennent à une très-grande hauteur : ils ne ſont point déſagréables dans les parcs ; leurs tiges ſont droites ; leur écorce unie, leurs feuilles ſont beaucoup plus larges que celles du *Bouleau* commun : on peut les planter dans les endroits des parcs où d'autres arbres ne réuſſiroient pas.

BIDENS. *Tourn. Hiſt. R. H.* *362. Tab. 262. Linn. Gen. Plant.* *840.* [*Water Hemp Agrimony.*] *Chanvre aquatique. Aigremoine.*

Caracteres. Le calice commun eſt érigé & compoſé de petites feuilles ſouvent égales, oblongues & concaves : la fleur eſt compoſée ; le milieu ou le diſque eſt garni de fleurettes hermaphrodites en forme d'entonnoir, & découpées en cinq parties : ces fleurettes ont cinq étamines courtes & capillaires, avec des ſommets cylindriques, & un germe oblong qui ſoutient un ſtyle auſſi long que les étamines, & ſurmonté par deux ſtigmats oblongs & réfléchis. Les fleurettes femelles qui compoſent les bords, ſont nues, & ſont toutes remplacées par une ſemence ſimple, angulaire, obtuſe, & garnie de deux ou pluſieurs épines hériſſées, au moyen deſquelles elles s'attachent à tout ce qui les approche, lorſquelles ſont mûres.

Ce genre eſt rangé dans la premiere ſection de la dix-neuvieme claſſe de LINNÉE, intitulée *Syngeneſia Polygamia Æqualis*, les fleurs étant compoſées de fleurettes hermaphrodites & femelles, qui ſont ſuivies de ſemences.

Il y a pluſieurs eſpeces de cette plante qui ſont rarement admiſes dans les jardins, parce que ce ſont des herbes ſauvages & communes en Angleterre ; ainſi je ne ferai mention que de celles qui ſont cultivées dans les jardins des perſonnes curieuſes. (1).

---

(1) Les racines & les feuilles de l'*Aigremoine commune* contenant les mêmes principes que les feuilles de la *Bétoine* & de la *Véronique*, je ne répéterai point ici ce que j'ai déjà dit ailleurs : cette plante peut être employée dans tous les cas où la *Bétoine* eſt indiquée ; c'eſt-à-dire, lorſqu'il s'agit de détruire des obſtructions par des moyens doux & lents, & de diviſer les humeurs en aiguillonnant légèrement la fibre : comme cette plante eſt un peu aſtringente,

Les especes sont :

1°. *Bidens frondosa, foliis pinnatis, serratis, seminibus erecto-constantibus, calicibus frondosis, corollis radiatis. Linn. Sp. Plant. 832*; Aigremoine avec des feuilles aîlées & dentelées, des semences érigées, un calice feuillé & une fleur rayonnée.

Bidens Canadensis lati-folia, flore luteo. Tourn. Inst. 362.

Chrysanthemum Cannabinum, Bidens Virginianum, caule erecto, firmo, subrubente. Moris. Hist. 5. p. 17. f. 6.

2°. *Bidens nodi-flora, foliis oblongis, integerrimis, caule dichotomo, floribus solitariis sessilibus. Linn. Sp. Plant. 832*; Aigremoine avec des fleurs oblongues & entieres, une tige fourchue, & une simple fleur croissant tout près de la tige.

Bidens nodi-flora, Brunellæ folio. Hort. Elth. 52.

3°. *Bidens nivea, foliis simplicibus, subhastatis, serratis, petiolatis, floribus globosis, pedunculis elongatis, seminibus lævibus. Lin. Sp. Plant. 833*; Aigremoine avec des feuilles simples, dentelées, & supportées par des pétioles, des fleurs globuleuses sur des pédoncules plus longs, & des semences unies.

Bidens scabra, flore niveo, folio trilobato. Hort. Elth. 55.

Ceratocephalus, foliis cordatis, sive triangularibus, flore albo. Vaill. act. 1720. p. 327.

4°. *Bidens frutescens, foliis ovatis, serratis, petiolatis, caule fruticoso. Hort. Cliff. 399*; Aigremoine avec des feuilles ovales, sciées & supportées par des pétioles, & une tige d'arbrisseau.

5°. *Bidens scandens, foliis ternatis, acutis, serratis, caule scandente, floribus paniculatis*; Aigremoine à trois feuilles ovales, sciées & placées sur des pétioles, avec une tige d'arbrisseau.

Chrysanthemum trifoliatum scandens, flore luteo, semine longo, rostrato, bidente. Sloan. Cat. Jam. 125.

6°. *Bidens bullata, foliis ovatis, serratis, inferioribus oppositis, superioribus ternatis intermedio majore. Linn. Sp. Plant. 833*; Aigremoine avec des feuilles ovales & sciées, dont les inférieures croîssent opposées, & les supérieures sont divisées en trois lobes, dont celui du milieu est le plus large.

Chrysanthemum conyzoïdes nodi-florum, semine rostrato, bidente. Sloan. Cat. Jam. 126.

Frondosa. La premiere espece croît naturellement en Virginie, dans le Maryland, & dans le Canada, où elle est souvent une herbe sauvage fort incommode : elle s'élève

---

& que son usage a été suivi de quelque succès, elle est recommandée avec confiance dans les crachemens de sang, dans la dyssenterie, dans les gonorrhées simples & virulentes, les fleurs blanches, &c. On l'emploie aussi à l'extérieur comme déterfive & résolutive, dans les gargarismes, les injections, les cataplasmes, &c.

Cette plante entre dans les décoctions apéritives, dans le syrop hydragogue, dans le syrop apéritif cachectique, dans les pilulles polycrestes de MESUE, dans différens onguents & emplâtres vulnéraires, &c.

à la hauteur de trois pieds, & pouſſe pluſieurs branches horiſontales, garnies de feuilles à trois lobes, profondément ſciées à leurs bords : ſes fleurs jaunes ſont produites en petites grappes aux extrémités des branches, & ſont remplacées par des ſemences oblongues, quarrées, & armées de deux aigrettes courbées, avec leſquelles elles s'accrochent aux habits des paſſans.

Il y a dans cette eſpece deux variétés, dont l'une a une fleur avec un calice court : c'eſt le *Bidens Canadenſis à larges feuilles* de TOURNEFORT, & l'autre qui a un calice feuillé, eſt déſigné par JUSSIEU ſous le titre de *Capite folioſo* : mais quoique j'aie cultivé ces deux dernieres pendant pluſieurs années, je ne puis cependant aſſurer qu'elles ſoient abſolument des eſpeces diſtinctes ; parce que leurs ſemences, lorſqu'elles ſont mûres, ſe répandent ſi loin, que dans un petit jardin on ne peut les tenir ſéparées. On multiplie aiſément cette premiere eſpece par ſes ſemences qu'on met en terre au printems dans une ſituation ouverte ; ou, ſi on leur permet de s'écarter, leurs plantes pouſſeront d'elles-mêmes au printems ſuivant : alors on pourra en tranſplanter deux ou trois, & les placer dans les lieux qui leur ſont deſtinés ; lorſqu'elles auront pris racine, elles n'exigeront plus aucun ſoin. Cette plante eſt annuelle, & périt auſſitôt après la maturité de ſes ſemences.

Nodi-flora. La ſeconde, qui eſt originaire des pays chauds, eſt une plante annuelle, qui s'élève à trois pieds de hauteur, & ſe diviſe vers le haut en pluſieurs branches, garnies de feuilles oblongues & entieres : ſes fleurs blanches ſont ſeſſiles aux diviſions des branches ; elles ſortent ſimples, & ſont ſuivies par des ſemences unies.

Cette eſpece doit être ſemée au printems ſur une couche médiocrement chaude, & traitée enſuite comme les autres plantes dures & annuelles : on la met en pleine terre à la fin de Mai ; elle fleurit en Juin ; ſes ſemences mûriſſent en automne, & auſſitôt après ces plantes périſſent.

Nivea. La troiſieme, qui croît ſans culture dans la Caroline Méridionale, & à Campêche, eſt auſſi une plante annuelle haute de trois pieds, elle eſt diviſée vers le haut en pluſieurs branches minces, dont les nœuds ſont fort éloignés les uns des autres : ſes feuilles ovales & terminées en pointe ſortent par paires à chaque nœud, ſur des pétioles longs & minces. Ses fleurs croîſſent en petites têtes globulaires à l'extrémité des branches ; elles ſont fort blanches, portées ſur des pédoncules très-longs, & ſont remplacées par des ſemences unies. Cette eſpece doit être ſemée ſur une couche chaude, & traitée comme la précédente : elle fleurit & donne ſes ſemences à-peu-près dans les mêmes tems.

Frutescens. La quatrieme a une tige d'arbrisseau, haute de six à sept pieds, qui se divise en plusieurs branches dont les nœuds sont fort éloignés les uns des autres ; de chacun de ces nœuds naissent deux feuilles ovales, légèrement sciées à leurs bords, & supportées par de courts pétioles. Ses fleurs sortent à l'extrémité des branches en petites grappes, chacune soutenue par un pédoncule long & nu ; elles sont suivies de semences plates qui ont à leur extrémité deux aigrettes courtes. J'ai reçu de Carthagene, dans l'Amérique Méridionale, les semences de cette espece, au moyen desquelles elle a été multipliée. On répand ces semences au printems sur une couche chaude ; & quand les jeunes plantes ont acquis assez de force, on les transplante chacune séparément dans de petits pots qu'on plonge dans une nouvelle couche chaude : en traitant cette espece comme les autres plantes des mêmes pays, & en l'enfermant tous les ans en automne dans la serre pour ne la sortir qu'en été, elle subsistera pendant quelques années.

Scandens. La cinquieme s'élève avec une tige grimpante & mince, à la hauteur de dix pieds, & se divise en plusieurs branches, garnies de feuilles à trois lobes & sciées : ses fleurs sont jaunes, & sortent en gros panicules des extrémités des branches ; elles sont suivies de semences plates, couronnées de deux aigrettes. Cette plante croît naturellement à la Jamaïque, d'où ses semences m'ont été envoyées : il faut la traiter de la même maniere que l'espece précédente, & elle subsistera deux ou trois ans.

Bullata. La sixieme est une plante annuelle dont la hauteur est d'environ deux pieds : elle pousse plusieurs rejettons de côté : les plus inférieures de ses feuilles, sont ovales & placées par paires à chaque nœud : celles qui occupent le haut sont à trois lobes, dont celui du milieu est très-large, & les deux latéraux plus petits : ses fleurs fort petites & jaunes naissent sur des pédoncules feuillés aux aîles des feuilles. Cette espece fleurit en Juillet, & ses semences mûrissent en automne. Il faut la semer sur une couche chaude, & la traiter comme la seconde espece.

BIFOLIUM. [*Twyblade.*] *Double-feuille*, ou *Deux-feuilles.* *Voyez* OPHRYS.

BIGARADIER. *Voyez* AURANTIUM.

BIGARREAUTIER. *Voyez* CERASUS.

BIGNONIA. *Tourn. Inst.* 164. *Linn. Gen. Plant.* 677. [*Trumpet-flower*, *or Scarlet Jasmin.*]

M. TOURNEFORT a donné le nom de *Bignonia* à cette plante, en l'honneur de M. l'Abbé BIGNON, Bibliothécaire de LOUIS XIV, Roi de France, grand Protecteur des Sciences. C'est la *fleur à Trompette* ou le *Jasmin écarlate de Virginie.*

Caracteres

Caracteres. La fleur eft du genre des *Perfonnées*, ou *Fleurs en mafque*, & tubuleufe : une feule feuille figurée en gobelet, & divifée en cinq parties, forme fon calice : elle a de longues levres en forme de cloche, & divifées en cinq parties au fommet, dont les deux fegmens fupérieurs font réfléchis, & les inférieurs s'étendent & s'ouvrent : la corolle renferme quatre étamines en forme d'alêne, plus courtes que les pétales, dont deux font plus longues que les autres; elles ont des fommets oblongs & réfléchis. Dans le centre, eft un germe oblong, qui foutient un ftyle mince, furmonté d'un ftigmat rond. Le germe fe change enfuite en une filique bivalve, à deux cellules remplies de femences ferrées, ailées & imbriquées.

Ce genre de plantes eft placé dans la feconde divifion de la quatorzieme claffe de LINNÉE, intitulée *Didynamia angiofpermia*, parce que les fleurs ont deux longues étamines & deux courtes, & que les femences font renfermées dans une capfule.

Les efpeces font :

1°. *Bignonia radicans*, *foliis pinnatis : foliolis incifis*, *caule geniculis radicatis. Linn. Hort. Cliff.* 217 ; Bignonia à feuilles aîlées & découpées à leurs bords, avec des racines fortant des nœuds de la tige.

Bignonia Americana, *Fraxini folio, flore amplo Phœniceo. Tourn. Inft.* 164.

Pfeudo-Gelfeminum filiquofum. Riv. Mon. 101.

Pfeudo-Apocynum Hederaceum Americanum, tubulofo flore Phœniceo, Fraxini folio. Moris. Hift. 3, *P.* 612, *S.* 15, *T.* 3, *F.* 1.

Gelfeminum Hederaceum, Indicum. Corn. Can. 102, *T.* 103.

Bignonia Fraxini foliis, coccineo flore minore. Catesb. Car. 1, *P.* 65, *T* 65. Variété.

2°. *Bignonia Catalpa*, *foliis fimplicibus*, *cordatis*, *ternis*, *caule erecto*, *floribus diandriis. Linn. Sp Plant.* 622 ; Bignonia à feuilles fimples, en forme de cœur, avec une tige droite, & des fleurs à deux étamines.

Kawara Fifagi. Kœmpf. Jap. 841, *T.* 842.

Cambulu. Rheed. Mal. 1, P. 75, *T.* 41.

Bignonia Urucu foliis, flore fordidè albo, intùs maculis purpureis & luteis adfperfo, filiquâ longiffimâ & anguftiffimâ. Catesb. Carol. 1, *P.* 49. Chêne noir en Amérique.

3°. *Bignonia frutefcens*, *foliis pinnatis*, *foliolis lanceolatis*, *acutis*, *ferratis*, *caule erecto*, *floribus paniculatis erectis* ; Bignonia à feuilles aîlées, dont les lobes font aigus & fciés, avec une tige droite & des fleurs croiffant en panicule érigé.

Bignonia arbor, *flore luteo*, *Fraxini folio. Plum. Sp. Plant.* 5.

Apocyno affine Gelfeminum indicum, Hederaceum, fruticofum, minus. Sloan. Jam. 216, *Hift.* 2, *P.* 63.

4°. *Bignonia pubefcens*, *foliis conjugatis*, *cirrofis*, *foliolis cordato-lanceolatis*, *foliis imis fimplicibus. Vir. Cliff.* 59 ; Bignonia avec des feuilles conjuguées, garnies de vrilles, & des feuilles en forme de lance, dont celles du bas sont simples.

Bignonia Americana, Capreolis donata, siliquâ breviore. Breyn. Ic. 33.

5°. *Bignonia unguis cati, foliis conjugatis, cirro brevissimo, arcuato, tripartito. Linn. Sp. Plant. 623*; Bignonia à feuilles conjuguées, avec des vrilles courtes & arquées, divisées en trois parties.

Gelseminum Indicum Hederaceum, tetraphyllum, folio subrotundo, acuminato. Sloan. Jam. 90, Hist. 1.

Bignonia Americana, capreolis aduncis donata, siliquâ longissimâ. Tourn. Inst. 164.

Clematis quadrifolia, flore Digitalis luteo, claviculis aduncis. Plum. Amer. 80, T. 94.

6°. *Bignonia æquinoctialis, foliis conjugatis, cirrosis, foliolis ovato-lanceolatis, pedunculis bifloris, siliquis linearibus. Linn. Sp. 869*; Bignonia à feuilles conjuguées, garnies de vrilles, dont les lobes sont ovales & en forme de lance, avec des siliques linéaires.

7°. *Bignonia semper virens, foliis simplicibus, lanceolatis, caule volubili. Linn. Sp. Plant. 623*; Bignonia à feuilles simples, en forme de lance, avec une tige qui se tortille.

Gelseminum, sive Jasminum luteum odoratum Virginianum, scandens & semper virens. Par. Catesb. 1, P. 53.

Syringa volubilis, Virginiana, Myrti majoris folio, alato semine, floribus odoratis luteis. Pluk. Alm. 359, T. 112. F. 5.

8°. *Bignonia pentaphylla, foliis digitatis, foliolis integerrimis, obovatis. Hort. Cliff. 497*; Bignonia à feuilles en forme de main, dont les lobes sont entiers.

Nerio affinis arbor, siliquosa, folio palmato, sivè digitato, flore albo. Sloan. Jam. 154, Hist. 2, P. 63.

Bignonia arbor pentaphylla, flore roseo. Plum. Sp. Plant. 5.

Guari Pariba. Marcgr. Bras. 108, T. 118.

9°. *Bignonia leucoxylon, foliis digitatis, foliolis integerrimis, ovatis, acuminatis. Linn. Sp. Plant. 870*; Bignonia à feuilles en forme de main, dont les lobes sont ovales, pointus & entiers.

Leucoxylon, arbor, siliquosa, quinis foliis, floribus Nerii, alato semine. Pluk. Alm. 215, T. 200, F. 4; communément appelé en Amérique, *Fleur de Tulipe.*

10°. *Bignonia paniculata, foliis conjugatis, cirrosis, foliolis cordato ovatis, floribus racemoso-paniculatis. Linn. Sp. Plant. 623*; Bignonia à feuilles conjugées, garnies de tendrons, avec des lobes ovales & en forme de cœur, & des fleurs en panicules branchus.

Bignonia bifolia, scandens, flore violaceo, odoro, fructu ovato, duro. Plum. Cat. 5.

11°. *Bignonia cærulea, foliis bipinnatis, foliolis lanceolatis, integris. Linn. Sp. Plant. 625*; Bignonia à feuilles à deux aîles, entieres, & en forme de lance.

Arbor Guajaci, latiore folio, Bignoniæ flore cæruleo, fructu duro, in duas partes dissiliente, seminibus alatis, imbricatim positis. Catesb. Carol. 1. p. 42.

12°. *Crucigera, foliis conjugatis cirrosis, foliis cordatis, caule muricato. Vir. Cliff.* 60; Bignonia à feuilles conjuguées, en forme de cœur, & garnies des vrilles, avec une tige en forme de chauſſe-trape.

Pſeudo-Apocynum, folliculis maximis, obtuſis, ſeminibus ampliſſimis, alis membranaceis. Moris, Hiſt. 3. P. 672.

13°. *Bignonia Capreolata, foliis conjugatis, cirroſis, foliolis cordato-lanceolatis, foliis imis ſimplicibus. Linn. Sp. 870*; Bignonia à feuilles conjuguées en forme de lance, & garnies de vrilles, dont celles du bas ſont ſimples, croîſſant en panicules, & produiſant de longs légumes comprimés.

Clematis tetraphylla Americana. Bocc. Sic. 31. t. 15. f. 31.

14°. *Triphylla, foliis ternatis, foliolis ovatis, acuminatis, caule fruticoſo, erecto. Linn. Sp. 870*; Bignonia avec des feuilles diviſées en trois, dont les lobes ſont ovales, & terminés en pointe, & une tige d'arbriſſeau érigée.

Bignonia fruteſcens triphylla, glabra, ſiliquis longis, compreſſis. Houſt. Cat.

Radicans. La premiere eſpece croît naturellement en Virginie & dans le Canada : ſa tige groſſe & rude, pouſſe pluſieurs branches traînantes, deſquelles naiſſent à chaque nœud des racines qui s'attachent aux arbres voiſins, & qui lui ſervent à s'élever à une hauteur conſidérable. Comme on eſt dans l'uſage en Europe de la planter contre des murailles, ſes racines pénetrent le mortier, s'y attachent aſſez fortement pour ſoutenir ſes branches, & elle s'éleve ainſi juſqu'à la hauteur de quarante à cinquante pieds. Ses branches ſont garnies à chaque nœud de feuilles aîlées, placées en oppoſition, & compoſées de quatre paires de petites feuilles qui ſe terminent par un impair : ces feuilles ſont ſciées à leurs bords, & finiſſent par une pointe longue ; ſes fleurs, de couleur d'orange, naiſſent en gros paquets à l'extrémité des rejettons de la même année. Elles ont des tubes longs & gonflés, dont la forme reſſemble à celle d'une trompette, ce qui l'a fait nommer, *fleur de trompette* : elles paroiſſent au commencement d'Août.

Cette eſpece étant fort dure, elle peut reſter & profiter en plein air ; mais comme ces branches ſont foibles & rampantes, il eſt néceſſaire de leur fournir un appui ; c'eſt pour cela qu'on les place ordinairement contre les murs & les bâtimens, où leurs branches peuvent s'étendre à une grande diſtance, & s'élèveront très-haut : cette eſpece eſt par conſéquent propre à couvrir des berceaux, des treillages & de vieux bâtiments ; on peut auſſi l'élever contre des arbres, où elle produira un bel effet, lorſqu'elle ſera couverte de fleurs.

Quoi qu'on puiſſe la multiplier par ſemence, on préfere cependant de la propager par marcottes ou par boutures ; parce que les plantes obtenues de ſemence ne fleuriſſent qu'au bout de ſept ou huit ans, tandis que les marcottes & les boutures fleuriſſent dès la ſeconde ou la troiſieme année après qu'elles ont pris racine. Outre cela, les vieilles plantes produiſent auſſi des rejettons qu'on peut enlever & tranſplanter où ils doivent reſter, parce qu'on riſqueroit de les perdre, ſi on les tranſplantoit une ſeconde fois, lorſqu'ils ont acquis de la groſſeur.

La culture néceſſaire à ces plantes, lorſqu'elles ſont à demeure, eſt de retrancher tous les rejettons de l'année précédente, qui ſont foibles & minces, & de raccourcir les longues branches de la derniere pouſſe à deux pieds, afin d'en obtenir de jeunes rejettons, qui puiſſent fleurir dans l'été ſuivant. Ces plantes ſont d'une longue durée; il y en a dans quelques jardins qui ont plus de ſoixante ans: elles ſont à préſent fort vigoureuſes, & produiſent de fleurs en quantité dans chaque ſaiſon.

Si on veut les multiplier par ſemences, il faut les répandre ſur une couche de chaleur modérée, pour les élever, les accoutumer de bonne heure en plein air, & les empêcher de filer & de pouſſer trop foiblement. Ces jeunes plantes doivent être miſes à l'abri des fortes gelées dans le premier hiver, qui détruiroient leurs tendres rejettons; mais au printems ſuivant, on peut les placer en pleine terre, dans une planche en pépiniere à un pied de diſtance, où elles reſteront un ou deux ans, & acquerront aſſez de force pour être enſuite tranſplantées dans les places qui leur ſeront deſtinées.

Catalpa. La ſeconde eſpece a été apportée en Angleterre par M. Catesby, qui l'a trouvée il y a environ quarante ans, au delà de la Caroline Méridionale, à une grande diſtance des établiſſements Anglois. Elle eſt à préſent très-commune dans nos jardins, & ſur-tout dans les environs de Londres, où il y en a quelques-unes qui ont près de vingt pieds de hauteur, & qui, par la groſſeur de leurs tiges, ont déjà l'apparence d'arbres formés.

Cette eſpece s'éléve en une tige droite, couverte d'une écorce unie & brune, de laquelle partent pluſieurs branches fortes & latérales, garnies de feuilles fort larges, en forme de cœur, & placées oppoſées à chaque nœud; ſes fleurs produites en gros panicules branchus vers l'extrémité des branches, ſont d'un blanc ſale, avec quelques taches pourpre & des raies tracées en jaune dans l'intérieur: le tube de la fleur eſt plus court que celui de l'eſpece précédente, & ſa partie ſupérieure eſt plus étendue; ſes ſegmens ſont auſſi diviſés plus profondément, & ondés à leur bord. En Amérique, ces fleurs ſont ſuivies de légumes fort longs & coniques, remplis de ſemences plates, aîlées, & couchées l'une ſur l'autre comme des écailles de poiſſon. Ces arbres n'ont encore produit aucuns légumes en Angleterre ; mais on y apporte annuellement des semences de la Caroline Méridionale.

Ces graines doivent être semées dans des pots qu'on plonge dans une couche de chaleur modérée, pour y élever les plantes, qu'il faut ensuite accoutumer par dégrés au plein air. Au commencement de Juin, on les place dans une situation abritée ; & en automne, on les met sous un châssis de vitrage pour pouvoir les garantir des gelées, & les exposer tout-à-fait à l'air dans les tems doux. Au printems suivant, on les tire des pots pour les planter dans une planche de pépiniere à une exposition chaude, où elles pourront rester deux ans pour acquérir de la force ; après quoi, on les établit à demeure dans les places qui leur sont destinées.

Comme ces plantes poussent assez tard dans l'automne, elles sont exposées dans leur jeunesse à être endommagées par les premieres gelées, qui détruisent fréquemment l'extrémité de leurs branches ; mais lorsqu'elles ont acquis plus de force, elles deviennent plus dures, & ne souffrent plus que dans les hivers fort rudes. Avant que ces arbres fussent bien connus, plusieurs personnes, ne les voyant point pousser avec les autres dans le commencement du printems, les ont cru morts, & les ont fait couper imprudemment.

On peut aussi multiplier cette espece par boutures, qu'on plante au printems dans des pots, avant qu'elles commencent à pousser, & qu'on plonge dans une couche de chaleur modérée, en observant de les abriter du soleil au milieu du jour, & de les arroser modérément, toutes les fois qu'elles en ont besoin : ces boutures étant ainsi traitées, elles prendront racine, & pousseront des branches au bout de six semaines ; alors il faudra leur donner constamment de l'air, les y accoutumer, les endurcir par dégrés, & les traiter ensuite comme les plantes obtenues de semence. Au printems suivant, on les plantera dans une planche en pépiniere, comme il a été dit ci-dessus.

Comme ces arbres ont des feuilles très-larges, il faut les placer dans des situations où ils soient à l'abri des vents violens, qui déchireroient leurs feuilles, briseroient leurs branches & les rendroient fort désagréables à la vue, par la grande prise qu'ils ont sur elles. Cet arbre se plaît dans un sol humide & léger, il y fait de grands progrès, & y donne des fleurs de très-bonne heure : ses fleurs paroissent dans le mois d'Août. Les Indiens donnent à cet arbre le nom de *Catalpa*, & c'est par ce nom qu'il est généralement connu dans les jardins.

Frutescens. La troisieme espece, qui est originaire des parties chaudes de l'Amérique, a été découverte par le Pere PLUMIER, qui en a fait le dessin, & lui a donné le nom de *Clematite*, qu'il a changé ensuite en celui de *Bignonia*, lorsqu'il a eu plus de connoissance du système de TOURNEFORT. Cette plante s'élève avec une tige droite, à la hauteur de douze ou quatorze pieds, & pousse plusieurs branches latérales, garnies à chaque nœud de deux feuilles longues, aîlées & opposées : les petites feuilles ou lobes qui les composent, sont longues, en forme de lance, terminées en pointe, & légèrement sciées à leurs bords. Chaque feuille est composée de six paires de lobes, terminées par un impair. Les fleurs, produites en panicules clairs à l'extrémité des branches, sont de la même forme que celles des autres especes, quoiqu'elles soient étendues & plus ouvertes au sommet : elles sont jaunes & remplacées par des légumes comprimés de six pouces environ de longueur, & renfermant deux rangs de semences plates & aîlées, comme celles des précédentes.

J'ai reçu cette espece pour la premiere fois en 1729, de la Vera Cruz, dans la Nouvelle Espagne, où le Docteur HOUSTON l'avoit trouvée en grande abondance; & depuis, ses semences m'ont été envoyées des Isles Bermudes, sous le nom de *Bois de Chandelle*.

Elle se multiplie par ses graines, qu'on seme sur une couche chaude: les plantes qui en proviennent, doivent être mises chacune séparément, dans de petits pots remplis d'une terre fraîche & légere, & plongées dans une nouvelle couche chaude, afin de les avancer, & de leur faire acquérir de la force avant l'hiver : on les renferme en automne dans la serre chaude de tan, & on les arrose en hiver avec beaucoup de modération. En été, on les rafraîchit fréquemment ; mais on leur donne peu d'eau à chaque fois. Ces plantes doivent rester constamment dans la serre de tan, & être traitées comme les autres plantes délicates du même pays. Cette espece fleurit trois ans après avoir été semée, mais elle ne produit point de semences en Angleterre.

Pubescens. La quatrieme espece croît naturellement en Virginie, ainsi que dans plusieurs autres parties de l'Amérique ; elle a des tiges fort minces & traînantes, qui ont besoin de soutien : ses branches, armées de vrilles ou de tendrons, s'attachent à tout ce qui les environne, & s'étendent par ce moyen à une très-grande distance. Dans nos climats, elle veut être placée contre une muraille, & à une bonne exposition, parce qu'elle est très-sensible au froid : on doit par conséquent la mettre à l'abri des fortes gelées. Ses branches sont garnies de feuilles oblongues, qui conservent leur verdure durant toute l'année : elles poussent souvent seules au bas des tiges ; mais vers le haut, elles sont placées par paires, & opposées sur chaque nœud : ses fleurs jaunes, & de la même forme que celles de la *Campanule* ou *Gantelée*, sont produites aux aîles des feuilles, & paroissent en Août; mais elles ne sont pas suivies de légumes dans ce pays. On multiplie cette espece par ses graines, qui doivent être semées sur une couche modérément chaude, & traitées de la même maniere que la premiere espece.

Lorsque ces plantes sont mises en pleine terre contre une muraille, on couvre leurs racines avec du tan, pour empêcher la gelée d'y pénétrer pendant l'hiver; & quand le froid devient plus fort, on couvre les branches avec des nattes pour les garantir: au moyen de ces précautions, cette plante a fleuri parfaitement dans les jardins de *Chelsea*.

Unguis cati. La cinquieme a, comme la précédente, des tiges minces, qui exigent aussi des soutiens; elles sont garnies de petites feuilles ovales, entieres & opposées sur chaque nœud: les mains ou vrilles sortent aux mêmes endroits, & elles s'attachent fortement par leur moyen à tout ce qui les environne. Ses feuilles se terminent en trois parties distinctes: ses fleurs sortent des ailes des feuilles, & ont la même forme que celles des especes précédentes; mais elles sont plus petites, & ne sont pas suivies de semences en ce pays.

Cette espece croît sans culture dans la Caroline & dans les Isles de Bahama; elle subsistera cependant ici en pleine terre, si on la plante contre une muraille à l'exposition du midi, & si on la met à l'abri des fortes gelées. Elle se multiplie de même que la précédente.

Æquinoctialis. La sixieme a des branches foibles & minces, qui poussent à chaque nœud des vrilles, au moyen desquelles elles s'attachent aux plantes voisines: ces branches sont garnies à chaque nœud de quatre feuilles, qui partent de chaque côté par paires opposées; elles sont pointues, ovales, ondées à leurs bords, & d'un vert brillant qu'elles conservent toute l'année. Ses branches s'étendent au loin, lorsqu'elles ont assez d'espace: ses fleurs larges & jaunes, sont produites aux nœuds des tiges, & ne sont point suivies de légumes dans ce pays. Cette espece réussit très-bien en plein air, si elle est placée contre une muraille à l'exposition du midi, & si on la traite comme les deux especes précédentes. Je l'ai reçue de la Vera-Cruz dans la Nouvelle Espagne.

Semper virens. La septieme croît naturellement dans la Caroline Méridionale, ainsi que dans quelques parties de la Virginie, quoique pas en aussi grande quantité qu'à la Caroline. Elle s'étend & couvre les haies & les buissons à une grande distance & lorsqu'elle est en fleur elle repand un parfum très-suave, d'où lui vient le nom de *Jasmin jaune*, qui lui a été donné par les habitans de ces contrées.

Cette plante a des tiges minces, au moyen desquelles elle

embrasse les arbres voisins, & s'élève à une hauteur considérable : ses branches sont garnies de feuilles longues, pointues, qui croîssent seules & opposées à chaque nœud, & qui se conservent vertes toute l'année : ses fleurs, qui sortent à chaque nœud des aîles des feuilles, au nombre de deux, de trois ou de quatre à la fois, se tiennent érigées, & ont la forme de trompette ; elles sont jaunes, & exhalent une odeur fort douce. Dans les pays d'où cette plante tire son origine, ces fleurs sont suivies de légumes courts & cylindriques, remplis de petites semences aîlées.

Les plantes de cette espece étant dans leur jeunesse très-sensibles au froid, il faut les mettre à couvert pendant les hivers, jusqu'à ce qu'elles aient acquis de la force ; alors on les place contre une muraille à l'exposition du midi, & on les garantit des fortes gelées de l'hiver, en les couvrant avec des nattes, & en répandant du vieux tan sur leurs racines. Par cette méthode, je suis parvenu à les faire bien fleurir dans le jardin de *Chelsea*. On multiplie cette espece par ses semences, de la même maniere que les précédentes.

Pentaphylla. La huitieme, qui m'a été envoyée de la Jamaïque par le Docteur HOUSTON, a une tige droite & élevée jusqu'à la hauteur de vingt pieds, garnie de branches latérales, dont l'écorce est blanche : ses feuilles, portées par de long pétioles, sortent opposées sur les nœuds ; elles sont composées de cinq feuilles ovales & fermes, jointes en un centre à leur bâse, étroites par le bas, larges & arrondies au sommet, & d'une couleur vert pâle qui tire sur le blanc à leur surface inférieure : ses fleurs naissent aux extrémités des branches, & sortent quatre ou cinq ensemble sur chaque pédoncule : elles sont étroites inférieurement ; mais leur tube s'élargit ensuite, & s'ouvre fortement au sommet : ces fleurs sont d'un bleu pâle, & répandent une odeur très-douce ; elles sont remplacées par des légumes coniques, longs de quatre pouces, & remplis de semences ovales, serrées & pourvues d'aîles argentées.

Cette espece, étant originaire des parties chaudes de l'Amérique, ne peut subsister dans notre climat sans le secours de la serre chaude ; elle se multiplie par semences, qu'il faut mettre sur une couche chaude : après quoi, on traite les plantes qui en surviennent comme celles de la 4e. espece.

Leucoxylon. J'ai reçu la neuvieme de la Barbade sous le nom de *Bois blanc* : dans sa patrie, elle s'élève en une tige droite jusqu'à la hauteur de quarante pieds, & se multiplie considérablement par ses semences que le vent disperse. On confond ordinairement cette espece avec la précédente, quoiqu'elles soient très-différentes : celle-ci a ses feuilles basses composées de quatre ou de cinq lobes ovales; & celles qui occupent les parties hautes des branches, sortent simples, & sont placées par paires opposées : ces dernieres feuilles sont aussi larges & aussi épaisses que celles du *Laurier*; elles sont arrondies à leur extrémité, & sont portées chacune sur un long pétiole, tandis que celles de la précédente se joignent dans un centre à leur bâse : les fleurs de cette espece naissent une à une aux aîles des feuilles; leurs tubes sont étroits, longs d'environ deux pouces, ouverts largement au sommet, où elles sont découpées en cinq segmens égaux, & frangées à leurs bords: ces fleurs sont blanches, & répandent une odeur agréable; mais je n'ai jamais vu leurs légumes.

Ces plantes veulent être conservées dans une serre de tan, & traitées comme celles de la quatrieme espece. On les multiplie par semences & par boutures qu'on plante en été, & qui prennent aisément racine, si elles sont mises dans des pots, & plongées dans une couche de tan. Cette espece a fleuri au mois d'Août pendant plusieurs années dans le jardin de *Chelsea*.

Paniculata. La dixieme que le Docteur HOUSTON m'a envoyée de la Vera-Cruz, s'élève en tiges ligneuses, garnies à chacun de leurs nœuds de vrilles qui leur servent à s'attacher aux plantes voisines: ses feuilles, en forme de cœur, entieres, & ayant un beau duvet sur leur surface inférieure, sont portées sur des pétioles assez longs, & sortent deux-à-deux opposées sur chaque nœud des parties latérales des branches: ses fleurs tubuleuses, peu étendues à leur sommet, & de couleur violette, croîssent en épis clairs aux extrémités des branches; elles répandent une odeur agréable, & sont suivies, dans leur pays natal, de siliques ovales, dures & ligneuses, qui s'ouvrent en quatre parties remplies de semences aîlées.

Cette espece se multiplie par ses semences, qu'on doit répandre sur une couche chaude; & lorsque les plantes paroissent, on les traite comme celles de la troisieme, parce qu'elles ne peuvent subsister dans notre climat, sans le secours d'une serre de tan.

Cærulea. La onzieme croît naturellement dans les Isles de Bahama, d'où ses semences ont été envoyées par M. CATESBY, en 1724: ces semences ont produit plusieurs plantes, qui ont été cultivées dans les environs de Londres. Cette espece qui, dans son pays natal, s'élève à la hauteur de vingt pieds, pousse plusieurs branches latérales, garnies de feuilles composées & aîlées, dont chacune a onze aîles alternes & entieres : ses fleurs naîssent aux extrémités des branches sur des panicules fort clairs; leurs pédoncules se divisent en trois ou quatre branches, qui soutiennent chacune une fleur bleue, pourvue d'un tube long, gonflé & découpé en cinq segmens égaux au sommet, où il s'étend & s'ouvre : ces fleurs sont suivies de siliques ovales, qui s'ouvrent en deux parties, & sont remplies de semences plates & aîlées.

Crucigera. La douzieme espece a une tige ligneuse, de laquelle sortent plusieurs branches qui ont quatre bordures ou aîles étroites, coulant longitudinalement; de sorte qu'elles paroissent être quarrées : ses feuilles, qui naissent par paires des parties latérales des branches, sont en forme de cœur, unies, placées sur de courts pétioles, & garnies de vrilles qui sortent des pétioles, s'attachent aux plantes & aux arbres voisins, & élèvent les branches de cette espece à une hauteur considérable : ses fleurs, produites aux aîles des feuilles en petites grappes, ont des tubes assez longs, & s'étendent en s'ouvrant au sommet; elles sont d'une couleur jaune-pâle, & sont remplacées par des légumes plats, longs d'un pouce, & renfermant deux rangs de semences plates, aîlées & jointes à la cloison du milieu.

Cette espece, que j'ai reçue de Campêche, ou elle croît sans culture, s'élève dans sa patrie jusqu'au sommet des plus grands arbres, en s'attachant à leurs branches au moyen de ses vrilles. On la multiplie par semences, qu'on doit répandre sur une couche chaude; après quoi, on traite les plantes qui en proviennent comme celles de la quatrieme espece : car elles ne peuvent profiter dans ce pays, sans le secours de la serre chaude, dans laquelle ses branches s'élèveront à la hauteur de vingt pieds en trois ans; & si on leur laisse la liberté, elles s'étendront à une grande distance. Cette plante a fleuri dans les jardins de *Chelsea*; mais elle n'a jamais produit de semences en Angleterre.

Capreolata. La treizieme, qui m'a été aussi envoyée de Campêche par M. ROBERT MILLAR, a des tiges ligneuses, qui s'élèvent à une grande hauteur, en s'attachant aux arbres voisins, au moyen de leurs vrilles. Cette espece pousse plusieurs branches ligneuses, garnies de feuilles ovales, en forme de cœur, qui naissent par quatre, & sont opposées deux-à-deux sur chaque nœud : la surface inférieure de ces feuilles, est recouverte d'un duvet doux, poilu & de couleur jaunâtre : ses fleurs, d'un jaune pâle, & semblables à celles de la *Campanule*, naissent en panicules clairs aux extrémités des branches, & sont suivies par des légumes plats, longs d'un pied, ayant une bordure à chaque côté, & renfermant deux rangs de semence plates & aîlées.

Cette plante, étant délicate, exige la serre de tan, & veut être traitée comme la quatrieme espece. Elle se multiplie par semences, qu'on doit se procurer des pays où elle croît naturellement parce qu'elle n'en produit point en Angleterre.

Triphylla. Le Docteur HOUSTON m'a envoyé la quatorzieme

de la Vera-Cruz dans la Nouvelle Espagne. Cette plante a une tige ligneuse, recouverte d'une écorce couleur de celle du *Frêne*; elle s'élève à la hauteur de dix pieds, & pousse plusieurs branches latérales, garnies de feuilles à trois lobes, placées opposées à chaque nœud: ces feuilles sont très-unies, ovales & terminées en pointe: ses fleurs sortent en panicules clairs à l'extrémité des branches; elles sont d'un blanc-sale, & suivies de légumes plats & étroits, qui renferment chacun deux rangs de semences plates & ailées.

Cette espece doit être multipliée par semences, & traitée comme la quatrieme espece, en observant de la tenir constamment dans la couche de tan de la serre chaude.

BIHAI. *Voyez* MUSA.

BISCUTELLA. *Lin. Gen. Plant.* 724. *Thlaspidium. Tourn. Inst. R. H.* 214. *Tab.* 101. [*Buckler Mustard*, or *Bastard Mithridate Mustard.*] *Moutarde à Bouclier*, ou *Moutarde bâtarde de Mithridate.*

Caracteres. Le calice est composé de quatre feuilles pointues: la corolle a quatre pétales obtus & placés en forme de croix, qui s'étendent & s'ouvrent; elle renferme six étamines opposées dont quatre sont longues, & les deux autres plus petites: ces étamines sont surmontées par des sommets simples. Dans le centre est situé un germe orbiculaire & comprimé, soutenant un style simple persistant & surmonté d'un stigmat obtus: ce germe se change ensuite en une capsule unie, comprimée & érigée, avec deux lobes convexes, à deux cellules, terminées par le style roide, qui est joint à côté de la partition: chaque cellule renferme une semence comprimée.

Ce genre de plante est rangé dans la premiere section de la quinzieme classe de LINNÉE, intitulée: *Tetradynamia siliculosa*, la fleur ayant quatre étamines longues & deux courtes, & étant remplacée par des légumes fort courts.

Les especes sont:

1°. *Biscutella auriculata, calicibus nectario utrinque gibbis, siliculis in stylum coeuntibus. Hort. Cliff.* 329; Moutarde bâtarde, avec le godet du nectaire gonflé à chaque côté, & de petits légumes joints au style.

Thlaspidium hirsutum, calice floris auriculato. Inst. R. H. 214.

Leucojum montanum, flore pedato. Col. Ecphr. 2. *P.* 59. *T.* 61.

Jon-Draba Alyssoïdes lutea, angusti-folia. Barr. Ic. 230.

2°. *Biscutella didyma, siliculis orbiculato-didymis à stylo divergentibus. Hort. Cliff.* 329. Moutarde bâtarde, avec une double silique orbiculaire divergente au style.

Thlaspidium Monspeliense, Hieracii folio hirsuto. Tourn. Inst. 214.

Thlaspi clypeatum. Clus. Hist. 2. *P.* 133.

3°. *Biscutella Apula, hirsuta, foliis oblongis, dentatis, semi-amplexicaulibus, floribus spicatis, stylo breviore;* Moutarde bâtarde velue, avec des feuilles oblongues & dentelées, qui embrasfent la tige à moitié, dont les fleurs croiffent en épis, & qui a un ftyle plus court.

Thlafpidium Apulum fpicatum. Tourn. Inft. 214.

Jon-Draba Alyffoïdes, Apula, fpicata. Col. Ecphr. 1. *P.* 283. *T.* 285.

Auriculata. La premiere efpece, qui croît naturellement dans la France Méridionale & en Italie, n'a guere qu'un pied de hauteur dans les lieux qui la produifent; mais lorfqu'elle eft cultivée dans les jardins, elle devient une fois plus grande. Cette plante fe divife en plufieurs branches, garnies à chaque nœud d'une feule feuille oblongue, entiere & un peu dentelée; celles de la partie baffe de la tige font plus larges & plus obtufes que celles du haut : fes fleurs fortent des extrêmités des branches en panicules clairs; elles font d'un jaune-pale, compofées de quatre pétales obtus, & fuivies de filiques doubles, rondes & comprimées, qui fe gonflent au milieu, & renferment une femence ronde & plate : le ftyle de la fleur fe tient droit entre les deux petites filiques qui font jointes à leurs bords.

Didyma. La feconde eft auffi originaire de la France Méridionale & de l'Italie, ainfi que de l'Allemagne, d'où j'en ai reçu les femences, & une plante fèche qui n'avoit pas plus de fix pouces de longueur, y compris les racines; mais elle s'élève par la culture jufqu'à deux pieds de hauteur. Cette efpece a des feuilles longues, étroites, velues, femblables à celles de l'*Herbe à l'Epervier*, ou *Hieracium Dentis leonis*, qui fe développent près de terre, & font profondément dentelées à leurs bords : fa tige s'élève du centre, & fe divife vers le haut en plufieurs petites branches dégarnies de feuilles, & terminées par des panicules de fleurs jaunes, compofées de quatre pétales placés en forme de croix : ces fleurs font fuivies de filiques rondes & comprimées comme celles de la précédente, mais plus petites, & le ftyle fe renverfe au-deffus.

Apula. La troifieme pouffe plufieurs feuilles oblongues, velues, & légèrement dentelées à leurs bords, du milieu defquelles s'èlève une tige velue & branchue, qui croît à deux pieds de hauteur, & dont chaque nœud porte une feuille oblongue & dentelée, qui embraffe la moitié de la tige à fa bâfe : chaque branche eft terminée par un épi ferré de fleurs d'un jaune-pâle, qui font fuivies de filiques rondes & comprimées comme dans la précédente; mais le ftyle de la fleur y eft joint, & eft plus court que celui des autres efpeces.

Culture. Toutes ces plantes font annuelles, & périffent lorfque leurs femences font mûres : on peut les femer au printems ou en automne, fur une plate-bande de terre légère, dans une fituation ouverte, où elles doivent refter à demeure. Celles qui font femées en automne, poufferont au bout de trois ſemaines, & ſe conſerveront tout l'hiver ſans aucun ſoin : elles fleuriront dans le commencement de l'été ſuivant, & produiront toujours enſuite de bonnes ſemences ; au-lieu que celles qui n'auront été ſemées qu'au printems, ſe flétriront avant la maturité de leurs ſemences. Les plantes automnales fleuriſſent en Juin, & celles du printems en Juillet : leurs ſemences mûriſſent environ ſix ſemaines après. Si on permet à ces ſemences de s'écarter en liberté, elles produiront ſans aucun ſoin une grande quantité de jeunes plantes, qui n'exigeront d'autre culture que d'être debarraſſées de mauvaiſes herbes, & d'être éclaircies dans les places où elles ſont trop ſerrées : on laiſſe entr'elles huit à neuf pouces de diſtance.

Ces différentes eſpeces n'étant point aſſez belles pour être recherchées, on ne les conſerve guere que dans les jardins de botanique. Comme, après pluſieurs années de culture, je ne les ai jamais vu varier, je ne doute point qu'elles ne ſoient toutes des eſpeces diſtinctes les unes des autres.

BISERRULA. *Linn. Gen. Pl.* 800. *Pelecinus. Tourn. Inſt.* 417. *T.* 234; *le Rateau.* Cette plante n'a point de nom Anglois.

Caracteres. La fleur a un calice tubuleux, formé d'une ſeule feuille érigée, & légèrement diviſée au ſommet en cinq parties égales, dont les deux ſupérieures ſont placées à quelque diſtance des autres : la fleur eſt papillonnacée ; l'étendard a ſes bords réfléchis, & les aîles ſont oblongues, mais plus courtes que l'étendard : la carène eſt obtuſe, de la même longueur que les aîles, & tournée vers le haut. Elle a dix étamines, dont neuf ſont jointes, & l'autre ſéparée ; leurs extrémités ſe dirigent vers le haut. Dans le centre eſt ſitué un germe oblong & comprimé, ſoutenant un ſtyle en forme d'alêne, ſurmonté d'un ſtigmat ſimple. Les étamines ſont renfermées dans la carène : le germe ſe change enſuite en un légume plat & étroit, dentelé aux deux bords comme la ſcie du poiſſon, nommé *Empereur*, & a deux cellules remplies de ſemences en forme de rein.

Les plantes de ce genre ſont rangées dans la troiſieme ſection de la dix-ſeptieme claſſe de LINNÉE, nommée : *Diadelphia Decandria*, par la raiſon que leurs fleurs ont dix étamines jointes en deux corps.

Nous n'avons qu'une eſpece de ce genre, qui eſt :

Biſerrula. Pelecinus. Hort. Cliff. 361. *Pelecinus vulgaris. Tourn. Inſt.* 417 ; en François, *le Rateau.*

Aſtragalus purpureus annuus peregrinus, ſiliquis utrinque ſerræ ſimilibus. Moris. Hiſt. 2. *P.* 107, *ſivè* 2. *T.* 9. *F.* 6.

Securidaca ſiliquis planis utrinque dentatis. Bauh. Pin. 349.

Cette plante eſt annuelle, & croît naturellement en Italie, en Sicile, en Eſpagne & dans la France Méridionale ; elle pouſſe pluſieurs tiges angulaires & traînantes, qui ſont garnies de feuilles longues, aîlées, & composées de plusieurs paires de lobes, terminés par un impair en forme de cœur: des parties hautes des branches, sortent les pédoncules, qui soutiennent chacun plusieurs petites fleurs papillonnacées, de couleur de pourpre, & recueillies ensemble : ces fleurs sont suivies de légumes unis, longs d'un pouce, dentelés sur les côtés dans toute leur longueur, divisés au milieu par un nerf longitudinal, & remplis de deux rangs de semences en forme de rein.

On la multiplie par semences, qui, dans ce pays doivent être répandues en automne sur une couche de terre légere, où les plantes pousseront dans trois semaines, & subsisteront très-bien en plein air : il faut les semer où elles doivent rester, ou les transplanter très-jeunes; car lorsqu'elles sont grosses, elles ne souffrent pas d'être tirées de terre.

Lorsque les plantes auront poussé, elles n'exigeront d'autres soins que d'être tenues nettes de mauvaises herbes, & éclaircies où elles seront trop serrées, en laissant environ un pied de distance entr'elles : elles fleurissent en Juin, & leurs semences mûrissent en Septembre.

On peut aussi semer au printems les graines de cette plante, & la traiter ensuite suivant la méthode qui vient d'être prescrite ; mais alors il est à craindre que les plantes qui en proviendront, ne fleurissent pas avant le milieu ou la fin de Juillet, & que leurs semences n'aient pas le tems de mûrir, à moins que l'automne ne soit chaud ; c'est-pourquoi je recommande de les semer en automne, aussi-tôt après qu'elles sont recueillies.

On peut accorder une place dans les jardins, à deux ou trois de ces plantes pour la variété, quoiqu'elles n'aient pas beaucoup de beauté.

BISTORTA. Ainsi appellée, parce que sa racine est contournée & tortillée en différents anneaux en forme spirale. [*Bistort, or Snakeweed.*] *Bistorte.*

Ce genre est joint au *Polygonum*, par le Docteur LINNÉE.

Cette plante fleurit en Mai; & si la saison est humide, elle continuera à produire de nouveaux épis de fleurs jusqu'au mois d'Août : elle peut être multipliée, en plantant ses racines dans une plate-bande humide & ombrée, soit au printems, soit en automne. Ces racines, en traçant dans la terre, rempliront bientôt tout le jardin de nouvelles plantes.

On a proposé de se servir des racines de cette plante pour tanner les cuirs ; mais il seroit difficile de s'en procurer en assez grande quantité pour cela (1).

(1) Les racines de la *Bistorte* sont un des plus puissans astringens que le regne végétal fournisse à la Médecine : elles n'ont rien d'odorant & de volatil, & ne donnent par l'analyse qu'une très-petite quan-

BISTORTE. *Voyez* BISTORTA.

BIVALVE. S'emploie pour exprimer une cosse ou gousse, qui s'ouvre d'un côté dans toute sa longueur en deux parties, comme les deux battans d'une porte.

BIXA. *Linn. Gen. Plant.* 581. *Urucu. Sloan. Cat. Jam. Orellana. H. L. Mitella. Tour. Inst.* 242 ; [*Anotta.*] *Rocou.*

Caracteres. Les caracteres de cette fleur sont d'avoir un calice uni, obtus, petit & persistant ; une corolle formée par une double rangée de pétales, dont l'extérieure consiste en cinq, qui sont larges, oblongs & égaux, & l'intérieure en un même nombre, de la même forme, mais plus étroits ; un grand nombre d'étamines velues, qui n'ont que la moitié de la longueur des pétales, & qui sont terminées par des sommets érigés. Dans le centre de la fleur, est situé un germe ovale, soutenant un style mince de la même longueur que les étamines, & surmonté d'un stigmat divisé en deux parties, comprimées & paralleles. Ce germe se change ensuite en une capsule ovale, en forme de cœur, un peu comprimée, hérissée de poils piquants, & qui, s'ouvrant en deux valvules, montre une seule cellule remplie

---

tité de principe résineux ; mais beaucoup de substance gommeuse dans laquelle résident toutes ses propriétés. Cette racine prise intérieurement, ou appliquée seulement à la peau, augmente singuliérement le ton des solides, diminue le calibre des vaisseaux, crispe l'extrémité des canaux relâchés, qui fournissent une issue à des humeurs abondantes, font rentrer les liqueurs stagnantes dans le torrent de la circulation, évacuent par les pores ou par d'autres couloirs celles qui sont extravasées, &c.

Elles produisent des effets très-marqués dans les vomissemens, les diarrhées opiniâtres, les dyssenteries séreuses, l'hémophthisie, les fleurs blanches, les gonorrhées anciennes, les flux abondans d'urine, &c. On a même recommandé de s'en servir dans la petite vérole, la rougeole, la peste & les autres fievres malignes ; mais il n'appartient qu'au Médecin d'employer ce remede dans quelque circonstance que ce soit : autant il est salutaire, lorsqu'il est administré à propos, autant il devient nuisible & dangereux entre les mains des personnes ignorantes. On l'applique à l'extérieur en décoction, ou sous la forme de cataplasme, sur les hernies, les tumeurs indolentes, sur les bourses affectées d'ædeme & d'hydrocele, & dans toutes les circonstances où il est nécessaire de fortifier quelque partie.

La grande vertu astringente de ce remede le rend plus propre que le quinquina à guérir les fièvres quartes & autres intermittentes opiniâtres ; il a quelquefois opéré des cures étonnantes dans ces circonstances.

On l'emploie communément dans les Alpes, pour guerir les fleurs blanches. Sa dose est en infusion aqueuse depuis un demi-gros jusqu'à deux gros, & en poudre depuis quelques grains jusqu'à un scrupule.

Les racines de *Bistorte* entrent dans la composition de l'Orviétan & dans celle de quelques autres remedes cordiaux.

de femences angulaires, adhérentes à un réceptacle linéaire, qui coule longitudinalement à travers la capfule.

Les Plantes de ce genre, ayant plufieurs étamines & un ftyle, font partie de la premiere fection de la treizieme claffe de LINNÉE, intitulée : *Polyandria Monogynia.*

Nous n'avons qu'une efpece de ce genre, qui eft :

Bixa. Orellana. Hort. Cliff. 211, appellée par les Anglois, *Arnotta ou Anotta ;* & par les François, *Rocou. Mitella Americana maxima tinctoria.* Achioti de Hernandez.

Orleana, five *Orellana*, *folliculis lappaceis. Pluk. Alm.* 272. *t.* 209. *f.* 4. *Comm. Hort.* 1. *p.* 65. *f.* 44.

Arbor Mexicana, *fructu caftaneæ coccifera. Bauh. Pin.* 419. *Urucu. Sloan. Jam.* 150. *Hift.* 2. *p.* 52. *t.* 181. *f.* 1.

Cet arbriffeau croît naturellement dans les parties chaudes de l'Amérique, où il s'élève en une tige droite, à la hauteur de huit à dix pieds, & pouffe au fommet plufieurs branches, qui forment une tête réguliere : ces branches font garnies de feuilles en forme de cœur, terminées en pointe, fupportées par de longs pétioles & difpofées fans ordre : les fleurs, d'une couleur pâle de *fleur de pêcher*, ont de larges pétales, & naiffent en panicules clairs à l'extrémité des branches : un grand nombre d'étamines velues font placées dans le centre, & font de la même couleur que les pétales. Après la fleur, le germe devient une capfule en forme de cœur, ou plutôt en forme de mitre, heriffée de poils au-dehors, & s'ouvrant en deux valves remplies de femences angulaires : ces femences font recouvertes d'une chair rouge, qui colore les mains de ceux qui la touchent. On les recueille pour l'ufage des Teinturiers & des Peintres.

Les femences de cette plante, qu'on apporte abondamment des Indes Occidentales, fervent à la multiplier : il faut les femer dans de petits pots remplis d'une terre bonne & légere, & les plonger dans une couche chaude de tan : fi la couche a la chaleur convenable, ces plantes paroîtront environ un mois après avoir été femées ; & lorfqu'elles auront atteint à-peu-près la hauteur d'un pouce, on les fortira des pots ; on les féparera avec foin, & de façon à ne pas déchirer leurs tendres racines ; on les plantera chacune féparément dans un petit pot rempli de terre riche & légere, & on les plongera dans une nouvelle couche de tan, en obfervant de les tenir à l'ombre jufqu'à ce qu'elles aient formé de nouvelles racines ; après quoi, on les traitera comme les autres plantes des mêmes contrées, & on leur donnera de l'air frais à proportion de la chaleur de la faifon. Quand la chaleur de la couche de tan commencera à diminuer, on la labourera à propos, & on y en ajoutera du nouveau, s'il eft néceffaire, pour en renouveller la

chaleur.

chaleur. Pendant l'éte, on arrosera ces plantes trois fois la semaine, mais légèrement; parce que trop d'humidité feroit pourrir les racines. Si ces plantes sont élevées dans le commencement du printems, & traitées comme elles doivent l'être, elles auront atteint en automne la hauteur d'un pied & demi; alors on les mettra dans la serre, & on les plongera dans la couche de tan. Pendant l'hiver, elles ne demandent que très-peu d'eau; mais dans leur jeunesse, il leur faut beaucoup de chaleur, sans quoi elles seront exposées à perdre leurs feuilles & même leurs têtes; ce qui les rend désagréables à la vue.

On doit tenir constamment ces plantes dans la couche de tan de la serre chaude; parce que celles qui sont placées dans la serre sèche, ne font jamais autant de progrès. J'ai eu plusieurs de ces plantes, hautes de sept à huit pieds, dont les tiges étoient épaisses, & les têtes fort grosses; mais je n'en ai jamais eu qu'une seule qui ait produit des fleurs: je n'ai pas même entendu dire qu'aucune de ces plantes ait fleuri dans quelques autres jardins de l'Europe; chez les Hollandois mêmes on ne trouve point de ces plantes qui soient d'une certaine grosseur.

On sépare la chair qui environne les semences, en la détrempant dans l'eau chaude; on les lave, & on les froisse avec la main, jusqu'à ce qu'elles soient nettes; après quoi, on jette l'eau; & lorsque le sédiment qui s'est déposé au fond, a acquis de la consistance, on en fait des boules qu'on envoie en Europe, où on l'emploie pour la peinture & pour teindre les étoffes.

Les Américains en font usage pour colorer leur chocolat, & les naturels du pays s'en servent pour se peindre le corps, lorsqu'ils vont à la guerre.

BLANCHETTE, LA MACHE, POULE GRASSE, *ou* SALADE DE CHANOINE. *Voy.* VALERIANA LOCUSTA. L.

BLÉ DE TURQUIE, BLÉ D'INDE *ou* MAYS. *Voyez* ZEA. L.

BLÉ *ou* FROMENT. *Voyez* TRITICUM.

BLÉ DE MARS. *Voy.* TRITICUM.

BLÉ D'OISEAU, *ou* ALPISTE. *Voyez* PHALARIS. L.

BLATTARIA. *Voyez* VERBASCUM.

BLETTE. *Voy.* BLITUM.

BLETTE-BLANCHE. *Voy.* AMARANTHUS BLITUM. L.

BLETTE-ROUGE. *Voyez* AMARANTHUS LIVIDUS. L.

BLITUM. *Linn. Gen. Plant.* 14. *Chenopodio-morus. Boerh. Ind. Morocarpus. Rupp;* [*Strawberry Blite.*] *Epinar-fraise. La Blette.*

Caractères. La fleur a un calice divisé en trois parties, & persistant; elle n'a point de pétale, mais seulement une étamine hérissée de poils plus longue que le calice, avec un sommet double. Dans le centre est placé un germe ovale & pointu, qui soutient deux styles aussi longs que l'étamine, avec un ſimple ſtigmat. Après la fleur, le calice devient une capſule ovale & comprimée, renfermant une ſemence globulaire, légèrement applatie, & de la même groſſeur que la capſule.

Ce genre de plantes eſt rangé dans le ſecond ordre de la premiere claſſe de LINNÉE, intitulée : *Monandria Digynia*, qui comprend celles qui n'ont qu'une étamine & deux ſtyles.

Les eſpeces ſont :

1°. *Blitum capitatum*, *capitellis ſpicatis terminalibus. Hort. Upſal.* 3 ; Blette avec des épis terminés par de petites têtes.

Chenopodio-morus major. Boerh. Ind. Alſ. 2. 91 ; appelé communément fraiſe de Belette, *ou* Epinar-fraiſe.

Atriplex baccifera. Raj. Hiſt. 197.

2°. *Blitum virgatum*, *capitellis ſparſis lateralibus. Hort. Upſal.* 3 ; Blette avec de petites têtes éparſes ſur les côtés de la tige.

Chenopodio-morus minor. Boerh. Ind. Alſ. 2. 91 ; Blette ſauvage, avec un fruit ſemblable aux mûres.

Atriplex ſylveſtris, *Mori fructu. Bauh. Pin.* 519.

3°. *Blitum Tartaricum*, *foliis triangularibus, acutè dentatis, capitellis ſimplicibus lateralibus* ; Blette avec des feuilles triangulaires dentelées, à pointes aiguës, & des têtes ſimples ſur les côtés.

Blitum, fragiferum maximum polyſpermum. Amman. Ruth.

Capitatum. La premiere eſpece, qui croît naturellement en Eſpagne & en Portugal, eſt conſervée depuis long-tems dans les jardins Anglois : cette plante eſt annuelle, & ſes feuilles ſont à-peu-près ſemblables à celles de l'*Epinar* : la tige, élevée à deux pieds & demi de hauteur, eſt garnie inférieurement de feuilles ſemblables à celles du pied de la plante, mais plus petites : du ſommet de cette tige, ſortent à chaque nœud des fleurs diſpoſées en petites têtes, & terminées en grappes. Lorſque les fleurs ſont paſſées, ces petites têtes ſe gonflent juſqu'à la groſſeur d'une fraiſe de bois, & en ont l'apparence quand elles ſont mûres ; elles ſont fort ſucculentes, & remplies d'un jus de couleur pourpre, qui tache en pourpre foncé les mains de ceux qui les broient.

Virgatum. La ſeconde eſt originaire de la France Méridionale, & de l'Italie : elle s'élève rarement au-deſſus de la hauteur d'un pied, & elle eſt garnie de feuilles plus petites, mais de la même forme que celles de la premiere. Ses fleurs qui naiſſent aux aîles des feuilles, ſur la plus grande partie de la tige, ſont petites & recueillies en petites têtes, qui ont la même forme que celles de la premiere ; mais elles ſont plus petites, & d'une couleur moins foncée.

Tartaricum. La troiſieme, dont le feu Docteur AMMAN, Profeſſeur de Botanique à Pétersbourg, m'a envoyé les ſemences, s'élève à la hauteur d'environ trois pieds : ſes feuilles ſont triangulaires, terminées en pointes fort aiguës,

& dentelées à leurs bords : ses fleurs sortent des aîles des feuilles en petites têtes, & sont remplacées par des baies de la même forme, & de la même couleur que celles de la premiere, mais plus petites. Cette espece differe de la premiere par la forme, & les échancrures de ses feuilles, dont quelques-unes sont placées entre les baies dans toute la longueur de la tige qui n'est pas terminée par des têtes comme celle de la premiere espece, mais seulement par des feuilles.

Culture. Toutes ces plantes sont annuelles; & comme elles laissent tomber leurs semences, lorsqu'on néglige de les recueillir, on voit paroître au printems suivant, de nouvelles plantes qui naissent en abondance dans les environs. Si les graines de toutes ces especes sont semées en Mars ou en Avril sur une couche de terre ordinaire, dans une situation ouverte, les plantes pousseront un mois ou cinq semaines après; & en les laissant où elles sont semées, elles n'exigeront d'autres soins, que de les tenir nettes de mauvaises herbes, & de les éclaircir, en laissant entr'elles six ou huit pouces de distance. Ces plantes commencent à produire leurs baies dans le mois de Juillet; & comme alors elles ont une belle apparence, plusieurs personnes les transplantent dans les plates-bandes des jardins à fleurs, & d'autres les plantent dans des pots, qu'ils placent dans des cours, ou sur des murs de terrasses, avec les autres fleurs annuelles, pour les embellir.

Quand on les destine à ces sortes d'usages, il faut les transplanter avant qu'elles poussent leurs tiges de fleurs, parce qu'alors elles ne souffrent plus d'être dérangées. Lorsqu'elles sont établies dans leurs pots, on doit les arroser exactement dans les tems secs, sans quoi elles seront arrêtées dans leur accroissement, & ne parviendront point à leur hauteur ordinaire. A mesure que leurs tiges de fleurs font des progrès, on les soutient avec des baguettes pour les empêcher de tomber, & d'être emportées par le poids de leurs baies qui deviennent de jour en jour plus grosses & plus lourdes.

BLUET, AUBIFOIN, CASSE-LUNETTE, *ou* BARBEAU. *Voyez* CENTAUREA, CYANUS.

BOCCONIA. Cette plante a été ainsi appelée en l'honneur de Dom PAUL BOCCÔNE de Sicile, qui a publié quelques Livres curieux de Botanique.

Caracteres. La fleur a un calice composé de deux feuilles ovales, obtuses & concaves; la corolle a quatre pétales étroits avec un grand nombre d'étamines fort courtes, couronnées de sommets érigés, & de la même longueur que le calice. Dans le centre est placé un germe rond, rétréci aux deux extrémités, qui soutient un style simple, divisé au sommet en deux parties,

& surmonté d'un stigmat simple : lorsque la fleur est passée, ce germe devient un fruit ovale, rétréci aux deux extrémités, un peu comprimé, & a une cellule charnue, renfermant une semence simple & ronde.

Les plantes qui forment ce genre ayant plusieurs étamines & un style, ont été placées par LINNÉE dans la premiere section de sa douzieme classe, qu'il a appelée *Polyandria Monogynia.*

Nous ne connoissons jusqu'à présent qu'une espece de ce genre qui est :

Bocconia frutescens. Linn. Sp. Plant. 505.

Bocconia racemosa, Sphondylii folio tomentoso. Plum. Nov. Gen.

Chelidonium majus arboreum, foliis quercinis. Sloan. Jam. 82, *Hist.* 1, *P.* 195, *T.* 158.

Cocoxihvitt. Hern. Mex. 158.

Cette plante est appelée par le Chevalier HANS SLOANE, dans son Histoire Naturelle de la Jamaïque, *Chelidonium majus arboreum, foliis quercinis*, ou, le plus grand arbre de Chélidoine à feuilles de Chêne.

Cette plante est fort commune à la Jamaïque, ainsi que dans plusieurs autres parties de l'Amérique : elle s'élève à la hauteur de dix à douze pieds, avec une tige droite aussi grosse que le bras, & recouverte d'une écorce blanche & unie : cette tige se divise au sommet en plusieurs branches, sur lesquelles les feuilles sont placées alternativement : ces feuilles dont la longueur est de huit à neuf pouces, & la largeur de cinq à six, sont profondément échancrées, & quelquefois jusqu'à la côte du milieu ; elles sont d'une couleur fine de vert de mer ; de sorte que cette espece fait une belle variété parmi les autres plantes exotiques de la serre chaude.

Toutes les parties de cette plante sont remplies d'un suc jaunâtre, pareil à celui de la plus grande *Eclaire* ou *Celandine*, qui est d'une nature très-âcre, & dont les Américains se servent pour enlever les taches des yeux.

On multiplie cette espece, par ses semences qu'on place au commencement du printems dans des pots remplis de terre fraîche & légere qu'on plonge dans une couche chaude de tan, & qu'on arrose légèrement de tems en tems pour les faire germer. Lorsque ces plantes ont poussé, on les transplante séparément dans de petits pots remplis de terre légère & sablonneuse qu'on replonge dans la couche chaude, dont on a soin de garantir les vitrages des ardeurs du soleil, jusqu'à ce qu'elles aient formé de nouvelles racines : on les arrose très-légèrement dans leur jeunesse, parce que, leurs tiges étant fort tendres, & remplies de sève, trop d'humidité les feroit pourrir ; mais lorsque ces tiges sont devenues ligneuses, elles exigent plus d'eau, sur-tout dans les tems chauds : on a soin aussi de leur procurer beaucoup d'air, en soulevant les vitrages. Deux mois après, lorsque les petits pots font remplis de racines, on remet les plantes dans d'autres plus grands que l'on replonge enfuite dans la couche de tan de la ferre chaude, où il faut toujours continuer à leur donner beaucoup d'air pendant les chaleurs. En les traitant ainfi, je fuis parvenu à élever dans une feule faifon, ces plantes au-deffus de la hauteur de deux pieds, & à leur procurer des tiges très-fortes. On les tient conftamment dans la ferre chaude, parce que, fans ce fecours, elles ne profiteroient pas dans ce pays. Cette plante a fleuri dans le jardin de *Chelfea*, & y a perfectionné fes femences. Mais quand même elle ne produiroit point de fleurs, fa beauté finguliere la rendroit digne d'occuper une place dans la collection des Curieux, & il paroît que les Indiens en font beaucoup de cas ; car HERNANDEZ nous dit que leurs Chefs la font cultiver dans leurs jardins.

BOERHAVIA. M. VAILLANT, Profeffeur de Botanique à Paris, a donné ce nom à ce genre de plante, en l'honneur du fameux BOERHAVE, Profeffeur de Chymie, de Phyfique & de Botanique dans l'Univerfité de Leyde.

Caracteres. La fleur n'a point de calice, mais feulement un pétale en forme de cloche, triangulaire & entier. Dans quelques efpeces, elle a une étamine courte, & dans d'autres deux, couronnées par un fommet double & globulaire. Le germe eft fitué au-deffous du réceptacle, foutient un ftyle court & mince, furmonté d'un ftigmat en forme de rein : ce germe devient enfuite une fimple femence fans couverte.

Ce genre de plantes eft rangé dans la premiere fection de la premiere claffe de LINNÉE, intitulée *Monandria Monogynia*, parce que les fleurs qui le compofent n'ont qu'une étamine & un fimple ftyle.

Les efpeces font :

1°. *Boerhavia erecta, caule erecto, glabro. Linn. Sp. Plant.* 3 ; Boerhavia, avec une tige droite.

Boerhavia, Solani-folia, erecta, glabra, floribus carneis, laxiùs difpofitis. Houft. Mss.

2°. *Boerhavia diffufa, caule diffufo. Linn. Sp. Plant.* 3 ; Boerhavia avec une tige diffufe.

Boerhavia Solani-folia, major. Vail. Del. 50. La Patagone.

Valerianella Curaffavica, femine afpero, vifcoco. Herm. Par. 237, *T.* 237.

Talu-Dama. Rheed. Mal. 7, *P.* 105, *T.* 56.

3°. *Boerhavia fcandens, caule fcandente, floribus diandriis. Linn. Sp. Plant.* 3 ; Boerhavia avec une tige grimpante.

Boerhavia Alfines folio, fcandens, floribus pallidè luteis, majoribus, in umbellæ modum difpofitis, femine afpero. Houft. Mss.

Solanum bacciferum Americanum, fructu corymbofo. Pluk. Alm. 349, *T.* 226, *F.* 7.

Valerianella, Alfines folio, fcandens. Sloan. Jam. 91, *Hift.* 1, *P.* 210.

Antanifophyllum fcandens, Alfines majoris folio. Vaill. Act. 1722, *P.* 258.

4°. *Boerhavia coccinea, foliis ovatis, floribus lateralibus compactis, caule hirsuto procumbente;*

Boerhavia avec des feuilles ovales, des fleurs sortant des aîles des feuilles en têtes serrées, & une tige velue & traînante.

Boerhavia Solani-folia, procumbens & hirsuta, floribus coccineis compactis. Houst. MSS.

Boerhavia hirsuta. Jacq. Bot. Vind T. 1. pag. 3. tab. 7.

Erecta. La premiere espece a été découverte par le Docteur HOUSTON à la Vera-Cruz en 173. Elle s'élève à la hauteur de deux pieds, avec une tige droite, unie & garnie à chaque nœud de deux feuilles ovales, pointues, opposées & portées par des pétioles d'un pouce de longueur, & d'une couleur blanchâtre en dessous. Des nœuds de cette tige, qui sont placés à une grande distance les uns des autres, sortent de petites branches latérales & érigées, qui, ainsi que la tige principale, se terminent par des panicules clairs de fleurs de couleur de chair, qui sont suivies de semences oblongues & glutineuses.

Diffusa. Les semences de la seconde m'ont été envoyées par le même Docteur HOUSTON, de la Jamaïque, où cette espece croît naturellement : elle pousse plusieurs tiges longues d'un pied & demi ou de deux pieds, garnies à chaque nœud de petites feuilles rondes. Les fleurs, qui naissent fort écartées les unes des autres, sur de longs pedoncules branchus, sortent des aîles des feuilles, ainsi que des extrémités des branches; elles sont d'un rouge pâle, & sont suivies de semences semblables à celles de la précédente.

Scandens. La troisieme, que j'ai reçue de la Jamaïque avec la précédente, pousse plusieurs tiges qui se divisent en plusieurs branches, au moyen desquelles elle se repand sur toutes les plantes voisines, & s'élève à la hauteur de cinq ou six pieds : ces branches sont garnies de feuilles en forme de cœur, placées par paires sur chaque nœud & portées par de longs pétioles; elles ont la couleur & la consistance de celles du plus gros *Mouron* : ses fleurs jaunes sortent en ombelles claires des extrémités des branches, & sont remplacées par de petites semences oblongues & visqueuses.

Coccinea. La quatrieme m'a été aussi envoyée de la Jamaïque avec les deux précédentes : elle pousse plusieurs tiges traînantes & velues, qui se divisent en plusieurs branches plus petites, & garnies de feuilles à chaque nœud. Des aîles des feuilles sortent des pédoncules nus, soutenant de petites têtes serrées de fleurs de couleur écarlate, dont les pétales tombent une demi-journée après qu'elles ont paru: ces fleurs sont suivies de semences courtes & oblongues.

Culture. Les premiere, seconde & quatrieme especes sont des plantes annuelles qui périssent en automne; mais la troisieme est vivace : elles sont toutes délicates, & ne profitent point en plein air en Angleterre : on les multiplie par leurs graines qu'il faut femer au printems fur une couche chaude : lorfque les jeunes plantes, qui en proviennent, ont acquis affez de force, on les plante chacune féparement dans de petits pots qu'on plonge dans la couche chaude ; & on les traite enfuite comme les autres plantes tendres & exotiques. Quand elles font devenues trop hautes pour refter fous un châffis, on en place une ou deux de chaque efpece dans la ferre chaude, & on plante les autres après les avoir ôtées des pots, dans une platebande chaude, où elles perfectionneront leurs femences, fi le tems eft favorable : mais comme elles manquent fouvent dans les faifons froides, celles qui font dans la ferre chaude produiront toujours des femences mûres en automne. La troifieme efpece peut être confervée deux ou trois années dans une ferre chaude.

BOIS (*petits*). Les *Petits-Bois* ou *Bofquets*, font fi agréables, qu'un jardin ne peut être complet, s'il n'en contient au moins un ou deux. Quelque petit que foit un jardin, & quelque peu de place qu'il offre pour un *Bofquet*, on ne laiffe pas d'y en pratiquer un proportionné au terrein : plus ils font petits, plus ils exigent d'art, afin de les faire paraitre plus confidérables qu'ils ne font réellement.

Les *Bofquets* ont été dans tous les tems fort recherchés, & même en grande vénération : les anciens Romains avoient des efpeces de *Bocages* dans la proximité de leurs Temples, qu'ils confacroient à quelques Dieux, & qu'ils appelloient *Luci*, par antiphrâfe, *à non lucendo*, comme étant ombrés & obfcurs : ils étoient deftinés à des ufages facrés, étant placés à l'écart, & jamais on ne les coupoit.

Ces *Bocages* ne fervent pas feulement d'ornement dans les jardins, ils font encore très-utiles pour fe mettre à l'abri des ardeurs du foleil, & pour pouvoir s'y promener à l'ombre pendant la plus grande chaleur du jour, ce qu'on ne peut faire dans le refte des jardins ; de forte qu'ils font tout-à-fait défectueux, lorfqu'ils ne renferment pas un pareil ombrage.

Il y a deux efpeces de *Bocages*, les uns ouverts & les autres remplis : les *Bocages* ouverts font ceux qui font plantés en gros arbres, de maniere qu'étant rapprochés, ils procurent une ombre impénétrable aux rayons du foleil. Comme ces arbres font longs-temps à croître, il faut les rapprocher beaucoup, pour pouvoir jouïr bientôt de leur ombrage. Cette forte de *Bofquets* doit être plantée irréguliérement, afin qu'ils aient un plus grand air de magnificence, & parce que de cette maniere ils procurent de l'ombrage beaucoup plutôt que s'ils étoient plantés en ligne droite. Lorfque les arbres font alignés, l'interieur des allées fe trouve néceffairement expofé aux rayons du foleil à l'une ou l'autre heure du jour quand cet astre passe directement devant cet alignement ; & cet inconvenient dure jusqu'à ce que les branches aient acquis assez de longueur pour se joindre ; mais dans des *Bosquets* irrégulierement plantes, il y a toujours de l'ombrage, parce que les arbres qui se croisent, forment de toute part un couvert qui empêche les rayons du soleil d'y pénétrer.

Quand, en traçant un jardin, on est assez heureux pour trouver sur la place de gros arbres en pleine crûe, il faut les laisser, s'il est possible, & passer sur quelques inconvéniens, plutôt que de les détruire ; parce qu'il faudroit un siécle pour réparer cette perte : à moins qu'ils ne se trouvent trop voisins des habitations, qu'ils y occasionnent de l'humidité, & qu'ils en empêchent des points de vue essentiels, qui obligent à les couper.

La plupart des *Bosquets* qui ont été plantés tant en Angleterre que dans les beaux jardins de France, ne sont autre chose que des allées bien droites qui pour la plupart servent d'avenues à des châteaux, ou conduisent à quelques autres édifices ; mais ces *Bosquets* paroissent beaucoup moins grands & magnifiques que ceux qu'on a pratiqués dans des bois venus naturellement, & dont les grands arbres sont plantés à des distances irrégulieres ; rien n'est plus agréable & plus majestueux en même tems qu'un assemblage de gros arbres, dont les branches sont fort étendues, & qui sont placés à des distances assez considérables, pour laisser croître librement l'herbe au-dessous, sur-tout si le gazon est bien vert & bien entretenu. La plupart des *Bosquets* plantés régulièrement ont des allées droites & sablées qui sont fort désagréables à la vue des personnes de bon goût. S'il est absolument nécessaire d'avoir dans un *Bosquet* une allée sablée, il vaut beaucoup mieux qu'elle aille en serpentant, & qu'elle ait toutes les sinuosités que les arbres l'obligeront de décrire : mais ces promenades sèches sous de gros arbres, sont beaucoup moins nécessaires que celles qui se trouvent dans des lieux ouverts, parce que l'égoût des arbres les rend impraticables après la pluie, pendant un tems considérable.

Les *Bocages* couverts & remplis contiennent souvent de gros arbres, mais le terrein au-dessous est garni d'arbrisseaux & d'arbres peu élevés ; de maniere que les allées qui y sont pratiquées sont solitaires, qu'on peut s'y promener agréablement, & y être à l'abri du vent, lorsque le tems est froid & mauvais. On plante souvent ces especes de *Bosquets* aux extrémités des Bois ouverts, & aussi pour cacher les murailles ou d'autres enclos du jardin. Quand ils sont proprement dessinés, avec des allées sèches, pratiquées dans l'épaisseur, & garnies sur les bords d'arbrisseaux & de fleurs d'une odeur agréable, & qu'ils sont plantés irrégulièrement, ils font le plus grand plaisir; parce qu'on peut s'y promener seul & à l'écart, à l'abri du froid & des vents, & y respirer le parfum des fleurs. Lorsqu'il est possible d'enclorre tout un jardin de pareils *Bosquets*, on se procurera une plus grande étendue de promenade, & tous ces arbrisseaux feront une limite agréable, quand on ne peut y avoir une belle vue.

Ces *Bocages* couverts sont appellés par les François *Bosquets*, du mot italien *Boschetto*, qui veut dire un *Petit-Bois*: on en trouve dans la plupart de leurs jardins; mais comme ils sont tous régulièrement plantés, en étoile, en quarré, en ovale, en triangle, &c., ils n'ont point l'agrément de ceux qui sont irréguliers, & qui, au-lieu de haies qui empêchent de voir dans l'intérieur du Bois, ont leurs allées bordées d'arbrisseaux à fleurs, & de fleurs odoriférantes qui les rendent délicieux: ajoutez à cela que l'entretien de ces haies occasionne une dépense considérable, qu'on doit chercher à éviter, dans la construction des jardins.

BOIS. Les *Bois* & les *Bosquets* sont les plus grands Ornemens d'une maison de Campagne, & sans eux tout Château ne peut être que defectueux. Les *Bois* & les eaux sont absolument nécessaires pour l'agrément d'une demeure champêtre. Il est très-avantageux de trouver à sa portée des *Bois* déjà grands, & placés de maniere à pouvoir être renfermés dans un jardin ou dans un parc, ou au moins assez voisins pour qu'il soit possible d'y ménager une communication facile avec le jardin; alors on peut y pratiquer des allées très-agréables, en les faisant serpenter dans ce *Bois*, qui deviendra la partie la plus précieuse d'une habitation de campagne: ces allées procureront en été un ombrage agréable contre la chaleur brûlante du soleil.

Comme je traite ailleurs [*i*] de la beauté & de l'agrément des *Bocages*, & que j'y donne les instructions nécessaires pour les planter, je n'insisterai pas beaucoup ici sur cet objet; je me contenterai d'indiquer en peu de mots la maniere de tailler & de pratiquer des allées dans les *Bois* déjà grands, lorsqu'on est assez heureux pour en rencontrer de pareils près d'une habitation, & qu'on peut les renfermer dans les jardins, ou y communiquer par des avenues: j'indiquerai aussi la maniere d'orner le bord de ces allées avec des fleurs & des arbrisseaux, afin de les rendre plus agréables: je m'étendrai ensuite plus au long sur les moyens qu'on doit employer pour élever & perfectionner les forêts, & les rendre plus avantageuses aux propriétaires & à l'Etat en général.

[*i*] A l'Article WILDERNESS en Anglois, & à celui de LABYRINTHE dans cette Traduction.

Quand on a dans son voisinage des *Bois* déjà grands, & assez près de sa maison pour qu'ils puissent servir de promenade, il est inutile d'en pratiquer de pareils dans ses jardins : car, sans faire mention de la dépense considérable qu'on épargne pour la main d'œuvre, & pour l'achat des arbres nécessaires pour couvrir un grand terrein, on jouit encore vingt ans plutôt; parce qu'il faut au moins ce tems aux nouvelles plantations, pour devenir des promenades couvertes & aussi agréables qu'une forêt plantée par la Nature.

Si le *Bois* est placé de maniere que le jardin se trouve entre ce *Bois* & l'habitation, on établit alors une avenue de communication, & on la trace de façon qu'elle soit la plus courte possible du château, afin qu'on n'ait pas un grand trajet à faire à découvert, avant d'arriver à l'ombre. Si le *Bois* est petit, on fera décrire aux allées qu'on pratiquera dans ce *Bois*, autant de tours & de détours qu'il sera possible, afin de donner à la promenade, autant d'étendue que le terrein peut le permettre : mais en traçant ces allées, il faut avoir soin d'éviter qu'elles ne soient trop voisines, afin que de l'une on ne puisse voir l'autre, à travers l'épaisseur du *Bois* qui les sépare. Si ce *Bois* a plus d'étendue, il faut, laisser entre chaque allée, un espace large de cinquante ou de soixante pieds; & dans les très-grands *Bois*, on les éloigne encore davantage; parce que le taillis étant coupé, (ce qui doit être fait chaque dix ou douze ans, suivant que l'accroissement des arbres est plus ou moins prompt) ces allées seroient alors en vue l'une de l'autre, jusqu'à ce que le taillis ait atteint une certaine hauteur ; à moins qu'on n'ait planté une bordure d'arbrisseaux, entremêlés d'arbres toujours verts : ce que je conseillerai toujours; parce que ces especes d'arbres ajoûtent beaucoup à la beauté & à l'agrément de la promenade.

Dans le *Bois* d'une étendue médiocre, les allées ne doivent pas avoir moins de huit ou de neuf pieds de largeur; mais si on a à arranger une grande forêt, on leur donnera au moins quinze pieds, sans y comprendre la double bordure d'arbres toujours verts & d'arbrisseaux, dont chacune doit avoir neuf ou dix pieds d'épaisseur. Ces arbrisseaux doivent être plantés de maniere qu'ils empêchent de voir d'une allée dans l'autre, lorsque le taillis est coupé : c'est surtout dans cette occasion que ces bordures sont nécessaires; mais en tout tems, elles augmenteront l'agrément de la promenade, tant par leur variété que par l'odeur agréable de leurs fleurs. Comme on trouvera à la fin de cet ouvrage, des catalogues des arbrisseaux qui croîssent à l'ombre des *Bois*, & des fleurs propres à être plantées sur les bords de ces allées, je me dispenserai d'en parler ici.

Anciennement on formoit ces allées à travers les *Bois*, aussi droites qu'il étoit possible; mais il étoit difficile d'avoir un point de vue pour se diriger dans cette opération : d'ailleurs tous les arbres qui se trouvoient sur cette ligne, bons ou mauvais, étoient coupés sans ménagement : & si on venoit à rencontrer un terrein marécageux, il falloit alors employer beaucoup de travail & de dépense pour le dessecher, le combler & le rendre pratiquable. L'opération étant finie, on avoit une tranchée bien droite, qui étant apperçue de loin, faisoit un très-mauvais effet; & pour peu qu'il fit de vent, la promenade y étoit fort désagréable; parce que l'air agité la parcouroit dans toute sa longueur, sans aucun obstacle. La méthode actuelle de faire serpenter les allées, est donc, à tous égards, préférable à l'ancienne. En pratiquant ces promenades, on doit avoir grand soin de les tracer sur les endroits les plus unis & les plus solides, & de faire en sorte de ne point couper de bons arbres, lorsqu'on en rencontre de pareils sur son passage; il vaut beaucoup mieux se détourner, que de les abbattre, ou de les laisser dans le milieu des allées : quoiqu'on ait quelquefois vanté l'agrément & la beauté de ces arbres isolés; ils n'en sont pas moins incommodes; parce qu'à moins de donner aux allées plus de largeur dans ces endroits, ils deviennent un obstable, lorsque deux ou trois personnes se promenent de front. Lorsqu'on trouve sur les bords de ces allées, de grands arbres dont les branches s'étendent au loin, on peut couper tout le *Petit-Bois* qui se trouve audessous, & former ainsi autour de ces arbres un vuide où l'on peut placer des bancs pour ceux qui veulent s'asseoir à l'ombre. Les différents circuits que décrivent ces allées, doivent être aussi naturels & aisés que possible : elles ne doivent pas s'étendre trop loin en ligne droite, parce qu'on seroit apperçu à une trop grande distance; ni trop courbées, pour ne pas rendre la promenade desagréable & pénible : en tout il faut éviter les extrêmes, qui sont toujours désagréables à toute personne de bon goût, & faire autant qu'on peut que l'art ne paroisse pas y avoir eu part. Quand un *Bois* est ainsi arrangé, & qu'on y a pratiqué quelques endroits en forme de *Bosquets* ouverts ombragés par des gros arbres touffus, rien ne peut être ou de plus d'ornement, ou de plus d'agrément à un Château, qu'un pareil *Bocage*.

Quand aux forêts destinées au bénéfice des propriétaires, & à l'utilité publique de l'Etat, elles méritent la plus sérieuse attention; parce que la grande destruction qui s'en est faite en Angleterre depuis quelques années, doit allarmer tous ceux qui s'interesſent au bonheur & à la proſpérité de la nation. Rien n'annonce davantage la décadence d'un royaume floriſſant, que le dépériſſement marqué des forêts ; & comme cette dévaſtation s'eſt étendue dans toute l'Angleterre, la nation perdra dans peu d'années ſon meilleur boulevard, à moins qu'on n'emploie ſans délai des moyens efficaces pour arrêter ce déſordre, & favoriſer l'accroîſſement des nouveaux *Bois.*

Mais il y a peu d'eſpérance qu'on puiſſe réuſſir à prévenir ce malheur, parce que les perſonnes prépoſées pour veiller à la conſervation des forêts, trouvent leur intérêt particulier dans cette deſtruction : ainſi, à moins qu'on ne perſuade aux particuliers d'augmenter leurs biens en plantant des *Bois*, il eſt à craindre que dans l'eſpace d'un ſiècle, on n'en manque pour fournir à la conſtruction des vaiſſeaux. Lorſque cet évènement arrivera, on verra néceſſairement tomber le commerce de ce pays.

Des perſonnes, au jugement deſquelles il ſemble qu'on devroit s'en rapporter, ont prétendu que les grandes plantations faites depuis quelques années en différens endroits de ce royaume, ſeront d'une grande utilité au Public; mais on ſe trompe, parce que dans la plupart de ces plantations, on a eu peu d'égard à la multiplication du bois, & qu'on n'a voulu ſe procurer que de l'ombre & des abris, & qu'afin d'en jouir plutôt, on a tranſplanté un grand nombre d'arbres qui ont été pris dans les bois & dans les haies, & qui, s'ils y fuſſent reſtés, ſeroient, avec le tems, devenus grands & forts : au-lieu qu'ayant été tranſplantés à une certaine groſſeur, ils ſont abſolument perdus pour la charpente, & ne peuvent plus fournir que du bois de chauffage : ces plantations ſont, par conſéquent, à mon avis, plus nuiſibles qu'utiles à la multiplication du bois. Le ſeul moyen efficace qu'on puiſſe donc employer pour prévenir la diſette de bois dont nous ſommes menacés, eſt de ſemer des glands dans les endroits dont on voudroit faire des forêts, ou d'enclorre ceux où il ſe trouve déja des chênes, pour les mettre à l'abri de la voracité des beſtiaux : les glands qui tomberont de ces arbres, en produiront bientôt une grande quantité d'autres, qui, avec le tems & des ſoins convenables, deviendront eux-mêmes de gros arbres.

Les deux eſpeces d'arbres les plus ſolides de ce pays, ſont le *Chêne* & le *Châtaignier* : quoique cette derniere eſpece ait été preſque entièrement détruite en Angleterre depuis peu d'années, de maniere qu'on n'y en trouve plus aujourd'hui de fort gros, il n'eſt cependant pas douteux qu'elle n'ait été autrefois une des plus communes, comme on peut le prouver par la charpente des anciens bâtimens, qui eſt preſque toute conſtruite en Châtaigniers. Comme j'ai déjà donné des instructions détaillées sur la maniere de multiplier ces deux especes de bois à leurs articles respectifs, pour l'usage de la charpente, je n'en parlerai point ici.

Les bois qu'on estime le plus après le *Chêne* & le *Chataignier*, est l'*Orme* qu'on regarde comme fort utile; mais qu'on cultive très-peu, surtout dans la partie méridionale de l'Angleterre, où l'on n'en trouve que dans les Avenues & dans les plantations qui sont près des habitations. Dans le nord-ouest de ce royaume, il y a un grand nombre de très-grands *Ormes* dans les parcs, & même dans quelques forêts, comme si l'*Orme* étoit originaire de ce pays; cependant on en doute: mais on peut toujours le regarder comme une plante indigène, puisqu'il s'y multiplie par les semences qu'il produit.

Le *Hêtre* est aussi un arbre très-commun en Angleterre, surtout dans les vastes forêts qui couvrent les montagnes de crayes dans les comtés de Buckingham, de Kent, de Sussex, & dans le Hampshire. Parmi le grand nombre d'arbres de cette espece qu'on y trouve, on en remarque de très-gros & de très-vieux. On a disputé depuis long-tems pour savoir si cet arbre étoit originaire de ce royaume.

Le *Frêne* est un arbre très-utile, d'un bon usage, & d'un accroîssement prompt; en sorte qu'en moins d'un siecle, il acquiert une grandeur considérable: ainsi on peut espérer, en semant cet arbre, de recueillir le fruit de son travail; mais il n'est point propre à être planté aux environs des habitations, parce qu'il pousse très-tard dans le printems, & qu'il quitte ses feuilles un des premiers en automne. Il est d'ailleurs, en quelque sorte, ennemi de tout ce qui l'environne: ses racines épuisent toute la substance de la terre, & privent les arbres & les plantes voisines de leur nourriture. Quand un *Frêne* croît dans une haie, les arbrisseaux qui l'entourent périssent en peu d'années. S'il se trouve quelques-uns de ces arbres à portée d'un pâturage, & que les vaches se nourrissent de ses branches, le beurre fait de leur lait, est mauvais & désagréable; c'est pourquoi il faut semer les *Frênes* séparément dans des endroits que les bestiaux ne fréquentent point, & à quelque distance des habitations.

Dans les terreins sablonneux & pierreux, le *Pin d'Ecosse* pousse excessivement; cet arbre est d'un grand rapport pour le propriétaire, pourvu qu'on le plante jeune, & qu'on le gouverne comme il a été prescrit à l'article PINUS, auquel je renvoie le Lecteur.

Il y a aussi plusieurs arbres aquatiques, qui peuvent être très-avantageux à ceux qui possèdent des terreins bas & marécageux, où des bois plus durs ne pourroient réussir; tels sont les *Peupliers* de plusieurs especes, le *Saule*, l'*Aune*, &c.: mais comme j'ai traité de ces arbres & de toutes les autres especes, par rapport à leur multiplication, à leur usage, & aux différens sols qui leur conviennent, le Lecteur pourra recourir au besoin à tous ces Articles. Je vais parler à présent du soin qu'on doit prendre des forêts en général, de quelques especes d'arbres qu'elles soient plantées.

La premiere attention qu'on doit donner aux forêts, est de les enclorre pendant les vingt premieres années, pour les garantir de la dent des bestiaux, qui, en mangeant les jeunes branches, & en déchirant l'écorce des arbres, leur causent un dommage infini. Cette clôture doit être construite de maniere que les lievres & les lapins ne puissent y pénétrer; parce que ces animaux ne trouvant aucune espece de nourriture dans les campagnes, pendant la saison des neiges & des fortes gelées, se réfugient dans les *Bois*, mangent l'écorce des jeunes arbres, broutent & rongent toutes les branches auxquelles ils peuvent atteindre: de maniere que, lorsqu'ils sont fort nombreux, ils dévastent à un tel point les jeunes plantations, qu'on est souvent obligé de couper à niveau de terre tous les arbres rongés; ce qui fait perdre plusieurs années de recrû. Ceux qui prennent soin de ces *Bois*, doivent être fort attentifs à les garder pendant les gelées, & à fermer exactement toutes les issues par lesquelles le gibier pourroit s'introduire.

On éclaircit ensuite ces jeunes arbres de tems en tems, à proportion de leur poussée; ce qu'il faut faire avec ménagement, & peu-à-peu, pour ne pas les laisser trop à découvert, & exposés aux impressions du froid, qui retarderoit beaucoup leur accroissement: d'un autre côté, on a grand soin d'empêcher qu'ils soient trop serrés, parce qu'ils fileroient comme des perches: on doit donc garder un juste milieu dans cette opération, en n'en coupant que quelques-uns tous les ans, en observant de retrancher toujours ceux qui peuvent gêner l'accroissement des arbres voisins, & de laisser ceux qui promettent le plus.

Jamais il ne faut ébrancher ni tailler les jeunes arbres dans ces *Bois*; plus on les coupe, moins ils deviennent gros: chaque branche que l'on retranche prive l'arbre d'une partie de sa nourriture, proportionnée à la grosseur de cette branche: ainsi, il ne faut jamais souffrir qu'on se serve de la hache dans les plantations, à moins qu'elle ne soit dirigée par des mains habiles.

Quand on cherche plutôt le bien à venir de ces plantations qu'un produit présent, on arrache le petit bois à mesure que les arbres grandissent, afin que les racines de ces arbres jouïssent de toute la nourriture du sol, & que leurs troncs profitent du plein air; sans cette précaution, ils seront généralement couverts de mousse, & leur accroîssement sera bien plus lent, comme on peut le voir dans tous les *Bois* où il y a beaucoup de taillis ; d'ailleurs il eſt rare que les Arbres deviennent gros & prennent tout leur accroiſſement dans de pareils endroits. Ainſi quand on veut avoir de beaux arbres, il faut donner à leurs racines de l'eſpace pour s'étendre, ſans quoi ils ne réuſſiront point : mais le deſir d'augmenter le bénéfice engageant les propriétaires à laiſſer croître le taillis auſſi longtems qu'il peut ſubſiſter, il arrive de-là, qu'à meſure que les arbres ſont des progrès, le petit bois dépérit par l'ombre & par l'égoût du gros, qui ſouffre plus lui-même en peu d'années, que le petit bois ne peut produire ; & qu'en voulant conſerver les deux, on n'a ni l'un ni l'autre dans ſa perfection.

Si les perſonnes qui ont de grandes poſſeſſions avoient ſoin de planter des arbres dans les haies qui entourent leurs héritages, ils ménageroient une fortune à leurs héritiers ; parce qu'après pluſieurs années il eſt poſſible que ces *Bois* vaudroient mieux que le fond entier du bien : ce qui eſt arrivé dans pluſieurs terres, dont les Propriétaires ont coupé ces arbres pour établir leurs enfans cadets. Ce doit être un encouragement pour travailler avec ſoin à la conſervation du jeune *Bois*, vû que la dépenſe & la peine ſont peu de choſe, & que le profit eſt toujours certain ; d'ailleurs, on a du plaiſir à voir croître tous les ans les arbres qu'on a plantés ; & ce plaiſir doit être grand pour ceux qui ont du goût pour les amuſement champêtres.

Il y a beaucoup de perſonnes qui plantent des taillis pour les couper chaque dix à douze ans, ſelon leur accroîſſement : on les plante ordinairement en automne, ſoit avec de vieux tocs, ſoit avec de jeunes plantes que l'on tire des *Bois* (ce qui eſt toujours préférable). On emploie communément à ces taillis pluſieurs eſpeces d'arbres, tels que des *Chênes*, des *Hêtres*, des *Châtaigniers*, des *Frênes*, des *Bouleaux*, des *Saules* ; mais les *Frênes* & les *Châtaigniers* rapportent davantage quand le terrein leur convient ; parce que les perches de *Frêne* étant propres à faire des cercles, on eſt toujours ſûr de les bien vendre. Si ces taillis ſont deſtinés à reſter, on ne doit point laiſſer parmi eux de grands arbres de charpente, dont les têtes s'étendent au-deſſus, & les ſont périr, ou au moins les empêchent de croître à une hauteur conſidérable. Les arbres qu'on laiſſe venir ſur les tocs de taillis ne réuſſiſſent jamais bien & le bois n'en eſt jamais auſſi bon que celui qui eſt produit par une jeune racine : l'expérience apprend qu'il faut ſéparer les taillis des hautes futaies.

Quand on veut avoir un taillis ſur un terrein où il n'y a point encore d'arbres, le mieux eſt de le ſemer, ſurtout ſi on déſire que ce taillis ſoit en *Châtaignier*, en *Chêne* & en *Hêtre* ; malgré que ce ſoit une opinion commune, qu'en plantant on gagne du tems ; cependant je suis persuadé du contraire : car si les plantes élevées de semence sont tenues nettes de mauvaises herbes, elles surpasseront en huit ou dix ans celles qui ont été plantées ; & ces taillis non-transplantés seront bien plus vigoureux que les autres : ainsi soit pour le bois de charpente, soit pour le taillis, la meilleure méthode est de bien préparer la terre, d'établir les enclos, & de semer ; ce qui bien loin de faire perdre du tems, en fera gagner beaucoup en vingt années ; & c'est ce que tout planteur doit avoir en vue.

Le tems le plus propre pour couper les *Bois*, c'est l'hiver, depuis le mois de Novembre, jusqu'au mois de Février, lorsque la seve est dans l'inaction : le *Bois* coupé dans cette saison, sera sain & durable, & pourra servir à toute espece de construction ; mais si on le coupe au printems pendant que la sève est en mouvement, il sera sujet à se pourrir, & à être bientôt attaqué des vers. Depuis que l'écorce du *Chêne* est d'une si grande valeur pour tanner les cuirs, on a fait une loi qui oblige tout le monde à couper au printems, tems auquel l'écorce se détache aisément : par-là le bois devient inutile, soit pour les bâtiments, soit pour les vaisseaux ; car il est alors fort sujet à se courber, à prendre des plis, à se fendre, & à être rongé des vers : une loi qui ordonneroit de laisser sur pied jusqu'en hiver, les arbres qui auroient été écorcés au printems, seroit bien plus sage, & rempliroit bien les deux objets à la fois.

BOIS D'ALOES, *ou* SEBESTE. *Voyez* CORDIA.

BOIS A BOUTONS. *V.* CEPHALANTHUS CONOCARPUS.

BOIS A BRACELETS. *Voy.* CHRYSOPHYLLUM ARMILLARIS.

BOIS DE CAMPECHE, BOIS D'INDE, *ou* BOIS DE LA JAMAIQUE. *Voy.* HÆMATOXYLUM.

BOIS COTELETTE, *ou* BOIS DE GUITARRE. *Voyez* CITHAREXYLUM.

BOIS DE COULEUVRE, *ou* ARBRE A TROMPETTE. *Voyez* CECROPIA.

BOIS A ENIVRER. *Voyez* PHYLLANTHUS NIRURI.

BOIS DE FER, *ou* ARBRE LAITEUX DES ANTILLES. *Voyez* SIDEROXYLON.

BOIS DE FER. *V.* FAGARA PTEROTA.

BOIS GENTIL, MISEREON, *ou* LAUREOLE FEMELLE. *Voyez* DAPHNE MISEREUM.

BOIS DE GUITARRE *Voy.* CITHAREXYLUM.

BOIS IMMORTEL. *V.* ERYTHRINA & ZALLODENDRON.

BOIS LAITEUX. *Voyez* TABERNA MONTANA CITRIFOLIA.

BOIS DE PLOMB. *Voyez* DIRCA.

BOIS PUANT. *Voyez* ANAGRIS FŒTIDA.

BOIS PUNAIS, SANGUIN, *ou* CORNOUILLER, improprement appelé *Femelle.* *Voyez* CORNUS SANGUINEA.

BOIS ROUGE, *ou* BOIS DE SANG. *Voyez* CEANOTHUS ARBORESCENS.

BOIS

BOIS SAINT, *ou* GAYAC. *Voyez* GUAJACUM.

BOIS DE SAINTE LUCIE. *Voy.* PADUS AVIUM, CERASUS MAHALEB.

BOIS DE SANDAL *ou* SANTAL BASTARD, *ou* BRASILETTO. *Voyez* CÆSALPINA BRASILIENSIS.

BOMBAX *Lin. Gen. Plant.* 580. *Ceïba. Plum. nov. Gen.* 32. [*Silk Cotton-tree.*] Arbre à Cotton de Soie. Fromager.

Caracteres. Le calice de la fleur persiste ; il est formé par une seule feuille en forme de cloche, érigée & divisée en cinq parties ; la corolle est séparée en cinq pétales ovales & concaves qui s'élargissent. La fleur a plusieurs étamines en forme d'alêne, aussi longues que les pétales, & couronnées de sommets oblongs, recourbés en-dedans. Dans le centre est situé un germe rond, soutenant un style mince d'une longueur égale aux étamines, & surmonté d'un stigmat rond : le calice se change en une capsule large, oblongue, turbinée & divisée intérieurement en cinq cellules, qui s'ouvrent en cinq valves ligneuses, qui renferment plusieurs semences rondes, enveloppées dans un duvet mou, & fixées à une colonne à cinq angles.

Les plantes de ce genre ayant un style & plusieurs étamines jointes en une colonne, sont rangées dans le cinquieme ordre de la seizieme classe de LINNÉE, intitulée : *Monadelphia Polyandria.*

Les especes sont :

1°. *Bombax Ceïba, floribus polandriis, foliis quinatis. Jacq. Amer.* 26 ; Arbre à Cotton de soie, dont les fleurs ont plusieurs styles, & les feuilles cinq lobes.

Ceïba viticis foliis, caudice aculeato. Plum. Nov. Gen. 42.

Xylon caule aculeato. Hort. Cliff. 75.

Gossypium arboreum, caule spinoso. Bauh. Pin. 430.

Gossypium arboreum maximum spinosum, folio digitato, lanâ sericeâ griseâ. Sloan. Jam. 159.

Moul-Elavou. Rheed. Mal. 3. *p.* 61. *t.* 52.

2°. *Bombax pentandrium, floribus pentandriis. Jacq. Amer.* 26 ; Arbre à Cotton de soie, dont les fleurs ont cinq styles.

Ceïba viticis foliis, caudice glabro. Plum. Nov. Gen. 42 ; Fromager, *sivè Casearia.*

Xylon caule inermi. Hort. Cliff. 175. *Roy. Lugd-B.* 437.

Gossypium Javanense, Salicis folio. Bauh. Pin. 430.

Eriophoros Javana. Rhumph. Amb. 1. *p.* 194. *t.* 80.

Panja-Panjala. Rheed. Mal. 3. *p.* 59. *t.* 49, 50, 51.

3°. *Bombax villosus, foliis quinque angularibus, villosis, caule geniculato ;* Arbre de Cotton de soie, avec des feuilles velues à cinq angles, & une tige noueuse.

Ceïba. Pentandrium. La premiere & la seconde espece croîssent naturellement dans les deux Indes, où elles s'élèvent à une très-grande hauteur, & sont les plus grands arbres de ces pays : leur bois est léger, peu estimé, & ne sert qu'à faire des canots ou batteaux. Comme leurs troncs ſont extrêmement gros & longs, en les creuſant, on en forme des canots d'une grandeur extraordinaire. Il eſt dit, dans la Rélation du premier Voyage de CHRISTOPHE COLOMB, qu'on avoit vu à l'Iſle de Cuba, un canot de quatre-vingt-quinze palmes de longueur, fait avec le tronc d'un de ces arbres creuſés : la grande palme étant de neuf pouces de Roi, la longueur totale de ce canot étoit de ſoixante & onze pieds de Roi; ſa largeur étoit proportionnée, & il pouvoit contenir cent-cinquante hommes. Quelques Ecrivains modernes aſſûrent qu'on trouve à préſent, encore dans les Indes Occidentales, des arbres de cette eſpece, dont la hauteur eſt telle qu'une flèche ne peut y atteindre, & la groſſeur plus que ſeize hommes, les bras étendus, ne puiſſent entourer. Ces arbres croîſſent généralement avec des tiges fort droites.

Ceiba. La premiere eſpece eſt armée d'épines courtes & fortes; mais la ſeconde a des troncs très-unis : ceux des jeunes plantes ſont d'un vert luiſant; & peu d'années après ils deviennent d'une couleur griſe ou cendrée qui ſe change en brun, lorſque ces arbres ſont plus vieux. Ils pouſſent rarement des branches latérales, juſqu'à ce qu'ils ſoient parvenus à une hauteur conſidérable, à moins que les extrémités des tiges ne ſoint caſſées ou endommagées. Ces branches ſont garnies au ſommet de feuilles compoſées de cinq, ſept ou neuf petites folioles oblongues & unies, en forme de lance, réunies en un centre à leurs bâſes, où elles adherent à un long pétiole : elles tombent chaque année, de ſorte que les arbres en ſont dépouillés pour quelque tems : avant que les nouvelles feuilles pouſſent, les boutons des fleurs ſe montrent aux extrémités des branches, & bientôt après les fleurs elles-mêmes s'épanouïſſent : elles ſont compoſées de cinq pétales oblongs d'une couleur pourpre & d'un grand nombre d'étamines placées dans le centre : ces fleurs ſont remplacées par un fruit plus gros que l'œuf d'un cygne, couvert d'une enveloppe épaiſſe & ligneuſe, qui s'ouvre en cinq parties dans ſa maturité, & qui eſt rempli de cotton court & d'une couleur foncée, mêlé de pluſieurs ſemences rondes, & auſſi groſſes que des petits pois.

Le duvet qui eſt renfermé dans ces capſules, n'eſt employé que par les plus pauvres habitans qui en font des oreillers & des couſſins de ſiéges; parce qu'il eſt généralement regardé comme mal-ſain dans les couchages.

Quoique pluſieurs Auteurs d'Hiſtoire naturelle aient confondu ces deux eſpeces, ſous prétexte qu'il n'y avoit que les jeunes arbres qui fuſſent armés d'épines, & qu'ils s'en dépouilloient en vieilliſſant; je puis cependant aſſurer que les ſemences des deux eſpeces, qui m'ont été envoyées, ont conſtamment produit les mêmes especes dont elles portoient le nom; & que ces plantes ont continué à être différentes, depuis vingt ans que je les cultive.

On voyoit, il y a quelques années, dans les jardins du feu Duc de RICHEMOND, à Goodwood, une plante qui avoit été élevée de semences apportées des Indes Orientales, & qui paroissoit fort différente des autres. Son tronc étoit fort droit & uni; ses feuilles étoient produites au sommet sur de fort longs pétioles, & composées chacune de sept ou neuf lobes longs, étroits, soyeux & petits, joints aux pétioles par leurs bâses comme celles des deux especes précédentes; mais beaucoup plus longues & recourbées en arriere : de sorte qu'à la premiere vue, elle paroissoit fort différente des autres. Celle-ci étoit peut-être de l'espece, appellée par JACQUIN, *Bombax floribus pentandriis, foliis septenatis. Amer. 26.*

Villosus. J'ignore à quelle hauteur peut s'élever la troisieme espece qui a été envoyée de l'Amérique Espagnole ; car les plantes que ces graines ont produites ici, ont des tiges molles, herbacées, pleines de nœuds, & ne paroissent pas pouvoir devenir ligneuses : des plantes de plusieurs années ont encore des tiges molles & moëlleuses : leurs feuilles supportées sur de longs pétioles, naissent au sommet; elles sont velues, & ressemblent à celles des *Mauves*, quoiqu'elles soient plus larges, d'une consistance plus épaisse, qu'elles soient garnies en-dessous d'un poil court & brun, & decoupées à leurs bords en cinq angles. Ces plantes n'ont point encore fleuri en Angleterre; & je n'ai jamais eu de description des fleurs qu'elles produisent; mais par les cosses légumineuses des semences, elles paroissent évidemment être de ce genre.

Le duvet renfermé dans ce légume est d'une couleur de pourpre fin; & l'on assure que les habitans des pays où on le récolte, le filent, & en font des étoffes qu'ils emploient sans les mettre à la teinture.

J'ai reçu il y a quelques années de Panama des légumes d'une autre espece, moins gros que ceux de l'espece commune, mais plus ronds, & dont le duvet étoit rouge : les plantes que ces semences ont produites, ressembloient si fort à celles de la troisieme, qu'on ne pouvoit les en distinguer; ainsi je doute qu'elle soit une espece distincte. Comme on m'a aussi envoyé de Siam des semences qui ont produit des plantes pareilles à celles de la troisieme, il n'est point douteux que cette espece ne soit commune aux pays chauds des deux continens.

Culture. Toutes ces plantes se multiplient par leurs semences, qu'on répandra au printems sur une couche chaude : si ces graines sont bonnes, elles pousseront un mois après. Les plantes des deux premieres especes seront assez fortes en peu de tems pour être transplantées séparément dans de petits pots remplis d'une terre fraîche & marneuse, qu'on plongera dans une couche de tan de chaleur modérée, ayant soin de les garantir du soleil, jusqu'à ce qu'elles aient produit de nouvelles racines ; après quoi, on leur donnera beaucoup d'air, dans les tems chauds, de peur qu'elles ne filent & ne deviennent trop foibles, & on les arrosera légèrement, sur-tout la troisieme, dont les tiges sont fort sujettes à pourrir par trop d'humidité. Ces plantes doivent rester dans cette couche jusqu'en automne, pourvu qu'elles ne soient pas gênées sous les vitrages : lorsque la chaleur de la couche diminue, on remue le tan, on y en ajoûte du nouveau ; & si les pots sont remplis de racines, on leur en substitue d'autres un peu plus larges, mais dont les dimensions ne soient pas trop grandes, parce que ces plantes n'y profiteroient pas. En automne, on les place dans la couche de tan de la serre chaude, où elles doivent rester constamment, parce qu'elles sont trop délicates pour prospérer dans nos climats sans ce secours. On les arrose très-peu pendant l'hiver, sur-tout quand elles ont perdu leurs feuilles ; mais on les rafraîchit souvent en été, & on leur donne beaucoup d'air dans les tems chauds. Par cette méthode, ces plantes feront un grand progrès, & en peu d'années elles atteindront le vitrage qui forme le toît de la serre chaude.

Ces plantes font une belle variété dans une grande serre chaude, où elles ont assez de place pour croître : leurs feuilles sont tout-à-fait différentes de celles de la plupart des autres plantes ; mais comme elles ne fleurissent dans leur pays natal qu'après plusieurs années de croissance, il y a peu d'espérance de leur voir produire des fleurs en Angleterre.

BON-DUC, *ou* CHICOT. *Voyez* GUILANDINA.

BON-HENRY, *ou* EPINAR SAUVAGE. *Voyez* CHENOPODIUM, BONUS HENRICUS.

BONNE-DAME, ARROCHE, *ou* BELLE-DAME. *Voyez* ATRIPLEX HORTENSIS. *Linn.*

BONNET DE PRÊTRE, *ou* FUSAIN. *Voy.* EVONYMUS.

BONTIA. *Linn. Gen. Plant*, 709. *Plum. Nov. Gen.* 23. *Hort. Elth.* 49. [*Barbadoes wild Olive.*] *Olivier sauvage des Barbades.*

Caracteres. La fleur est monopétale & orbiculaire : son calice est petit, érigé, persistant, & formé par une seule feuille divisée en cinq parties : son tube est long, cylindrique, & s'ouvre aux bords : la levre supérieure est érigée & dentelée ; la levre du bas est divisée en trois parties, & se tourne en arriere : elle a quatre étamines aussi longues que la corolle, qui s'inclinent vers la levre supérieure, dont deux sont plus longues que les autres, & qui sont terminées par des sommets simples. Dans le centre, est placé un germe ovale, soutenant un style mince, aussi long que les étamines, & dans la même position, surmonté d'un stigmat obtus & divisé en deux parties. Ce germe devient ensuite une baie ovale à une cellule, renfermant une noix de la même forme.

Ce genre de plantes est rangé dans la seconde section de la quatorzieme classe de LINNÉE, intitulée *Didynamia Angiospermia*, parce que les fleurs ont deux étamines longues & deux courtes, & que les semences sont renfermées dans une enveloppe.

Les especes sont:

1°. *Bontia Daphnoïdes. Linn. Sp. Plant. 32.* Olivier sauvage des Barbades.

Bontia arborescens, Thymelææ facie. Plum. Nov. Gen. 32.

Olea sylvestris Barbadensis, folio angusto, pingui, læviter crenato. Pluk. Alm. 269, T. 269, F. 3.

2°. *Bontia germinans, foliis oppositis, pedunculis spicatis. Linn. Sp. Pl. 891;* Olivier sauvage des Barbades, avec des feuilles opposées & des pédoncules de fleurs en épis.

Avicennia. Flor. Zeyl. 57.

Daphnoïdes. On cultive fréquemment cette premiere espece à la Barbade, pour en former des haies dont on entoure les jardins. Cette plante est très-propre à cet usage, parce qu'elle est toujours verte & d'un crû très-prompt. On m'a assûré qu'en plantant des boutures de cette espece, pendant la saison pluvieuse quand elles prennent racine immédiatement, elles formoient au bout de dix-huit mois une haie haute de quatre ou cinq pieds : comme cette plante peut être taillée sans danger, ces haies ont la plus belle apparence. On la conserve en Angleterre dans les serres chaudes, avec plusieurs autres plantes curieuses du même pays. On peut l'élever de semences, qu'il faut répandre sur une couche chaude dans le commencement du printems, afin que les plantes puissent acquérir de la force avant l'hiver : lorsqu'elles ont poussé, on les transplante chacune séparément dans des pots de la valeur d'un sol, remplis de terre fraîche & légere ; on les plonge dans une couche de tan d'une chaleur modérée ; on les arrose, & on les tient à l'ombre jusqu'à ce qu'elles aient formé de nouvelles racines : après quoi, on leur donne beaucoup d'air dans les tems chauds, & on les arrose souvent. En hiver, elles doivent être placées dans la serre à un dégré de chaleur modérée, & très-peu arrosées. Comme pendant l'été elles ont besoin de beaucoup d'air, & qu'elles ne doivent jamais être exposées au-dehors, sur-tout dans les étés froids, on les place dans la serre avec les autres plantes qui exigent un traitement pareil, & on a soin d'ouvrir les vitrages dans les tems chauds ; par cette méthode, elles produiront des fleurs & des fruits en trois ou quatre années. On les multiplie aussi par boutures que l'on plante en été, dans des pots remplis d'une terre riche

& légère, & qu'on plonge dans une couche de chaleur modérée, en observant de les arroser & de les tenir à l'ombre, jusqu'à ce qu'elles aient pris racine ; après quoi on les traite comme les plantes de semences. Cette espece est toujours verte, & croît en forme de pyramide ; elle fait une belle variété dans la serre parmi les autres plantes exotiques.

Germinans. On a supposé que la seconde espece étoit l'*Anacardium Orientale ;* mais comme je n'ai vu que le fruit qu'on apporte souvent en Europe comme une noix d'usage pour teindre les étoffes, & qu'il est déjà trop vieux pour pouvoir germer, je ne puis dire si M. JACQUIN a tort ou raison.

BORASSUS. *Voyez* PALMA PRUNIFERA.

BORBONIA. *Linn. Gen. Pl.* 764. [*Borbonia*].

Caracteres. Cette fleur a un calice turbiné, formé par une feuille découpée au sommet en cinq segmens aigus, fermes, spongieux, & de moitié moins longs que les pétales : elle est papillonnacée, & a cinq pétales. L'étendard est obtus, réfléchi & en forme de cœur : les aîles sont ovales & plus courtes que l'étendard : la carène a des feuilles obtuses & en forme de croissant. Cette fleur a neuf étamines réunies en un cylindre, & une seule simple & contournée vers sa pointe : ces étamines sont terminées par de petits sommets, & dans leur centre est situé un germe en forme d'alêne qui soutient un style court, surmonté d'un stigmat obtus & dentelé. Quand la fleur est passée, ce germe devient un légume rond, pointu, terminé par une épine, & ayant une cellule que remplit une semence en forme de rein.

Ce genre de plantes est rangé dans le troisieme ordre de la septieme classe de LINNÉE, intitulée *Diadelphia Decandria*, la fleur ayant dix étamines, dont neuf sont jointes, & l'autre séparée.

Les especes sont :

1°. *Borbonia lanceolata, foliis lanceolatis, multi-nerviis, integerrimis. Linn. Sp. Pl.* 707 ; Borbonia à feuilles entieres en forme de lance, & garnies de plusieurs nerfs.

Genista Africana, frutescens, Rusci nervosis foliis. Raji. Hist. 3, 107.

Spartium Africanum frutescens, Rusci folio caulem amplexante. Comm. Hort. 2, *P.* 195, *T.* 98.

Frutex Æthiopicus, foliis Rusci, floribus papilionaceis, sericeâ lanugine fuscâ, villosis. Pluk. Alm. 159, *T.* 297, *fol.* 3.

2°. *Borbonia cordata, foliis cordatis, multi-nerviis, integerrimis. Linn. Sp. Pl.* 737 ; Borbonia à feuilles entieres en forme de cœur, & garnies de plusieurs nerfs.

Genista Africana, frutescens, Rusci foliis, nervosis, flore luteo. Seb. Thes. 1, *P.* 38. *T.* 24, *F.* 3.

Planta leguminosa Æthiopica, foliis Rusci. Breyn. Cent. T. 28.

3°. *Borbonia trinervia, foliis*

lanceolatis, *trinerviis*, *integerrimis. Linn. Sp. Pl.* 707; Borbonia, à feuilles entieres, en forme de lance & à trois nerfs.

Frutex Æthiopicus, Rusci angusto & minore folio. Pluk. Alm. 158, *T.* 297, *F.* 4.

Ces plantes croissent naturellement au Cap de Bonne-Espérance, d'où leurs semences m'ont été envoyées : elles s'élèvent à la hauteur de dix à douze pieds dans leur pays natal; mais en Europe elles montent rarement au-dessus de cinq pieds : leurs tiges sont divisées en plusieurs branches, garnies de feuilles fermes & alternes.

Lanceolata. Les feuilles de la premiere espece sont étroites, longues, & terminées en pointes aiguës : ses fleurs jaunes, & de la même forme que celles du *Genet*, sortent en petites grappes du milieu des feuilles aux extrémités des branches. Elle fleurit en Août & Septembre; mais elle ne perfectionne pas ses semences en Angleterre.

Cordata. La seconde a des feuilles plus larges que celles de la premiere : ses tiges sont minces & couvertes d'une écorce blanchâtre : ses feuilles, qui embrassent les tiges de leur bâse, où elles sont larges, se terminent en pointes aiguës, comme celles du *Kneeholm*, ou *Myrthe sauvage* : les fleurs, produites en petites grappes, aux extrémités des branches, sont de la même forme & de la même couleur que celles de la précédente, mais plus grosses. Elle fleurit en même tems que la premiere, & ne produit jamais de fruits dans nos climats.

Trinervia. La troisieme a des tiges plus fortes qu'aucune des précédentes, garnies dans presque toute leur longueur, ainsi que ses branches, de feuilles fermes, en forme de cœur, marquées chacune de trois nerfs longitudinaux, & placées plus près les unes des autres que celles des deux premieres especes : les fleurs produites aux extrémités des branches, sur des pédoncules séparés, sont de la même forme & de la même couleur que celles des autres especes, mais plus grosses.

Comme ces plantes ne perfectionnent pas leurs semences dans ce pays, on les multiplie avec difficulté : la seule méthode, qui m'ait réussi jusqu'à présent, est de marcotter leurs jeunes rejettons; mais ils sont ordinairement deux années en terre avant de prendre racine, & de pouvoir être séparés de la vieille plante : pour que ces marcottes réussissent, il faut fendre vers le haut les nœuds qu'on place en terre, comme on le pratique pour les *Œillets*, & couper l'écorce du talon à l'extrémité.

Le tems le plus favorable pour cette opération, est le commencement de Septembre, & les meilleurs rejettons sont ceux qui poussent immédiatement ou très-près de la racine, & qui sont du crû de l'année : leur situation voisine de la terre ne les rend point ſeulement plus faciles à marcotter, mais ils ſont encore plus diſpoſés à pouſſer des racines, qu'aucune des branches ſupérieures.

Il eſt cependant plus avantageux de multiplier ces plantes au moyen de leurs ſemences, lorſqu'on peut s'en procurer, que de toute autre maniere : les jeunes tiges qui en proviennent, ſont bien plus droites, & d'un accroîſſement beaucoup plus prompt : on place ces graines auſſi-tôt qu'on les a reçues, dans des pots remplis de terre fraîche & marneuſe; & ſi elles arrivent en automne, on plonge les pots dans une vieille couche de tan, ſous un châſſis, où ils puiſſent paſſer l'hiver, & être à l'abri de la gelée & de l'humidité. Au printems, on les enfonce dans une couche chaude, qui fera pouſſer les plantes en cinq ou ſix ſemaines : lorſqu'elles ſont en état d'être enlevées, on les plante chacune ſéparément, dans de petits pots remplis de la même terre marneuſe, & on les remet dans une couche de chaleur modérée, en obſervant de les tenir à l'ombre, juſqu'à ce qu'elles aient pouſſé de nouvelles racines, & de les arroſer toutes les fois qu'elles en ont beſoin; après quoi, on les accoutume par dégré au plein air, pour pouvoir les expoſer tout-à-fait dans le mois de Juin, en les plaçant néanmoins à une expoſition abritée, où elles puiſſent reſter juſqu'à l'automne. On les renferme alors dans la ſerre, en les ſituant de maniere qu'elles ſoient expoſées aux rayons du ſoleil pendant la mauvaiſe ſaiſon, & qu'il ſoit facile de leur procurer de l'air. En hiver on les arroſe peu; & en été, on leur donne de l'eau plus ſouvent, mais peu à la fois.

Ces plantes ſont une belle variété dans la ſerre pendant l'hiver; & comme elles n'ont beſoin d'aucune chaleur artificielle pour être conſervées, elles méritent une place dans tous les jardins où l'on a la facilité de leur procurer un abri contre les froids.

BORDURES. Les *Bordures* dans un jardin ſervent à borner & à entourer les plates-bandes & les parterres, & à empêcher qu'on ne les foule en marchant deſſus : en même tems on les fait ſervir d'ornement par le moyen des fleurs, des arbriſſeaux, &c. que l'on y place.

On doit leur donner une petite élévation au milieu; car ſi on les laiſſe entierement de niveau, l'agrément en diminue. Quant à leur largeur, l'on peut donner cinq ou ſix pieds aux plus grandes, & quatre pieds aux moindres. Il y a quatre eſpeces de *Bordures*.

La premiere & la plus commune eſt de celles qui ſont continuées tout à l'entour des parterres ſans aucune interruption, qui ſont élevées au milieu en dos-d'âne, & qui ſont plantées de fleurs.

La ſeconde eſpece eſt de celles qui ſont en compartimens, étant coupées de diſtance en diſtance de petits paſſages, & qui ſont, comme les premieres, en dos-d'âne & ornées de fleurs.

La troiſieme eſpece de *Bordures* eſt celle où le terrein eſt laiſſé de niveau & ſans fleurs, ayant un lit de gazon au milieu, lequel eſt bordé tout à l'entour d'un ſentier étroit, couvert bien également de ſable. On les embellit quelquefois en y plantant des fleurs qui s'élévent fort haut & des arbuſtes à fleurs, ou on place au milieu du lit de gazon des vaſes & des pots-à-fleurs, entremêlés à des diſtances régulieres les uns des autres.

La quatrieme eſpece eſt entierement nue, mais on la couvre bien également de ſable, & on plante une liſière ou petite *Bordure* de *Buis* du côté du ſentier, & du côté du parterre elle eſt bordée d'un lit étroit de gazon. La partie de cette *Bordure* qui eſt couverte de ſable ſert à placer les caiſſes d'arbuſtes & d'autres plantes de la ſerre qu'on expoſe en plein air pendant la belle ſaiſon, de la même façon que l'on place les caiſſes d'*Orangers* en parterre.

On fait les *Bordures* ou droites, ou rondes, ou dévoyées, & on les forme en nœuds, en diverſes figures ou autres compartimens.

Les Fleuriſtes font des *Bordures*, ſoit à côté des allées du jardin, ſoit dans des endroits détachés, & ils s'en ſervent pour élever leurs fleurs les plus curieuſes. Quand on les entoure de planches peintes en vert, elles ont l'air extrêmement propre. Mais cela eſt moins néceſſaire & moins d'uſage dans les grands parterres ; ſurtout ſi ceux-ci ſont couverts de fleurs qui ſe ſuccedent les unes aux autres ſelon leurs diverſes ſaiſons, enſorte qu'aucune partie ne paroiſſe nue.

On ne doit pas faire des *Bordures* ſur le côté du jardin qui aboutit à la maiſon, afin que le deſſin & la beauté du parterre ne ſoient pas cachés par les arbuſtes & fleurs de la *Bordure*.

Depuis que le goût moderne des jardins s'eſt introduit en Angleterre, lequel conſiſte à imiter & à orner la belle nature, on en a banni, avec raiſon, les parterres & les *Bordures* figurées par du *Buis* en compartimens, en nœuds & autres deſſins de ciſelure : c'eſt pourquoi je n'en ai parlé ici qu'en paſſant pour expoſer le mauvais goût de pareils *Jardiniers-Architectes*, qui n'ont aucune idée de la belle & noble ſimplicité des grands parterres de gazon, convenablement bornés par des plantations, & qui préférent de voir la partie du jardin qui eſt près de la demeure, façonnée dans une infinité de figures bizarres & peu naturelles, formées avec du buis, & les ſentiers qui la parcourent couverts de ſable, de gravier, des briques & des tuiles pilées de diverſes couleurs, ou bien avec des coquillages, afin d'augmenter la bigarrure & de s'éloigner de plus en plus du bon goût

& de la belle nature. Si on veut abſolument avoir des *Bordures* de fleurs, il eſt mieux de les placer ſur les côtés du gazon qui ſont immédiatement devant les plantations d'arbuſtes ; & ſi on les couvre de fleurs propres à être plantées en pleine terre & qui ſe ſuccedent les unes aux autres, elles ne peuvent que produire un bien plus bel effet, que ces anciennes bordures de mauvais goût, où l'imitation de la nature n'entre pour rien & où l'art perce partout.

Cette eſpece de *Bordures*, dont je viens de parler, peut avoir depuis ſix juſqu'à huit pieds de largeur, à proportion de l'étendue du jardin & du parterre de gazon ſur le bord duquel on les place. Une petite piece de gazon ne doit pas avoir de larges *Bordures*, ni une grande étendue de gazon être terminée par des *Bordures* en liſiere. Dans ceci, comme dans tout le reſte, c'eſt l'harmonie du tout, la juſteſſe & la beauté des proportions de chaque partie, qui doivent toujours diriger l'arrangement d'un jardin. [*k*].

[*k*] Les Traducteurs ayant jugé à propos de ſupprimer, ſans en avertir, tout cet Article de MILLER, dans l'Edition de Paris, ils lui ont ſubſtitué celui qui ſuit :

BORDURES DE PLATES-BANDES. Celles qui ſont plantées en *Buis*, ſont les meilleures de toutes ; elles reſtent belles pendant pluſieurs années, lorſquelles ſont traitées d'une maniere convenable. On les plante en automne, ou dès le commencement du printems, parce que, ſi l'on attend trop tard, & que la ſaiſon ſoit chaude & ſèche, elles ne réuſſiront pas toujours, à moins qu'on ne les arroſe avec ſoin. Le *Buis* dont on ſe ſert pour ces *Bordures*, eſt le *Buis-nain d'Hollande* ; on les plante en ligne droite ſur les bords des plates-bandes contre les allées, & jamais autour des planches de fleurs, ou des plates-bandes d'eſpaliers placées au milieu des jardins, comme c'étoit autrefois l'uſage ; à moins qu'elles ne ſoient ſéparées par des ſentiers ſablés. Ces *Bordures* ſervent à rendre les allées propres, en empêchant l'eau des pluies d'y entraîner la terre des plates-bandes.

On formoit auſſi autrefois ces *Bordures*, avec des plantes aromatiques ; telles que le *Thym*, la *Sarriette*, l'*Hyſſope*, la *Lavande*, la *Rue*, &c ; mais comme ces plantes deviennent bientôt ligneuſes, qu'elles ne peuvent être facilement contenues, & que dans les hivers rudes elles ſont ſujettes à périr, leur uſage eſt preſque tombé.

Quelques perſonnes ſont encore dans l'habitude de planter ces *Bordures* en *Marguerites*, & en autres fleurs du même crû : mais ces eſpeces de *Bordures* ne peuvent être belles, qu'autant qu'elles ſont replantées tous les ans, parce qu'elles débordent aiſément, & qu'une partie venant à périr, elles laiſſent en differents endroits des vides deſagréables ; de ſorteque le *Buis* eſt de toutes les plantes, celle qui eſt la plus propre à former des *Bordures*.

BORRAGO ou BORAGO, *Courage*. Cette plante eſt ainſi nommée, parce qu'on prétend qu'elle a la propriété de ranimer le courage. [*Borage*.] *Bourache*.

Caracteres. Le calice de la fleur eſt perſiſtant, & diviſé au sommet en cinq parties : elle n'a qu'un pétale pourvu d'un tube court, qui s'étend & s'ouvre largement, & dont les bords sont séparés en cinq parties : l'évâsement de la corolle est terminé par cinq projectures obtuses & échancrées. Cette fleur a cinq étamines jointes ensemble, & couronnées par des sommets oblongs : dans le centre sont situés quatre germes & un style simple plus long que les étamines, qui soutient un simple stigmat. Les quatre germes se changent ensuite en une grande quantité de semences rudes, insérées dans les cavités du réceptacle, & renfermées dans un gros calice gonflé.

Les plantes de ce genre, dont les fleurs ont cinq étamines & un simple style, sont de la premiere section de la cinquieme classe de LINNÉE, qui a pour titre : *Pentandria Monogynia.*

Les especes sont :

1°. *Borago officinalis, foliis omnibus alternis, calicibus patentibus. Hort. Upsal.* 34 ; Bourache à feuilles alternes, ayant des calices étendus.

Borago floribus cæruleis. J. B.

Buglossum lati-folium. Borago. Bauh. Pin. 256.

2°. *Borago orientalis, calicibus tubo corollæ brevioribus, foliis cordatis. Hort. Cliff.* 45 ; Bourache dont les calices sont plus courts que le tube des corolles, & les feuilles en forme de cœur.

Borago Constantinopolitana, flore reflexo, cæruleo, calice vesicario. Tourn. Cor. 6.

3° *Borago Africana, foliis ramificationum oppositis, petiolatis, calicinis, foliolis ovatis, acutis, erectis. Linn. Sp.* 197 ; Bourache d'Afrique à feuilles croîssant sur des pétioles opposés, ayant les folioles des calices ovales, pointues & érigées.

Cynoglossum Boraginis folio & facie Æthiopicum. Pluk. Alm. 34.

Cynoglossoïdes Africana verrucosa & hispida. Isnard. Act. 1718. *P.* 325. *T.* 11.

4°. *Borago Indica, foliis ramificationum oppositis, calicinis, foliolis sagittatis. Linn Sp Plant.* 137 ; Bourache à feuilles opposées sur les branches, & dont le calice a des folioles en forme de cœur.

Cynoglossoïdes folio caulem amplexante. Isnard. Act. Scien. 1718. *P.* 325. *T.* 10.

Anchusæ degeneris facie, Indiæ Orientalis herba, quadri-capsularis. Pluk. Alm. 30. *T.* 76. *F.* 3.

Officinalis. La premiere espece est la *Bourache* commune : ses fleurs sont employées en Médecine, & ses feuilles servent à faire une boisson rafraîchissante, dont les Anglois font usage pendant les chaleurs de l'été, & qu'ils nomment *Cool Tankards.* Il y a dans cette espece trois variétés qui toutes proviennent de semence : l'une à fleurs bleues ; l'autre à fleurs blanches, & la troisieme à fleurs rouges : on en connoît encore une quatrieme à feuilles panachées. Ces variétés se sont soutenues, pendant plusieurs années, dans le jardin de *Chelsea*, avec peu d'altération ; mais comme elles ne different de l'espece commune en aucune autre maniere, je les indique ſeulement comme de ſimples variétés.

Cette plante eſt annuelle, & ſe multiplie abondamment ſans aucun ſoin, ſi on lui permet d'écarter ſes ſemences : on peut auſſi la ſemer, ſoit au printems, ſoit en automne ; mais cette derniere ſaiſon eſt préférable : on choiſit pour cela une place où les plantes puiſſent reſter. Lorſqu'elles ont acquis un peu de force, on houe la terre pour détruire les mauvaiſes herbes, & on éclaircit les plantes, en laiſſant entr'elles un intervalle de huit ou dix pouces ; après quoi, elles n'exigeront plus aucun autre ſoin, à moins que les mauvaiſes herbes ne reviennent ; car en ce cas, il faudroit recommencer à houer la terre pour les détruire. Si cette opération eſt bien faite, & par un tems ſec, la terre reſtera nette, & ne demandera plus aucun travail, juſqu'à ce que la *Bourache* ſoit flétrie. Les plantes, qui ont été ſemées en automne, fleuriſſent en Mai ; mais celles qui ne ſont miſes en terre qu'au printems, ne produiront leurs fleurs qu'au mois de Juin ; de ſorte que, ſi l'on veut avoir de ces fleurs ſans interruption, pendant un tems conſidérable, il faut en faire un ſecond ſemis au printems, un mois environ après le premier : on choiſit pour cela une plate-bande ſablonneuſe, qu'on a ſoin d'arroſer ſouvent dans les tems ſecs pour faire pouſſer les plantes. Ces dernieres donneront des fleurs juſqu'à la fin de l'été.

Orientalis. La ſeconde eſpece a été apporté de Conſtantinople, où elle croît naturellement ; elle eſt vivace, & ſe multiplie avec facilité, au moyen de ſes racines épaiſſes & charnues, qui s'étendent à la ſurface de la terre. Elle pouſſe de ſa racine pluſieurs feuilles oblongues, en forme de cœur, diſpoſées ſans ordre, & portées ſur des pétioles longs & velus. Du milieu des feuilles s'élève, à la hauteur de deux pieds, une tige de fleurs, garnie à chaque nœud d'une petite feuille ſimple & ſans pétiole. La partie haute de la tige, pouſſe quelques petits pédoncules terminés par pluſieurs panicules clairs de fleurs d'un bleu pâle, & dont le pétale penche en arriere ; de ſorte que les étamines & le ſtyle qui y ſont attachés ſont nuds. Lorſque la fleur eſt paſſée, les quatre germes ſe changent en ſemences rudes, plus petites que celles de la *Bourache* commune. Cette eſpece fleurit en Mars, & ſes ſemences mûriſſent en Mai. Dès que ſes tiges commencent à ſortir, ſes fleurs paroiſſent recueillies en un épi ſerré, & quelques-unes d'entr'elles s'ouvrent ſouvent, & s'étendent avant que la tige ait atteint la hauteur de ſix pouces ; mais à meſure que les tiges s'élèvent, elles ſe diviſent en pluſieurs épis clairs.

On multiplie aiſément cette eſpece, au moyen de ſa racine qu'on diviſe en automne : elle exige un ſol ſec & une ſituation chaude; parce que ſes fleurs paroiſſant dès le commencement du printems, elle eſt très-ſujette à être ſurpriſe par la gelée, qui l'empêche toujours de fleurir. Si cette plante ſe trouve placée dans des décombres ſecs, elle ſera moins forte & moins nourrie, mais elle réſiſtera davantage au froid. Quelques ſemences de cette eſpece s'étant écartées dans les crevaſſes d'une vieille muraille du jardin de *Chelſea*, les plantes qu'elles ont produites, y ont ſubſiſté pendant pluſieurs années, ſans aucun ſoin, & n'ont jamais ſouffert des gelées ni de la chaleur.

Africana. Indica. Les troiſieme & quatrieme ſont originaires d'Afrique: elles ſont annuelles; leurs tiges ſont rudes, & s'élèvent rarement au-deſſus de la hauteur d'un pied. Les plantes de la troiſieme eſpece ſont garnies de feuilles portées ſur de courts pétioles, & placées par paires oppoſées. Les feuilles de la quatrieme embraſſent les tiges de leurs bâſes: les fleurs ſortent des aîles des feuilles & du ſommet des tiges ſur des pédoncules. Celles de la troiſieme ſont blanches, & celles de la quatrieme d'une couleur de chair pâle; mais aucune des deux n'a d'apparence: auſſi ne ſont-elles cultivées que dans les jardins botaniques pour la variété.

Les graines de ces eſpeces doivent être ſemées en Mars ſur une couche chaude; &, lorſque les plantes ſont aſſez fortes pour être enlevées, on les plante chacune ſéparément dans de petits pots remplis de terre légere, qu'on plonge dans une nouvelle couche chaude pour les faire avancer; ſans cela, elles ne perfectionneroient pas leurs ſemences dans ce pays. Lorſqu'il fait chaud, il faut leur donner beaucoup d'air, pour les empêcher de filer & de s'affoiblir; ce qui les feroit périr avant la maturité des ſemences.

BOSEA, YERVAMORA, [*Shrubby Golden-rod.*] *la Verge d'or.*

Caracteres. Cette plante a un calice compoſé de cinq feuilles rondes, concaves & égales: elle n'a point de corolle, mais cinq étamines plus longues que le calice, terminées par des ſommets ſimples, & un germe oblong, ovale, & pointu, avec deux ſtigmats poſtés ſerrément au-deſſus. Ce germe ſe change enſuite en une baie globulaire, & a une cellule qui renferme une ſemence ronde.

LINNÉE a placé les plantes de ce genre, dans la ſeconde ſection de ſa cinquieme claſſe, qu'il a nommée *Pentandria Digynia*, & qui comprend celles dont les fleurs ont cinq étamines & deux ſtyles.

On ne connoît qu'une eſpece de ce genre, qui eſt:

Boſea Yervamora. Hort. Cliff. 84; dont le nom vulgaire eſt, l'Arbre de la Verge d'or.

Frutex peregrinus, *Horto Boſiano*, *Yervamora dictus. Walt. Hort.* 24. *T.* 10.

Tilia fortis arbor racemoſa, &c *Sloan. Jam.* 135. *Hiſt.* 2. *t.* 158 *F.* 3.

Cette plante croît naturellement dans les Isles Canaries d'où nous l'avons reçue, ainsi que dans quelques Isles Angloises de l'Amérique ; & quoiqu'elle soit depuis longtems dans les jardins Anglois, je ne l'ai pas encore vu fleurir ; j'ai cependant, dans les jardins de Chelsea, près de quarante plantes de cette espece, que je cultive depuis plus de quarante années. Cet arbrisseau est ligneux, assez fort, & sa tige devient aussi grosse que la jambe. Ses branches poussent fort irrégulierement, & donnent pendant l'été une quantité considérable de rejettons, qu'il faut raccourcir & tailler à chaque printems, afin d'entretenir la tête des plantes dans un ordre passable : ces branches conservent leurs feuilles jusques vers le printems ; alors elles tombent, & sont bientôt remplacées par de nouvelles. On peut multiplier cette plante par boutures, qu'on plante au printems : comme elle est trop tendre pour subsister en plein air pendant toute l'année, dans notre climat, il faut la mettre à couvert dans une serre, pendant l'hiver.

BOSQUETS. (les) Sont ainsi nommés du mot italien *Boschetto*, *Petit Bois* ou *Bocage*.

Les *Bosquets* sont des plantations d'arbres, d'arbrisseaux ou de plantes élevées, disposées par petits compartimens réguliers, en quinconce, ou d'une maniere plus sauvage & plus agreste, suivant la fantaisie du maître. Les carreaux de ces *Bosquets* sont ordinairement environnés de haies toujours vertes, avec des entrées en forme de portiques réguliers, figurés par des *Ifs* qui sont les plus propres à cet usage à cause de la facilité qu'il y a de les tailler en telle forme qu'on voudra. Si ces *Bosquets* sont grands, on peut pratiquer dans l'intérieur des carreaux, des promenades droites ou circulaires, larges de cinq ou six pieds, & garnies de gazons bien fauchés & bien roulés ; ce qui rendra ces promenades beaucoup plus aisées & plus belles que si elles étoient seulement en terre : mais ces gazonages ne conviennent point dans les très-petits bois, parce que les arbres y sont si serrés, & les allées si étroites, que l'herbe y seroit trop ombragée & ne pourroit y croître.

Ces carreaux de *Bosquets*, peuvent être entourés de haies de *Tilleuls*, d'*Ormes*, de *Hêtres*, ou de *Charmes*, qui doivent être bien entretenus, & exactement taillés, afin qu'ils ne s'élèvent point trop, & qu'on puisse découvrir entièrement la cime des arbres ; ils ne doivent cacher que les tiges à la vue, lorsqu'on se promene dans les allées.

Ces *Bosquets* seront beaucoup plus agreables, si, en les plantant, on a soin d'entremêler des arbres dont le feuillage & le vert soient différents & contrastent ensemble, & qui produisent beaucoup de baies, telles que l'*Euonymus*, l'*Opulus*, & plusieurs autres : ils feront d'ailleurs en automne un très-bon effet, par la diverſité de leurs fruits, qui, quoiqu'inutiles, ne laiſſent pas de plaire beaucoup à la vue. Après la chûte des feuilles, les baies de ces arbres étant propres à ſervir de nourriture aux oiſeaux, ils s'y rendent de toutes parts, s'y fixent pour l'hiver, & embelliſſent encore ces lieux au printems, par la douceur de leurs ramages. Je ne conſeillerai jamais de mêler des arbres toujours verts, avec les autres eſpeces qui ſe dépouillent en hiver; parce qu'outre le mauvais effet qu'ils produiſent à la vue, ſur-tout en hiver, ils profitent rarement enſemble. Si on aime d'avoir des arbres verts dans les *Boſquets*, il faut les compoſer en entier avec ces eſpeces d'arbres, & en faire d'autres avec ceux qui ſe dépouillent en hiver; on augmentera par-là la variété: on peut joindre à ces derniers, de grandes plantes à fleurs qui, étant placées ſur les bords des carreaux, en augmenteront l'agrément, pourvu que l'air y circule aſſez pour qu'elles puiſſent croître librement. Si on veut abſolument mêler quelques arbres toujours verts avec les autres eſpeces, on ne doit les placer que ſur les bords des carreaux.

Ces *Boſquets* ne conviennent que dans les grands jardins; parce que leur plantation & leur entretien ſont très-diſpendieux:

BOTRYS, *ou* PIMENT. *V.* CHENOPODIUM BOTRYS. L.

BOUCAGE. *Voyez* PIMPINELLA. L.

BOUILLON-BLANC. *Voy.* VERBASCUM.

BOUILLON SAUVAGE, *ou* SAUGE EN ARBRE. *Voyez* PHLOMIS FRUTICOSA.

BOUIS PIQUANT, *ou* HOUX FRELON. *Voyez* RUSCUS ACULEATUS. L.

BOUIS *ou* BUIS. *Voyez* BUXUS.

BOUIS *ou* BUIS DE SABLE. *Voyez* HURA. L.

BOULEAU. *Voy.* BETULA.

BOULETTE *ou* L'ÉCHINOPE. *Voy.* ECHINOPS SPHÆROCEPHALUS. L.

BOURGENE *ou* BOURDAINE *ou* AUNE NOIR. *Voy.* FRANGULA ALNUS.

BOUREAU DES ARBRES, SOIE *ou* APOCIN DE LA VIRGINIE. *V.* PERIPLOCA. L.

BOURG-EPINE, NERPRUN *ou* NOIRPRUN. *Voyez* RHAMNUS CATHARTICUS.

BOURSE A PASTEUR *ou* LE TABOURET. *Voy.* BURSA PASTORIS.

BOURACHE. *V.* BORAGO.

BOUTON DA'RGENT D'ANGLETERRE. *Voyez* RANUNCULUS ACONITI-FOLIUS.

BOUTON D'OR. *Voyez* RANUNCULUS ACRIS MULTIPLEX.

FIN DU TOME PREMIER

Made at Dunstable, United Kingdom
2022-12-13
http://www.print-info.eu/

14548449R00348